汽车车身电控系统检修

主　编　闵思鹏　吴纪生
编　者　张光磊　周羽皓　毛建峰　李彩丽

北京邮电大学出版社
·北京·

内容简介

本书系统讲述了现代汽车车身电控系统的结构原理、故障诊断与检修方法。全书共分为四个项目,项目一为车身电控系统综述,介绍了车身电控系统的主要内容、分类和发展趋势。项目二为汽车车身安全系统检修,分六个任务介绍了安全气囊系统、电控安全带、中控门锁与防盗报警系统、汽车防碰撞系统、前照灯自动控制系统和轮胎压力监测系统的检修。项目三为汽车车身舒适系统检修,分七个任务介绍了电动车窗、电动天窗、电动座椅、电动雨刮器、电动后视镜、电控除雾器和自动空调控制系统的检修。项目四为汽车娱乐与通信系统检修,分五个任务介绍了汽车网络系统、汽车电子仪表系统、汽车音响系统、车载电话系统和汽车导航系统的检修。

本书以任务为引领,重点突出各电控系统的电路原理、工作过程的讲解,通过丰富的实车电路介绍了各种车身电控系统。其中每个任务又包括知识要求、能力要求、任务描述、相关知识、任务实施、案例分析、知识拓展和课后练习等内容。

本书可作为高等职业教育汽车运用与维修等相关专业的教材,也可作为汽车维修企业车身电控系统培训教材,还可作为汽车行业的工程技术人员阅读参考。

图书在版编目(CIP)数据

汽车车身电控系统检修/闵思鹏,吴纪生主编. --北京:北京邮电大学出版社,2012.4
ISBN 978-7-5635-2940-7

Ⅰ. ①汽… Ⅱ. ①闵…②吴… Ⅲ. ①汽车—车体—电子系统:控制系统—检修—教材 Ⅳ. ①U472.41

中国版本图书馆 CIP 数据核字(2012)第 043867 号

书　　名:汽车车身电控系统检修
主　　编:闵思鹏　吴纪生
责任编辑:周虹霖　徐　婧
出版发行:北京邮电大学出版社
社　　址:北京市海淀区西土城路 10 号(邮编:100876)
发 行 部:电话:010-62282185　传真:010-62283578
E-mail:publish@bupt.edu.cn
经　　销:各地新华书店
印　　刷:北京源海印刷有限责任公司
开　　本:787 mm×1 092 mm　1/16
印　　张:20.5
字　　数:507 千字
印　　数:1—3 000
版　　次:2012 年 4 月第 1 版　2012 年 4 月第 1 次印刷

ISBN 978-7-5635-2940-7　　定　价:46.00 元

·如有印装质量问题,请与北京邮电大学出版社发行部联系·

前　言

近年来，国家大力推进以服务为宗旨、以就业为导向的职业教育改革，取得了一定的研究成果，尤其是在课程改革环节，提出了工作过程导向、项目导向、任务驱动等一系列新理念、新方法、新理论。目前，“以培养职业能力为核心，以工作实践为主线，以工作过程（项目）为导向，用任务进行驱动，建立以行动（工作）体系为框架的现代课程结构，重新序化课程内容，做到陈述性（显性）知识与程序性（默会）知识并重，将陈述性知识穿插于程序性知识之中，理论与实践一体化”的课改思路，已得到大多数学校的认可。

随着汽车工业及电子技术的发展，汽车上尤其是汽车车身上的电子设备日趋复杂，汽车电子化已成为当今世界汽车工业发展的必然趋势。这些电子设备大量采用智能控制，使得汽车维修理念、维修内容、维修方法，都发生了根本性的变化，维修越来越难，对从事汽车维修岗位人员的素质及技能要求越来越高，要求汽车维修技术人员能够在相对短的时间内掌握汽车新车型的维修技术和方法，并具备自我学习和知识更新能力。

为使高等职业技术学院汽车专业的学生能够系统地掌握汽车车身电控系统的基本原理、故障诊断与维修方面的基本知识，适应当今汽车维修行业的需求，特编写了这本教材。本书在内容上，能够反映汽车车身电控系统新技术，摈弃了深奥的理论讲解，注重理论联系实际，与职业岗位工作标准接轨，具有较强的针对性与适用性。在编写组织形式上，打破章节概念，采用项目与任务的形式，重点突出各电控系统的电路原理、工作过程的讲解，通过丰富的实车电路介绍了各种车身电控系统。突出对学生知识点的掌握和技能的培养，利用真实的故障案例培养学生的实际应用能力。

本书以目前国内比较流行的车型如奥迪 A6、大众桑塔纳、本田雅阁、本田飞度、丰田卡罗拉、现代悦动、马自达、别克君威等为例，重点讲述了汽车车身电控系统的基本原理、基本结构和故障诊断及排除等知识。本书共分为四个项目，项目一为车身电控系统综述，介绍了车身电控系统的主要内容、分类和发展趋势。项目二为汽车车身安全系统检修，分六个任务介绍了安全气囊系统、电控安全带、中控门锁与防盗报警系统、汽车防碰撞系统、前照灯自动控制系统和轮胎压力监测系统的检修。项目三为汽车车身舒适系统检修，分七个任务介绍了电动车窗、电动天窗、电动座椅、电动雨刮器、电动后视镜、电控除雾器和自动空调控制系统的检修。项目四为汽车娱乐与通信系统检修，分五个任务介绍了汽车网络系统、汽车电子仪表系统、汽车音响系统、车载电话系统和汽车导航系统的检修。其中每个任务又包括：知识要求、能力要求、任务描述、相关知识、任务实施、案例分析、知识拓展和课后练习等内容。

本书由江西省交通职业技术学院闵思鹏和吴纪生主编，其中闵思鹏编写了项目一、任务 3.5～任务 3.7 和任务 4.1；吴纪生编写了任务 2.1～任务 2.4。另外张光磊编写了任务 4.2～任务 4.5；周羽皓编写了任务 3.1 和任务 3.2；毛建峰编写了任务 3.3 和任务 3.4；李彩丽编写了任务 2.5 和任务 2.6。其他参加编写和绘图工作的还有官海兵、廖胜文、潘开广、刘堂胜、肖雨等。

为使读者参阅方便，本书中的电路图保留了原厂的特色，未按国家标准重新绘制；部分术语也与原厂一致，但都作了说明。如有不便，请读者见谅。

本书在编写过程中，参考了大量的科技论文、技术书籍和原厂维修手册，在此对作者表示衷心的感谢！

本书可作为高等职业教育汽车运用与维修等相关专业的教材，也可作为汽车维修企业车身电控系统培训教材，还可作为汽车行业的工程技术人员阅读参考。

目　　录

项目一　汽车车身电控系统综述

【知识要求】

- 能正确讲述汽车电控技术的发展历程；
- 能正确讲述汽车车身电控系统的主要内容；
- 能正确讲述汽车车身电控系统的分类。

相关知识

一、汽车电控技术的发展历程

社会的需求、法规政策的推动，是导致汽车电子控制技术（简称汽车电控技术）蓬勃发展的根本原因。安全方面有了汽车最早的法规，随后陆续制定了排气污染与噪声控制、燃油经济性等一系列日益严格的法规。它们强制性地推动了电控技术在汽车上的广泛应用，并形成了汽车电控技术发展的 4 个阶段。

第 1 阶段：20 世纪 50 年代初到 70 年代初，是汽车电控技术发展的启蒙阶段，主要是开发由分立元件和集成电路组成的汽车电子产品，应用电子装置代替传统的机械部件，如交流发电机、集成电路电压调节器、电子点火器、电子式间歇雨刮控制器等。

第 2 阶段：20 世纪 70 年代中期到 80 年代中期，是汽车电控技术发展的初级阶段，主要是发展专用的独立系统，电子装置被应用在某些机械装置所无法解决的复杂控制功能方面，如电子控制汽油喷射系统、制动防抱死系统等。控制系统的结构更加紧凑，可靠性进一步提高，从而使汽车电控技术真正得以应用。

第 3 阶段：20 世纪 80 年代中期到 90 年代中期，是汽车电控技术的发展阶段，主要是开发可完成各种功能的综合系统及各种车辆整体系统的微机控制。汽车电控技术已从单一项目的控制，发展到多项内容的集中控制，如集发动机控制、自动变速器控制为一体的动力传动系统控制、防抱死制动系统和驱动防滑系统（ABS/ASR）等。

第 4 阶段：20 世纪 90 年代中期开始到现在，是汽车电控技术的智能控制阶段，主要是研究发展车辆的智能控制系统，开发包括电子技术（含计算机技术）、优化控制技术、传感器技术、网络技术、机电一体化技术等综合技术系统。智能化集成传感器和智能执行机构付诸实用，数字式信号处理方式应用于声音识别、安全防碰撞、适时诊断和导航系统等，如汽车自动驾驶系统、汽车自动导航系统等。

二、汽车车身电控系统的主要内容

当前汽车电控系统大体可分为 3 大部分：发动机电控系统、底盘电控系统和车身电控系统。发动机电控系统主要用于实现低油耗、低污染，提高汽车的动力性、经济性。主要包括汽油机集中控制系统和柴油机集中控制系统。底盘电控系统用于提高汽车的舒适性、安全性和动力性等，主要有电控自动变速器、无级变速器、防抱死制动系统与驱动防滑系统、电控动力转向系统、电控悬架系统等。

车身电控系统包括汽车安全系统、汽车舒适系统和娱乐与通信系统等。

1. 汽车安全系统

(1) 安全气囊

安全气囊系统可在汽车发生碰撞时保护乘员,减小伤害程度,现已作为标准件在轿车上普遍安装,并向侧面碰撞防护安全气囊及顶部碰撞防护安全气囊的多气囊系统发展。

(2) 电控安全带

安全气囊与安全带是现代汽车的两大被动安全装置。安全带是车辆上保护乘员安全的最重要、最有效、最经济、最普及的安全防护装置。电控安全带是在安全气囊系统的基础上,增设了防护传感器和座椅安全带收紧器。一旦汽车发生碰撞,座椅安全带收紧器收紧,将乘员固定在座椅上,限制乘员向前冲或阻止乘员被抛离座椅,使乘员免受车内的二次碰撞,从而减轻乘员伤害的程度达到保护乘员的目的。

(3) 中控门锁与防盗报警系统

中控门锁系统和遥控门锁系统的使用既方便了驾驶员和乘客开门和锁门,又能起到防盗的作用。为了防止车辆被盗,许多汽车公司开始将汽车防盗报警系统作为汽车的标准配置,以提高汽车的市场竞争力。防盗报警系统通常与汽车中控门锁系统配合工作。

(4) 汽车防碰撞系统

汽车防碰撞系统有多种形式,有的在汽车行驶中,当两车的距离小到安全距离时,即自动报警,若继续行驶,则会在即将相撞的瞬间,自动控制汽车制动器将汽车停住;有的是在汽车倒车时,显示车后障碍物的距离,有效地防止倒车事故发生。

(5) 前照灯自动控制系统

为了提高汽车行驶的安全性,减轻驾驶员的劳动强度,很多轿车对前照灯进行了自动控制。如前照灯不使用时自动缩回到车身内的可缩回式前照灯装置;夜间会车时根据迎面来车的灯光强度自动将前照灯的远光变为近光的前照灯自动变光控制;当驾驶员将汽车停放在无照明的车库时,自动使前照灯延长一段时间关闭的前照灯自动关闭延时器;当外界光线较低时,自动打开前照灯的前照灯自动控制系统;车辆的载荷发生变化时,自动调整前照灯照射位置的前照灯自动调平系统等。另外,自动适应车身动态变化、转向机构动作特性的自适应前照灯系统等新技术也在不断出现。

(6) 轮胎压力监测系统

汽车轮胎内充气压力的高低,直接影响到整车行驶的舒适性和安全性。如果保持适宜的轮胎压力,则可以减小轮胎的磨损、降低油耗、防止因轮胎压力不足而引起的轮胎损坏,并能保证汽车的行驶稳定性和安全性。轮胎压力监测系统通过连续地监测轮胎的压力、温度和车轮转速,当出现异常时及时向驾驶员发出警告,防止事故发生。

2. 车身舒适系统

(1) 电动车窗

汽车电动车窗是现代汽车的标准装置之一。当操作电动车窗开关时,车窗升降调节器自动将车窗玻璃打开或关闭。在玻璃上升时,只要玻璃夹住了异物,车窗玻璃还会自动地下降一定距离。

(2) 电动天窗

为提高乘坐的舒适性和操作的方便性,现代很多轿车安装了电动天窗。电动天窗能够有效地使车内空气流通，新鲜的空气从天窗进入车厢，没有开车窗时产生的风噪声，同时天窗可以开阔视野、快速除去车内雾气、辅助调节温度及减少空调使用时间，节能减排，亲近自然。

(3) 电动座椅

现代汽车普遍采用电动座椅。驾驶员通过操纵电动座椅开关，可以将座椅调整到最佳的位置上，使驾驶员获得最好视野，便于操纵转向盘、踏板、变速杆等，还可以获得最舒适和最习惯的乘坐角度。汽车乘客也能通过操纵电动座椅开关，调整乘坐姿势，使乘坐更加舒适。

(4) 电动雨刮器

雨刮器用于清扫风窗玻璃上的雨水、雪或尘土，保证汽车在雨天或雪天时，驾驶员有良好的视线，确保行驶安全。目前在汽车上广泛采用电动雨刮器。电动雨刮器有高速、低速及间歇 3 个工作挡位及自动回位功能。现代很多轿车的雨刮器具有雨量自动感应功能，能够根据雨量的大小来自动控制雨刮器的速度。

(5) 电动后视镜

汽车后视镜是汽车必备的安全装置之一。驾驶员通过电动功能调整后视镜的位置，可方便地获得理想的后视镜位置。有些汽车还采用防眩目内后视镜，以防止后面汽车的前照灯光线过强时照射在车内后视镜上影响驾驶者的注意力。

(6) 电控除雾器

在寒冷的季节，风窗玻璃上会凝结一层霜、雾、雪或冰，从而影响驾驶员的视线，严重时甚至无法驾驶。为了避免水蒸气凝结，汽车上必须装有风窗玻璃除雾装置。对于后车窗玻璃的除雾，一般是在风窗玻璃里面或外面嵌有电热丝，电热丝通电后产生热量而除雾。

(7) 自动空调控制系统

自动控制空调系统能自动检测车内温度、车外环境温度、日照温度、空调蒸发器温度和发动机冷却水温等，并根据驾驶员所设定的温度，自动调节鼓风机所送出的空气温度和鼓风机转速，从而将车内温度保持在设定的温度范围内。有些高级轿车的自动空调器除了温度控制和鼓风机转速控制外，还能进行进气控制、气流方式控制和压缩机控制。

3. 汽车娱乐与通信系统

(1) 汽车网络系统

现代汽车中所使用的电子控制系统和通信系统越来越多，这些系统之间均需要进行数据交换，如此巨大的数据交换量，如仍然采用传统的点对点连接传输方式将是难以想象的。同时，现代汽车控制技术已发展到多变量、全局的最优控制，这就要求对汽车上每一系统的状态进行综合分析、推理、判断，从而作出最优控制决策，于是汽车网络系统（局域网）应运而生。通过现场总线技术可以实现多路控制和各模块之间的数据共享等功能，使控制变得更加方便，并可节省大量的导线，降低成本、便于维护和提高总体可靠性。

(2) 汽车电子仪表系统

现代汽车广泛采用计算机控制的电子仪表，这种仪表能准确、迅速地处理各种复杂的信息，并以数字、文字或图形的形式显示出来，向驾驶员发出汽车各种工作状态的信号和故障报警信号。电子仪表显示的信息除冷却液温度、机油压力、车速、发动机转速等常见的内容外，还有瞬时耗油量、平均耗油量、平均车速、行驶里程、车外温度等信息。

(3) 汽车音响系统

汽车音响系统作为评价汽车舒适性的依据之一,越来越受到重视。汽车音响系统里面传来的优美的音乐,可使驾驶员感到放松,也可以听到驾驶所必要的交通信息和新闻。高新技术在汽车音响上的不断应用,不但使音质大大提高,而且可靠性也大大提高。新型的汽车音响,音响效果更好,噪声更低,抗干扰性能更稳定,操作也更方便。

(4) 车载电话系统

车载电话系统是专为行车安全和舒适性而设计的。车载电话可自动辨识移动电话,不需要电缆或电话托架便可与手机联机。同时使用者不需要触碰手机(双手保持在方向盘上)便可控制手机,用语音指令控制接听或拨打电话。使用者可以通过车上的音响或蓝牙无线耳机进行通话。若选择通过车上的音响进行通话,当有来电或拨打电话时,车上音响会自动静音,通过音响的扬声器或麦克风以进行话音传输。若选择蓝牙无线耳机进行通话,只要耳机处于打开状态,当有来电时按下接听按钮就可以实现通话。

(5) 汽车导航系统

随着经济水平的提高,人们自行驾驶车辆出行的机会越来越多,但因为对道路不熟悉,走弯路走错路时常发生,而汽车导航系统的出现就能很大程度避免这种情况发生,驾驶员只要将目的地输入系统,导航系统会自动选择最佳行驶路线,并能在屏幕上显示地图,表示汽车行驶中的位置,以及到达目的地的方向和距离。这实质是汽车行驶向智能化发展的方向,再进一步就可成为无人驾驶汽车。

除了以上介绍的系统以外,还出现了很多其他的电控系统,如汽车夜视系统、平视显示系统、无钥匙便捷上车及启动系统等。这些电控系统应用在汽车上,进一步了提高汽车的安全性、舒适性和方便性。

三、汽车车身电控系统的分类

根据车身电控系统的总体架构,汽车车身电控系统可分为分散式、集中式、分布式、以集中式为基础的混合式 4 种方式。这 4 种方式各有应用范围,当前,分散式偏重于经济型轿车的应用,分布式偏重中高档车型应用,集中式以及混合式偏重在经济型轿车与中高档车型之间的应用。

1. 分散式车身电控系统

分散式车身电控系统就是各个车身电器子系统为独立控制,且相互之间没有逻辑及通信关系。以往的经济型轿车多采用这种方式,如羚羊、嘉年华、千里马、捷达、伊兰特等,典型的控制器件有中控门锁控制器、电动车窗控制器、雨刮器控制器等。分散式的车身电控系统成本低,开发相对容易,配置灵活,不影响其他车身电器,成本也随配置变化而变化。

2. 集中式车身电控系统

集中式车身电控系统就是多个车身电器子系统通过一个控制器集中进行控制,这样各个车身电器子系统之间可以发生一定的逻辑关系,同时通过总线连接,车身系统与动力系统甚至娱乐系统、空调系统、仪表系统之间可以发生一定的逻辑关系,如遥控电动车窗、防盗报警等。集中式车身电控系统典型的控制器件为车身控制器(Body Control Module,BCM),它是集中式车身电控系统的核心。

优点:车身控制功能得到大大加强,整车用电器的故障诊断变得容易。由于集中控制,从而使硬件资源得到更充分的利用，在同等技术状态的前提下，可以使车身电控系统总体成本得到降低。

缺点：相比分散式系统，其车身控制器开发难度大大提高。由于所有车身电器由一个控制器控制，当车辆电器配置变化较多时，这种方式的车身控制系统需要较多的状态，会产生较多的重复开发和试验。由于硬件资源所限，其扩展性会受到一定的影响。

3. 分布式车身电控系统

从形式上看，这种车身电控系统与分散式车身控制系统类似，都是车身电器各子系统使用单独的控制器进行控制，但实质上却有很大的区别。分散式车身电控系统各用电器之间并不存在关联，而分布式车身电控系统延承了集中式车身电控系统在功能控制上的优势，各个分布的控制模块除对本身所控制的电器系统进行逻辑控制外，还通过 CAN 或 LIN 总线进行通信，实现各区域、各子系统车身用电器以及动力系统、娱乐系统、仪表系统等的功能交互。

典型分布式车身电控系统结构图如图 1.1.1 所示。图中左前门及左后视镜控制模块和右前门及右后视镜控制模块所完成的后视镜控制功能，由于座椅记忆和后视镜记忆功能相关联，也可被放入座椅控制模块。

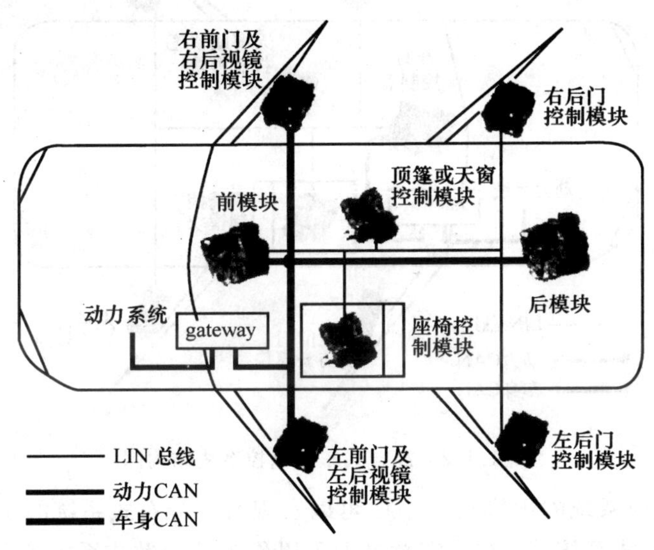

图 1.1.1　分布式车身电控系统结构图

在分布式车身电控系统中，所有控制模块的通信变得非常关键，几乎所有控制功能的实现都离不开通信的存在。比如在集中式控制系统中，所有门锁电机由车身控制器直接驱动控制，而分布式系统中，首先要各个车门模块通过 CAN、LIN 总线获得锁止开锁信号，然后再由各个车门模块单独驱动控制各个门锁电机。

优点：由于各模块通过总线通信，大大简化线束结构，降低线束成本。配置的灵活性及扩展性大大提高，比如同一款车的高配车型与低配车型使用与不使用座椅控制模块，对系统整体基本没有影响，同时，如果增加新的系统，只需将其接入总线，对软件稍微修改，而不需系统性重新开发。

缺点：对系统整体可靠性要求较高，总线开发难度较大。由于各子系统单独使用控制器进行控制，控制器资源共享的程度降低，如门锁电机控制，以 4 门计算，如使用集中式控制，所有门锁电机控制所使用的单线圈继电器数量为 3 个，但如果使用分布式控制系统，使用的单线圈继电器数量将上升到 8 个。

4. 以集中式为基础的混合式车身电控系统

这种车身电控系统的基本特征有 2 个：①具备集中式系统的车身控制器；②部分子系统的控制方式与分布式或者分散式控制系统相同。比如座椅控制模块、天窗控制模块可采用分布式系统，电子防盗模块可采用分散式。

典型混合式车身电控系统的结构图如图 1.1.2 所示，图中车身控制器具备了门锁、油箱锁、行李厢锁、前后照明系统、前后雨刮器控制、防盗系统等功能。很多车型的车身控制器还具备驾驶舱熔断丝盒及各个分线束转接功能。防夹模块与车门模块相比功能有所减弱，仅完成玻璃升降的防夹功能。四门混合式控制系统同样可以实现分布式系统的所有功能，通信方面的要求相对有所减弱，但仍扮演重要角色，是各控制模块执行交互功能的通道。

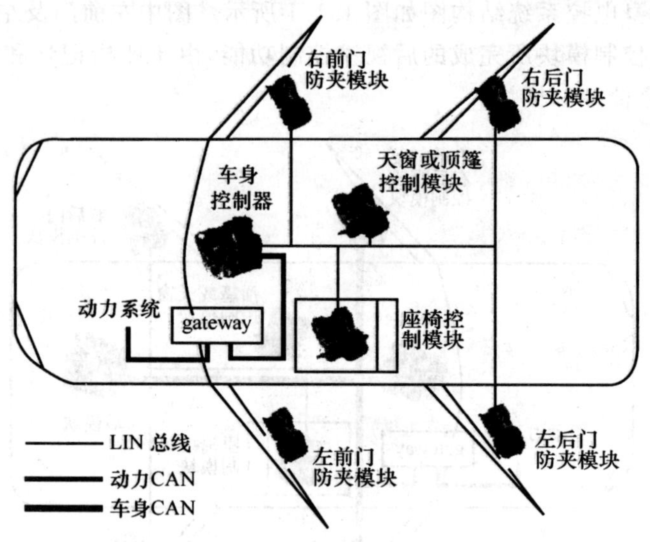

图 1.1.2　混合式车身电控系统结构图

混合式车身电控系统的优势在于：① 可以实现所有分布式系统的功能；② 从目前情况来看，成本低于分布式系统；③ 在一定意义上可以作为从分散式系统到分布式系统的过渡；④ 提高防夹系统配置的灵活性。

通过比较分析以上 4 种形式的车身电控系统，目前离散式车身电控系统仍将大量存在于低端车型，但淘汰趋势已成必然；集中式车身控制系统将大量应用于中低端车型，但也会逐步让位于混合式；分布式控制系统在中高端车型由于成本压力相对较小，同时，由于半导体成本的逐步降低，该系统将会继续应用；以集中式为基础的混合式系统将会在中档、中高档甚至中低档轿车市场总体上占据最大份额。

四、汽车电控系统的发展趋势

随着集成控制技术、计算机技术和网络技术的发展，汽车电控系统已明显向集成化、智能化和网络化 3 个主要方向发展。

1. 集成化

近年来嵌入式系统、局域网控制和数据总线技术的成熟，使汽车电控系统的集成成为汽车技术发展的必然趋势。将发动机管理系统和自动变速器控制系统，集成为动力系统的综合控制；将制动防抱死控制系统、牵引力控制系统和驱动防滑控制系统综合在一起进行制动控制；通过中央底盘控制器，将制动、悬架、转向、动力传动等控制系统通过总线进行连接，控制器通过复杂的控制运算，对各子系统进行协调，将车辆行驶性能控制到最佳水平，形成一体化底盘控制系统。

2. 智能化

智能化传感技术和计算机技术的发展，加快了汽车的智能化进程。汽车智能化相关的技术问题已受到汽车制造商的高度重视。其主要技术中"自动驾驶仪"的构想必将依赖于电子技术实现。智能交通系统(ITS)的开发将与电子、卫星定位等多个交叉学科相结合，它能根据驾驶员提供的目标资料，向驾驶员提供距离最短而且能绕开车辆密度相对集中处的最佳行驶路线。它装有电子地图，可以显示出前方道路、并采用卫星导航。从全球定位卫星获取沿途天气、车流量、交通事故、交通堵塞等各种情况，自动筛选出最佳行车路线。

3. 网络化

随着电控器件在汽车上越来越多的应用，车载电子设备间的数据通信变得越来越重要。以分布式控制系统为基础构造汽车车载电子网络系统是十分必要的。大量数据的快速交换、高可靠性及低成本是对汽车电子网络系统的要求。在该系统中，各子处理机独立运行，控制改善汽车某一方面的性能，同时在其他处理机需要时提供数据服务。主处理机收集整理各子处理机的数据，并生成车况显示。

据近期公布的一份战略研究报告指出，未来汽车电子控制领域的重要发展方向是汽车安全领域。有以下几个方面：利用雷达技术和车载摄像技术开发的自动避撞系统；利用红外线技术开发各种能监测驾驶员行为的安全系统；高性能及高保障的轮胎综合监测系统；自适应自动驾驶系统；驾驶员身份识别系统；更加完善的安全气囊和 ABS/ASR 以及车身动态控制系统。因此，随着汽车电控技术的发展，随着先进的微型传感器、迅速响应的执行器、高能电控单元(ECU)、计算机网络技术、先进的控制理论，第三代移动通信技术在汽车上的广泛应用，现代汽车正朝着更加智能化、自动化和信息化方向发展。

课后练习

1. 汽车车身电控系统的主要内容有哪些？
2. 汽车车身电控系统有哪些分类？

项目二　汽车车身安全系统检修

任务 2.1　安全气囊系统检修

【知识要求】

- 能正确讲述安全气囊系统的分类；
- 能正确描述安全气囊系统的组成、各部分结构和工作原理；
- 能正确描述安全气囊系统的控制过程、动作过程和有效作用范围；
- 能正确识读和分析安全气囊系统的电路图；
- 能正确讲述安全气囊系统故障诊断时的注意事项。

【能力要求】

- 会正确拆装安全气囊系统零部件；
- 会使用故障诊断仪进行安全气囊系统故障自诊断；
- 会分析诊断和排除安全气囊系统的常见故障。

任务描述

一位客户反映他所驾驶的一汽宝来 1.8L 轿车，发生交通事故后，车内正副驾驶安全气囊引爆，但经过更换双安全气囊及安全气囊控制单元后，仪表板上的安全气囊警告灯常亮且无故障代码输出。现在请你对客户轿车的安全气囊系统进行检修。

相关知识

汽车安全、节能、环保已成为当今汽车工业乃至整个人类社会面临的 3 大焦点问题，汽车安全问题更是首当其冲。汽车安全有主动安全与被动安全之分。主动安全是指事故发生前的预防，被动安全是指在撞车的时候保护车辆的乘员。重要的是两者均要使车舱的损坏降到最小，以及使在车舱之内由乘员的惯性所引起的二次碰撞所造成的损伤最小化。

当汽车发生事故时，对乘员的伤害是在瞬间发生的。例如，以车速 50 km/h 进行正面碰撞时，其发生时间只有十分之一秒左右。为了在这样短暂的时间中防止对乘员的伤害，必须设置安全装备，目前主要有安全带、防撞式车身和安全气囊系统（Supplemental Restraint System，SRS），如图 2.1.1 所示。

对防撞式车身来说，通过车身前面或后面部分的变形来吸收并分散碰撞的撞击力，从而减少传输到乘员的作用力。而座椅安全带是主要约束乘员的措施，系好座椅安全带将防止在撞车期间乘员被抛出车外，也同时使车舱内发生的二次碰撞造成的损伤最小化。除了座椅安全带提供的保护外，SRS 可进一步对乘员进行防护，当发生严重的前面或侧面撞击时，SRS 气囊膨胀，与座椅安全带一起防止或减少伤害。

安全带和安全气囊系统作为被动安全性的主要组成部分，由于使用方便，效果显著，造

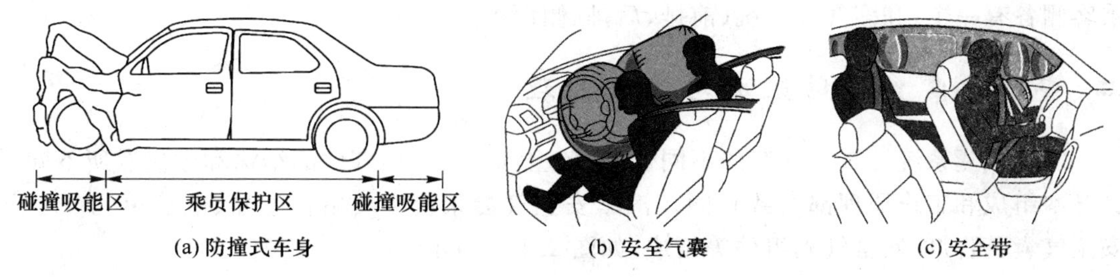

图 2.1.1　安全装备

价不高，得到了迅速的发展和普及。实验和实践证明，汽车装用安全气囊后，汽车发生碰撞事故对驾乘人员的伤害程度大大减小。据统计，在汽车发生碰撞时，安全气囊可使乘员头部受伤率减少 25%，面部受伤率减少 80%左右。

一、安全气囊系统种类

1. 按传感器类型分类

按传感器的类型不同可分为机械式和电子式两种。机械式安全气囊系统不需用电源，全部零件组装在转向盘装饰盖板下面，检测碰撞动作和引爆点火剂都是利用机械动作来完成的。电子式安全气囊系统有两种布置方式，早期的电子式传感器安装在汽车的前端部，气囊引爆装置安装在转向盘上，前端的传感器需要引线连接。现在开发出的整体式安全气囊，把电子式传感器后移，和点火引爆装置作为一个整体安装在转向盘内，可以取消线束，消除了由于线路短路或断路导致气囊失效的故障。

2. 按照安装位置不同分类

根据安装位置不同，安全气囊分为正面碰撞防护安全气囊系统、侧面碰撞防护安全气囊系统、后排碰撞防护安全气囊系统、顶部碰撞防护安全气囊系统和膝部碰撞防护安全气囊系统等，如图 2.1.2 所示。实际交通事故统计表明，正面碰撞防护安全气囊和 3 点式安全带配合使用，对正面碰撞事故中的乘员具有更好的保护效果，因此正面碰撞防护安全气囊使用最广。

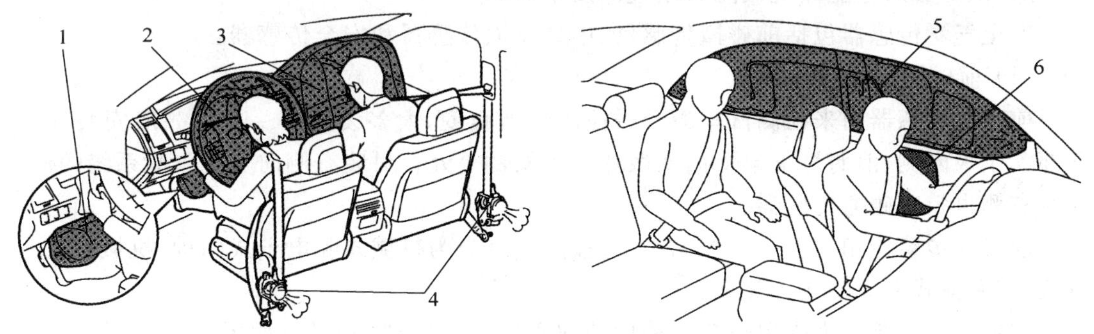

1—膝部安全气囊；2—驾驶员侧安全气囊；3—乘客侧安全气囊；
4—安全带收紧器；5—侧面窗帘式安全气囊；6—侧面安全气囊

图 2.1.2　安全气囊的安装位置

3. 按照安全气囊安装数量分类

按照安全气囊安装数量分为单气囊系统（只装在驾驶员侧）、双气囊系统（驾驶员侧和前乘客侧各有一个)和多气囊系统(前排、后排、侧面等)。

二、安全气囊系统的组成与工作原理

安全气囊系统分布在汽车的不同位置,各型汽车所采用部件的结构和数量有所不同,但其基本组成和工作原理都大致相同。汽车安全气囊系统主要由传感器、电控单元(ECU)、安全气囊警告灯、安全气囊组件等组成,如图 2.1.3 所示。

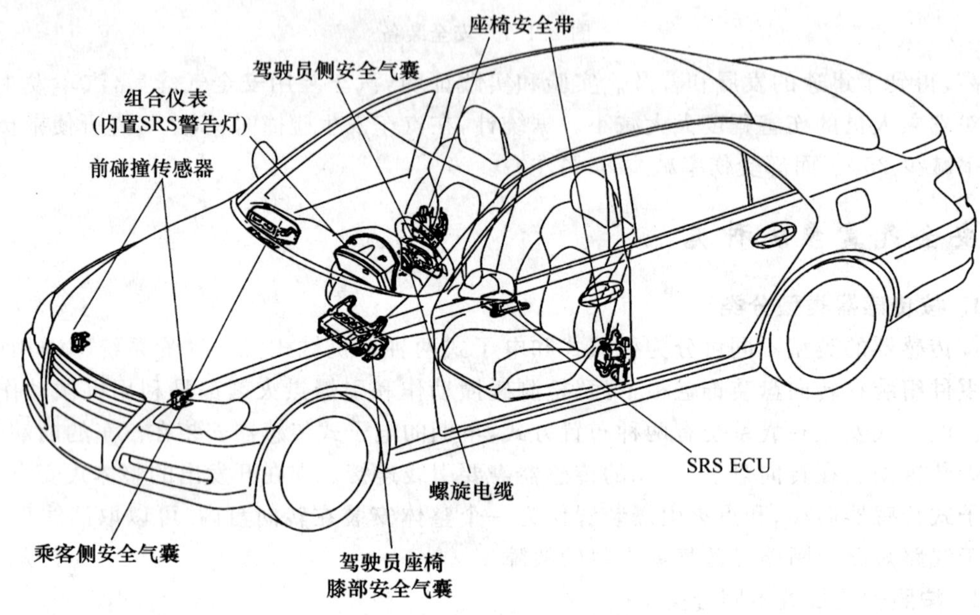

图 2.1.3 安全气囊系统组成

1. 安全气囊传感器

安全气囊传感器的功用是检测、判断汽车发生事故后的碰撞信号,以便及时启动安全气囊,并提供足够的电能或机械能点燃气体发生器。

安全气囊传感器包括前碰撞传感器、中央碰撞传感器和安全传感器。

(1) 前碰撞传感器

前碰撞传感器用来检测汽车遭受碰撞的激烈程度,大多设置 2～4 个,一般安装在车身前部翼子板内侧、前照灯支架下面及散热器支架侧等处。对装有侧向安全气囊系统的汽车,在左右侧也装有碰撞传感器。

前碰撞传感器相当于一个控制开关,按结构可分为机械式和电子式两种,机械式又有滚球式、偏心锤式和滚轴式等类型。

如图 2.1.4 所示为丰田轿车所采用的偏心锤式传感器的外形,如图 2.1.5 所示为其结构,主要由外壳、偏心转子、偏心重块、固定触点和旋转触点等部分组成。在传感器本体外侧有一个电阻 R,其作用是对系统进行自检时,检测安全气囊 ECU 与碰撞传感器之间的线路是否有断路或短路。

偏心锤式传感器的工作原理如图 2.1.6 所示。在正常情况下,偏心转子和偏心重块在螺旋弹簧力的作用下,紧靠在与外壳相连的止动器上。此时固定触点和旋转触点并未接合。当发生

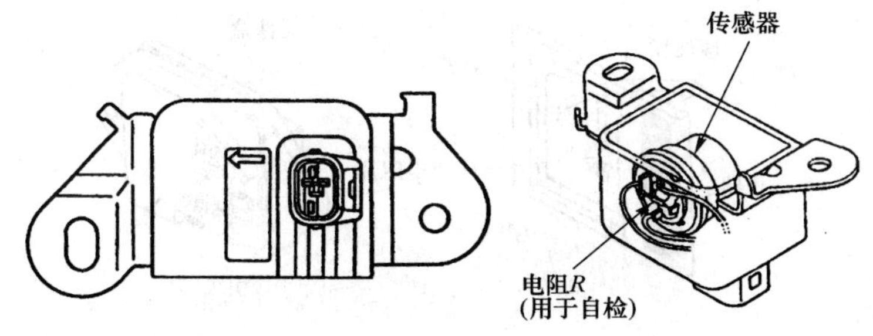

图 2.1.4　偏心锤式传感器外形

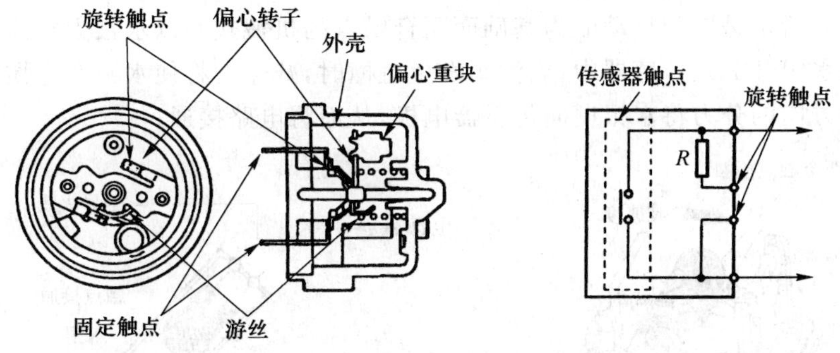

图 2.1.5　偏心锤式传感器的结构

正面碰撞，如果碰撞的减速度超过预定值时，由于偏心重块惯性的作用，使偏心重块连同偏心转子和旋转触点作为整体一起转动，使固定触点和旋转触点接触，碰撞传感器输出电信号。

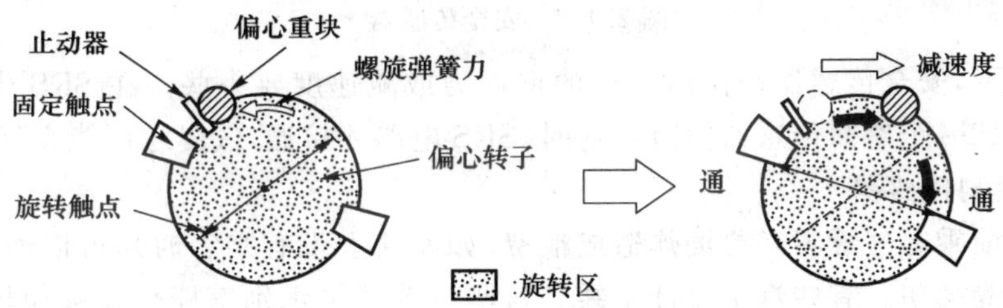

图 2.1.6　偏心锤式传感器的工作原理

(2) 中央碰撞传感器

中央碰撞传感器安装在车身前部中央位置，还有部分车型安装在安全气囊 ECU 内部。

中央碰撞传感器根据应变电阻片的不同分为电子式和机械式两种。电子式中央碰撞传感器是一个半导体压力传感器，它将传感元件、信号适配器和滤波器等集成在一块集成电路(IC)上，具有可靠性高、功能强等优点。如图 2.1.7 所示，传感器有一悬臂梁，悬臂梁的质量就是惯性质量，当传感器承受冲击时，悬臂梁会发生弯曲。这一弯曲变形可由其上的应变电阻片测出，并转换成电信号，经集成电路整理放大后输出。这个输出信号随减速率线性变化。

(3) 安全传感器

安全传感器也称为触发传感器或保护传感器。安全传感器用来防止在非碰撞的情况下引起气囊的误动作，信号供给安全气囊电控单元以判断是否真发生碰撞。安全传感器一般

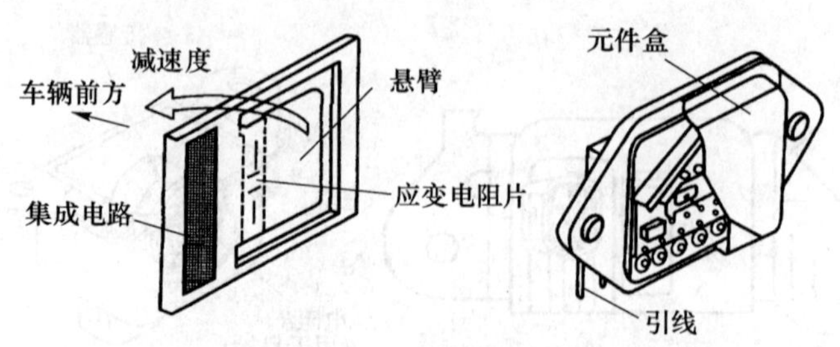

图 2.1.7　中央碰撞传感器

安装在安全气囊 ECU 内部，通常有两个。

如图 2.1.8 所示是以配重动能为基础而闭合触点的机械式和以水银为导体的水银开关式传感器。在水银开关式传感器中，当汽车发生碰撞时，减速度将使水银产生惯性力。惯性力在水银运动方向的分力将水银抛向传感器电极，从而将电路接通。

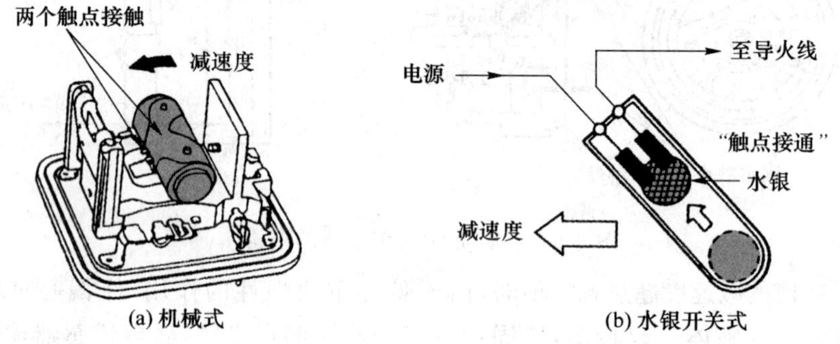

图 2.1.8　安全传感器

一般情况下，安全传感器动作所需要的惯性力或减速度要小些。在 SRS 中，只有当安全传感器与任意一个碰撞传感器同时接通时，SRS 电路才接通，气囊才可能充气。

2. 乘客检测传感器

为了避免前乘客气囊不必要爆炸造成浪费(如座椅上没有乘客时)，可以通过开关或仪器将前乘客气囊关闭。有些汽车设计了乘客检测传感器来识别座椅是否被使用，如果座椅为空，则对应的气囊不会引爆。

乘客检测传感器如图 2.1.9 所示，它用两片电极夹住一块隔片。当乘客坐在座椅上时，电极片通过垫片的孔彼此接触，这样允许电流流动，于是就检测到有乘客。

3. 安全气囊组件

安全气囊组件主要由气囊、气体发生器和点火器等组成。

(1) 气囊

如图 2.1.10 所示，气囊安装在充气装置上部，用塑料盖板护住。气囊在静止状态时，像降落伞未打开时一样折叠成包，安放在气体发生器上部与气囊饰盖之间。气囊一般由尼龙制成，上面有一些排气孔，充气结束后，排气孔立即排气使气囊变软，这样起到缓冲作用以减轻对驾乘人员的伤害。

驾驶员侧气囊安装在转向盘的中央，撞车时可保护驾驶员不被转向盘挤压而造成伤亡。前乘客侧气囊安装在前乘客座椅正前方，仪表板上的杂物箱和仪表板之间，撞车时可保护前

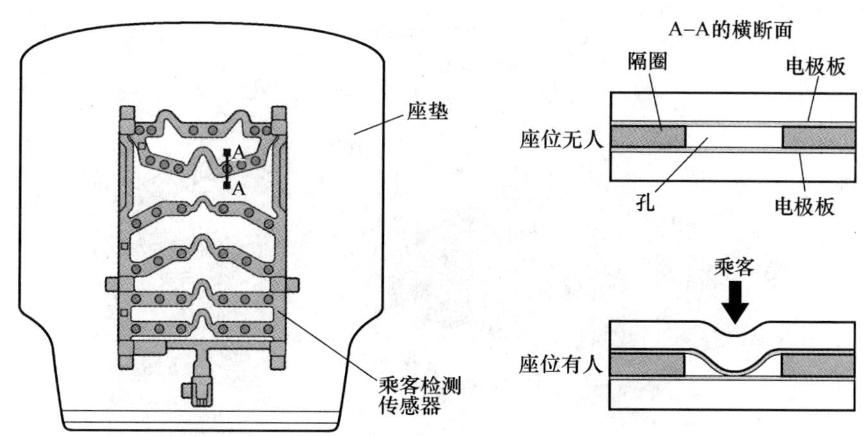

图 2.1.9　乘客检测传感器

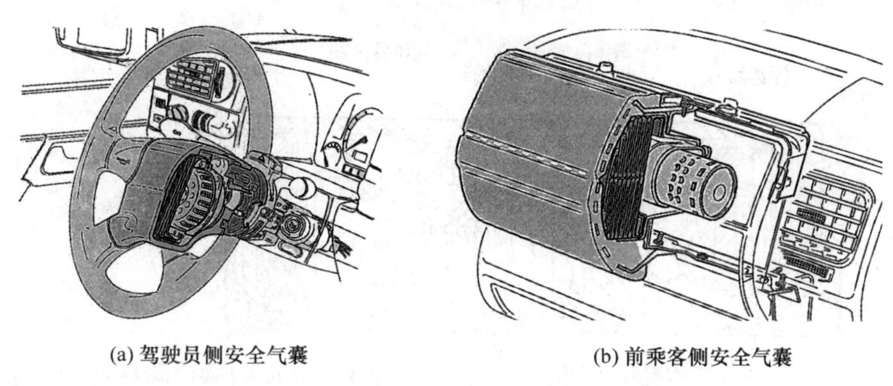
(a) 驾驶员侧安全气囊　　(b) 前乘客侧安全气囊

图 2.1.10　安全气囊

乘客不会撞击前风窗玻璃而造成伤亡。

侧面安全气囊分为驾驶员侧安全气囊和乘客侧安全气囊,分别安装在驾驶员座椅靠背的左侧和前乘客座椅靠背的右侧,以防翻车时驾驶员和前乘客与左右侧车窗玻璃相撞而造成伤亡。发生剧烈的侧面碰撞时,在汽车发生事故的那一侧会触发侧面安全气囊。

(2) 气体发生器

气体发生器又称为充气器,其功用是在点火器引爆气体发生剂时,产生气体向气囊充气,使气囊张开。根据驾驶员侧或乘客侧的使用情况不同,气体发生器有罐状或筒状结构。

驾驶员侧罐状气体发生器结构如图 2.1.11 所示,由上盖、下盖、气体发生剂、过滤器等组成。在车辆正面发生严重碰撞时,减速力使气囊传感器导通,电流流入点火器使其产生高热,从而点燃点火器内的点火物质。火焰随即扩散到点火药粉和气体发生剂。气体发生剂是由氮化钠为原料制成的片状颗粒,气体发生剂受热后产生大量氮气,这些氮气经过滤器降温后进入气囊内。如图 2.1.12 所示。气囊迅速充气并急剧膨胀,冲破方向盘衬垫,缓冲了驾驶员的碰撞冲击。气囊在充气完成后,氮气由释放孔迅速排泄,这不但可减少驾驶员对气囊的冲击力量,而且可确保驾驶员有良好的视野。

前乘客侧筒状气体发生器如图 2.1.13 所示,点火器点燃后,引燃抛射体,随后突破封闭盘并撞向动作活塞,引起引燃器点火。传播到增强剂和气体发生剂颗粒后,产生大量气体,

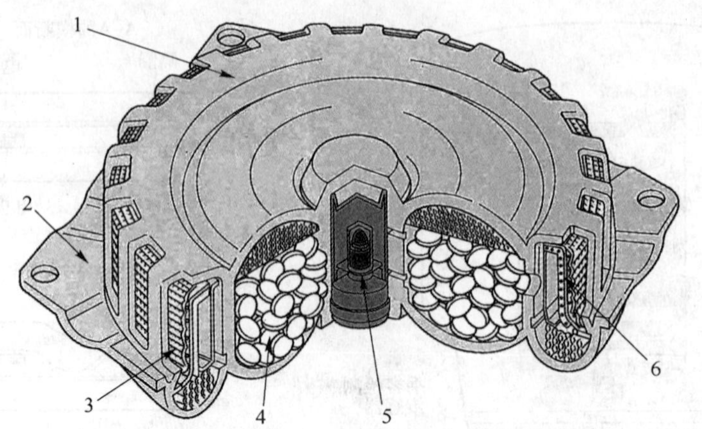

1—上盖；2—充气孔；3—下盖；4—气体发生剂；5—点火器药筒；6—过滤器

图 2.1.11　气体发生器

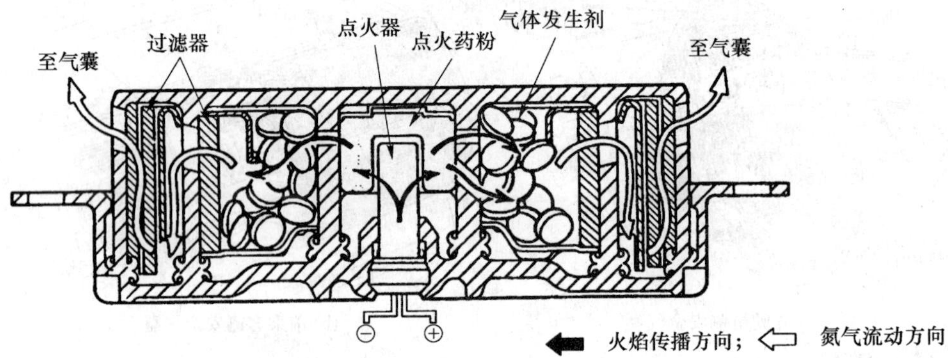

图 2.1.12　驾驶员侧罐状气体发生器

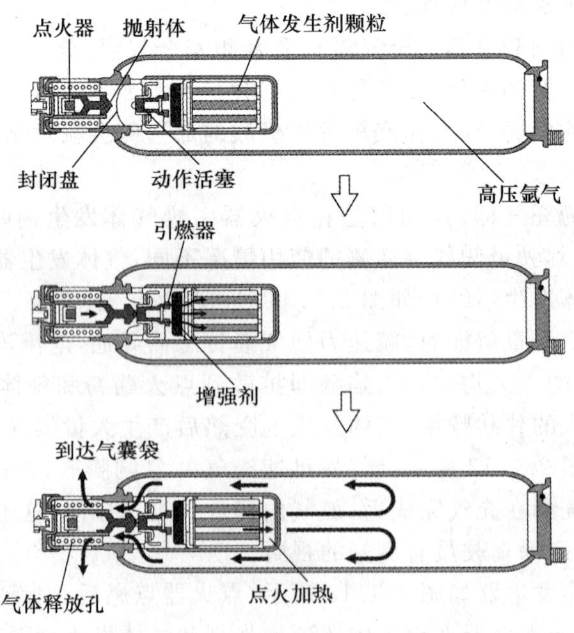

图 2.1.13　前乘客侧筒状气体发生器

并经气体释放孔流入气囊，使气囊膨胀。

气体发生器使用专用螺栓固定在气囊支架上，只有使用专用工具才能进行装配。气体发生器自安装之日起，应 10 年更换 1 次。

4. 电控单元(ECU)

安全气囊电控单元(SRS ECU)是 SRS 的控制中心，它由诊断电路、点火控制和驱动电路、中央碰撞传感器电路、安全传感器电路等组成，如图 2.1.14 所示。

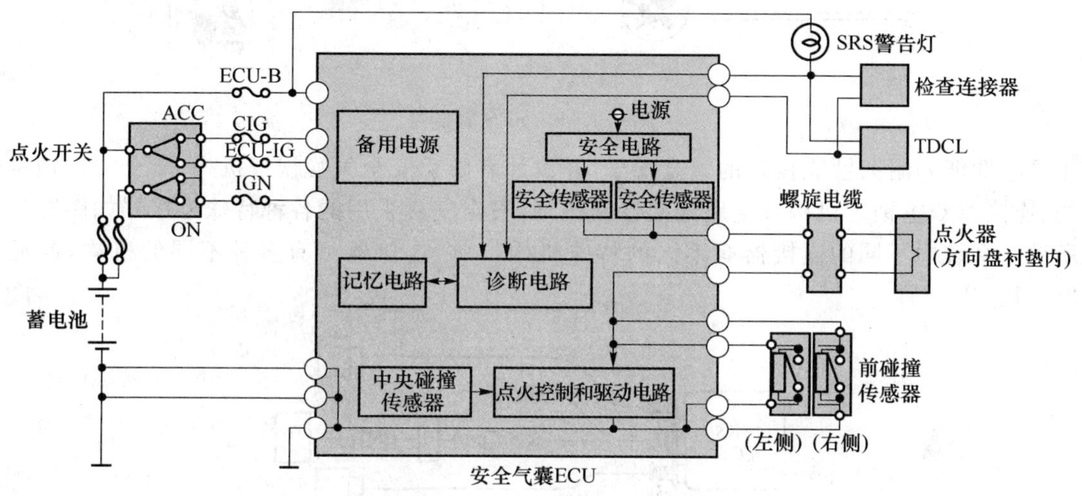

图 2.1.14　SRS ECU 电路原理图

(1) 诊断电路。此线路不断地诊断 SRS 系统是否有故障。当检测到故障时，SRS 警告灯点亮或闪烁，对驾驶员进行警告。

(2) 点火控制和驱动电路。点火控制与驱动电路对中央碰撞传感器来的信号进行计算，如果计算值比预定值大，它就触发点火，使气囊充气。

(3) 备用电源。备用电源由备用电容器和直流一直流变压器组成。在碰撞期间一旦电源系统发生故障，备用电容器放电并向系统提供电力。当蓄电池电压下降到一定值时，直流一直流变压器用于提高电压。

(4) 存储电路。当诊断电路检测到故障时，故障被编成代码并储存在存储电路中。故障代码可随时取出，以确定故障部位并进行快速的故障检修。按照车型的不同，存储电路可分为两种形式，一种是当电源中断时，存储内容即自动消失；另一种是即使供应电源中断，存储内容仍能保留。

5. SRS 警告灯

SRS 警告灯装在组合仪表上，用英文 AIR BAG 或图形表示，如图 2.1.15 所示。故障代码的输出也可由 SRS 警告灯的闪烁来进行。在正常情况下，点火开关转到 ACC 或 ON 位置时，该灯亮约 6 s，然后熄灭。

6. 线束与保险机构

安全气囊系统工作可靠与否，直接关系到人身安全。为了便于检查排除故障隐患，设计制造的 SRS 线束和连接器与其他电器系统都有区别。安全气囊系统中的所有连接器大多为黄色，以便与其他系统的连接器相区别。为了保证气囊系统可靠工作，SRS 连接器采用

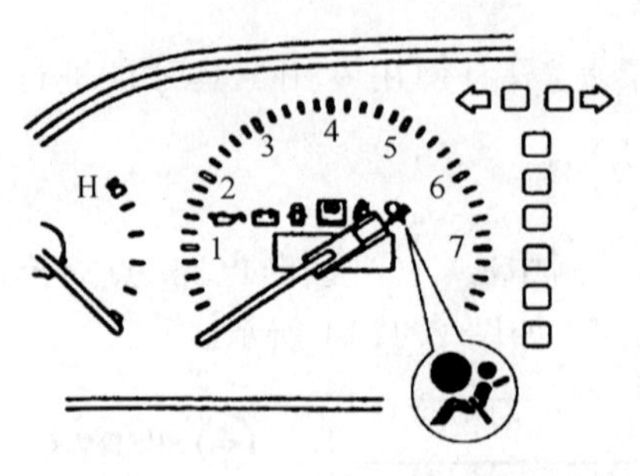

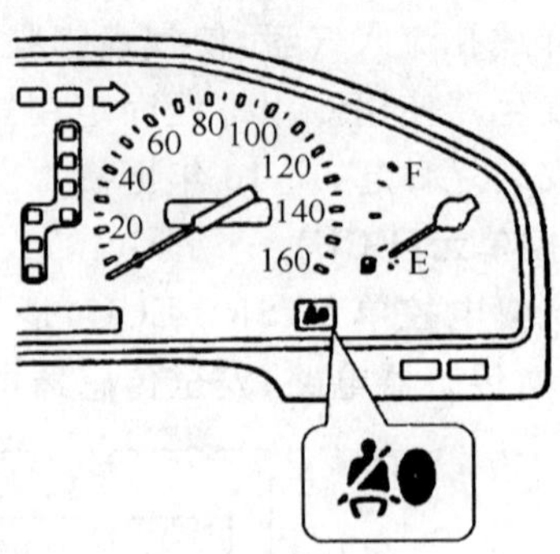

图 2.1.15 SRS警告灯

了导电性能和耐久性能良好的镀金端子，并设计有防止安全气囊误爆机构、端子双重锁定机构、连接器双重锁定机构和电路连接诊断机构，安全气囊采用的各种特殊连接器如图2.1.16所示。系统中不同的连接器有不同的特殊机构，一个连接器可有多种不同的机构，参见表2.1.1。

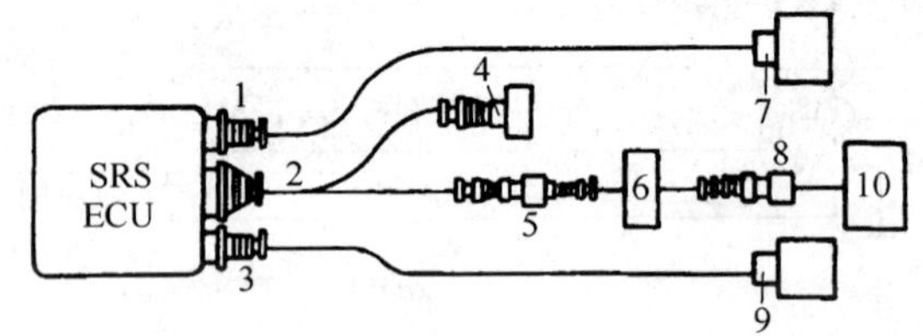

1、2、3—ECU连接器；4—SRS电源连接器；5—中间线束连接器；6—螺旋电缆；
7—右碰撞传感器连接器；8—安全气囊组件连接器；9—左碰撞传感器连接器；10—点火器

图 2.1.16 安全气囊采用的各种特殊连接器

表 2.1.1 连接器采用的保险机构

编号	名 称	连接器代号	编号	名 称	连接器代号
1	防止安全气囊误爆机构	2、5、8	3	连接器双重锁定机构	5、8
2	端子双重锁定机构	1、2、3、4、5、7、8、9	4	电路连接诊断机构	1、3、7、9

(1) 防止 SRS 误爆机构

从 SRS ECU 至 SRS 气囊点火器之间的连接器，均采用防止误爆机构。防止误爆机构为一块短路簧片，当连接器插头与插座接在一起时，插头的绝缘体将短路簧片顶起，如图 2.1.17(a)所示，短路簧片与点火器的两个端子分开，点火器中的电热丝电路处于正常连接状态。当连接器拔开或插座未完全结合时，短路簧片自动将靠近点火器一侧插座上的两个引线端子短接，如图2.1.17(b)所示，防止静电或误通电将点火器电路接通而造成气囊误爆开。

(2) 端子双重锁定机构

在安全气囊系统的任一个连接器中，接线端子都设有双重锁定机构，用于防止接线端子产生滑动，如图 2.1.18 所示。连接器的插头和插座都是由壳体上的锁柄与分隔片两部分组成，锁柄为一次性锁定机构，防止端子沿导线轴线方向滑动；分隔片为二次锁定机构，防止端子沿导线径向移动。

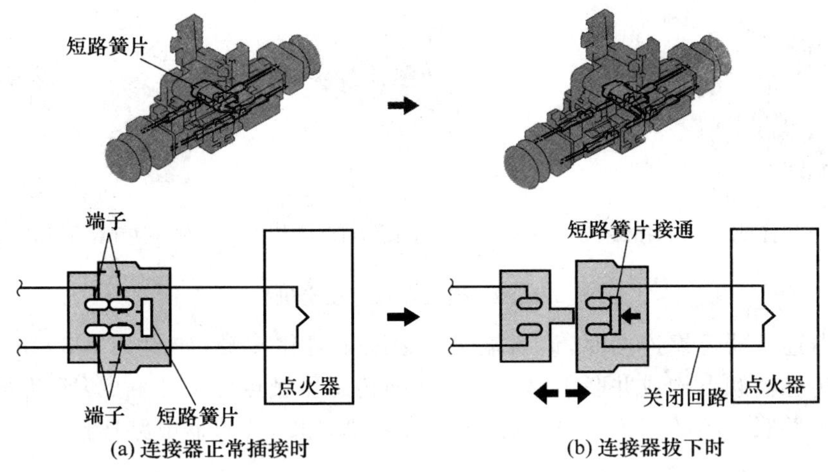

图 2.1.17　安全气囊防误爆机构

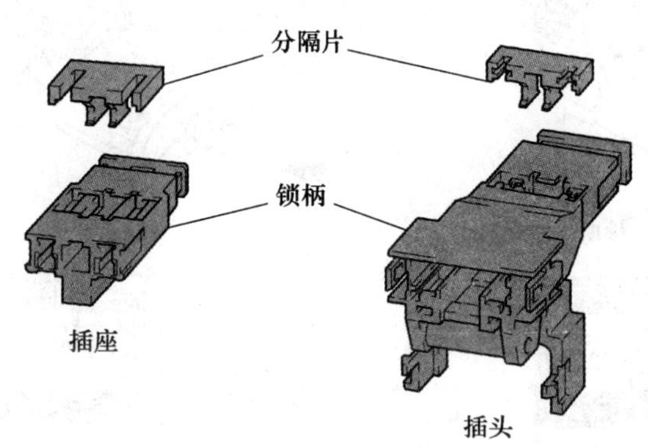

图 2.1.18　接线端子双重锁定机构

(3) 连接器双重锁定机构

安全气囊系统在线束的重要连接部位,连接器采用了双重锁定机构,用于锁定连接器,防止连接器脱开。连接器双重锁定机构如图 2.1.19 所示。在连接器插头上,设有主锁和两个凸缘。在连接器插座上,设有锁柄能够转动的副锁。当主锁未锁定时,插头上的两个凸台就会阻止副锁锁定,如图 2.1.19 (a)所示;当主锁完全锁定时,副锁锁柄方能转动并锁定,如 2.1.19(b)所示;当主锁与副锁双重锁定后,连接器插头与插座的连接状态如图 2.1.19 (c)所示,从而防止连接器脱开。

(4) 电路连接诊断机构

电路连接诊断机构用于检测连接器插头与插座是否可靠连接。前碰撞传感器连接器及其与 SRS ECU 连接的连接器采用了电路连接诊断机构,其结构如图 2.1.20 所示。连接器上有一个诊断销和两个诊断端子,前碰撞传感器触点为常开触点。

当传感器连接器处于半连接(未可靠连接)状态时,诊断端子与诊断销未接触,如图 2.1.20(a)所示,此时电阻尚未与传感器触点构成并联电路,连接器引线"+"与"-"之间的电阻为无穷大。当 SRS ECU 监测到碰撞传感器的电阻无穷大时,即判定连接器连接不可靠,诊断检测电路就会控制 SRS 故障警告灯闪亮报警,同时将故障编成代码存储在存储器

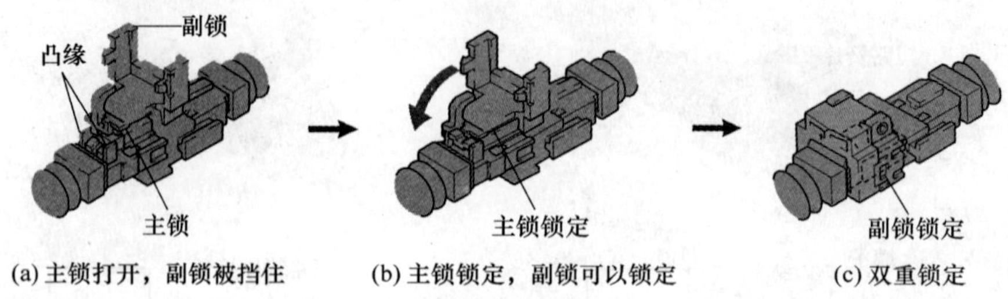

图 2.1.19　连接器双重锁定机构

中。当传感器连接器可靠连接时，诊断端子与诊断销可靠接触，如图 2.1.20(b)所示，此时电阻与碰撞传感器触点构成并联电路。因为碰撞传感器触点为常开触点，所以当 SRS ECU 检测到阻值为并联电阻的阻值时，即判定连接器可靠连接，传感器电路连接正常。

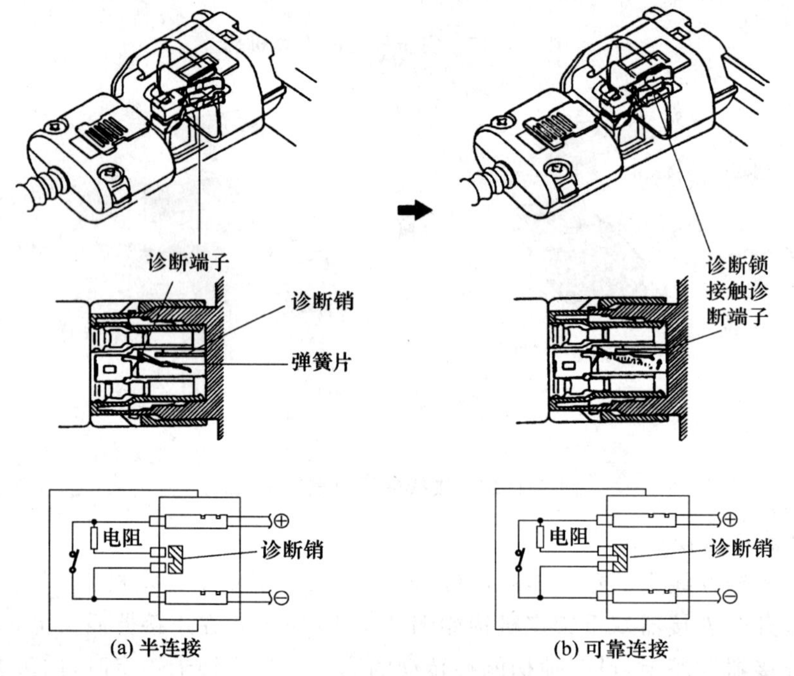

图 2.1.20　电路连接诊断机构

7. 螺旋电缆

安全气囊系统的所有线束都套装在黄色波纹管内，并与车颈线束连成一体，以便于区别。为了保证转向盘具有足够的转动角度而又不致损伤驾驶员侧气囊组件的连接线束，在转向盘与转向柱管之间采用了螺旋线束，即将线束安装在螺旋形弹簧内，再安放到弹簧壳体内，成为螺旋电缆，如图 2.1.21 所示。通常电喇叭线束也被安装在螺旋电缆内。螺旋电缆安装在转向盘与转向柱管之间，安装时应注意其安装位置与方向，否则将会导致转向盘转动角度不足或转向沉重。

三、安全气囊系统的控制过程

安全气囊系统的工作原理如图 2.1.22 所示，当汽车前进受前方一定角度范围内的碰撞时，车体会受到强烈的撞击，车速急剧下降。安装在汽车前端的前碰撞传感器和安装在SRS ECU内部的中央碰撞传感器都会检测到汽车突然减速的信号，并将此信号输送给SRS ECU，以便判断是否发生碰撞。当汽车遭受碰撞且减速度达到设定值时，SRS ECU发出控制指令由驱动电路将气囊组件中的点火器的电路接通，点火器内的点火物质点燃并引燃气体发生剂，气体发生剂受热后放出大量气体并经过滤后进入安全气囊，气囊便冲开气囊组件上的装饰盖迅速展开，在驾驶员和乘客面部和胸部前形成弹性气垫。然后及时泄漏和收缩，将人体与车内构件之间的碰撞变为弹性碰撞，通过气囊产生变形和排气节流来吸收人体碰撞产生的动能，从而有效地保护人体。

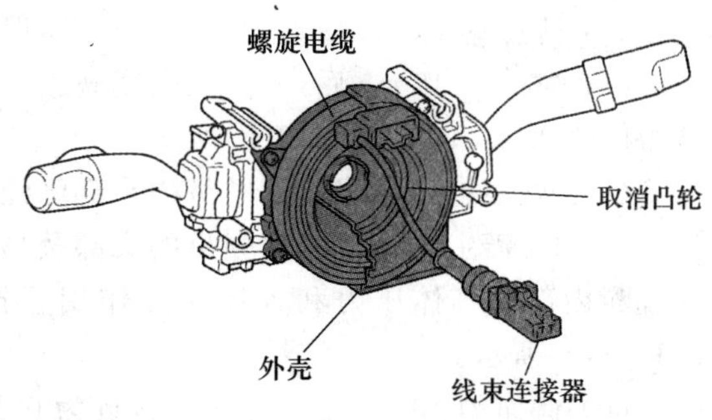

图 2.1.21　螺旋电缆

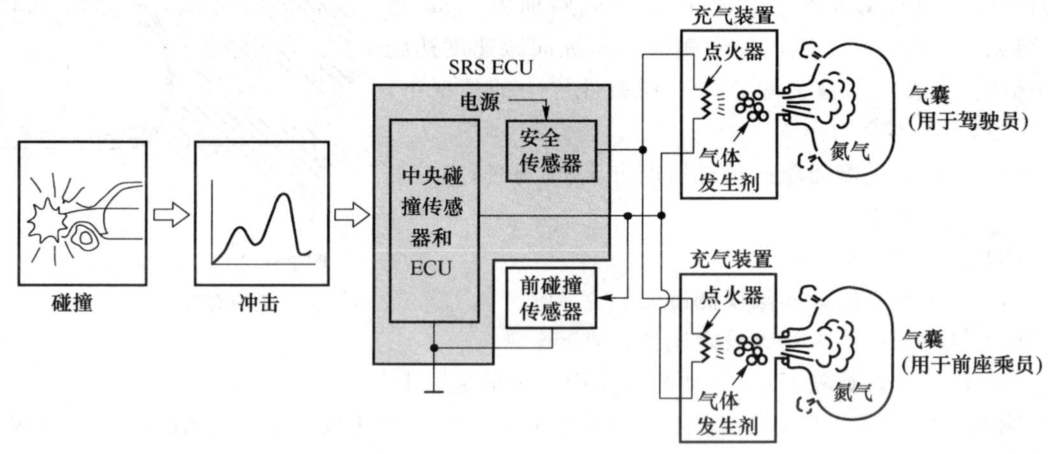

图 2.1.22　安全气囊系统的工作原理

1. 安全气囊系统的动作过程

当汽车以 50 km/h 车速与前面障碍物碰撞，安全气囊系统的动作过程如图 2.1.23 所示。

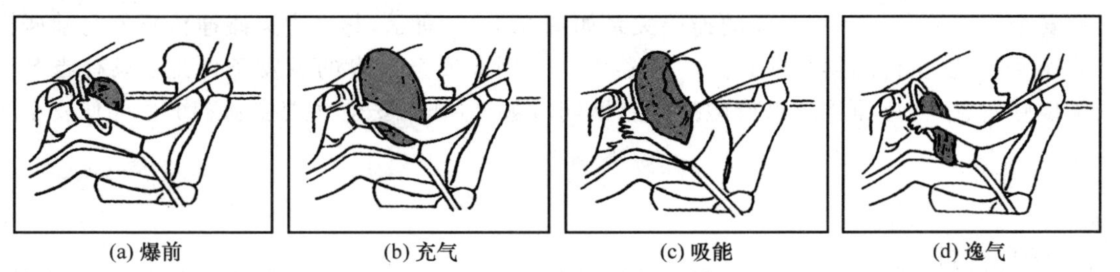

图 2.1.23　安全气囊系统的工作过程

(1) 碰撞约 10 ms 后，安全气囊系统达到引爆极限，点火器引爆气体发生剂并产生大量热量，使气体发生剂受热分解，驾驶员此时尚未动作，如图 2.1.23(a)所示。

(2) 碰撞约 20 ms 后驾驶员开始移动，但还没有到达气囊。

(3) 碰撞约 40 ms 后，气囊完全充满胀起，体积达到最大，安全带被拉长，人的部分冲击能量已被吸收，如图 2.2.23(b)所示。

(4) 碰撞约 60 ms 后，驾驶员的头部已经开始沉向气囊。

(5) 碰撞约 80 ms 后，驾驶员的头部及身体上部都沉向气囊。气囊背后的排气孔打开，在气囊内部的气体压力和人体压力作用下排气，利用排气孔的节流作用吸收能量，如图 2.1.23(c)所示。

(6) 碰撞约 100 ms 后，车速已接近为 0，这时对车内乘客来说，危险期已接近结束。

(7) 碰撞约 110 ms 后，驾驶员已经前移到最大距离，随后身体开始后移回到座椅靠背上。这时候，大部分气体已经从气囊中逸出，汽车前方视野恢复，如图 2.1.23(d)所示。

(8) 碰撞约 120 ms 后，碰撞危害全部解除，车速降至 0。

2. 安全气囊的有效作用范围

安全气囊系统并非在所有碰撞情况下都能起作用。正面碰撞安全气囊系统在汽车正前方或斜前方±30°角(如图 2.1.24 所示)范围内发生碰撞且其纵向减速度达到某一值时，气囊才能被引爆。在下列条件之一的情况下，安全气囊系统不会动作。

约30℃

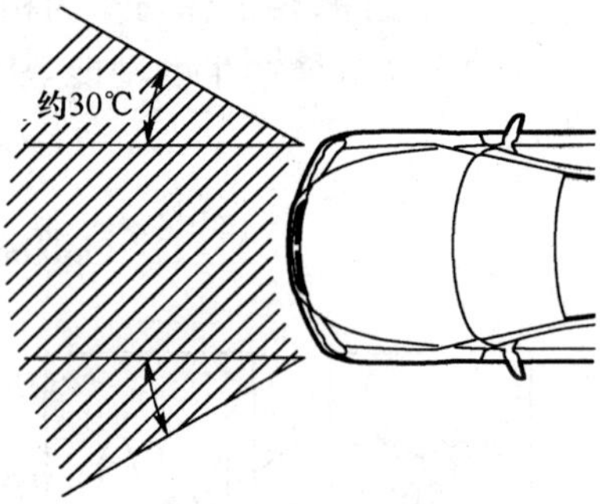

图 2.1.24　正面碰撞安全气囊的有效作用范围

(1) 汽车遭受侧面碰撞超过斜前方±30°角时；

(2) 汽车遭受横向碰撞时；

(3) 汽车遭受后方碰撞时；

(4) 汽车发生绕纵向轴线侧翻时；

(5) 纵向减速值未达到设定阈值；

(6) 汽车正常行驶、正常制动和在路面不平的道路上行驶时。

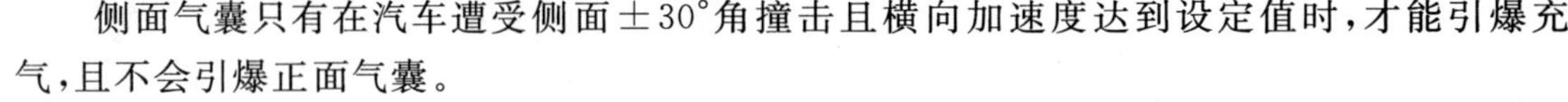

侧面气囊只有在汽车遭受侧面±30°角撞击且横向加速度达到设定值时，才能引爆充气，且不会引爆正面气囊。

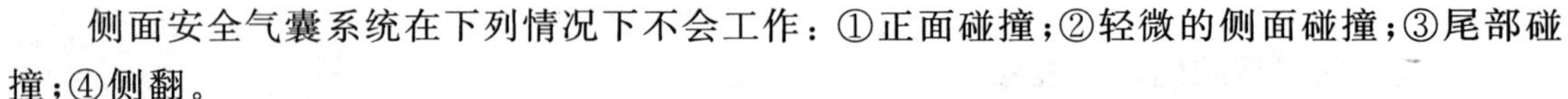

侧面安全气囊系统在下列情况下不会工作：①正面碰撞；②轻微的侧面碰撞；③尾部碰撞；④侧翻。

3. 安全气囊的触发条件

为了保证 SRS 系统工作可靠，防止误引爆，系统随时检测前碰撞传感器、中央碰撞传感器和安全传感器。三者相互间的连接关系如图 2.1.25 所示，其中中央碰撞传感器与前碰撞传感器并联，安全传感器与前碰撞传感器串联。因此安全气囊的触发条件是：只有当 SRS 安全传感器、中央碰撞传感器或碰撞传感器同时被接通时，安全气囊控制系统才能使安全气囊充气。

任务实施

一、安全气囊系统故障诊断的注意事项

在维修、检测安全气囊系统时，要严格按正确顺序进行操作，否则，会使安全气囊系统在

检修过程中意外展开而造成严重事故，或致使安全气囊系统不能正常运作，因此，在排除故障之前，一定要注意以下几点：

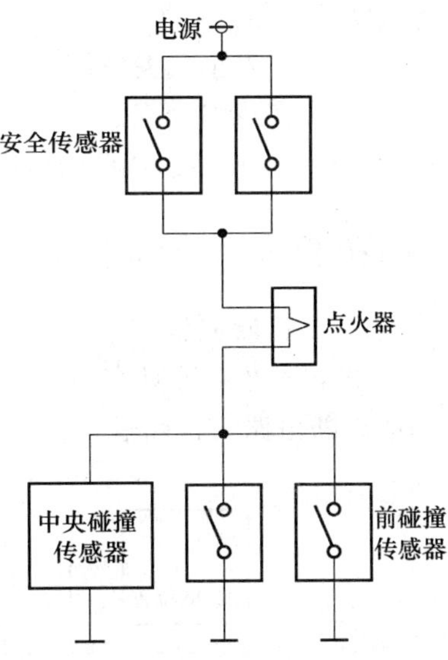

图 2.1.25　正面碰撞时安全气囊点火的条件

(1) 由于安全气囊系统的故障症状难以确诊，故障排除时最重要的信息来源就是故障码。因此在进行安全气囊系统故障排除时，务必要检查故障码。

(2) 必须在将点火开关转到 LOCK 位置并拆下蓄电池搭铁线 90 s 或更长一些时间才能开始检修。这是因为安全气囊系统配有备用电源，如果在拆下蓄电池搭铁线后 90 s 之内进行检修，就有可能使安全气囊打开。

(3) 即使只发生轻微碰撞而安全气囊未打开，也要对前安全气囊传感器和气囊组件进行检查。但绝对不可使用其他车辆上的安全气囊组件。如需更换，务必使用新零件。在检修过程中，如有可能对安全气囊传感器产生冲击，那么在修理之前应将安全气囊传感器拆下。

(4) 安全传感器总成含有水银。更换之后，不要将换下的旧零件随意毁掉，当报废车辆或只更换安全气囊 ECU 本身时，应拆下气囊安全传感器并作为有害废弃物处置。

(5) 决不要试图拆卸和修理前碰撞传感器、中央碰撞传感器总成或气囊组件以供重新使用。如果前碰撞传感器、中央碰撞传感器总成或气囊组件跌落过，或在壳体、托架或连接器上有裂纹、凹陷或其他缺陷，应更换新件。不要将前碰撞传感器、中央碰撞传感器总成或气囊组件直接暴露在热空气和火焰面前。

(6) 诊断电路系统的故障时，必须使用高阻抗万用表。

(7) 拆卸或搬运 SRS 气囊组件时，安全气囊饰盖一面应朝上，如图 2.1.26 所示。不得将 SRS 气囊组件重叠堆放，以防安全气囊误爆开造成严重事故。

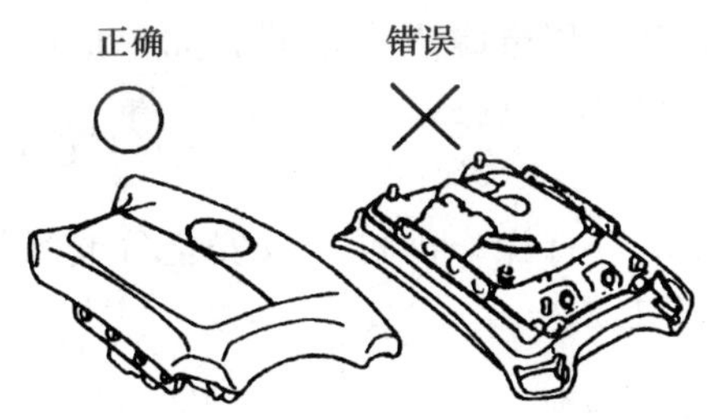

图 2.1.26　安全气囊饰盖朝上

(8) 在报废整车或报废 SRS 气囊组件时，应在报废之前使用专用维修工具将安全气囊引爆。引爆工作应在远离电场干扰的地方进行，以免电场过强而导致安全气囊误引爆。

(9) 汽车已发生过碰撞、安全气囊一旦引爆膨胀开后，SRS ECU 就不能继续使用。

(10) 安装转向盘时，其安装位置必须正确，即必须安装在转向柱管上，并使螺旋弹簧位于中间位置，否则会造成螺旋线束脱落或发生故障。

(11) 所有与安全气囊系统有关的检修工作，必须在安全气囊系统正确拆除后进行，安装安全气囊时不要试探任何连接处。如果在车上检修安全气囊系统，在气囊组件安全拆除前，不要坐在气囊附近。

(12) 传感器的安装方向是气囊系统发挥正常功能的关键，应将其恢复到原来位置。配线作业要十分小心，在作业前必须使气囊组件安全拆除。

(13) 检修完成后，不要急于将气囊组件接入电路，应先进行电气检查，确认无误时，再将气囊组件接入。

(14) 在安全气囊系统零部件的外表面上有说明标牌,必须遵照这些注意事项。

(15) 完成安全气囊系统的检查之后,必须对 SRS 警告灯进行检查。正常情况下,当点火开关转到 ON 或 ACC 位置时,SRS 警告灯亮 6 s 左右后自动熄灭。

二、丰田车系安全气囊系统的诊断

1. 自诊断流程

安全气囊系统具有自诊断功能,可诊断系统内的任何故障。安全气囊 ECU 内设有专门的诊断电路。诊断过程分 3 个阶段,如图 2.1.27 所示。

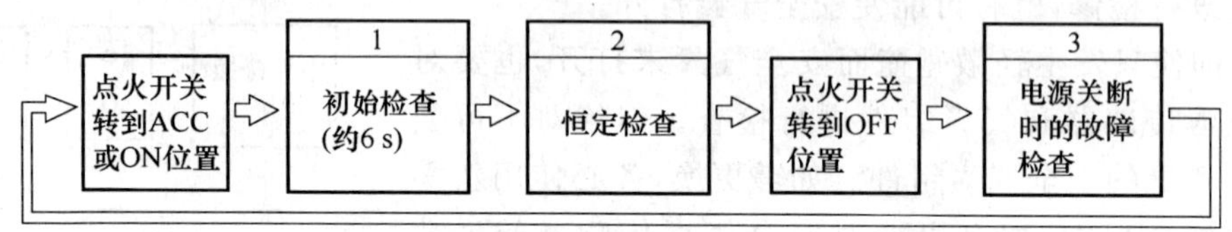

图 2.1.27 安全气囊系统自我诊断流程图

(1) 初始检查。当点火开关转到 ACC 位置或 ON 位置时,诊断电路点亮 SRS 警告灯约 6 s,进行初始检查。此时,安全电路被触发,禁止点火器点火。诊断电路检查中央碰撞传感器以及点火与驱动电路功能是否正常。如果在初始检查中检测出故障,SRS 警告灯在 6 s 后仍保持点亮。

(2) 恒定检查。如果初始检查未检测出故障,SRS 警告灯大约在 6 s 后熄灭,安全电路也不再被触发。此时诊断电路开始进行恒定检查,对气囊系统各元件、电源系统和线束的故障(如短路或断路等)连续不断地进行检查。如果检测出故障,SRS 警告灯亮起,以警告驾驶员。当电源电压下降时,SRS 警告灯会亮,但在电压恢复到正常时,SRS 警告灯大约在 10 s后熄灭。

(3) 电源关断时的故障检查。当点火开关关闭时,即对备用电源进行诊断。如果此时检测出故障,SRS 警告灯在点火开关转到 ACC 或 ON 位置时保持点亮。

2. 故障码的读取

将诊断仪连接到诊断座上,按照诊断仪显示屏上的提示进行操作即可读取安全气囊系统的故障码。丰田车系安全气囊系统故障码及含义见表 2.1.2。

表 2.1.2 丰田车系安全气囊系统故障码表

故障码	检查项目	故障部位	SRS 警告灯
正常	系统正常		灭
	电源电压下降	蓄电池、安全气囊 ECU	亮
B0102/11	驾驶员侧气囊点火器电路对地短路	驾驶员侧气囊点火器、螺旋电缆、安全气囊 ECU、导线线束	亮
B0103/12	驾驶员侧气囊点火器电路对+B 短路		
B0100/13	驾驶员侧气囊点火器电路短路		
B0101/14	驾驶员侧气囊点火器电路断路		
B1100/31	安全气囊 ECU 故障	安全气囊 ECU	亮

续表

故障码	检 查 项 目	故障部位	SRS 警告灯
B0112/41	右侧气囊点火器电路对地短路	右侧气囊点火器、安全气囊ECU、导线线束	闪烁
B0113/42	右侧气囊点火器电路对+B 短路		
B0110/43	右侧气囊点火器电路短路		
B0111/44	右侧气囊点火器电路断路		
B0117/45	左侧气囊点火器电路对地短路	左侧气囊点火器、安全气囊ECU、导线线束	闪烁
B0118/46	左侧气囊点火器电路对+B 短路		
B0115/47	左侧气囊点火器电路短路		
B0116/48	左侧气囊点火器电路断路		
B0107/51	前排乘客侧气囊点火器电路对地短路	前排乘客侧气囊点火器、安全气囊 ECU、导线线束	亮
B0108/52	前排乘客侧气囊点火器电路对+B 短路		
B0105/53	前排乘客侧气囊点火器电路短路		
B0106/54	前排乘客侧气囊点火器电路断路		
B0132/61	右侧安全带收紧器点火器电路对地短路	右侧安全带收紧器点火器、安全气囊 ECU、导线线束	闪烁
B0133/62	右侧安全带收紧器点火器电路对+B 短路		
B0130/63	右侧安全带收紧器点火器电路短路		
B0131/64	右侧安全带收紧器点火器电路断路		
B0137/71	左侧安全带收紧器点火器电路对地短路	左侧安全带收紧器点火器、安全气囊 ECU、导线线束	闪烁
B0138/72	左侧安全带收紧器点火器电路对+B 短路		
B0135/73	左侧安全带收紧器点火器电路短路		
B0136/74	左侧安全带收紧器点火器电路断路		

注：① 当 SRS 警告灯一直亮而 DTC 为正常码，表示电源电压下降。此故障不被安全气囊 ECU 存储在存储器中，如果电源电压恢复正常，SRS 警告灯自动熄灭。

② 如果出现上表中没有的故障码，则安全气囊 ECU 故障。

三、北京现代悦动轿车安全气囊系统故障诊断

1. 系统布置和电路图

北京现代悦动轿车安全气囊系统在汽车上的布置如图 2.1.28 所示，系统包括位于转向盘中央的驾驶员侧安全气囊总成、乘客侧安全气囊总成、前碰撞传感器、座椅安全带收紧器、安全气囊系统控制模块等组成。系统电路如图 2.1.29 所示。

2. 故障代码表

北京现代悦动轿车安全气囊系统故障代码见表 2.1.3。

表 2.1.3　北京现代悦动轿车安全气囊系统故障代码表

故障代码	故 障 说 明	故障代码	故 障 说 明
B1101	蓄电池高电压	B1355	乘客侧安全气囊电阻电路与蓄电池电路短路
B1102	蓄电池电压低	B1361	驾驶员侧收紧器电阻过大

续 表

故障代码	故 障 说 明	故障代码	故 障 说 明
B1328	左前碰撞传感器故障	B1362	驾驶员侧收紧器电阻过小
B1329	左前碰撞传感器通信故障	B1363	驾驶员侧收紧器电阻电路与搭铁电路短路
B1333	右前碰撞传感器故障	B1364	驾驶员侧收紧器电阻电路与蓄电池电路短路
B1334	右前碰撞传感器通信故障	B1367	乘客侧收紧器电阻过大
B1346	驾驶员侧安全气囊电阻过大	B1368	乘客侧收紧器电阻过小
B1347	驾驶员侧安全气囊电阻过小	B1369	前乘客侧收紧器电阻电路与搭铁电路短路
B1348	驾驶员侧安全气囊电阻电路与搭铁电路短路	B1370	前乘客侧收紧器电阻电路与蓄电池电路短路
B1349	驾驶员侧安全气囊电阻电路与蓄电池电路短路	B1620	内部故障一更换 SRSCM
B1352	乘客侧安全气囊电阻过大	B1650	仅 1 级碰撞记录(正面一更换 SRSCM)
B1353	乘客侧安全气囊电阻过小	B2500	警告灯故障
B1354	乘客侧安全气囊电阻电路与搭铁电路短路		

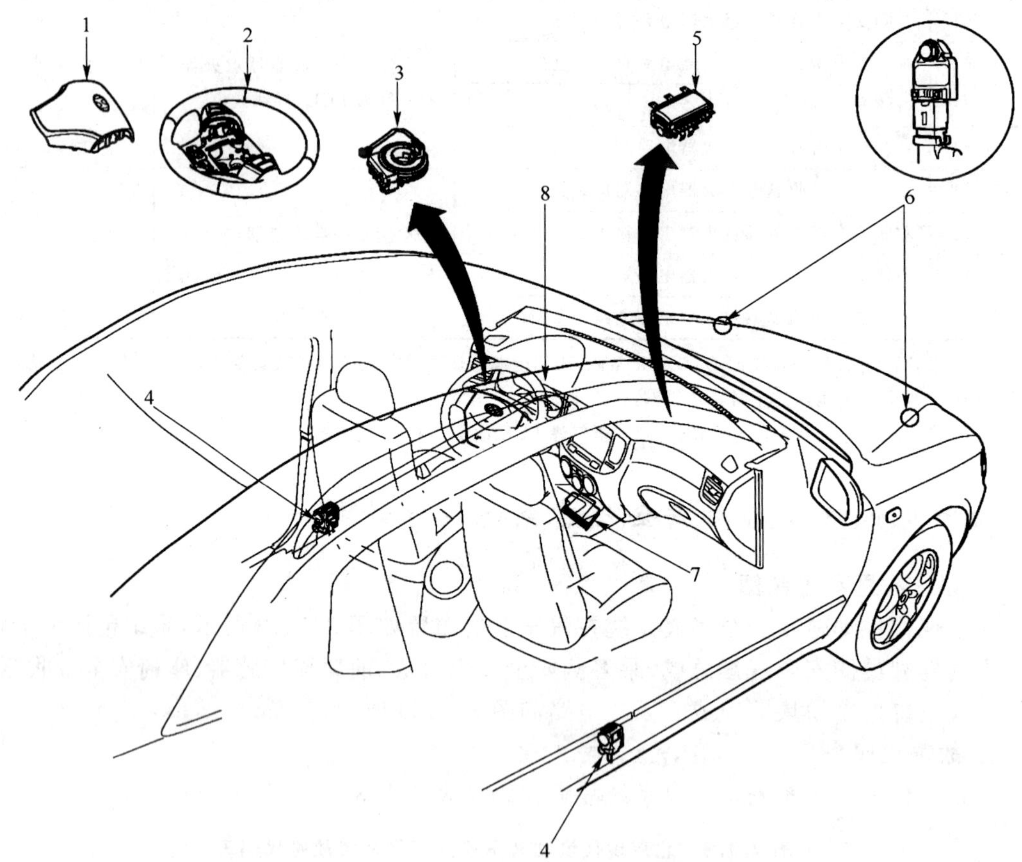

1—驾驶员侧安全气囊；2—转向盘；3—螺旋电缆；4—座椅安全带收紧器；5—乘客侧安全气囊；6—前碰撞传感器；7—安全气囊系统控制模块（SRSCM）；8—SRS警告灯

图 2.1.28 现代悦动轿车 SRS 系统布置

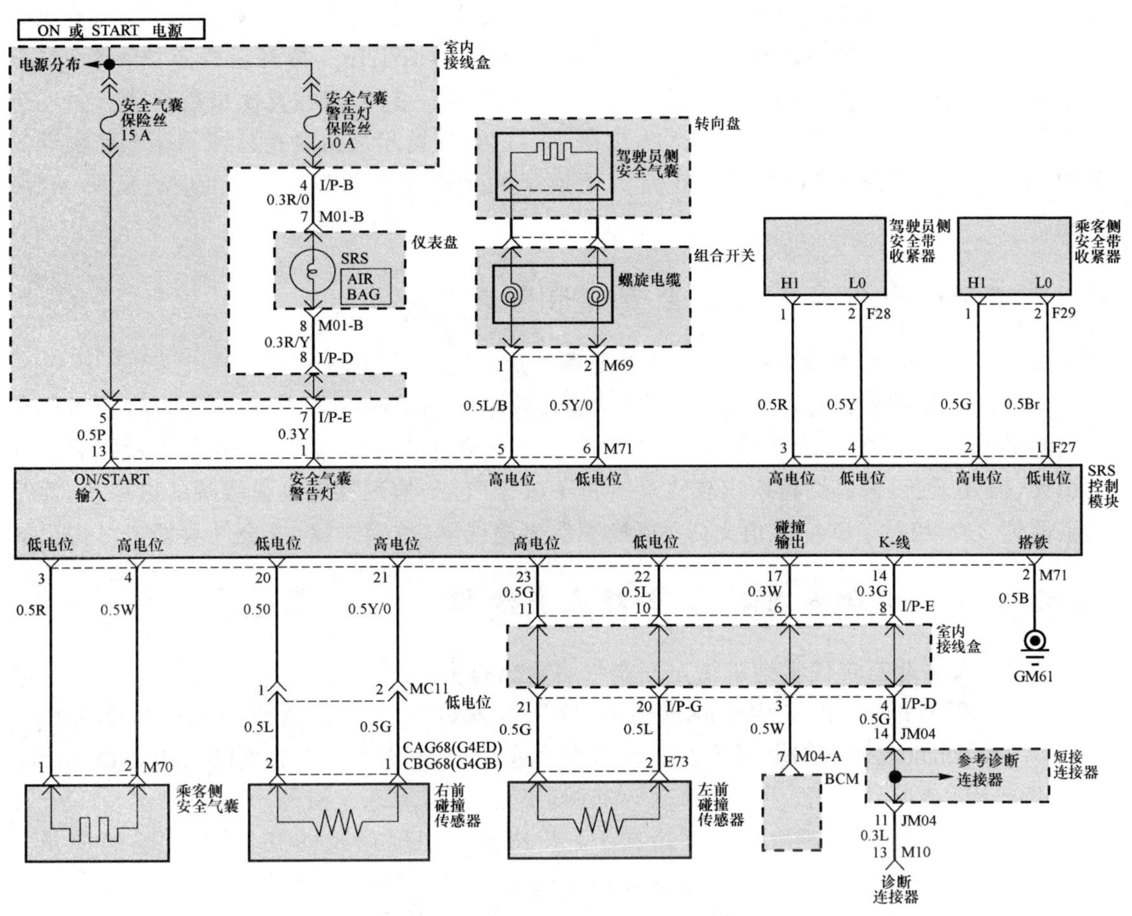

图 2.1.29　现代悦动轿车 SRS 系统电路图

案例分析

一、华晨宝马 530i 安全气囊故障

故障现象：一辆华晨宝马轿车因事故受到碰撞而拖到修理厂检修。该车主、副气囊均动作引爆，车辆全车没电。检查得知，在后尾厢蓄电池旁的安全蓄电池接线柱已经被引爆装置断开，起动机负载导线因此也失去供电，车辆无法再启动。

故障诊断与排除：经过对相关系统的检查，决定更换下列电气部件：驾驶员侧主气囊、乘客侧副气囊、仪表板总成、蓄电池正极线(带引爆装置)。左右侧 B 柱卫星式传感器和中央卫星传感器单元没有更换是因为它们可以重复使用 3 次，不过需要用仪器解码。待车辆校正完毕后，把上述的新配件全部装配到位。车辆电源恢复正常供应后，连接诊断仪 GT1，对全车电控系统进行扫描，在安全气囊系统中有多个故障码存储。点击快速删除后，大部分故障码被清除了，还有“后部安全带收紧装置故障”没有被清除，重复多次操作也不能清除，安全气囊警告灯一直点亮，安全带收紧装置在安全带锁扣装置总成上。后部安全气囊没有触发，怎么会显示安全带收紧装置故障呢？考虑到华晨宝马安全气囊触发是多层触发，发生碰撞时有可能只引爆安全带收紧装置，而不能触发安全气囊，这主要依据碰撞程度和方向来决定。安全带和安全气囊两个乘员保护系统依次共同协调工作。拆开后排座椅一看，安全带张紧装置已比正常的短，安全带红色锁扣有一个按不下去，但多按几次也就松了。另一个收紧装置的红色锁扣可能之前已被人为按松了。这时又想起当初检查只按了那个已松动的锁扣，所以认为后安全带收紧装置正常。更换了两个安全带张紧装置，再进行清码，故障排除。

二、奥迪 A6 轿车安全气囊警告灯有时亮

故障现象：奥迪 A6 轿车安全气囊系统警告灯有时亮。

故障诊断与排除：用故障检测仪进行检测，故障代码为 00588，故障内容为驾驶员侧安全气囊触发器 N-95 电阻过大或过小，偶发性故障。检查其连接器正常，清除故障码后警告灯熄灭，但几天后，警告灯再次出现点亮。拆下安全气囊，检测螺旋电缆线圈的电阻值，测量其阻值为 3 Ω，超过了其标准值 1 Ω。更换螺旋电缆线圈，故障排除，安全气囊警告灯熄灭。

三、现代索纳塔轿车 SRS 警告灯点亮故障

故障现象：北京现代索纳塔轿车安全气囊警告灯亮。

故障诊断与排除：用专用诊断仪检测，读取故障码为 B1406，含义为乘客检测传感器(PPD)不良(北京现代索纳塔气囊系统在前乘客座位上设置了一种乘客检测传感器。当前乘客座位上无人时，如果发生交通事故，副气囊不会引爆，以减少损失)。

该车前乘客座位乘客检测传感器参数：传感器电阻随质量的变化而变化，当质量≥15 kg时，$R\leqslant 50$ kΩ；当质量≤0.6 kg 时，$R\geqslant 50$ kΩ。于是检查乘客检测传感器电阻，经过测量发现，当前乘客座位无人时电阻 $R\geqslant 50$ kΩ 为正常，当前乘客座位有人时电阻为无穷大。说明乘客检测传感器损坏。更换乘客检测传感器后，故障排除。

维修小结：该车座位原来是布质面料，当加装真皮座套后安全气囊警告灯点亮，是由于加装真皮座套人员不小心把前乘客座位上乘客检测传感器撞坏，从而出现上述故障，SRS 警告灯点亮。

四、宝来轿车安全气囊警告灯常亮

故障现象：一辆一汽宝来(BORA)1.8L 轿车，发生交通事故后，导致车内正副安全气囊都引爆，经过更换双安全气囊及安全气囊控制单元后，仪表板上的安全气囊警告灯常亮且无故障代码输出。

故障诊断与排除：经过询问得知该车在更换过双安全气囊及安全气囊控制单元后没有给安全气囊控制单元进行编码，因为一汽宝来(BORA)1.8L 轿车在更换过安全气囊控制单元后必须对安全气囊控制单元进行编码。为此用故障诊断仪 V. A. G1552 通过 1—15—07—00000 为新安全气囊控制单元进行编码。但是对安全气囊控制单元进行编码后，启动车辆，仪表板上的安全气囊警告灯仍然常亮，因此怀疑安全气囊控制单元存在问题。

将旧安全气囊控制单元装到车上，用 V. A. G1552 读取故障代码，发现有 3 个故障代码：00595——存储后撞车数据；00588——安全气囊 N95 电阻过大/SP；00589——N131 乘

客安全气囊电阻值过大/SP。通过 1—15 进入安全气囊控制单元后，读得原车控制单元编码为 12622。装上新的安全气囊控制单元读取故障代码，没有故障代码输出，通过 1—15 进入安全气囊控制单元后，读得原码为 00000。

将新的安全气囊控制单元拆下与旧的安全气囊控制单元进行对比，发现两个安全气囊控制单元的型号不一样。

旧安全气囊控制单元的型号为：

6Q0909601，ZNA2RBAGVW5006COD12622WSC00000；

新安全气囊控制单元的型号为：

1C0909601，ZNA2RGBAGVW5K43120COD00000WSC00000。

这可能就是导致安全气囊警告灯常亮的根本原因。经询问特约维修站得知，两个安全气囊控制单元的型号虽然不一样，但新安全气囊控制单元一样能用，只不过必须重新对安全气囊控制单元进行编码为“12875”。

将新的安全气囊控制单元装上，用 V. A. G1552 对安全气囊控制单元进行编码，将其编码为“12875”后试车，故障排除。

五、捷达轿车安全气囊警告灯不熄灭

故障现象：一辆捷达 GIX 轿车，底盘号为 LFVBAllG533106110，行驶至 4 000 km 时，发生交通事故，导致安全气囊引爆。更换了安全气囊控制单元、安全气囊及螺旋电缆。当打开点火开关，安全气囊控制单元进行系统自检后，安全气囊警告灯不熄灭，说明安全气囊系统存在故障。

故障诊断与排除：用 VAS5051 查故障码，显示 00588 故障码，“Air bagigniter-N95 resistance too high”即安全气囊引爆器电阻太大。怀疑线束阻值大，检测安全气囊控制单元连接器插座，查看针脚有无变形或脏污。经过检测后没有发现上述情况。更换线束后，V. A. S5051 显示“Vehicle system not available”，即不能进入车辆诊断系统。换回旧线束后，仍然不能进入安全气囊系统。经过测量安全气囊控制单元针脚、安全气囊线束、K 线及电源线均正常，且安全气囊控制单元搭铁良好。重新连接安全气囊线束及安全气囊控制单元后，该故障重复出现。最后断定还是连接器插座问题，拆下控制单元连接器插座，经过仔细检查后，发现安全气囊线束上有少量胶质附着，控制单元针脚上也有少量透明胶质附着。将两者彻底清洁干净后，重新插上安全气囊控制单元连接器插头，安全气囊警告灯熄灭，故障彻底排除。

维修小结：汽车电路故障检修应从最简单处入手，即首先检查连接器插头与插座连接是否牢靠，搭铁是否良好，以及线束有无破损造成短路或断路，以免把问题复杂化，从而延长故障诊断时间，甚至陷入无所适从的境地。

知识拓展

一、美欧安全气囊比较

在美国，安全气囊系统要求对未佩带安全带的乘员能提供安全保护。很明显，对于未佩带安全带的乘员来说，即使在轿车较低速时发生碰撞，都有可能对乘员造成伤害。因此要求车速在 18～20 km/h 时，安全气囊能够点火起爆，这就要求安全气囊系统中的传感器和中央电子控制器具有对碰撞性质有高度的识别能力和高度的可靠性。因为未佩带安全带的乘员在汽车发生碰撞时，乘员没有安全带的约束和减少惯性力的作用，乘员可能被甩出座椅，并在更大的范围与车内的装备发生猛烈的二次碰撞。因此，这种安全气囊系统需要更大的气囊，在更大范围内将乘员与车内的装备隔开。所以，驾驶员用安全气囊的容积达到 60～80 L，前排乘员用安全气囊的容积达到 120～160 L。

在欧洲，按照法规规定，汽车必须装配安全带，并强制所有乘员必须佩带安全带，3 点式安全带完全可以在汽车碰撞速度 30 km/h 以下时，为乘员提供良好的束紧和保护。但试验结果表明，在汽车碰撞速度超过 30 km/h 时，安全带不能对驾驶员和乘员的头部、面部提供有效的保护。在正确使用 3 点式安全带的基础上，开发了安全气囊系统来提高安全防护能力。

在汽车发生碰撞事故时，主要由安全带来约束乘员并承受主要的惯性力的作用，安全气囊只是用于保护乘员的头部和面部。安全气囊系统气囊启动车速达到 30～40 km/h，使得安全气囊产生“误爆”的可能性较小，危险性也较小。因此，在欧洲的安全气囊系统中，驾驶员用安全气囊的容积为 20～30 L，前排乘员用安全气囊的容积为 60～80 L，比美国的安全气囊系统中的气囊容积要小得多，可以实现小型化，更加适合在装有安全带的中、小型汽车上装备的安全气囊。

由以上对比可知，美国和欧洲在安全气囊系统的开发上，指导思想是不同的，有着明显的差异。欧洲式安全气囊系统适合装在装有安全带的中小型汽车上，与安全带共同组成汽车的安全保护体系。但在欧洲生产的一些大型豪华汽车上，为了满足出口与市场竞争的要求，在这些汽车上也装备了美国式被动安全气囊系统。

美国式安全气囊系统和欧洲式安全气囊系统的布置方法、传感器的配置、中央控制器的性能参数、气囊容积和安全气囊启动时的汽车速度等方面，都有较大的差异。但在安全气囊系统的工作原理上还是基本相同的。

二、安全气囊的发展趋势

随着科技的发展和人们对汽车安全重视程度的提高，汽车安全技术中的安全气囊技术近年来也发展得很快。智能化、多安全气囊是今后整体安全气囊系统发展的必然趋势。

新的技术可以更好地识别乘员类型，采取不同的保护措施。系统采用重量、红外、超声波等传感器来判断乘员与仪表板远近、体重、身高等因素，进而在碰撞时判断是否点爆气囊、采用 1 级点火还是多级点火、点爆力有多大，并与安全带形成总体控制。通过传感器，气囊系统还可以判断出车辆当前经历的碰撞形式，是正面碰撞还是角度碰撞，侧面碰撞还是整车的翻滚运动，以便引爆车身不同位置的气囊，形成对乘员的最佳保护。网络技术的应用也是安全气囊系统的发展方向。

汽车安全气囊作为一种设想提出来后，到今天成为必需的安全装备在汽车上广泛应用已经过了整整半个世纪的历程。安全气囊有效地减小了在汽车碰撞事故中乘员的伤亡，它的保护效果在汽车安全研究领域得到广泛的认识和高度重视。随着汽车安全气囊的普遍推广应用，安全气囊系统的各关键技术环节均成为汽车安全研究领域的重点。

当前安全气囊新技术的开发研究可以概括为向着气囊的智能化、绿色环保化、虚拟技术化等方向发展。

1. 安全气囊的智能化

智能化安全气囊是在普通安全气囊的基础上增设传感器和与之相配套的计算机软件而制成。其质量传感器能根据质量感知乘员是大人还是儿童,其红外线传感器能根据热量探测座椅上是人还是物,其超声波传感器能探明乘员的存在和位置等。计算机软件则能根据乘员的身体、体重、所处位置和是否系安全带以及汽车碰撞速度及撞击程度等,及时调整气囊的膨胀时机、速度和程度,使安全气囊对乘员提供最合理有效的保护。

2. 安全气囊的绿色环保化

目前汽车安全气囊中普遍使用了迭氮化钠。迭氮化钠是一种有毒物质,其毒性是砷的近 30 倍。此外,迭氮化钠在被激活后释放的气体冲起气囊的同时,还会生成固态的钠,钠在与水接触时可以直接燃烧。因而,避免使用有潜在危险和有毒性的含钠物质,采用新型气体发生技术,使之符合环境保护的要求,是汽车安全气囊发展的一个方向。如 TRW 公司采用非氮氮化合物的推进剂作动力,替代了原来安全气囊所用的固体氮化合物;有采用空气和氢的混合物的安全气囊,氢燃烧后产生的热气体,能以很快的速度充满安全气囊。

另外,最近法国地区发展规划和环境部建议,抓紧对汽车安全气囊进行技术改造,今后,车辆安全气囊中的迭氮化钠将由推进剂代替,避免使用存在潜在危险和有毒性的含钠物质。而推进剂是火箭所使用的燃料,在特定条件下,它可以释放出强大的能量。

3. 安全气囊的虚拟技术化

采用计算机模拟的"虚拟技术"方式替代轿车实物碰撞。它由一台超级计算机进行"虚拟试验",从而一方面减少人力、物力、财力的消耗;另一方面也加快了产品的开发周期。超级计算机位于一间配有精密气候调控系统的机房中,进行模拟碰撞试验时,一方面测算轿车的设计对减少驾驶员和乘员受伤的风险能起多少作用;另一方面研究轿车受撞变形的方式,以及安全带和安全气囊之类防护系统应如何设计,才能达到最佳的防护效果。而各种运算都是以现实交通中发生的同类事故为依据进行的。

4. 安全气囊的小型、轻型化

安全气囊总成将采用体积小的新型气体发生器,它采用压缩气体的混合式气体发生器及采用有机气体的纯气体式气体发生器。另外,安全气囊作为一个高度集成化的系统和模块,德尔福传感器公司将推出了世界上最小的安全气囊模块,使方向盘既美观简洁,又有足够的空间来集成更多的控制系统。德尔福的技术可以提供高度紧凑型的乘员正面保护安全气囊,而且气囊系统的盖板与方向盘的接缝非常细小,几乎看不出来;安装的位置也比较独特,且方向盘看上去更漂亮。

5. 安全气囊的保护全方位化

安全气囊不再仅局限于保护驾驶员与前座乘员。现代汽车还将采用了窗帘一般的侧气囊,这样即使是侧面被撞,车内乘员的安全也能得到充分的保证。

如:侧翼气囊,它是置于车门两侧及车顶的气囊装置。来自侧翼撞击的力量必须足够大时才能触发气囊充气,仅是踢踹或撞击产生的能量还不足以造成气囊装置的触发。当侧面撞击发生时,撞击力虽被分散,但还有一部分由车门传至装有传感器的座椅上,就在门与传感器接触的刹那,火焰推动两个气体发生器,以高达每秒 2 000 米的速度,差不多是 7 倍的音速为气囊充满氮气。它还可以在撞击发生的关键瞬间，自始至终地保护着人体的上身。

课后练习

1. 简述汽车安全气囊的组成及工作原理。
2. 安全气囊的有效作用范围是多少？
3. 按图分析北京现代悦动轿车 SRS 系统电路。

任务 2.2　电控安全带检修

【知识要求】

- 能正确描述电控安全带系统的组成、各部分功用和工作原理；
- 能正确讲述电控安全带系统的故障诊断方法；
- 能正确识读和分析电控安全带系统的电路图。

【能力要求】

- 会正确拆卸和安装电控安全带系统各部件；
- 会检测判断电控安全带系统各部件性能；
- 会分析诊断和排除电控安全带系统常见故障。

任务描述

一位客户反映他所驾驶的上海大众途安轿车，行驶里程 300 km，安全带指示灯出现报警。现在请你对客户轿车的安全带进行检修。

相关知识

安全带与安全气囊是现代汽车的两大被动安全装置，但安全带是车辆上保护乘员安全的最重要、最有效、最经济、最普及的安全防护装置。

在任何形式的碰撞事故中，安全带都能将乘员身体可靠地“固定”在原位上，起着全方位的、无条件的安全保护作用；在碰撞事故的适应性方面，安全带远胜于安全气囊，主要表现在以下 4 个方面：

第一，由于绝大多数轿车安全气囊是针对前碰撞设计的。所以当车辆发生其他形式的碰撞（如侧向碰撞、追尾碰撞、复合碰撞，小车头部钻入大车底部、车辆翻转等）时，安全气囊不起作用，而无论何时安全带均起作用。

第二，安全气囊是一次性的，在车辆发生连续多次大型前碰撞时，安全气囊只能保护一次，其余碰撞的保护只能由安全带来代劳。

第三，根据国外统计数据表明，仅有 10％的前碰撞事故才能使安全气囊充气。但大部分前碰撞事故是在驾驶员采取了制动措施而又来不及停车的情况下发生的，因此车辆的速度不高，安全气囊起作用的机会远低于安全带。

第四，重大道路交通事故，往往造成乘员从车内甩出或车辆严重翻转时，安全气囊不起作用，但如果乘员事先系好安全带，就有可能避免重大伤亡的发生。

一、汽车电控安全带系统的结构与组成

汽车安全带是一种保护乘员的被动安全装置。一旦汽车发生碰撞时，汽车安全带就将乘员固定在座椅上，限制乘员向前冲或阻止乘员被抛离座椅，使乘员免受车内的二次碰撞，从而减轻乘员伤害的程度达到保护乘员的目的。

电控安全带系统是在安全气囊系统的基础上，增设了防护传感器和左右座椅安全带收紧器。电控安全带系统由碰撞防护传感器、中央碰撞传感器、前碰撞传感器、电控单元（ECU）和安全带收紧器组成，其中安全带收紧器为执行器。安全带在车辆上的安装位置如图 2.2.1 所示。座椅安全带的结构如图 2.2.2 所示，主要由织带、带锁扣、安装附件、限力器以及收紧器等组成。

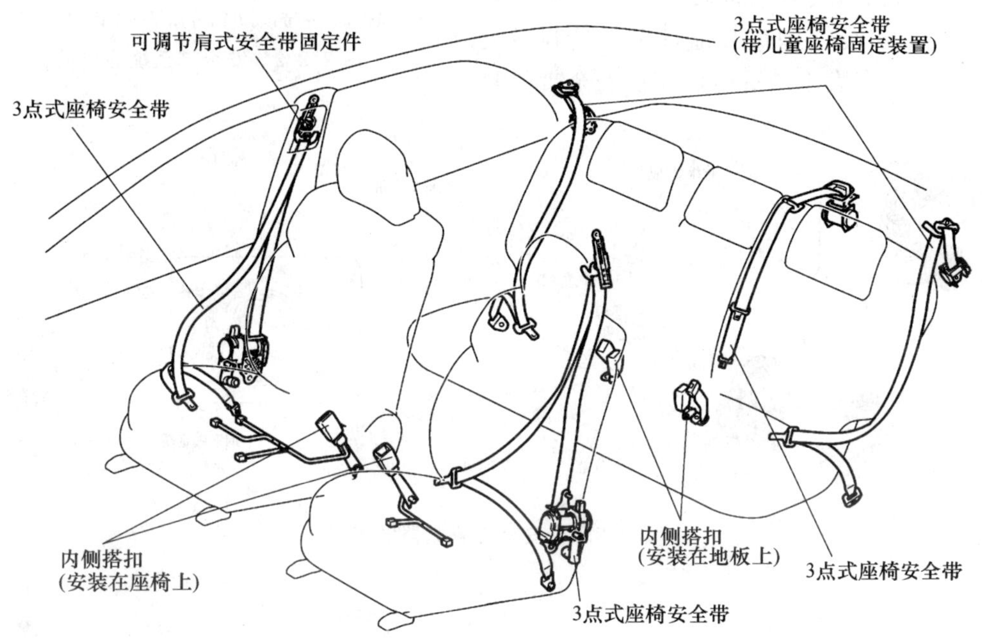

图 2.2.1　安全带在车辆上的安装位置

1. 安全带收紧器

安全气囊和带有收紧器的座椅安全带给驾驶员和前排乘客提供最大防护。在严重的正面碰撞期间，座椅安全带收紧器立即起作用，通过快速地收紧，使安全带在乘员往前移动之前就回缩一定的长度，这样就可减少乘员向前的移动量。

座椅安全带收紧器设计成只能工作一次。当座椅安全带收紧器工作时，可能听到操作噪声并放出烟雾状气体，这些气体是无害的。

安全带收紧器由收缩装置轴、收紧器轴、卷筒、钢索、驱动板、活塞、气缸、点火器等组成，如图 2.2.3 所示。收紧器轴直接安装在收缩装置轴上（用于卷座椅安全带）并且装入卷筒内部。在正常情况下，收紧器的轴与卷筒之间有间隙，彼此之间并不接触。卷筒上有弹簧，当旋绕卷筒的钢索抽出时，卷筒通过产生的力向内收缩。驱动板与卷筒一起转动。钢索旋绕

在圆筒上，一头固定在驱动板上，另一头通过活塞固定在气缸上。

当发生的碰撞超过规定值时，来自安全气囊前碰撞传感器的信号使点火器点火，然后产生高压气体。高压气体推动气缸中的活塞，钢索收缩，使卷筒向中心方向收缩，并压在收紧器轴上与它变成一体。固定驱动板的共用销被剪切掉，使卷筒、驱动板和收紧器轴成为一体，并向盘绕方向旋转，然后收缩座椅安全带来约束乘员，其工作过程如图 2.2.4 所示。

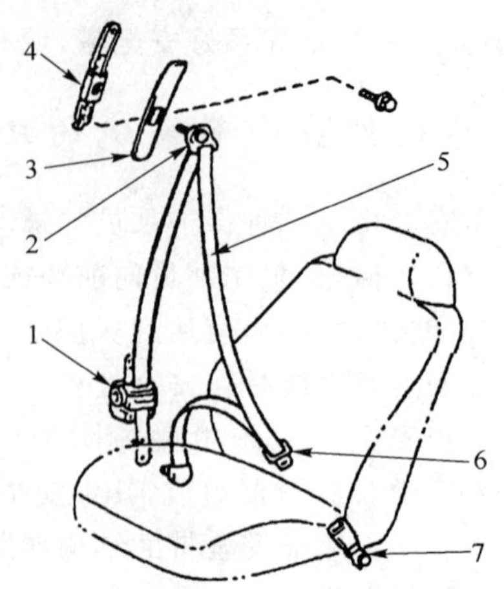

1—收紧器；2—固定件；3—盖；4—固定器调节装置；5—织带；6—带锁扣(锁舌)；7—带锁扣(锁扣)

图 2.2.2 安全带系统的组成

2. 安全带限力器

安全带限力器、安全带收紧器与座椅安全带搭配使用，可使驾驶员和前排乘客受到最大的保护。当汽车发生严重碰撞而使安全带收紧

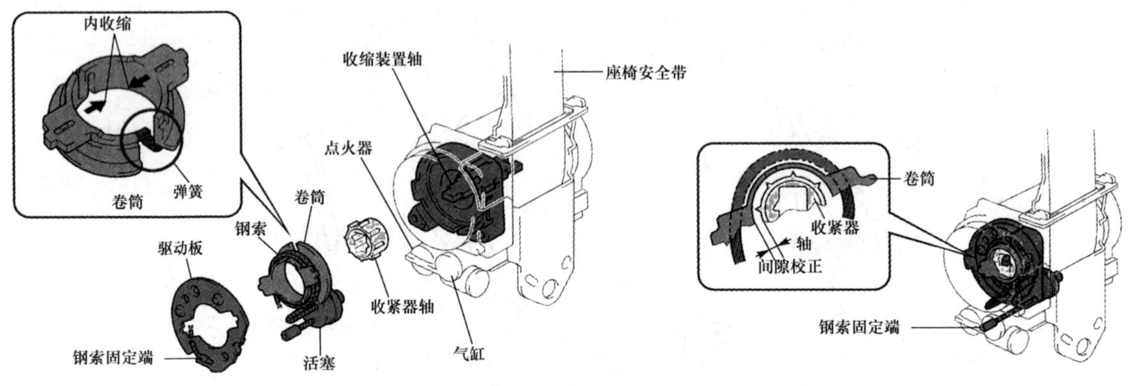

图 2.2.3 安全带收紧器的组成

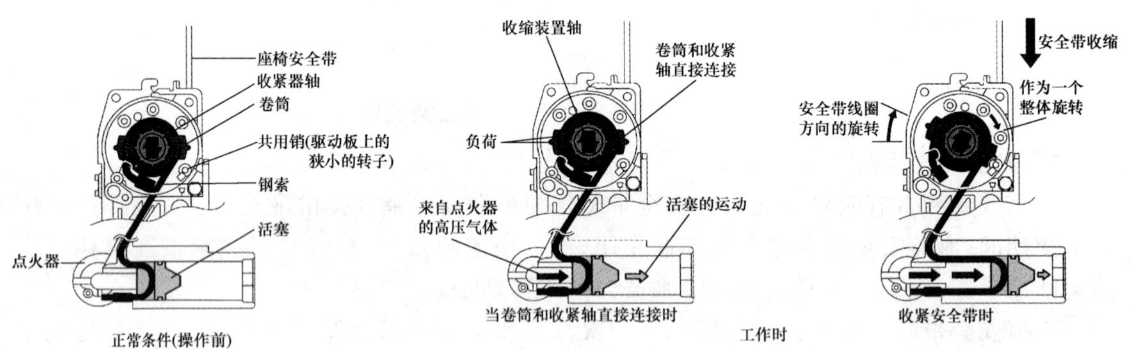

图 2.2.4 火药式安全带收紧器工作过程

器收紧时，若安全带施加在乘员身上的张力达到预定值时，安全带限力器动作，从而控制施加在乘员胸部的安全带张力。安全带限力器的结构如图 2.2.5 所示，主要由力限制板、卷筒和收缩装置轴等组成。

当车辆发生严重的正面碰撞时，由于乘员进一步向前移动而使安全带所受的力超过预定值时，力限制板开始变形，卷筒立即旋转，使得绕在其上的安全带得以向外拉出。与此同时，力限制板继续随卷筒的旋转而绕收缩装置轴变形，成为安全带继续拉出的阻力。当卷筒转过 1.3 圈左右时，随着力限制板两端接触，力限制板完成绕收缩装置轴的转动，卷筒也不能再进一步转动，安全带限力器完成其工作。

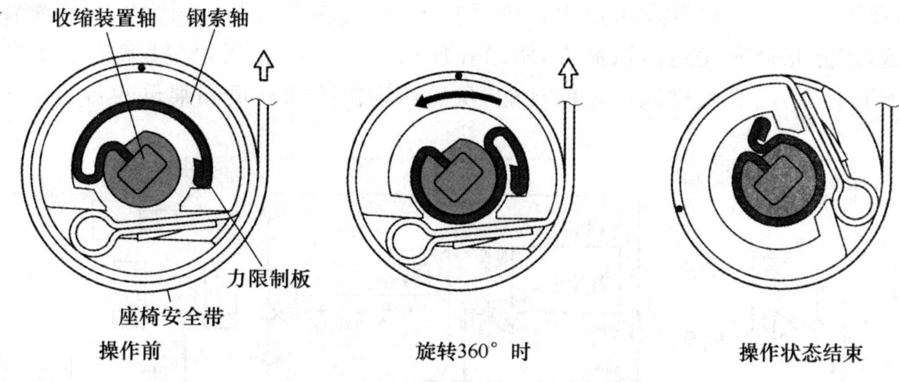

图 2.2.5　安全带限力器

3. 气体发生器

气体发生器包括金属容器中的点火器和气体发生器颗粒，如图 2.2.6 所示。当碰撞传感器发出信号，电流便施加到点火器上，点火器点燃并在极短的时间内热量传输到气体发生器颗粒上并放出高压气体。

注意：即使弱电流，点火器也会被点燃。

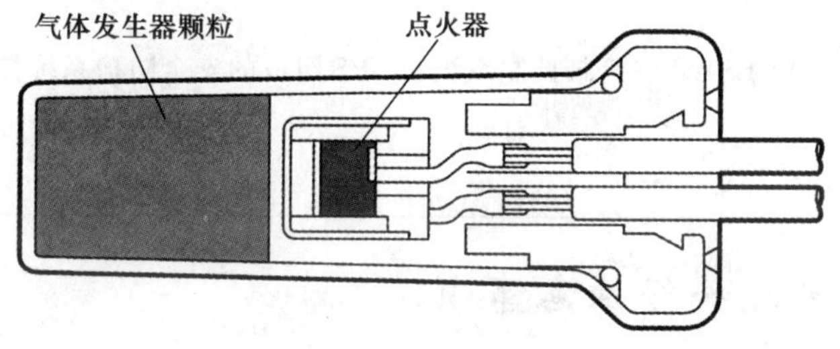

图 2.2.6　气体发生器

二、汽车电控安全带系统的工作原理

安全带收紧器为座椅安全带控制系统的执行机构，防护传感器设在 ECU 内部，用于接通安全带收紧器的电源电路。丰田 LS400 电控安全带系统和 SRS 组成的安全防护系统控制电路如图 2.2.7 所示。

当汽车遭受碰撞且减速度达到前碰撞传感器和防护传感器的设定值时，安全带控制系统的防护传感器将安全带点火器的电源电路接通。前碰撞传感器信号输入 SRS ECU 后，SRS ECU 将立即发出控制指令接通安全带收紧器点火器的电路，电热丝通电红热并引爆引药，引药释放大量热量使充气剂受热分解并释放出大量无毒气体进入收紧器导管。活塞在膨胀气体的推力作用下带动钢索迅速移动。与此同时，钢索通过棘轮机构带动安全带卷筒转动将安全带收紧，并在碰撞后 8 ms 内将安全带收紧 10～15 cm，使驾驶员和乘员身体向前移动距离缩短，防止面部、胸部与转向盘、风窗玻璃或仪表台发生碰撞而受到伤害。

当汽车行驶速度较低（低于 30 km/h）时，控制单元判断为不必引爆安全气囊，仅引爆座椅安全带收紧器的点火器。当汽车行驶速度较高（超过 30 km/h）时，碰撞产生的减速度和惯性力较大，传感器将此信号输入 SRS ECU，SRS ECU 向安全带收紧器点火器发出点火指令的同时，还要向气囊点火器发出点火指令，引燃安全气囊点火器。因为安全气囊要在碰撞约 40 ms 后，才能充分充气到体积最大，所以在座椅安全带收紧后，驾驶席侧安全气囊和乘员侧气囊才同时爆开，吸收碰撞产生的动能，从而达到保护驾驶员和乘员的目的。

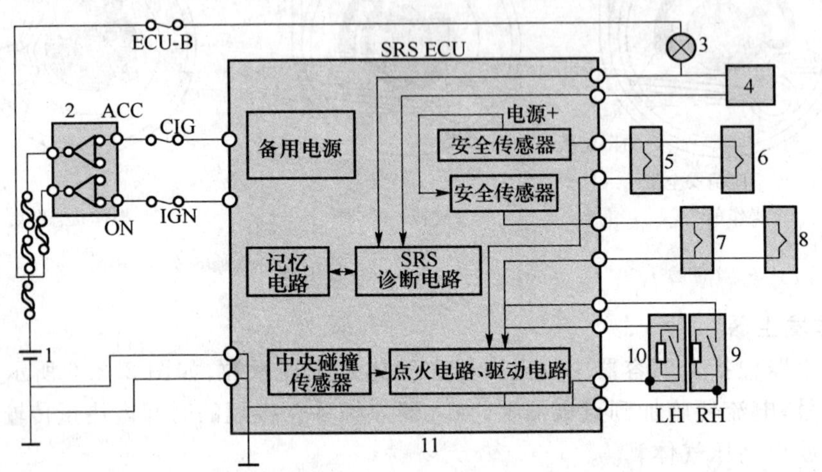

1—蓄电池；2—点火开关；3—SRS警告灯；4—诊断座；5—左安全带收紧器；6—右安全带收紧器；7—驾驶员侧气囊点火器；8—乘员侧气囊点火器；9—左碰撞传感器；10—右碰撞传感器；11—SRS ECU

图 2.2.7　丰田 LS400 安全带控制系统和 SRS 组成的安全防护系统控制电路图

任务实施

一、电控安全带系统检修注意事项

(1) 务必在点火开关转到 LOCK 位并从蓄电池负极拆下电缆 90 s 之后才能开始检修，否则，因 SRS 系统有备用电源，安全带收紧器可能误引爆。

(2) 如果点火开关在 ACC 或 ON 挡时，断开安全带收紧器的配线连接器，SRS ECU 就会记录故障代码。

(3) 千万不要用另外一辆车上的 SRS 系统的零件代替使用，如需更换，必须使用新件。

(4) 在拆前座椅安全带时，不要拉座椅安全带收紧器的配线。

(5) 千万不要分解前座椅安全带。

(6) 拆装时要按照正确的顺序及规定的力矩进行操作。

(7) 移动安全带收紧器已张开过的前座椅安全带时，要带上手套和防护眼镜。

二、本田飞度轿车电控安全带系统的检修

本田飞度轿车电控安全带系统元器件位置如图 2.2.8 所示，其控制系统电路如图2.2.9 所示。

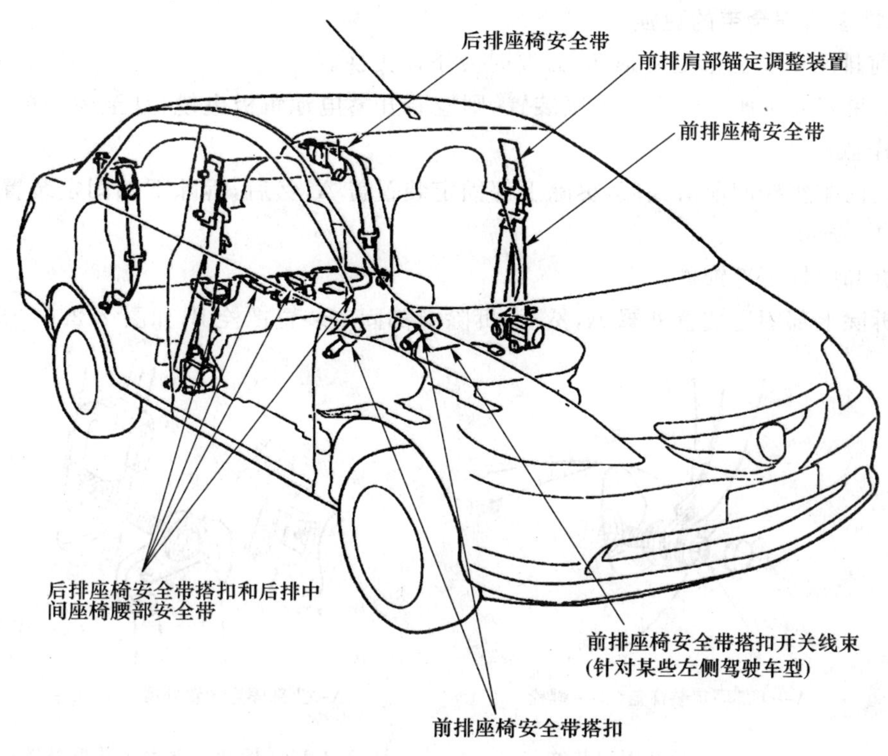

图 2.2.8　本田飞度轿车电控安全带系统元器件位置图

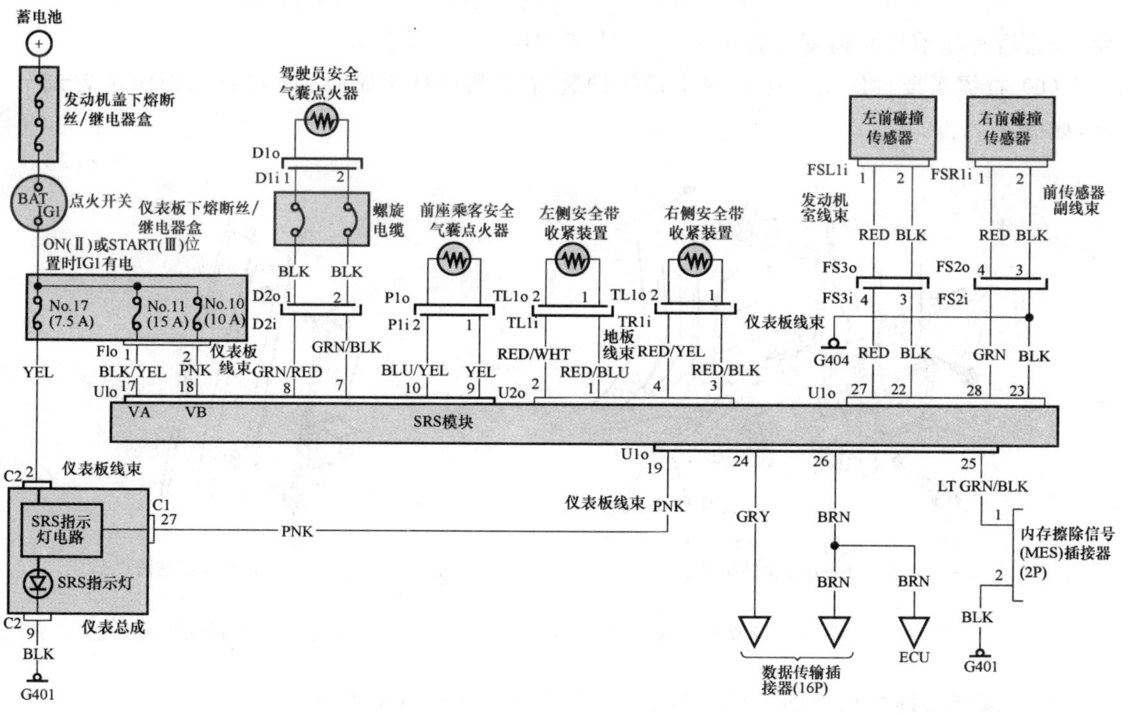

图 2.2.9　本田飞度轿车电控安全带系统电路图

1. 前排座椅安全带的更换

检查前排座椅安全带是否损坏，必要时应予以更换。

(1) 如果安装了座椅安全带收紧装置，则应断开蓄电池负极电缆，且至少等待 3 min 后才可开始作业。

(2) 把前排座椅向前滑到底，拆除下部固定装置盖 A，然后，拆除下部固定装置螺栓 B，如图 2.2.10 所示。

(3) 拆卸中柱下部饰件。

(4) 拆除上部固定装置外罩 A，然后，拆除上部固定装置螺栓 B，如图 2.2.11 所示。

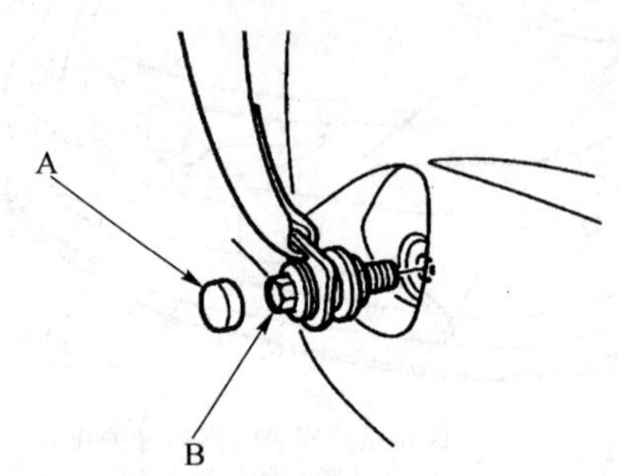

A—下部固定装饰盖；B—螺栓

图 2.2.10 拆卸固定装饰盖

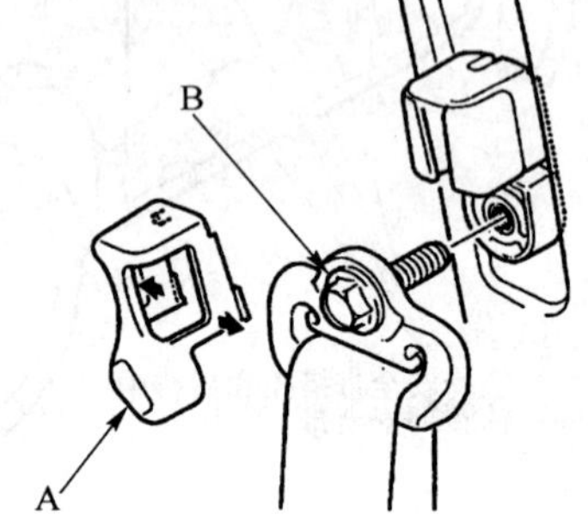

A—上部固定装置外罩；B—螺栓

图 2.2.11 拆卸上部固定装置外罩

(5) 断开座椅安全带收紧装置连接器 A。拆除上收紧器自攻装配螺钉 B 和下收紧器螺栓 C，然后拆除前排座椅安全带 D 和收紧器 E，如图 2.2.12 所示。

(6) 根据需要拆卸前排座椅安全带防护装置 F 和中柱下饰件，拆卸肩部固定装置调节器，如图 2.2.13 所示。

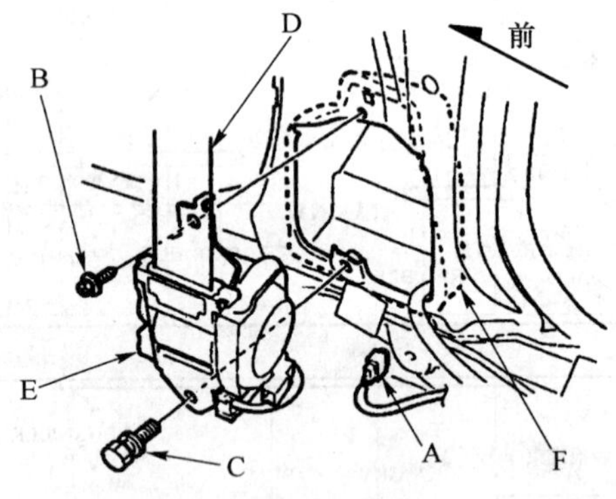

A—连接器；B—螺钉；C—螺栓；D—安全带；
E—收紧器；F—安全带防护装置

图 2.2.12 断开座椅安全带收紧器装置连接器

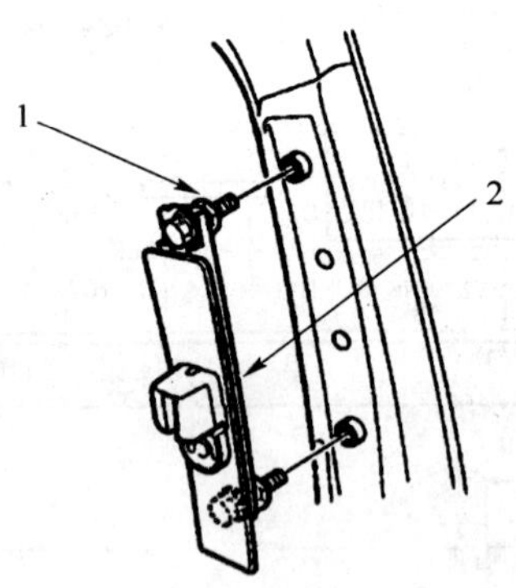

1—螺栓；2—固定装置调节器

图 2.2.13 拆卸肩部固定装置调节器

(7) 按照与拆卸相反的顺序进行安装，安装时应注意以下事项：

① 重新安装之前，给固定装置螺栓涂上液体螺纹密封胶。

② 检查收紧器锁止机构的功能。

③ 给上、下固定装置螺栓装上垫圈、套环和衬套。

④ 如果安全带收紧装置已经爆开,应更换一个全新的前排座椅安全带收紧器。

⑤ 在安装固定螺栓前,确认安全带没有扭曲或打结。

⑥ 确保安全带收紧装置连接器连接正确。

⑦ 如果安装上座椅安全带收紧装置,重新将负极电缆连接到蓄电池上。

⑧ 执行 ECM/PCM 怠速学习程序。

2. 座椅安全带的检查

(1) 收紧器的检查

在安装收紧器之前,应先检查安全带是否能自如地拉出。当收紧器从安装位置缓慢地倾斜 15°时,确保安全带不会被锁住,不要试图拆下收紧器。如果出现任何异常情况,应更换新的安全带,不要出于任何原因分解安全带的任何零件。

(2) 汽车内部检查

① 检查安全带,确保它们没有扭曲或挂在任何东西上。

② 固定装置安装完成后,检查固定装置螺栓是否能自如地动作。如有必要,拆卸固定装置螺栓,以检查垫圈和其他部件是否损坏或安装不正确。

③ 检查安全带是否损坏或老化。如有必要,用肥皂水进行清洗。积聚在固定装置金属环内的污垢会引起安全带收缩缓慢,可用在乙醇中浸湿的干净布擦拭环的内部。

④ 当缓慢拉出安全带时,确认安全带不会被锁住(在设计上,安全带只有在突然停车或受冲击时才会锁住)。

⑤ 释放安全带时,确保安全带会自动缩回。

⑥ 对于某些型号的前乘客座椅安全带,要检查座椅安全带收紧器锁止机构 ALR(自动锁止收紧器)。将座椅安全带拉出,启动 ALR,座椅安全带应回缩,并伴有“咔嗒”响声,但不会伸展。要解除 ALR,可松开安全带,并让其完全回缩,然后拉出部分安全带,安全带应能正常地收缩。

⑦ 如果出现任何异常情况,应更换新的安全带,不要分解安全带的任何零件。

3. 故障代码表

本田飞度轿车电控安全带系统故障代码见表 2.2.1。

4. 电控安全带系统常见故障的检修步骤

所需专用工具:SRS 点火器模拟装置 07SAZ-TB4011A 和 SRS 模拟装置引线 07XAZ-SZ30100。

(1) DTC 3-1:左侧座椅安全带收紧装置断路或电阻增大

① 清除故障代码。打开点火开关,检查 SRS 指示灯。如果 SRS 指示灯正常点亮,且在 6 s 后熄灭,则为间歇性故障,系统目前正常,转到间歇性故障的故障检修。

② 关闭点火开关,断开蓄电池的负极电缆,并等待 3 min 以上。

③ 从 TL1i 连接器上断开 TL1o 连接器,如图 2.2.14 所示。

④ 将 SRS 点火器模拟装置(2 Ω 连接器)、SRS 模拟装置引线与 TL1i 连接器连接。

⑤ 重新连接蓄电池负极电缆,然后清除故障代码。

⑥ 再次读取故障代码,观察是否指示有 DTC 3-1。如果没有,说明左侧座椅安全带收紧装置断路或电阻增大,应更换左侧座椅安全带。

表 2.2.1　本田飞度轿车电控安全带系统故障代码表

DTC	检　查　项　目	DTC	检 查 项 目
1—1	驾驶员侧安全气囊点火器断路或电阻增大	6—7	SRS 模块内部故障
1—3	驾驶员侧安全气囊点火器对其他导线短路或电阻下降	6—8	SRS 模块内部故障
1—4	驾驶员侧安全气囊点火器对电源短路	7—1	SRS 模块内部故障
1—5	驾驶员侧安全气囊点火器对搭铁短路	7—2	SRS 模块内部故障
2—1	前座乘客侧安全气囊点火器断路或电阻增大	7—3	SRS 模块内部故障
2—3	前座乘客侧安全气囊点火器对其他导线短路或电阻下降	8—1	SRS 模块内部故障
2—4	前座乘客侧安全气囊点火器对电源短路	8—2	SRS 模块内部故障
2—5	前座乘客侧安全气囊点火器对搭铁短路	8—3	SRS 模块内部故障
3—1	左侧座椅安全带收紧装置断路或电阻增大	8—4	SRS 模块内部故障
3—3	左侧座椅安全带收紧装置对其他导线短路或电阻下降	8—5	SRS 模块内部故障
3—4	左侧座椅安全带收紧装置对电源短路	8—6	SRS 模块内部故障
3—5	左侧座椅安全带收紧装置对搭铁短路	8—7	SRS 模块内部故障
4—1	右侧座椅安全带收紧装置断路或电阻增大	8—8	SRS 模块内部故障
4—3	右侧座椅安全带收紧装置对其他导线短路或电阻下降	9—1	SRS 模块内部故障。如果属于间歇性，则意味着该装置发生内部故障，或者指示灯电路故障
4—4	右侧座椅安全带收紧装置对电源短路		
4—5	右侧座椅安全带收紧装置对搭铁短路		
5—1	SRS 模块内部故障	9—2	SRS 模块内部故障。如果属于间歇性，则意味着电源(VB 线路)发生内部故障
5—2	SRS 模块内部故障		
5—4	SRS 模块内部故障	9—6	左前撞击传感器故障
5—8	SRS 模块内部故障	9—7	右前撞击传感器故障
6—3	SRS 模块内部故障	10—1	座椅安全带收紧装置(和安全气囊)展开或被引爆
6—4	SRS 模块内部故障		

注：对 DTC 5—1 至 8—8 进行故障检修前，请先检查蓄电池或系统电压。如果电压过低，则在对 SRS 系统进行故障检修前，应先检修充电系统。

⑦ 断开蓄电池负极电缆，并等待 3 min 以上。从 TR1i 连接器 B 上断开 TR1o 连接器 A，如图 2.2.15 所示。

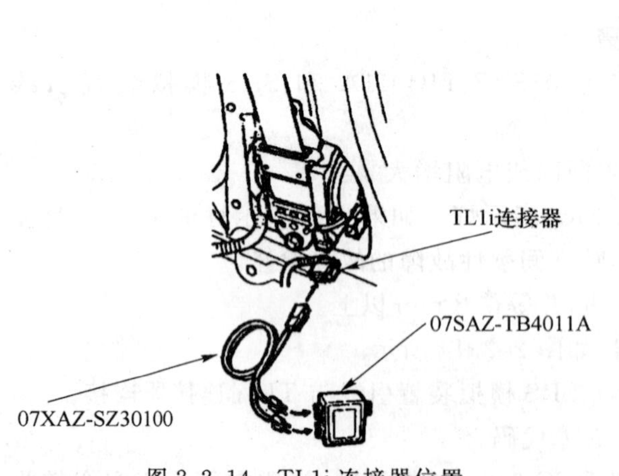

图 2.2.14　TL1i 连接器位置

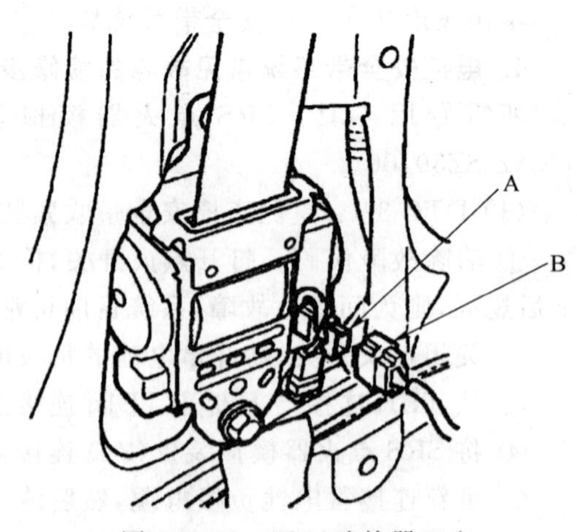

图 2.2.15　TR1i 连接器 B 和 TR1o 连接器 A 位置

⑧ 从 SRS 模块上断开 U2o 连接器 A,如图 2.2.16 所示。

⑨ 检查 U2o 连接器的 1 号和 2 号端子之间的电阻,电阻应为 2.0～3.0 Ω。如果电阻符合规定值,说明 SRS 模块故障,或者 U2o 连接器与 SRS 模块接触不良,检查 U2o 连接器与 SRS 模块之间的连接情况,如果连接正常,则更换 SRS 模块;如果不是,说明地板线束断路或电阻增大,应更换地板线束。

(2) DTC3-3:左侧座椅安全带收紧装置对其他导线短路或电阻减小

① 同 DTC 3-1 故障检修步骤的①～⑤。

② 清除故障代码后再次读取故障代码,观察是否指示有 DTC 3-3。如果没有,说明左侧座椅安全带收紧装置短路,应更换左侧座椅安全带。

③ 断开蓄电池负极电缆,并等待 3 min 以上。从 TR1i 连接器 B 上断开 TR1o 连接器 A,参见图 2.2.15。

④ 从 SRS 模块上断开 U2o 连接器,参见图 2.2.16。

⑤ 从 SRS 模拟装置引线上断开 SRS 点火器模拟装置(专用工具)。

⑥ 如图 2.2.17 所示,检查 SRS 点火器引线(专用工具)上的 A 端子和 B 端子之间、C 端子与 D 端子之间的电阻,电阻应当为 1 MΩ 或更大。如果电阻符合规定,说明 SRS 模块故障,应更换 SRS 模块;如果不符合规定,说明地板线束短路,应更换地板线束。

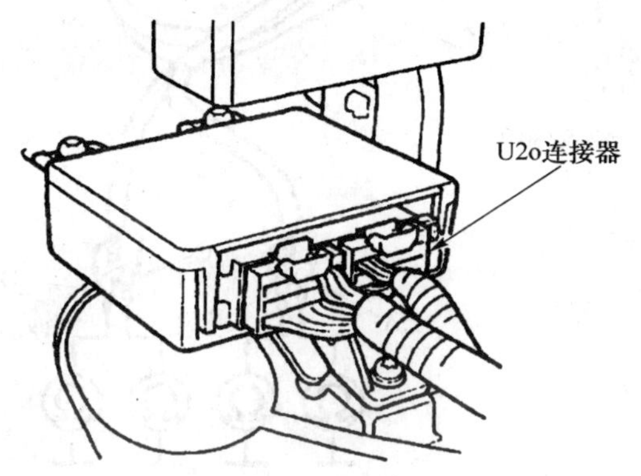

图 2.2.16　U2o 连接器位置

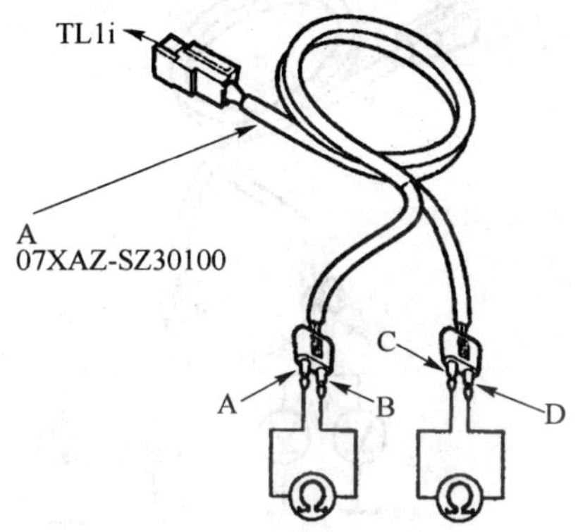

图 2.2.17　地板线束短路检查

(3) DTC3-4:左侧座椅安全带收紧装置电源短路

① 同 DTC 3-1 故障检修步骤的①～⑤。

② 清除故障代码再次读取故障代码,观察是否指示有 DTC 3-4。如果没有,说明左侧座椅安全带收紧装置对电源短路,应更换左侧座椅安全带。

③ 断开蓄电池负极电缆,并等待 3 min 以上。从 TR1i 连接器 B 上断开 TR1o 连接器 A,参见图 2.2.15。

④ 从 SRS 模块上断开 U2o 连接器,参见图 2.2.16。

⑤ 从 SRS 模拟装置引线上断开 SRS 点火器模拟装置(专用工具)。

⑥ 重新连接蓄电池负极电缆,打开点火开关。

⑦ 如图 2.2.18 所示,检查 SRS 点火器引线(专用工具)上的 A 端子与搭铁之间、B 端子与搭铁之间、C 端子与搭铁之间、D 端子与搭铁之间的电压,电压应当为 0.5 V 或更低。如果电压符合规定值,说明 SRS 模块故障,应更换 SRS 模块;如果不符合规定,说明地板线

束对电源短路,应更换地板线束。

(4) DTC3-5:左侧座椅安全带收紧装置对搭铁短路

① 同 DTC 3-1 故障检修步骤的①~⑤。

② 清除故障代码再次读取故障代码,观察是否指示有 DTC 3-5。如果没有,说明左侧座椅安全带收紧装置对搭铁短路,应更换左侧座椅安全带。

③ 断开蓄电池负极电缆,并等待 3 min 以上。从 TR1i 连接器 B 上断开 TR1o 连接器 A,参见图 2.2.15。

④ 从 SRS 模块上断开 U2o 连接器,参见图 2.2.16。

⑤ 从 SRS 模拟装置引线上断开 SRS 点火器模拟装置(专用工具)。

⑥ 如图 2.2.19 所示,检查 SRS 点火器引线(专用工具)上的 A 端子与车身接搭铁之间、B 端子与车身搭铁之间、C 端子与车身搭铁之间、D 端子与车身搭铁之间的电阻,电阻应为 1 MΩ 或更大。如果电阻符合规定,说明 SRS 模块故障,应更换 SRS 模块;如果不符合规定,说明地板线束对搭铁短路,应更换地板线束。

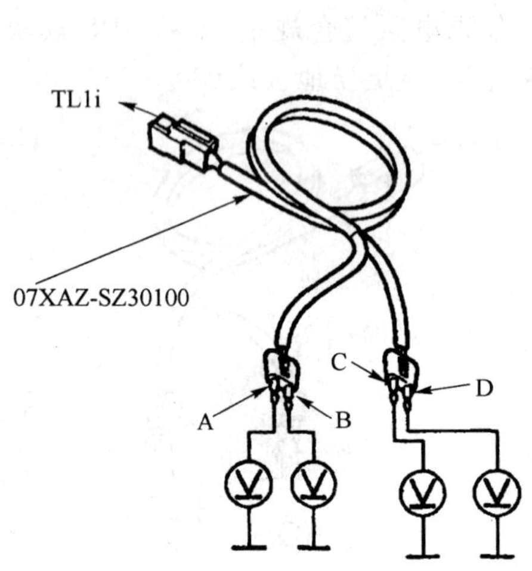

图 2.2.18 地板线束对电源短路检查

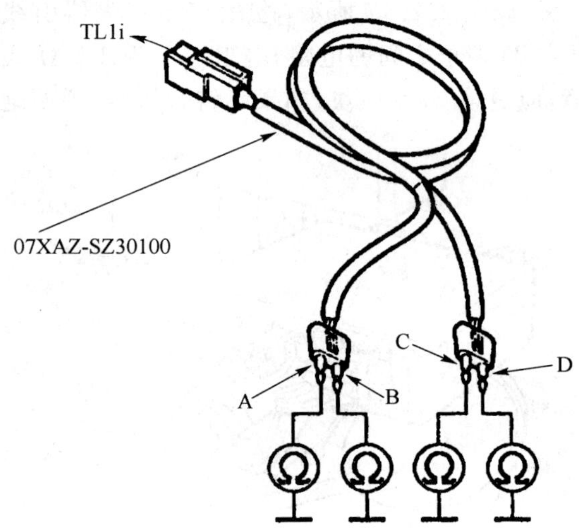

图 2.2.19 地板线束对搭铁短路检查

案例分析

一、别克 GLX 轿车扣紧安全带警告灯一直点亮

故障现象:别克 GLX 轿车扣紧安全带警告灯一直点亮。

故障诊断与排除:首先检查 BCM 诊断系统和仪表板诊断系统,确认无故障后,再连上扫描工具,打开点火开关,检查安全带警告灯是否保持点亮。如果保持点亮,读取安全带警告灯输入信息,连上并脱开安全带,观察安全带警告灯,看是否能随着安全带连上和脱开进行亮灭变化,能随着进行亮灭变化则更换仪表板。

如果不点亮或不能随安全带连上和脱开进行亮灭变化,将点火开关转到 LOCK 位置,关上所有车门,扣紧驾驶员座椅安全带,将点火开关由 LOCK 位置转到 RUN 位置,听 BCM

是否发出扣紧安全带提示声音 6 s。如果发出提示音则更换 BCM 或驾驶员座椅安全带开关。如果没有发出则更换仪表板。

二、大众途安安全带警告灯报警

故障现象：一辆 2010 年生产的上海大众途安轿车，搭载 1.8T 涡轮增压发动机，匹配 6 挡手自一体变速器，行驶里程 300 km，安全带指示灯出现报警。

故障诊断与排除：2009 年第三周后生产的上海大众途安轿车，安全带报警系统的控制过程是：驾驶员侧或前排乘客侧座椅安全带没有系好，打开点火开关时，仪表板上的安全带报警指示灯 K19 亮起；系好时，仪表板上的安全带指示灯熄灭。同时，前排乘客侧座椅还有一个乘客检测传感器，当前排乘客不系安全带时指示灯 K19 亮起，车辆在行驶过程中会出现“滴滴”的报警声，提示乘客系上安全带，防止车辆在行驶过程中出现交通事故时，乘客因不系安全带而带来伤害。

分析导致该故障的原因可能是安全带开关造成的，但考虑到客户购车时间不是很长，安全带开关损坏的可能性不大。经过与客户沟通得知买车时故障未出现，只是在汽车美容店加装完地胶以后才出现的此故障。

在不系安全带的情况下打开点火开关，仪表板上的安全带警告灯 K19 正常亮起；系上驾驶员侧安全带，安全带警告灯 K19 熄灭。当前排乘客侧座椅有人时，安全带警告灯 K19 没有亮起，无人时安全带警告灯 K19 反而亮起，亮起时系上安全带，指示灯也没有熄灭。查电路图得知，安全带警告灯受安全气囊控制单元控制。

用 VAS5051 车辆诊断仪对安全气囊控制单元进行故障查询，未发现故障码，进入读取测量数据块功能，检查乘客检测传感器和安全带开关的功能是否正常，其数据在第三显示组。第三显示组四区含义由上到下依次为：第一区，前排乘客侧乘客检测传感器显示正常状态；第二区，驾驶员侧乘客检测传感器显示未安装；第三区、第四区，分别是驾驶员侧和前排乘客侧安全带开关的状态。驾驶员侧和前排乘客侧安全带系上或解开，屏幕上分别显示“是”或“否”；驾驶员侧安全带系上或解开，第三区安全带开关的状态将分别变为“是”或“否”，通过观察第三区含义，可以判断驾驶员侧安全带开关没有故障。前排乘客侧安全带系上或解开时，第四区都是显示“否”。

考虑导致安全气囊控制单元认为没有系安全带的原因，怀疑安全带开关可能损坏，或线路有短路。检查乘客检测传感器的功能是否正常，当前排乘客座椅有人时，乘客检测传感器的数据没有变化，前排乘客侧座椅上没人时，第四区的“否”竟然变为“是”。考虑到途安车线束布置的规范性，排除安全带开关的线束被座椅挤压的可能。这时想到故障是在该车加装完地胶后才出现的，有可能在加装地胶拆装座椅时安全带开关的线束插头和乘客检测传感器的线束插头插错。将座椅调节到最高位置检查线束的插头，查看电路图得知，安全带开关和乘客检测传感器的插头都是连接安全气囊控制单元和接地连接线的，两个插头插错不会给安全气囊控制单元造成故障，但会影响对安全带的控制。将两个插头调换，检查安全带警告灯和读取车辆数据块中的功能，均正常。至此故障完全排除。

知识拓展

近年来，尤其是在开发研究安全带历史较长的发达国家中，对安全带的结构、性能、安装方式等方面做了许多改进,使其具有更好的安全性,汽车座椅安全带的发展方向表现在:①更好的初始约束特性;②更好的吸能特性;③舒适性和方便性。

目前汽车座椅安全带的技术发展主要集中在以下6个方面。

1. 卷收器

卷收器用于收卷、储存部分或全部织带,并在增加某些机构后起到某些特定作用的装置,该装置使佩带者不必随时调节织带长度。卷收器按其作用可以分为:无锁式卷收器、自锁式卷收器和紧急锁止式卷收器。目前应用最广泛的是紧急锁止式卷收器,它在汽车正常行驶时允许织带自由伸缩,但当汽车速度剧烈变化时,其锁止机构锁止并保持安全带约束力以约束乘员。这种卷收器中装有惯性敏感元件和棘轮棘爪机构或中心锁止机构。当汽车正常行驶时,卷收器借助卷簧的作用,既能使织带随使用者身体的移动而自由收缩,又不会使织带松弛。但当紧急制动、碰撞或车辆行驶状态急剧变化时,卷收器内的敏感元件驱动锁止机构锁住卷轴,使织带固定在某一位置,并承受使用者身体给织带的载荷。

2. 收紧器

安全带收紧器能够在低强度碰撞而安全气囊未打开的情况下,保护乘员的头部,同时由于它能很好地消除在碰撞开始时织带与乘员之间的松弛量,故能使乘员与车体之间的相对运动减小,从而对乘员的胸、腹部起到很好地保护作用。

减小织带松弛量可以通过增加卷收器轴的直径,使用织带夹等措施。目前最为看好的是火药式收紧器,通过加速度传感器实现火药式收紧器电子点火,产生的高压气体驱动卷轴回收,从而达到预紧织带的目的。

3. 限力器

限力器可以改善安全带的能量吸收特性,对乘员施加比较均匀的约束力,从而降低使用安全带所造成的不适感。

4. 卷收器张力减小装置

卷收器的卷收力过大会影响佩带安全带时的舒适性,造成不舒服的压迫感。张力减小装置可以在不削减织带的回卷能力并保持安全带与乘员接触的前提下,尽量减小织带对乘员的压迫感。

5. 高度调节器

高度调节器是一种用于调节安全带上固定点高度的调节装置,可以使安全带佩带者较为舒服的肩带佩戴位置。

6. 自动紧急锁止装置

自动紧急锁止装置是基于以下考虑的:儿童乘员通常须可靠而牢固的进行约束,而成年乘员却希望可以比较自由地移动,除非出现紧急情况。自动紧急锁止装置在织带充分拉出的情况下,通过一定的机构将紧急锁止状态转换到自动锁止状态,这同样提高了佩带安全带的舒适性和方便性。

课后练习

1. 简述安全带的工作原理。
2. 简述安全带限力器的作用。
3. 如何检修安全带系统?

任务2.3　中控门锁与防盗报警系统检修

【知识要求】

- 能正确讲述中控门锁系统、无线遥控门锁系统的功能；
- 能正确描述中控门锁系统、无线遥控门锁系统、防盗报警系统的组成及各部分作用；
- 能正确描述中控门锁系统、无线遥控门锁系统、防盗报警系统的工作原理；
- 能正确讲述防盗报警系统的类型；
- 能正确讲述防盗报警系统的设定与解除方法；
- 能正确识读和分析中控门锁系统、无线遥控门锁系统、防盗报警系统电路图；
- 能正确描述防盗报警系统电控单元的更换与匹配。

【能力要求】

- 会正确检修中控门锁系统、无线遥控门锁系统和防盗报警系统；
- 会用故障诊断仪检测中控门锁系统、无线遥控门锁系统和防盗报警系统；
- 会设定汽车遥控器和钥匙匹配操作；
- 会分析诊断和排除中控门锁系统、无线遥控门锁系统和防盗报警系统常见故障。

任务描述

一位客户反映他所驾驶的上海大众桑塔纳2000时代骄子轿车，偶尔出现发动机熄火现象。再打开点火开关或启动车辆时，防盗指示灯闪烁，发动机无法启动。现在请你对客户轿车的防盗报警系统进行检修。

相关知识

一、中控门锁系统

为方便驾驶员和乘客开关车门，目前轿车大都采用了电动门锁系统，现代轿车的电动门锁大都采用中央控制门锁(简称中控门锁)，可以由驾驶员控制所有车门的动作，同时还可以与启动、点火系统相连接进行防盗控制。

(一)中控门锁系统的功能

根据不同车型、等级和使用地区，汽车中控门锁系统具有不同的功能。一般汽车中控门锁系统功能如下：

(1) 中央控制。当驾驶员锁止或开锁车门时，其他车门能同时锁止或开锁。

(2) 单独控制。为了方便，除中央控制外，乘员仍可以利用车门的机械式弹簧锁开闭车门。

(3) 速度控制。当车速达到一定数值时，能自动将所有车门锁止。

(4) 两级开锁功能。在钥匙联动开锁功能中，一级开锁操作，只能以机械方法开钥匙所插入的车门。两级开锁操作，则能同时打开其他车门。一般来说，所有车门可以通过左前或右前侧车门上的钥匙来同时打开和关闭。

(5) 安全功能。为了防止有人用棒或类似物从车门玻璃和车窗框之间的缝隙操作门锁控制开关来开启车门,可用门钥匙或发射机(无线门锁遥控器)设置门锁安全功能并且使门锁控制开关的开锁操作无效。

(6) 钥匙遗忘保护功能。当驾驶员侧的车门打开,钥匙遗留在点火开关锁芯中时,如果门锁按钮置于锁止位置(门锁位置开关关闭),由于钥匙遗忘安全电路,所有的车门会开启。在此状态下操作门锁控制开关锁门时,由于钥匙遗忘安全电路,所有的车门先锁止,然后马上开启。

(7) 电动车窗不用钥匙的动作功能。驾驶员和乘客的车门都关上,点火开关断开后,电动车窗仍可以进行升降操作 60 s。

(8) 自动功能。当用钥匙或遥控器将车门打开或锁上时,电动车窗玻璃会自动升降。

(二)中控门锁系统的组成

中控门锁系统一般包括门锁控制开关、钥匙控制开关、门锁总成、门锁控制 ECU(或集成继电器)、钥匙未锁警告开关、门控开关等。典型中控门锁系统各部件的安装位置如图2.3.1所示。

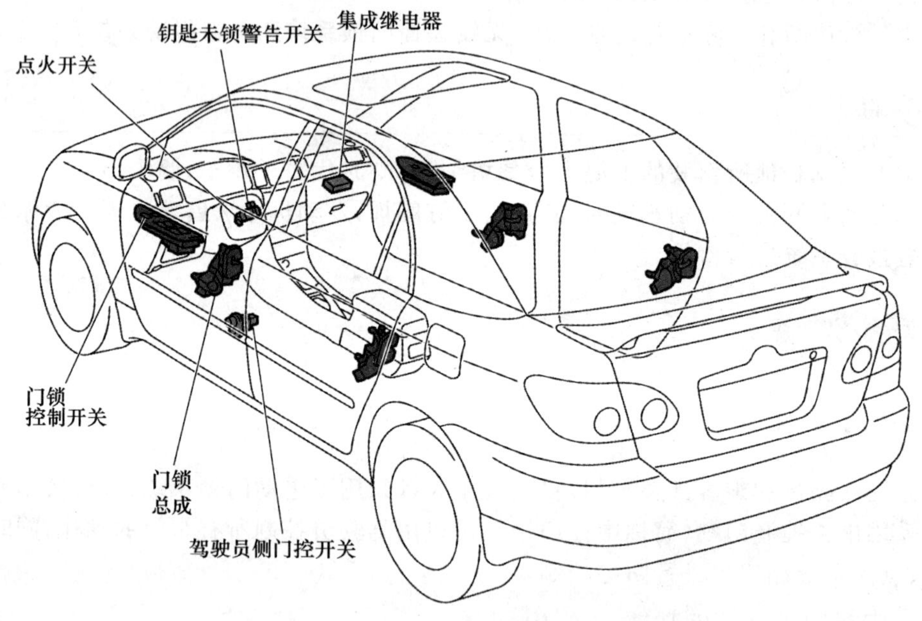

图 2.3.1 中控门锁系统各部件的安装位置

1. 门锁控制开关

门锁控制开关一般安装在左前门和右前门的内侧扶手上,如图 2.3.2 所示。通过门锁控制开关可以同时锁上和开锁所有的车门。

2. 门锁总成

门锁总成主要由门锁传动机构、门锁电机、门锁位置开关、外壳等组成,其结构如图2.3.3所示。门锁电机可以正反转,从而将车门锁止或开锁。

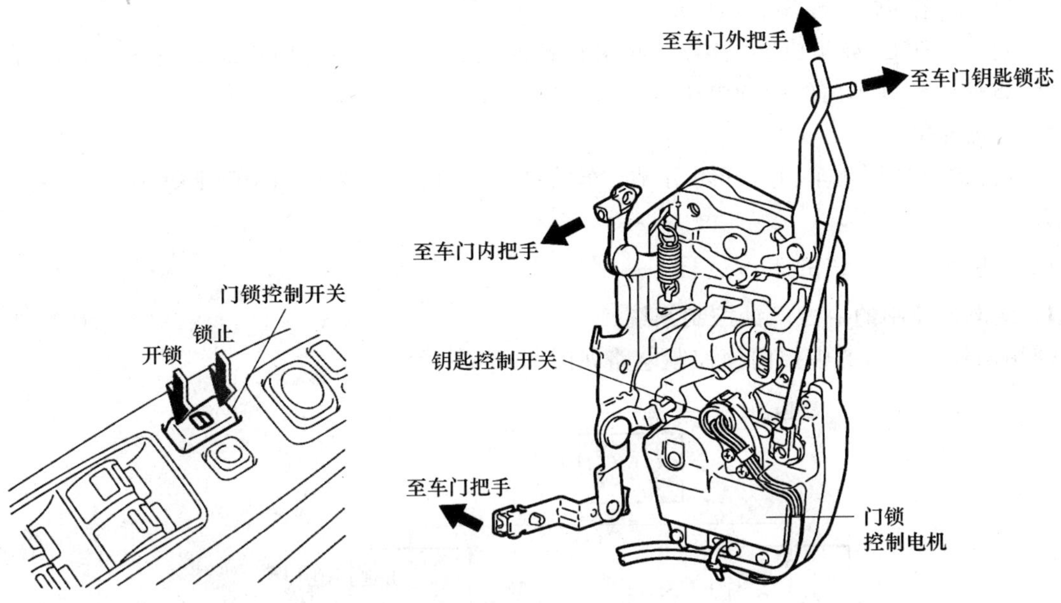

图 2.3.2　门锁控制开关　　　　图 2.3.3　门锁结构示意图

钥匙控制开关安装在每个前门的门锁总成内，当从外面用钥匙开门或关门时，钥匙控制开关便发出锁止或开锁的信号给门锁控制 ECU(或门锁集成继电器)。

门锁电机结构如图 2.3.4 所示。门锁电机是门锁的执行器，当门锁电机转动时，蜗杆带动齿轮转动，齿轮推动锁杆，使车门锁止或开锁，然后齿轮在回位弹簧的作用下回到中间位置。

门锁位置开关位于门锁总成内，用来检测车门的锁止状态，它由一个触点板和一个开关座组成。当锁杆推向锁止位置时，门锁位置开关断开；推向开门位置时，门锁位置开关接通。即当车门关闭时，此开关断开，当车门打开时，此开关接通。如图 2.3.5 所示为门锁位置开关在车门锁止和开锁时的状态。

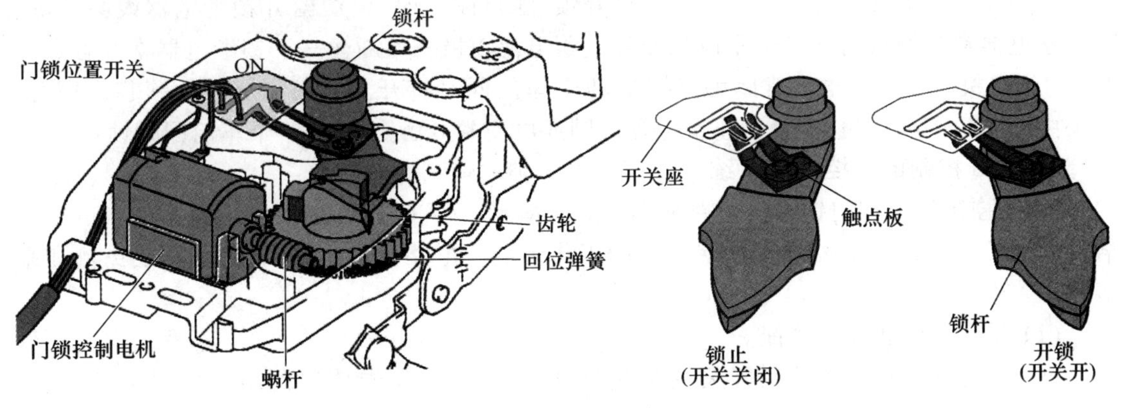

图 2.3.4　门锁电机　　　　图 2.3.5　门锁位置开关的工作情况

3. 钥匙未锁警告开关

钥匙未锁警告开关用来检测钥匙是否插入点火开关锁芯中。

4. 门锁控制 ECU(或集成继电器)

门锁控制 ECU(或集成继电器)接收来自各开关的信号并向各门锁总成传送锁止或开锁信号,以便驱动各车门的门锁电机。

5. 门控开关

门控开关用来检测车门的开闭情况。车门打开时,门控开关接通;车门关闭时,门控开关断开。

(三)中控门锁系统的工作过程

1. 继电器控制的中控门锁控制系统

使用门锁继电器的中控门锁控制电路如图 2.3.6 所示。

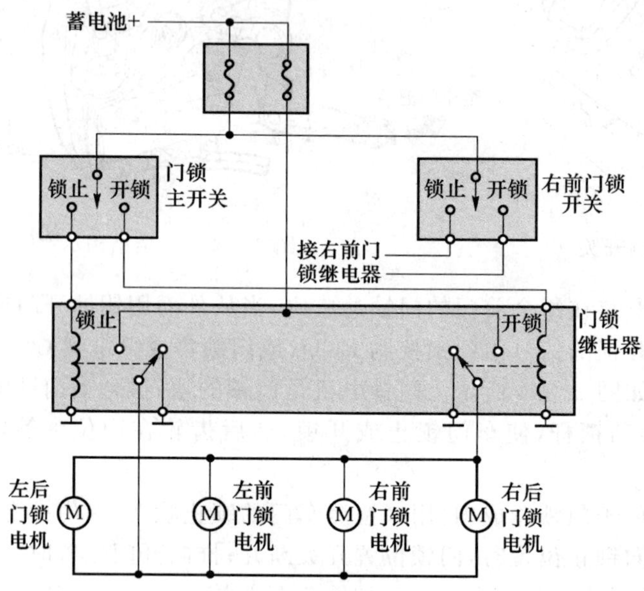

图 2.3.6　门锁继电器控制的中控门锁控制电路

当用钥匙转动锁芯,门锁主开关中的“开锁”触点闭合时,电源给开锁继电器线圈供电,开锁继电器常开触点闭合。于是电流便经过蓄电池正极→熔断丝→开锁继电器常开触点→4 个门锁电机→锁止继电器常闭触点搭铁,4 个车门同时打开。当用钥匙转动锁芯,门锁主开关中的“锁止”触点闭合时,锁止继电器线圈通电使常开触点闭合,4 个车门同时锁住。

2. ECU 控制的中控门锁系统

ECU 控制的中控门锁系统电路如图 2.3.7 所示。ECU 控制的中控门锁系统可以根据各种开关发出的信号来控制两个继电器的工作情况。电路中的 D 和 P 代表驾驶员侧和乘客侧。

(1) 手动锁门和开锁功能

锁门:驾驶员将门锁控制开关置于锁止时,车门锁止信号传送到门锁控制 ECU 中的 CPU。CPU 收到信号后,使 Tr1 导通约 0.2 s,于是锁止继电器线圈通电,常开触点闭合,电流从蓄电池正极→锁止继电器常开触点→4 个门锁电机→开锁继电器常闭触点→接地,所有门锁电机沿锁止方向转动,所有车门均被锁住。

开锁:驾驶员将门锁控制开关置于开锁时,车门开锁信号传送到 CPU。CPU 收到信号

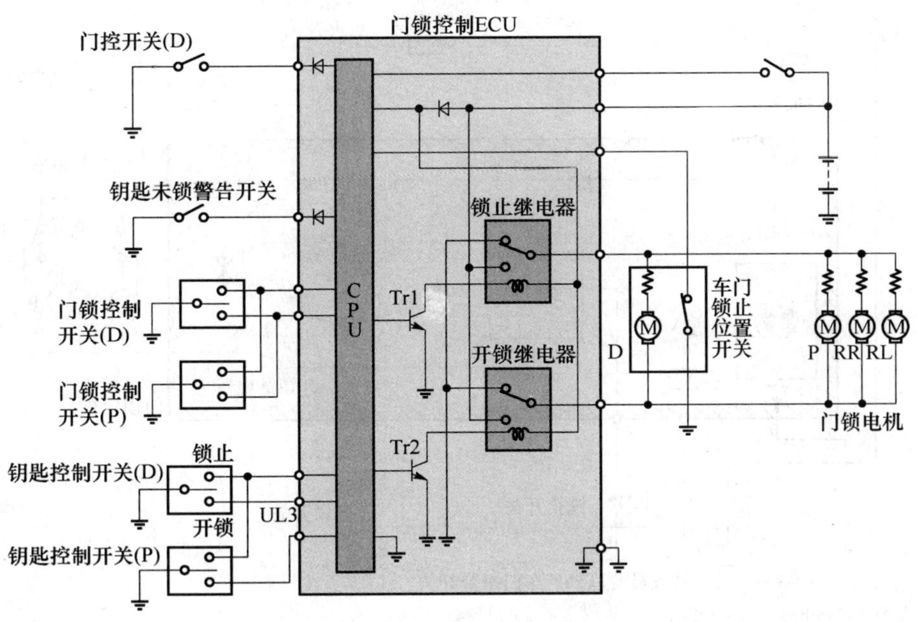

图 2.3.7　ECU 控制的中控门锁系统控制电路

后，使 Tr2 导通约 0.2 s，于是开锁继电器线圈通电，常开触点闭合，电流从蓄电池正极→开锁继电器常开触点→4 个门锁电机→锁止继电器常闭触点→接地，所有门锁电机沿开锁方向转动，所有车门均被开锁。

(2) 用车门钥匙锁门和开锁

将钥匙插入车门钥匙孔并转动进行锁门或开锁时，钥匙控制开关被置于锁止或开锁位置，车门锁止或开锁信号传送到 CPU。同样 CPU 收到信号后，使 Tr1 或 Tr2 导通约 0.2 s，相应的锁止或开锁继电器线圈通电。于是接通相关电路，控制所有门锁电机沿锁止或开锁方向转动(此处与手动锁门和开锁功能的线路相同)。

(3) 两步开锁功能(驾驶员侧车门)

当钥匙向开锁方向转动一次，只有本侧车门以机械方式被开锁。在此状态下，门锁控制 ECU 的 UL3 端子被钥匙控制开关接地一次，但是 Tr2 没有接通。如果钥匙在 3 s 内向开锁方向旋转两次，UL3 端子被接地两次，CPU 使 Tr2 导通。于是开锁继电器线圈通电，所有车门被开锁。

(4) 钥匙遗忘保护功能

当驾驶员侧车门打开，钥匙在点火开关锁芯中时，如果门锁按钮置于锁止位置，CPU 将 Tr2 导通约 0.2 s。于是开锁继电器线圈通电，所有车门开锁。如果在此状态下操作门锁控制开关锁住车门，所有的车门会先锁止，然后再次打开。

3. 车速感应式中控门锁系统

在中控门锁系统中加装车速(10 km/h)感应开关，当车速在 10 km/h 以上时，若车门未锁止，驾驶员不需动手，门锁控制器会自动地将门锁锁上。如果个别车门要自行开门或锁门也可自行分别操作，其电路如图 2.3.8 所示。

若按下锁止开关，则定时器使三极管 VT_2 导通，锁止继电器线圈 L_1 通电，锁止继电器

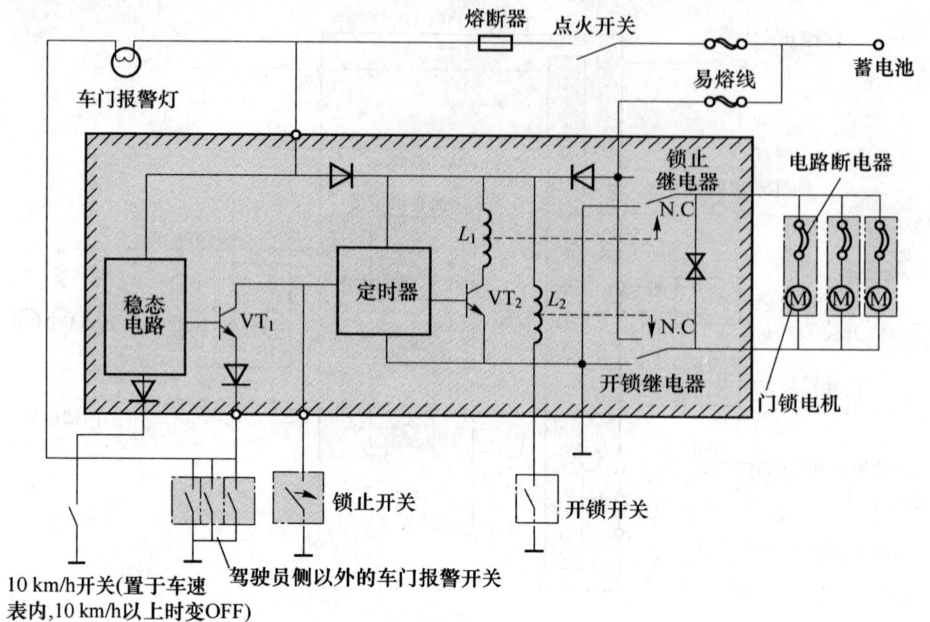

图 2.3.8　车速感应式中控门锁系统电路

常开触点闭合,门锁电机通正向电流,车门锁止。若按下开锁开关,则开锁继电器线圈 L_2 通电,开锁继电器常开触点闭合,门锁电机通入反向电流,车门开锁。若车门未锁止,且行车速度低于 10 km/h 时,置于车速表内的 10 km/h 开关闭合,此时稳态电路不向三极管 VT_1 提供基极电流;当行车速度高于 10 km/h 时,10 km/h 开关断开,此时稳态电路给 VT_1 提供基极电流,VT_1 导通,定时器触发端经 VT_1 和车门报警开关搭铁,如同按下锁止开关一样,使车门锁止,从而保证了行车安全。

二、无线遥控门锁系统

无线遥控门锁系统就是从遥控器发送信号进行锁止和开锁的系统,即使遥控器离开汽车一段距离,也能用来锁止或开锁车门。

(一)无线遥控门锁系统的组成和工作原理

无线遥控门锁系统由遥控器、车门控制接收器、门锁控制 ECU(或集成继电器)、钥匙未锁警告开关、点火开关、门控开关、门锁总成等组成,如图 2.3.9 所示。

遥控器又称遥控发射器、发射器,它由锂电池供电,有钥匙内置型和钥匙座型两种类型,如图 2.3.10 所示。当按下遥控器上的开锁或锁止按钮时,它将信号变成无线电波信号发送到车门控制接收器。车门控制接收器接收来自遥控器发出的信号,并将信号送到集成继电器(或门锁控制 ECU)。集成继电器(或门锁控制 ECU)收到信号时控制门锁电机,使车门锁止或开锁,如图 2.3.11 所示。

(二)无线遥控门锁系统的功能

无线遥控门锁系统的功能根据车型、等级和地区有所不同,一般有以下功能:

(1) 所有车门的锁止/开锁功能。按下遥控器的锁止(LOCK)开关或开锁(UNLOCK)

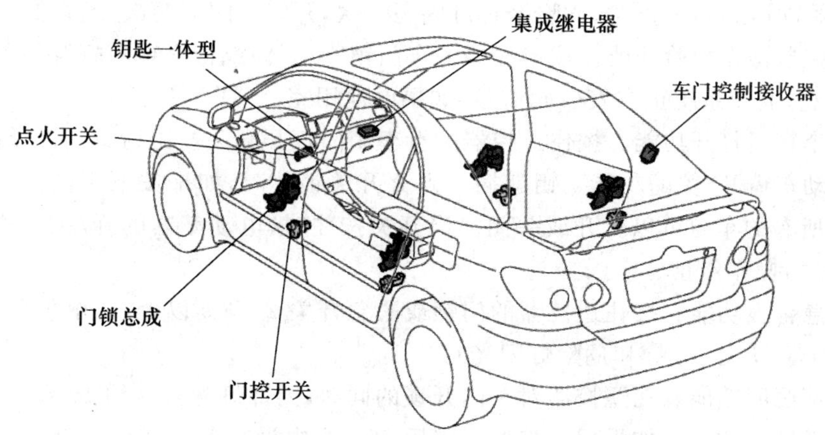

图 2.3.9　无线遥控门锁系统的组成

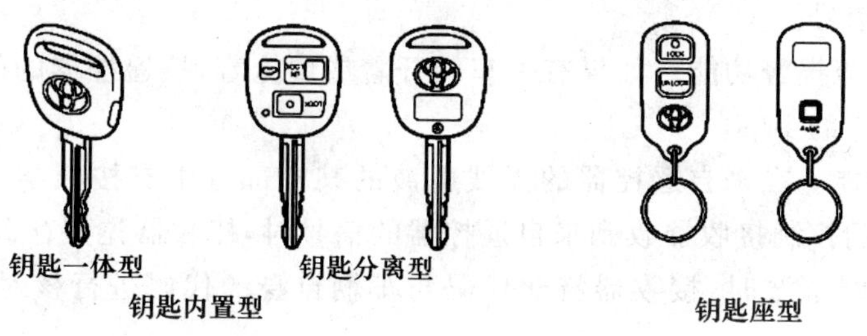

图 2.3.10　遥控器的类型

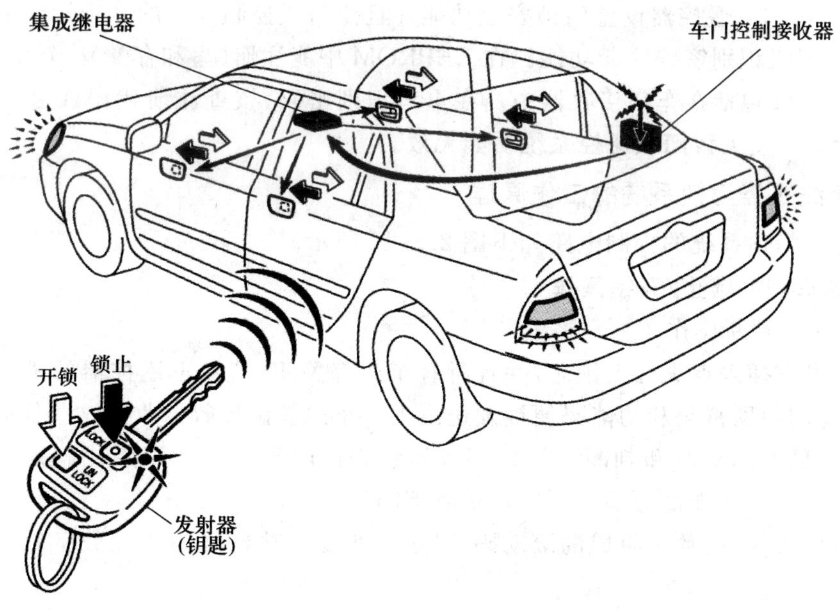

图 2.3.11　无线遥控门锁系统的控制

开关，对所有车门锁止或开锁。

(2) 两步开锁功能。在驾驶员车门开锁后，在 3 s 之内按开锁开关两次，打开所有车门。

(3) 应答功能。当锁止时,危险警告灯闪亮一次,开锁时闪亮两次,通知操作已经完成。

(4) 遥控器操作校验功能。按遥控器的车门锁止/开锁或行李箱门打开器的开关时,操作指示灯点亮,通知系统正在发射此信号,如果电池用完,此灯不亮。

(5) 行李箱门打开功能。按住遥控器的行李箱门打开开关按钮约 1 s,打开行李箱门。

(6) 电动车窗开/关的功能。钥匙插入点火开关锁芯时,如果按下车门开锁/锁止开关 2.5 s 以上,所有的车窗可以打开或关闭。当开关按住时,电动车窗的开/关操作继续进行,当开关不按时,操作停止。

(7) 紧急警报功能。按住遥控器的门锁或紧急开关 2～3 s 以上,将触发防盗报警系统(喇叭发出声音、大灯、尾灯和危险灯闪光)。

(8) 内部照明功能。在遥控器对车门开锁的同时,内部灯光打开约 15 s。

(9) 自动锁止功能。如果用遥控器开锁后 30 s 之内没有车门打开,所有车门将锁止。

(10) 重复功能。当遥控器进行锁止操作时,如果某一车门没有锁上,门锁控制 ECU 1 s 后将输出一锁止信号。

(11) 车门虚掩报警功能。如果有一车门开着或虚掩着,按遥控器的门锁开关将会使无线门锁蜂鸣器发声约 10 s。

(12) 安全功能。在来自遥控器的无线电波的某一部分中有按照某一固定规律变化的滚动代码。当车门控制接收器收到来自遥控器的信号时,接收器先储存此滚动代码,当接收器收到下一个无线电波时,接收器将此代码与车辆自身的代码进行核对,这样可以提高安全性。

为了防止有人用棒或类似物从车门玻璃和车窗框之间的缝隙操作门锁控制开关来开启车门,可用门钥匙或遥控器设置门锁安全功能并且使门锁控制开关的开锁操作无效。

(13) 发射机识别密码注册功能。在 EEPROM 中能注册(写和存储)4 个发射机识别密码,此 EEPROM 包括在车门接收器中。在重写识别密码、核查注册代码或丢失遥控器时,可以擦掉代码并使无线门锁遥控系统功能无效。

(三)无线遥控门锁系统的工作原理

无线遥控门锁系统的控制电路如下图 2.3.12 所示。

1. 所有车门的锁止/开锁操作

(1) 传送和判断操作

当钥匙没有插入点火开关锁芯,并且所有车门都关闭,若按下遥控器的锁止/开锁开关时,车辆本身的识别密码和功能码便被发送出去。车门控制接收器收到这些代码时,控制接收器中的 CPU 开始核对和判断。如果接收器识别出收到的本车识别代码是车门锁止/开锁,它将车门锁止/开锁信号输出到门锁控制 ECU。

识别密码为 60 位数字组成的滚动码,可进行改变。功能码为 4 位数字码,表示进行何种操作。

(2) 门锁控制 ECU 的操作

车门锁止或开锁信号传送到 CPU。CPU 收到信号后,使 Tr1 或 Tr2 导通约 0.2 s,相应的锁止或开锁继电器线圈通电。于是接通相关电路,所有门锁电机沿锁止或开锁方向转动。

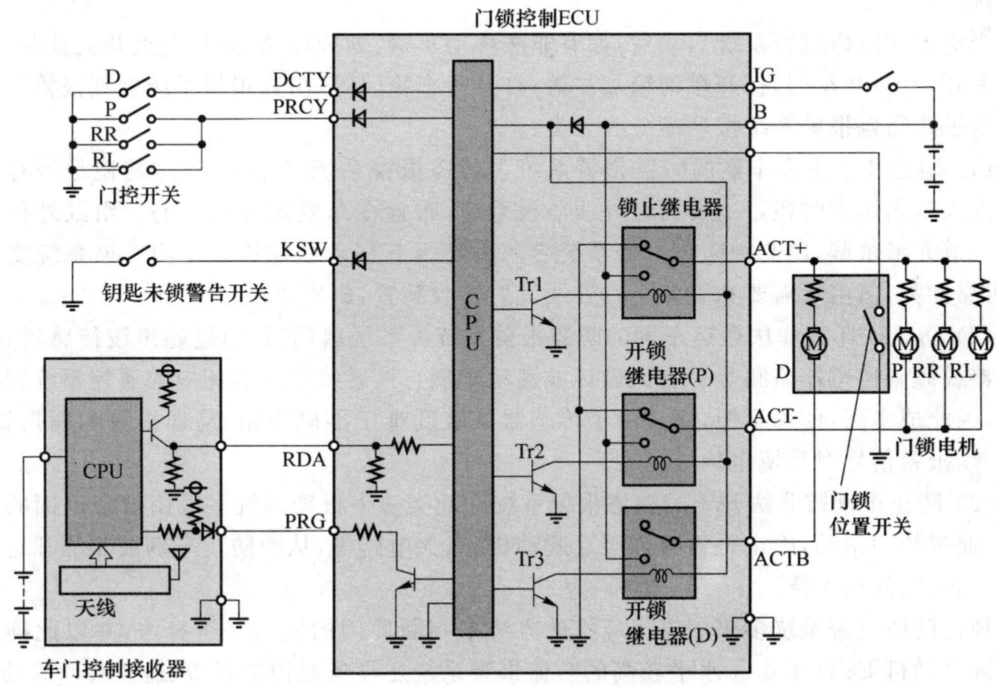

图 2.3.12　无线遥控门锁系统的控制电路

2. 两步开锁操作

门锁控制 ECU 中包括专用于驾驶员侧车门的开锁继电器(D)和控制开锁继电器(D)的 Tr3,以执行两步遥控开锁操作。

(1) 遥控器的开锁开关只按一次时,门锁控制 ECU 将 Tr3 导通,于是驾驶员侧车门开锁继电器(D)线圈通电,驾驶员侧门锁电机向开锁方向转动。

(2) 如果在 3 s 之内连续按下遥控器的开锁开关两次,门锁控制 ECU 将 Tr3 和 Tr2 导通,驾驶员侧和乘客侧车门开锁继电器(D)和(P)线圈均通电,于是所有的门锁电机均向开锁方向转动。

三、防盗报警系统

为了防止车辆被盗,许多汽车公司开始将汽车防盗报警系统作为汽车的标准配置,以提高汽车的市场竞争力。防盗报警系统通常与汽车中控门锁系统配合工作。

(一)防盗报警系统的类型

汽车防盗报警系统可分为机械式和电子式两种,机械式防盗报警系统是用纯机械的方式对油路、变速杆、转向盘、制动器等进行控制,如变速杆锁锁住变速杆使其不能移动;转向盘锁(也叫拐杖锁)挂在转向盘和离合器踏板之间使转向盘不能转动。这些方法,虽然费用低,但是使用不便,安全性差,已经逐渐被淘汰。

当前汽车主要采用电子式防盗报警系统,按系统中是否使用微机控制,电子防盗报警系统可分为普通电子防盗报警系统和微机控制防盗报警系统。目前,中低档汽车上多采用振动触发的普通电子防盗报警系统,中高档汽车多采用微机控制的电子钥匙式发动机防盗报警系统。

当电子式防盗报警系统启动后，如有非法移动车辆、划破玻璃、破坏点火开关锁芯，拆卸轮胎和音响、打开车门、打开燃油箱加注盖、打开行李箱门等，防盗报警系统立刻报警。

电子式防盗报警系统按功能分为 3 类：

(1) 防止非法进入车辆的防盗报警系统。防盗报警系统启用后，通过监视是否有移动物体进入车内达到防盗。主要为红外线监视系统，布置在车辆内部周围的一组红外传感器构成一道无形帘幕，以监视防盗报警系统启动后是否有移动物体进入车内。该系统安全性高，可靠性强，但由于需要布置多个红外线发射接收装置，成本较高。

(2) 防止破坏或非法搬运车辆的防盗报警系统。系统启用后，通过超声波传感器、振动传感器或倾斜传感器监测是否有人破坏或搬动车辆。该系统需增加相应的遥控系统和报警系统，因此成本高，使用不便，而且由于传感器灵敏度难于准确设定，易误报警和漏报警，安全性差，报警信号对环境也构成污染。

(3) 防止车辆被非法开走的防盗报警系统。此类防盗报警系统多采用带密码锁的遥控系统，通过校验密码，确定是否容许接通起动机、点火电路等，从而防止车辆被非法开走。其安全性较差、使用不便。

现代防盗报警系统多采用电子应答的方法来判断使用的钥匙是否合法，并以此确定是否容许发动机 ECU 工作。水平较高的防盗报警系统还具备遥控器报警、遥控启动等功能。

(二)防盗报警系统的组成

防盗报警系统由各种开关、ECU 和报警装置等组成，如图 2.3.13 所示。

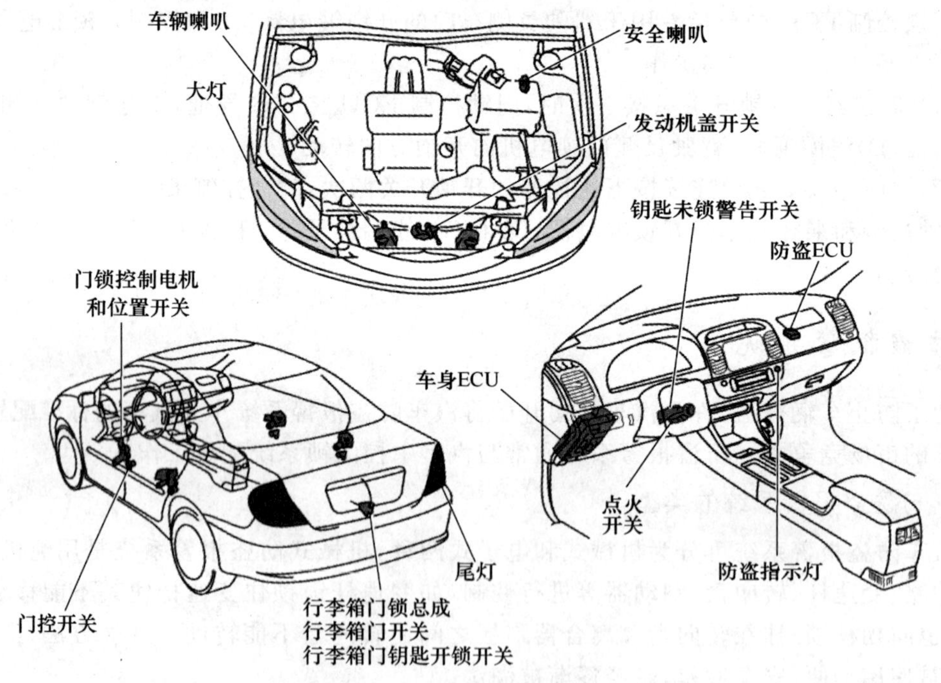

图 2.3.13 防盗报警系统的组成

1. ECU

包括防盗 ECU 和车身 ECU，当 ECU 接收到各开关的信号和检测到汽车被盗情况时，报警装置发出报警信号，系统控制框图如图 2.3.14 所示。

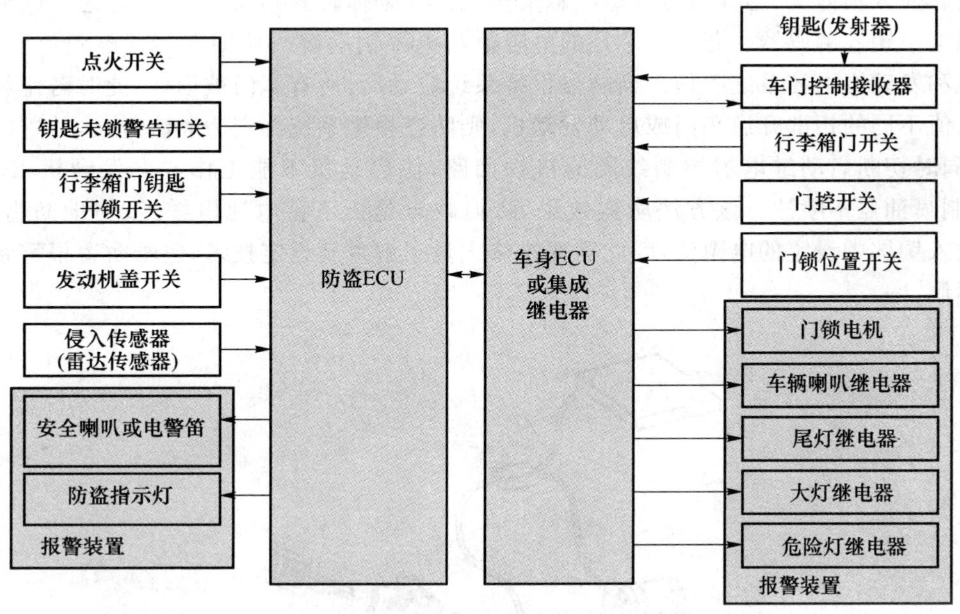

图 2.3.14　防盗报警系统控制框图

2. 报警装置

报警装置包括安全喇叭、车辆喇叭、大灯和尾灯、防盗指示灯等。其中防盗指示灯用来指示系统是否处于警戒状态。当系统处于有警戒态时，指示灯闪烁，通知汽车周围的人，此车装有防盗报警系统。

3. 各种开关

包括门控开关、发动机罩开关、行李箱门开关、点火开关、钥匙未锁警告开关、门锁位置开关、行李箱门钥匙开锁开关等。其中门控开关、发动机罩开关和行李箱门开关用于检测各车门、发动机罩、行李箱门的开/闭状态。钥匙未锁警告开关用来检测钥匙是否插进了点火锁芯中。门锁位置开关和行李箱门钥匙开锁开关用来开关检测各门的锁止/开锁状态。

(三)防盗报警系统控制原理

1. 基本工作原理

当启动防盗报警系统后，只有通过遥控器发出的开锁信号被 ECU 接收到或用车钥匙插入锁孔开关，才能使防盗 ECU 解除警戒状态，此时可正常开门。否则，防盗 ECU 根据各种开关信号及 ECU 反馈信号判定为非法开启，于是接通喇叭线路和各种报警装置进行报警。

上述防盗方法简单，防止开门的手段只有门锁、遥控器和开关，而没有办法防止盗贼将车开走。为此，防盗报警系统增加了防盗功能，主要有增强中控门锁功能和增强车辆锁止功能。

2. 增强中控门锁功能

(1) 测量门锁钥匙电阻

如图 2.3.15 所示,车辆的每把钥匙均设有一定电阻,并存储在防盗 ECU 中。用正常的点火钥匙插入锁体时,芯片与电阻检测触头接触。当锁体转到起动挡时,钥匙芯片的电阻值输送到电子钥匙解码器。若钥匙芯片的电阻值与电子钥匙解码器中存储的电阻值一致,则起动机和发动机电控系统工作。当防盗报警系统启动后,所有车门被锁住,此时若用齿形相同但阻值不同的钥匙开启车门或启动发动机,则防盗报警系统判定为非法进入,并进行防盗报警,同时切断启动继电器控制线圈的搭铁回路,使启动机不能工作或向发动机 ECU 通信,控制喷油器不喷油。该方法防盗效果好,但缺点是拆下蓄电池电缆后,需向防盗 ECU 重新输入钥匙中设定的电阻值,因此需要维修人员了解重新设定技术,也给防盗报警系统留下了漏洞。

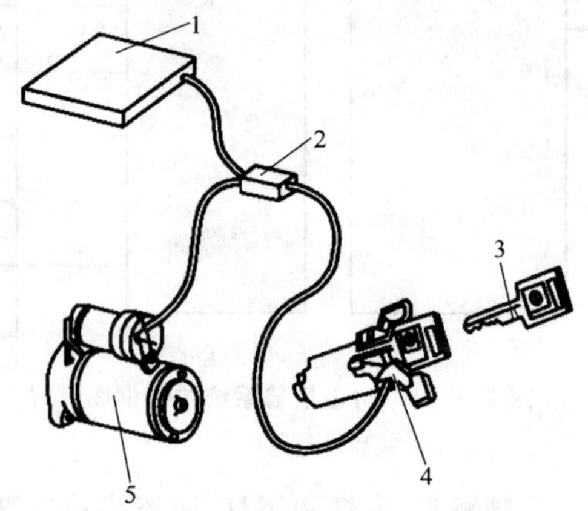

1—发动机ECU; 2—电子钥匙解码器; 3—芯片; 4—电子检测接头; 5—启动机

图 2.3.15 增强功能的防盗报警系统

(2) 加装密码锁

车用密码锁的功能与钥匙、遥控器处于同一地位,即用其中任何一种方法都可以打开车门,这样,加装密码锁后,车主就无须为保管好钥匙或遥控器以免丢失而头疼。密码锁有十位键,而密码则一般取五位数。也就是说,密码共有十万种组合。已设定的密码也可以由车主任意改变,所以车主不必担心密码被窃取。一旦密码被盗,车辆无须重新解码即可使用。

(3) 遥控器增加保险功能

即使复制不了钥匙,破译不了密码,对于窃贼来说只要能复制遥控器就可以轻松打开车门。普通遥控器的复制对于专业人士来说并不是难事,只要用一台示波器测出遥控器发出的无线电信号频率即可。

为防止遥控器被复制,有些车采用一种新的遥控器,它与防盗 ECU 配合,由固定程序设定频率,即每次车主重新锁门后,遥控器与接收器均按事先设定的程序同时改变另一频率,这样遥控器便无法复制。

(4) 意外振动报警器

在车辆内部加装一个振动传感器,防盗报警系统启动后,若汽车受到意外移动、碰撞,使传感器反馈信号大于设定值时,有阻吓功能的灯光、喇叭同时工作,并提醒车主注意。

3. 增强汽车锁止功能

(1) 使起动机无法工作

使用这种方法的汽车上，采用防盗 ECU 控制启动继电器线圈的搭铁电路，从而控制起动机是否工作。若通过正常途径解除防盗警戒，则起动机、喇叭和灯光处于正常工作状态。若未解除防盗警戒，即使短接钥匙孔后部的启动线，也无法启动发动机。

(2) 使发动机无法工作

防盗 ECU 不仅控制起动机线路，也可切断燃油泵继电器控制线路，使发动机处于不供油状态。同时还可控制自动变速器继电器控制线路，使自动变速器液压油路控制电磁阀无法工作，达到即使启动发动机，也无法使变速器运转的目的。同时还可切断 ECU 中的某些搭铁线路，使点火系不工作或喷油器处于切断位置，从而使发动机无法工作。

(3) 使发动机 ECU 处于非工作状态

防盗警戒解除后，防盗 ECU 将某一特定频率的信号送至发动机 ECU，发动机 ECU 正常工作。若未解除防盗警戒或直接切断防盗 ECU 电源，则该信号不存在，发动机 ECU 停止工作。

(四)防盗报警系统的设定与解除

1. 防盗报警系统的设定

(1)关闭所有车门，关闭发动机罩盖和行李箱门，从点火开关锁芯中拔出点火钥匙。

(2) 当下述其中任一项操作完成时，防盗指示灯亮，30 s 后防盗指示灯闪烁，防盗报警系统进入工作状态。

① 用钥匙锁住左侧或右侧前门；

② 用门锁遥控器锁住所有车门；

③ 保持所有后门锁住及一扇前门锁住，不用钥匙锁住另一扇前门(无钥匙门锁)。

2. 解除防盗报警功能

检查防盗指示灯是否闪烁，完成下述任一操作时，防盗报警系统即被解除，指示灯熄灭。

① 用钥匙打开左侧或右侧前门；

② 用无线遥控器打开所有车门；

③ 将点火钥匙插入点火锁芯，并将其转至 ACC 或 ON 位置时(只有在防盗报警系统从未动作过时，该项操作才可执行)；

④ 用钥匙打开行李箱门(防盗报警系统仅在行李箱门打开时临时解除。在行李箱门关闭约 20 s 后，防盗报警系统重新设定)。

(五)上海桑塔纳 2000 轿车防盗报警系统

上海大众桑塔纳 2000 轿车防盗报警系统如图 2.3.16 所示，系统由带脉冲转发器的钥匙、识读线圈(在点火开关上)、防盗 ECU(又称防盗控制单元，装在转向管柱左边支架上)和防盗指示灯组成。此外发动机 ECU 也有防盗的作用。

1. 带脉冲转发器的钥匙

每把钥匙都有棒状转发器，内含有运算芯片和一个细小电磁线圈。该系统工作期间，其线圈与点火锁芯中的识读线圈以感应方式进行通信，以便在转发器运算芯片与防盗报警控制单元(ECU)之间传输各种信息。

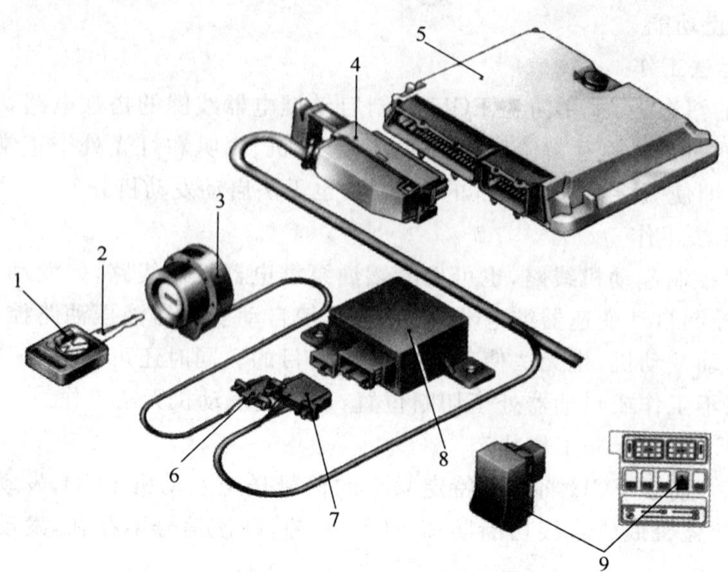

1—脉冲转发器；2—汽车钥匙；3—识读线圈；4、6、7—连接器；5—发动机控制单元；8—防盗ECU；9—防盗指示灯

图 2.3.16　桑塔纳 2000 轿车防盗报警系统的组成

2. 识读线圈

识读线圈也叫收发线圈，安装在点火锁芯上，通过导线与防盗 ECU 相连，作为防盗 ECU 的负载，担负着防盗 ECU 与脉冲转发器之间信号及能量的传输任务。

3. 防盗 ECU(或防盗控制单元)

防盗 ECU(或防盗控制单元)是一个包括微处理器的电子控制器，在点火开关接通时，防盗 ECU 用于系统密码运算、比较，并控制整个系统的通信，包括与脉冲转发器、发动机 ECU 的通信，同时还可以与诊断仪进行通信。

4. 基本工作原理

汽车防盗报警系统安装匹配后，防盗 ECU 便存储了该车发动机 ECU 的识别密码以及 3 把钥匙中脉冲转发器的识别密码，同时每个脉冲转发器也存储了相应的防盗 ECU 的有关信息。将钥匙插入点火锁芯并接通点火开关时，防盗 ECU 首先通过锁芯上的识读线圈将一随机数据传输给钥匙中的脉冲转发器，经特定运算后，脉冲转发器将结果反馈给防盗 ECU，防盗 ECU 将其与 ECU 中存储的识别密码相比较，若密码吻合，系统即认定该钥匙为合法钥匙。防盗 ECU 还要对发动机 ECU 进行识别。只有钥匙(脉冲转发器)、发动机 ECU 的密码都吻合时，防盗 ECU 才容许发动机 ECU 工作。

防盗 ECU 通过一根串行通信线将经过编码的工作指令传到发动机 ECU，发动机 ECU 根据防盗 ECU 的数据来决定是否启动汽车。同时，诊断仪可通过串行通信接口(K 线)对系统进行故障诊断、编码等操作。在识别密码的过程(2 s)中，防盗指示灯会保持点亮状态。如果有任何错误发生，发动机 ECU 将停止工作，同时指示灯会以一定频率闪亮。

上海桑塔纳 2000 轿车防盗报警控制电路如图 2.3.17 所示。

(六)奥迪 A6 轿车内部监控系统

奥迪 A6 轿车内部监控系统由超声波传感器和控制单元组成，如图 2.3.18 所示。

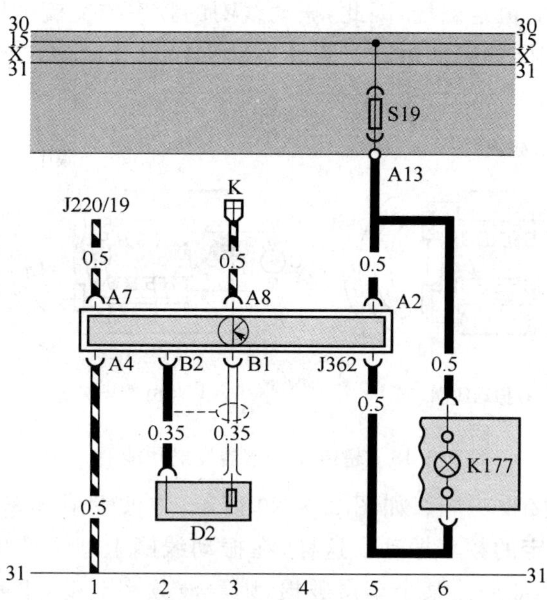

图 2.3.17　桑塔纳 2000 轿车防盗报警系统控制电路

超声波传感器控制单元和防盗控制单元是通过一条警报线和开关线相连，超声波传感器装在 B 柱上，若有人企图非法进入车内，超声波传感器控制单元将向防盗控制单元发送信号，系统立即发出警报。

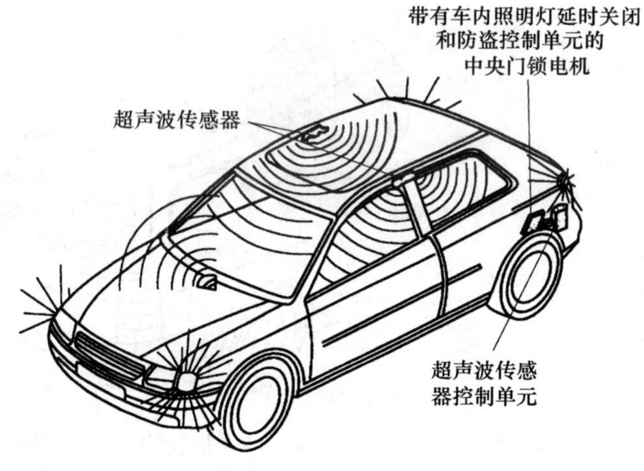

图 2.3.18　奥迪 A6 轿车内部监控系统示意图

1. 超声波传感器

每个传感器组件包括 2 个超声波传感器和 1 个电子放大电路，分别装在左右 B 柱内。每个传感器监控一个车窗。超声波传感器以 40 Hz 的频率发射声波（人耳无法听见），同时传感器又接收反射回来的声音信号，超声波传感器控制单元分析反射回来的信号，如有必要则触发报警。如果 4 个传感器中的某一个传递信号失败，则将中断对该车窗的监控。

(1) 超声波传感器的发射功能。交流电压作用于振动线圈时，其内部将产生一磁场，该磁场又反作用于永久磁铁的恒定磁场，因此，振动线圈的频率与交流电压相同。振动线圈与膜片相连，从而膜片也以相同的频率振动。膜片振动引起空气运动，产生超声波，如图 2.3.19 所示。

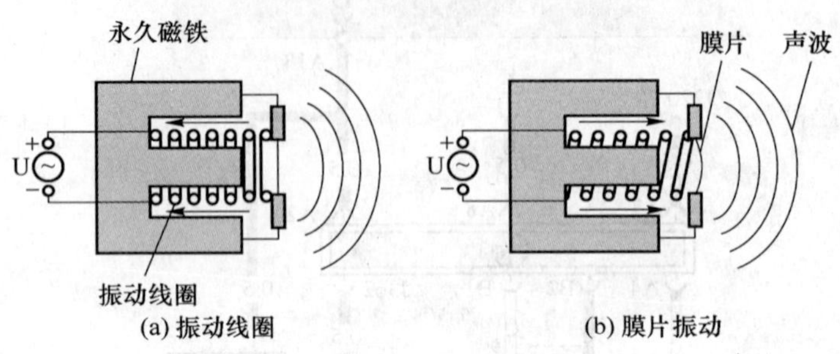

图 2.3.19 超声波传感器发射功能

(2) 超声波传感器的接收功能。如图 2.3.20 所示，声波发射到车内壁并被反射回来，反射的声波引起膜片以一定的频率振动。这样，在振动线圈上感应产生一同样频率的交流电压，这种作用是反向的。如果是某个车窗破损，则声波频率改变，于是交流电压的频率也随之改变。超声波传感器控制单元将识别交流电压的变化，并触发报警器发出警报。

2. 玻璃破碎传感器

在汽车后边窗上加装了导电环线，如图 2.3.21 所示。当内部监控系统工作时，小电流将流过导电环线和后窗加热器的电阻丝。如果某个车窗被打碎，则导电环线或加热电阻丝被破坏，电流中断。超声波传感器控制单元识别这种电流中断，并将信号传至防盗控制单元。

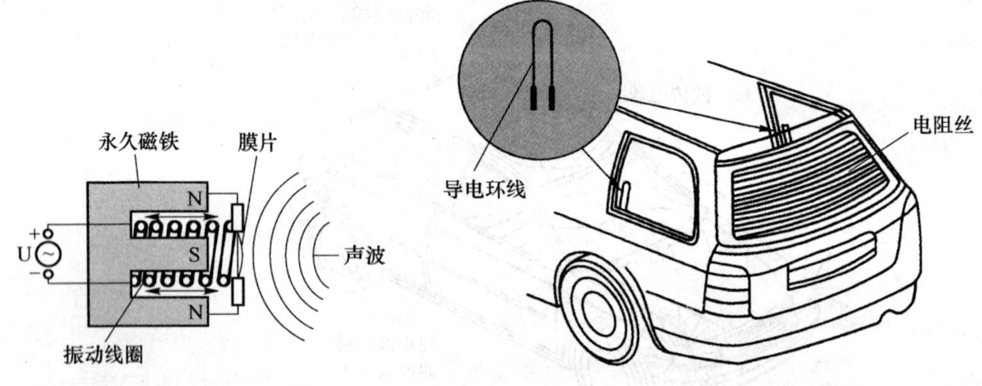

图 2.3.20 超声波传感器接收功能

图 2.3.21 玻璃破碎传感器

3. 控制单元

超声波传感器控制单元装在行李箱内左侧，防盗控制单元装在超声波传感器控制单元的前面。若有人企图非法进入车内，超声波传感器发出信号给超声波传感器控制单元，该控制单元再向防盗控制单元发送信号，系统立即控制喇叭发出声音警报，转向灯发出闪光警报。

当关闭所有车门、发动机舱盖和行李箱，并用钥匙或无线遥控器锁止后，内部监控系统开始工作，并控制下列区域：①驾驶员和前乘客侧(位置开关设在门锁内)；②发动机舱盖

(位置开关设在锁下部位置);③行李箱盖(位置开关设在行李箱锁内);④点火开关(15 号端子)。

4. 执行元件

(1) 内部监控开关。内部监控开关装在驾驶员侧 B 柱上,只需按一下该开关,就能中断内部监控功能,防止意外触发报警。当驾驶员侧车门打开后,内部监控功能中断,超声波传感器控制单元通过左前车门触发开关收到"驾驶员侧车门打开"的信号。

(2) 防盗报警喇叭。防盗报警喇叭位于流水槽内。当报警时,防盗控制单元接通喇叭电路,使喇叭发出声音警报,声音警报与闪烁转向信号交替发出。

(3) 转向信号灯。当报警时,防盗控制单元接通转向信号灯电路,转向信号灯发出闪光信号(闪烁)。

(4) 警报灯。警报灯是发光二极管,由超声波传感器控制单元触发。闪烁频率表示内部监控系统的状态,并可作自诊断辅助指示灯。

(5) 新鲜空气鼓风机。新鲜空气鼓风机运行时,空气在车内流动,从而可能导致内部监控系统触发错误警报。为防止这种情况,内部监控系统的触发灵敏度作相应修正。

5. 电路图

奥迪 A6 轿车内部监控系统电路如图 2.3.22 所示。

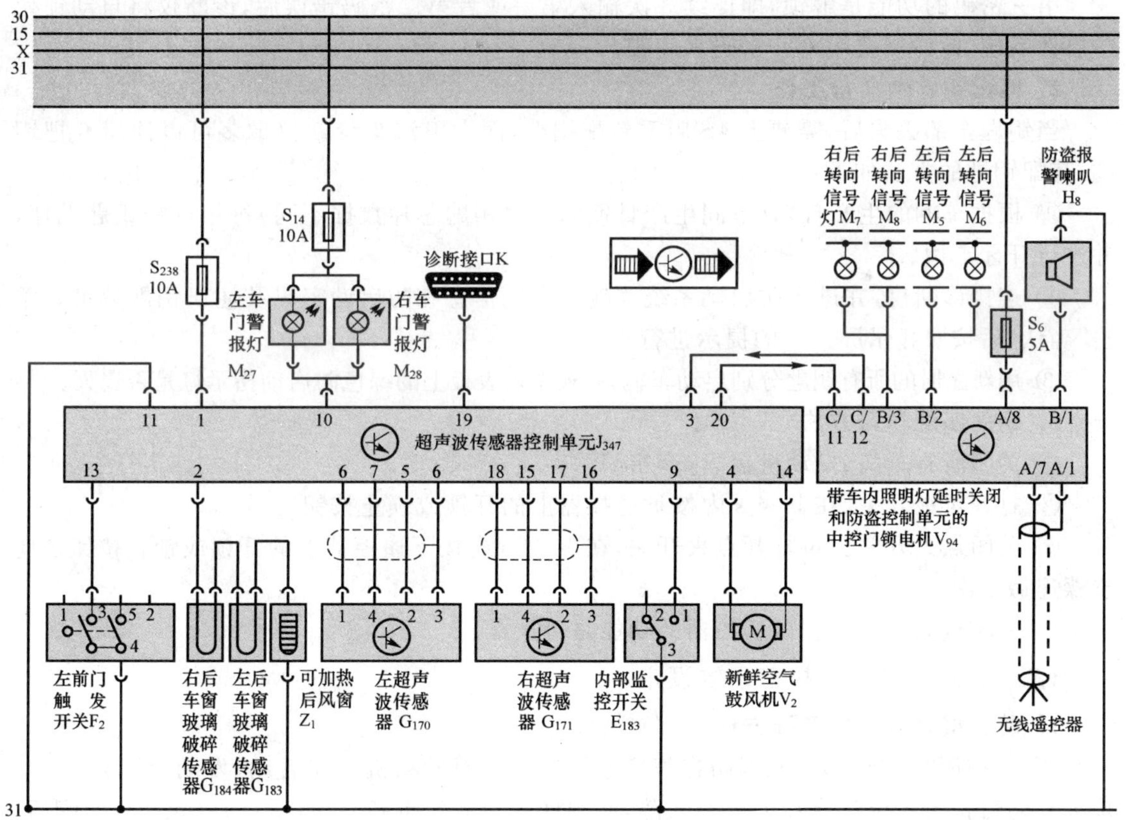

图 2.3.22　奥迪 A6 轿车内部监控系统电路

任务实施

一、汽车遥控器的设定与钥匙匹配

(一) 广本雅阁轿车钥匙的匹配

1. 什么情况下需要匹配钥匙

汽车中所谓的配钥匙无非是3种情况：增加或者删除钥匙、钥匙全部丢失、更换全车门锁。而不论是以上哪一种维修作业都需要利用本田公司的专用诊断仪和专用的防启动密码。下面就防启动密码作一下具体的介绍。

防启动密码是广州本田汽车公司售后服务部制定的专用信息通道号，其功能就是使车辆防启动控制单元与车辆诊断仪之间保持正常的通信，防启动密码分为3种：第一密码、第二密码和第三密码。

第一密码的功用是增加或者删除钥匙，此密码只有1个，并且每年的1月1日由广州本田汽车公司自动更新。

第二密码的功用是用于更换防启动控制电脑、全车锁、更换钥匙时使用，第二密码是个流动码，每个密码使用15次后自动作废，若要获取新密码直接向广州本田汽车公司索取。

第三密码的功能是解锁，即连续3次输入第一或者第二密码错误后，诊断仪将自动锁死防启动系统，此时需要用第三密码来解锁。

2. 匹配钥匙的准备工作

当钥匙全部丢失后，需要上4S店重新配钥匙，而本田汽车诊断仪最多可以注册6把钥匙，其配钥匙的方法如下：

① 根据车辆的生产日期(不同生产日期的车辆钥匙芯片数据不同)每年订购钥匙毛坯，并进行开牙走槽。

② 连接诊断仪，并进入防启动系统。输入车辆信息和防启动密码及注册钥匙数量。单击“确认”后按照显示屏幕上的提示进行。

③ 用新注册的所有钥匙分别启动车辆，并观察仪表板上的绿色防启动指示灯是否熄灭。

3. 钥匙匹配学习方法

① 关闭所有车门、发动机盖、行李箱门。

② 打开点火开关，在1～4 s内按下遥控器上的开锁或锁止按钮。

③ 关闭点火开关。再打开点火开关，在1～4 s内按下遥控器上的开锁或锁止按钮。此步骤连做3次。

④ 关闭点火开关。测试遥控器的功能是否正常。

(二) 大众车系防盗报警系统设定

1. 防盗报警系统的匹配方法

更换发动机控制单元，或因防盗报警系统起作用而发动机不能启动(发动机运转3 s后熄火)，防盗报警系统没有任何电路故障，必须使用诊断仪重新与防盗控制单元进行匹配后，才能启动发动机。其基本的操作步骤如下：

(1) 必须使用一把合法钥匙。

(2) 连接诊断仪，打开点火开关，进入“防盗控制系统”。

(3) 选择"匹配"功能。

(4) 输入通道号 00。

(5) 仪器显示"是否清除已知数值",按 Q 确认键。

(6) 仪器显示"已知数值已被清除"表示完成匹配程序,发动机控制单元的随机代码就被防盗控制单元读入并存储起来。

2. 更换防盗控制单元的匹配程序

(1) 更换新的防盗控制单元。①发动机控制单元的随机代码自动被防盗控制单元读入并存储。②重新做一次所有钥匙匹配程序。

(2) 更换从其他车上拆下来的防盗控制单元。①重新做一次发动机控制单元匹配程序。②重新做一次所有钥匙匹配程序。

3. 匹配汽车钥匙

(1) 此功能将清除以前的所有合法钥匙的代码。

(2) 必须将所有的汽车钥匙,包括新配的钥匙与防盗控制单元匹配,同时完成匹配程序。

(3) 如果用户遗失一把合法的钥匙,为了安全起见,必须将其他所有合法钥匙完成配钥匙的程序,这样才能将丢失的钥匙变为非法,不能启动发动机。

(4) 配钥匙程序必须先输入密码,从用户保存的一块涂黑的密码牌上刮去涂黑层可见 4 位数密码,或更换防盗控制单元后,在控制单元外壳处获取 4 位数密码。

4. 汽车钥匙匹配基本操作

(1) 必须使用汽车所有的钥匙。

(2) 获取密码,并连接故障诊断仪。

(3) 打开点火开关,选择并进入"防盗控制系统"。

(4) 选择"登录"测试功能。

(5) 输入密码,在 4 位数密码前加一个 0,例如 02345。如果连续两次输入错误,在第三次输入密码前,必须退出防盗自诊断程序,打开点火开关等待 30 min 以后再进行。

(6) 若密码输入成功,然后选择"通道匹配"测试功能。

(7) 输入匹配通道号。桑塔纳 2000、帕萨特输入通道号为 21,捷达、奥迪 A4、A6、V6、V8 输入通道号为 01。

(8) 输入匹配钥匙数(0～8 把,0 表示全部钥匙都变为非法,不能启动发动机),再按 Q 键确认。

(9) 再一次确认输入匹配钥匙的数目,按 Q 键确认。

(10) 存储输入的钥匙数,关闭点火开关,拔下钥匙,然后插入下一把钥匙,打开点火开关至少 1 s 重复上述操作,直到把所有的钥匙都匹配成功。

5. 钥匙匹配过程中需要注意的事项

(1) 匹配全部钥匙操作的 10 个步骤不能超过 30 s。如果只是插入钥匙而没有打开点火开关,那么这把钥匙匹配无效。

(2) 如果系统在读识钥匙的过程中发现错误,如将已匹配的钥匙再进行匹配等,则警告灯以每秒两次的频率闪亮,读钥匙过程自动中断。

(3) 每次匹配的过程顺利完成后,警告灯以每秒两次的频率闪亮,然后熄灭 0.5 s,再点亮 0.5 s,最后熄灭。

二、现代悦动轿车中控门锁系统的检修

各个车型的中控门锁系统电路区别较大,因此在进行检修时要结合维修手册进行。但检修的方法和检修部位基本相似。下面以现代悦动轿车中控门锁系统为例介绍其检修过程(系统电路图如图 2.3.23 及图 2.3.24 所示)。

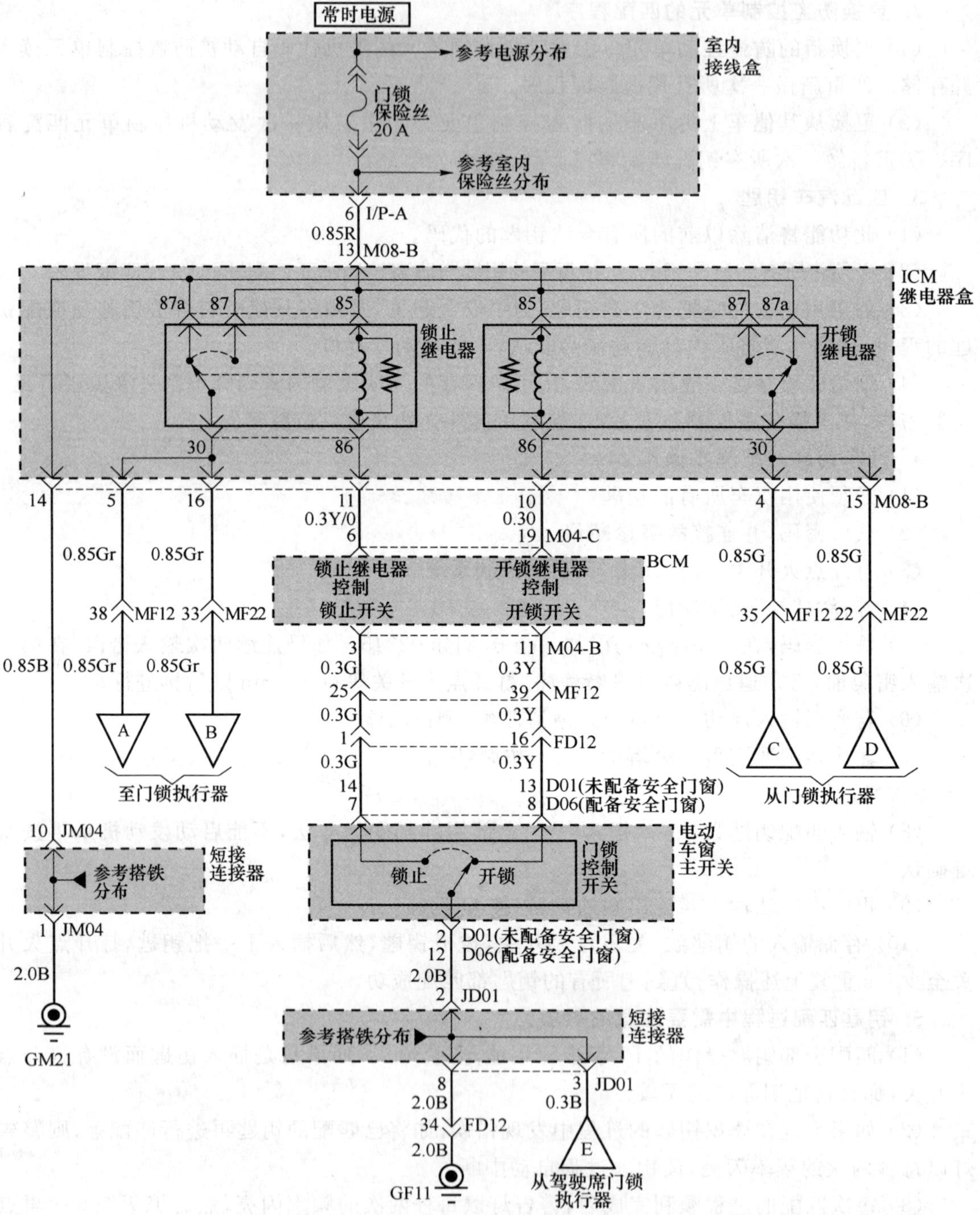

图 2.3.23　现代悦动轿车中控门锁系统电路(1)

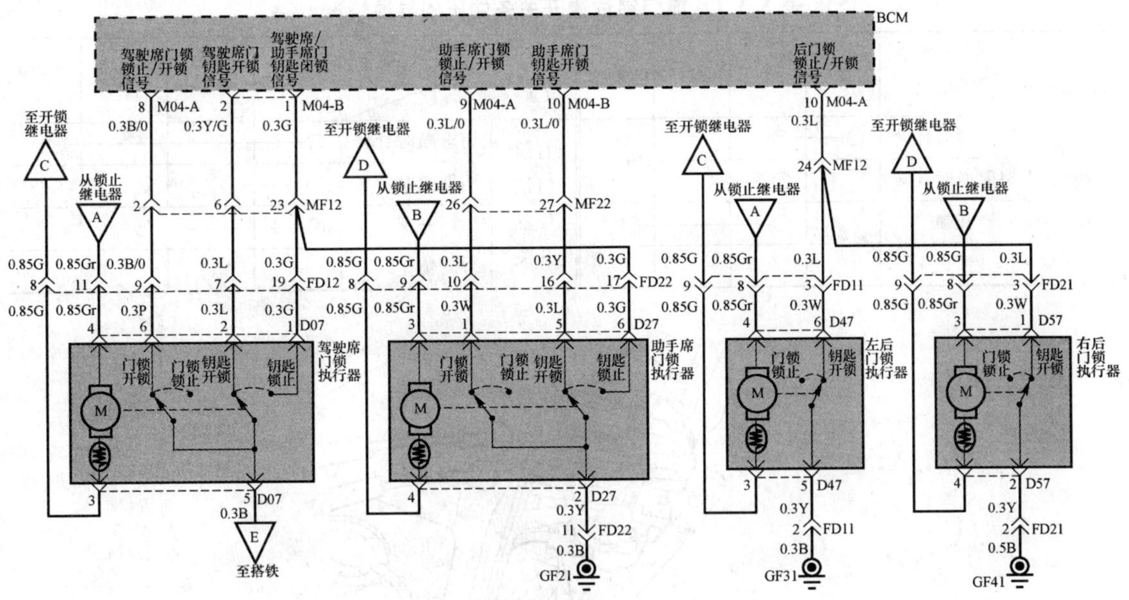

图 2.3.24　现代悦动轿车中控门锁系统电路(2)

1. 前门锁执行器中位置开关的检修

如图 2.3.25 所示，断开前门锁执行器连接器，按表 2.3.1 所示检查前门锁位置开关端子的导通情况。如果不符合表中要求，则更换该门锁总成。

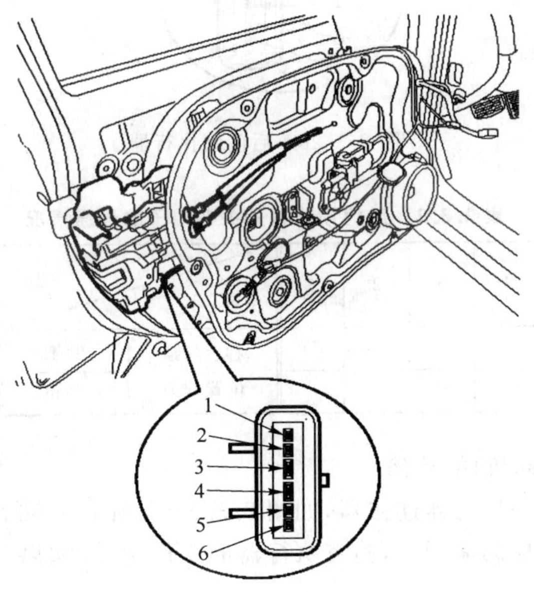

图 2.3.25　前门锁执行器

2. 后门锁执行器中位置开关的检修

如图 2.3.26 所示，断开后门锁执行器连接器，按表 2.3.2 所示检查后门锁位置开关的端子导通情况。如果结果不符合表中标准，则更换该门锁总成。

表 2.3.1　前门锁位置开关各端子的导通情况

位置＼端子		2	5	1	6
左前门锁位置开关	钥匙顺时针转	○	○		
	钥匙逆时针转		○	○	
	开锁		○	—	○
	锁止				

位置＼端子		2	5	1	6
右前门锁位置开关	钥匙顺时针转	○	—	—	○
	钥匙逆时针转	○	○		
	开锁	○	—	○	
	锁止				

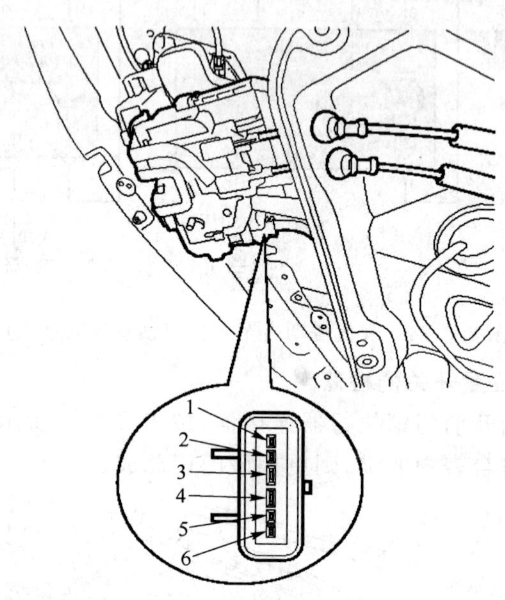

图 2.3.26　后门锁执行器

表 2.3.2　后门锁位置开关各端子的导通情况

位置＼端子		1	5	2	6
左后门锁位置开关	开锁		○	—	○
	锁止				

位置＼端子		1	5	2	6
右后门锁位置开关	开锁	○	—	○	
	锁止				

3. 门锁执行器(电动机)的检修

断开前门锁或后门锁执行器连接器,如图 2.3.25 及图 2.3.26 所示,按表 2.3.3 将蓄电池正极和负极连接到相应的端子上,检查执行器的工作情况,如果不符合表中要求,则更换门锁总成。

4. 遥控门锁及遥控器的检查

(1) 检查遥控门锁的工作情况时,应注意以下问题:

① 中控门锁系统的工作正常。

② 所有的车门均关闭,若有任意一个车门开着,则其他的车门无法锁上。

表 2.3.3　门锁执行器通电检查

位置＼端子		4	3	位置＼端子		4	3
左前	锁止	+	−	左后	锁止	+	−
	开锁	−	+		开锁	−	+
右前	锁止	−	+	右后	锁止	−	+
	开锁	+	−		开锁	+	−

③ 点火开关钥匙孔里没有钥匙。

(2) 遥控器基本功能可按以下方法检查：

① 按下遥控器上的锁止或开锁按钮，检查红灯是否闪烁。

② 如果红灯不闪烁，拆卸电池并检查电压。如果电压低于 3 V，用新品更换。然后按动遥控器锁止或开锁按钮 5～6 次，锁止和开锁车门。

③ 若门锁能锁止和开锁，则遥控器正常。如果不能锁止和开锁车门，应重新进行密码输入后再进行测试。

④ 如果遥控器故障，则更换遥控器。

三、奥迪 A6 轿车内部监控系统检修

1. 故障码表

奥迪 A6 内部监控系统的故障码、故障原因和排除方法见表 2.3.4。

表 2.3.4　故障码表

故障码	故障原因	排除方法
01377 左超声波传感器 G170 ・对正极短路断路/对地短路 ・不可靠信号	・G170 和 J347 之间导线断路 ・G170 损坏 ・启动防盗报警系统时出现故障	・按电路图查询故障 ・更换 G170 ・检测
01378 右超声波传感器 G171 ・对正极短路 ・断路/对地短路 ・不可靠信号	・G171 和 J347 之间导线断路 ・G171 损坏 ・启动防盗报警系统时出现故障	・按电路图查询故障 ・更换 G171 ・检测
01379 内部监控开关 E183 ・对地短路	・E183 和 J347 间导线损坏 ・E183 损坏	・按电路图查询故障 ・更换 E183
01380 通过左后防盗报警系统传感器发出警报	・试图从左后车窗进入车内或功能检测后 ・因误操作而启动警报	・清除故障存储器 ・功能检查 ・进行传感器灵敏度自适应

续表

故障码	故障原因	排除方法
01381 通过右后防盗报警系统传感器发出警报	·试图从右后车窗进入车内或功能检测后 ·因误操作而启动警报	·清除故障存储器 ·功能检查 ·进行传感器灵敏度自适应
01382 通过左前防盗报警系统传感器发出警报	·试图从左前车窗进入车内或功能检测后 ·因误操作而启动警报	·清除故障存储器 ·功能检查 ·进行传感器灵敏度自适应
01383 通过右后防盗报警系统传感器发出警报	·试图从右前车窗进入车内或功能检测后 ·因误操作而启动警报	·清除故障存储器 ·功能检查 ·进行传感器灵敏度自适应

2. 自诊断

自诊断功能用来检查超声波传感器控制单元、超声波传感器、执行元件，可用故障诊断仪 V. A. G1551、V. A. G1552、VAS5051、VAS5052 等检查系统。

防盗报警系统的地址码是“45”，可执行下列功能：

01—查询控制单元版本；

02—查询故障记忆；

03—执行元件诊断；

05—删除故障记忆；

06—结束输出；

07—对控制单元编码；

08—阅读测量数据块；

10—匹配。

(1) 功能 03：执行元件诊断。在“执行元件诊断”状态下，可诊断下述执行元件。

① 左车门警报灯(M27)及右车门警报灯(M28)发光二极管处于发光状态。

② 触发报警器，超声波传感器控制单元向防盗控制单元传送警报信号，防盗报警喇叭和转向信号灯被触发。

③ 电源线，该导线电压为 8 V。

④ 时钟信号线，该导线电压为 5 V。

(2) 功能 07：对控制单元编码。5 位编码含义为：

① 第 1 位：总为 0。

② 第 2 位：总为 0。

③ 第 3 位：轿车，0 ＝A3、A6；1＝A4、A8。

④ 第 4 位：状态模式，0＝静态；1＝动态。

当新一代超声波传感器控制单元(具有自诊断功能)同老一代中控门锁电机(V94)匹配

安装时，状态模式必须被编码。

⑤ 第 5 位：Avant/Saloon，1＝ Saloon；2＝ Avant。

(3) 功能 08：阅读测量数据块。在功能 08 状态下，可读取下述信息。

测量数据块显示组 0000。

① 第 1 位：内部监控器开关(1＝按下；0＝未按下)。

② 第 2 位：门触发开关(左前)(1＝驾驶员侧门打开；0＝驾驶员侧门关闭)。

③ 第 3 位：来自防盗报警器的触发信号(1＝触发；0＝未触发)。

④ 第 4 位：玻璃破碎传感器(仅用于 Avant 型车)(1＝玻璃破碎；0＝玻璃正常)。

(4) 功能 10：匹配。在“匹配”状态下，可改变超声波传感器的灵敏度，灵敏度可在 50％～100％之间进行调整(自适应)。

案例分析

一、别克君越 2.4L 轿车用遥控器不能上锁

故障现象：2006 年产上海通用别克君越 2.4L 轿车，用遥控器开锁时，所有门锁均能打开，而用遥控器锁止时，除左前门能锁止外，其他车门的门锁都不能锁止。

故障诊断与排除：该车中控门锁的电路图如图 2.3.27 所示。从电路图可知，所有门锁在锁止和开锁的过程中，电流所流经的外围线路(车身控制模块之外的线路)是一样的。既然遥控开锁的过程是正常的，说明车身控制模块外围的线路良好，从而说明故障在车身控制模块内部。由于在锁止时左前门锁和其他 3 个门锁共用一个电源和一条搭铁线，说明车身控制模块内部共用的电源线和搭铁线是正常的。除左前车门之外的其他 3 个车门，在锁止和开锁过程中，只有在电流流经与车身控制模块端子 J2-51 相连的继电器时有所不同，从而说明故障在继电器内部，或者在与搭铁相连的接点上。

将位于左侧车窗 A 柱下部内侧的车身控制模块更换后，再进行编程操作，然后用故障诊断仪 Tech 将发动机控制单元和车身控制模块内存储的故障码清除后，发动机顺利启动，遥控故障排除。

编程操作的具体方法如下。

① 接通点火开关，将点火钥匙转至起动位置后松开(由于新控制单元使发动机处于防盗状态，发动机不会启动)，此时仪表中央的驾驶员信息中心会显示“禁止启动”的信息。

② 等待 10 min(可适当延长 1 min)后，将点火钥匙转至关闭状态，再等待 5～7 s。

③ 重复执行两次步骤①和步骤②。

上述操作完成后，打开点火开关，仪表中央的驾驶员信息中心的“禁止启动”信息消失。

二、东风日产蓝鸟轿车遥控器的开锁功能失效

故障现象：2005 款东风日产蓝鸟轿车事故修复后，原车的遥控器无法正常使用，遥控器的开锁功能失效。

故障诊断与排除：首先检查车身前部线路的连接情况和熔断丝情况，一切正常，所有供电均正常，门控开关的状态也正常。怀疑遥控器不匹配，于是对遥控器进行了学习操作，学

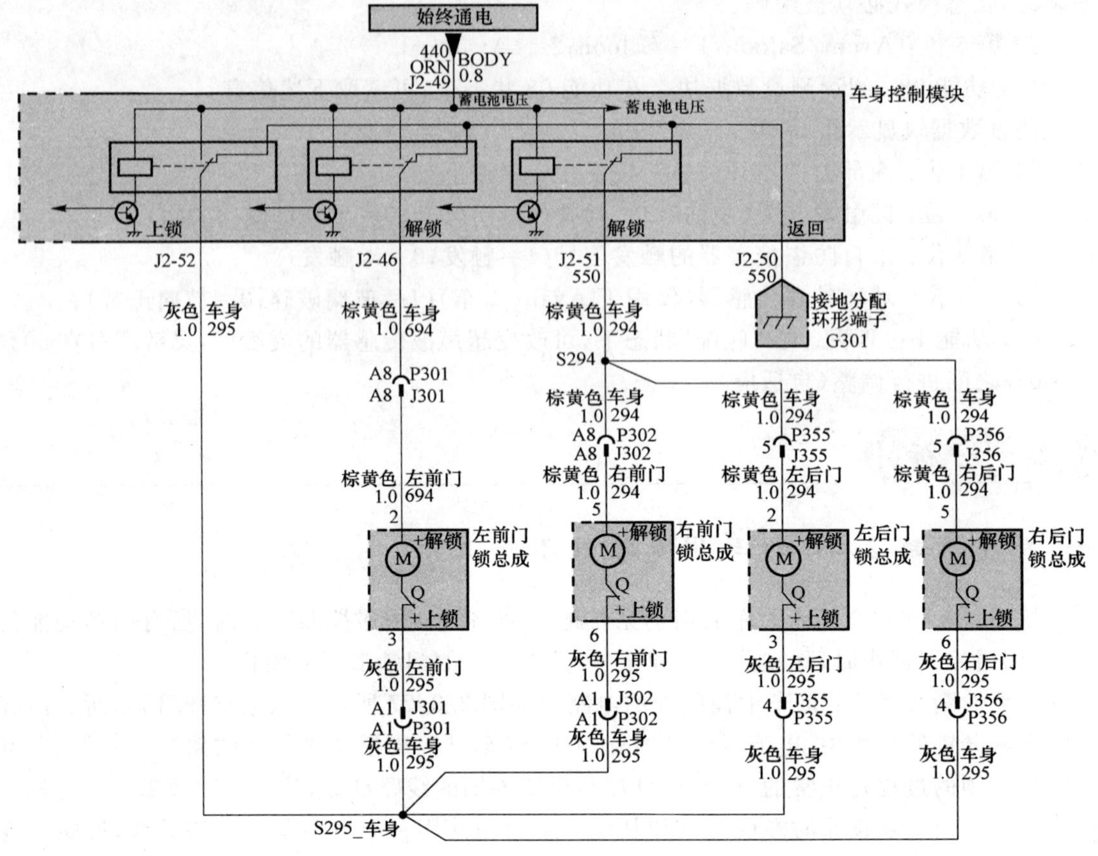

图 2.3.27　别克君越 2.4L 轿车中控门锁系统电路图

习过程结束后，遥控器可以正常使用了，遥控器恢复了正常的功能。

遥控器匹配学习方法为：

① 4 个车门关闭的条件下，10 s 内将车门打开两次（室内灯：灭一亮一灭一亮），车门最后一次保持在打开状态。

② 10 s 内，将点火开关来回开关 3 次，最后一次保持在关闭状态。

③ 执行完上述操作后，转向灯亮一次，喇叭鸣叫一声，表示已经进入学习模式。紧接着 30 s 内按遥控器按键，让接收器学习遥控器，应按顺序逐一学习。

④ 第一遥控器学习成功后，喇叭鸣响一声；第二遥控器学习成功后，喇叭鸣响两声；第三遥控器学习成功后，喇叭鸣响三声；第四遥控器学习成功后，喇叭鸣叫四声。

⑤ 当 4 组遥控器载入成功后，主机立即跳离密码学习模式，转向灯闪一下，喇叭鸣响一声。跳离密码学习模式的条件是密码载满 4 组，点火开关打开，车门关闭，30 s 内无遥控器参与学习。当满足了上面的任何一个条件时，主机就立即跳离密码学习模式，转向灯闪一下，喇叭鸣响一声。

⑥ 如果进入密码学习模式后，未成功载入新遥控器密码，则主机密码维持原密码设定。即对钥匙重新进行学习后，只有当前经过学习的钥匙遥控器有效，未经学习的钥匙遥控器无效。

三、桑塔纳 2000GSi 轿车发动机熄火后，无法启动

故障现象：上海桑塔纳 GSi(时代超人)轿车，运行一段时间熄火后，发动机无法启动。

故障诊断与排除：经检查发现防盗 ECU 有烧蚀的痕迹，分析认为防盗报警系统故障。更换一个新的防盗 ECU，进行学习后，输入原来的密码(在乘客侧杂物箱上)，故障依旧。

怀疑发动机 ECU 有问题，将该车发动机 ECU 放在其他相同车型的轿车上试车能启动，说明该车发动机 ECU 没有问题。更换发动机线束后再试，该车仍不能启动，于是将防盗 ECU 放在一起对比检查，发现换下来的原车防盗 ECU 与新的防盗器 ECU 并不一样。原车防盗 ECU 上标注有一个大写的“X”字母，而新的没有。防盗 ECU 有两种，一种是维修用配件，更换时需与发动机 ECU 进行匹配；另一种是大众汽车原装车件，带有“X”形字样，在出厂时已经做了自动匹配。根据防盗 ECU 的 14 位识别码，查出防盗器的 4 位密码。通过 V. A. G1551 再次输入新密码并与原车发动机匹配后，该车启动正常，故障排除。

四、桑塔纳 2000 时代骄子轿车防盗指示灯闪烁，发动机无法启动

故障现象：2003 年产上海大众桑塔纳 2000 时代骄子轿车，偶尔出现发动机熄火现象。再打开点火开关或启动车辆时，防盗指示灯闪烁，发动机无法启动。

故障诊断与排除：用故障诊断仪查询故障，有“钥匙信号电压太低”故障代码，清除故障码后系统恢复正常，发动机可以正常启动，认为是使用了非法钥匙后存储的临时故障所致。第二天故障重现，用故障诊断仪查询防盗报警系统故障存储，还是“钥匙信号电压太低”。仔细检查钥匙，发现有拆卸过的痕迹。于是解体点火钥匙，未发现异常，又认为是钥匙里面的芯片接触不良所致。将芯片拆卸并重装一遍，防盗指示灯熄灭了；再查故障，原来的永久故障已变为临时故障了。发动机启动、熄火反复几次后，故障依旧。

该车防盗报警系统由防盗控制单元(位于转向柱管左边支架上)、识读线圈(位于点火锁上)、脉冲转发器(即上面所说的芯片，位于点火钥匙里面)、发动机控制单元和防盗指示灯等组成。根据“钥匙信号电压太低”的故障分析，怀疑故障在钥匙芯片上，或者在识读线圈上。

于是检查钥匙脉冲转发器，测量其电阻为 30 Ω，正常。相关连接器连接良好。再仔细检查钥匙脉冲转发器的位置、钥匙脉冲转发器安装在点火开关的外圈，由于安装不到位，使得它反映给控制单元的信号不稳定。重新进行正确装配后试车，未发现异常。故障排除。

知识拓展

智能进入和启动系统

智能进入和启动系统是在不操作钥匙的情况下，即可锁止/开锁车门，打开行李箱门，以及启动发动机。

1. 智能进入和启动系统的功能

(1) 智能车门开锁功能

当所有车门锁止时，各个车门遥控器会有规律地发送信号，并在距各车门把手 0.7～1 m的乘客室外侧形成检测区域。驾驶员携带电子钥匙进入此区域时，钥匙将发送识别码信号。认证 ECU 通过天线接收此信号并进行识别。正确无误后，此区域中的车门进

入开锁准备状态。驾驶员触摸门把手后侧即可对门锁开锁。

(2) 智能点火功能

当驾驶员携带电子钥匙且按下了电源开关,电子钥匙的识别码则会由认证 ECU 通过乘客室中的车厢发射器来识别。识别完识别码后,将解除发动机停机系统并且设置电源为 ACC ON,以便能够启动发动机。然后,按下电源开关将电源设置为 IG ON,再次按下将其设置为 OFF。状态将按自 ACC ON →IG ON →OFF →ACC ON 进行循环。在任何电源状态下,当驾驶员按下电源开关且踏下制动踏板时,车辆则进入准备行驶状态。

(3) 智能车门上锁功能

如果驾驶员携带电子钥匙离开车辆,并且在所有车门锁止的情况下按下车门把手的锁止开关,认证 ECU 则会发送信号至乘客室的内侧和外侧以识别电子钥匙。如果乘客室的内侧识别为异常,而其外侧识别为正常,则车门锁止。

(4) 智能行李箱门开启功能

如果驾驶员携带电子钥匙站在行李箱门前,并且按下了行李箱门的开锁开关,电子钥匙的识别码则会由认证 ECU 通过电子钥匙振荡器(行李厢外侧)来识别。识别完识别码后,行李箱打开。

(5) 电池节能功能

如果电子钥匙持续 5 天或更长时间未发送信号,识别时间的间隔将超出长间隔验证。如果电子钥匙持续 14 天或更长时间未发送信号,或者钥匙处于车辆外的检测区域持续 10 min或更长时间,则智能进入功能将停止工作。

智能进入功能将在以下条件下恢复:

①当钥匙遥控功能的锁止和开锁信号已输入且其识别码已识别时。②当锁止开关置于 ON 位置且车门锁止时。③当车门通过车门钥匙开关操作锁止或开锁时。

(6) 手动操作功能

电子钥匙具有锁止、开锁以及行李箱按钮功能,它可以手动操作遥控车门锁止。其操作与不带智能上车系统的钥匙一样。

(7) 照明功能

当驾驶员携带电子钥匙进入乘客室外的检测区域且其识别码已识别,车内照明灯亮起时。智能进入系统在以下条件下取消:

①当钥匙取消开关接通时。②当电子钥匙插入钥匙孔中时。③当电子钥匙的电池耗尽时。

(8) 防盗锁止功能

车辆停止后,如果按下点火开关,发动机就会停转,电源关闭,仪表板右下部的安全指示灯以约 2.0 s 为周期(0.2 s ON/1.8 s OFF)闪烁,此表示防盗锁止系统已设置。如果携带钥匙乘车,钥匙就会收到从天线发送到车厢内的电磁波。据此,钥匙内置的应答器发射 ID 代码,并和登录了钥匙孔的 ID 代码认证。只有 ID 代码一致时才会熄灭安全指示灯,进而允许发动机启动。如果 ID 代码不一致时,就会禁止启动发动机。

2. 系统工作原理

智能进入和启动系统主要组成部件如图 2.3.28 所示,智能进入和启动系统的控制原理如图 2.3.29 所示。

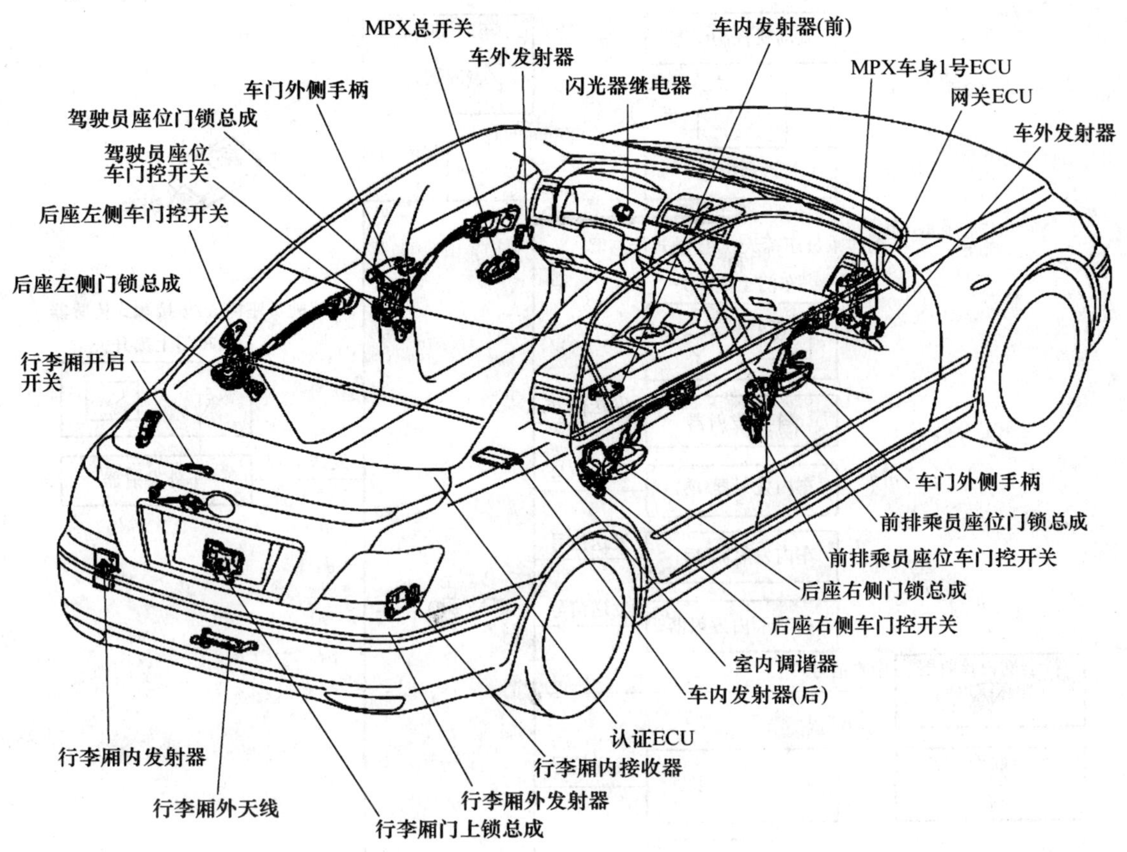

图 2.3.28　智能进入和启动系统主要组成部件位置

智能进入和启动系统根据认证 ECU,MPX 车身 1 号 ECU、电源控制 ECU 等通过双向车身多路通信发出的在车内外的 ID 代码的认证结果来控制系统。为了对应实行的功能,认证 ECU 通过与"智能钥匙的 ID 代码认证"、"智能钥匙(或者钥匙携带者)位置确认"的通信,将要求信号发送到车内或车外、行李箱内或行李箱外发射器上。如果智能钥匙接收到含反应代码的 ID 代码的要求信号时,就会进行分辨和认证,然后将对应功能的操作指示信号发送到各 ECU。

认证 ECU 发送的要求信号通过各发射器从天线发送,进而形成智能钥匙的检测区域。通过车外和行李箱外发射器形成的检测区域,在离驾驶员侧或前排乘客侧车门外侧手柄以及后保险杠中间大约 0.7～1.0 m 处。车外发射器的检测区域是在停车状态(点火开关 OFF,车门上锁状态)时通过每 0.3 s 定期发送要求信号形成的,通常在此区域内能够感应到智能钥匙(钥匙携带者)的接近。

智能车门上锁时,上锁开关打开形成此区域,从而能够检测到智能钥匙(钥匙携带者)在车外。

在智能行李箱门开启时,智能行李箱门开启开关打开,形成了行李箱外发射器的检测区域。

车内检测区域,在驾驶员侧车门开关时、智能点火时、各种警告所需条件成立时以及上锁开关打开时形成,故可以检测到智能钥匙(钥匙携带者)在车内。

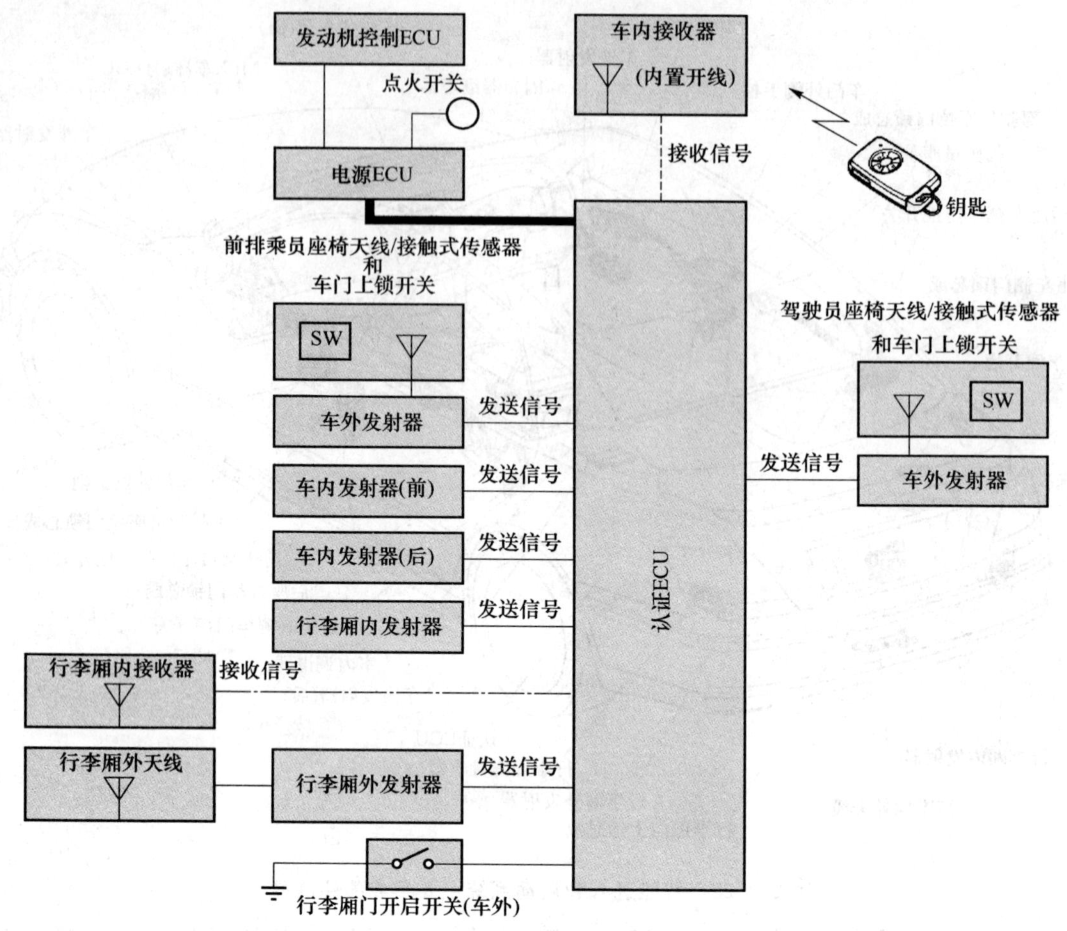

图 2.3.29　智能进入和启动系统的控制原理

行李箱内发射器的检测区域是在关闭行李箱门或按下行李箱门开启开关(车外)时形成的。

3. 智能进入和启动系统的操作规范

(1) 如果钥匙没有在下述的检测区域内,功能将不起作用。而且如果电池耗尽或有严重的无线电波或干扰,功能可能不起作用或它们的工作范围可能缩小。也可能由于车身的形状,在有些区域功能不起作用。

① 进入锁止和进入开锁:适用于距离左右前门外把手大约0.7~1.0 m半径范围之内。但是,如果钥匙在车窗或车门外把手太靠近的地方,这个功能可能不起作用。

② 进入点火:适用于车内。如果钥匙放在仪表板、后行李架、手套箱或地板上,这个功能可能不起作用。如果钥匙放在车外距离车窗太近的地方,这个功能可能不起作用。

③ 进入行李箱门开锁:适用于距电动行李箱门开启开关大约0.7~1.0 m半径范围之内。但是,如果钥匙在后保险杠中间附近,这个功能可能不起作用。

(2) 智能进入和启动系统使用的是非常弱的无线电波。在下述情况下,进入功能和无线门锁控制功能可能不正常工作(不能进行进入锁止、开锁、点火和行李箱门开锁操作,或发出错误警告)。如果这样,可以用机械钥匙锁止或开锁驾驶员车门,将钥匙插入钥匙孔来启动发动机。

① 附近有产生强电波的设备，例如电视塔、发电厂或广播站等。

② 除钥匙以外，用户携带着无线通信设备，例如无线发射器或便携式电话等，钥匙用金属物体覆盖或放在金属物体附近。

③ 附近正在使用无线电波型无线门锁控制。

④ 钥匙在电器附近。

课后练习

1. 简述中控门锁系统的功能和基本组成。
2. 对照图 2.3.7 叙述中控门锁系统的工作过程。
3. 对照图 2.3.12 叙述无线遥控门锁系统的工作过程。
4. 简述防盗报警系统的类型和特点。
5. 如何设定和解除汽车防盗报警系统？
6. 如何匹配汽车钥匙？

任务 2.4 汽车防碰撞系统检修

【知识要求】

- 能正确讲述汽车防碰撞系统的功能；
- 能正确讲述测定汽车行驶安全距离的方法和工作原理；
- 能正确描述汽车超声波倒车防碰撞系统的组成、各部件功用及工作原理；
- 能正确描述倒车监视器系统的组成和控制原理；
- 能正确识读和分析汽车防碰撞系统的电路图。

【能力要求】

- 会正确维护倒车防碰撞系统；
- 会用故障诊断仪对汽车防碰撞系统进行故障自诊断；
- 会分析诊断和排除汽车防碰撞系统常见故障。

任务描述

一位客户反映他所驾驶的一辆奥迪 A6 轿车，倒车雷达有时正常有时不正常，不正常时挂入倒挡后不管有没有障碍物蜂鸣器一直响个不停。现在请你对客户轿车的倒车防碰撞系统进行检修。

相关知识

目前，汽车的行驶速度越来越快，车流量也越来越大，驾驶员的反应稍有不及时，就会造成交通事故的发生，其中追尾事故在交通事故中占有相当数量，严重危及驾驶员和乘客的安全。造成汽车碰撞的原因十分复杂，既有车辆自身的因素，也有人为的因素，还有公路、气象等环境因素。在上述诸多因素中，人为因素是造成汽车碰撞的主要原因。因此，研究和推广汽车防碰撞系统显得尤为重要和迫切。

汽车防碰撞系统是一种主动安全系统，是一种可向驾驶员预先发出警告信号的探测装置。该系统能探测企图接近车身的行人、车辆或周围障碍物；能向驾驶员及乘客提前发出即将发产生撞车危险的信号，促使驾驶员甚至撇开驾驶员采取应急措施来应对特殊险情，避免损失。

汽车防碰撞控制系统如图 2.4.1 所示，主要有 3 大部分组成。

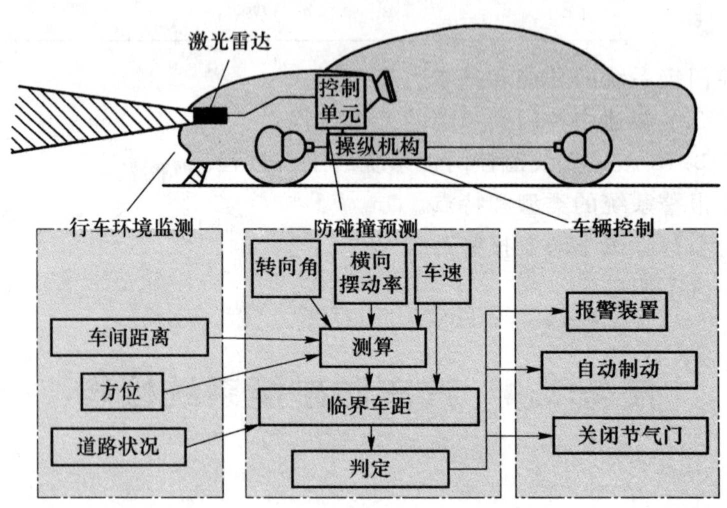

图 2.4.1　汽车防碰撞控制系统

(1) 环境监测。位于车辆前部的雷达能够分辨车辆前方物体的距离和方位，与路面情况传感器一起进行环境监测。

(2) 防碰撞判断。系统对前后障碍物的距离和方位以及路面情况进行分析，提取有用数据，进行危险性判断，输出必要的警告信号或应急车辆控制信号。

(3) 车辆控制。系统根据危险性判断结果，自动对制动系统(ABS)或转向系统进行控制。

汽车防碰撞系统首先需要解决的问题是汽车之间的安全距离。如果超过了这个安全距离，就应该能够自动报警以致自动采取减速措施，使车辆处于安全状态。测定汽车行驶安全距离的主要方法有以下 3 种：

(1) 超声波测距。利用超声波回声测距的基本原理，测量车后一定距离内的物体。

(2) 雷达测距。利用电磁波反射来发现目标并测定其位置。

(3) 激光测距。其工作原理与雷达测距相似，具体的测距方法有连续波和脉冲波两种。

一、汽车防碰撞系统工作原理

1. 超声波测距基本原理

超声波具有声波传输的基本物理特性，即反射、折射、干涉、衍射、散射。超声波测距是利用其反射特性。超声波测距基本原理如图 2.4.2 所示，超声波发射器不断地发射出 40 kHz超声波，遇到障碍物后反射回反射波，超声波接收器接收到反射波信号，并将其转换为电信号。测出发射与接收到的反射波的时间差,即可求出距离。

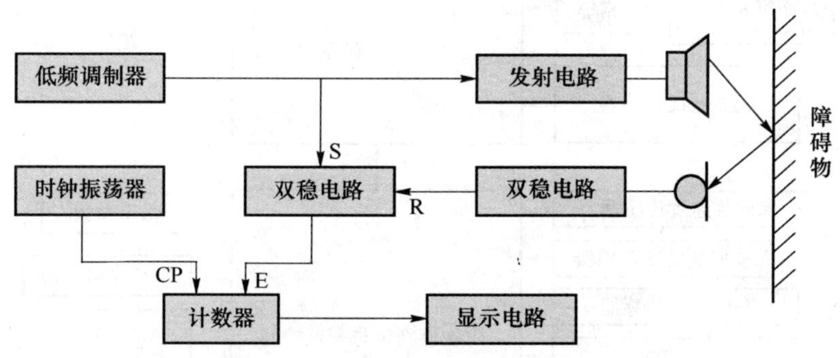

图 2.4.2 超声波测距基本原理

2. 雷达测距基本原理

雷达测距基本原理如图 2.4.3 所示。由定时器触发调制器,产生调制脉冲,使振荡器产生大功率脉冲信号串,经天线向空间辐射电磁波(其传播速度就是光速)。天线波束在天线控制系统的作用下,按规定的方式在空间扫描。当电磁波遇到目标时,目标反射回来的回波信号经天线送入接收机,再经信号处理后,送到终端设备,得到目标的坐标数。

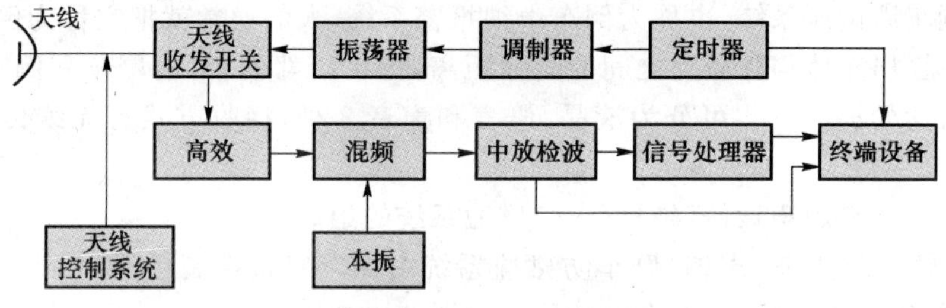

图 2.4.3 雷达测距基本原理

汽车电磁波雷达防碰撞系统利用电磁波发射后遇到障碍物反射的回波,计算与前方或后方障碍目标的相对速度和距离。经分析判断,对构成危险的目标按程度不同进行报警,控制车辆自动减速,直到自动制动。其工作原理如图 2.4.4 所示。

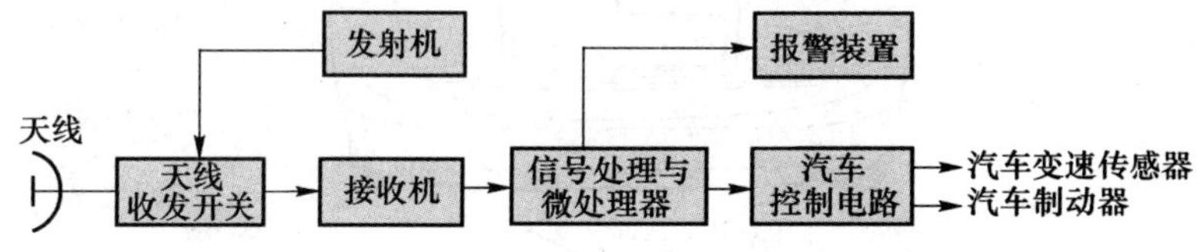

图 2.4.4 汽车电磁波雷达防碰撞系统工作原理

3. 激光测距基本原理

激光扫描雷达安装在车辆前端的中央位置,将测得的车距和前面车辆方位信号送入防碰撞系统。激光测距基本原理如图 2.4.5 所示,先从激光扫描雷达所获车距与方位的数据组中抽取有用的数据,然后根据路面干湿情况、后车车速及相对车速计算出临界车距。当实测车距接近计算出的临界车距时,就会产生报警信号。当实测车距小于或等于计算出的临界车距时,防碰撞系统便启动紧急制动系统。

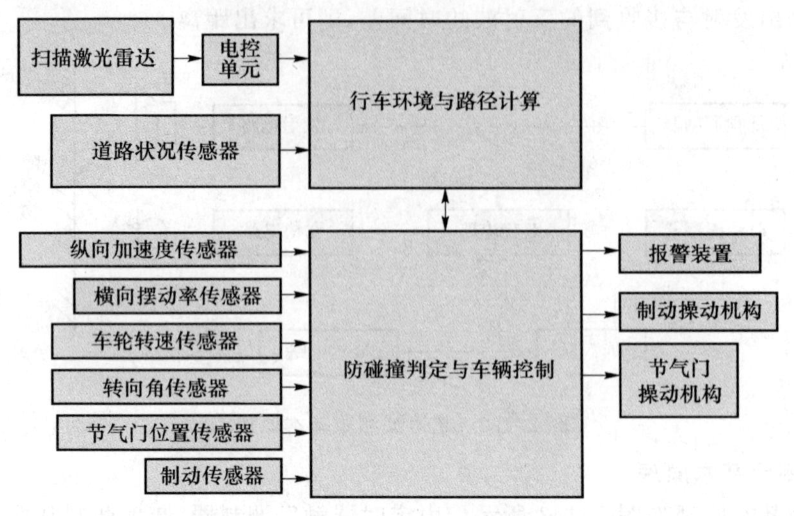

图 2.4.5　激光测距基本原理

二、超声波倒车防碰撞系统

超声波倒车防碰撞系统，也称为倒车声纳报警系统，人们通常就把它称为倒车雷达。倒车雷达可以计算出车体与障碍物之间的实际距离，提示给驾驶者，使停车和倒车更容易、更安全。倒车雷达的提示方式可分为液晶、语言和声音 3 种；接收方式有无线传输和有线传输等。

1. 奥迪 A6 轿车超声波(声纳)倒车防碰撞系统的组成

奥迪 A6 轿车超声波(声纳)倒车防碰撞系统由倒车警报控制单元、4 个倒车警报传感器、倒车警报蜂鸣器等组成，其在车上的位置如图 2.4.6 所示。

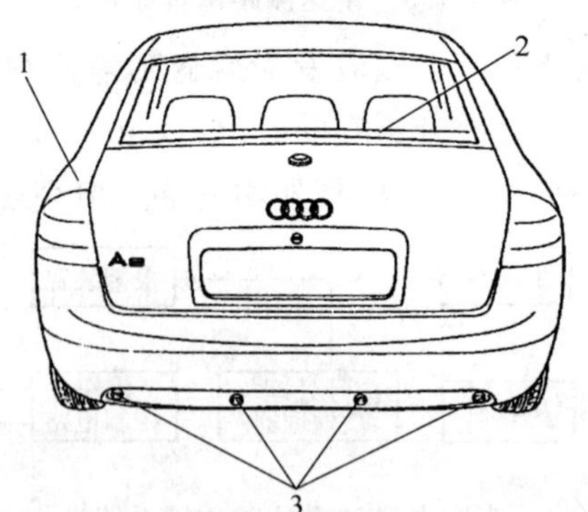

1—倒车警报控制单元J446；2—倒车警报蜂鸣器H15；3—倒车警报传感器

图 2.4.6　奥迪 A6 轿车超声波(声纳)倒车防碰撞系统位置图

倒车警报传感器既是执行元件又是传感器，既发射信号，也接收信号。控制单元向 4 个倒车警报传感器中的一个发出命令，该传感器即发出超声波，4 个传感器都接收超声波的回波。

4 个倒车警报传感器均匀安装在汽车后保险杠未喷漆的部位内，其结构如图 2.4.7 所示。传感器主要由一个无线电收发机和一个整理器构成。整理器将回波信号转换成数字信号，并将其传递到控制单元，控制单元根据回波的传播时间计算出与障碍物的距离。

2. 奥迪 A6 轿车超声波(声纳)倒车防碰撞系统工作过程

当挂上倒挡时，超声波倒车防碰撞系统即开始工作，并发出"嘟嘟"的声音，表明该系统状态良好。当车与障碍物相距 1.6 m 时，可听见间歇报警声。离障碍物越近，声音越急促。如距离小于 0.2 m，则连续发出报警声。报警声间隔及音量可用故障检测仪 V. A. G1551 设定。报警区域如图 2.4.8 所示。其控制电路如图 2.4.9 所示。

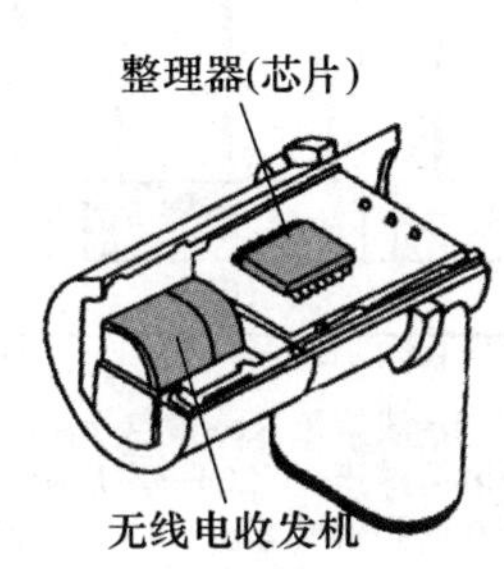

图 2.4.7　倒车警报传感器结构

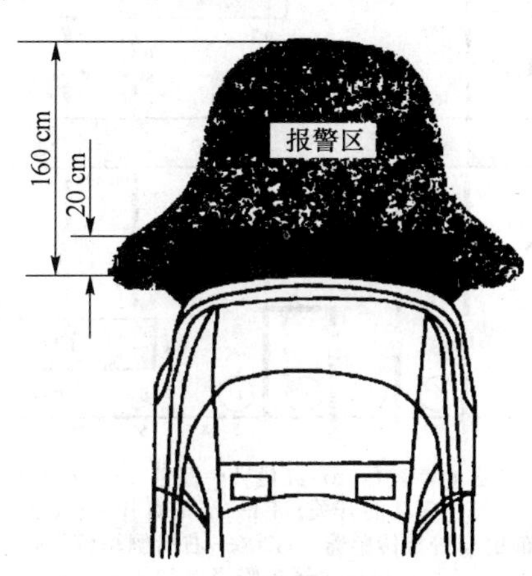

图 2.4.8　报警区域图

三、丰田锐志轿车倒车监视器系统

1. 丰田锐志轿车倒车监视器系统的组成

丰田锐志轿车倒车监视器系统通过倒车监视器摄像机拍摄到的车辆后方图像信号传入倒车监视器 ECU，然后在多功能显示屏上显示出倒车的监视图像。

丰田锐志倒车监视器系统元件位置如图 2.4.10 所示，系统主要由倒车监视器摄像机、倒车监视器 ECU、多功能显示屏、转向角度传感器等组成。

(1) 倒车监视器摄像机

倒车监视器摄像机安装在行李箱门外侧装饰物上，将拍摄到的车辆后方图像信息传入倒车监视器 ECU。倒车监视器摄像机使用了超广角透镜，采用小型(1/4 英寸)彩色 CCD(电荷耦合装置)摄像头。通过 CCD 将透镜捕捉到的画面转换为电子信号，输出至倒车监视器 ECU 中。

为保持与后视镜中看到的后方景象一致，倒车监视器摄像机输出画面图像时已将图像方向反转。因此要注意：实际后方情况(摄像机所拍摄的图像)与画面上的图像是左右相反的(车辆左侧的物体反映在画面左侧，车辆右侧的物体反映在画面右侧)。

(2) 倒车监视器 ECU

倒车监视器 ECU 安装在仪表板前排乘员侧，它接收其他 ECU 通过 CAN 数据总线传来的车辆信息、点火开关和多功能显示屏反馈的信号，并据此自动打开或关闭倒车监视器摄像机。倒车监视器 ECU 获得倒车监视器摄像机拍摄的画面后通过音响视听局域网络

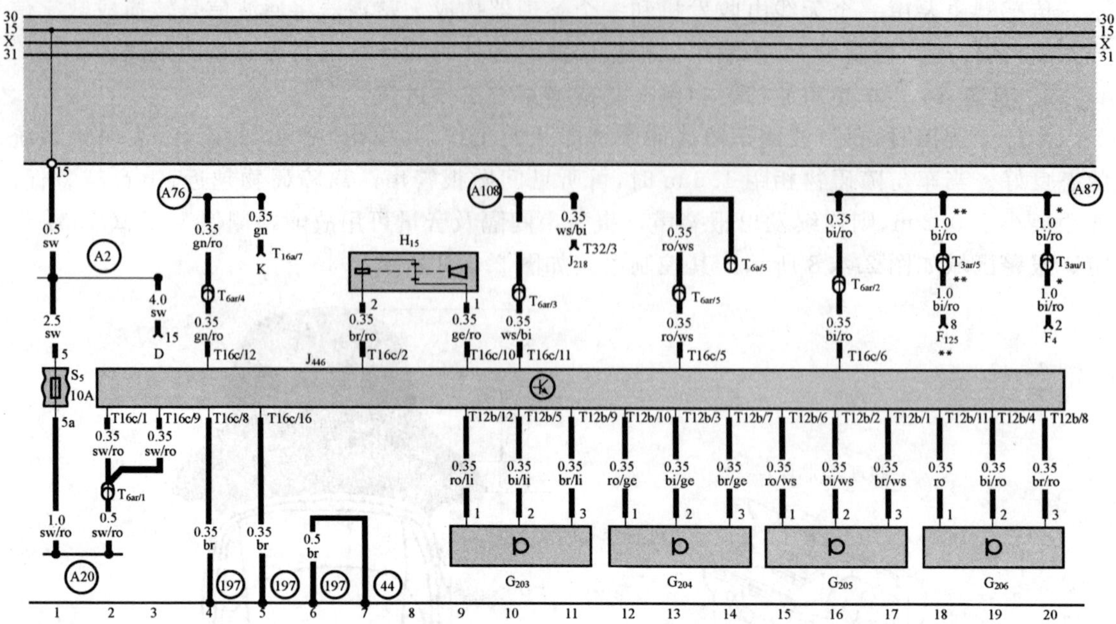

ws=白色 sw=黑色 ro=红色 br=棕色 gn=绿色 bl=蓝色 gr=灰色 li=淡紫色 ge=黄色 or=桔黄色

D—点火开关；F125—多功能开关；F4—倒车灯开关；G203—左后倒车警报传感器；G204—左后中部倒车警报传感器；G205—右后中部倒车警报传感器；G206—右后倒车警报传感器；H15—倒车警报蜂鸣器；J218—仪表板内组合处理器；J446—倒车警报控制单元；K—自诊断线；S5—熔丝支架上熔丝

*—带手动变速器的车；**—带自动变速器的车

图 2.4.9 奥迪 A6 轿车超声波倒车防碰撞系统电路图

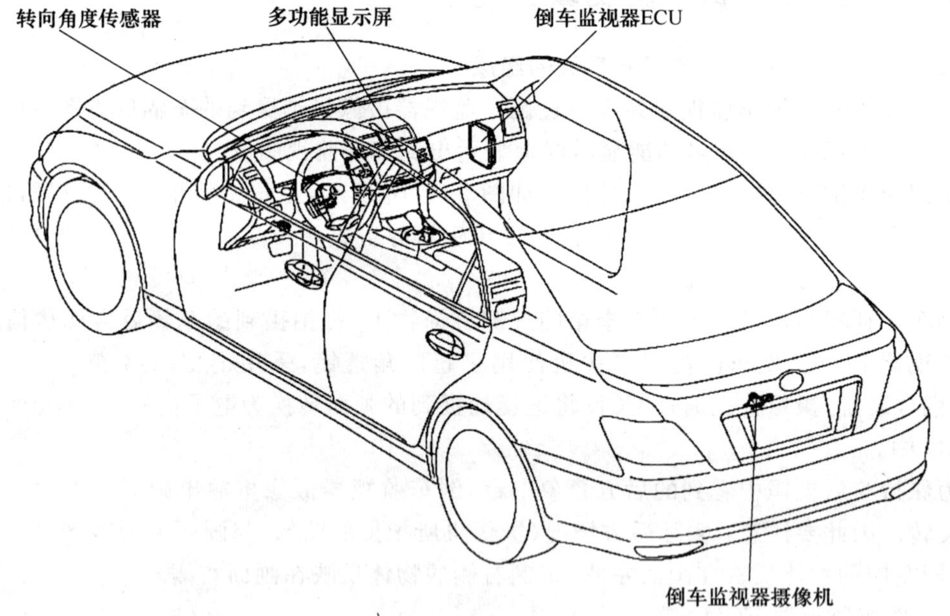

图 2.4.10 丰田锐志倒车监视器系统的组成

AVC—LAN 传给信息向多功能显示屏进行显示。

(3) 多功能显示屏(与导航 ECU 集成于一体)

根据倒车监视器 ECU 发出的图像信息，在画面上显示出车辆后方图像及各导向路线图。

2. 丰田锐志倒车监视器系统控制原理

倒车监视器 ECU 根据安装在车辆后部的倒车监视器摄像机拍摄的图像，以及通过 CAN 数据总线输入的转向角度传感器等车辆状态参数进行计算，得出各导向路线信息，并将该信息传入多功能显示屏上。丰田锐志倒车监视器系统控原理制框图如图 2.4.11 所示，

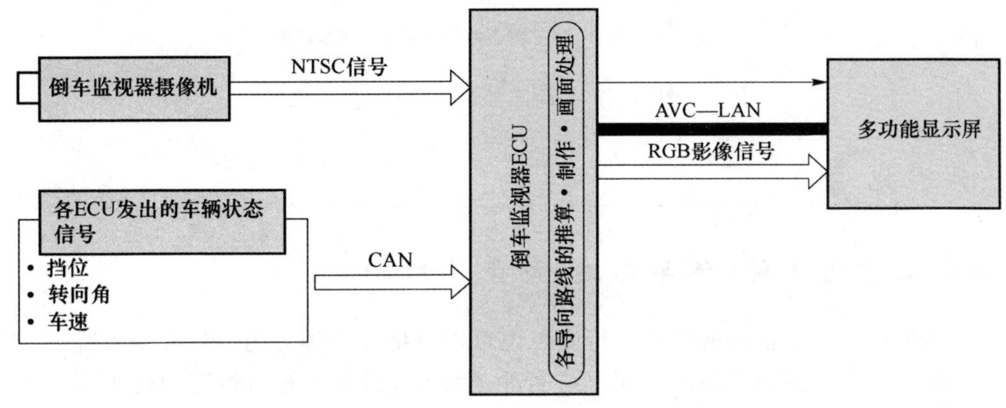

图 2.4.11　丰田锐志倒车监视器系统控制原理框图

(1) 倒车监视器的显示内容

打开点火开关，将挡位换至 R 挡，即可调出倒车监视器画面。这时多功能显示屏上会显示倒车监视器摄像机拍摄的车辆后方图像，以及经合成的引导车辆必需的各条路线，如图 2.4.12 所示。

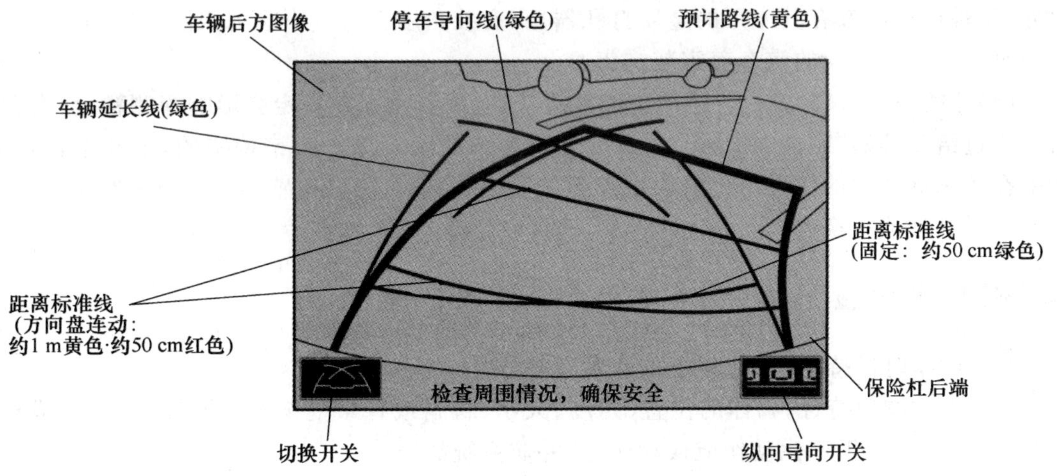

图 2.4.12　倒车监视器的显示内容

(2) 倒车监视器显示范围

倒车监视器显示范围如图 2.4.13 所示。根据车辆状况、路面状态等显示范围可能有所不同。由于倒车监视器摄像机条件所限，画面显示有其一定范围限制。保险杠两角附近、保险杠下方等处的物体无法显示。

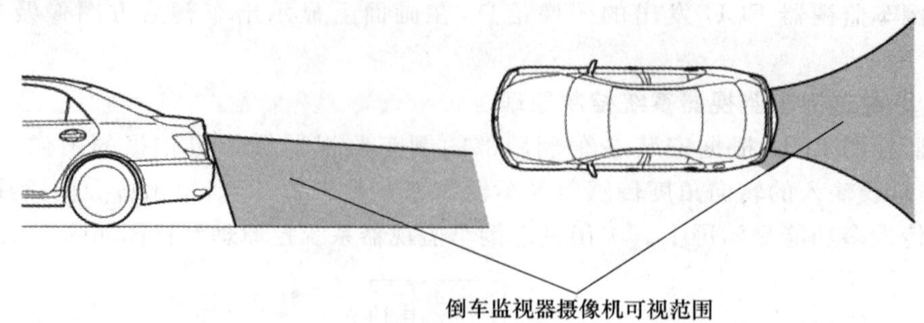

图 2.4.13　倒车监视器显示范围

任务实施

一、倒车防碰撞系统(倒车雷达)的使用维护

(1) 倒车雷达可以自行购买后进行安装也可以直接在装饰店内“买、装一体”。

(2) 检验质量。按照产品的说明书进行距离测试,即看一看当障碍物处于说明书中所说的各个区域时,倒车雷达的反应是否与说明相符合,系统是否敏感,有无误报等问题;其次要对传感器进行防水测试,这关系到较湿润的天气里系统能否正常工作,传感器有可能在暴雨过后因遭受破坏而影响准确度。

(3) 选购时要注意传感器的质地和颜色应该与原车相统一,这样才不会影响整体效果。如今传感器的安装方法多采用“嵌入式”(即在保险杠上打几个孔),这样做不但容易固定,而且看上去也更加美观。需要注意的是,不同的传感器具有不同的尺寸和探测角度,而打孔的尺寸(每种产品中都有其专用的金属打孔器)和安装角度会直接影响到探测的准确度,所以,安装时一定要到专业的汽车美容装饰店。

(4) 注意清洁和保养。传感器要经常清洁,有附着物存在肯定会影响探测精度,有些人希望通过给传感器“刷漆”的方式来保持全车色调的统一更是大错特错的,道理不言自明。如果在传感器清洁的情况下仍有误报或不报发生,那就可能是传感器损坏或线路出了问题,需要及时修理或更换。

二、倒车防碰撞系统(倒车雷达)的使用注意事项

(1) 倒车时保持 5 km/h 以下的速度行驶。

(2) 由于物理特性,物体的位置、角度、大小、材料或背景复杂的场所等关系,造成检测的范围可能变窄,不产生动作或误动作,这并非系统故障。

(3) 上坡或下坡进行倒车时,可能引起错误报警,提醒驾驶者在该情况下更要谨慎。

(4) 当听到长鸣声或数字闪烁为“STOP”时应立即停车,系统设计为最短检测的内容显示为“STOP”,可以根据不同的应用场所,选择更长的停车距离。

(5) 遇下列不佳的场所或障碍物,易造成无检测及检测不良的情况:

① 铁丝网、绳索类细小物体;

② 在草丛中行车或在崎岖不平的路面行车;

③ 棉质物品或表面易吸收声波的材料；

④ 检测器表面附着异物、污物；

⑤ 同频率(40 kHz)的超声波杂音、金属声、高压气体排放声等的声讯干扰；

⑥ 障碍物为锐角反射体、锥状物等。

(6) 车上装有非标准的无线电通信设备，使用中将影响此系统功能(不含手机、音响系统等)。

三、奥迪 A6 轿车超声波(声纳)倒车防碰撞系统检修

打开点火开关后，倒车防碰撞系统开始进行约 1 s 的自检。如果在自检过程中倒车警报控制单元没有发现故障，则系统会发出一种短的信号音。如果在自检过程中倒车警报控制单元识别出故障，则装置会发出一个 5 s 的连续音。挂上倒挡后，当车辆距离障碍物约 1.6 m时，倒车警报装置开始工作，其警报音为 75 ms 音频脉冲，车辆与障碍物之间的距离越短，音频脉冲间隔越小(即声越急)；当车辆与障碍物之间的距离在 0.2 m 以下时，警报音变成连续音(在特殊情况下，如沿着墙壁倒车就会出现这种情况)。

1. 读取和清除故障码

(1) 大众车系故障码读取和清除可用 V. A. S5051 或 V. A. G1551 进行操作。连接故障检测仪 VAS5051 或 V. A. G1551 后，读取故障码用 02 功能，清除故障码用 05 功能，结束输出用 06 功能。相关的故障代码见表 2.4.1 所示。完成修理及功能检查后，必须查询故障存储器，并清除故障存储器。

表 2.4.1　故障代码表

V. A. G1551 打印信息	可能的故障原因	故障排除
01543　倒车警报蜂鸣器 H15 ・对正极短路 ・断路/对地短路	・H15 与控制单元间导线断路或短路 ・蜂鸣器损坏	一按电路图查寻短路或断路故障 一更换 H15
01545　左后倒车警报传感器 G203 ・对正极短路 ・断路/对地短路 ・部件损坏 ・不可靠信号	・G203 和控制单元间导线断路或短路 ・G203 损坏	一按电路图查寻短路或断路故障 一更换 G203
01547　右后中部倒车警报传感器 G205 ・对正极短路 ・断路/对地短路 ・不可靠信号	・G205 和控制单元间导线断路或短路 ・G205 损坏	一按电路图查寻短路或断路故障 一更换 G205
01549　右后倒车警报传感器 G206 ・对正极短路 ・断路/对地短路 ・部件损坏 ・不可靠信号	・G206 和控制单元间导线断路或短路 ・G206 损坏	一按电路图查寻短路或断路故障 一更换 G206

续 表

V.A.G1551 打印信息	可能的故障原因	故障排除
01546 左后中部倒车警报传感器 G204 ·对正极短路 ·断路/对地短路 ·不可靠信号	·G204 和控制单元间导线断路或短路 ·G204 损坏	一按电路图查寻短路或断路故障 一更换 G204
01549 倒车警报传感器供电 ·对正极短路	·倒车警报传感器与控制单元间对地短路	一按电路图查寻短路故障
01550 倒档信号 ·对正极短路	·倒车灯开关与控制单元间对正极短路	一按电路图查寻短路故障
65535 控制单元损坏	·倒车警报控制单元-J446	一更换控制单元

(2) 故障存储器记录静态和偶然故障，如果一个故障出现并持续至少 2 s，就被认为是一个静态故障。如果该故障以后不再出现，即被认为是偶然故障，显示屏右侧将出现"SP"字样。

(3) 打开点火开关后，所有故障自动被重新确定为偶然故障，当检测后故障又出现时，才将其认定为静态故障。

(4) 经 50 次运行循环(点火开关至少打开 50 min，车速超过 30 km/h)后，如偶然故障不再出现，就将被自动清除。

(5) 更换有故障的部件前，应按电路图检查部件的导线和连接器连接以及接地状况。

2. 控制单元编码

控制单元编码功能用于给倒车警报控制单元编制代码。通过编制代码，可使倒车警报控制单元 J446 适应于相应车型或配置的需要。控制单元编码步骤如下：

编码可用诊断仪的 07 功能进行。编码共 5 位数字，其含义见表 2.4.2。

表 2.4.2 倒车警报系统控制单元编码表

X	X	X	X	X	编码
0					当前未使用
	0				手动变速器
	1				自动变速器
		0			无功能确认
		1			有功能确认(离厂)
			0		普通轿车
			1		旅行车
				8	奥迪 A8
				6	奥迪 A6
				4	奥迪 A4
				3	奥迪 A3

3. 测量数据块

测量数据块显示组见表 2.4.3。

表 2.4.3　测量数据块显示组

显示组号	显示区	屏幕显示	显示组号	显示区	屏幕显示
001	1	左后传感器距离(cm)	003	1	供电电压(V)
	2	左后中部传感器距离(cm)		2	倒挡
	3	右后中部传感器距离(cm)		3	挂车
	4	右后传感器距离(cm)		4	未使用
002	1	最小距离(cm)	004	1	左后传感器衰减时间(ms)
	2	车速(km/h)		2	左后中部传感器衰减时间(ms)
	3	蜂鸣器		3	右后中部传感器衰减时间(ms)
	4	未使用		4	右后传感器衰减时间(ms)

4. 自适应

自适应通道 01：可在 2～7 之间调整音量。

自适应通道 02：可在 0～4(500 Hz～2 kHz)之间调整音频。

四、丰田锐志倒车监视器系统检修

1. 故障诊断表

丰田锐志倒车监视器系统故障诊断表见表 2.4.4。

表 2.4.4　丰田锐志倒车监视器系统故障诊断表

症　状	可　疑　部　位
换挡杆在 R 位置时，不显示倒车监视器系统图像(屏幕不是黑色)	1. 倒车监视器 ECU 电源电路
	2. 倒挡信号电路
	3. 倒车监视器 ECU
换挡杆在 R 位置时，不显示倒车监视器系统图像(屏幕是黑色)	1. 倒车监视器 ECU 和多功能显示屏之间的显示信号电路
	2. 倒车监视器摄像机与倒车监视器 ECU 之间的显示信号电路
	3. 倒车监视器摄像机
	4. 倒车监视器 ECU
换挡杆不在 R 位置时，显示倒车监视器系统图像	1. 倒挡信号电路
	2. 倒车监视器 ECU
倒车监视器图像故障(颜色、图像失真)	1. 倒车监视器摄像机与倒车监视器 ECU 之间的显示信号电路
	2. 倒车监视器 ECU 和多功能显示屏之间的显示信号电路
	3. 倒车监视器摄像机
	4. 倒车监视器 ECU
	5. 多功能显示屏

续表

症状	可疑部位
带“并行倒车辅助模式”的车辆驻车时，即使车辆开始行驶，屏幕也没有变化	以非常低的速度倒车时，可能会发生这种情况
显示屏出现“系统初始化中”信息	不要中断更正转向角中心点
即使在“并行倒车辅助模式”期间车辆没有开始移动，显示也会发生变化	如果车辆停放很长时间显示可能改变
没有显示投影路线导线或显示屏出现“导航无效”的信息	1. CAN 通信系统
	2. 转向角传感器
	3. 倒车监视器 ECU

2. 倒车监视器系统的检修

(1) 倒车监视器摄像机的检修

倒车监视器摄像机与倒车监视器 ECU 的连接电路如图 2.4.14 所示。

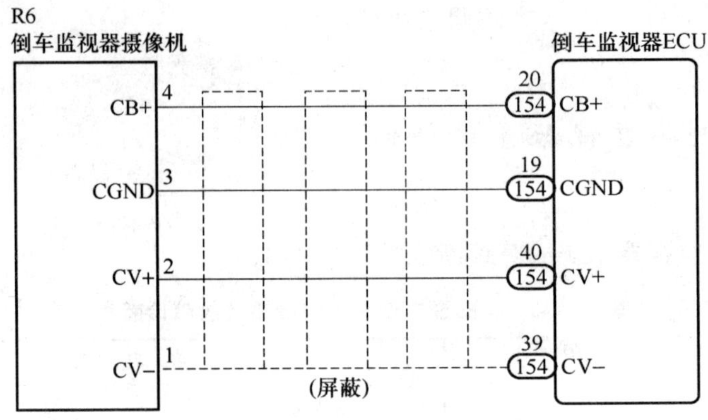

图 2.4.14　倒车监视器摄像机与倒车监视器 ECU 的连接电路

① 断开倒车监视器 ECU 连接器 I54 和倒车监视器摄像机连接器 R6。

② 分别测量端子 I54-20 与 R6-4，I54-19 与 R6-3，I54-40 与 R6-2，I54-39 与 R6-1 之间的电阻，应小于 1 Ω；分别测量端子 I54-20 与车身搭铁，I54-19 与车身搭铁，I54-40 与车身搭铁，I54-30 与车身搭铁之间的电阻，应大于 10 kΩ。

③ 将连接器 I54 重新连接到倒车监视器 ECU 上，打开点火开关，测量 R6-4 与 R6-3 之间的电压，应约为 6 V。

④ 将连接器 R6 重新连接到倒车监视器摄像机上，用示波器检查倒车监视器摄像机 R6-1 与 R6-2 的波形，正常情况下应显示脉冲。如不符合要求应更换倒车监视器摄像机。

(2) 多功能显示屏的检修

多功能显示屏与倒车监视器 ECU 的连接电路如图 2.4.15 所示。

① 断开倒车监视器 ECU 连接器 I54 和多功能显示屏连接器 I36。

② 分别测量端子 I54-10 与 I36-19，I54-11 与 I36-18、I54-12 与 I36-17、I54-31 与 I36-16、I54-32 与 I36-20 之间的电阻，应小于 1 Ω；分别测量端子 I54-10 与车身搭铁，I54-11 与车身

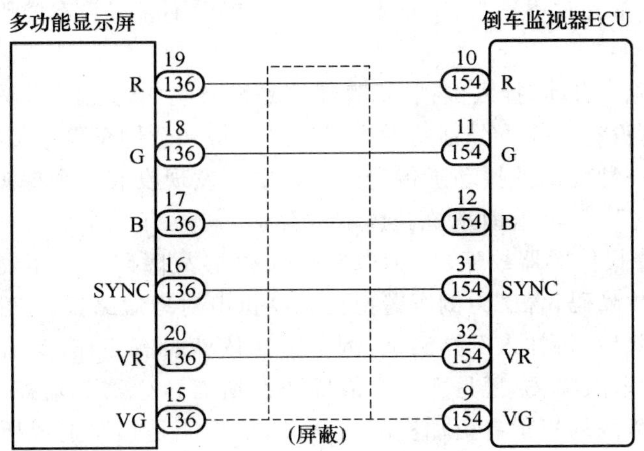

图 2.4.15　多功能显示屏与倒车监视器 ECU 的连接电路

搭铁，I54-12 与车身搭铁，I54-31 与车身搭铁，I54-32 与车身搭铁之间的电阻，应大于 10 kΩ。

③ 将连接器 I54 重新连接到倒车监视器 ECU 上，打开点火开关，用示波器检查 I54-10 与车身搭铁，I54-11 与车身搭铁，I54-12 与车身搭铁，I54-31 与车身搭铁的波形，应有相应的波形出现。如不符合要求应更换多功能显示屏。

(3) 倒车监视器 ECU 电源电路检修

倒车监视器 ECU 电源电路如图 2.4.16 所示。

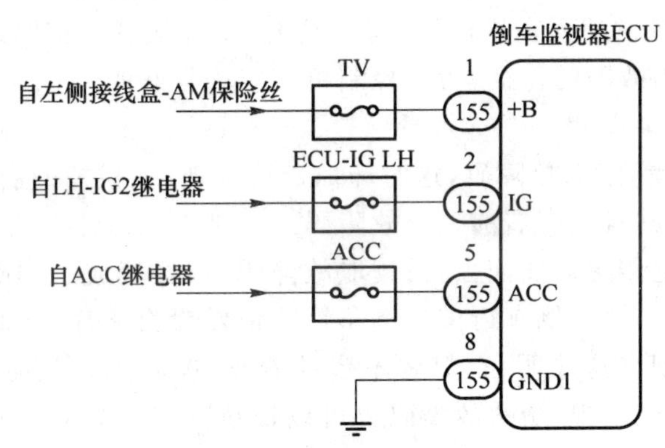

图 2.4.16　倒车监视器 ECU 电源电路

① 断开倒车监视器 ECU 连接器 I55。

② 测量端子 I55-8 与车身搭铁之间的电阻，应小于 1 Ω；

③ 测量端子 I55-1 与 I55-8 之间的电压，应始终为 10～14 V；当点火开关在 IG 挡时 I55-2 与 I55-8 之间为 10～14 V，当点火开关在 ACC 挡时 I55-5 与 I55-8 之间为 10～14 V。

案例分析

一、奥迪 A6 倒车雷达工作不正常

故障现象：一辆奥迪 A6 因为倒车雷达工作不正常，送维修厂要求检修。据驾驶员介

绍，倒车雷达有时正常有时不正常，不正常时挂入倒挡后不管有没有障碍物蜂鸣器一直叫个不停。

故障诊断与排除：启动，挂入倒挡，蜂鸣器倒是没有鸣叫，人为地挡住传感器探头，没有反应，说明倒车雷达没有工作。分别用手指轻轻触摸每一个倒车警报传感器探头，正常工作的传感器探头会有一种轻微的振动感传递到手指上。发现没有一个探头是在工作的。接上诊断仪，进入通道号 76 停车辅助系统。读取故障码，居然有 9 个故障码存在。从 01545～01548 全部是倒车警报传感器故障；从 01626～01629 号故障码是停车辅助传感器故障。另外有一个 01549 号故障码，含义为倒车警报传感器供电对地短路，间歇性故障。

故障码全部清除后，再挂入倒挡测试，倒车雷达依然没有工作，又着车，往后倒了一点，依然没有工作，又读取故障码，还是那 9 个故障码。所有传感器都坏掉的可能性实在太小，应该是 01549 号故障码的提示有更加实际的意义，很可能是短路造成所有传感器不能够正常工作。查阅维修手册，得知可能引起 01549 故障的原因有：倒车警报传感器与控制单元间对地短路。检查了该车的相关线路，正常。检查了该控制单元的电源、接地等线路均正常。

又从驾驶员处知道，该车的右前方曾经肇事过。于是拔下了右前方的传感器，进入系统，没有任何故障码出现。又拔掉后面的一个传感器，进入系统，依然没有故障码。着车，挂入倒挡，读取故障码，又是那 9 个故障码。打开点火开关后倒车警报装置自检测开始，不到 1 s 即结束。这时控制单元一直处于工作状态，但距离控制功能在挂上倒挡时才启动。如倒车警报系统已准备好，会发出一声短的信号音（对于自动变速器车，由于 P、D 换挡，要延迟 1 s。如果自检过程中控制单元识别出故障，则发出 5 s 连续音。依照这个条件在车上一试，确实有控制单元识别出故障的特征，看来控制单元应该是好的，还是需要进一步查找故障的真正原因。

把挡位放在 R 位置，读取故障码，这时却惊奇地发现，被拔掉的右前传感器故障已经被控制单元检查了出来，并且只有右前一个故障码。控制单元为什么之前没有检查出来，而现在又能够检查了呢？把传感器插回去，再读取故障码，已经变成了间歇性故障，清除后什么故障也没有了。启动发动机，倒车再试。倒车雷达依然没有工作，这时故障码又有了，还是那几个故障码一同出现。这才明白，只要不启动着车，控制单元就能够发现被拔掉的传感器，那几个故障码就不会出现，历史故障码也可以被清除掉。只要一着车，挂入倒挡那 8 个故障码就会一同出现。掩盖了那个被拔掉的故障，这就是刚才没有检查出来的原因。现在又进一步证实控制单元没有损坏，依据该系统的特点，在打开点火开关不着车的情况下，一个一个地分别拔掉传感器，又插回去。观察故障码的变化情况，前面的 4 个传感器轮流测试了，还是没有发现故障，着车试倒车，还是出现 9 个故障码。把前面的插回，为了加快速度，干脆同时拔掉后面的 4 个传感器，出现了后面的传感器故障码。启动倒车，发现故障码只有 4 个了，看来是后面的传感器故障，于是把它们分别插回去，每插一个试一次。终于在插回后面的右中那个传感器时，9 个故障码一同出现了，原来就是该传感器损坏导致的故障。更换后，停车辅助系统恢复了正常。

二、迈腾轿车倒车雷达不工作

故障现象：一辆迈腾轿车，倒车雷达不工作，按下开关后“嘀”一下后，连续高频“嘀嘀”

叫，开关不闪烁。

故障诊断与排除：用 VAS5052 进入通道 76—停车辅助设备，无故障代码存储，但读取 02 组测量数据块，其第 03 区显示数据为 34 cm，这说明前部雷达传感器已经感应到物体，而此时前保险杠的前部却无任何障碍物，理论上讲，此时 03 区显示的数据应为 255 cm 的探测范围值，从而说明前保险杠右中雷达传感器的感应失准，引发频叫。更换前保险杠右中雷达传感器后故障排除。

三、迈腾轿车前后倒车报警功能皆失效

故障现象：一辆迈腾轿车，挂倒挡有提示音，但前后倒车报警功能皆失效。

故障诊断与排除：挂倒挡有提示音说明倒车信号正常。进入通道 76(停车辅助设备)内发现有关右后、中部停车辅助传感器(G205)断路或对地短路的故障。用 08 功能检查 01 组后部停车辅助传感器的监控距离为 255 cm，且一直不变化，这说明前后雷达传感器全部不能被识别。进一步检测 6 组第 3 区，右后中央停车辅助传感器 (G205)的振荡时间为 0，其他传感器的振荡时间为 1 ms 左右，这说明右后中央停车辅助传感器(G205)未被停车辅助设备控制单元识别，可能是右后中央停车辅助传感器(G205)损坏或线路故障造成右后中央停车辅助传感器(G205)被识别为故障而触发了应急模式，切断了倒车报警功能。

拆下后保险杠，发现右后中央停车辅助传感器(G205)导线连接器未插。将连接器插上后，试车，故障排除。

知识拓展

一、汽车防碰撞系统发展趋势

任何一种依据单一测距原理的系统都既有其优点，又存在不足。现在大多数汽车防碰撞系统研究建立的安全距离模型都忽略了侧面目标和行人目标，较少考虑驾驶员的状况、路面滑动等，已研究出来的系统在报警、制动方面也存在冗余、误报等问题。将来研究的问题有：

(1) 识别行人并对其跟踪；

(2) 建立驾驶员的状况分析系统；

(3) 完善已有的安全控制策略，减少冗余和误报；

(4) 建立更真实的模型，在建模中考虑更多的因素，比如天气、车型等；

(5) 雷达防碰撞系统中要解决雷达的干扰问题；

(6) 能自动控制被动装置；

(7) 建立相关的行业标准。

将来集先进的信息处理技术、计算机技术、通信技术、电控技术、全球卫星定位技术、传感器技术及多传感器信息融合技术等高新技术于一身的智能防碰撞系统将是未来的发展方向。并通过优化设计，提高系统的测量精度和可靠性，使驾驶员能够轻松、安全、有效地驾驶车辆，在紧急情况下甚至在极限条件下，仍能实现对车辆进行自动、有效地控制，自动发现前方障碍物后主动避让，从而减少碰撞事故的发生。

二、凯迪拉克防碰撞技术

凯迪拉克一直是汽车安全技术领域的创新者，最近的一项创新之举更是意义非凡。这项由凯迪拉克研发的汽车防碰撞技术，可谓是通往“无碰撞未来”道路上质的飞跃。“无碰撞未来”的设想听起来像是天方夜谭，但它并非遥不可及。

1. 车道偏离报警

在驾驶者偏离车道行驶却没有打信号灯时，配备摄像机的车道监测系统将发出警报。摄像机设置在汽车内后视镜附近，用来辨别车道标识，并发出声音警告，提醒驾驶者。

2. 盲点预警

双雷达信号灯能够探测出车辆盲区的物体并发出警报，车主可由汽车外后视镜及时发现相关情况。

3. 自适应巡航控制系统

车上感应器能够自动监测到车辆行驶路径上的物体，并且减慢行车速度避免产生碰撞。

三、日产开发防碰撞辅助系统

日产汽车开发出了可通过自动制动使车辆从 60 km/h 减速至停止状态的“防碰撞辅助概念”系统，该系统配备在日本版的英菲尼迪 M 系列上。该系统利用毫米波雷达检测前方的障碍物，在通过转向盘操作躲避障碍物时，会进行警告制动；在操作转向盘也无法回避碰撞时，则会自动进行紧急制动。

当系统检测到前方障碍物并判断出需要驾驶员减速时，会通过显示信号与声音提醒驾驶员进行减速操作。此时，驾驶员可松开油门踏板，平稳减速制动。在驾驶员未利用转向盘及制动踏板进行躲避操作的情况下，当系统判断出存在发生追尾的可能性时，会自动实施制动。同时还会通过拉紧安全带来减少安全带的松弛余量，增强对乘员的束缚力。

据日产介绍，当汽车以 60 km/h 的速度驶向停止的车辆时，如果车速在距离车辆 5 m 处降至 40 km/h 以下的话，便能在碰撞前及时停止。自动制动所需要的油压由防侧滑装置的增压功能产生。

课后练习

1. 汽车防碰撞系统主要有哪些功能？
2. 测定汽车行驶安全距离的主要方法有哪些？
3. 简述奥迪 A6 轿车声纳倒车防碰撞系统的组成及功用。

任务 2.5　前照灯自动控制系统检修

【知识要求】

➢ 能正确描述各种前照灯自动控制系统的组成及工作原理；

➢ 能正确识读和分析各种前照灯自动控制系统的电路图。

【能力要求】

- 会正确拆装前照灯自动控制系统各部件；
- 会对前照灯自动控制系统进行故障自诊断；
- 会分析诊断和排除前照灯自动控制系统常见故障。

任务描述

一位客户反映他所驾驶的上海通用别克陆尊 3.0L 多功能车，即使外界光线非常好，该车的自动前照灯也会常亮，如果手动关闭前照灯，多功能驾驶员信息中心 DIC 上会显示“建议打开前照灯”。现在请你对客户轿车的前照灯自动控制系统进行检修。

相关知识

为了提高汽车行驶的安全性，减轻驾驶员的劳动强度，很多轿车对前照灯进行了自动控制。如可缩回式前照灯装置、前照灯自动变光控制、前照灯自动关闭延时器、自动前照灯控制系统、前照灯自动调平系统等。

一、可缩回式前照灯装置

可缩回式前照灯装置如图 2.5.1 所示，主要由灯光控制开关、变光开关、前照灯缩回装置控制继电器和前照灯缩回装置电动机 4 部分组成。

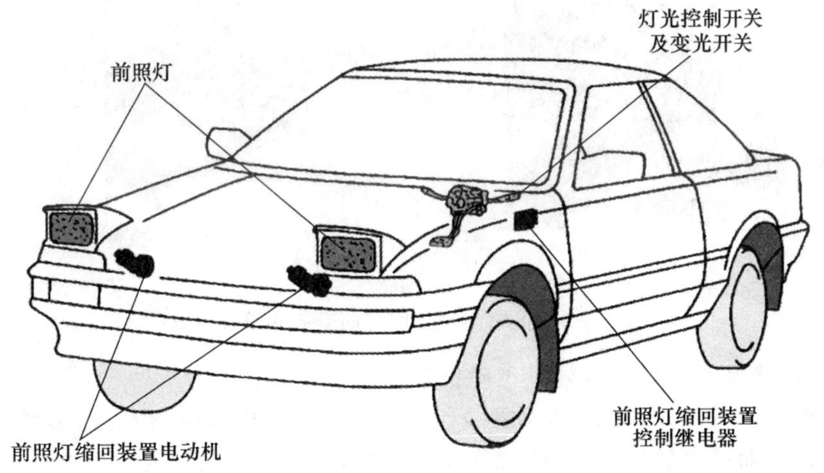

图 2.5.1 可缩回式前照灯装置的组成

1. 前照灯缩回装置控制继电器

前照灯缩回装置控制继电器由一块集成电路(IC)和两个继电器构成。两个内置继电器分别控制两个缩回装置电动机的电流，三极管分别控制这两个继电器，可缩回式前照灯的控制电路如图 2.5.2 所示。

2. 前照灯缩回装置电动机

前照灯缩回装置电动机通过曲柄连杆机构完成前照灯的升起和缩回，如图 2.5.3 所示。连杆和曲柄装于前照灯和电动机之间，当前照灯升到上限时，前照灯支撑片与前照灯支架上

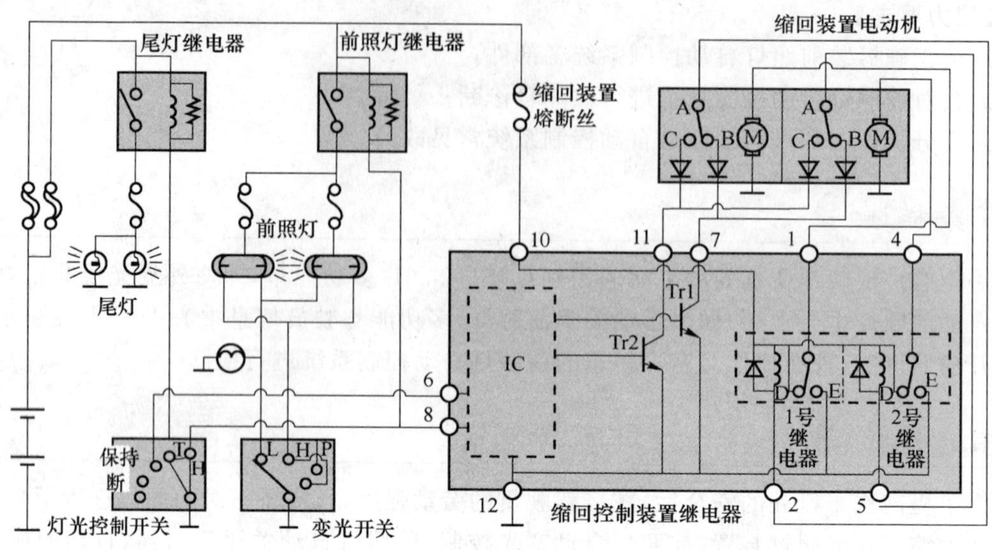

图 2.5.2　可缩回式前照灯的控制电路

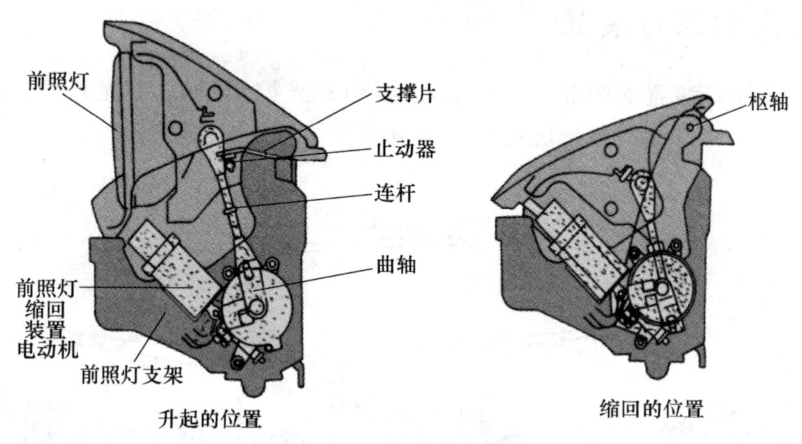

图 2.5.3　可缩回式前照灯的升起和缩回位置

的止动器接触，确保前照灯光轴处于正确位置。

前照灯缩回装置电动机的结构如图 2.5.4 所示，电动机有电流经过，带动蜗轮转动，蜗轮通过齿轮带动曲柄轴转动，使前照灯升起或缩回，每个缩回装置电动机中都装有由一个凸轮板和两对触点构成的限位开关，该限位开关可使缩回装置的电动机停止运转，同时还与 IC 一起控制两个三极管的通断，即前照灯缩回装置继电器内的内置继电器。限位开关有两对触点（A、B 和 A、C），前照灯升起时，A 和 C 连接，缩回时，A 和 B 连接。

3. 可缩回式前照灯装置的工作过程

缩回控制装置继电器的 IC 可根据端子 6 和 8（见图 2.5.2）的变化，即灯光控制开关和变光开关的位置变化，控制三极管 Tr1、Tr2 的通断并与限位开关相配合，控制缩回装置电动机的工作。端子 6 和 8 的状态与三极管的导通的关系如表 2.5.1 所示。

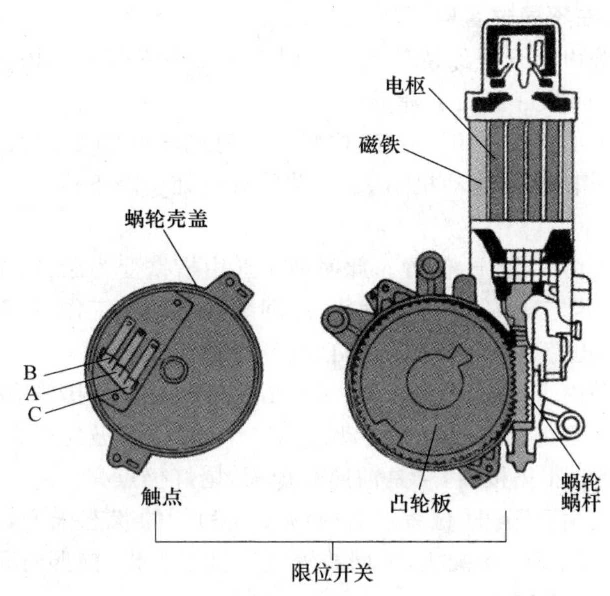

图 2.5.4 可缩回式前照灯的电动机及限位开关

表 2.5.1 端子 6 和 8 的状态与三极管的导通的关系

端子 6 状态	端子 8 状态	三极管 Tr1	三极管 Tr2
搭铁	断开	截止	截止
断开	搭铁	导通	截止
断开	断开	截止	导通
搭铁	搭铁	导通	截止

以前照灯的升起为例：此时前照灯处于降下状态，限位开关中的 A 和 B 连接，灯光控制开关由断开(OFF)至保持(HOLD)位置，此时端子 6 由断开变为搭铁，端子 8 仍断开，缩回装置电动机不工作，前照灯仍处于降下位置。当灯光控制开关由保持至 T(尾灯)位置，此时端子 6 和 8 的状态未变，即端子 6 仍搭铁，端子 8 仍断开，缩回装置电动机仍不工作，前照灯仍处于降下位置。此时尾灯继电器电路接通，于是尾灯点亮。当灯光控制开关由 T(尾灯)至 H(前照灯)位置，此时端子 6 由搭铁变为断开，端子 8 由断开变为搭铁，三极管 Tr1 接通，三极管 Tr2 仍截止，此时尾灯继电器、前照灯继电器电路均接通，于是尾灯、前照灯均点亮。

三极管 Tr1 导通时，电流自蓄电池正极→端子 10→1 号、2 号继电器线圈→端子 2、5→限位器触点 A、B→端子 7→三极管 Tr1→端子 12→搭铁→蓄电池负极，形成回路。使 1 号、2 号继电器线圈通电，继电器触点由 E 侧转向 D 侧，就有电流自蓄电池正极分别流过两个内置继电器的触点 D、端子 1、4，经两个缩回装置电动机搭铁，使两个缩回装置电动机工作，于是前照灯升起。当前照灯升至极限位置时，限位开关内的触点连接由 A、B 转变成 A、C，由于三极管 Tr2 处于截止状态，内置继电器线圈无电流通过。在弹力作用下，两个内置继电器触点由 D 侧转向 E 侧，使缩回装置电动机停止工作，在此过程中，三极管 Tr1 接通 10 s。

4. 灯光控制开关在不同位置时

(1) 灯光控制开关由断开至保持位置。此时端子6由断开变为搭铁，端子8仍断开，缩回装置电动机不工作，前照灯仍处于降下位置。

(2) 灯光控制开关由保持至T(尾灯)位置。此时端子6和8的状态未变，即端子6仍搭铁，端子8仍断开，缩回装置电动机不工作，前照灯仍处于降下位置。此时，尾灯继电器电路接通，于是尾灯点亮。

(3) 灯光控制开关由T至H位置。此时端子6由搭铁变为断开，端子8由断开变为搭铁，三极管Tr1导通10s，三极管Tr2仍截止，缩回装置电动机工作，前照灯升起。此时尾灯继电器、前照灯继电器电路均接通，于是尾灯、前照灯均点亮。

(4) 灯光控制开关由H至T位置。此时端子6由断开变为搭铁，端子8由搭铁变为断开，三极管Tr1、Tr2均截止。缩回装置电动机不工作，前照灯仍处于升起位置。此时，前照灯继电器断开，尾灯继电器仍接通，于是前照灯熄灭，尾灯仍点亮。

(5) 灯光控制开关由T至H位置。此时端子6和8的状态未变，即端子6仍搭铁，端子8仍断开，三极管Tr1、Tr2均截止，缩回装置电动机不工作，前照灯仍处于升起位置。此时尾灯继电器断开，于是尾灯熄灭。

(6) 灯光控制开关由保持至断开位置。此时端子6由搭铁变为断开，端子8仍断开，三极管Tr1截止三极管Tr2接通10 s，缩回装置电动机工作，前照灯缩回。

二、前照灯自动变光控制

在夜间行驶时，为了防止迎面来车眩目，驾驶员必须频繁使用变光开关，这样会分散其注意力。前照灯自动变光装置可根据迎面来车的灯光强度自动将前照灯的远光变为近光。前照灯自动变光原理如图2.5.5所示。

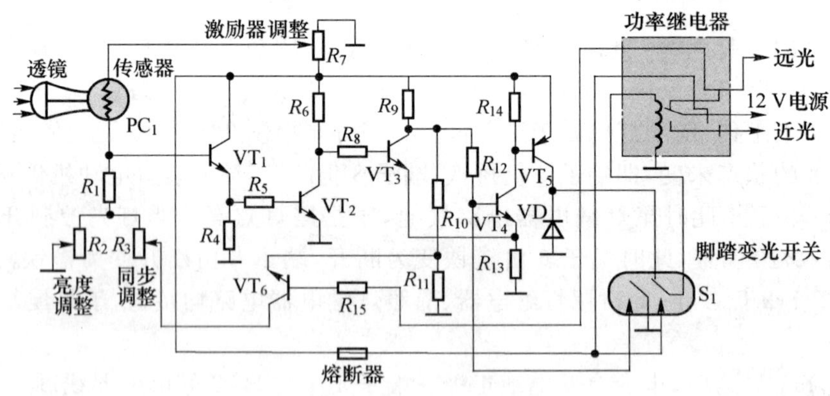

图2.5.5 前照灯自动变光控制电路

该自动变光系统保留原脚踏变光开关，其工作原理如下：

当迎面来车的前照灯光线照射到传感器时，通过透镜将光线聚集到光敏元件上，通过放大器信号触发功率继电器，继电器将前照灯自动从远光变为近光。当迎面来车驶过后，传感器不再有灯光照射，于是放大器不再向功率继电器输送信号，继电器触点又恢复到远光照明。

光敏电阻PC_1用来传感光照情况，其电阻值与发光强度成反比。在它受到光线照射前，其电阻值较高，但受光照后，其电阻值迅速下降。PC_1 和 R_1、R_2、R_3、R_7 以及 VT_6 组成 VT_1 的偏压电路。当远光接通时，VT_6 导通，PC_1 受到光照作用，电阻减小到一定值时，VT_1 基极上偏压刚好能产生光束转换，即从远光变为近光。近光接通后，VT_6 截止，这时偏压电路中只有 R_7、PC_1、R_1 和 R_2 因而灵敏度增加。当迎面来车驶过后，PC_1 电阻增大，VT_1 截止，前照灯立即由近光变为远光。

射极输出器 VT_1 的输出，由 VT_2 放大并反相，VT_2 的输出加在施密特触发器 VT_3 和 VT_4 上，VT_4 的集电极控制继电器激励级 VT_5，当 VT_2 集电极电压超过施密特触发器的阀值时，VT_3 导通，VT_4 截止，VT_5 加偏压截止，继电器的触点接通远光灯。当 PC_1 受到迎面来车的光线照射时，其电阻下降，放大器 VT_1 和 VT_2 的输出低于施密特触发器的阀值，VT_3 截止、VT_4、VT_5 导通，继电器线圈有电流通过，从而接通近光灯丝，直到迎面来车驶过后继电器又接通远光灯丝。

当脚踏变光开关踏下时，继电器线圈断电，VT_4 基极搭铁，前照灯将使用远光灯丝。

三、前照灯自动关闭延时器

前照灯自动关闭延时器是驾驶员将汽车停放在无照明的车库时，只要按下仪表板上的延时开关，就能使前照灯延长一段时间关断，为驾驶员下车离去提供一段照明时间。

前照灯自动关闭延时控制电路如图 2.5.6 所示。工作原理：当汽车停驶切断点火开关时，晶体管 VT_1 处于截止状态。此时电容 C_1 立即经 R_2、R_5 开始充电。当 C_1 上的电压达到单结晶体管 VT_2 的导通电压时，C_1 则通过其发射极、基极和电阻 R_7 放电。于是在 R_7 产生一个电压降，使晶体管 VT_3 瞬时导通，消除加在晶闸管 SCR 上的正向电压，使晶闸管 SCR 截止。随后，VT_3 很快恢复截止，晶闸管 SCR 还来不及导通，前照灯继电器断电而使其触点 S 打开，如图 2.5.6 所示位置，将前照灯电路切断，从而实现自动延时关灯的功能。

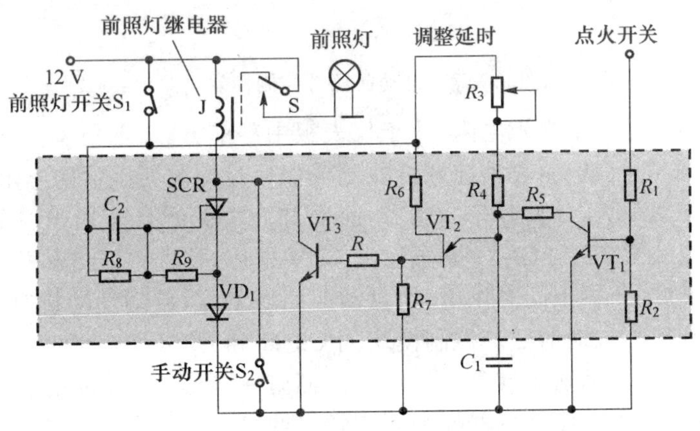

图 2.5.6　前照灯自动延时控制电路

四、自动前照灯控制系统

1. 自动前照灯控制系统功能说明

当外界光线强度较低时，系统控制前照灯打开，实现自动控制照明。发动机熄火后，前照灯会延迟关闭约 90 s，以提供外部照明，称为“照明回家”功能。

2. 上海别克君威轿车自动前照灯控制电路

别克君威轿车自动前照灯控制模块电路如图 2.5.7 所示，前照灯开关及变光电路如图 2.5.8 所示。

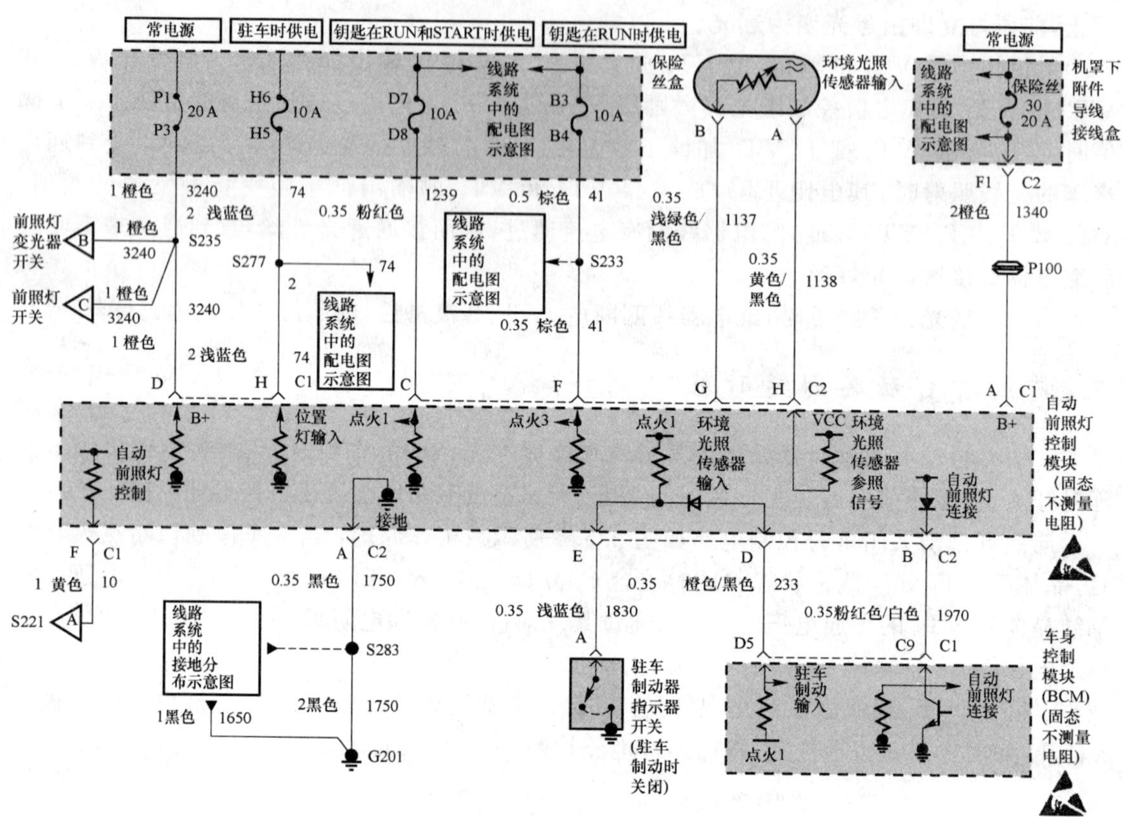

图 2.5.7 自动前照灯控制模块电路

环境光照传感器是一个光敏电阻，位于仪表板中部前方，靠近挡风玻璃处。当外界光照强度增加时，传感器电阻减小，自动前照灯控制模块通过检测传感器的电阻值决定是否点亮前照灯。当接通点火开关，放松驻车制动器，前照灯开关关闭且环境光线足够暗时，自动前照灯控制模块分别从 C1-F 和 C1-H 端子输出 12 V 电压，接通前照灯和驻车灯（小灯及仪表照明灯）。C2-C 和 C2-F 端子同时供电时，自动前照灯工作；启动发动机时，C2-F 端子断电，自动前照灯熄灭。短接自动前照灯控制模块的 C2-H 和 C2-G 端子时，自动前照灯不亮；断开环境光照传感器后，自动前照灯常亮。自动前照灯一旦点亮，再拉紧驻车制动器时，前照灯不能熄灭，只有在环境光照传感器检测到正常光线或关闭发动机且自动前照灯延时已到时，前照灯才能熄灭。

自动前照灯控制模块 C2-B 端子输出 12 V 电压。当车身控制模块 BCM 收到遥控信号需确认操作或自动前照灯延时照明时，BCM 的 C1-C9 端子搭铁，自动前照灯控制模块 C2-B 端子输出的电压被搭铁，则自动前照灯控制模块 C1-F 端子输出 12 V 电压，点亮前照灯，但此时 C1-H 端子不输出 12 V 电压，即小灯不亮。如果电路 1970 断开，遥控确认及自动前照灯延时照明这两项功能就没有了。自动前照灯打开时，自动前照灯控制模块 C2-B 端子输

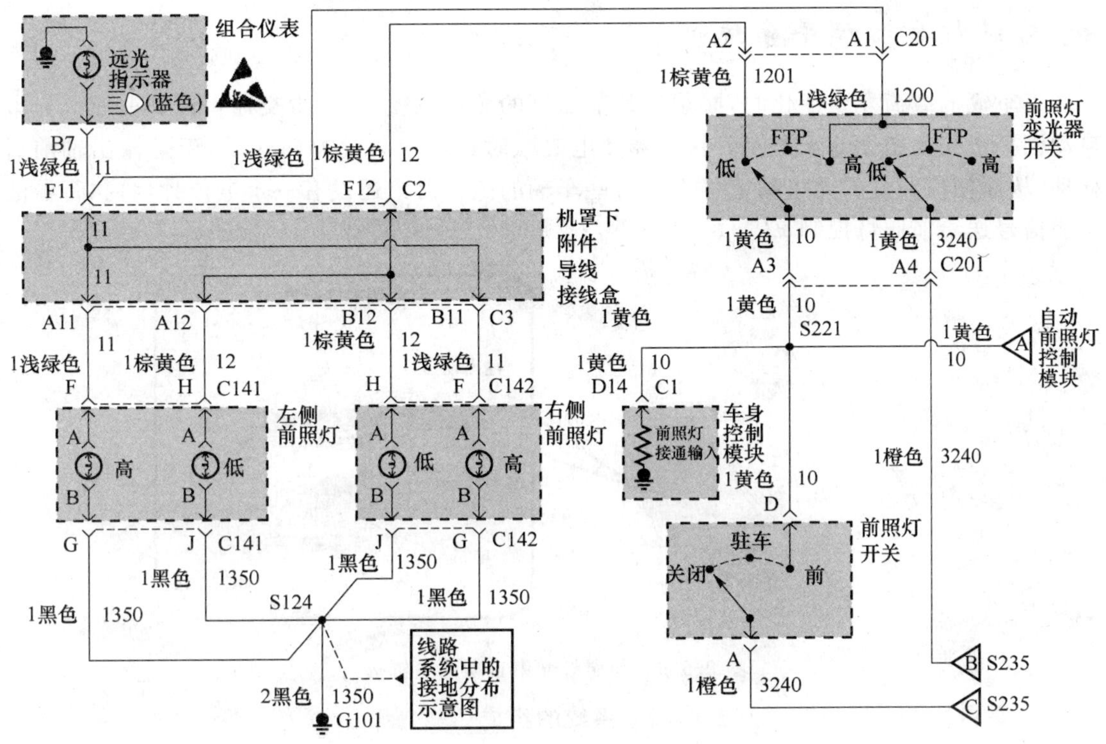

图 2.5.8 前照灯开关及变光电路

出 0.5 V 电压，BCM 的 C1-C9 端子收到此信号后，认为前照灯在工作，BCM 用此信号控制自动前照灯延时。其控制条件是：

① 自动前照灯已点亮。

② 手动灯光开关关闭(前照灯、小灯都关闭)。

③ BCM 已收到一次启动信号(发动机不一定起动运转)。

④ 个性化设置中有延时功能。

满足以上条件时，BCM 的 C1-C9 端子搭铁，无论点火开关是否接通，自动前照灯控制模块 C2-B 端子收到搭铁信号后，控制前照灯点亮。

3. 设置或取消前照灯延时照明功能

前照灯延时照明功能可以自动设置或取消，其方法是：关闭所有车门，将点火开关置于"RUN"位置，进行以下操作：

① 按下并保持锁止开关，同时接通和断开前照灯开关两次，然后松开锁止开关。上述操作必须在 10 s 内完成，且下一步操作的时间间隔不得超过 10 s。

② 按下并保持开锁开关，同时接通和断开前照灯开关两次，然后松开开锁开关。上述操作必须在 10 s 内完成。

如果听到一次钟鸣声，说明前照灯照明延时功能被取消；如果听到两次钟鸣声，说明前照灯照明延时功能已经启用。在断开蓄电池一年的时间内，以上设定不会改变。

五、前照灯自动调平系统

当车辆的载荷发生变化时,必须调整前照灯的照射位置,以减少交通盲区。前照灯光束自动调平机构如图 2.5.9 所示。执行器使电机顺时针或逆时针方向转动,于是输出轴前后移动,从而使前照灯的光束移上移下。有些车辆的执行器中还设有一个电位计,将执行器的位置信号送给前照灯控制 ECU。

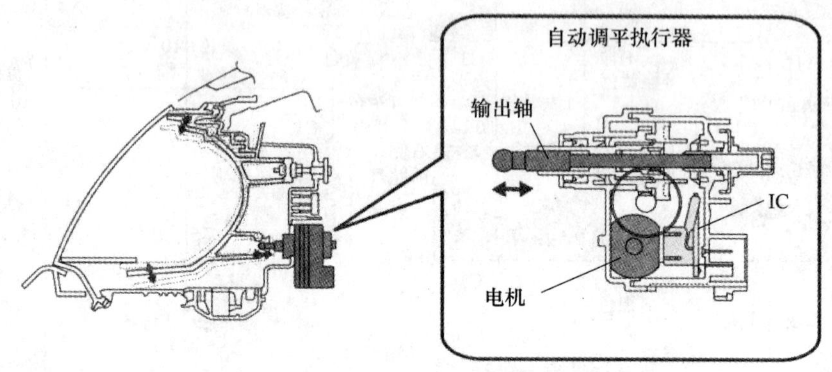

图 2.5.9　前照灯光束自动调平机构

1. 马自达 M6 轿车前照灯自动调平系统的组成

马自达 M6 轿车前照灯自动调平系统主要由前/后自动调平传感器、主/副自动调平控制单元和左/右前照灯自动调平执行器等组成,其位置如图 2.5.10 所示。

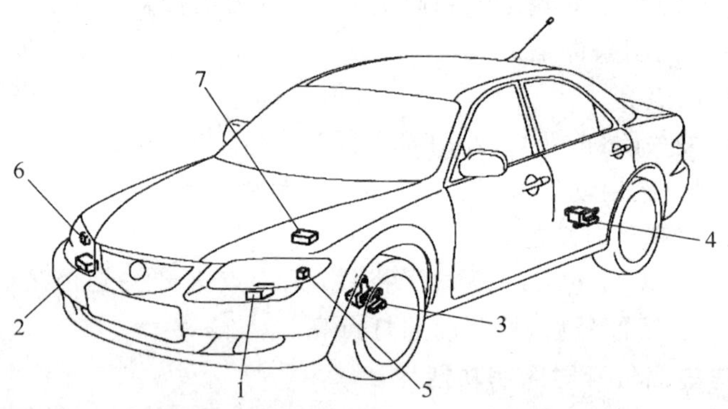

1—主自动调平控制单元；2—副自动调平控制单元；3—前自动调平传感器；4—后自动调平传感器；5—左前照灯自动调平执行器；6—右前照灯自动调平执行器；7—ABS/TCS HU/CM或DSC/TCS HU/CM

图 2.5.10　前照灯自动调平系统元件位置

2. 马自达 M6 轿车前照灯自动调平系统工作原理

前照灯自动调平系统工作原理如图 2.5.11 所示,控制系统电路如图 2.5.12 所示。

当乘客或货物条件变化时,车辆悬架状态发生变化。此时,前、后自动调平传感器分别向主自动调平控制单元输送不同的前照灯光轴位置信号,主自动调平控制单元在接收到信号后,即校验汽车状态。然后计算前照灯光轴调节度,并向副自动调平控制单元发送信号。接着主、副自动调平控制单元将前照灯反射镜的实际位置与标准位置进行比较,并控制左、右前照灯调平执行器调整前照灯光轴的方向,当车辆重载或加速时,前照灯光轴向下调整;

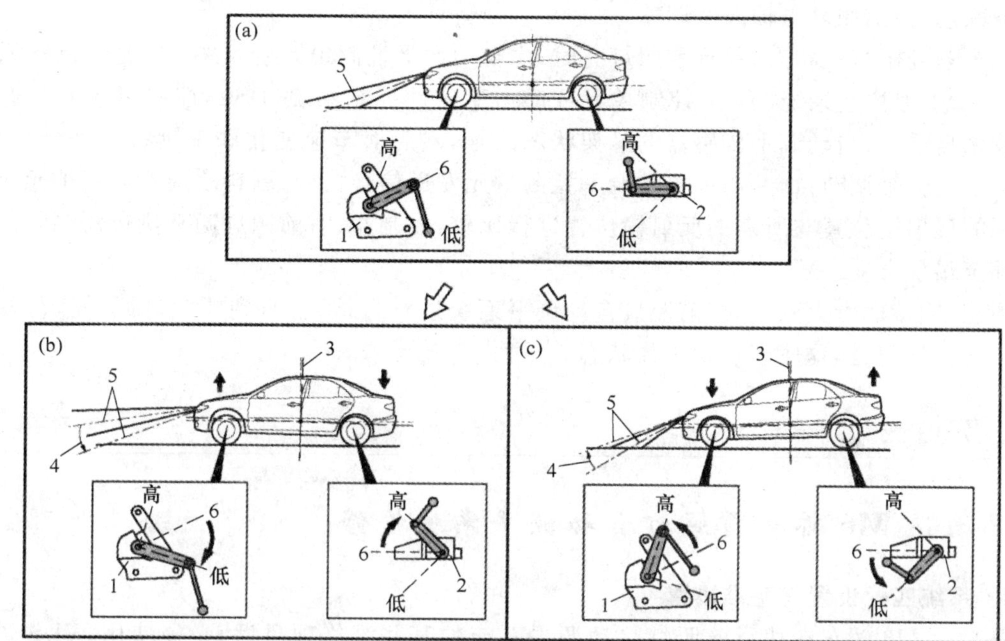

(a) 车辆空载状态(基准位置)；(b) 车辆重载或加速状态(前照灯光轴向下调整)；(c) 车辆减速状态(前照灯光轴向上调整)
1—前自动调平传感器；2—后自动调平传感器；3—车辆状态；4—光轴调节量；5—前照灯光轴位置(基准设置时)；6—零基准

图 2.5.11　前照灯自动调平系统工作原理

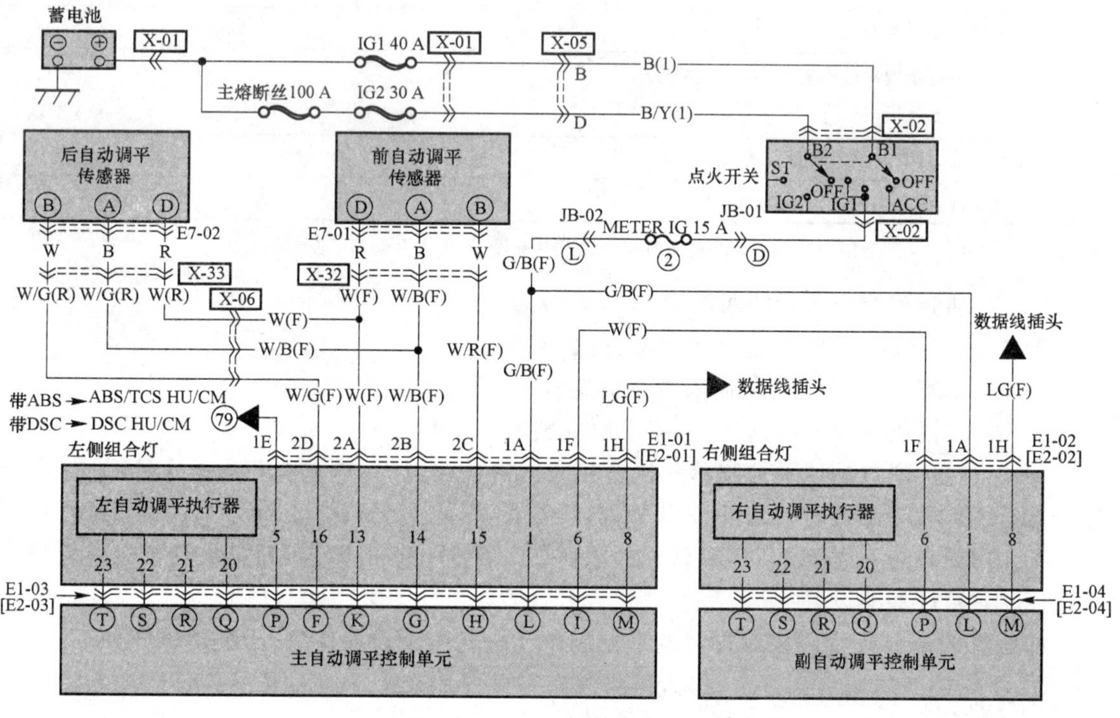

图 2.5.12　前照灯自动调平系统控制电路

当车辆减速时,前照灯光轴向上调整。

在车辆处于行驶状态,并且前照灯亮时,主自动调平控制单元接收来自防抱死制动系统(ABS)/牵引力控制系统(TCS)控制单元或动力稳定性控制系统(DSC)控制单元的车速信号以及来自前、后自动调平传感器的悬架状态信号,然后对车速变化和车辆状态进行校验,计算前照灯光轴调节量,并向副自动调平控制单元发送信号,再与副自动调平控制单元一起对实际的反射镜位置与所需的反射镜位置进行比较,控制左、右前照灯调平执行器调整前照灯光轴至最优方向。

注意,刚接通点火开关时,前照灯自动调平系统进行自检,会听到前照灯调平执行器持续几秒的运转声音,这属于正常工作状态。

任务实施

一、马自达 M6 轿车前照灯自动调平系统检修

1. 系统匹配设置与基准设置

马自达 M6 轿车在执行前照灯自动调平系统的某些维修项目后,必须使用 WDS 进行匹配设置与基准设置,如表 2.5.2 所示。

表 2.5.2 前照灯自动调平系统的匹配设置与基准设置项目

序号	维修项目	自动调平控制装置匹配	前照灯基准设置*	前照灯对光*
1	更换主与副自动调平控制单元	×	×	×
2	拆卸或安装前照灯	—	—	
3	更换前自动调平传感器、后自动调平传感器、线束、连接器	—	×	×
4	更换前、后自动调平传感器连接器	—	×	×
5	更换前、后自动调平传感器	—	×	×

注:×:适用;—:不适用;*:执行两个前照灯对光以及基准设置(由主自动调平控制单元执行)。

(1) 自动调平控制单元的匹配设置

① 把故障诊断仪 WDS 连接到诊断连接器 DLC-2 上。

② 按 WDS 屏幕上的指示输入汽车信息。

③ 选择“模块编程”,再选择“编程模块安装”。

④ 在对主、副自动调平控制单元执行相应的匹配设置时,应选择相应的 LHID(左前照灯)或 RHID(右前照灯)项目,并按照 WDS 屏幕的提示进行操作。

⑤ 用 WDS 读取故障码,以确认无故障码。如果仍出现故障码,则应执行相应的检修。

(2) 前照灯基准设置

前照灯的基准设置应在对自动调平控制单元进行匹配设置后进行,具体步骤如下:

① 将轮胎气压调节到规定状态,再将汽车空载停放在水平地面上。

② 把 WDS 连接到诊断连接器 DLC-2 上。

③ 把点火开关置于 ON 位,接通前照灯(近光)。

④ 按 WDS 屏幕上的提示输入汽车信息。

⑤ 确认 WDS 能够识别汽车，然后选择“Dataloger(数据记录)”。

⑥ 再选择菜单“Module(模块)”下的“LHID”子菜单。

⑦ 选择“CALAXLSN＃”，按下 WDS 屏幕右上方的按钮图标 1〔如图 2.5.13(a)所示〕。

⑧ 按下 WDS 屏幕上的按钮图标 2〔如图 2.5.13(b)所示〕，再按下按钮图标 3〔如图 2.5.13(c)所示〕或 4〔如图 2.5.13(d)所示〕，完成前照灯基准设置。

⑨ 进行故障诊断测试，以确认无故障码。

(a) 按钮图标1

(b) 按钮图标2

(c) 按钮图标3

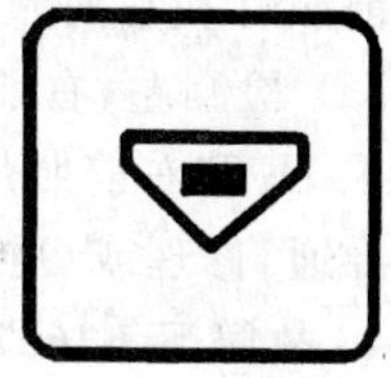
(d) 按钮图标4

图 2.5.13　前照明灯基准设置过程中使用的按钮图标

2. 故障自诊断

马自达 M6 轿车前照灯自动调平系统故障码见表 2.5.3。

表 2.5.3　马自达 M6 轿车前照灯自动调平系统故障码表

故障代码	描　述	故　障　原　因
B1342	自动调平控制单元工作不正常	自动调平控制单元故障，自动调平控制单元安装不当
B2141	自动调平控制单元匹配设置系统未安装	自动调平控制单元未匹配设置或设置错误
B2390	没有完成主自动调平控制单元和副自动调平控制单元之间的通信	主自动调平控制单元故障；主自动调平控制单元和副自动调平控制单元之间的线束断路或短路
B2477	自动调平控制单元匹配设置系统未安装	自动调平控制单元未匹配设置或设置错误
B2607	主自动调平控制单元和副自动调平控制单元工作顺序相反	主自动调平控制单元和副自动调平控制单元安装时换位；自动调平控制单元安装不当；前照灯故障；自动调平传感器和左前照灯之间的线束出现断路或短路
B2615	主自动调平控制单元对前或后自动调平传感器的供给电压(5 V)不正确	前或后自动调平传感器故障；自动调平控制单元故障；前自动调平传感器与左前照灯之间的线束短路；后自动调平传感器与左前照灯之间的线束短路；左前照灯故障
B2616	输出信号不是由前自动调平传感器提供	前自动调平传感器故障；前自动调平传感器和左前照灯之间的电路断路或短路；左前照灯故障
B2619	输出信号不是从后自动调平传感器发出	后自动调平传感器故障；后自动调平传感器和左前照灯之间的线路出现断路或短路；左前照灯故障
B2626	自动调平控制单元的前照灯调零系统未被设定	自动调平控制单元的前照灯调零未进行或设定无效
B2735	前照灯调平执行机构的输出信号不正常	前照灯调平执行机构故障；自动调平控制单元故障；前照灯故障

3. 故障码 B2390 故障诊断步骤

(1) 检查主、副自动调平控制单元和两侧前照灯连接器的安装情况是否良好。若安装不正确,应进行正确安装。

(2) 检测左前照灯和右前照灯。拆开主自动调平控制单元连接器(20 端子)和左前照灯连接器(12 端子)、副自动调平控制单元连接器(20 端子)和右前照灯连接器(12 端子),检测主自动调平控制单元连接器端子 I 和左前照灯连接器端子 1F、副自动调平控制单元连接器端子 P 和右前照灯连接器端子 1F 之间是否导通。若不导通,可能为前照灯电路断路,更换左前照灯和右前照灯。

(3) 检测左、右前照灯连接器之间的线束。拆开左右前照灯连接器,检查左前照灯连接器端子 1F 和右前照灯连接器端子 1F 间是否导通。若导通,则修理主自动调平控制单元;若不导通,修理或更换左前照灯和右前照灯之间的线束。

4. 故障码 B2607 故障诊断步骤

(1) 检查自动调平控制单元及其连接器安装是否良好。若安装不正确,应进行正确安装。

(2) 检测自动调平传感器连接器和左前照灯连接器。断开前、后自动调平传感器连接器(6 端子)和左前照灯连接器(4 端子),检查左前照灯连接器端子 2C、2D 分别与前自动调平传感器连接器端子 A、D 是否导通。若导通,修理或更换前自动调平传感器和左前照灯之间的线束。

(3) 检测左前照灯。断开自动调平单元连接器和前照灯左、右连接器,检查左前照灯连接器端子 2B 、2A 分别与主自动调平控制单元连接器端子 H、F 之间是否导通;副自动调平控制单元连接器端子 F、K 之间是否导通。若导通,则更换前照灯;若不导通,清除故障码后再次读取故障码。若故障码再次显示,则更换自动调平控制单元。

5. 故障码 B2615 故障诊断步骤

(1) 检测左前照灯供电回路。断开左前照灯连接器,接通点火开关,测量左前照灯连接器端子 2A 处的电压是否为 5 V。若不是 5 V,则进行第 4 步。

(2) 检测前自动调平传感器供电回路。断开点火开关,再次连接左前照灯连接器,断开前自动调平传感器连接器,测量前自动调平传感器连接器端子 D 处的电压是否约为 5 V。若是,更换前自动调平传感器,然后清除故障码并再次读取故障码,若故障码不再存在,则修理或更换前自动调平传感器和左前照灯之间的线束。

(3) 检测后自动调平传感器供电回路。断开后自动调平传感器连接器,测量后自动调平传感器连接器端子 D 处的电压是否约为 5 V。若是,更换后自动调平传感器,然后清除故障码并再次读取故障码,若故障码不再存在,修理或更换后自动调平传感器和左前照灯之间的电路。

(4) 检查左前照灯。

① 断开主自动调平控制单元连接器和左前照灯连接器,检测主自动调平控制单元连接器端子 K 和左前照灯连接器端子 2A 是否导通。若不导通,故障原因可能是左前照灯电路断路,更换左前照灯。

② 断开主自动调平控制单元连接器,检测端子 K 和 E、K 和 D、K 和 L 之间是否导通。若导通,故障原因可能是左前照灯电路断路,更换左前照灯;若不导通,更换自动调平控制

单元。

6. 故障码 B2616 故障诊断步骤

（1）检查前自动调平传感器及其连接器安装是否良好。若安装不正确，应进行正确安装。

（2）检测前自动调平传感器连接器和左前照灯连接器之间的线束。

① 断开前自动调平传感器连接器和左前照灯连接器，检测前自动调平传感器连接器端子 B 和左前照灯连接器端子 2C 之间是否导通。若不导通，修理或更换前自动调平传感器和左前照灯之间的线束。

② 断开前自动调平传感器连接器和左前照灯连接器，检测前自动调平传感器连接器端子 B 分别与左前照灯连接器端子 2B、2A 之间是否导通。若导通，修理或更换前自动调平传感器和左前照灯之间的线束。

（3）检测左前照灯。

① 断开主自动调平控制单元连接器和左前照灯连接器，检测主自动调平控制单元连接器端子 H 和左前照灯连接器端子 2C 是否导通。若不导通，故障原因可能是左前照灯线路断路，更换左前照灯。

② 断开主自动调平控制单元连接器和左前照灯连接器，检测主自动调平控制单元连接器端子 G、K、E 分别与左前照灯连接器端子 2C 之间是否导通。若导通，更换自动调平传感器；若不导通，故障原因可能是左前照灯线路断路，更换左前照灯。

7. 故障码 B2619 故障诊断步骤

（1）检测前自动调平传感器及其连接器安装是否良好。若安装不正确，应进行正确安装。

（2）检测前自动调平传感器连接器和左前照灯连接器之间的线束。

① 断开前自动调平传感器连接器和左前照灯连接器，检测前自动调平传感器连接器端子 B 和左前照灯连接器端子 2D 之间是否导通。若不导通，修理或更换前自动调平传感器和左前照灯之间的线束。

② 断开前自动调平传感器连接器和左前照灯连接器，检测前自动调平传感器连接器端子 B 分别与左前照灯连接器端子 2B、2A 之间是否导通。若导通，修理或更换前自动调平传感器和左前照灯之间的线束。

（3）检测左前照灯。

① 断开主自动调平控制单元连接器和左前照灯连接器，检测主自动调平控制单元连接器端子 H 和左前照灯连接器端子 2D 是否导通。若不导通，故障原因可能是左前照灯线路断路，更换左前照灯。

② 断开主自动调平控制单元连接器和左前照灯连接器，检测主自动调平控制单元连接器端子 G、K、E 分别与左前照灯连接器端子 2D 之间是否导通。若导通，更换自动调平传感器；若不导通，故障原因可能是左前照灯线路断路，更换左前照灯。

二、别克君威轿车自动前照灯控制系统检修

1. 故障码 B2602（自动前照灯连接电路低电平）故障诊断

故障码设定条件：当点火开关从启动再到接通时，车身控制模块检测出电路 1970 对搭

铁短路或开路。

故障诊断步骤：

(1) 关闭点火开关，断开车身控制模块(BCM)连接器 C1，将测试灯连接到车身控制模块 C1-C9 和搭铁之间。如果测试灯点亮，则更换车身控制模块。

(2) 测量车身控制模块 C1-C9 和搭铁之间的电阻，如果不是∞，用测试灯从前照灯自动控制模块 C2-B 背面与搭铁之间探测。如果测试灯点亮，则维修电路 1970 中的接触不良或开路故障。如果测试灯不点亮，将测试灯连接到前照灯自动控制模块 C2-A 和搭铁之间。此时如果测试灯不点亮，则维修电路 1340 中的接触不良或开路故障；如果测试灯点亮，则更换前照灯自动控制模块。

(3) 断开前照灯自动控制模块连接器 C1，再次测量电阻。如果是∞，维修电路 1970 中的对搭铁短路故障。如果不是∞，再将测试灯连接到蓄电池正极与前照灯自动控制模块 C2-A 之间。如果测试灯不点亮，则更换前照灯自动控制模块。如果测试灯点亮，维修电路 1340 对搭铁短路故障。

(4) 关闭点火开关，将连接器及部件接好。打开点火开关，清除故障码。

2. 故障码 B2603(自动前照灯连接电路高电平)故障诊断

故障码设定条件：当点火开关从启动再到接通时，车身控制模块检测出自动前照灯连接电路对蓄电池正极短路。

故障诊断步骤：

(1) 关闭点火开关，断开前照灯自动控制模块连接器 C2，将测试灯连接到自动前照灯连接电路和搭铁之间。如果测试灯点亮，检查自动前照灯连接电路是否对蓄电池正极短路，如果短路，应维修短路之处故障。

(2) 重新连接自动前照灯连接器 C2，断开车身控制模块(BCM)连接器 C1，用测试灯连接到车身控制模块连接器 C1 与搭铁之间。如果测试灯点亮，更换前照灯自动控制模块，如果测试灯不点亮，更换车身控制模块。

(3) 关闭点火开关，将连接器及部件接好。打开点火开关，清除故障码。

3. 在日间状态前照灯接通故障检修

(1) 用数字式万用表测试电路 10 是否对蓄电池正极短路。如果短路，则维修电路 10 对蓄电池正极电压的短路故障。

(2) 断开环境光照传感器，用数字式万用表在传感器端子 A 和端子 B 之间测试环境光照传感器是否导通。如果没有导通，则更换环境光照传感器。

(3) 断开自动前照灯控制模块连接器 C2，测量环境光照传感器线束连接器端子 B 和前照灯自动控制模块线 C2-G 之间，A 和 C2-H 之间的电阻，如果大于 1 Ω，则维修或更换线束或连接器；否则，更换自动前照灯控制模块。

案例分析

一、别克陆尊多功能车自动前照灯即使外界光线非常好，该车的自动前照灯也会常亮

故障现象：一辆 2008 年产上海通用别克陆尊 3.0L 多功能车，据用户反映，即使外界光

线非常好，该车的自动前照灯也会常亮，如果手动关闭前照灯，多功能驾驶员信息中心 DIC 上会显示“建议打开前照灯”。

故障诊断与排除：陆尊的自动前照灯没有单独的灯光控制单元，而是由车身控制单元 BCM 控制，而且可以通过前照灯开关实现手动关闭。与君威自动前照灯有相似之处，也是有一个光照强度传感器，安装于前挡风玻璃下方，仪表台前方，通过感知外界光线强弱来控制自动前照灯的点亮。使用故障诊断仪 Tech2 进入车身控制单元，查看到光照强度传感器的数据为 4.78 V，遮挡或使用手电光照射传感器时，数据基本没有变化。而正常情况下，光照强度传感器被遮挡（光线暗）时的数据为 4.78 V，而光线强时的数据为 2.26 V。拆下仪表板前方的装饰板，检查光照强度传感器，与此传感器并排安装在一起的还有防盗指示灯和自动空调光照传感器。断开前照灯的光照强度传感器连接器，测量两线之间的电压为 5 V。再观察自动空调光照传感器，该传感器与前照灯的光照强度传感器的区别是颜色不同，前照灯的光照传感器是透明的，空调的光照传感器是黑色的，二者的形状基本相同，连接器也相同，如果互换位置也可以安装。由此想到该车的两个光照传感器是否安装错误？进入空调系统，查看光照传感器的数据显示为 100%，对于遮挡和手电光照射也同样没有反应，测量空调光照传感器线束侧两端子之间的电压为 10 V。参照电路图上的线色，故障就基本清楚了，两个光照传感器的连接器确实互相插错了，陆尊的车身控制单元 BCM 的传感器使用 10 V参考电压，而空调使用的是 5 V 参考电压。调换两个传感器的连接器后再通过 Tech2 查看数据，光线强时，自动前照灯的光照传感器的数据为 1.0 V，光线暗时为 4.8 V；光线强时，自动空调光照传感器数据为 100%，光照弱时为 25%。将两个光照传感器的连接器正确装复后，试车故障排除，看来确实是连接器引起的故障。这两个传感器连接器相同，传感器的安装孔也差不多，形状也差不多，所以容易造成误装。

二、2003 款奥迪 A6 前照灯报警灯点亮

故障现象：2003 款奥迪 A6，行驶里程 4 000 km，前照灯报警灯点亮。

故障诊断与排除：用故障诊断仪进 55-02，有两故障码：00774，中文含义为左前倾斜传感器断路或对地短路；01539，中文含义为前照灯未调整。进 55-08-002，一、二区分别为 5.314 V、2.347 V。左前倾斜传感器信号明显过大。于是更换左前倾斜传感器。但在进行 04-001 基本设定时，故障诊断仪显示功能不能执行或未知。由于不能进行基本设定，01539 故障也就消除不掉，前照灯报警灯仍点亮。于是又进 55-08-002，其一、二区显示 5.418 V、2.347 V。在按压车身时一区数据也不变化。将前轮前支撑臂上的传感器转动连杆拆下，用手直接转动传感器转轴臂，发现在原工作位置上下转动，左前倾斜传感器电压均≥5 V；而将传感器转轴臂转至向前下倾斜范围时，传感器电压在 0～5 V 间均匀变化。传感器转轴臂的原工作位置不对，正常位置为向前下倾斜，将车升起，前悬架处于伸张位置时，转轴臂与垂线角度呈 30°～45°，该车是因悬架过分的拉伸，传感器转轴臂在连杆带动下转过下止点时，而向后倾斜。将左前倾斜传感器转动连杆重新安装，使转轴臂向前下方倾斜。此时 04-001 设定顺利完成。

01539“前照灯未调整”的原因有二：未进行前照灯基本设定；倾斜传感器未在调整区。正是因为左前倾斜传感器信号过大，不在调整区，才使得 04-001 基本设定无法完成。

知识拓展

一、自适应前照灯系统(AFS)

自适应前照灯系统(Adaptive Front-Lighting Systems,AFS),是一种能适应各种不同环境条件的智能前照灯系统,其根据车辆所处的不同速度、环境及天气状况,能通过改变前照灯光束状态自动优化照明。

在以前的汽车中前照灯光束的照射方向和光形分布是固定的,即使汽车安装了前照灯光束自动调平系统后,虽然能对光束的上下照射角度进行自动调整以适应汽车的不同载荷状态。但是前照灯的左右视野以及光形分布仍然是固定的,不能很好的适应不同的路况和天气状况,特别是当汽车在弯道上行驶或转弯时,前照灯的光束沿着弯道的切线照射到道路的外面。而真正需要照明的道路上却漆黑一片,这给行车安全带来很大的危险性。随着电子控制技术的发展,欧洲企业为了解决这个问题开始研制能够随着汽车转弯平径的大小,自动调整前照灯光束左右角度的前照灯自适应系统(AFS)。

目前前照灯自适应系统不仅具有前照灯光束转向跟随功能,还能够根据不同的路况产生不同的光形分布的功能。作为一个完整的前照灯自适应系统一般有以下几种不同的光形分布功能。

(1) 城市道路照明光形分布

当汽车行驶在城市道路时,行车速度一般在 50 km/h 以下。道路两旁也有路灯照明,这时对前照灯的照明距离要求不高,只要 50 m 左右就可以了,但是由于这时道路上一般还有其他道路使用者如行人,这时希望前照灯的照明宽度能够增加,以便驾驶员能够及时掌握道路两旁的状况。当汽车的速度低于每小时 50 km/h 时。前照灯自适应系统能够自动地将光束分布转为城市照明模式,在该模式下,前照灯的光形分布由既要兼顾照明距离又要兼顾照明宽度转为主要考虑照明的宽度,这样能够及时发现道路两旁的其他道路使用者或障碍物,及时做好预防准备,防止事故的发生。

(2) 高速道路照明光形分布

当汽车行驶于高速道路时,由于道路处于封闭状态,道路上除了前方机动车辆外,既不会有行人和自行车等道路使用者也不会有对面来车,而且车辆的行驶速度很快,这时前照灯的光束应尽量照射的远些,以便驾驶员能及时了解前方道路的状况。当汽车的行驶速度达到 110 km/h(根据国家及系统的不同,也有的设置为 100 km/h 、90 km/h 或者 80 km/h)以上时,前照灯自适应系统能够自动将前照灯的光形分布模式调整到高速道路模式,这时前照灯会将在标准配光中用于照明道路两旁的光通量全部用于照明车辆前方的道路。这时的光形分布与远光配光比较接近,但是为了防止前照灯光束直接照射到前方车辆的后视镜上后对前方车辆的驾驶员造成炫目,照射光束还必须保持一定的下倾角。

(3) 雨天照明光形分布

由于下雨天时路面上的积水会使前照灯投射到路面上的灯光发生镜面反射,对驾驶员和其他道路使用者产生炫目,为了减小路面反射对驾驶员造成的炫目影响,前照灯自适应系统接收到前窗玻璃刮水器开关打开的信号或者路面湿滑传感器的路面湿滑信号后,自动降低前照灯光束中心区域的照射强度，从而减小路面反射对驾驶员及其他道路使用者选成的炫目影响。

(4) 弯道照明光形分布

在以前的标准配光方式中，前照灯的光形分布和光束照射的左右角度都是固定的。当汽车在弯道上行驶时，前照灯的光束沿着弯道的切线照射到进路的外面，而真正需要照明的道路上却漆黑一片，这给行车安全带来很大的危险。安装前照灯自适应系统后，控制系统能根据车速信号和转向柱转角信号计算弯道半径或汽车的转弯半径，根据汽车转弯半径(当汽车的转弯半径大于 500 m 时 AFS 系统不对光束进行调整)的大小自动调整前照灯光束的照射角度，增加前照灯在弯道上的照明距离。根据系统的不同，现在除了将整个前照灯光束的照射角度进行调整的技术方法以外，还有采用调整部分光束的照射角度的方法，其反光镜大部分是不能动，另外一小部分反光镜是可以转动的；以及采用额外照明的技术方法，即前照灯的主光束照射角度是不能转动的，当汽车转向时点亮额外的照明灯从而达到弯道照明的目的。

(5) 乡间道路照明光形分布

这个光形分布是前照灯近光的最基本模式，即前照灯自适应系统近光光形分布的默认模式。当汽车行驶在乡间公路上时，由于其他道路使用者比城市道路少得多，所以行车速度比在城市道路上时要快。又由于这时车速比较快，并且没有固定的道路照明设施，这时需要前照灯能够照射的距离尽量远些，以便驾驶员及时了解前方道路的状况，但由于道路不是处于封闭状态，在道路两旁还有可能出现其他道路使用者，所以这时的光形分布既要兼顾照明距离又要兼顾照明宽度；这种光形分布即为现在前照灯近光的标准配光。

二、LED 前照灯

LED 是 Light Emitting Diode 的缩写，中文译为“发光二极管”。是一种可以将电能转化为光能的电子器件，具有二极管的特性。目前不同的发光二极管可以发出从红光到蓝光不同波长的光线，还有在蓝光 LED 灯上涂上荧光粉，将蓝光转化成白光的白光 LED。LED 作为一种新型环保光源，具有发光效率高、发光面积小、使用寿命长、能经受较强的机械冲击和振动、可靠性高、工作电流小、可与数字电路兼容等许多优点。LED 汽车灯装置与白炽灯装置的热设计有很大不同，这是因为白炽灯会产生相当大的热量，而白炽灯能承受这样的高温环境。LED 灯所产生的热量一般要比白炽灯少，但 LED 灯的最大内部温度必须保持在推荐的上限范围以内才能保持 LED 灯的可靠工作。为了减少 LED 产生的热量，要选用光效高的发光管制作大功率半导体灯，因为在输入一定的电功率时，光效高的发光管发出的光能量高，发出的热能量必然少，这样就可以减小散热片的面积。因此，用大功率发光管制作半导体灯要合理选择发光管。前照灯采用的是大功率高亮度 LED。对于大功率 LED 前照灯的灯具，采用半个多椭球形式反射镜，配以遮光板及非球面透镜，构成投射式前照灯。LED 前照灯的背面必须放置散热器，这样既能减小灯的体积又能保证具有较大的散热面积。LED 灯正被非常多的中高端车型使用。在 LED 灯具的安装时，一定要注意电流的极性不能装反。因为 LED 灯实质是二极管，二极管具有单向导电性。安装完成后请打开电源检查是否工作正常，再对灯具进行紧固及装饰保护件的安装。

课后练习

1. 前照灯是如何实现变光控制的？
2. 自动前照灯光控制系统有哪些控制内容？
3. 如何设置或取消前照灯延时照明功能？
4. 简述前照灯自动调平系统的工作原理。
5. 如何对前照灯自动调平系统进行匹配设置？

任务 2.6 轮胎压力监测系统检修

【知识要求】

- 能正确讲述轮胎压力监测系统的分类；
- 能正确描述轮胎压力监测系统的组成及各部分功用；
- 能正确讲述轮胎压力监测系统的工作原理；
- 能正确识读和分析轮胎压力监测系统的电路图。

【能力要求】

- 会正确安装和拆卸轮胎压力传感器；
- 会用故障诊断仪对轮胎压力监测系统进行诊断；
- 会分析诊断和排除轮胎压力监测系统常见故障。

任务描述

一位客户反映他所驾驶的丰田皇冠轿车，在跑长途时轮胎亏气后，压力指示灯并没有点亮，导致轮胎在无气的情况下行驶，直至报废。现在请你对客户轿车的轮胎压力检测系统进行检修。

相关知识

汽车高速行驶中，轮胎故障是所有驾驶者最为担心和最难预防的，也是突发事故发生的重要原因。轮胎内充气压力的高低，不仅影响轮胎的寿命和发动机油耗，而且还关系到汽车行驶的稳定性和安全性。轮胎是在高转速、高摩擦、高负荷、高温度的恶劣条件下工作，当作用在其上的负荷超过轮胎本身所能承受的极限负荷时，轮胎就会突然爆裂，汽车将丧失操纵稳定性，极有可能造成翻车或甩尾碰撞等交通事故。据统计，在我国高速公路上发生的交通事故有 70％是由于爆胎引起的，而在美国这一比例则高达 80％。要防止爆胎就需要对轮胎压力进行实时监测。研究表明，保持标准轮胎压力行驶和及时发现轮胎漏气是防止爆胎的关键，于是汽车轮胎压力监测系统(Tire Pressure Monitoring System，TPMS)应运而生。

轮胎压力监测系统 TPMS 用于汽车行驶过程中实时地对轮胎压力进行自动监测，当监测到某个轮胎压力或温度出现异常时，及时将信息反馈给驾驶员，防止事故发生。

一、TPMS 的分类

轮胎压力监测系统 TPMS 又称为轮胎失压预警系统、轮胎欠压监测系统等。

根据对轮胎压力检测方法的不同，TPMS 主要分为两种类型：一种是较早出现的基于车轮速度感应型的轮胎压力监测系统（Wheel-Speed Based TPMS，WSB TPMS，或称为间接式 TPMS）；另一种是基于轮胎压力感应型轮胎压力监测系统（Pressure-Sensor Based TPMS，PSB TPMS，或称为直接式 TPMS）。

1. 直接式 TPMS

直接式 TPMS 直接利用压力传感器测量每个轮胎的压力，当轮胎压力太低或有渗漏时，系统报警。

（1）机械式 TPMS

机械式 TPMS 主要部件是一个安装在轮胎气门嘴上的气阀，气阀主要由阀体、阀芯、压簧和小喇叭等零件组成。当轮胎压力不足时，阀体中压力减小，使原来被高压压缩的压簧逐渐恢复，推动阀芯移动，打开连通管道，利用流动的空气吹响喇叭发出报警声。这种机械式压力监测系统的优点是结构简单，容易安装，价格便宜。缺点是检测精度和可靠性较低，汽车在高速行驶时，驾驶员很难听到报警声，现在已经被淘汰。

（2）基于压力传感器式的 TPMS

目前最常用的直接式 TPMS 是基于压力传感器式的。这种系统一般由仪表盘、车载接收器和传感器等部分组成，压力传感器一般与气门嘴集成一体并安装在轮辋上，用于直接测量轮胎压力，并通过无线射频方式将信号发射到安装在驾驶室里的车载接收器上，车载接收器再将信号处理后传送到仪表盘上。仪表盘安装在驾驶室台前，用来显示轮胎压力。这种直接式 TPMS 能够实时监测并显示轮胎压力，当轮胎压力异常时，系统会自动报警，极大地提高了汽车高速行驶的主动安全性。

这种直接式 TPMS 的主要缺点是在轮辋上安装压力传感器，因而破坏了车轮的动平衡，同时传感器感应模块电池供电困难，对无线通信可靠性要求较高。这种直接式 TPMS 成本较高，一般中档以下汽车极少安装。

（3）利用声表面波原理设计的 TPMS

这种直接式 TPMS 是利用声表面波原理设计的，该系统中传感器通过射频电场产生一个声表面波，当通过压电材料的衬底表面时，这个声表面波就会发生变化。通过监测声表面波的这种变化，就可以知道轮胎的压力情况。声表面波无源传感器具有非接触、快速、无电源、成本低等优点；缺点是不论延迟线式还是谐振式，测量的精度都不高，而且反射回的信号强度也很小，抗干扰能力不强，容易漏报。

2. 间接式 TPMS

间接式轮胎压力监测系统通过监测与轮胎压力有关的其他物理量来间接监测轮胎压力，目前主要有以下 3 种类型。

（1）利用轮胎的刚度随轮胎压力而发生变化的动力学原理而设计

丰田公司研发的轮胎压力监测系统是利用轮胎的径向刚度随轮胎压力而发生变化的动力学原理而设计的，系统先求出轮胎压力和径向刚度之间的关系，轮胎压力低时，径向刚度也低。采集汽车防抱死制动系统（ABS）的 4 个轮速传感器发出的轮速信号，根据轮胎转速信号的变化算出轮胎的径向刚度，从而实时监测轮胎压力。

还有一种方法是利用轮胎扭转刚度法来估计胎压，这种方法把轮胎看做是理想的扭转弹簧。扭转弹簧的扭转刚度和轮胎压力之间呈线性关系。在车速大于 20 km/h 时，扭转刚度不随车速的变化而变化，这就为利用扭转刚度间接监测胎压提供了理论依据。此外，还有利用轮胎纵向刚度法来估计胎压的，这种方法同扭转刚度法类似，只不过选取的参数是纵向刚度。这两种方法监测轮胎压力的精度较高，但算法相应的也很复杂。

(2) 磁敏式轮胎压力监测系统

该系统中轮胎压力传感器安装在车轮轮辋上，而霍尔传感器安装在与悬架支柱固接的托架或车轮制动底板上。汽车行驶时，轮胎压力变化引起螺旋弹簧伸缩变形，带动磁性元件旋转使得磁场方向变化，从而使通过霍尔装置磁敏元件的磁感应强度发生变化，霍尔装置的输出信号亦随之变化，由此系统计算和监测轮胎压力。

(3) 利用车轮转速来监测轮胎压力，利用汽车 ABS 系统的轮速传感器测得的转速信号，通过智能算法来判别轮胎压力

此种系统工作原理是当轮胎的压力降低时，则该车轮的滚动半径变小，导致该车轮的转速比其他车轮快。通过比较轮胎之间的转速差别，以达到监测轮胎压力的目的。利用轮速信号监测轮胎压力一般是将轮速信号转化成有效旋转半径或车轮旋转角速度，无论转化成何种参数，基本思想都是一致的，只是在算法复杂程度及监测精度上有所不同。

二、奥迪 A6 轮胎压力监测系统的组成及工作原理

奥迪 A6 轮胎压力监测系统主要由 5 个轮胎压力传感器(包括备胎)、4 个轮胎压力监测天线、轮胎压力监测控制单元、组合仪表、功能选择开关等元件组成，各元件位置如图 2.6.1 所示，其控制电路原理如图 2.6.2 所示。

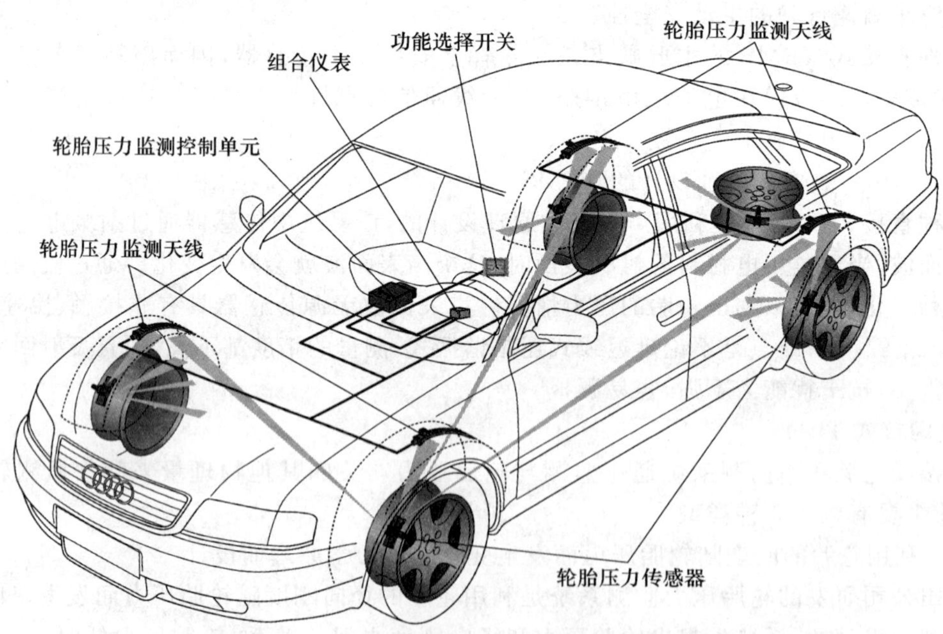

图 2.6.1　奥迪 A6 轮胎压力监测系统元件位置

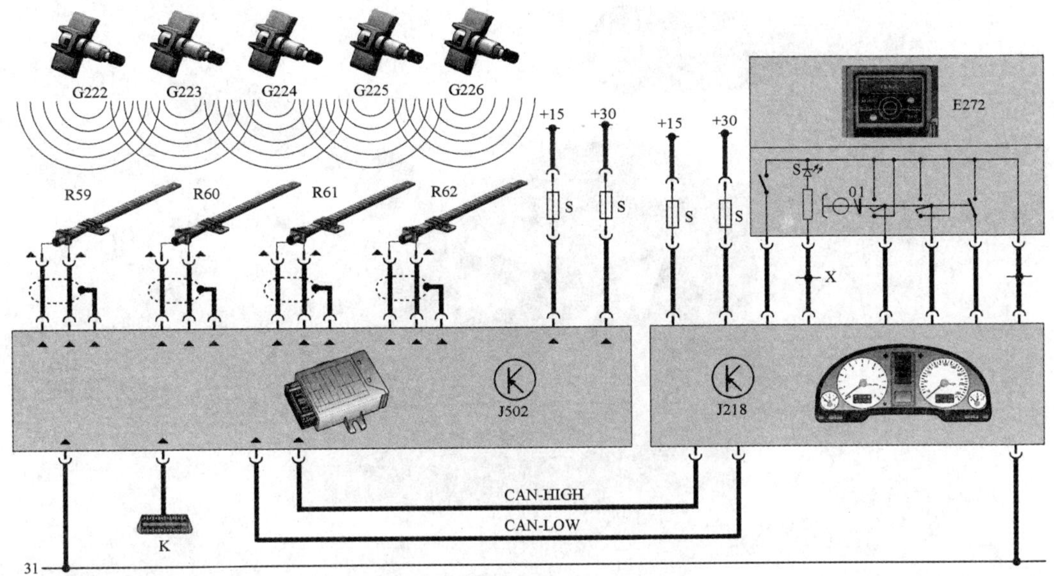

E272—功能选择开关；J218—仪表板内组合处理器；J502—轮胎压力监测控制单元；G222—左前轮胎压力传感器；G223—右前轮胎压力传感器；G224—左后轮胎压力传感器；G225—右后轮胎压力传感器；G226—备用车轮轮胎压力传感器；R59—用于左前轮胎压力监测显示的天线；R60—用于右前轮胎压力监测显示的天线；R61—用于左后轮胎压力监测显示的天线；R62—用于右后轮胎压力监测显示的天线；K—自诊断连接；▲—镀金触点

图 2.6.2　奥迪 A6 轮胎压力监测系统电路原理图

每个气门嘴上都装有一个轮胎压力测量和发送单元，该单元以固定的时间间隔向安装在翼子板上的轮胎压力监测天线发送无线电信号，天线再将信号传至轮胎压力监测控制单元。轮胎压力监测控制单元分析轮胎的充气压力及压力的变化情况，将相应信息发至组合仪表，再由驾驶员信息系统显示出来。从压力传感器到天线的数据是通过高频无线电传递，车辆外围设备的信息交换是通过舒适系统 CAN 总线实现的。

1. 系统各零部件结构

(1) 金属气门嘴

轮胎压力监测系统所用的气门嘴采用了新型金属气门嘴，其外观及结构如图 2.6.3 所示。

(2) 轮胎压力传感器

轮胎压力传感器拧在金属气门嘴上，如图 2.6.4 所示，在更换车轮或轮辋时，该传感器仍可使用。轮胎压力传感器将轮胎的实时压力信息(绝对压力测量)发送给轮胎压力监测控制单元，用于评估压力情况。温度信号用于补偿因温度改变而引起的压力变化，同时还用于自诊断。

轮胎压力传感器内部集成了压力传感器、温度传感器及测量/控制电子装置，成为智能型传感器，如图 2.6.5 所示。

轮胎压力传感器发射天线发送的信息有：① 专用识别码(ID-Code)；② 实时轮胎压力(绝对压力)；③ 实时轮胎空气温度；④ 集成电池的状态；⑤ 为保证数据的安全传递所需的状态、同步和控制方面的信息。信息正常情况下每 54 s 发射一次，快速发射模式下(失压大于 10 kPa/min)，则每 850 ms 发射一次。

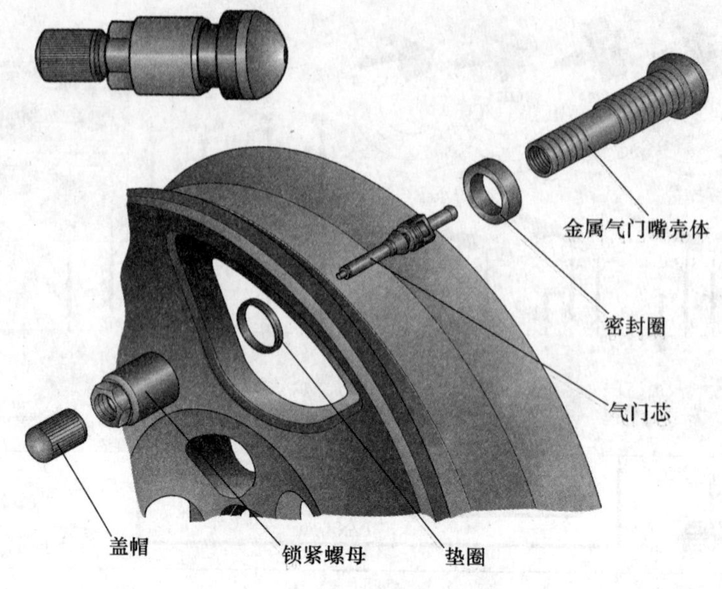

图 2.6.3　金属气门嘴

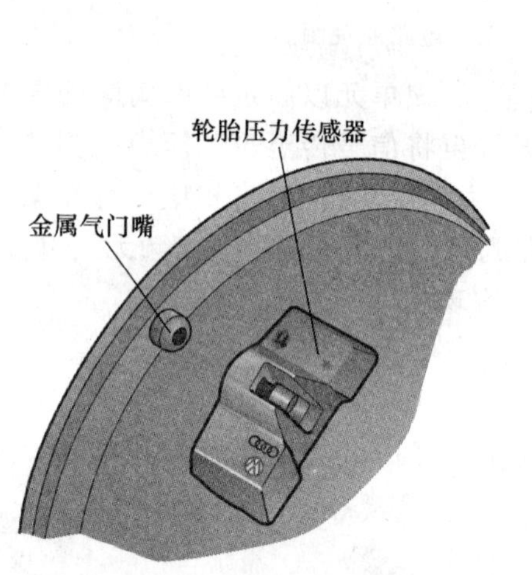

图 2.6.4　轮胎压力传感器

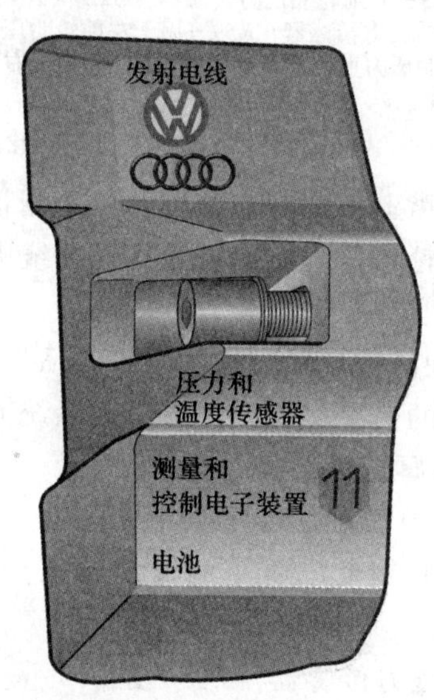

图 2.6.5　轮胎压力传感器内部集成部件

每个轮胎压力传感器都有一个专用的识别码(ID-Code),它是一个 10 位的数字,如图 2.6.6 所示,例如左前(VL)为 0000755100、右前(VR)为 0000597200、左后(HL)为 0000602300、右后(HR)为 0000578100、备胎(RR)为 0000598100。这个识别码传给控制单元,系统用它就可识别传感器的位置,这个过程就称为轮胎识别。最多可以“管理”5 个传感器(包括备胎)。可用自诊断仪器在功能 08(读取测量数据块)状态下,在不同的显示组中显示各个车轮位置识别码。

轮胎识别有“自学习”能力,如轮胎如果装上了别的传感器,控制单元会识别出来,并在一定条件下接受并存储“新传感器”。只有在车辆行驶过程中才能完成传感器的自适应,这样就可避免暂停在附近的车辆影响(如果有轮胎压力监测系统)轮胎识别码。

当轮胎压力传感器接收到的温度达到 120 ℃时,它就不再发送无线电信号了,于是控制单元故障存储器记录故障代码,并在显示屏上出现图 2.6.7 中所示的提示。当温度低于某一值时,轮胎压力传感器又能恢复无线电通信。

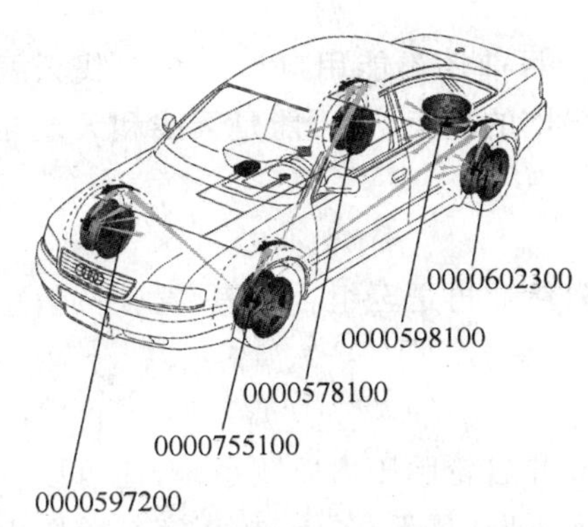

图 2.6.6　车轮位置识别码(ID-Code)

图 2.6.7　轮胎压力传感器发生温度过高时的显示

传感器内测量、控制及发射电子装置是通过集成的锂电池供电的。电池是轮胎压力传感器的一个组成部件,不能单独更换。电池寿命理论上可达到 7 年,可以通过自诊断来查询电池的理论寿命。为了使轮胎压力传感器的使用寿命尽可能长,其控制电子装置有专用的“能源管理”功能,此功能在保证压力监测功能的同时,使传感器电池所承受的负荷尽可能小。

(3) 轮胎压力监测天线

轮胎压力监测天线接收位于接收范围以内的所有轮胎压力传感器的无线电信号,并将此信号传至轮胎压力监测控制单元。共有 4 根用于轮胎压力监测的天线,分别安装于左前、右前、左后、右后车轮翼子板罩内的衬板后,如图 2.6.8 所示。这 4 根天线经高频天线导线与轮胎压力监测控制单元相连,并根据安装位置与控制单元进行匹配。

图 2.6.8　轮胎压力监测天线安装位置

轮胎压力监测控制单元必须知道传感器在车上的具体安装位置，这可以通过分析各个天线传来的无线电信号的强度，来完成轮胎位置识别。

如果某一天线出现故障，压力监控系统仍能工作，因为其它 3 个天线仍能接收传感器传来的信号，并分配其位置。如果两个天线同时出现故障，系统就无法进行自学习过程，也无法识别轮胎位置。

天线导线损坏后目前不可以修理，需更换整个线束。目前还不能用自诊断来查找天线故障，但故障存储器内记录的关于轮胎压力传感器"无信号"的故障，也可能是天线和天线导线的原因。

(4) 轮胎压力监测控制单元

控制单元对轮胎压力监测天线发来的信号进行处理，然后再送至组合仪表，驾驶员信息系统(FIS)的显示屏会显示相应信息。

2. 系统控制过程

在轮胎压力子菜单里，通过功能选择开关可以关闭或开启轮胎压力监测系统，还可以存储轮胎的实时压力。在轮胎温度不同(热/冷)或外界温度不同(夏天/冬天)校正完轮胎压力后，但没有每次都存储压力值时，会出现监测系统信息提前或延迟显示的现象。

轮胎压力监测系统可由驾驶员在菜单里关闭。每次接通点火开关后短暂出现"系统已关闭"的信息以提醒驾驶员。选择"存储压力"时，轮胎压力监测系统自动接通。为了避免错误信号，建议每次检查及校正完轮胎充气压力后，在 FIS 菜单里执行一次"存储压力"功能。输入"存储压力"后，系统会将轮胎充气压力认定为 20 ℃时的值。为了避免调整不当，必须在"轮胎冷态"时检查、校正及存储轮胎的充气压力。

根据对车辆行驶性能的影响，将监测系统信号分成两个优先等级：优先等级 1 和优先等级 2。优先等级 1 为最重要信号，表示已不能保证行驶安全性，优先等级 1 的信号由 FIS 显示屏上的红色警告符号以及声音信号(锣)来指示，这时要求驾驶员立即检查轮胎状态。优先等级 2 为次重要信号，表示还没有直接影响行驶安全性，FIS 显示屏出现黄色符号来提醒驾驶员现在系统的状态如何。

优先等级 1 的信号和优先等级 2 的信号又都可分成"无位置"和"有位置"两种形式。所谓"无位置"是指系统不能准确说明故障原因的位置，或者有多个故障位置。所谓"有位置"是指系统可以准确说明故障位置，且只有该位置是引起故障的原因。

当实际的轮胎充气压力值降至比菜单存储的轮胎压力规定值低 40 kPa 以下，或压力损失大于 20 kPa/min，就被认为属于优先等级 1 的信号。

当至少满足优先等级 1 的一个条件，且不能明确指出是哪个车轮时，就会显示这个信息(优先等级 1，无位置)，这可能与一个或多个车轮有关，如图 2.6.9 所示。此时若按下 CHECK 按钮，就会出现如图 2.6.10 所示的提示。

如果所有的压力传感器接收到的轮胎充气压力都不比存储的轮胎充气压力规定值低 20 kPa，或者通过菜单重新存储了轮胎的压力，优先等级 1 的信号会自动撤销。

当监测到某个具体轮胎的实际压力比存储的轮胎压力规定值低 20 kPa 时，就会显示图 2.6.11 中所示的信息。如果某个轮胎压力比通过菜单存储的轮胎压力规定值低 20 kPa 时，而其他轮胎中有一个或多个轮胎的压力比存储的压力规定值低 10 kPa，就会显示无位置信息，如图 2.6.12 所示，这时就要求驾驶员检查并校正所有轮胎的压力。

图 2.6.9　优先等级 1 且无位置时的显示

图 2.6.10　按下 CHECK 按钮后的显示

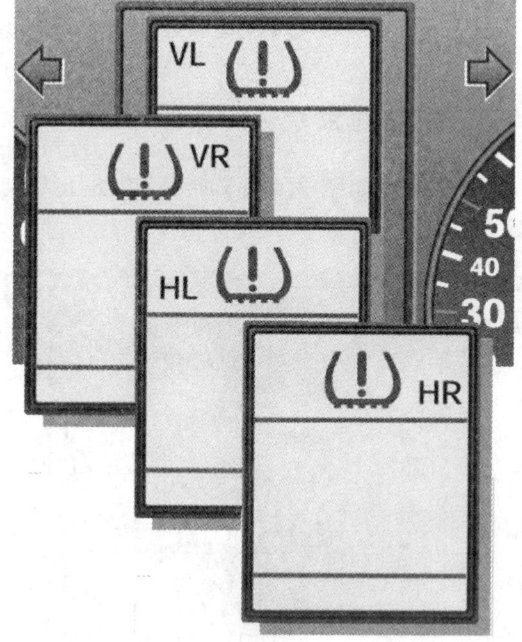

图 2.6.11　轮胎压力低时的显示(有位置)

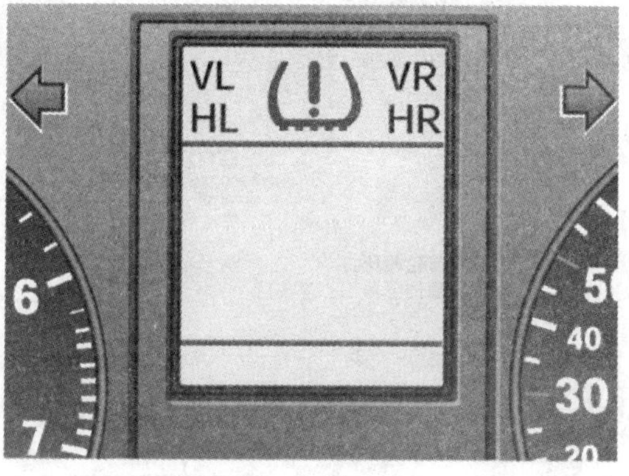

图 2.6.12　轮胎压力低时的显示(无位置)

当装有轮胎压力传感器的轮胎(如冬季轮胎)放在行李箱内运输或装用的轮胎无传感器时,关闭压力监测系统就显得非常有意义了。每次接通点火开关后会出现图 2.6.13 的显示,用以提示驾驶员压力监测系统已关闭。

当因电磁场变化而导致传感器无法接收信号时,就会出现图 2.6.14 的显示。干扰的因素有火花塞间隙过大(火花塞插头未插好)或使用了无线耳机等。如果无线电干扰消失且传感器接收到信号,那么这个提醒信息就会消失。

当出现其他系统干扰导致轮胎压力监测系统无法使用时也会出现信息显示。如系统故障(如导线断路,轮胎压力监测控制单元损坏等);轮胎压力传感器没有接收到无线电信号(装上了防滑链或无传感器的轮胎后);车辆行驶 30 min 内还未完成车轮识别和位置识别;在车辆行驶中,接收到 5 个以上传感器发出的信号(在行李箱内有传感器的车轮);当轮胎压力监测控制单元编码错误或根本就未编码时。

AUS
6
7
50
40
30
20

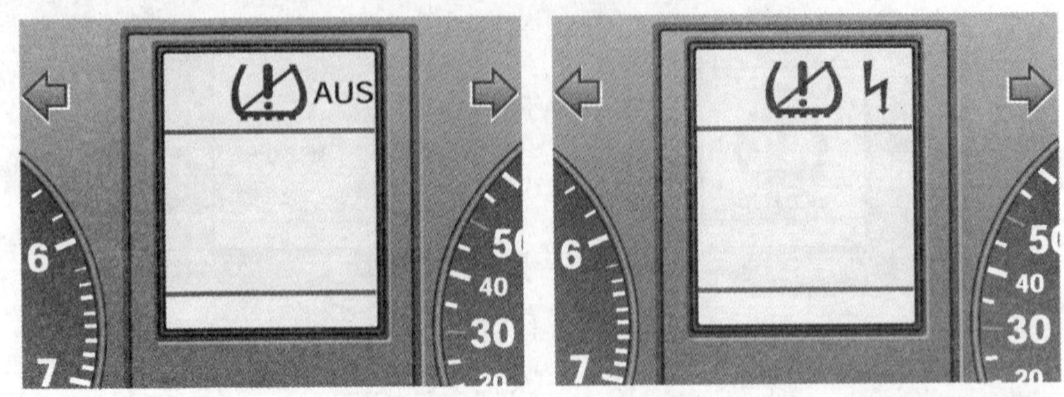

图 2.6.13　轮胎压力监测系统关闭的显示

6
7
50
40
30
20

图 2.6.14　无线电干扰的显示

三、2005 款凯迪拉克 XLR 轿车轮胎压力监测系统

2005 款凯迪拉克 XLR 轿车轮胎压力监测系统电路图如图 2.6.15 所示，轮胎压力监测传感器安装位置如图 2.6.16 所示。

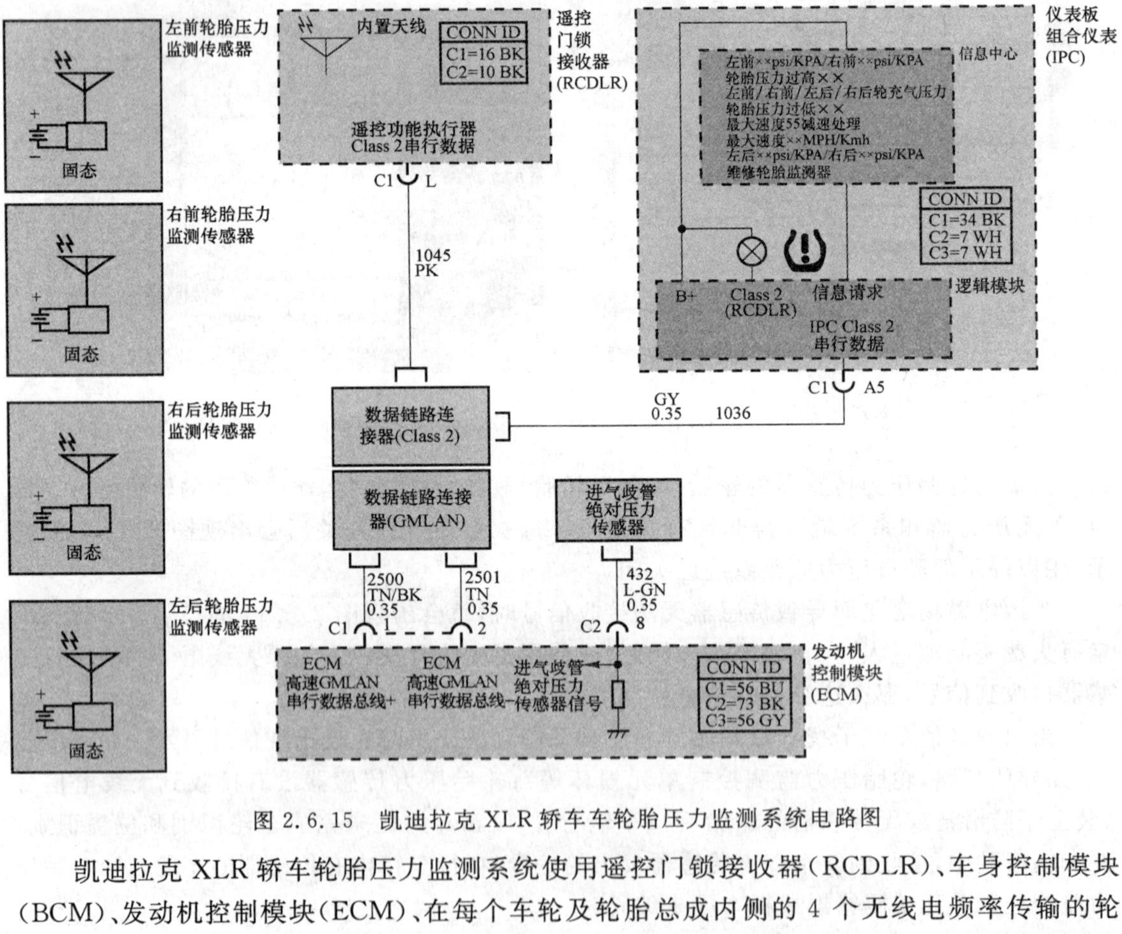
左前轮胎压力
监测传感器
固态
右前轮胎压力
监测传感器
固态
右后轮胎压力
监测传感器
固态
左后轮胎压力
监测传感器
固态
内置天线
CONN ID
C1=16 BK
C2=10 BK
遥控
门锁
接收器
(RCDLR)
遥控功能执行器
Class 2 串行数据
C1 L
1045
PK
仪表板
组合仪表
(IPC)
信息中心
左前××psi/KPA/右前××psi/KPA
轮胎压力过高××
左前/右前/左后/右后轮充气压力
轮胎压力过低××
最大速度55减速处理
最大速度××MPH/Kmh
左后××psi/KPA/右后××psi/KPA
维修轮胎监测器
CONN ID
C1=34 BK
C2=7 WH
C3=7 WH
逻辑模块
B+
Class 2
(RCDLR)
信息请求
IPC Class 2
串行数据
C1 A5
GY
0.35
1036
数据链路连
接器(Class 2)
数据链路连接
器(GMLAN)
进气歧管
绝对压力
传感器
2500
TN/BK
0.35
2501
TN
0.35
432
L-GN
0.35
C1 1
2
C2 8
ECM
高速GMLAN
串行数据总线+
ECM
高速GMLAN
串行数据总线−
进气歧管
绝对压力
传感器信号
CONN ID
C1=56 BU
C2=73 BK
C3=56 GY
发动机
控制模块
(ECM)

图 2.6.15　凯迪拉克 XLR 轿车车轮胎压力监测系统电路图

凯迪拉克 XLR 轿车轮胎压力监测系统使用遥控门锁接收器(RCDLR)、车身控制模块(BCM)、发动机控制模块(ECM)、在每个车轮及轮胎总成内侧的 4 个无线电频率传输的轮

胎压力监测传感器和一个 Class 2 串行数据电路来执行系统功能。车辆行驶时，驾驶员信息中心(DIC)上会显示所有 4 个轮胎的气压。

车辆静止 20 min 以上时，传感器将进入功率降低模式。此模式下，传感器每 60 s 传输一次轮胎压力数据，从而尽可能降低传感器电池的耗电量。这些电池是不可维修的，如果电池电压过低，则需要更换传感器。

当车速增加到 32 km/h 时，传感器内部滚子开关将接通传感器并各自开始传输唯一的识别码和无线电频率信号。遥控门锁接收器接收该数据并将数据转换成轮胎位置和轮胎压力，然后通过 Class 2 串行数据电路，向驾驶员信息中心发送该数据。

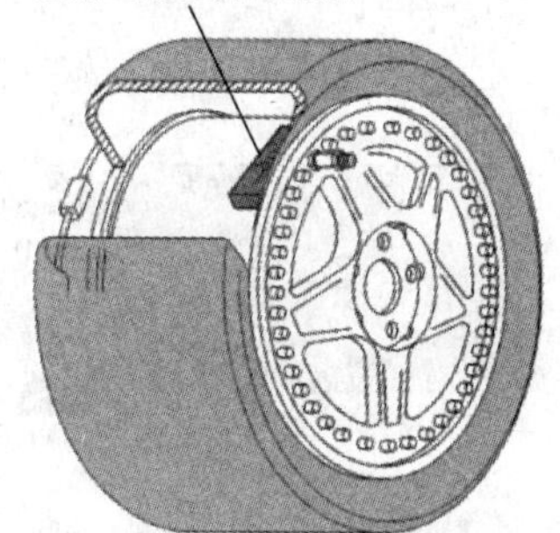

图 2.6.16　轮胎压力监测传感器安装位置

如果轮胎压力监测系统检测到轮胎压力高于 289 kPa，将显示“HIGH TIRE PRESSURE (轮胎压力过高)”的警告信息。如果系统感测到的轮胎压力在 34～172 kPa 之间，将显示“LOW TIRE PRESSURE (轮胎压力过低)”的警告信息。如果系统感测到轮胎压力低于 34 kPa，将显示“FLAT TIRE(瘪胎)”的警告信息。显示此信息后，将响起 2 次蜂鸣声，然后会出现信息“MAX SPEED 55 MPH (限速 55 英里/小时)”。下一个信息将显示“REDUCED HANDLING (操纵性能降低)”。轮胎压力监测系统还可通过 Class 2 串行数据电路利用发动机控制模块的大气压力传感器信号对海拔高度进行补偿。遥控门锁接收器具有检测轮胎压力监测系统内部故障的能力。如果检测到任何故障，驾驶员信息中心将显示“SERVICE TIRE MONITOR (维修轮胎压力监测系统)”的警告信息。

四、上海别克君威轿车轮胎压力监测系统

2003 款上海别克君威轿车轮胎压力监测系统(别克君威称其为轮胎气压监测器，缩写为 TIM)是一个软件驱动的系统，此系统使用 ABS 系统部件(电子制动控制模块 EBCM 和车轮转速传感器)、串行数据线和仪表组件执行系统功能。系统电路如图 2.6.17 和图 2.6.18所示。

电子制动控制模块 EBCM 中包含轮胎压力监测软件，软件从车轮转速传感器数据中计算由于轮胎压力太低引起的相对转动差异。如果有 1 只轮胎气压比其他 3 只低 82 kPa 以上，则系统通过数据线向仪表发送信息，仪表上的“LOW TIRE” (轮胎压力太低)指示灯点亮，提醒驾驶员出现了气压太低情况。同时电子制动控制模块 EBCM 设置故障码 B2818 (低轮胎压力系统重设定电路低)或故障码 C1245(探测到轮胎压力太低)并且通过串行数据线对仪表组件发送消息，于是仪表组件显示警告信息：“LOW TIRE”(轮胎压力太低)。

将 4 只轮胎气压充气到标准气压，打开点火开关，按压重设定开关(RESET，在保险丝盒车中)5 s，仪表上的“LOW TIRE”指示灯由点亮变为闪烁，并闪烁 3 次后熄灭，说明系统重设定完成。当按下重设定开关(RESET)时，车身控制模块 BCM 电路 1055 瞬间接地，并通过数据线向仪表板和 EBCM 发射信息，关闭“LOW TIRE”指示灯，并重新设定轮胎压力系统。同时系统进入自动学习模式，自动学习模式将重新读出车辆轮胎尺寸(压力)，系统要求至少直线行驶 90 min 才能完成自动学习程序。

为了有足够的能力检测到轮胎气压太低的情况，控制模块 EBCM 必须知道 3 个车速范

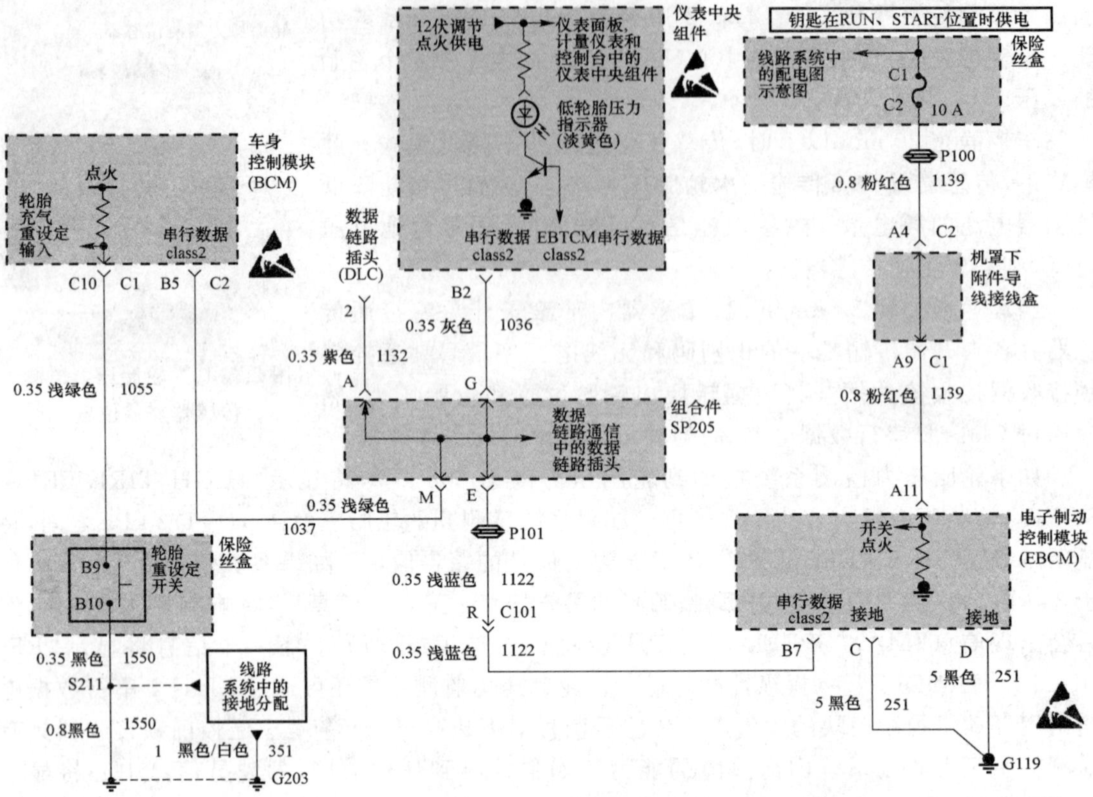

仪表中央组件
12伏调节点火供电
仪表面板,计量仪表和控制台中的仪表中央组件
低轮胎压力指示器(淡黄色)
串行数据 class2
EBTCM串行数据 class2
钥匙在RUN、START位置时供电
线路系统中的配电图示意图
C1
C2
10 A
保险丝盒
P100
0.8 粉红色 1139
A4 C2
机罩下附件导线接线盒
A9 C1
0.8 粉红色 1139
A11
电子制动控制模块(EBCM)
开关点火
串行数据 class2
接地
接地
B7 C D
5 黑色 251
5 黑色 251
G119
车身控制模块(BCM)
点火
轮胎充气重设定输入
串行数据 class2
C10 C1 B5 C2
数据链路插头(DLC)
2
0.35 紫色 1132
B2
0.35 灰色 1036
A G
0.35 浅绿色 1055
组合件 SP205
数据链路通信中的数据链路插头
M E
0.35 浅绿色
1037
P101
0.35 浅蓝色 1122
R C101
0.35 浅蓝色 1122
保险丝盒
轮胎重设定开关
B9
B10
0.35 黑色 1550
S211
线路系统中的接地分配
0.8黑色 1550
1 黑色/白色 351
G203

图 2.6.17 2003 款上海别克君威轿车轮胎压力监测系统电路

左前车轮转速传感器
左前车轮转速传感器
左前车轮转速传感器
左前车轮转速传感器
B A
B A
A B
A B
0.5 白色 830
0.5 黑色 873
0.5 黑色 833
0.5 白色 872
0.5 白色 885
0.5 黑色 884
0.5 白色 883
0.5 黑色 882
B A C171
B A C172
A B C371
A B C372
P371
P372
0.5 红色 885
0.5 黑色 884
0.5 白色 883
0.5 棕色 882
E4 E3 E2 E1 C200
0.35 红色 885
0.35 黑色 884
0.35 白色 883
0.35 棕色 882
P101
M L P N C101
0.35 浅蓝色 830
0.35 黄色 873
0.35 深绿色 872
0.35 棕黄色 833
0.35 红色 885
0.35 黑色 884
0.35 白色 883
0.35 棕色 882
A9 A10 A7 A8 A4 A3 A5 A6
电子制动控制模块(EBCM)
左前车轮转速信号低
左前车轮转速信号高
右前车轮转速信号低
右前车轮转速信号高
左后车轮速度信号低
左后车轮速度信号高
右后车轮速度信号低
右后车轮速度信号高

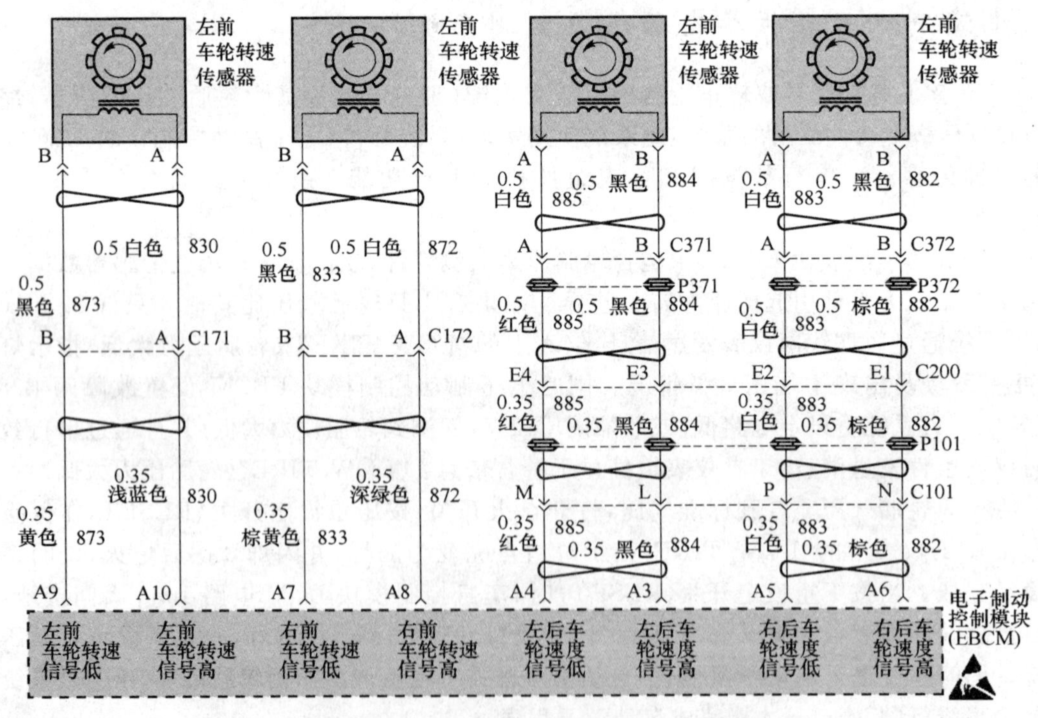

图 2.6.18 2003 款上海别克君威轿车轮胎压力监测系统电路

围内轮胎的充气配置，每个车速范围用 15～20 min 来获得轮胎气压。3 个车速范围分别是：24～26 km/h，64～113 km/h，113～145 km/h。每一车速范围有两种轮胎气压太低检测模式，即监测器模式 1 和监测器模式 2，EBCM 对每一车速范围独立学习轮胎充气配置。在监测器模式 1，EBCM 仅部分学会不同车速范围轮胎充气配置，并且限制了检测轮胎气压太低情况的能力；在监测器模式 2，EBCM 全部学会不同车速范围轮胎充气配置，并且可全面检测轮胎气压太低情况。如果 EBCM 不在模式 1 或模式 2，因为 EBCM 没有学会汽车轮胎充气配置，不可能检测到轮胎气压太低情况。轮胎充气后，如果未对系统进行重设定(RESET)，则系统仍以原气压学习值对轮胎压力进行检测，则可能出现轮胎压力较高但“LOW TIRE”指示灯仍亮的情况。如果不止一只轮胎压力太低、太高或系统没有正确标定，则系统不会提醒驾驶员轮胎压力太低。

任务实施

一、轮胎压力传感器的读入程序

凯迪拉克 XLR 轿车轮胎压力监测系统使用遥控门锁接收器、车身控制模块、4 个轮胎压力监测传感器和串行数据电路来执行传感器读入功能。在每次轮胎换位、更换遥控门锁接收器或更换轮胎压力传感器后都必须执行传感器读入程序。一旦启用轮胎压力监测系统读入模式，每个传感器的唯一识别码(ID)将会被读入遥控门锁接收器存储器中。遥控门锁接收器通过串行数据电路将信息发送给车身控制模块，喇叭同时发出“啁啾”声。由此可确认传感器已经传输了其识别码且遥控门锁接收器已经接收并读入。遥控门锁接收器必须按正确的顺序读入传感器识别码，以确定传感器的位置。读入的第一个识别码分配至左前位置，第二个识别码分配至右前位置，第三个识别码分配至右后位置而第四个识别码分配至左后位置。

1. 使用 J-41760(轮胎压力传感器启动工具)启动传感器

每个传感器带有一个内部磁性簧片开关。当 J-41760 传感器启动工具紧靠一个传感器时，簧片开关将闭合，以启动传感器。在读入模式中，传感器通过传输信号响应磁性启动。在轮胎压力监测系统读入模式下，当遥控门锁接收器接收到一个读入模式传输信号时，便将传感器识别码分配至车辆上与其读入顺序相对应的位置上。

2. 使用 J-46079(轮胎压力监测系统诊断工具)启动传感器

每个传感器带有一个内部低频(LF)线圈。在启动模式下使用 J-46079(轮胎压力监测系统工具，见图 2.6.19)时，该工具将产生一个启动传感器的低频传输信号。在读入模式中，传感器通过传输信号来响应低频启动。在轮胎压力监测系统读入模式下，当遥控门锁接收器接收到一个读入模式传输信号时，便将传感器识别码分配至车辆上与其读入顺序相对应的位置上。

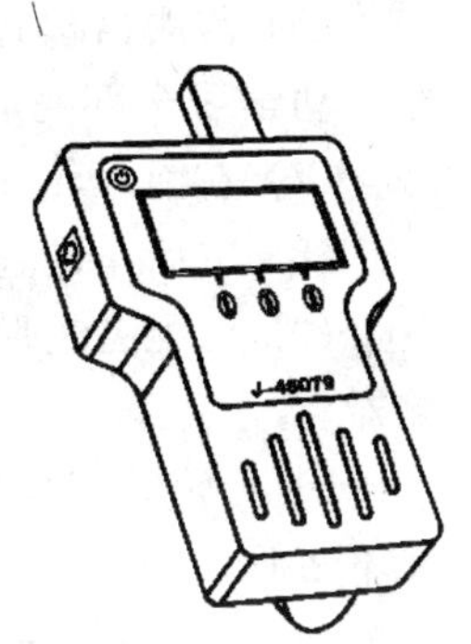

图 2.6.19　专用工具 J-46079

3. 轮胎压力监测系统读入模式的取消

如果 1 min 过后还没有读入任何传感器信号或者整个程序超过了 5 min，则遥控门锁接收器将取消轮胎压力监测系统读入模式。如果在读入任何传感器识别码之前取消读入模式，遥控门锁接收器将记住所有以前存储的识别码及其位置。遥控门锁接收器一旦记录第一个传感器识别码，所有以前存储的识别码就将从遥控门锁接收器存储器中被清除。

(1) 选择点火开关上的“ACC (附件)”位置。

(2) 同时按下遥控门锁发射器锁止和开锁按钮，当响起两声“啁啾”声时表明已经启用轮胎压力监测系统读入模式。

注意如果采用上述任一工具 15 s 后没有响起“啁啾”声，则重复步骤(1)。

(3) 从左前轮胎开始，使 J-46079 天线顶住气门芯位置处靠近车轮轮辋的轮胎侧壁，然后按下并松开“Activate (启动)”按钮并等待“啁啾”声，或将 J-41760 按住在左前气门芯上面，直至“啁啾”声响起。“啁啾”声响起后表明传感器识别码已读入。

(4) 按右前、右后、左后的顺序执行步骤(3)，读入其余 3 个传感器的识别码。

(5) 读入左后传感器后，将响起两次“啁啾”声，这表明已经读入所有传感器识别码。

(6) 关闭点火开关，退出轮胎压力监测系统读入模式。

二、上海别克君威轿车轮胎压力监测系统检修

1. 故障自诊断

维修时可用故障诊断仪 TECH2 对轮胎气压监测器(TIM)进行检测，读取故障码和数据流。轮胎气压监测器故障码有两个，B2818(低轮胎压力系统重设定电路低)和 C1245(检测轮胎压力过低)。

数据流分析如下：

(1) 自动学习模式启动。TECH2 显示“是”或“否”。如果轮胎气压监测器正在学习模式，TECH2 显示“是”。电子制动控制模块在更换后或重设定后处于学习模式。

(2) 左前车轮速度。TECH2 显示 0～255 km/h，它是左前车轮的实际速度。

(3) 轮胎压力太低。TECH2 显示“是”或“否”。

(4) 左后车轮速度。TECH2 显示 0～255 km/h，它是左后车轮的实际速度。

(5) 监测器模式 1。TECH2 显示“启动”或“未启动”。在监测器模式 1，轮胎气压监测器自动学习部分完成，轮胎压力监测能力降低，在此模式下当轮胎压力损失很大时才会点亮“LOW TIRE”指示灯。

(6) 监测器模式 2。TECH2 显示“启动”或“未启动”。在监测器模式 2，轮胎气压监测器自动学习全部完成，在此模式下可全面监测轮胎压力。

(7) 右前车轮速度。TECH2 显示 0～255 km/h，它是右前车轮的实际速度。

(8) 右后车轮速度。TECH2 显示 0～255 km/h，它是右后车轮的实际速度。

(9) 已配备轮胎气压监测器。TECH2 显示“是”或“否”，表示汽车是否配备轮胎气压监测器。

(10) 轮胎气压监测器失败。TECH2 显示“是”或“否”，表示轮胎气压监测器是否有故障不工作。

(11) 轮胎气压监测器重设定开关。TECH2 显示“按压”或“释放”，表示轮胎气压监测器重设定开关当前是否被按压。

(12) 车速。TECH2 显示 0～255 km/h。

2. 故障码 B2818(低轮胎压力系统重设定电路低)故障排除

故障码 B2818 的诊断步骤如下：

(1) 关闭点火开关,断开车身控制模块 C1 连接器。检查车身控制模块 C1-C10 端子与重设定开关连接器 D9 端子之间电路 1055 是否有搭铁故障,若有,则维修。

(2) 检查轮胎重设定开关。当按下时,B9-B10 端子应导通;松开时,B9-B10 端子应断开。如不符合要求,更换轮胎压力重设定开关。

(3) 若以上检查均正常,则更换车身控制模块。

3. 故障码 C1245(轮胎压力过低)故障排除

只要 TPMS 系统检测出同一车桥上轮胎之间的压力差达到 69 kPa,即设置故障码 C1245。如果故障码 C1254(发现非正常关闭)或故障码 C1255(电子制动控制模块内部错误)出现,则此故障码也将设置。如果轮胎没气,电子制动控制模块也将设置此故障码。如果有一个轮胎没气且使用了宽型备胎,因轮胎尺寸不同,即使按动复位开关,轮胎压力过低指示灯仍将点亮。

(1) 设置故障码 C1245 的原因：

① 一只或多只轮胎充气太多。

② 一只或多只轮胎充气不足。

③ 轮胎压力发生变化,但未重新设置轮胎压力监测系统。

④ 当轮胎换位或更换任何轮胎时,未重新设定轮胎压力监测系统。

⑤ 不同厂商生产的轮胎或轮胎失衡。

⑥ 车轮转速传感器连接器潮湿。

⑦ 蓄电池断开或电压太低。

⑧ 电子制动控制模块断电。

⑨ 不平或打滑的路面情况。

⑩ 未校准的情况。

此外,必须对线束和连接器进行彻底检查,否则容易误诊。即使更换零件,故障还会再现。对于所有可能导致间断故障的电路,应检查以下条件：绝缘体内部有无导线断开、端子有无松脱、端子有无变形、端子有无损坏、线束有无物理性损坏等,如是以上条件导致出现故障,应进行相应的更换或检修。

(2) 故障码 C1245 的诊断步骤：

① 按上述原因仔细检查轮胎情况。

② 接通点火开关,用故障诊断仪读取 ABS/TCS/TIM 故障码,如果不再出现故障码 C1245,则为间断性故障。

③ 由于出现该故障码的多数情况是由轮胎压力太低所致,重新检查轮胎气压监测器,确保该故障码设置条件满足,否则进行间歇性故障检修。

④ 检查轮胎压力,必要时调节轮胎压力。若调节轮胎压力,应重新设置轮胎气压监测器,然后使用故障诊断仪清除故障码。如仍未排除故障,应为间断性故障。

若故障排除,经过 100 个点火周期后,以往故障码将清除。维修完毕后,轮胎压力恢复正常并按动轮胎重设定开关。

案例分析

一、丰田皇冠轮胎低压指示灯不亮

故障现象：一辆丰田皇冠车，行驶 8 400 km，车主反映跑长途时，轮胎亏气后，压力指示灯并没有点亮，导致轮胎在无气的情况下行驶，直至报废。由于车辆是新车，车主来店内时情绪激烈，说车辆有质量问题，要求赔偿轮胎。

故障诊断与排除：首先检查更换下的轮胎，已碾压得非常厉害，胎面有两处扎伤的痕迹，说明轮胎在无气的情况下行驶了一段距离。其次检查轮胎低压力指示灯，在进行初始化设定时，可以正常闪烁，说明低压力指示灯正常，并且可以初始化设定。

国产丰田皇冠轮胎压力监测系统采用两种方法：一种是相对车辆转速差方法，利用低轮胎压力实际车轮半径减小时车轮转速相应发生变化的原理，根据速度传感器输出的车轮信号，系统计算在预定时间内 4 个车轮的平均车轮车速和每个车轮的平均车轮转速。然后系统根据每个车轮的转速和 4 个车轮的平均转速间的相对差异判断低轮胎压力。另一种是共振频率法，通过轮胎内压变化的同时轮胎的扭力弹簧系数也发生变化的特性，根据车辆行驶过程中检测到的车轮转速信号，当弹簧系数变化时轮胎的共振频率变化也被计算出来，与轮胎压力监测 ECU 内的频率数据进行对比，进而检测出轮胎压力的变化。

需要注意的是，在下列情况，系统可能不会点亮指示灯。

(1) 采用紧凑型备胎、雪地轮胎或车轮防滑链时；

(2) 轮胎压力远大于规定值时，或由于爆胎或其他原因轮胎压力突然降低时；

(3) 车辆在光滑、粗糙或结冰的路面上行驶时；

(4) 车辆速度低于 30 km/h 或高于 100 km/h，并且行驶持续时间少于 5 min；

(5) 轮胎花纹不同、尺寸不同或非原厂尺寸，或者制造商不同时；

(6) 安装的各轮胎磨损差别太大时；

(7) 在急加速、急减速或急转弯时；

(8) 牵引拖车或超载时；

(9) 更换轮胎或车轮及调整轮胎压力后初始化未完成；

(10) 车外温度低于 0 ℃或高于 40 ℃时。

由于存在以上原因可以导致不报警的情况发生，首先对轮胎压力监测系统进行了功能测试，判断车辆本身是否有故障。

1. 系统初始化

为保证该系统检测到低的轮胎压力，车辆通常使用的车轮正常轮胎压力存储在轮胎压力监测 ECU 的存储器中，因此，如果更换轮胎或车轮，则必须初始化，否则指示灯点亮后不能熄灭，步骤如下：

(1) 根据标准轮胎压力调整所有轮胎，车辆停止时打开点火开关。

(2) 按住轮胎压力指示灯重置开关 3 s 以上，直至轮胎指示灯以每秒为间隔闪烁 3 次。

(3) 车辆以 30 km/h 以上的速度行驶 20 min 以上。

2. 进行轮胎压力泄漏测试

(1) 找一只能用的备用轮胎或小型气泵(充气用)，以备使用。

(2) 松开4轮中某一条轮胎的气门芯少许，让其缓慢漏气。

(3) 车辆以30 km/h以上，100 km/h以下的速度行驶。车辆在路试过程中，随时用胎压表检测漏气轮胎的压力，以免轮胎碾坏。经过近1 h的路试后，轮胎低压力指示灯点亮，此时检测轮胎压力为1.5 bar(1 bar＝100 kPa)。至此测试完成，证明轮胎压力监测系统能够正常报警。

那么，造成此次轮胎亏气不报警的原因，可能是由于以下一个或几个原因造成的：

(1) 轮胎压力突然降低。

(2) 由于车辆放置一段时间中造成某个车轮亏气，但行驶未满5 min已碾坏轮胎。

(3) 由于是冬季外界温度低于0 ℃，造成车辆行驶时不报警。

通过上述分析，与客户实际试车，消除了客户的疑惑。并对客户说明在行车前检查轮胎压力是很重要的，轮胎压力监测系统只是一种安全辅助功能。

二、奥迪A8L轮胎压力监测系统仪表上的轮胎压力指示灯亮

故障现象：仪表上的轮胎压力指示灯亮。

故障诊断与排除：在仪表板下方找到车辆数据接口诊断座，正确连接故障诊断仪，打开点火开关，选择奥迪测试程序对轮胎压力监测系统进行故障检测。读取到故障码为01325，含义为轮胎压力监测控制单元J502。

清除故障码后，重新打开点火开关，再次读故障码时，故障代码01325再次出现。此故障代码可能有以下原因引起：①轮胎压力监测控制单元内部故障；②轮胎压力监测控制单元编码故障。

(1) 检查轮胎压力监测控制单元编码。打开点火开关，发动机不运转，操作仪器进入读电控单元版本号功能，测试结果如图2.6.20所示。查看软件编码为0212428，正确。

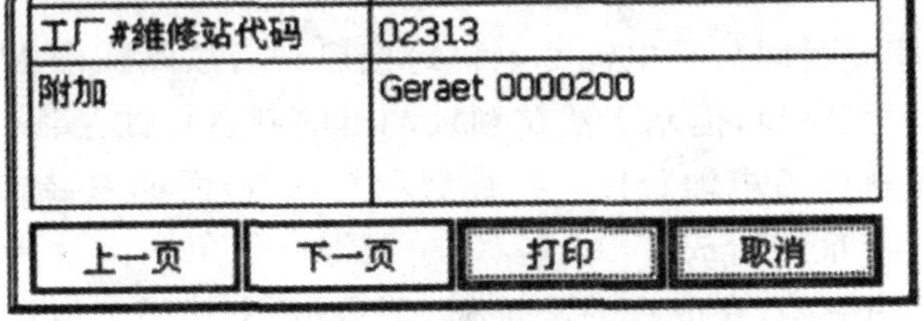

01-电脑版本信息

名称	当前值
VAG 号码	4E0910273A
组件	Reifendruck 3　H05 0340
软件编码	0212428
工厂#代理商	0785
工厂#维修站代码	02313
附加	Geraet 0000200

上一页　下一页　打印　取消

图2.6.20　读版本号功能

(2) 初步判断轮胎压力监测控制单元内部故障，需更换。由于定货周期比较长，可以先关闭轮胎压力监测获统。操作如下：选择“电脑编程”功能，输入新的编程码：0202428后，仪表上的轮胎压力指示灯灭。再选择“匹配自适应”功能，如图2.6.21所示，查看匹配值：

5454 的功能，系统测试为关时，仪表上的轮胎压力指示灯不再激活。

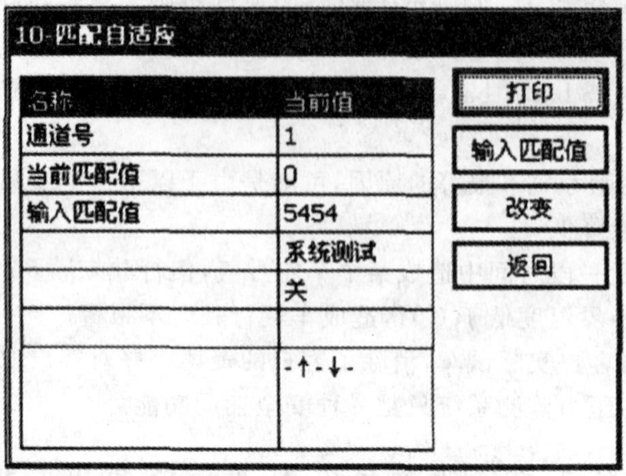

10-匹配自适应

名称	当前值
通道号	1
当前匹配值	0
输入匹配值	5454
	系统测试
	关
	-↑-↓-

打印 输入匹配值 改变 返回

图 2.6.21 匹配自适应功能

三、法拉利 F430 轮胎压力监测系统仪表上显示红色的轮胎压力故障

故障现象：客户反映车辆在一次长时间停放后，蓄电池严重亏电无法启动。借助其他电池跨接启动后，仪表多功能显示器上显示红色的轮胎压力故障，并伴有 SERVICE 字样信息。而且无法通过手工标定按键进行系统初始化。

故障诊断与排除：连接法拉利(Ferrari)专用诊断仪 SD3，进行快速检测扫描，并清除偶发性故障码后，只有 NQS(仪表)控制模块上储存故障代码 U1640(含义为没有收到来自 TPMS 控制单元的 CAN 信息)。尝试着单独进入 TMPS 控制单元，发现很难访问该控制单元；即使连接成功了读到的信息也是“无效的故障码”。这是从来没有遇到过的现象，一般情况下，专用的诊断仪很少会读出“乱码”的现象。为此，对比了其他车 TPMS 控制单元的动态数据参数，没有发现任何异常的地方，所不同的是故障车有时无法与 SD3 诊断仪通信及储存有一个“无效的故障码”的故障码。

查阅 TPMS 线路图，并在故障出现时确定了 TPMS 控制单元的输入电源与接地及其 CAN-C 系统的波形正常。尝试更换 TPMS 控制单元，并进行各个轮胎传感器 ID 码的手工输入标定，故障排除。

维修小结：车辆停放时间久蓄电池亏电再跨接启动后故障随即出现。虽然此款车上配备 12V-65AH-450A 的蓄电池，但基于法拉利发动机的制造特性，实践证明如果车辆亏电严重，根本无法用其他车辆的蓄电池跨接一次性启动发动机；而如果尝试在电力不足的情况下反复启动发动机，很可能最终造成 TPMS 控制单元因电压急剧波动而丢失数据。或许这是该车 TPMS 控制单元的缺陷，在改良的法拉利 599GTB 上就很少出现类似的问题。这款车也曾遇到过因电压导致其他方面的电气故障。因此，建议在面对高级汽车维修时不要在蓄电池电压不足的情况下，尝试启动或进行相关电气方面的维修，以避免不必要的损失。

知识拓展

TPMS 的发展趋势

目前,国内外对汽车轮胎压力监测系统的研究方兴未艾,TPMS 也将逐渐成为汽车主动安全领域的又一标准配置。

自 2000 年夏天,美国凡士通公司出现大批轮胎爆胎及召回事件后,美国交通安全局向白宫通报了此事,引起美国政府及消费者的高度重视,TPMS 得以迅速推广。2004 年上半年,TPMS 开始逐渐引入我国市场,目前很多中高级车可以选装 TPMS。国内众多中小企业都推出了自己的产品,但真正形成产业规模的企业还没有。现阶段的 TPMS 大多是直接式的,各大汽车主机厂对此好像并不热衷,可以接受但并不投入研究。众多 TPMS 生产企业都将希望寄托在汽车后装市场,然而市场对此也没有热烈的反应,每年的安装率都很低。可以预见,随着消费者对安全意识的逐步提高,以及对 TPMS 的充分认识,TPMS 会有一个急剧增长空间,但单纯的直接式 TPMS 很难满足目前市场各方的需求。

1. 基于轮速信号的间接式 TPMS 在未来的发展中将更受重视

早期的间接式 TPMS,尤其是基于轮速传感器信号的间接式 TPMS,因报警灵敏度不高而不被人接受。随着技术的进步,这类 TPMS 目前已有部分产品能够满足各种法规,并得到应用,如日本住友橡胶的该类产品应用于宝马 5 系、6 系和 X3。基于轮速信号的间接式 TPMS 不仅成本低廉,安装简单,最重要的是利用 ABS 轮速传感器信号,这样为今后与其他电子控制模块的集成提供了良好条件。

据预测,在未来几年中,间接式 TPMS 在全球轻型车前装市场出货量的增长速度将远高于直接式 TPMS 系统。到 2015 年,直接式 TPMS 的市场份额将下降至 52%。而间接式则上升至约 48%。目前,在欧洲间接式与直接式 TPMS 的市场份额相当,间接式 TPMS 同样受到市场欢迎。比如,所有的宝马车型都使用间接式 TPMS,奔驰和奥迪则在有些车型中使用直接式,而在另外的车型中使用间接式。随着间接 TPMS 技术的完善,预计未来欧洲间接式 TPMS 的市场份额会超过直接式 TPMS。

2. TPMS 将与其他电子控制模块集成到一起

TPMS 利用轮速传感器信号,这与 ABS、TCS、ESP 等电子控制程序都是利用相同的原始信号,一旦间接式 TPMS 技术成熟,得到市场认可,TPMS 就可以与上述电子控制模块集成到一起,集成后的电子控制模块在软件上添加完善相应的处理程序,在硬件上只需在系统输出面板上稍作改动即可,这样大大降低了系统成本,减少了车载电控单元的硬件数量,具有较好的发展前景。

课后练习

1. 轮胎压力监测系统有哪些类型?
2. 轮胎压力监测系统由哪些元件组成?各有什么作用?
3. 故障码 C1245 设置的原因有哪些?

项目三　汽车车身舒适系统检修

任务3.1　电动车窗检修

【知识要求】

➢ 能正确讲述电动车窗的功能；

➢ 将正确讲述电动车窗的组成和各部件功用；

➢ 能正确描述电动车窗的工作原理；

➢ 能正确识读和分析电动车窗的电路图。

【能力要求】

➢ 会拆装、检修电动车窗系统各部件；

➢ 会对电动车窗进行初始化设定；

➢ 会分析诊断和排除电动车窗系统常见故障。

任务描述

一位客户反映他所驾驶的长安之星 SC6350C 汽车，在行驶过程中，突然发现右前车窗只能降不能升。现在请你对客户轿车的电动车窗进行检修。

相关知识

汽车电动车窗是指在驾驶室用开关就能自动升降的车窗玻璃，它是现代汽车的标准配置之一，属于大电流用电装置。当电动车窗开关操作时，电动车窗电机旋转。车窗升降调节器把电动车窗电机的旋转运动转换成上下运动从而打开或关闭车窗，如图 3.1.1 所示。

一、电动车窗的功能

电动车窗一般具有以下功能：

(1) 手动开关功能。当电动车窗开关按或拉到一半时，车窗关闭或打开直至开关被松开，如图 3.1.2 所示。

(2) 单触式自动开关功能。当电动车窗开关按或拉到底时，车窗全关或全开。有些车型仅自动打开的功能，有些车型只有驾驶员侧车窗有自动开关功能。

(3) 车窗锁止功能。当锁窗开关打开时，除驾驶员侧车窗，其余车窗打开和关闭功能失效。

(4) 防夹保护功能。在自动关窗期间，如果异物卡在窗内，此功能自动停止关闭电动车窗并将车窗玻璃向下移动大约 50 mm。

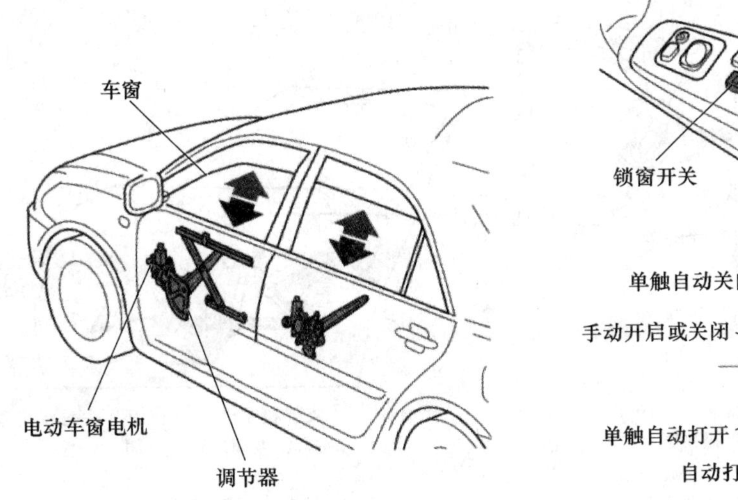

图 3.1.1　电动车窗

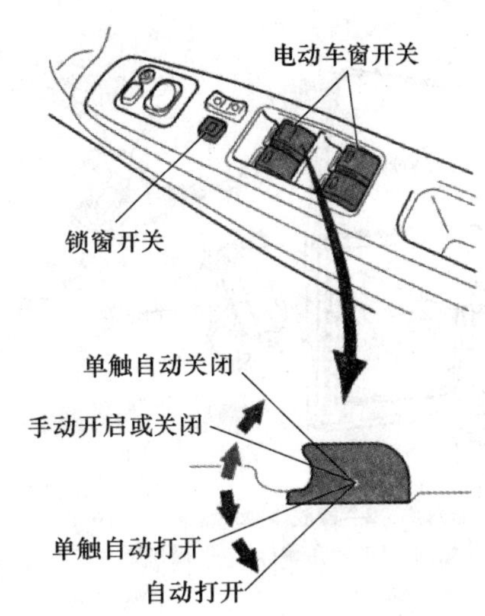

图 3.1.2　电动车窗开关

二、电动车窗的组成

电动车窗系统主要由车窗升降调节器、电动车窗电机、电动车窗总开关(由电动车窗开关和锁窗开关组成)、电动车窗分开关、点火开关、门控开关等组成,如图 3.1.3 所示。

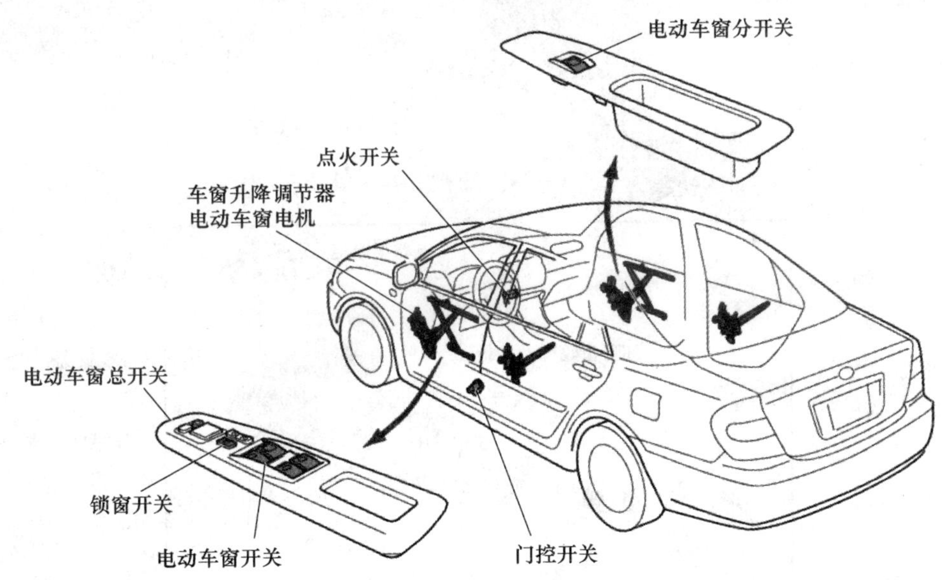

图 3.1.3　电动车窗系统的组成

电动车窗升降调节器常见的类型有绳轮式(图 3.1.4)、交叉臂式(图 3.1.5)等。电动车窗一般使用双向永磁或绕线(双绕组串联)式电动机,每个车窗一般装 1 个,通过开关控制电流方向,使车窗升降。

电动车窗电机由电动机、传动机构和传感器 3 部分组成。电动机正向或反向转动,通过传动机构将动力传给车窗升降调节器,提升臂提升或下降,使车窗玻璃升起或降低。传感器由用于控制防夹功能的限位开关和速度传感器组成。如图 3.1.6 所示。

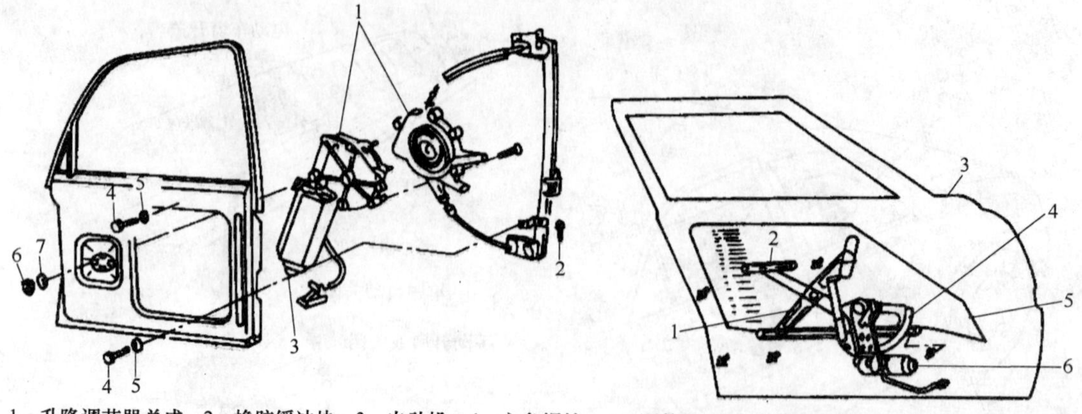

1—升降调节器总成；2—橡胶缓冲块；3—电动机；4—六角螺栓；5—垫圈；6—六角螺母；7—碟形弹簧垫圈

图 3.1.4　绳轮式电动车窗

1—调整杆；2—支架和导轨；3—车门；4—驱动齿扇；5—车窗玻璃；6—电动机

图 3.1.5　交叉臂式电动车窗

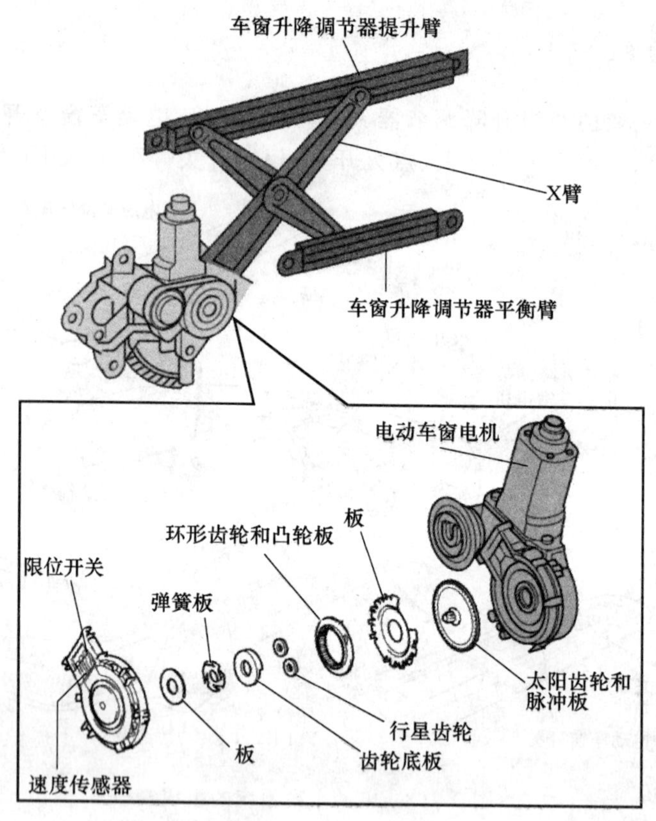

图 3.1.6　电动车窗电机

所有电动车窗都装有两套控制开关：一套装在仪表板或驾驶员侧的车门上，为电动车窗总开关，它由驾驶员控制每个车窗升降；另一套分别装在其他车窗中部，为电动车窗分开关，可由乘客进行操纵。锁窗开关使车窗的开、关无效，但驾驶员侧的车窗除外。

三、电动车窗的控制电路及工作原理

1. 电动车窗的基本控制电路

（1）永磁式电动机的电动车窗

永磁式电动机的电动车窗通过改变电流方向来改变电动机的旋转方向，从而使车窗玻璃上升或下降。图 3.1.7 所示为丰田 LS400 电动车窗控制电路，它由蓄电池、易熔线、电动车窗主继电器、开关（总开关、分开关、点火开关等）、电动车窗电机和指示灯等组成。

当点火开关处于点火挡时，电动车窗主继电器线圈通电，触点闭合，给电动车窗提供了电源；若闭合主开关上的锁窗开关，则所有的车窗都可操作；若锁窗开关断开，则只有驾驶员侧车窗可操作。

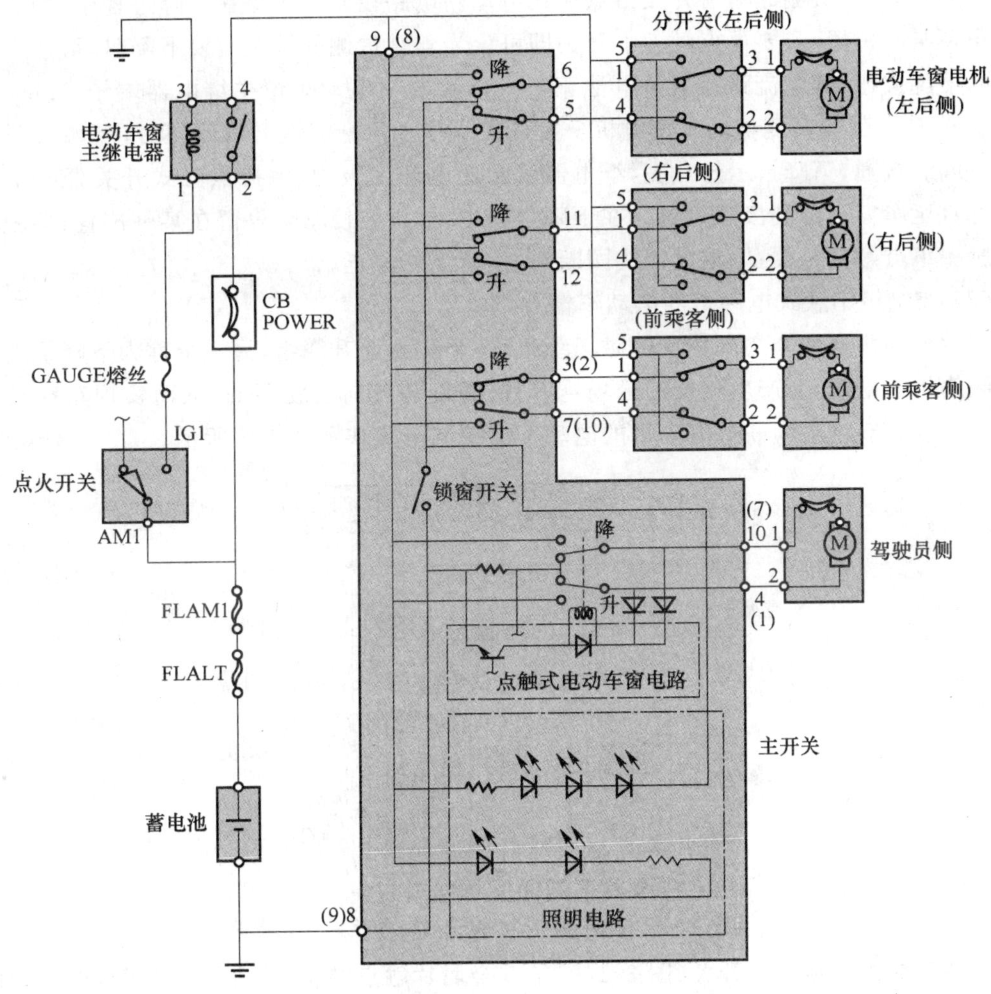

图 3.1.7　电动车窗控制电路

① 前乘客侧的车窗升降。当驾驶员按下主开关上的前乘客侧车窗上升开关时，其电流路径为蓄电池正极→易熔线→断路器→电动车窗主继电器端子 2、4→主开关端子 9、7→前

乘客侧车窗开关端子 4、2→电动车窗电机→断路器→前乘客侧车窗开关端子 3、1→主开关端子 3→锁窗开关→主开关端子 8→搭铁→蓄电池负极，构成闭合回路。该电路中的电动车窗电机通电工作，使车窗上升。当需要车窗下降时，驾驶员按下主开关上的下降开关，电动机的电流反向，电机通电反转使车窗下降。

当前乘客按下前乘客侧车窗分开关上的上升开关时，其电流路径为蓄电池正极→易熔线→断路器→电动车窗主继电器端子 2、4→分开关端子 5、2→电动车窗电机→断路器→分开关端子 3、1→主开关端子 3→锁窗开关→主开关端子 8→搭铁。电动车窗电机通电，使车窗上升。当需要车窗下降时，前乘客按下分开关上的下降开关，电动机中的电流反向，电机通电反转使车窗下降。

② 驾驶员侧的车窗升降。若主开关上的锁窗开关断开，则只有驾驶员侧车窗具备工作条件。另外，驾驶员侧的车窗开关由点触式电动门电路控制。车窗在下降过程中，如果要使其停止在某一位置，只要再点触一下开关即可。当驾驶员侧的车窗需要下降时，可按下主开关上的下降按钮，其电流路径为蓄电池正极→断路器→电动车窗主继电器端子 2、4→主开关端子 9、10→驾驶员侧电动车窗电机→主开关端子 4、8→搭铁。与此同时，点触式开关的电流也同时接通，下降指示灯点亮，继电器线圈通电产生吸力，保持点触式开关处于下降工作状态直至车窗下降到极限位置。在下降过程中，如果要使车窗停留在某一位置，驾驶员可再点触一下点触式开关，则继电器线圈断路，车窗下降停止。

(2) 双绕组串联式电动机的电动车窗

这种电动机有两个绕向相反的磁场绕组，一个称为上升绕组，另一个称为下降绕组。在给不同绕组通电时，会产生相反的磁场，电动机的旋转方向也就不同，从而实现车窗玻璃的上升或下降。双绕组串联式电动机的电动车窗控制电路如图 3.1.8 所示。

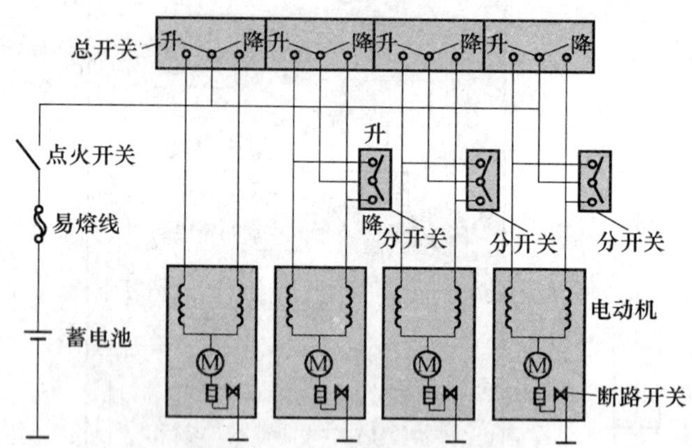

图 3.1.8　双绕组串联式电动机的电动车窗控制电路

电动车窗的断路保护开关(图 3.1.9)是双金属片触点结构，当电动机超载，电路中电流过大时，双金属片因温度上升而变形，触点打开，切断电路。电流消失后，双金属片冷却，恢复变形，触点再次闭合。如此周期动作，使电动机电流的平均值不超过规定，避免电动机因过热而烧坏。

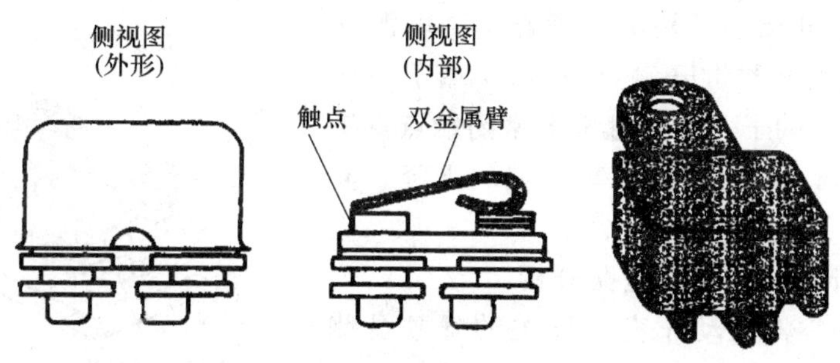

图 3.1.9　断路保护开关

2. 带 ECU 控制的电动车窗控制电路

丰田锐志轿车的电动车窗采用了 ECU 控制，每个车门由一个 ECU 控制，共有 4 个 ECU，各 ECU 之间通过多路传输通信系统 MPX 相连。驾驶员侧电动车窗控制电路如图 3.1.10 所示，ECU 和电动车窗总开关装在一起，如图 3.1.11 所示。电动车窗电机总成内的位置传感器 1 用于检测车窗玻璃的移动量；位置传感器 2 用于检测车窗玻璃的移动方向。

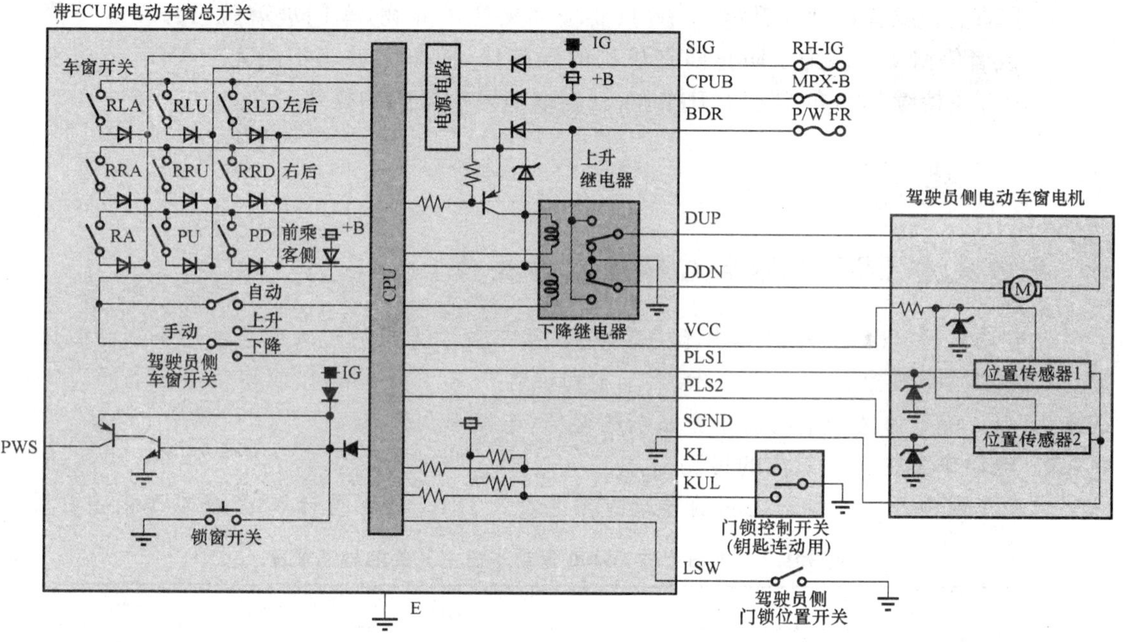

图 3.1.10　带 ECU 控制的电动车窗的控制电路

(1) 手动上升和下降功能电路分析

打开点火开关，将电动车窗总开关的驾驶员侧车窗开关置于上升位置，信号送至内置的 CPU，CPU 使上升继电器线圈通电，常开触点闭合。于是电流通路为：电源→BDR 端子→上升继电器常开触点→DUP 端子→电动车窗电机→DDN 端子→下降继电器常闭触点→搭铁，驾驶员侧电动车窗电机转动，车窗玻璃上升。当松开车窗开关后，通过 CPU 控制上升继电器线圈断电，于是电机停止转动，车窗玻璃停在所需要的位置。

当把驾驶员侧车窗开关置于下降位置时，信号送至内置的 CPU，CPU 使下降继电器线圈通电,常开触点闭合。于是电流通路为:电源→BDR端子→下降继电器常开触点→DDN端子→电动车窗电机→DUP端子→上升继电器常闭触点→搭铁,驾驶员侧电动车窗电机转动,车窗玻璃下降。同样松开车窗开关后,电机也停止转动。

(2) 自动上升和下降功能电路分析

打开点火开关,将电动车窗总开关的驾驶员侧车窗开关置于自动上升位置,于是自动信号和上升信号送至内置的CPU,CPU使上升继电器线圈通电,常开触点闭合,车窗电机转动,车窗玻璃上升。同时CPU对电动车窗内置的位置传感器发出的脉冲信号进行计数,当检测到车窗玻璃到达全闭时,CPU控制上升继电器断电,电机停止转动。

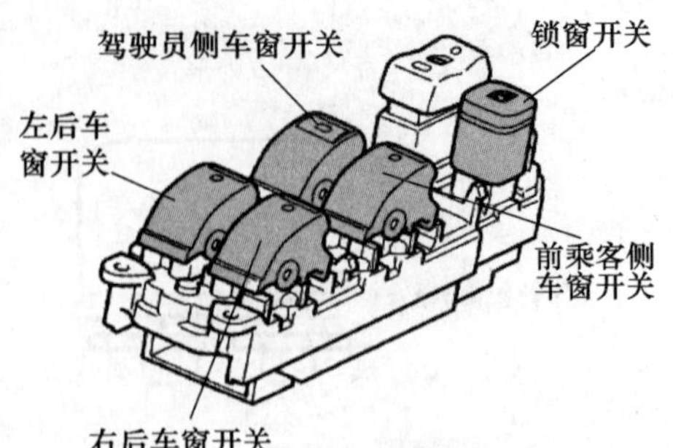

图 3.1.11 电动车窗总开关

(3) 防夹功能

通过位置传感器1输出的脉冲间隔时间即可检测出电机的转动速度,也就可以检测出车窗玻璃移动的速度。当移动速度低到一定程度时,ECU即认为玻璃夹住了异物。

在手动上升或者自动上升操作中,只要玻璃夹住了异物,车门玻璃就会自动地下降约50 mm(或者停留1 s)。为了防止防夹机构的误操作,使车窗玻璃不能完全关闭,通过对该车窗玻璃开关持续10 s的自动上升操作,就能取消防夹机构的操作。

任务实施

一、丰田凌志 LS400 轿车电动车窗的检修

在电动车窗升降的过程中,由于力矩较大,常常会因为电流过大或者使用不当导致熔断丝、电动机、线路及控制开关的损坏,给车主和乘客带来了极大的麻烦和负担。下面以丰田凌志LS400轿车为例介绍电动车窗系统的检修(电路参见图3.1.7)。

1. 电动车窗主开关总成的检测

电动车窗主开关各端子之间的导通情况见表3.1.1。若不符合规定,更换车窗主开关。

表 3.1.1 丰田凌志 LS400 电动车窗主开关的导通情况

车窗位置		前								后							
		驾驶员侧				乘客侧				左				右			
开关位置	端子	8	4	9	10	8	3	9	7	8	9	6	5	8	9	12	11
车窗未锁	升(UP)		○	○				○	○		○		○		○	○	
		○			○	○	○			○		○		○			○
	停(OFF)	○	○		○	○	○		○	○		○	○	○		○	○
	降(DOWN)			○	○		○	○			○	○			○		○
		○	○			○			○	○			○	○		○	

续 表

车窗位置		前								后							
		驾驶员侧				乘客侧				左				右			
车窗锁止	升(UP)	 ○─	○─ ───	─○ ───	 ─○			○─	─○		○─	───	─○		○─	─○	
	停(OFF)	○─	─○─	───	─○		○─	───	─○			○─	─○			○─	─○
	降(DOWN)	 ○─	 ─○	○─	─○		○─	─○			○─	─○			○─	───	─○

2. 电动车窗分开关的检测

所有的电动车窗分开关(前乘客侧、左后侧、右后侧)都可使用同样的方法检测其导通性。

当不按开关时,端子 1-3、2-4 导通;当按下上升开关时,端子 1-3、2-5 导通;当按下下降开关时,端子 2-4、3-5 导通。若结果不符合规定,则更换分开关总成。

3. 电动车窗电机的检测

拆下电动车窗电机连接器,将蓄电池正极和负极直接连接电机的两端子,电机应能转动;当蓄电池反向连接电机两端子时,电机应反向运转。若不符合要求,则更换电动车窗电机。

二、丰田锐志轿车电动车窗的初始化设定

丰田锐志电动车窗采用多路传输通信控制,电动车窗 ECU 通过霍尔式位置传感器的脉冲信号计数以检测车窗位置,并通过脉冲信号相位差确定车窗运动方向,从而实现电动车窗的自动升降和防夹功能。电动车窗的初始化设定就是对位置传感器的初始化设定。

电动车窗初始化设定后应进行自动下降、点动上升和点动下降的检查。

1. 设定条件

有下列任意情况出现时必须对电动车窗电机进行初始化设定。

(1)断开蓄电池负极端子。

(2) 更换或拆下驾驶员侧电动车窗主开关、电动车窗各个分开关(内有控制 ECU)、线束、电动车窗升降调节器或电动车窗电机。

(3) 更换电动车窗控制系统相关熔断丝或继电器。

2. 设定方法

(1) 打开点火开关,操作电动车窗开关将电动车窗升到一半位置。

(2) 完全推上开关直到电动车窗完全关闭,并在电动车窗完全关闭后将开关继续保持 1 s以上。

(3) 检查各电动车窗是否有自动升降功能和防夹功能。若检查不成功,则重新对电动车窗进行初始化。

3. 注意事项

(1) 用各自车窗开关对各电动车窗电机进行初始化,不能用遥控操作来初始化。

(2) 为防止强电流从导线中流过,不要同时对 2 个或 2 个以上的电动车窗进行初始化。

案例分析

一、丰田普拉多左后电动车窗失灵

故障现象：一辆丰田普拉多事故车，该车在修复后出现了左后电动车窗分开关能控制车窗升降，但无自动控制升降和防夹功能，同时驾驶侧的主开关不能控制左后电动车窗升降，其他车窗自动控制升降和防夹功能正常。

故障诊断与排除：该车配备了车身局域网，电动车窗控制网络是由带 ECU 的主开关(内置于驾驶侧车门)、前乘客侧带 ECU 的分开关(内置于前乘客侧车门)、后车门带 ECU 的分开关(内置于后排左右侧车门)及 MPX(车身多路控制)ECU 组成。

电动车窗电机总成由霍尔式位置传感器、齿轮传动机构及电动车窗电机构成。电机的动作受车窗主开关和相应的各车窗分开关控制。当按下车窗主开关或各车窗分开关时，开关将通过多路传输通信线路向相应车门的 ECU 传送升降信号，然后由车门 ECU 控制电动车窗的升降。每个电动车窗电机总成上的霍尔式位置传感器输出信号传输至车窗开关内，ECU 通过脉冲信号计数检测车窗位置，并通过脉冲信号相位差确定车窗的运动方向，从而实现电动车窗的自动升降和防夹功能。

既然其他车窗可以实现自动升降功能，唯独左后车窗不能，那么故障的范围基本上可以确定是在左后车窗和其他关联的线路。先检查与电动车窗系统电路及车身网络相关的熔断丝，均正常。在接下来的检查中发现，左后车窗分开关上的指示灯有规律地闪烁，而此车的电动车窗是可以通过控制开关上的指示灯显示形态故障代码的，决定根据闪烁的故障码来确定具体的故障点。查阅维修手册，得知指示灯闪烁的故障码含义为位置传感器电路故障。根据故障码的提示，对电动车窗电机的位置传感器进行了检查，发现传感器的供电电源为 13 V，正常，检查位置传感器信号输出导线，与车身也无短路现象。

为了准确快速地判定电动车窗电机是否损坏，使用示波器对电动车窗电机的输出信号波形进行分析，分别测量了电动车窗电机在运转时 PLS1、PLS2 端子输出的信号波形。由于维修手册中没有提供标准的波形图，测量右后电动车窗电机运转时的波形进行参考。通过比对，发现左后电动车窗电机运转时输出的信号波形异常，由此可以确定电动车窗电机损坏。

更换左后电动车窗电机总成，故障排除。

二、帕萨特领驭轿车电动车窗不受控制

故障现象：帕萨特领驭轿车电动车窗不受控制。

故障诊断与排除：经试车发现，位于左前门的主开关不能控制其他车窗升降和门锁动作，只能控制左前门；左前门锁钥匙只能控制左前门锁动作。右前门、两后门的电动车窗只能用本车门的开关才能控制。

连接 VAS5052 故障阅读仪，进入舒适系统 46，调取故障码内容有：①左前门控制单元没有通信；②左后门控制单元没有通信；③右前门控制单元没有通信；④右后门控制单元没有通信；⑤与 CAN 数据总线诊断接口 J533 没有通信。

4个车门控制单元和舒适系统中央控制单元之间的信号是靠两根CAN数据总线进行交换和传递的。为了确定哪个控制单元有故障，用VAS5052故障阅读仪进入08-012观察数据块，4组数据用“1”或“0”来表示4个车门控制单元和舒适系统中央控制单元的通信情况，“l”表示控制单元通信正常，“0”表示该控制单元没有通信。此时的4组数据都是“0”，表示4个车门控制单元和舒适系统中央控制单元都没有通信。为了确定哪个控制模块有故障，逐个拔下控制单元的导线插接器检查，当拔下右后门控制单元导线插接器时，故障阅读仪上的数据依旧是4个“0”；拔下左后门控制单元导线插接器时，数据有变化，只剩下一个“0”，其余都是“l”。清除故障码后重新读取故障码，调取的故障码内容为“左后门控制单元没有通信”。

更换左后门控制单元，清除故障码，故障排除。

三、雪铁龙凯旋轿车电动车窗故障检修

故障现象：东风雪铁龙凯旋轿车左前和右前电动车窗使用一段时间后，有时会出现按下车窗开关却没有反应的情况。等待一段时间后，车窗又恢复正常或能正常升降1～2次。

故障诊断与排除：根据上述故障现象，怀疑是由于电动车窗的热保护功能起作用引起的。该车热保护功能的工作过程如下：

(1) 电动车窗在使用过程中会发热升温，当温度达到一定值时会进入热保护状态，车窗电机即停止工作。当温度下降到一定值时会退出热保护状态，即进入正常状态。当电动车窗进入正常状态后，可以进行8～10次上升和下降的往复工作。

(2) 车窗电机温度的升高与使用频率和玻璃的松紧有关。在车门控制单元EDP供电的情况下(发动机运转或点火开关打开的情况下，即网络唤醒时)，如果车窗电机没有运转，EDP会认为温度在下降，经过几分钟后降低到一定值时退出热保护，此时再升降1～2次，温度又会升高到热保护温度。

(3) 当车门控制单元EDP出现热保护后，在持续供电情况下停止使用车窗升降功能25～30 min后，即可回到正常状态。温度下降过程中如果EDP的供电中断(网络休眠或断开蓄电池)，EDP会自动保存断电前的温度。

上述故障的具体检修方法如下：

① 在出现热保护现象后，检查玻璃升降过程中是否存在异常的摩擦和阻力等情况。

② 确认升降调节器是否能够正常退出热保护状态，如果不能，则应该检查车门控制单元EDP的供电状态，必要时应更换EDP。

③ 如果确定是升降调节器的热保护功能正常起作用时，应向用户解释，这种功能是为了防止用户(特别是小孩)短时间内多次操作升降调节器，从而造成车门控制单元或车窗电机过度发热烧损而设计的。

四、长安之星SC6350C汽车右前车窗只能降不能升

故障现象：长安之星SC6350C汽车行驶过程中，突然发现右前车窗只能降不能升。

故障诊断与排除：接通点火开关，按右前车窗分开关，只能降不能升。用左前总开关进行控制，无论升降，右前车窗都不动作。经分析认为，右前车窗能降不能升，可以排除车窗电

机有故障的可能性，重点检查控制线路与控制开关。首先拆下右前车窗分开关(电路见图 3.1.12)，正常情况下，端子 1、4 连通，3、5 连通。经测量发现端子 1、4 不通。

分析判断，由于开关端子 1、4 不通，当按下分开关下降时，端子 2、4 连通，电流形成回路，车窗下降；而按分开关上升时，端子 2、5 闭合，由于端子 1、4 处于断路状态，电流无法形成回路，因而车窗不动作；当用总开关进行控制时，无论按总开关的上升挡还是下降挡，电路都处于开路状态，因而车窗都不动作。更换右前车窗分开关，故障排除。

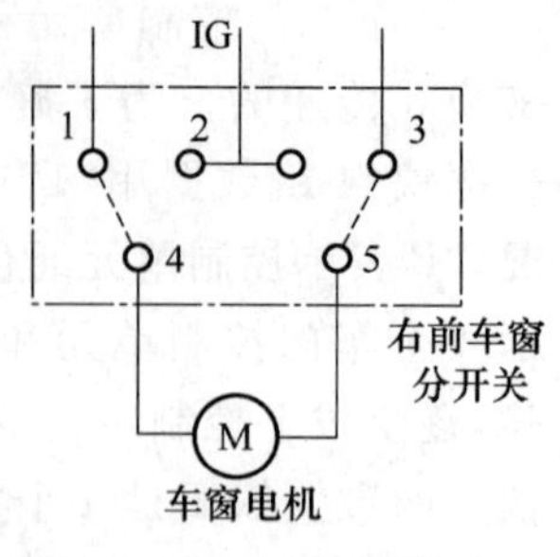

图 3.1.12　右前车窗分开关控制电路

知识拓展

目前，纯机械式或简单继电器控制的电动车窗正在被智能化的电动车窗系统所替代，新的智能化车窗控制器一般都具有故障识别、保护、通信以及车窗防夹等功能，随着电子技术的迅猛发展，控制模块的性能也进一步提高，成本低廉，体积更小，稳定性更高，还能享受更多的安全和便捷。

新型智能电动车窗具有以下几个特点：

(1) 具有单按系统。即对开关的一个简单、短暂的轻按，就能使玻璃完全地打开或关闭。这样，驾驶员需要关闭车窗时，可以只用一只手去控制车窗，提高了舒适性和安全性。

(2) 能够在车外关闭车窗。如果驾驶员自车内走出而忘记把车窗关闭，则不需再进入车内关窗，可在车外通过中控门锁系统，将车窗自动关闭。

(3) 具有安全控制。当车窗上升而遇到障碍时，能自动地检测出由障碍所引起的阻力，并自动停止车窗的关闭，避免损害人体。

电动车窗使用起来非常便捷，但是如果驾驶员没有注意乘客的手或物件伸出窗口，就容易被上升的玻璃夹着。为此，现在许多轿车的电动车窗都增加了防夹功能。目前，汽车的防夹电动车窗(包括防夹电动天窗)防夹功能的实现需要“触觉”、“视觉”的配合。所谓“触觉”，就是当电动车窗机构感触到有异物在玻璃上时，会自动停止玻璃上升。关闭的过程中，驱动机构中有电控单元(ECU)及霍尔式位置传感器(脉冲发生器)时刻检测电动机的转速，当位置传感器检测到转速有变化时就会向 ECU 传送信息，ECU 向继电器发出指令，使电动机停转或反转，车窗也就停止上升或下降。

当然，这种车窗玻璃移动过程中的阻力与车窗玻璃到达终点的阻力是不一样的，后者阻力远较前者阻力大得多，因此控制方式也不一样。当车窗玻璃到达关闭的终点时，因阻力变大，电动机过载电流也变大，继电器靠过载保护装置会自动切断电流。有的汽车设有玻璃升降终点的限位开关，当玻璃到达终端时压住限位开关，电流被切断，电动机就停止运转了。

所谓“视觉”，是一套光学控制系统。它检测有无异物在电动车窗移动范围内，从而控制玻璃移动，无须异物直接接触到玻璃。这个光学控制系统的主要元件是光学传感器，它由红外线发射器和接收器组成，安装在车窗的内饰件上，能连续精确地扫描指定的区域。这个区域一般指车窗玻璃向上移动时，距离车窗开口框上边缘 4～200 mm 范围内。一旦检测到有异物，传感器会把信息反馈至 ECU，ECU 发出指令使电动机停止运转。由于这种装置小巧，装嵌隐蔽，控制技术先进，所以有人称之为“智能无接触防夹玻璃”。

一般普通轿车的防夹电动车窗只有“触觉”，具有一定档次的轿车才有“视觉”。如果有“触觉”和“视觉”二重监测，汽车防夹电动车窗将十分安全。

课后练习

1. 简述电动车窗电路的工作过程。
2. 如何检修电动车窗主开关？
3. 电动车窗是如何实现防夹的？

任务 3.2　电动天窗检修

【知识要求】

- 能正确讲述电动天窗的组成和各部分功用；
- 能正确描述电动天窗系统的工作原理；
- 能正确识读和分析电动天窗的电路图。

【能力要求】

- 会拆装、检修电动天窗系统各部件；
- 会对电动天窗进行初始化设定；
- 会分析诊断和排除电动天窗系统常见故障。

任务描述

一位客户反映他所驾驶的赛欧 SRV 轿车，当天窗处于打开状态时，在颠簸路面行驶不按天窗控制开关，天窗也会自行动作。现在请你对客户轿车的电动天窗进行检修。

相关知识

为提高乘坐的舒适性和操作的方便性，现代轿车上安装了电动天窗系统，如图 3.2.1 所示。电动天窗通常称为太阳车顶或电动车顶，它是汽车移动式车顶的一种，指在车厢的顶部有可以打开或关闭的部分车顶，以改善车厢的采光和通风、通气。天窗的特别结构，能够有效地使车内空气流通。新鲜的空气从天窗进入车厢，没有开车窗时产生的风噪声，同时天窗可以开阔视野、快速除去车内雾气、辅助调节温度及减少空调使用时间。

一、天窗的分类

汽车天窗按照驱动方式可分为手动式和电动式两种。手动天窗结构较为简单，成本较为低廉，且便于安装。电动天窗档次较高，成本较为昂贵，安装难度较大。

按照开启方向可分为内藏式、外掀式和敞篷式等。内藏式天窗的滑动总成置于内饰与车顶之间，在开启后能够保持不同的弧度，具有自动关闭和防夹功能，配有独立的内藏式遮阳板，目前大部分轿车多采用此类天窗，如图 3.2.2 所示。

外掀式天窗在开启后向车顶的外后方升起，有手动和电动两种类型，具有自动关闭和防

图 3.2.1　汽车天窗

夹功能，配有折叠式的遮阳板，具有体积小、结构简单的优点，一般多用于中小型轿车，如图 3.2.3 所示。

图 3.2.2　内藏式天窗

图 3.2.3　外掀式天窗

敞篷式天窗在开启后天窗完全打开，采用多层高品质的特殊材料组合而成，具有防紫外线和隔热的效果，密封防尘的效果较前两种类型略差，一般多用于大中型轿车。

按照面板材质可分为玻璃面板、复合材料面板、金属面板 3 种。

二、电动天窗的组成及功用

汽车电动天窗一般由滑动机构、连接机构、驱动机构、控制系统和操作开关等组成，如图 3.2.4 所示。

1. 滑动机构

电动天窗滑动机构一般由导向块、导向销、连杆、托架和前后枕座等组成，如图 3.2.5 所示，2 个导向销安装在连杆的两侧，并可在导向槽内移动。

2. 连接机构

电动天窗的连接机构如图 3.2.6 所示，主要由前后枕座、连杆、导向块、托架等组成。

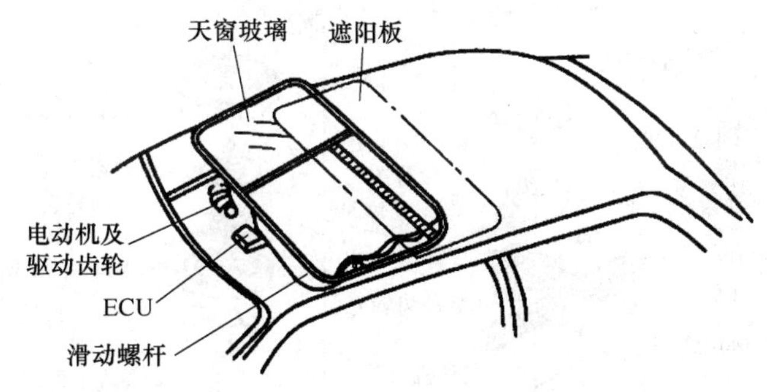

图 3.2.4　电动天窗的结构

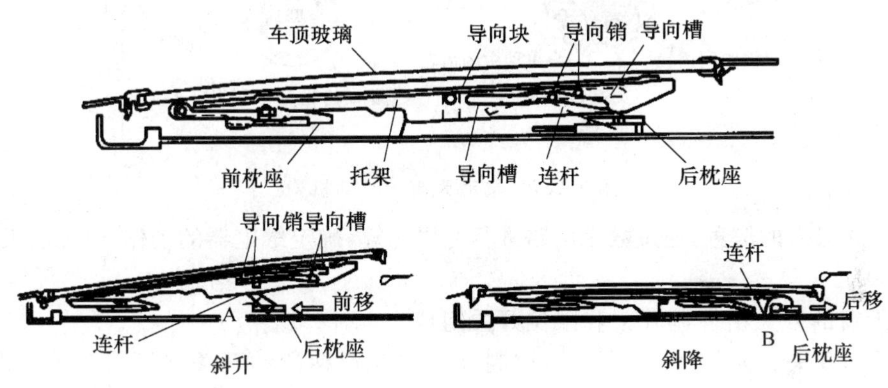

图 3.2.5　电动天窗的滑动机构

3. 驱动机构

电动天窗驱动机构一般由电动机、传动机构和滑动螺杆等组成，如图 3.2.7 所示。

(1) 电动机。电动机通过传动装置向天窗的开闭提供动力。电动机能双向转动，即通过改变电流的方向来改变电动机的旋转方向，从而实现天窗的开闭。

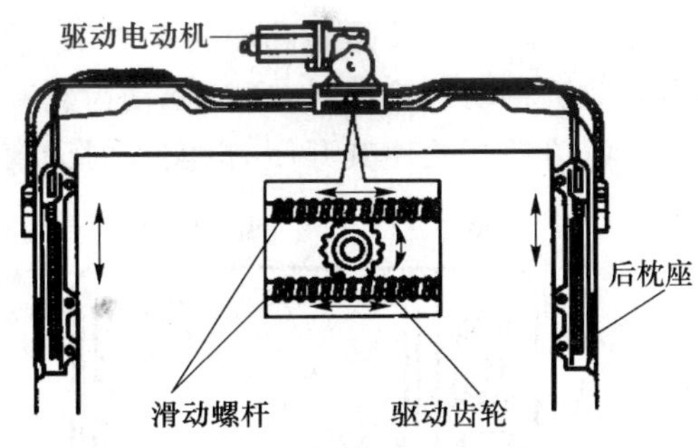

图 3.2.6　电动天窗的连接机构

(2) 传动机构。传动机构主要由蜗轮蜗杆机构、中间齿轮机构(主动中间齿轮、过渡中间齿轮)和驱动齿轮等组成。齿轮传动机构接受电动机动力，改变旋转方向，并减速增矩后将动力传给滑动螺杆，使天窗实现开闭；同时又将动力传给凸轮，使凸轮顶动限位开关进行开闭。主动中间齿轮与蜗轮固装在同一轴上，并与蜗轮同步转动，过渡中间齿轮与驱动齿轮固装在同一输出轴上，被主动中间齿轮驱动，使滑动机构带动天窗玻璃开闭。

(3) 滑动螺杆。滑动螺杆的作用是将驱动齿轮传来的动力，传给滑动机构的后枕座，使滑动机构的后枕座，使滑动机构带动天窗玻璃开闭。

4. 控制系统

控制系统(控制单元 ECU)一般采用数字控制电路，设有定时器、蜂鸣器和继电器等，其作

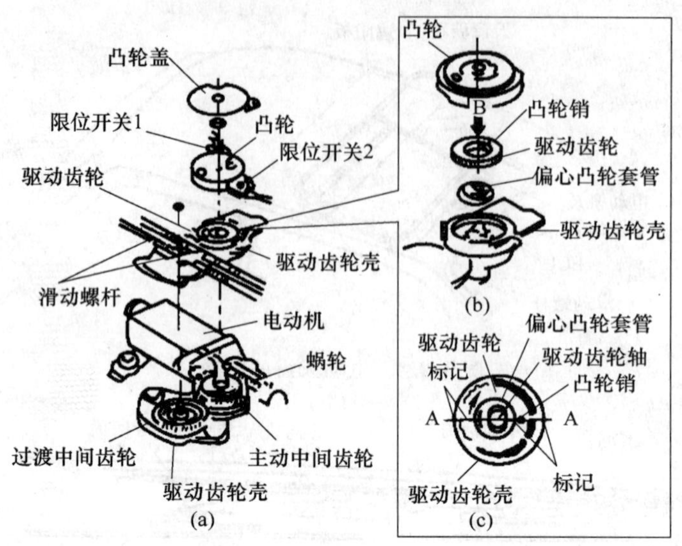

图 3.2.7　电动天窗的驱动机构

用是接受开关输入的信息，通过数字电路进行逻辑运算，确定继电器的动作，以控制天窗开闭。

5. 开关

电动天窗的开关由控制开关和限位开关组成。

（1）控制开关。如图 3.2.8 所示，控制开关主要包括滑动开关和倾斜开关。滑动开关有滑动打开、滑动关闭和断开（中间位置）3 个挡位，倾斜开关有斜升、斜降和断开（中间位置）3 个挡位。通过操作这些开关，使天窗驱动机构的电动机实现正反转，使天窗实现不同状态下的工作。

（2）限位开关。如图 3.2.9 所示，限位开关（又叫行程开关）主要是用来检测天窗所处的位置。限位开关是靠凸轮转动来实现断开和闭合的，凸轮安装在驱动机构的动力输出端。当电动机将动力输出时，通过驱动齿轮和滑动螺杆减速以后带动凸轮转动，于是凸轮上的凸起部位顶动开关使其开闭，以实现对天窗的自动控制。

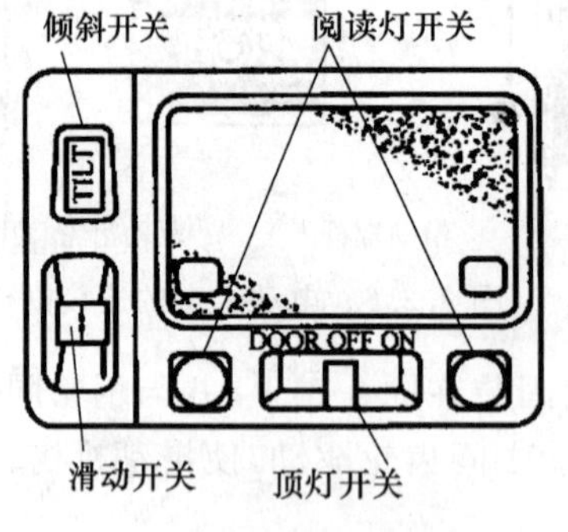

图 3.2.8　电动天窗的控制开关

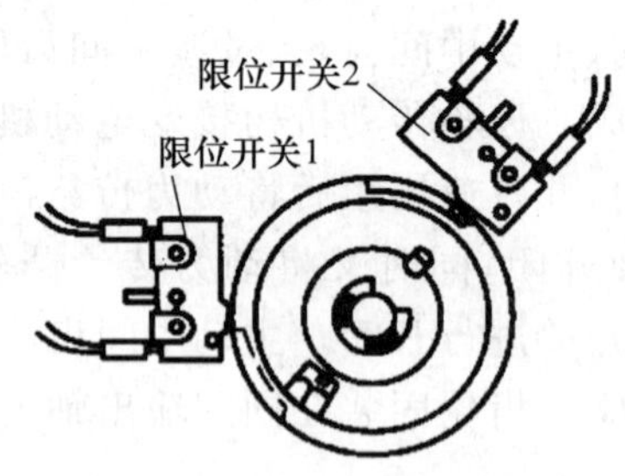

图 3.2.9　电动天窗的限位开关

三、本田雅阁轿车电动天窗

如图 3.2.10 所示为本田雅阁轿车电动天窗的控制电路。其控制系统通过开闭两个继电器来调整天窗的前后位置，同时还可对天窗进行前后倾斜控制。在没有打开任何车门的情况下，将点火开关从打开位置旋至关闭位置时，电动天窗仍能工作 10 min。其工作原理如下：

(1) 打开点火开关，电动车窗继电器电路接通，电流通路为蓄电池正极→多路控制装置(前乘客侧)→电动车窗继电器线圈→G581 搭铁。

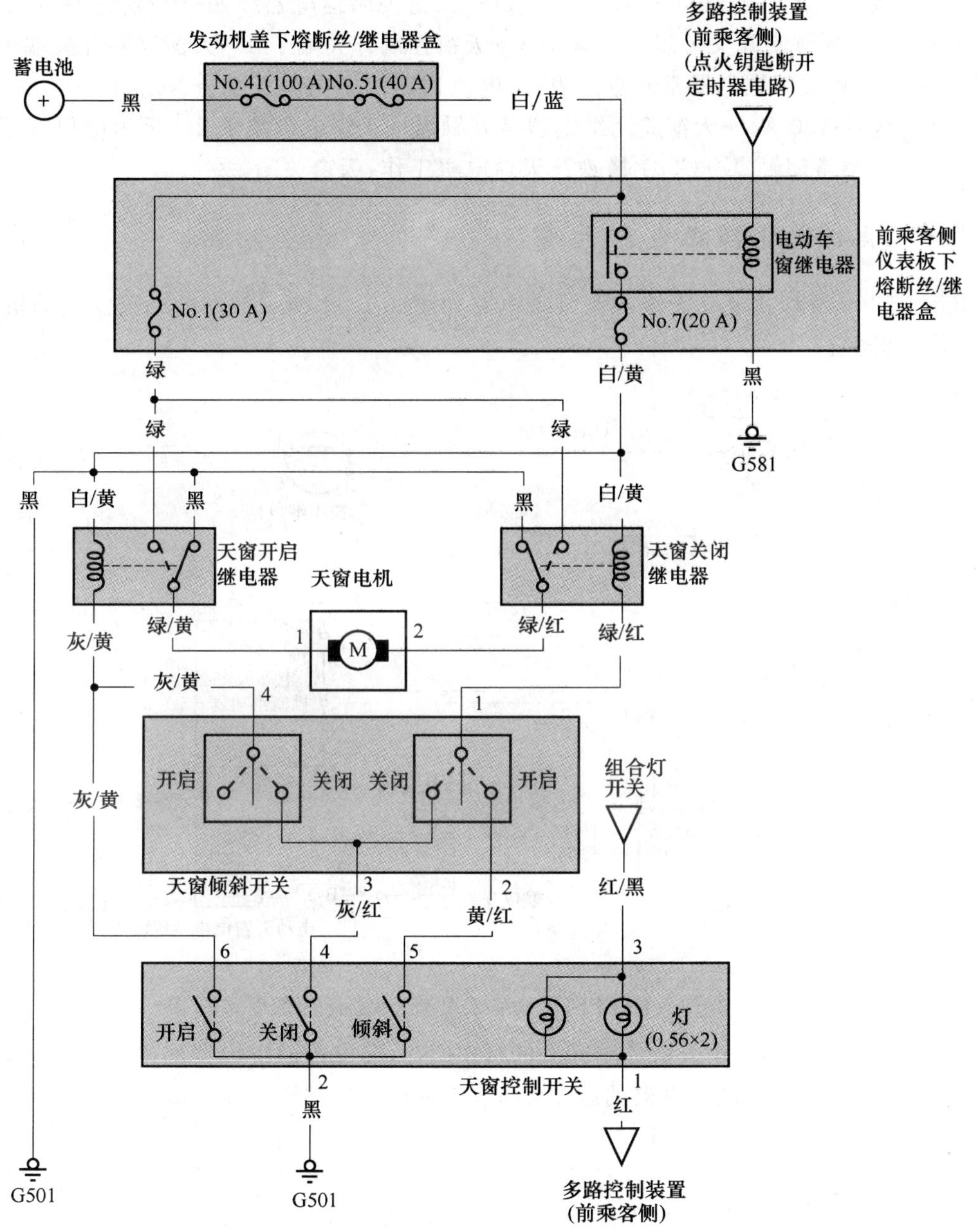

图 3.2.10　本田雅阁轿车电动天窗的控制电路图

(2) 天窗控制开关置于开启位置，电流通路为蓄电池正极→No. 41(100 A)、No. 51(40 A)→电动车窗继电器触点→No. 7(20 A)→天窗开启继电器线圈→天窗控制开关端子 6→天窗开启开关→天窗控制开关端子 2→G501 搭铁。天窗开启继电器常开触点吸合，电流通路为蓄电池正极→No. 41(100 A)、No. 51(40 A)→No. 1(30 A)→天窗开启继电器触点→天窗电机端子1→天窗电机端子2→天窗关闭继电器常闭触点→G501搭铁。天窗电机转动,天窗开启。

(3) 天窗控制开关置于关闭位置,电流通路为蓄电池正极→No. 41(100 A)、No. 51(40 A)→电动车窗继电器触点→No. 7(20 A)→天窗关闭继电器线圈→天窗倾斜开关关闭触点端子1→天窗倾斜开关关闭触点端子3→天窗控制开关端子4→天窗控制开关端子2→G501搭铁。天窗关闭继电器常开触点吸合,电流通路为蓄电池正极→No. 41(100 A)、No. 51(40 A)→No. 1(30 A)→天窗关闭继电器常开触点→天窗电机端子2→天窗电机端子1→天窗开启继电器常闭触点→G501搭铁。天窗电机工作,天窗关闭。

四、丰田 LS400 滑移式电动天窗

丰田 LS400 滑移式电动天窗控制系统电路如图 3.2.11 所示。在电动天窗电动机总成中有一限位开关。

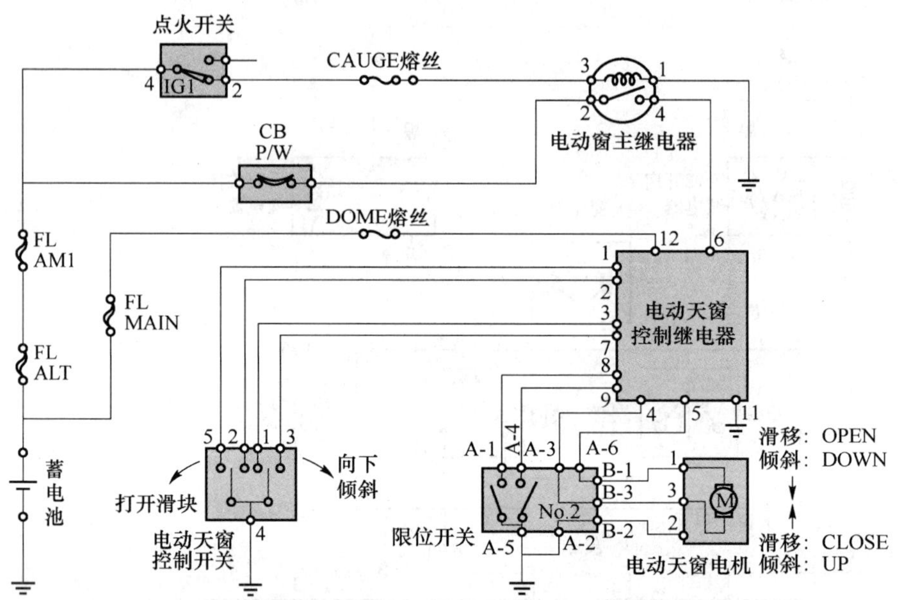

图 3.2.11 丰田 LS400 滑移式电动天窗控制系统电路图

(1) 打开。当按下电动天窗控制开关的“OPEN”,天窗控制继电器的端子1搭铁,继电器闭合,电流通过天窗控制继电器的端子6、5→天窗电机的端子1、3→天窗控制继电器端子4、11→搭铁,天窗电机运转,打开天窗。

(2) 关闭。当按下电动天窗控制开关的“CLOSE”,天窗控制继电器端子2搭铁,继电器闭合,电流通过天窗控制继电器端子6、4→天窗电机端子3、1→天窗控制继电器端子5、11→搭铁,天窗电机运转,关闭天窗。

(3) 瞬时停止。当滑移式电动天窗到达200 mm左右(不到全关位置)时,限位开关由ON转为OFF,使天窗控制继电器的端子8与搭铁断开,使天窗停在这个位置。

(4) 倾斜向上。当电动天窗控制开关拨到“UP”位置,天窗控制继电器端子3搭铁,继

电器闭合，电流通过天窗控制继电器端子 6、4→天窗电机端子 3、1→天窗控制继电器端子 5、11→搭铁。电动机运转，天窗上倾。

（5）向下倾斜。当电动天窗控制开关拨到“DOWN”位置，天窗控制继电器端子 7 搭铁，继电器闭合，电流通过天窗控制继电器的端子 6、5→天窗电机端子 1、3→天窗控制继电器端子 4、11→搭铁。电动机运转，天窗向下倾。

（6）向上倾斜提醒系统。当天窗仍处于向上倾斜位置（两只极限开关 OFF）时，如将点火开关转到 ACC 或 OFF 位置，就会出现蜂鸣声提醒驾驶员，天窗仍在向上倾斜位置。

任务实施

一、电动天窗主要部件的检修

由于不同车型的电动天窗组件结构不相同，所以在维修时应该针对不同的车型，确定相应的维修方法。下面以本田雅阁轿车电动天窗为例讲述电动天窗主要部件的检修。

1. 天窗控制开关的检测

（1）如图 3.2.12 所示，小心地从仪表板中撬出天窗控制开关，并从天窗控制开关上拆开其 6 芯插头。

（2）当天窗控制开关处于关闭位置时，端子 2 和 4 导通；当天窗控制开关处于倾斜位置时，端子 2 和 5 导通；当天窗控制开关处于开启位置时，端子 2 和 6 导通；天窗控制开关处于任何位置时，端子 1 和 3 之间应有电阻（内有 2 个灯泡）。

2. 天窗电机的检测

（1）如图 3.2.13 所示，从天窗电机上拆开其 2 芯插头。

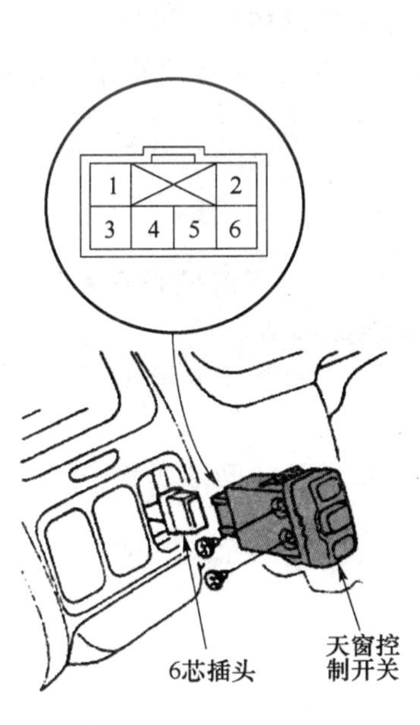

图 3.2.12　天窗控制开关及其 6 芯插头

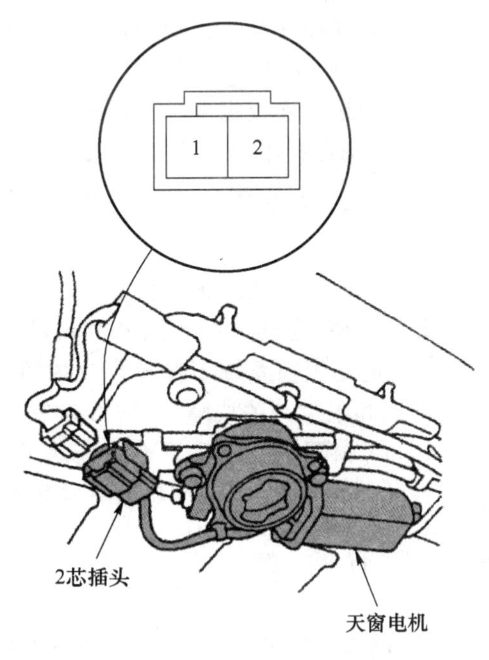

图 3.2.13　天窗电机及其 2 芯插头

(2) 将蓄电池的正极接端子1,蓄电池负极接端子2,此时天窗应开启;反之,将蓄电池的正极接端子2,蓄电池负极接端子1,天窗应关闭。如果天窗电机不运转,则说明其有故障,应予更换。

二、电动天窗的初始化设定

电动天窗在更换控制部件后或者诊断故障时拆下蓄电池电缆,必须对其电控单元进行程序设定,电动天窗才能恢复正常工作。下面以皇冠3.0轿车为例介绍电动天窗的初始化设定方法。

如果没有初始化设定,则下列功能不能运行:自动操作功能、防夹功能、钥匙关闭功能、钥匙联动打开和关闭功能以及遥控器联动打开和关闭功能。

1. 设定条件

(1) 蓄电池电缆断开。

(2) 断开驱动齿轮(电动天窗电控单元)连接器。

(3) 拆下电动天窗。

2. 设定方法

(1) 打开点火开关,完全关闭电动天窗。

(2) 按下天窗的滑动开关或倾斜开关。

(3) 如下操作天窗:上倾→大约1 s→下倾→滑动打开→滑动关闭,初始化即可完成。

(4) 检查电动天窗自动操作是否正常运行。若不能正常运行,则重新进行初始化设定。

3. 注意事项

(1) 如果发生以下情况,则初始化将失败。①点火开关关闭;②滑动开关或倾斜开关拆下;③车速为5 km/h以上;④电动天窗电控单元电压11 V以上;⑤通信被切断。

(2) 如果电动天窗不能完全关闭或其位置偏离,则再次进行初始化设定。

(3) 如果按住电动天窗上倾开关或滑动关闭开关直到天窗玻璃在相反的方向停止移动或开始移动时,需再按住开关10 s或更长时间,然后再次进行初始化设定。

(4) 如果正确设定电动天窗驱动齿轮(电动天窗电控单元)后自动操作功能和防夹功能不起作用,则更换电动天窗驱动齿轮。

三、电动天窗常见故障诊断

(1) 电动天窗系统不工作。故障原因为熔断丝熔断、电动天窗控制开关和继电器故障、点火开关故障、电动天窗控制电机和限位开关故障、配线故障等。

(2) 电动天窗系统工作异常。故障原因为电动天窗控制开关和继电器故障、电动天窗控制电机和限位开关故障、配线故障等。

(3) 天窗漏水。故障原因为电动天窗密封与天窗面板间的间隙过大、电动天窗玻璃与天窗板间的间隙过大、运行轨道有异物等。

案例分析

一、赛欧轿车电动天窗会自行动作

故障现象:赛欧SRV轿车电动天窗处于打开状态时,在颠簸路面行驶不按天窗控制开关，天窗也会自行动作。

故障诊断与排除：根据上述现象，首先检查天窗控制开关或开关控制电路，没有发现线束破损，更换控制开关后试车，故障依旧。该车天窗控制系统电路如图 3.2.14 所示。

经分析，怀疑天窗控制模块内部电路有故障，在更换控制模块后试车，故障仍未消除。经仔细分析后认为，故障在天窗打开时才会出现，并且只向关闭的方向自行动作，说明控制天窗自动关闭这一电路有问题。

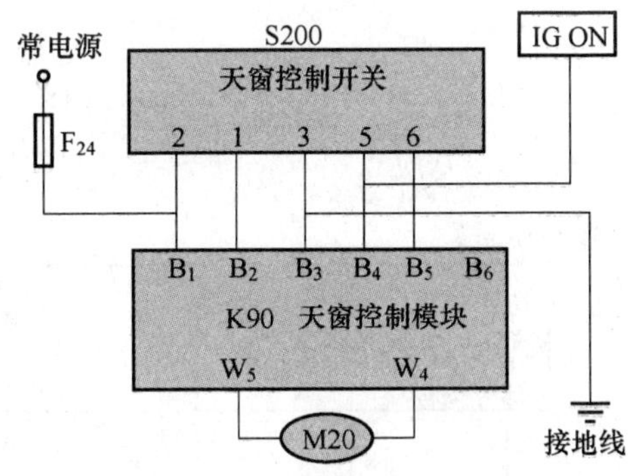

图 3.2.14　赛欧轿车天窗控制系统电路图

该电动天窗控制系统有一个特殊功能：天窗控制模块会一直监测反映关闭点火开关状态的电压信号，当发现电压信号不对时，天窗控制模块会控制天窗电机自动关闭天窗。

仔细检查从 F24 号熔断丝到天窗控制模块之间的信号电路，发现该模块上的端子 B4 电路虚接。处理完毕后试车，电动天窗控制系统工作正常，故障排除。

二、君威 GS 轿车车顶修复后，天窗工作不良

故障现象：别克君威 GS 轿车，开启天窗时，天窗已运行到最大开启位置，但天窗电动机还不停转，电动机与驱动缆绳间发出“咔咔”的打齿声；关闭天窗时，天窗不能完全关闭，运行到距完全关闭位置约 20 cm 时便停下来。

故障诊断与排除：询问车主得知，该车因车顶变形，拆下天窗修复车顶，修复后，便出现上述故障。经分析，怀疑天窗控制系统有故障。

该车天窗控制系统包括天窗控制开关、天窗限位开关、天窗执行器（天窗电机）和天窗控制模块，其电路图如图 3.2.15 所示。

天窗控制开关的作用是将操作信号传递给天窗控制模块，限位开关同时将天窗的运行位置信息传递给控制模块。天窗控制模块根据天窗控制开关送来的指令和限位开关送来的位置信息控制天窗电机的工作，从而使天窗运行或停止到规定位置。

天窗控制模块内部包括控制天窗电机运转的继电器和电子控制元件，它可以执行天窗的“快速打开”功能，即在天窗关闭时按一下天窗控制开关的“打开”，然后放松开关，则天窗自动运行到全开位置，然后自动停止。

天窗控制过程：天窗控制模块 C1-2 端向天窗控制开关输出 5 V 电压，并检测此端的电压信号，当按下天窗控制开关的“打开”时，此端接地。天窗控制模块 C1-5 端向外输出 5 V 电压并检测此端的电压信号，当按下天窗控制开关的“关闭”时，此端接地。天窗控制模块由此得知操作指令，通过内部的继电器动作，控制天窗电动机的旋转方向。天窗控制模块通过 C1-6、C1-7、C1-8 端向限位开关输出 5 V 电压并检测此端的电压信号，在不同的位置，限位开关使 3 个端子处于不同的状态：天窗全闭时，限位开关使 C1-8 端接地；全开时，限位开关使 C1-6、C1-7、C1-8 端都接地；在天窗通风位置，限位开关使 C1-7 端接地。天窗控制模块根据限位开关的信息，控制天窗的运行并停止在正确的位置。如果限位开关信息不正确，会出现天窗运行到极限位置后不能停止或在中间位置停止运转。

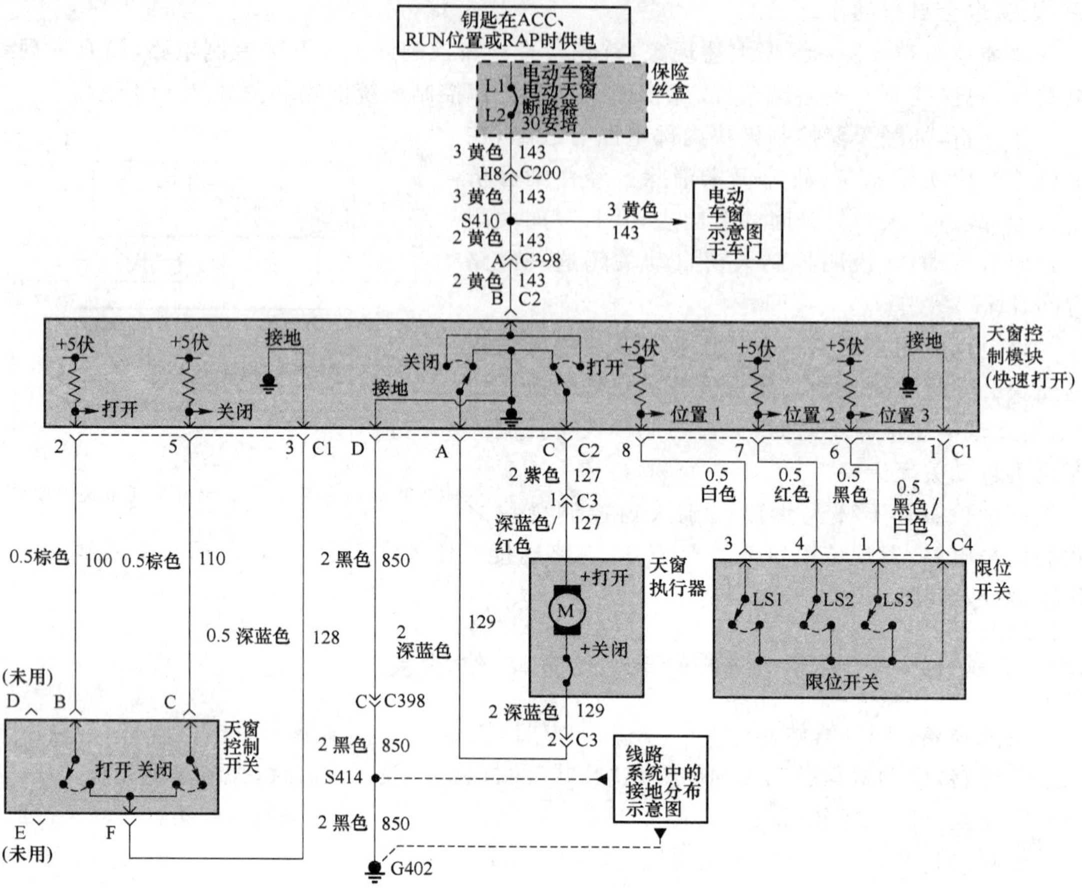

图 3.2.15　君威 GS 轿车天窗控制系统电路图

因天窗不同位置对应着限位开关的不同状态，在将限位开关及电动机安装到天窗总成时有一定的位置要求。限位开关出厂时预设在关闭状态，在顶部安装了位置锁销，以锁定传动齿轮，防止其旋转，如图 3.2.16 所示。安装限位开关及电动机时，天窗应在关闭位置，安装后拔掉锁销。

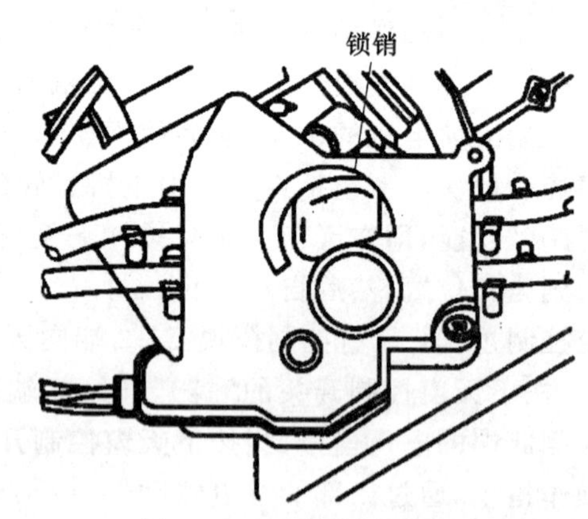

图 3.2.16　限位开关锁销

经仔细分析，怀疑限位开关装配错误或是内部损坏，于是拆下限位开关并解体，检查滑环及弹簧片，接触良好，也没有过度磨损。

接着对系统重新进行装配。首先断开电动机接线连接器，直接给电动机供 12 V 电源，使天窗运行到全闭位置；然后装配限位开关，使正时齿轮上的正时标记孔与限位开关壳体上的正时标记孔对齐。将限位开关和电动机安装到位，反复操作天窗控制开关，一切功能正常，故障排除。

知识拓展

近年来，国内外科研人员和汽车厂商针对传统光学天窗存在的缺陷，从不同的角度通过各种途径和方法进行革新与改进，产生了不少新技术。这些新技术中，既有局部的、单方面的变革，也有全方位的、根本性的改造；既有从功能上的创新，也有为满足个性化或美学要求的设计，它们有的已形成产品并投放市场，有的还停留在方案设计或试验阶段。

1. 全景天窗

汽车全景天窗，实际上是相对于普通天窗而言，一般来说，全景天窗首先面积较大，甚至是整块玻璃的车顶，坐在车中可以将上方的景象一览无余；目前较多的全景天窗为前后两块单独的玻璃，分别使得前后座位都有天窗的感受。但是全景天窗也分为两种类型，一种是整个车顶都是玻璃覆盖，但是不能打开，如欧宝雅特 GTC 全景风挡版；第二种则是全景天窗分为前后两部分，前半部分跟普通天窗一样可以打开，如日产天籁、宝马 5 系 GT 等。

全景天窗的优点：视野开阔，通风良好。缺点：成本高，车身整体刚度下降，安全系数降低。

2. 太阳能天窗

简单地说，太阳能天窗拥有普通天窗一样的功能，但同时在普通天窗玻璃下方又集成了我们熟知的太阳能电池板，它能将光能转换为电能并存储在蓄电池中。

太阳能天窗最为显著的一个特点就是，在夏天高温天气里，汽车在烈日下停车熄火，完全没有能源供给时，能自动调节车内温度。利用内置在天窗内部的太阳能集电板依靠阳光所产生的电力，经过控制系统来驱动鼓风机，将车厢外的冷空气导入车内，驱除车内热气，达到降温的目的。

课后练习

1. 对照图分析本田雅阁轿车电动天窗的控制电路。
2. 如何检测天窗控制开关？

任务 3.3　电动座椅检修

【知识要求】

- 能正确讲述电动座椅的组成和各部分功用；
- 能正确描述电动座椅系统的工作原理、使用及系统的控制方法；
- 能正确识读和分析电动座椅系统电路图。

【能力要求】

- 会正确拆装电动座椅系统各部件；
- 会检测判断电动座椅系统各部件性能；
- 会分析诊断和排除电动座椅系统常见故障。

任务描述

一位客户反映他所驾驶的广州本田雅阁轿车，打开点火开关，操作电动座椅开关时，发现驾驶员及乘员电动座椅前后、上下、倾斜等方向均不能调节。现在请你对客户轿车的电动座椅进行检修。

相关知识

汽车座椅为驾驶员提供便于操作、舒适而又安全的驾驶位置，为乘员提供不易疲劳且舒适而又安全的乘坐位置。座椅调节的目的就是使驾驶员和乘员乘坐舒适。通过调节还可以变动坐姿，减少乘员长时间乘车的疲劳。

现代汽车普遍采用电动座椅，驾驶员通过操纵电动座椅开关按钮，可以将座椅调整到最佳的位置上，使驾驶员获得最好视野，便于操纵转向盘、踏板、变速杆等，还可以获得最舒适和最习惯的乘坐角度。汽车乘客也能通过操纵电动座椅开关按钮，调整乘坐姿势，使乘坐更加舒适。汽车座椅在车上的位置如图 3.3.1 所示。

图 3.3.1　汽车座椅

一、电动座椅的分类

电动座椅根据分类方式的不同可分为以下几种类型。

1. 根据使用电机的数量分类

根据使用电机的数量，电动座椅可分为单电机式、双电机式、三电机式和四电机式等。

(1) 单电机式　单电机式只能对电动座椅的前后两个方向进行调整。

(2) 双电机式　双电机式可以对电动座椅的 4 个方向进行调整，即不仅前后两个方向的位置可以移动，其高低也可以进行调整。

(3) 三电机式　三电机式可以对电动座椅的 6 个方向进行调整，即不仅能向前后两个方向移动，还可分别对座椅的前部和后部的高低进行调整。

(4) 四电机式　四电机式的调整功能除了具有以上三电机式的调整功能以外，还可对靠背的倾斜度进行调整。

电动座椅除了保证上述基本运动外，还可对头枕高度、座椅长度和扶手的位置进行调整。具有全方位可调节功能的电动座椅如图 3.3.2 所示。

1—座椅前后移动调节；2—靠背倾斜度调节；3—靠背上部调节；4—靠枕前后调节；5—靠枕上下调节；6—侧背支撑调节；7—腰椎支撑气垫调节；8—座椅前部支撑调节；9—座椅高度调节

图 3.3.2　具有全方位可调节功能的电动座椅

2. 根据有无存储功能分类

根据有无存储功能，电动座椅可分为无存储功能与有存储功能两种。有存储功能的电动座椅，可以将每次驾驶员或乘客调整电动座椅后的数据存储下来，作为以后重新调整座椅位置时的基准。

3. 根据有无加热器分类

根据有无加热器，电动座椅可分为无加热器式与有加热器式两种。有加热器式电动座椅可以在冬季寒冷的时候对座椅的座垫进行加热，以使驾驶员或乘客乘坐更舒适。

此外，在座椅中还附加了一些特种功能的装置，如在气垫座椅上使用电动气泵，对各个专用气囊(腰椎支撑气囊、侧背支撑气囊、座位前部的大腿支撑气囊)进行充气，起到调节支撑腰椎、侧背、大腿的作用。

二、电动座椅的组成

电动座椅一般由双向电机、传动机构和电动座椅开关等组成，如图 3.3.3 所示。双向电机产生动力，传动机构可以把动力传至座椅，通过控制开关实现座椅不同位置的调节。

1. 电机

大多数电动座椅使用永磁式双向直流电机，它通过控制开关来改变流经电机内部的电流方向，从而实现转动方向的改变。为防止电机过载，大多数永磁式电机内装有断路器。

2. 传动机构

电机的旋转运动，通过传动机构改变座椅的空间位置。

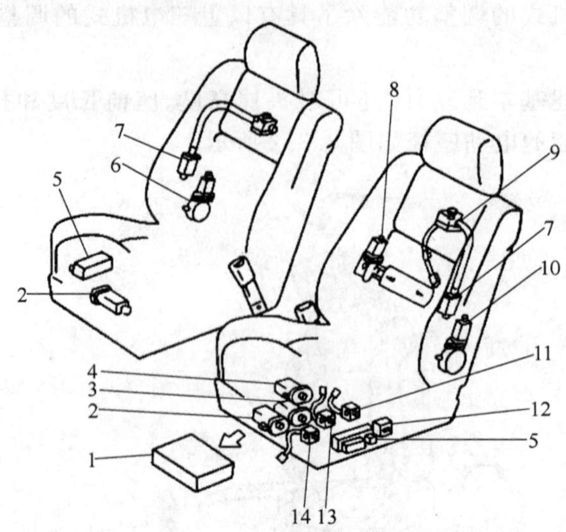

1—电动座椅ECU；2—滑动电机；3—前垂直电机；4—后垂直电机；5—电动座椅开关；6—倾斜电机；7—头枕电机；8—腰垫电机；9—位置传感器(头枕)；10—倾斜电机和位置传感器；11—位置传感器(后垂直)；12—腰垫开关；13—位置传感器(前垂直)；14—位置传感器(滑动)

图 3.3.3 电动座椅的组成

(1) 高度调整机构。高度调整机构由蜗杆、蜗轮、心轴等组成，如图 3.3.4 所示。调整时蜗杆轴在电机的驱动下，带动蜗轮转动，从而保证心轴旋进或旋出，实现座椅的上升与下降。

(2) 纵向调整机构。纵向调整机构由蜗杆、蜗轮、齿条、导轨等组成，如图 3.3.5 所示。齿条装在导轨上。调整时，电机转矩经蜗杆传至两侧的蜗轮上，经导轨上的齿条，带动座椅前后移动。

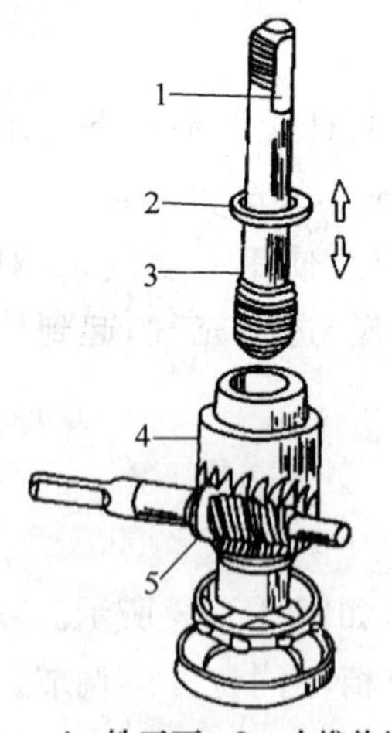

1—铁平面；2—止推垫片；3—心轴；4—蜗轮；5—蜗杆

图 3.3.4 高度调整机构

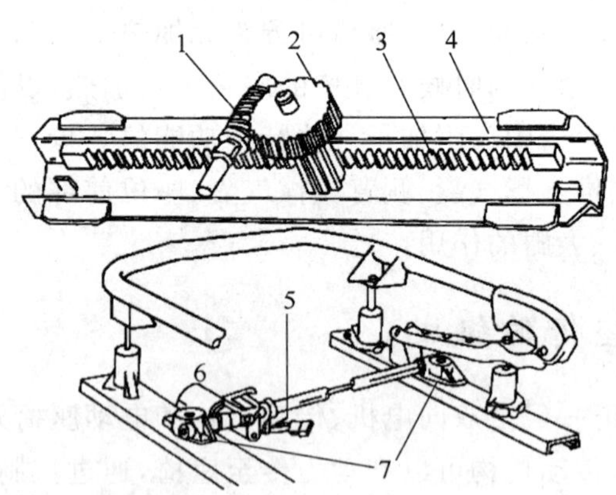

1—蜗杆；2—蜗轮；3—齿条；4—导轨；5—反馈信号电位计；6—调整电机；7—支承及导向元件

图 3.3.5 纵向调整机构

三、无存储功能的电动座椅

如图 3.3.6 所示为别克荣誉轿车电动座椅的控制电路。其控制系统可实现电动座椅的水平前后移动调节、前部高度调节、后部高度调节及靠背倾斜 8 个方向的调节，如图 3.3.7 所示。现以驾驶员侧电动座椅的水平前后移动调节为例介绍其工作原理。

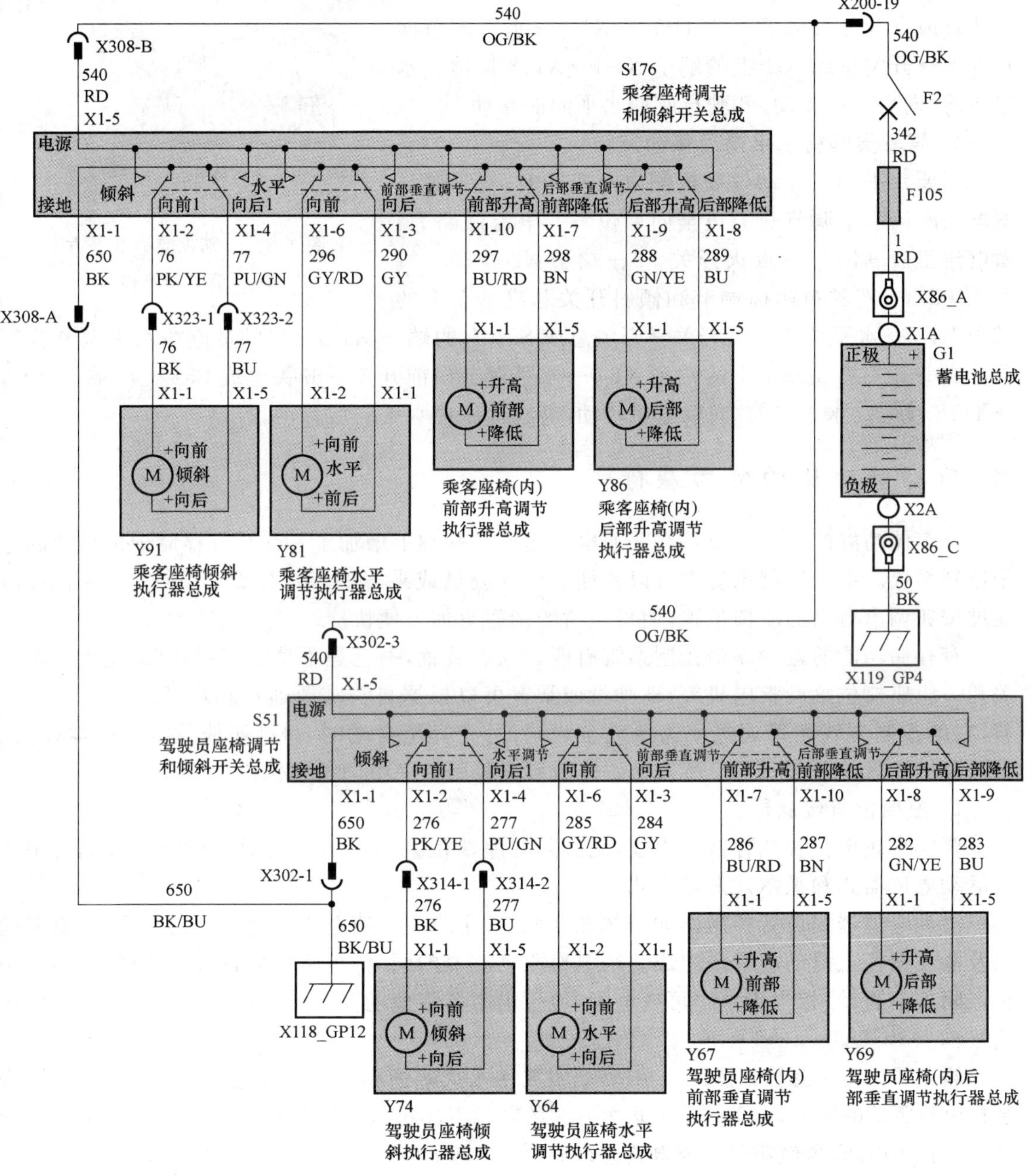

图 3.3.6　别克荣誉轿车电动座椅电路图

1. 驾驶员座椅水平向前移动控制

当要水平向前移动驾驶员侧电动座椅时，将驾驶员侧电动座椅水平调节开关拨至向前位置。电流通路为：蓄电池正极→F105→点火开关 F2→端子 X200-19→端子 X302-3→驾驶员座椅调节和倾斜开关总成 S51 上的端子 X1-5→水平调节向前开关→开关总成 S51 上的端子 X1-6→驾驶员座椅水平调节执行器总成→开关总成 S51 上的端子 X1-3→水平调节向后开关→开关总成 S51 上的端子 X1-1→X118 接地。水平向前/向后电机转动，驾驶员座椅水平向前移动。

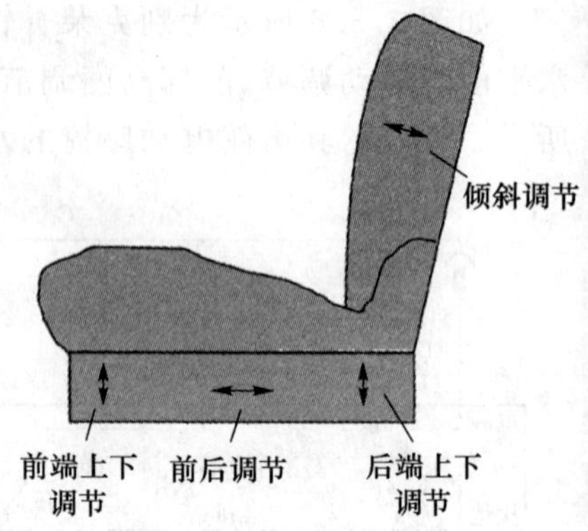

图 3.3.7 别克荣誉 8 个方向调节电动座椅

2. 驾驶员座椅水平向后移动控制

当要水平向后移动驾驶员侧电动座椅时，将驾驶员侧电动座椅水平调节开关拨至向后位置。电流通路为：蓄电池正极→F105→点火开关 F2→端子 X200-19→端子 X302-3→驾驶员座椅调节和倾斜开关总成 S51 上的端子 X1-5→水平调节向后开关→开关总成 S51 上的端子 X1-3→驾驶员座椅水平调节执行器总成→开关总成 S51 上的端子 X1-6→水平调节向前开关→开关总成 S51 上的端子 X1-1→X118 接地。水平向前/向后电机转动，驾驶员座椅水平向后移动。

四、有存储功能的电动座椅

有存储功能的电动座椅是在普通电动座椅的基础上增加了一套具有存储记忆功能的电子控制系统。电子控制系统中可以存储不同驾驶员或乘客的座椅位置，驾驶员或乘客可以通过按钮调出自己的座椅位置，使得座椅的调整更加方便快捷。

有存储功能的电动座椅控制系统有两套控制装置，一套是手动的，包括电动座椅控制开关和一组座椅位置调整电机等，驾驶员或乘客可以根据自身需要通过相应的座椅开关来调整，它的控制方式和普通电动座椅完全相同；另一套是自动的，包括座椅位置传感器（电位计）、存储和复位开关、ECU 及与手动控制系统共用的一组调整电机。

1. 座椅位置传感器

要实现座椅位置的存储与恢复，则必须有座椅位置传感器。电动座椅位置传感器主要有滑动电位器式和霍尔式两种形式。

滑动电位器式位置传感器如图 3.3.8 所示，主要由座椅电机驱动的齿轮和螺杆、电阻丝以及能在螺杆上滑动的滑块组成。当电机驱动座椅的同时，也驱动齿轮带动螺杆，驱动滑块在电阻器上滑动，相当于一个可变电阻，通过电阻器阻值的变化将座椅位置信号转变成电压信号输入 ECU。

霍尔式位置传感器如图 3.3.9 所示，主要由永久磁铁和霍尔集成电路组成。永久磁铁安装在电机驱动的轴上，由于转轴上永久磁铁的转动引起霍尔元件中磁通量的变化，从而霍尔元件产生霍尔电压，再经霍尔集成电路进行放大并处理，然后取出旋转的脉冲信号输入 ECU。

2. 有存储功能的电动座椅基本工作原理

有存储功能的电动座椅控制电路如图 3.3.10 所示，其动作方式有座椅前后滑动调节、座椅前部的上下调节、座椅后部的上下调节、靠背的倾斜调节、头枕的上下调节及腰垫的前后调

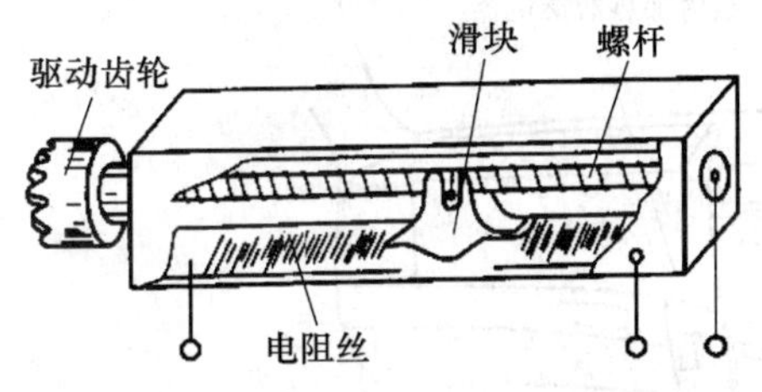

图 3.3.8　滑动电位器式位置传感器

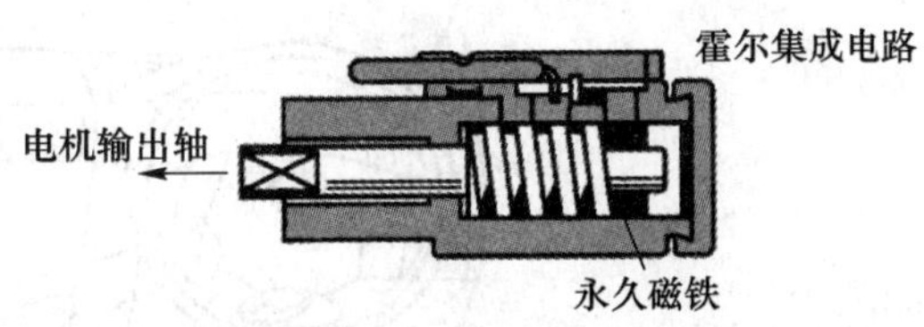

图 3.3.9　霍尔式位置传感器

节等。其中腰垫的前后调节是通过腰垫开关和腰垫电机直接控制的，并无存储功能。驾驶员通过操纵电动座椅开关可以控制其余的 5 种调整。当座椅位置调好后，按下储存和复位开关，电动座椅 ECU 就把各位置传感器的信号储存起来，以备下次恢复座椅位置时再用。当下次使用时，只要一按位置储存和复位开关，电动座椅 ECU 便驱动座椅电机，将座椅调整到原来位置。

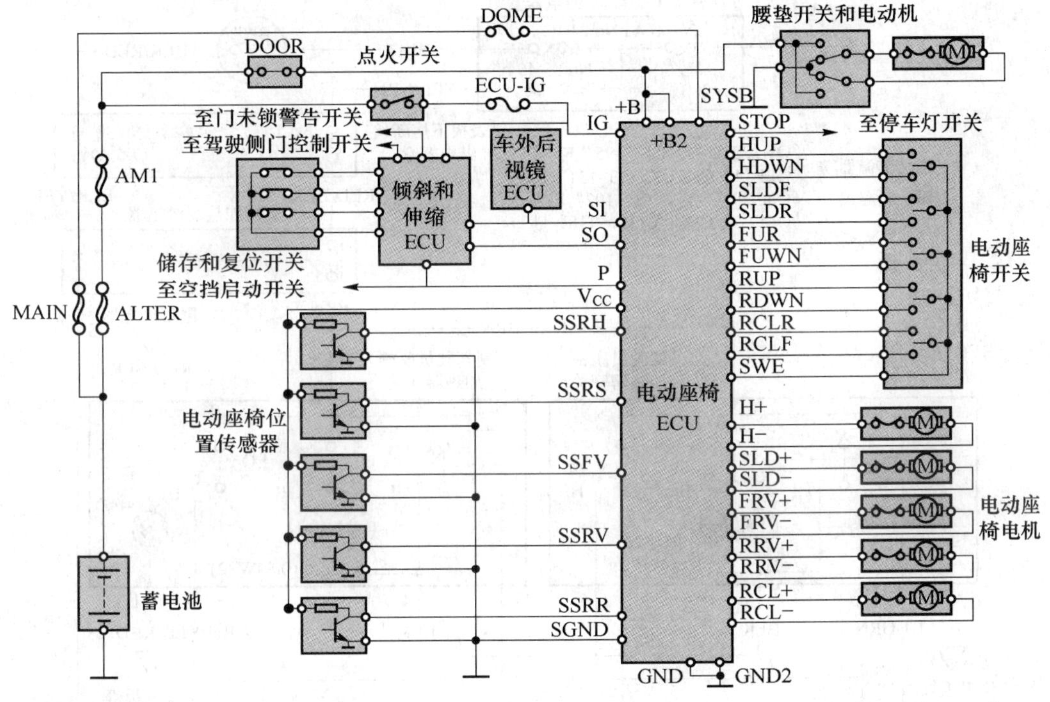

图 3.3.10　有存储功能的电动座椅控制电路图

五、带加热器的电动座椅

座椅加热系统可以对驾驶员和乘客的座椅进行加热，使乘坐更加舒适。有些汽车座椅的加热速度可以调节。下面介绍加热速度可调节式电动座椅。

广州本田雅阁轿车电动座椅带有加热器，加热器开关和继电器的安装位置如图 3.3.11 所示。其控制电路如图 3.3.12 所示，此座椅加热器的加热速度可以调节。驾驶员和副驾驶员座椅的加热器和加热控制开关相同。其中 HI 表示高速加热，LO 表示低速加热。该座椅加热系统可以单独对驾驶员侧或副驾驶员侧的座椅进行加热，也可以同时对两座椅进行加

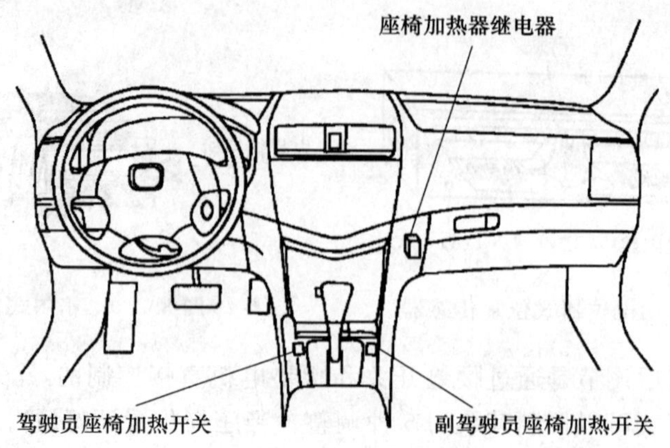

图 3.3.11　本田雅阁轿车加热器开关和继电器的安装位置

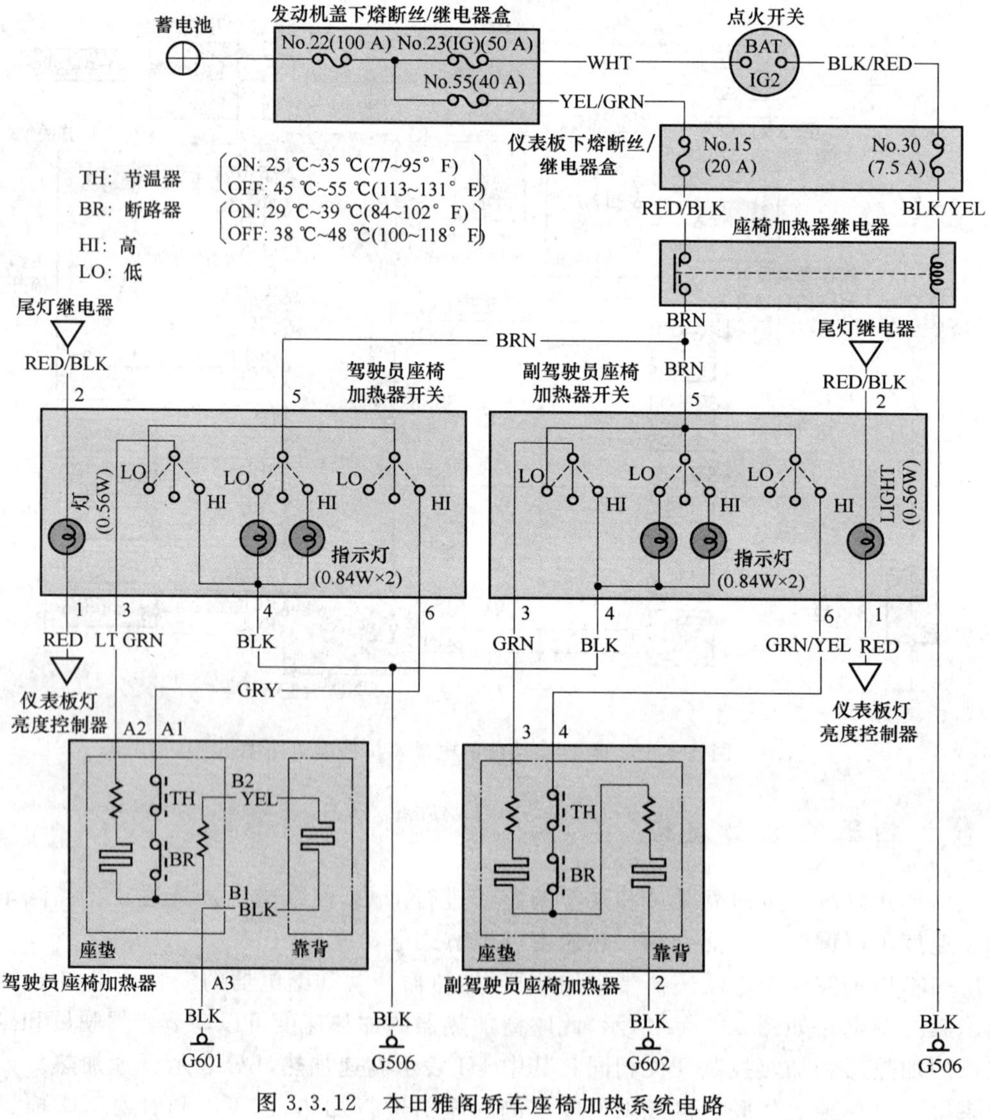

蓄电池
发动机盖下熔断丝/继电器盒
No.22(100 A) No.23(IG)(50 A)
No.55(40 A)
WHT
YEL/GRN
点火开关
BAT
IG2
BLK/RED
仪表板下熔断丝/继电器盒
No.15 (20 A)
No.30 (7.5 A)
RED/BLK
BLK/YEL
座椅加热器继电器
BRN

TH：节温器 ON: 25 ℃~35 ℃(77~95° F) OFF: 45 ℃~55 ℃(113~131° F)
BR：断路器 ON: 29 ℃~39 ℃(84~102° F) OFF: 38 ℃~48 ℃(100~118° F)
HI：高
LO：低

尾灯继电器
RED/BLK
驾驶员座椅加热器开关
副驾驶员座椅加热器开关
LO HI
灯 (0.56W)
指示灯 (0.84W×2)
LIGHT (0.56W)
RED LT GRN BLK GRN BLK GRN/YEL RED
GRY
仪表板灯亮度控制器
A2 A1 B2 YEL TH BR B1 BLK
座垫 靠背
驾驶员座椅加热器
副驾驶员座椅加热器
A3
BLK G601
BLK G506
BLK G602
BLK G506

图 3.3.12　本田雅阁轿车座椅加热系统电路

热。下面以驾驶员侧的座椅加热器为例，分析其工作过程。

(1) 当加热器开关断开时，加热系统不工作。

(2) 当加热器开关处于“HI”位置时，电流首先经过点火开关给座椅加热器继电器线圈通电，于是继电器触点闭合。此时加热器开关的电路为：蓄电池正极→No. 22、No. 55、No. 15→座椅加热器继电器触点→驾驶员座椅加热器开关端子5，然后电流分为三个支路：一路经指示灯→加热器开关端子4→G506搭铁，高速指示灯亮；另一路经加热器开关端子6→加热器端子A1→节温器→断路器→靠背线圈→G601搭铁；还有一路经加热器开关端子6→加热器端子A1→节温器→断路器→座垫线圈→加热器端子A2→加热器开关端子3→加热器开关HI档→加热器开关端子4→G506搭铁。此时，靠背线圈和座垫线圈并联加热，加热速度较快。

(3) 当加热器开关处于“LO”位置时，电流进入驾驶员座椅加热器开关端子5后，分为两个支路：一路经指示灯→加热器开关端子4→G506搭铁，低速指示灯亮；另一路经加热器开关端子3→加热器端子A2→加热器座垫线圈→加热器靠背线圈→G601搭铁。此时，靠背线圈和座垫线圈串联加热，电路中电流较小，因此加热的速度较慢。

任务实施

一、电动座椅主要部件的检修

由于不同车型的电动座椅组件结构不相同，所以在维修时应该针对不同的车型，确定相应的维修方法。下面以别克荣誉轿车电动座椅为例讲述电动座椅主要部件的检修(电路参见图3.3.6)。

1. 电动座椅控制开关的检修

拆卸电动座椅控制开关(别克荣誉轿车称其为座椅调节和倾斜开关)。电动座椅控制开关包括驾驶员侧座椅开关和乘客侧座椅开关，如图3.3.13所示。按表3.3.1所示拨动电动座椅控制开关上的开关，按图3.3.13所示测试开关接线各端子之间是否导通。如果有一项不满足要求，应更换电动座椅控制开关。

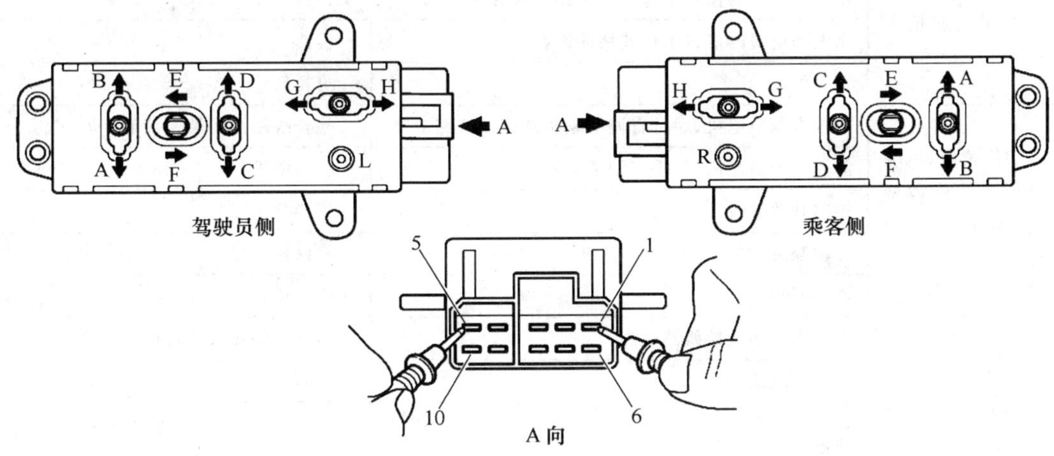

图3.3.13　电动座椅控制开关及端子排列

2. 电动座椅电机的检修

对电动座椅调节电机的检测应先将其从座椅上拆下来才能进行，其检修方法如下：

表 3.3.1　电动座椅控制开关线路导通情况的检测

开关位置	开关端子	开关完好时万用表指示	开关位置	开关端子	开关完好时万用表指示
位置 A	10 和 5	导通	位置 E	6 和 5	导通
位置 B	7 和 5	导通	位置 F	3 和 5	导通
位置 C	9 和 5	导通	位置 G	2 和 5	导通
位置 D	8 和 5	导通	位置 H	4 和 5	导通
开关置于中间位置	1 和 2、3、4、6、7、8、9、或 10	导通			

（1）当将电动座椅调节电机处于某一种调节状态时，检测各端子与电源之间的连接情况应符合要求。分别用导线将电机连接器的相应两个端子与蓄电池的正、负极相连接，检查电机工作情况。必须注意的是，当电机通电后不转，或有异常响声，均应立即停止检测。

（2）如检测到某个调节电机不运转或运转不平稳，则拔下该电机上的两芯连接器，直接将蓄电池正、负极用导线与该电机连接，进行通电检测。如此时电机运转无问题，则为调节电机两芯插座之间的导线可能有断路、接地或接触不良现象。

（3）如单独对电机通电后仍不运转或运转不正常，说明该电机有故障，则应更换新件。

二、电动座椅常见故障诊断

电动座椅常见故障原因分析，如表 3.3.2 所示。

表 3.3.2　电动座椅常见故障原因分析

故障现象	故 障 原 因	解 决 办 法
所有电动座椅都不能动	电动座椅电路断路器损坏(或熔断丝失效)	检修
	搭铁不良或搭铁线路断路	检测、维修
一个电动座椅不能动	该电动座椅的输入电源线路断路或接触不良	检修
	该电动座椅的搭铁不良或线路断路	检修
	开关失效	更换新件
电动座椅前、后端不能垂直升降或整个座椅不能垂直升降	前垂直调节电机、后垂直调节电机的连接线路故障	检查线路接头是否接触牢固
	前垂直调节电机、后垂直调节电机故障	检测电机
	控制开关失效	更换控制开关
	传动装置失效	检修传动装置
	调整不当	重新调整
电动座椅不能前移或后移	水平电机的连接线路故障	检查线路接头是否接触牢固
	水平电机故障	检测电机
	前进、后退开关故障	在前进、后退挡位切换的情况下检测开关输出端是否有电压
	传动装置失效	检修传动装置

案例分析

一、广州本田雅阁轿车电动座椅所有调节开关无法调节

故障现象：广州本田雅阁轿车驾驶员座椅为8个方向可调式的电动座椅，该车电动座椅所有调节开关无法调节。

故障诊断与排除：该车电动座椅电路原理如图3.3.14所示，其工作原理如下。

4个双向调节电机分别在正向和反向导通的情况下，共有8个方向可调的方式，它们分别是前端上下、后端上下、前后移动和向前向后倾斜。

来自于电源的正极线(黑色)经发动机盖下熔断丝/继电器盒中的熔断丝No. 42(100)和No. 55(40 A)，然后经过两条并列的电路，分别再经前乘客侧仪表板下熔断丝/继电器盒中的No. 2(20 A)和No. 4(20 A)，再经端子B2、B6进入电动座椅调节开关。当开关处于某种调节状态时，电流经开关触点流到相应的调节电机，驱动电机工作，实现座椅位置的调节，最后经B5、B1接地构成回路。经分析认为，故障是电动座椅控制系统无电源，先检查No. 55(40 A)熔断丝，发现熔断丝熔断。

换上一只新的No. 55(40 A)熔断丝，电动座椅控制系统调节工作正常，故障排除。

二、克莱斯勒300C轿车电动座椅不能调节

故障现象：北京克莱斯勒300C轿车，其电动座椅不能调节。

故障诊断与排除：该车电动座椅由电源分配中心PDC内的25A熔断丝提供蓄电池电压，以便电动座椅保持工作状态，而与点火开关所处的位置无关。当操作电动座椅开关时，座椅控制单元控制蓄电池电压通过座椅开关驱动一个或多个电机动作，电机通过驱动装置沿着设定的方向移动座椅，直到开关被松开或到达电动座椅调节滑轨的极限位置为止。该车座椅不能调节的可能原因是：座椅控制单元、座椅调节开关和相关电路有故障。

首先连接故障诊断仪STARSCAN对座椅控制单元MSM进行诊断，无故障码存储，查看网络系统也未发现异常。座椅控制单元的电源和接地电路如图3.3.15所示，检测控制单元的线束端子C1-8的B+电源为12 V，正常，端子C1-10地线也正常。

当按下座椅调节开关控制按钮时，信号发送给MSM，MSM负责对电动座椅调节电机提供12 V电压和接地。每个电机都带有电路断路器，以避免电机负荷过大。参考电路图，测量座椅调节开关在各个状态时的阻值。各端子之间的标准电阻值见表3.3.3。

表3.3.3　各端子之间的标准电阻值

开关状态	端子	电阻值	开关状态	端子	电阻值	开关状态	端子	电阻值
关闭	10－4	∞	后垂直升高	10－4	169 Ω	前垂直升高	10－11	169 Ω
	10－11	∞	后垂直降低	10－4	76 Ω	前垂直降低	10－11	76 Ω
	1－4	47 Ω	水平向前	10－4	43 Ω	倾斜向前	10－11	43 Ω
	1－11	47 Ω	水平向后	10－4	10 Ω	倾斜向后	10－11	10 Ω

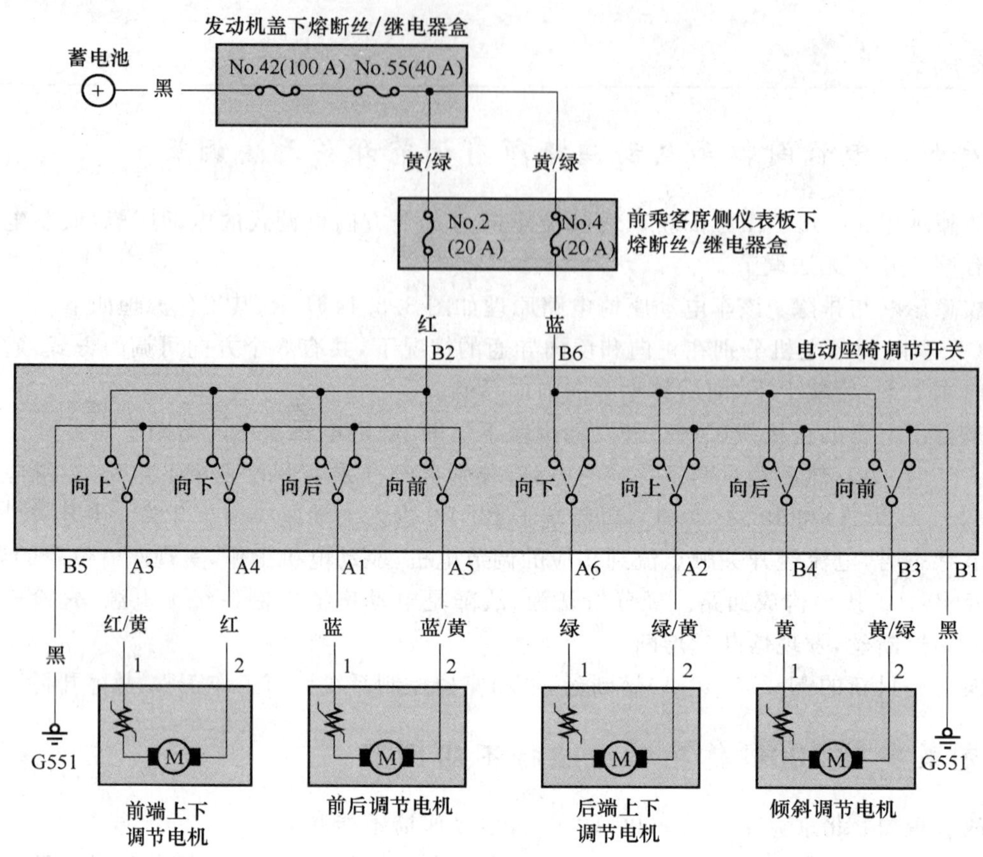

图 3.3.14　电动座椅电路原理图

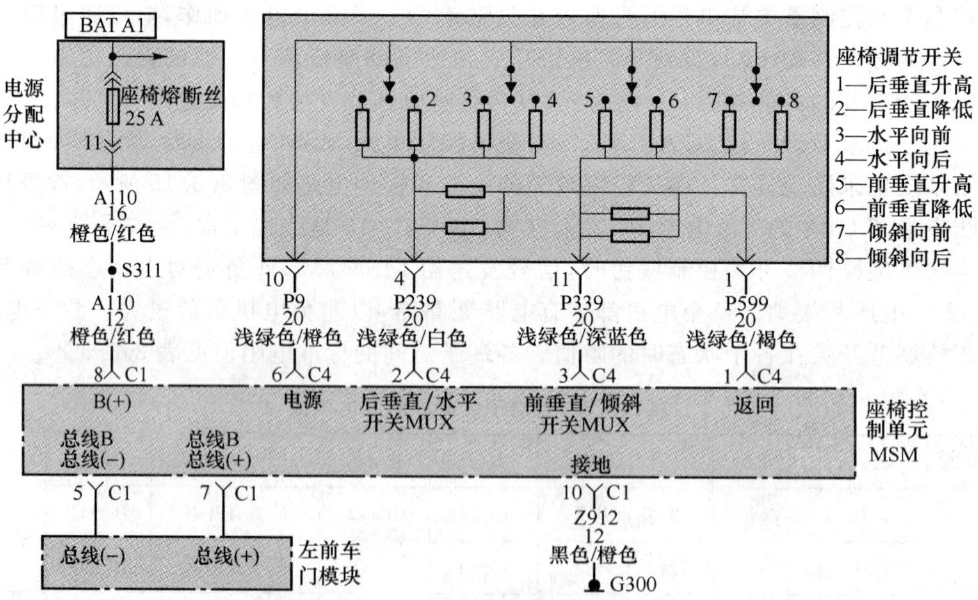

图 3.3.15　电动座椅控制单元电路图

经过检测，座椅调节开关各端子之间的电阻值符合表中的要求。使用故障诊断仪对MSM进行刷新，故障依旧。更换新的MSM，座椅可以正常调节，故障排除。

维修小结：MSM损坏的常见原因是内部进水、电流过大而损坏或本身软硬件问题。该车的MSM没有发现进水现象，可能是座椅移动过程中受到较大的阻力而引起过载电流造成的损坏。

知识拓展

当由于某些原因更换了座椅的电机、位置传感器、座椅记忆模块或座椅记忆模块所存储的记忆丢失时，则需对电动座椅记忆功能重新进行匹配。

1. 大部分车型电动座椅的匹配操作程序

(1) 打开车门。

(2) 按下座椅记忆开关键M。

(3) 旋转点火钥匙到指示灯亮位置，不要启动发动机。

(4) 调整好座椅位置，包括左、右侧后视镜。

(5) 变速杆挂R位，调整右后视镜倒车时自动向下的位置。

(6) 按住记忆键1、2或3，直到听到“叮”的确认声音再放松。

(7) 迅速将变速杆挂P位，关闭电源，拔出钥匙，按住钥匙上的开锁键，再听到“叮”的一声即完成匹配。

2. 奔驰ML350轿车电动座椅的匹配

拆下或断开蓄电池负极，或拆检电动座椅电器元件后必须对电动座椅重新匹配，否则全部电动座椅无法进行调节。奔驰ML350电动座椅的匹配方法：连接STAR-Diagnosis诊断仪，依次选择功能项→控制单元→车身→后SAM模块(后座椅探测和控制模块)→控制单元匹配→读取设定码，必要时更改电动座椅调整，将Not Present改为Present。将设定码保存完毕，退出程序。

3. 帕萨特2.8 V6轿车电动座椅的匹配和设置

为避免安装新的驾驶员侧座椅控制单元后无法进行记忆设置，更换帕萨特V6驾驶员侧座椅控制单元后必须对座椅记忆系统重新进行初始化设定。

(1) 帕萨特V6轿车电动座椅的匹配初始化步骤

① 重新连接蓄电池。

② 打开驾驶员侧车门。

③ 接通点火开火。

④ 用水平电动调整开关和靠背电动调整开关调整驾驶员座椅至最前端。使座椅背至最陡位置。完成以上操作步骤后，电动座椅重新具备记忆功能设定。

(2) 帕萨特V6轿车前排电动座椅记忆功能的设置

①接通点火开关。

②将驾驶员座椅左侧“Memory OFF”红色按钮按下。

③调节前排电动座椅到最合适位置，按下驾驶员左侧1个记忆按钮，按下并保持，直到听见“咚”的提示音。前排电动座椅记忆功能的设置完成。

4. 如何预设宝来轿车电动座椅

宝来轿车加装了电动座椅，可调整座椅的前后位置、座椅前部的高低位置、座椅后部的高低位置、靠背的倾斜角度，即8个自由度的调整。宝来的电动座椅和后视镜具有记忆功能。出于安全驾驶的考虑，座椅和后视镜设置的激活只能在点火开关关闭的情况下进行。

(1) 座椅和后视镜移到预设位置。存储于正常驾驶时，座椅和后视镜位置的设置方法：首先打开点火开关，将红色开关按钮置于工作状态(即低凹位置)，然后按个人需要调整驾驶员座椅和两个后视镜位置。最后选择驾驶员电动座椅的记忆按钮1、2或3，按下该按钮3 s，直到听到悦耳的“当”的一声，表明该设置已经存入存储器中。

注意：每一次按钮上设置的新值都将取代原来的数值。蓄电池断开后，所有已经存储的座椅和后视镜设置将丢失，设置的位置可以通过记忆按钮1、2、或3来再现，也可以通过遥控器实现。

存储器可以记忆3组预设值。在换驾驶员后，只需在点火开关关闭情况下，按动自己预设的按钮，就可使座椅和左、右侧后视镜移动到自己的预设位置，使用各自的带有遥控发射器的钥匙，也可以达到同样的目的，并可操作电动座椅的记忆按钮1、2或3再现。存储在存储器中不同记忆按钮的调整参数也可以通过操作遥控钥匙来实现。记忆关系在任何时候都可以用红色开关按钮关闭(按钮低凹位置时为系统工作状态，按钮凸起位置时为系统关闭状态)系统关闭后，可通过座椅调整开关、后视镜调整开关进行手工调整。

(2) 遥控器与记忆按钮关系的设置。完成正常驾驶时座椅和后视镜位置的设置后，将有10 s时间用于遥控钥匙的设置。将遥控钥匙从点火开关中拔出，然后按下遥控器上打开按钮至少1 s，直到听到悦耳的“当”的一声后，表明遥控器与所选记忆按钮的对应关系已设置完成。

(3) 座椅和后视镜移到存储位置。在驾驶员侧车门打开时，快速点击所需的记忆按钮，电动座椅和后视镜将自动移到存储位置。

(4) 在驾驶员侧车门打开或关闭时，按住所需的记忆按钮直到座椅和后视镜自动移到存储位置。

(5) 快速点击遥控器上的打开按钮，然后打开驾驶侧车门，座椅和后视镜将自动移到与其对应关系的记忆按钮所存储的位置。

(6) 当挂入倒挡后，右侧后视镜自动移到自己预设的位置。移开倒挡，则自动恢复向前行驶预设位置。红色按钮是清除键，如座椅处在记忆位置时，按下此键，记忆将被清除。

(7) 激活倒挡时后视镜设置的方法。先将后视镜调节开关转到右后视镜位置，然后挂入倒挡位，右后视镜将自动移到存储的位置。移开倒挡，或将后视镜调节开关从右后视镜位置移开，右后视镜自动回正到正常驾驶时座椅和后视镜的存储位置。

电动座椅控制单元安装在驾驶员座椅下面，当中断电源后，已存储的预设将丢失，驾驶员必须重新设置。首先进行系统的初始化，以后生产的控制单元存储器可能换成电擦除式，断电后记忆仍保存。

课后练习

1. 电动座椅具有哪些调节功能？
2. 对照图3.3.6分析别克荣誉轿车电动座椅前部高度调节控制电路。

任务 3.4　电动雨刮器检修

【知识要求】

➢ 能正确讲述电动雨刮器的组成和各部分功用；

➢ 能正确描述电动雨刮器的工作原理、使用及系统的控制方法；

➢ 能正确识读和分析电动雨刮器的电路图。

【能力要求】

➢ 会正确拆装电动雨刮器各部件；

➢ 会检测判断电动雨刮器各部件性能；

➢ 会分析诊断和排除电动雨刮器常见故障。

任务描述

一位客户反映他所驾驶的 2003 款宝来 1.8T 轿车，操作电动雨刮器开关时，发现雨刮器在各个挡位工作时的运动都很慢。现在请你对客户轿车的电动雨刮器进行检修。

相关知识

雨刮器的作用是清扫挡风玻璃上的雨水、雪或尘土，保证汽车在雨天或雪天时，驾驶员有良好的视线，确保行驶安全。

目前在汽车上广泛采用电动雨刮器，雨刮器开关一般具有高速、低速及间歇 3 个工作挡位，除了变速之外，还有自动回位的功能。

大多数汽车的挡风玻璃上装有两个雨刮片，有些汽车后窗也装有一个雨刮片，甚至有些高级轿车的前照灯上也装有雨刮片。

一、电动雨刮器的组成及结构

电动雨刮器在车上的位置如图 3.4.1 所示，电动雨刮器操作开关如图 3.4.2 所示。

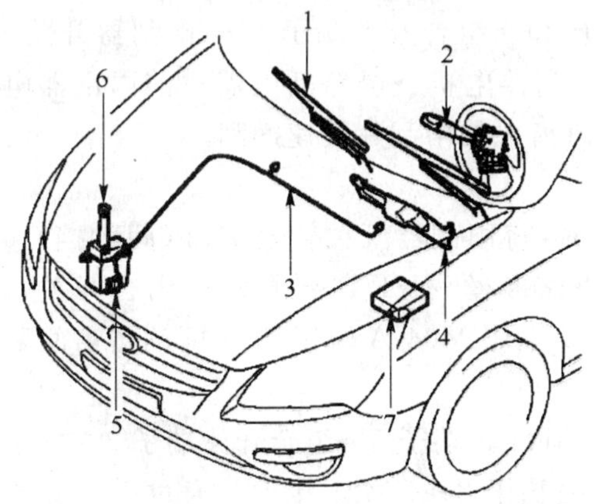

1—挡风玻璃雨刮器臂、片；2—雨刮器、喷水器开关；3—挡风玻璃喷水器软管；4—挡风玻璃雨刮器电机、连杆；5—喷水电机；6—喷水器储液箱；7—雨刮器继电器

图 3.4.1　电动雨刮器在车上的位置

OFF—停止挡；INT—间歇挡；LO—低速挡；HI—高速挡；PULL—喷水联动挡

图 3.4.2　电动雨刮器操作开关

汽车的电动雨刮器一般由直流电动机、蜗轮箱、曲柄、连杆、摆杆、摆臂和雨刮片等组成。一般电动机和蜗轮箱结合成一体组成雨刮器电机总成。曲柄、连杆和摆杆等杆件可以把蜗轮的旋转运动转变为摆臂的往复摆动,使摆臂上的雨刮片实现刮水动作。电动雨刮器的结构如图 3.4.3 所示。

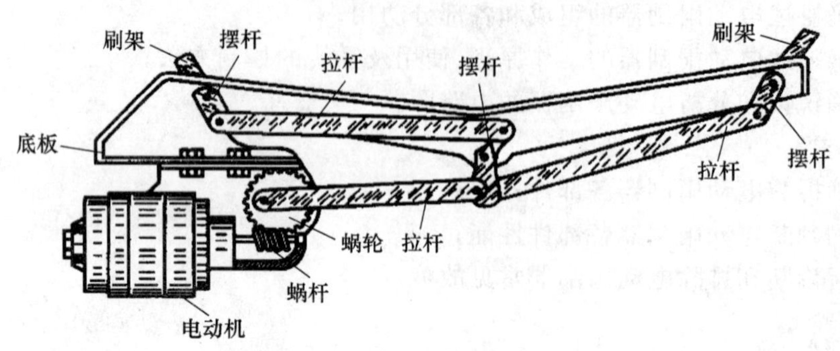

图 3.4.3 典型电动雨刮器的结构

二、电动雨刮器的工作原理

如图 3.4.4 所示为北京现代悦动轿车电动雨刮器控制电路。其控制系统可对高速运转、低速运转、间歇运转(间歇时间可调整)、喷水联动及刮雾联动等进行控制。现介绍其工作原理。

1. 雨刮器高速运转控制

雨刮器需高速运转时,将雨刮器开关转至 HI(高速挡),电流通路为:点火开关 ON 时电源→25A 前雨刮器熔断丝→I/P-B 端子 20→组合开关端子 12→雨刮器开关 HI 挡→组合开关端子 14→前雨刮器电机端子 4→前雨刮器电机→电路断电器→前雨刮器电机端子 5→GAG14 接地。前雨刮器电机启动,驱动风窗上的雨刮片快速摆刮。

2. 雨刮器低速运转控制

雨刮器需低速运转时,将雨刮器开关转至 LO(低速挡),电流通路为:点火开关 ON 时电源→25 A 前雨刮器熔断丝→连接器 I/P-B 端子 20→组合开关端子 12→雨刮器开关 LO 挡→组合开关端子 8→前雨刮器电机端子 6→前雨刮器电机→电路断电器→前雨刮器电机端子 5→GAG14 接地。前雨刮器电机启动,驱动风窗上的雨刮片慢速摆刮。

3. 雨刮器间歇运转控制(间歇时间可调)

(1) 间歇运转请求信号。雨刮器需间歇运转时,将雨刮器开关转至 INT(间歇挡)。电流通路为:点火开关 ON 时电源→25 A 前雨刮器熔断丝→I/P-B 端子 20→组合开关端子 12→雨刮器开关 INT 挡→组合开关端子 13→BCM 模块 M04-A 端子 15。雨刮器需间歇运转的请求信号送至 BCM 模块。

(2) 间歇时间信号。电流通路为:BCM 模块 M04-B 端子 5→组合开关端子 3→雨刮器开关 INT 挡 →间歇时间控制滑动电阻→组合开关端子 2→GM21 接地。通过手动旋转开关调节滑动电阻的电阻值,从而调节间歇时间。

(3) 雨刮器继电器控制。BCM 模块收到雨刮器需间歇运转的请求信号后,控制 M04-C 端子 5 搭铁,接通雨刮器继电器线圈电路,其电流通路为:点火开关 ON 时电源→25 A 前雨

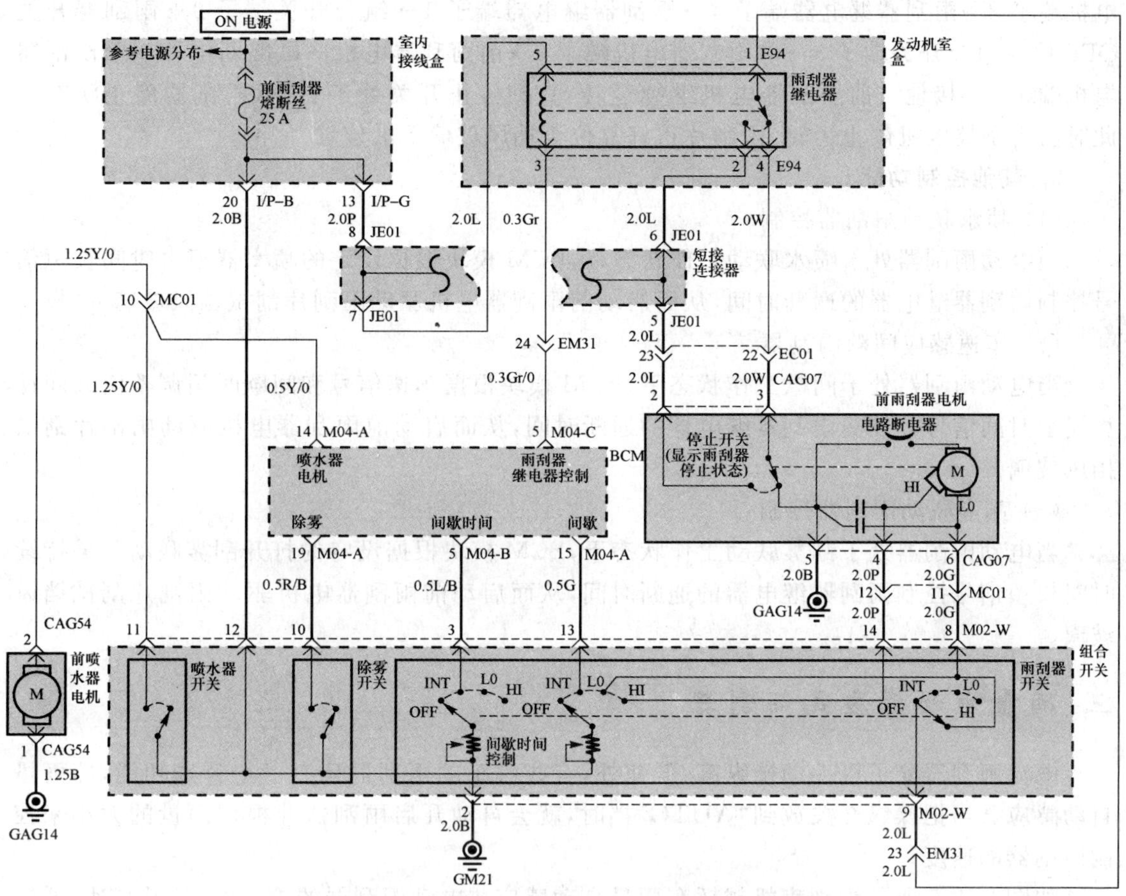

图 3.4.4　北京现代悦动轿车电动雨刮器电路图

刮器熔断丝→I/P-G 端子 13→JE01 端子 8→JE01 端子 7→雨刮器继电器线圈→BCM 模块 M04-C 端子 5→BCM 模块内部接地。

雨刮器继电器线圈通电后，继电器触点闭合。于是电流通路为：点火开关 ON 时电源→25 A 前雨刮器熔断丝→I/P-G 端子 13→JE01 端子 8→JE01 端子 6→雨刮器继电器端子 2→雨刮器继电器端子 1→组合开关端子 9→雨刮器开关 INT 挡→组合开关端子 8→前雨刮器电机端子 6→前雨刮器电机→电路断电器→前雨刮器电机端子 5→GAG14 接地。前雨刮器电机工作。

BCM 模块根据设定的间歇时间信号控制雨刮器继电器的通断时间，前雨刮器电机间歇启动，使风窗上的雨刮片间歇性有规律摆刮。

4. 自动复位控制

在雨刮器电机上设有一个由凸轮驱动的一掷二位停机复位开关，用以保证雨刮器在任何时刻停止时，雨刮片都处在挡风玻璃下沿位置。

自动复位控制过程：当要电动刮水器停止时，闭合雨刮器开关至 OFF(停止挡)，如果此时雨刮片不在挡风玻璃下沿位置，则雨刮器电机继续通电运转直至雨刮片正好在玻璃下沿位置。电流通路为：点火开关 ON 时电源→25 A 前雨刮器熔断丝→I/P-G 端子 13→JE01 端子 8→JE01 端子 5→前雨刮器电机端子 2→停止开关(连接至左侧运转状态)→前雨刮器电机端子 3→雨刮器继电器端子 4→雨刮器继电器端子 1→组合开关端子 9→雨刮器开关 OFF 挡→组合开关端子 8→前雨刮器电机端子 6→前雨刮器电机→电路断电器→前雨刮器电机端子 5→接地。前雨刮器电机继续运转,直到停止开关处于右侧(雨刮器停止状态)。此时前雨刮器电机停止运转,雨刮片正好复位至挡风玻璃下沿位置。

5. 其他控制功能

(1) 喷水联动雨刮器控制

当电动雨刮器处于喷水联动工作状态下,BCM 模块根据设定的喷水器喷水时间长短信号控制雨刮器继电器的通断时间,从而启动前雨刮器电机驱动雨刮片刮拭挡风玻璃。

(2) 车速感应间歇雨刮器

当电动雨刮器处于间歇工作状态下,BCM 模块根据车速信号和间歇时间调整值共同计算间歇时间信号并控制雨刮器继电器的通断时间,从而启动前雨刮器电机驱动雨刮片刮拭挡风玻璃。

(3) 刮雾联动雨刮器控制

当电动雨刮器处于刮雾联动工作状态下,BCM 模块根据设定的打开刮雾联动开关持续时间长短信号控制雨刮器继电器的通断时间,从而启动前雨刮器电机驱动雨刮片刮拭挡风玻璃。

三、雨量自动感应式雨刮器

电动雨刮器除了可手动操纵高、低速外,有些汽车的雨刮器还有一个特殊功能,即雨量自动感应。当把操纵开关放到“AUTO”挡时,就会自动开启雨刮器并根据雨量的大小来控制雨刮器的速度。

如图 3.4.5 所示为别克凯越轿车雨量自动感应式电动雨刮器的控制电路,其高速、低速及间歇工作与普通电动雨刮器相似,这里不再详述,下面主要介绍雨量自动感应式雨刮器的自动控制系统。

雨量自动感应式雨刮器操作开关如图 3.4.6 所示,将雨刮器开关置于自动(AUTO)挡,当雨量传感器感应到挡风玻璃表面有水时,自动启动雨刮器电机。通过旋拧雨刮器开关上的调节轮,可调节自动雨刮器控制的敏感度,即调整刮水的速度。

雨量传感器位于前挡风玻璃内侧,靠近后视镜,如图 3.4.7 所示。雨量传感器以 45°角向挡风玻璃发射一束红外线,如果玻璃干燥,反射回传感器的光线较多。如果玻璃表面有水时,光线就被散射到其他地方,反射回传感器的光线较少。反射回传感器的光线越少,说明雨水量越多。当反射回传感器的光线降至预先设定值时,传感器将自动启动雨刮器工作。

在雨刮电机内有两个继电器,左侧的继电器控制雨刮的高/低速,连接至雨量传感器 2 号端子;右侧的继电器控制低速/间歇,连接至雨量传感器 1 号端子。雨量传感器通过 1、2 号端子控制雨刮电机总成内部继电器的搭铁。雨量传感器可自动控制间歇时间长短和雨刮器高、低速。雨量传感器 7 号端子用于检测复位脉冲,以进行间歇控制。

当雨刮器开关处于自动挡时,电流路径为:运行/启动(在运行或启动时有电)→熔断丝 F9→雨刮器开关端子 A8→雨刮器开关端子 A7→雨刮器开关端子 B1→灵敏度旋钮→雨刮器开关端子 B2→雨量传感器端子 5(该端子在最灵敏时为 12 V 电压,在最不灵敏时为 6 V 电压,是一个输入信号)。

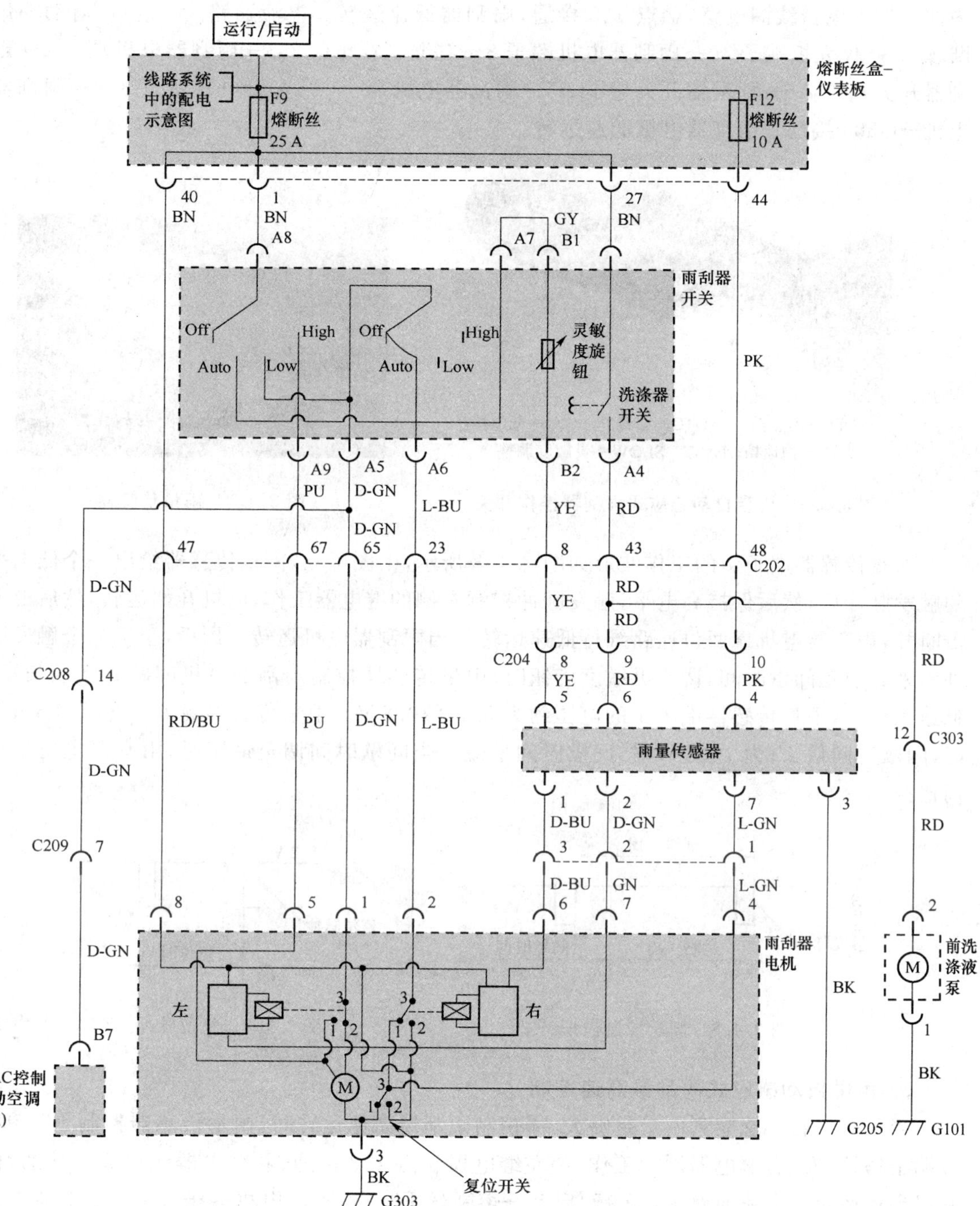

图 3.4.5　别克凯越轿车雨量自动感应式电动雨刮器电路图

说明：雨刮器电机控制模块相当于两个控制继电器，左边继电器未工作时，触点 2、3 接通；右边继电器未工作时，触点 1、3 接通。

1. 雨量自动感应式雨刮器低速/间歇控制

当雨量传感器感应到雨量较少时，雨量传感器控制 1 号端子搭铁，接通雨刮器电机总成内部右侧继电器线圈电路，触点 2、3 接通，雨刮器低速运转。电流通路为：运行/启动→熔断丝 F9→仪表板端子 40→雨刮器电机端子 8→右继电器触点 2、3→雨刮器电机端子 2→雨刮器开关端子 A6→雨刮器开关端子 A5→雨刮器电机端子 1→左继电器触点 3、2→雨刮器电机→G303 接地。雨刮器电机低速运转。

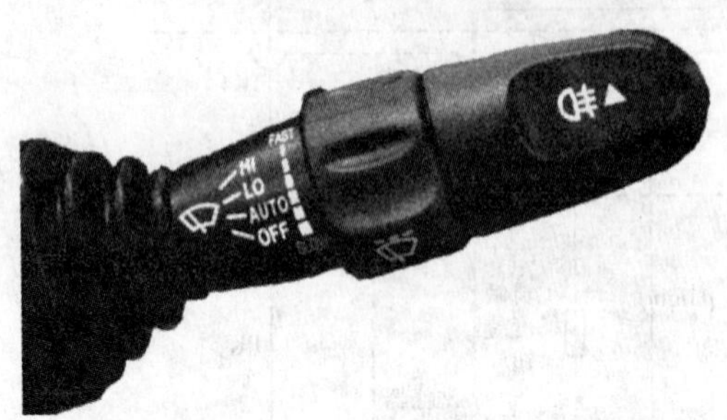

OFF—停止挡； AUTO—自动挡； LO—低速挡；
HI—高速挡； FAST、SLOW—灵敏度调整

图 3.4.6　雨量自动感应式雨刮器操作开关

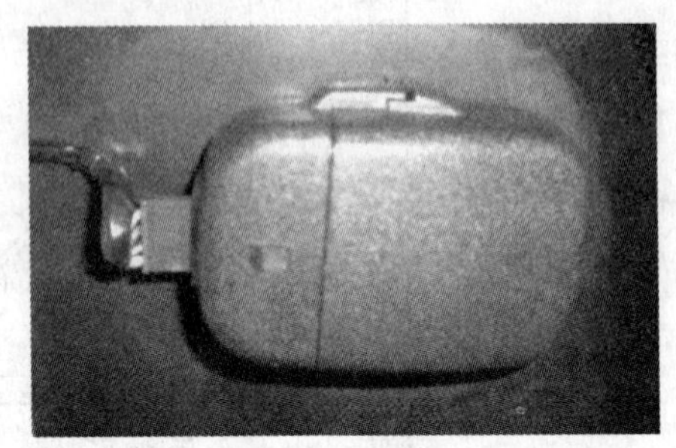

图 3.4.7　雨量传感器

雨量传感器端子 1 的工作波形如图 3.4.8 所示，由图可知，雨量传感器给出一个低电平的触发脉冲后，然后保持高电平，触发脉冲控制右侧的继电器工作，电机开始运转，然后继电器断开，雨刮器电机靠回位通路维持低速运转。当雨刮器电机运转一周后，至下一个触发脉冲到来之前是间歇时间，调节灵敏度旋钮时，雨量传感器控制雨刮器电机间歇时间的长短。低速工作时，雨量传感器端子 1 的电压约为 5.1～10.8 V。雨量传感器端子 1 电压为 5.1 V 时，间歇时间最长；为 10.8 V 时，间歇时间最短。当间歇时间调至最短时，雨刮器电机启动高速挡。

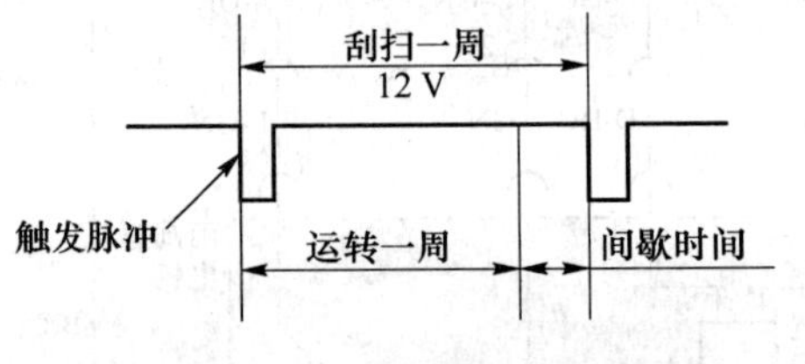

图 3.4.8　间歇控制波形

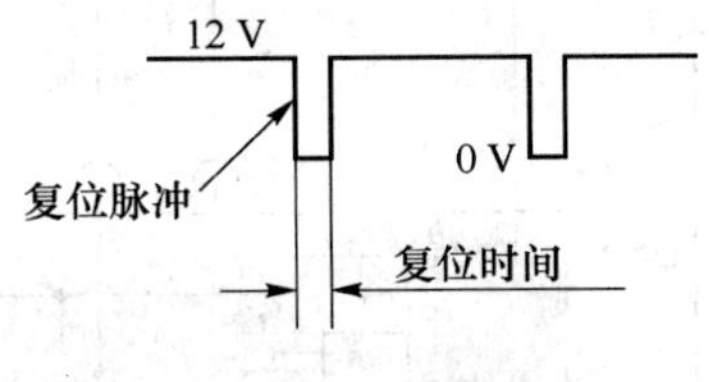

图 3.4.9　复位脉冲

2. 雨量自动感应式雨刮器高速控制

当雨量传感器感应到雨量足够大，需控制雨刮器高速运转时，雨量传感器控制 1 号和 2 号端子搭铁，左、右继电器同时工作，使左继电器触点 1、3 接通，右继电器触点 2、3 接通，雨刮器高速运转。电流通路为：运行/启动→熔断丝 F9→雨刮器电机端子 8→右继电器触点 2、3→雨刮器电机端子 2→雨刮器开关端子 A6→雨刮器开关端子 A5→雨刮器电机端子 1→左继电器触点 3、1→雨刮器电机→G303 接地。雨刮器电机高速运转。

3. 复位脉冲检测

雨量传感器只有收到雨刮器电机的复位信号后，才能正确控制间歇时间。雨刮器电机端子 4 是复位脉冲输出端，将复位信号送至雨量传感器的端子 7，复位脉冲波形如图 3.4.9 所示。图中脉冲的下降沿是复位开始，图 3.4.8 中触发脉冲前沿是雨刮器电机运转开始，至

收到复位脉冲是运转一周时间,复位脉冲至下一个触发脉冲是间歇时间。

4. 自动空调控制

雨刮器开关端子 A5 向自动空调系统端子 B7 输出雨刮器工作信号,当雨刮器电机工作约 60 s 时,如果自动空调处于 AUTO 状态,则自动启动除雾功能。

任务实施

一、电动雨刮器主要部件的检修

由于不同车型的电动雨刮组件结构不相同,所以在维修时应该针对不同的车型,确定相应的维修方法。下面以北京现代悦动轿车电动雨刮器为例讲述电动雨刮器主要部件的检修(电路参见图 3.4.4)。

1. 雨刮器开关的检测

(1) 在诊断仪菜单上选择车型及 BCM(车身控制模块)项,如图 3.4.10 所示。在 BCM(车身控制模块)中选择“当前数据”项,如图 3.4.11 所示。

1. 现代车辆诊断
模块 : ELANTRA
01. 发动机 (汽油)
02. 发动机 (柴油机)
03. 自动变速器
04. ABS/ESP
05. SRS-安全气囊
06. 电子动力转向
07. 全自动空调
08. 车身控制模块

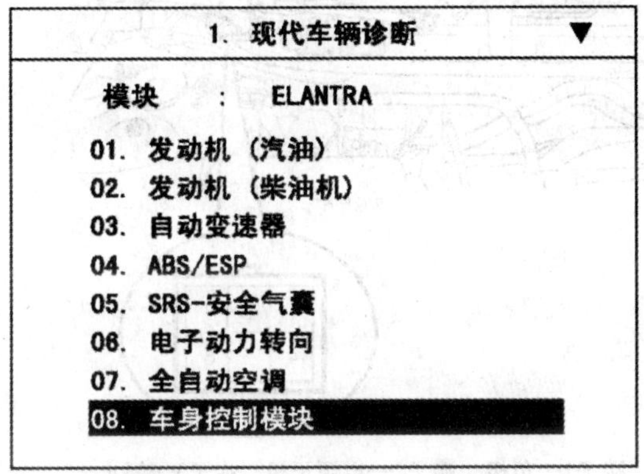

图 3.4.10　选择车型及车身控制模块

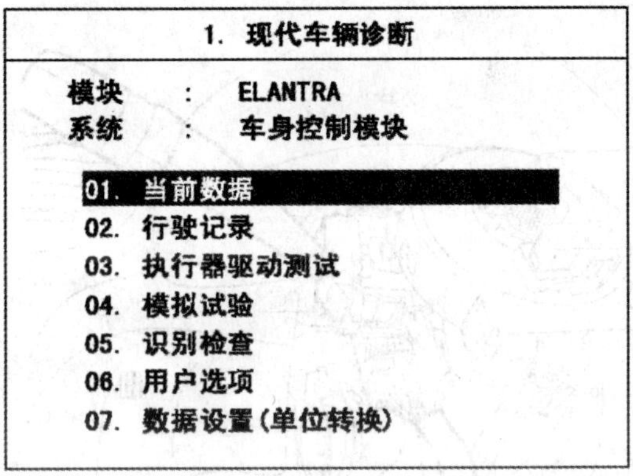

1. 现代车辆诊断
模块 : ELANTRA
系统 : 车身控制模块
01. 当前数据
02. 行驶记录
03. 执行器驱动测试
04. 模拟试验
05. 识别检查
06. 用户选项
07. 数据设置(单位转换)

图 3.4.11　选择“当前数据”

(2) 检查组合开关挡位开启和关闭与 BCM(车身控制模块)所显示信息是否一致,如图 3.4.12 所示。如果一致则说明组合开关、BCM(车身控制模块)及两者之间的连接线路工作正常。如果不一致则需进一步检查开关线路以及 BCM(车身控制模块)是否有故障。

2. 雨刮器开关的拆装

(1) 拆下蓄电池负极电缆。

(2) 拧下 3 个螺钉后拆卸转向柱上部和下部护壳 A,如图 3.4.13 所示。

(3) 推动锁销 B,拧松 2 个螺钉,并拆下连接器,然后拆卸雨刮器开关 A,如图 3.4.14 所示。

安装时按拆卸的相反顺序进行。

3. 电动雨刮电机的检修。

(1) 拆卸雨刮器电机导线连接器,如图 3.4.15 所示。

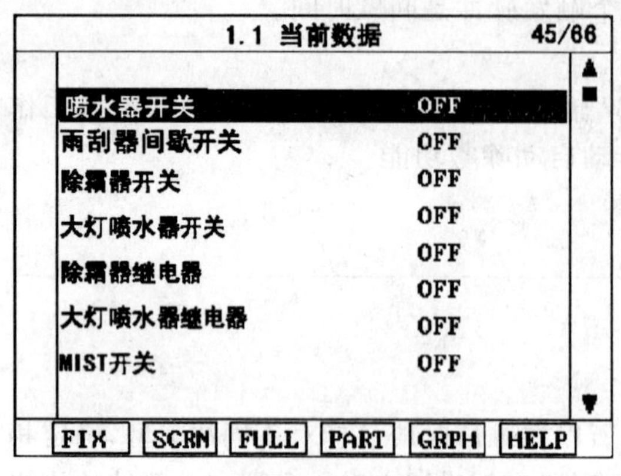

图 3.4.12　组合开关挡位开启和关闭

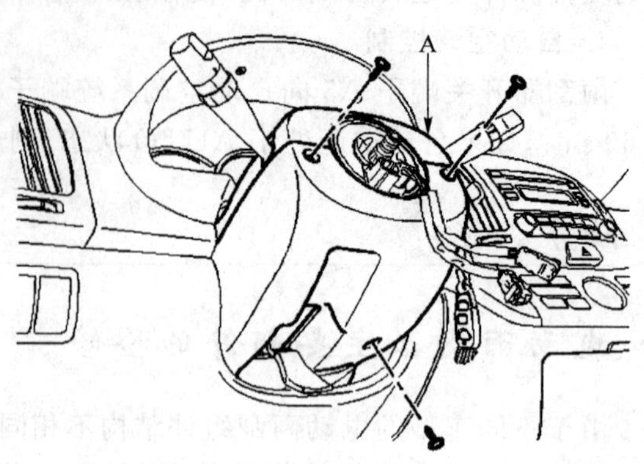

图 3.4.13　拆卸转向柱上部和下部护壳

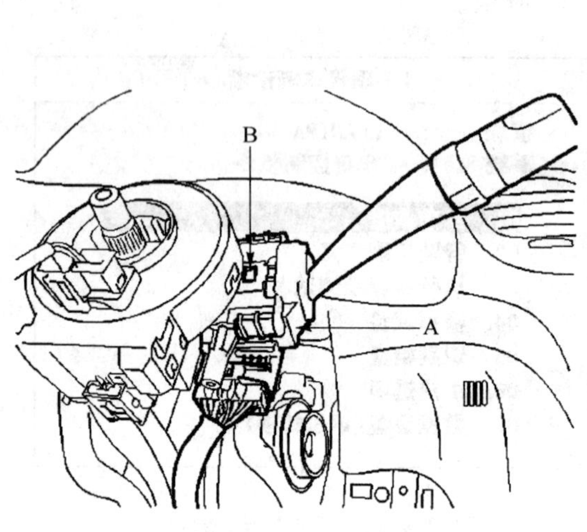

图 3.4.14　拆卸雨刮器开关

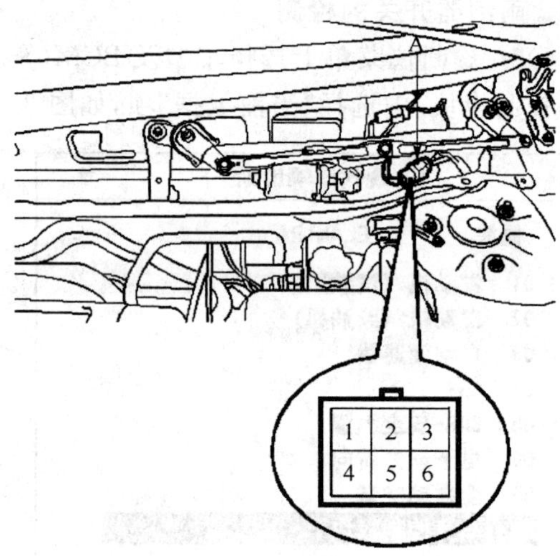

端子1—负极；端子2—电源正极；端子3—停止；
端子4—高速；端子5—搭铁；端子6—低速

图 3.4.15　拆卸雨刮器电机导线连接器

(2) 将连接器端子 6 接蓄电池正极，端子 5 接蓄电池负极，检查电机是否低速转动。若不低速转动，则应更换雨刮器电机。

(3) 将连接器端子 4 接蓄电池正极，端子 5 接蓄电池负极，检查电机是否高速转动。若不高速转动，则应更换雨刮器电机。

(4) 检查雨刮器电机停止复位功能。接蓄电池电源使雨刮器低速运转，分开端子 6，在除 OFF 位置外任何位置停止电机操纵。短接端子 3 和 6。将连接器端子 2 接蓄电池正极，端子 5 接蓄电池负极，检查雨刮器电机是否复位到 OFF 位置并停止运转。若不能复位到 OFF 位置并停止运转，则应更换雨刮器电机。

二、电动雨刮器常见故障诊断

电动雨刮器常见故障原因与排除如表 3.4.1 所示。

表 3.4.1 电动雨刮器常见故障原因与排除

故障现象	故 障 原 因	故障排除方法
雨刮器电机不转	1. 雨刮器电机电源电路断路 2. 继电器及开关接触不良 3. 电机电刷与换向器接触不良 4. 电机电枢绕组卡死或烧坏 5. 传动机构损坏	1. 检查雨刮器电机电源是否断路 2. 检查继电器及开关是否工作正常 3. 检修或更换 4. 检修或更换 5. 检修或更换
雨刮器无低速、高速及间歇挡	1. 熔断丝熔断或继电器损坏 2. 雨刮器开关损坏 3. 雨刮器电路故障 4. 雨刮器电机失效	1. 检查熔断丝及继电器是否正常 2. 检查雨刮器开关工作是否正常 3. 检查插接器及相关电路是否正常 4. 检查雨刮器电机是否正常
雨刮器无自动停位功能	1. 雨刮器开关的停位触头损坏 2. 减速器蜗轮输出轴背面的自动停位导电片和减速器盖板上的导电触头损坏	1. 检查雨刮器开关的停位触头，若损坏则更换 2. 检修或更换
雨刮器动作迟缓	1. 蓄电池亏电或开关接触不良 2. 雨刮片与挡风玻璃接触面过脏 3. 电机轴承或传动机械润滑不良 4. 电机电刷接触不良 5. 电枢绕组短路或接地	1. 检修或更换 2. 清理赃物 3. 检查并加注润滑油 4. 更换电刷和弹簧 5. 检修或更换
雨刮片振动	1. 挡风玻璃过脏 2. 雨刮片损坏 3. 雨刮片的倾角不对 4. 传动机构故障	1. 清洗挡风玻璃 2. 更换雨刮片 3. 重新调整倾角 4. 检修或更换

案例分析

一、宝马 730Li 雨刮器控制功能失效

故障现象：该车配置 M54 型发动机和自动变速器，行驶里程约为 50 000 km。据驾驶员介绍，在操作雨刮器开关时，雨刮器的刮水功能和清洗功能有时候会失效。

故障诊断与排除：使用诊断仪进行自诊断，选择 E65/E66 底盘车型，点击“快速测试”键，对全车电控系统进行扫描，结果发现诊断仪没有搜索到雨刮器模块（WIM），而在 CAN-byte flight 检测项目中有一个故障码，内容为雨刮器模块 CAN 通信故障。对全车电控系统进行故障信息删除，启动发动机，操作雨刮器开关，雨刮片动作。反复操作几次之后，雨刮器又没有反应了。重新进行自诊断，结果与上面相同，说明故障是雨刮器模块性能不良或线路不良造成的。查阅相关资料，得知雨刮器模块与雨刮器电机集成在一起。在整车网络中属于 K-CAN S 总线（车身系统总线）的用户。

该车雨刮器的控制原理是：转向柱开关中心对雨刮器开关信号进行处理，然后将该信号通过 byte flight 总线、安全和信息模块传送至中央网关模块，中央网关模块再通过 K-CAN S 总线将信号传送至雨刮器模块。因此接下来应检查雨刮器开关信号是否正常，再对雨刮器模块进行检查，这样就容易找到故障原因。选择 SZL 诊断菜单，在“应答诊断”项目中查看雨刮器开关的工作数据，结果正常，说明故障与雨刮器开关信号无关。检查雨刮器模块的供电熔断丝，正常。拆下前挡风玻璃下方的护板，找到雨刮器总成，拔下连接器进行检查，发现针脚有锈蚀现象。使用除锈剂处理干净，测量供电针脚和搭铁针脚之间的电压，为蓄电池电压，说明雨刮器模块供电恢复正常。插好线束插头，清除故障码，进行试车，故障症状彻底消失。

维修小结：雨刮器模块由常火线（30 线）供电，其唤醒功能是通过总线信号来执行的。当雨刮器模块损坏或线路接触不良时，总线系统会记录相关信息，此时应重点检查雨刮器模块的电源线、搭铁线和 K-CAN S 总线。若线路检查结果正常但故障信息无法清除，则说明雨刮器模块损坏，应更换雨刮器总成。

二、别克 GL 轿车雨刮器电机工作不正常

故障现象：别克 GL 轿车在打开雨刮器开关时，发现雨刮器随时都会停止工作，但关闭开关后，却不能停止工作。

故障诊断与排除：该车电动雨刮/洗涤系统主要由雨刮器/洗涤器开关、雨刮器电机、连动杆、雨刮片、洗涤泵、储液罐和喷嘴等组成。上述故障的主要原因是：雨刮器开关故障；雨刮器电机总成故障；雨刮器电机线束或电刷短路；雨刮器开关电路有短、断路故障。

针对上述不同的原因，可采取以下方法进行检修。

(1) 打开点火开关，关闭雨刮器开关，发现雨刮器仍不停止工作。拔下雨刮器开关 48 针线束连接器，测量雨刮器开关连接器深绿色端子与搭铁间电压，大于 1 V。

(2) 将雨刮器开关连接器插上，再拔出雨刮器电机线束连接器，测量雨刮器电机线束连接器深绿色线与搭铁间电压，大于 1 V，说明深绿色线与电源之间有短路，而且这种短路时有时无。

(3) 当轿车运行时，由于振动使深绿色与电源线时而接触，时而断开。当深绿色线脱离电源线时，雨刮器工作正常。当深绿色线与电源线接触短路时，雨刮器停止工作。当雨刮器开关为开时，恰好深绿色线与电源线接触短路，于是雨刮器停止工作。

将深绿色线从插接器上拆除（两端同时拆除），并做好绝缘处理，再用一根绝缘良好的导线代替原深绿色线，用锡焊上两端，装入原深绿色线位置处。插好插接器，通电试验，雨刮器工作正常，故障排除。

三、宝来 1.8T 轿车雨刮器在各个挡位工作时的运动都很慢

故障现象：2003 款宝来 1.8T 轿车，在各个挡位工作时雨刮器的运动都很慢。

故障诊断与排除：打开雨刮器开关，观察雨刮器的运动，显得无力并有些抖动。首先检查雨刮片与雨刮臂之间的连接螺母，没有松动的迹象。测量雨刮器电机的电源线电压，正常。将雨刮器电机的端子 2、4 直接通电，电机运转正常，这说明雨刮器电机没有问题。拆下

雨刮臂等机械部件，观察雨刮器电机的运动还是有些抖动。

查阅相关电路图，拆下驾驶员侧仪表下装饰板，发现雨刮器控制单元严重松动。固定好雨刮器控制单元后，故障排除。

四、东风标致 307 轿车自动刮水功能失效

故障现象：东风标致 307 不能自动刮水，显示“雨量传感器故障”。

故障诊断与排除：该车为事故车，更换了挡风玻璃、仪表板等，故怀疑电路有故障，于是根据电路图检查相关电路、连接器、搭铁等，均正常。从其他正常的车上拆下雨量传感器换上，故障依旧。将此事故车的雨量传感器换到正常车上，正常。

该车雨量传感器是根据光学反射原理工作的，因此如果挡风玻璃有问题，就会影响到自动雨刮器的正常工作。经证实此挡风玻璃为副厂件，更换原厂挡风玻璃后，自动雨刮器工作正常。

知识拓展

雨刮器虽是汽车上一个很小的零部件，却是驾驶员雨中安全行驶的重要“武器”，使驾驶员有着清晰明朗的视野。据国际驾驶安全调查：雨天 66% 以上的交通事故是由于车辆前方视线不清所造成的。

一、雨刮器的正确使用

雨刮器一定要在有雨水的情况下使用，决不可以无水干刮。要等到挡风玻璃表面上有足够的雨水方可启动雨刮器，随时保持挡风玻璃表面的清洁，防止玻璃上的杂质伤害到雨刮片。挡风玻璃上有坚固的硬物（如鸟类的干涸粪便等），切不可直接用雨刮器硬刮，一定要先清除硬物。清洗汽车时，要轻擦挡风玻璃表面，防止用来保护雨刮片的表层油膜被洗掉，造成雨刮片磨损加剧，甚至工作中出现瞬间停顿现象。

冬季若雨刮器被冰冻住或雪团卡住，应先开启风窗加热功能，确保前后挡风玻璃与雨刮片之间的冰雪融化。否则，可能会因雨刮片运动的阻力过大而烧坏雨刮电机。为保证良好的刮刷效果，请使用指定的风窗清洗液。因为专业清洗液中加入了可溶解脏污并改善玻璃表面润湿环境的成分，而且其冰点也远低于 0 ℃。

二、雨刮器的失效原因

雨刮片长期不更换，会变硬、老化或开裂。汽车经常暴露在阳光下，也会加快雨刮片的老化。雨刮片一旦老化，就会逐渐失去其弹性而卷曲，造成不能很好地和挡风玻璃表面贴附，出现刮不净雨水现象，有时还会出现刮出条纹或者工作中产生噪声。

在冬季，寒冷的天气使雨刮橡胶变硬变脆，甚至出现开裂。同时，摇臂有时也会被冰雪卡阻，造成雨刮片受力不均匀，使雨刮片在扫过玻璃时产生跳动，出现波纹。

挡风玻璃表面脏污或雨刮器过度使用，会加快雨刮器的磨损。灰尘、小颗粒、路上溅的泥点甚至小虫子的汁液都会磨钝刮片的刃口。

三、雨刮器的选用

新换的雨刮片应与车辆所要求的规格相一致。此时可参考随车手册，看看上面注明的雨刮器型号。如不清楚，也可让零件销售员帮忙辨认。雨刮片的长度要适宜，切不可盲目加长雨刮片的长度，否则会增加雨刷电机和雨刷杆的负担，从而影响到雨刮器的正常工作。

注意雨刮支杆连接至雨刮摇臂的方式是否匹配。有的支臂是用螺丝固定到摇臂上，而有的是用凸扣锁死的。选择雨刮片时，要认真检查雨刮片的弹性。检验时，可将雨刮器拉起来，用手指在清洁后的橡胶刮片上摸一摸，看看是否有损坏，橡胶叶片弹性是否良好。

进行雨刮试验时，将雨刮器开关置于各种速度位置处，检查在不同速度下雨刮器的刮水速度是否保持一定。特别是在间歇工作状态下，更要留意雨刮片在运动时是否保持一定速度。在刮水状态下，检查刮水支杆是否存在摆动不均匀或漏刮的现象。如果出现雨刮片摆幅不顺，雨刮片与挡风玻璃表面不能完全贴合或是雨刮片擦拭后玻璃表面呈现水膜，产生细小条纹或雾状及线状痕迹，则此雨刮片不合格。

四、雨刮器的维护

定期检查雨刮器刮片。雨刮片的寿命一般为 1 年左右，当发现雨刮器刮片严重磨损或脏污时，应及时更换或清洗。清洗雨刮器刮片时，可用蘸有酒精清洗剂的棉纱轻轻擦去刮片上的污物，绝不可用汽油清洗或浸泡雨刮片，否则会使雨刮片变形而失效。

检查雨刮器工作情况时，要先用水润湿挡风玻璃表面。关闭雨刮器开关时，雨刮器刮片应停回到挡风玻璃下侧。若停止位置不对，应加以调整。

在炎热夏季里不用雨刮器时，使用雨刷顶避免雨刮片与高温的挡风玻璃长时间接触。因为温度很高的玻璃对橡胶雨刮片具有很大的伤害。使用雨刮时，如出现雨刮电机“嗡嗡”作响而又不转动时，说明雨刮器的机械传动部分有锈死或卡住的地方，应立即关闭雨刮器，以防烧毁电机。

雨刮电机多为封闭式，不可随意拆装。必须拆卸时，一定要保持其内部清洁，切勿使铁屑之类的污物落入其中。装配时，也要给含油轴承的毛毡加注少许润滑油，并更换或补充减速器内的润滑脂。

课后练习

1. 简述电动雨刮器的组成及作用。
2. 对照图 3.4.5 分析别克凯越轿车高速、低速时的工作过程。
3. 简述雨量传感器工作原理。

任务 3.5　电动后视镜检修

【知识要求】

➢ 能正确讲述电动后视镜的组成和各部分功用；

➢ 能正确描述电动后视镜系统的工作原理、使用及系统的控制方法；
➢ 能正确识读和分析电动后视镜的电路图。

【能力要求】

➢ 会正确拆装电动后视镜系统各部件；
➢ 会检测判断电动后视镜系统各部件性能；
➢ 会分析诊断和排除电动后视镜系统常见故障。

任务描述

一位客户反映他所驾驶的一汽马自达 M6 轿车，按下外后视镜缩回开关时，外后视镜左右两侧均不动作，但后视镜镜片角度调节功能正常。现在请你对客户轿车的后视镜进行检修。

相关知识

汽车后视镜俗称倒车镜，是汽车必备的安全装置之一，如图 3.5.1 所示。驾驶员在行车过程中，通过后视镜来获取汽车后方和侧面等外部信息。现代汽车大都采用电动后视镜，由电气控制系统来操纵。

图 3.5.1　汽车后视镜和控制开关

一、后视镜种类

后视镜按照安装位置不同可以分为内后视镜、外后视镜和下视镜 3 种。内后视镜用于驾驶员观察车内情况或者透过后窗观察汽车后方的道路状况。内后视镜还具有在夜间防止后随车辆的前照灯光线所引起眩目功能。左、右后视镜用于观察汽车左右两侧的行人、车辆以及其他障碍物的情况，确保行车或倒车安全。下视镜安装在车身外部的车前或车后部位，用于驾驶员观察车前或车后地面的情况。

按防眩目功能可分为普通型后视镜和防眩目型后视镜。普通型内后视镜多为反射膜为铝或银的平面镜，无夜间行车时防眩目功能。

防眩目内后视镜主要是防止后面汽车的前照灯光线过强时照射在车内后视镜上影响驾驶者的注意力，也就是俗称的“晃眼”。防眩目型内后视镜又可分为手动和自动两种。手动防炫目后视镜采用双层镜面，两层镜面之间有夹角。白天使用里面反射膜来反射光线，反射率接近 100％。晚上行车时，驾驶员将内后视镜扳动一定角度，里层镜面不再正对驾驶员，而是外层镜面正对驾驶员，由于外层镜面反射较弱，所以既可以看见后面的车灯，又可以避免眩目。其原理如图 3.5.2 所示。

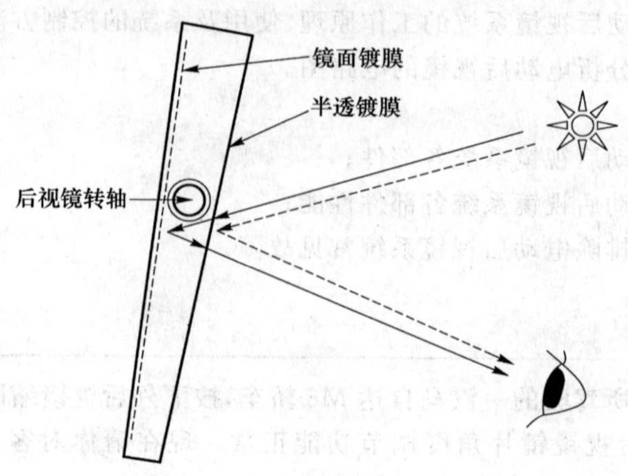

图 3.5.2　手动防炫目内后视镜原理

自动防炫目内后视镜一般采用液晶式，利用液晶通电改变透光率（变色），可以起到减低反射率的效果。自动防炫目内后视镜在两块透明平面玻璃之间夹一块液晶片。白天使用时，不接通液晶片的电源，玻璃的透明度大，反射率可达 80％以上；夜间使用时，接通液晶的电源，玻璃透明度下降，反射率降低，从而达到防眩目的。液晶的电源开关可以由驾驶员通过按钮控制，也可以用光电元件组成的控制开关根据白天与夜间光通量的不同，来自动控制。液晶式防眩目内后视镜已得到普遍应用。

二、电动后视镜的组成及结构

汽车的电动后视镜一般由镜片、驱动电机、控制电路及操纵开关等组成。在每个后视镜镜片的背后都有两个双向永磁电机，可操纵其上下及左右运动。通常上下方向的倾斜运动由一个永磁电机控制，左右方向的倾斜运动由另一个永磁电机控制。通过改变电机的电流方向，即可完成后视镜的位置调整。电动后视镜的结构如图 3.5.3 所示。

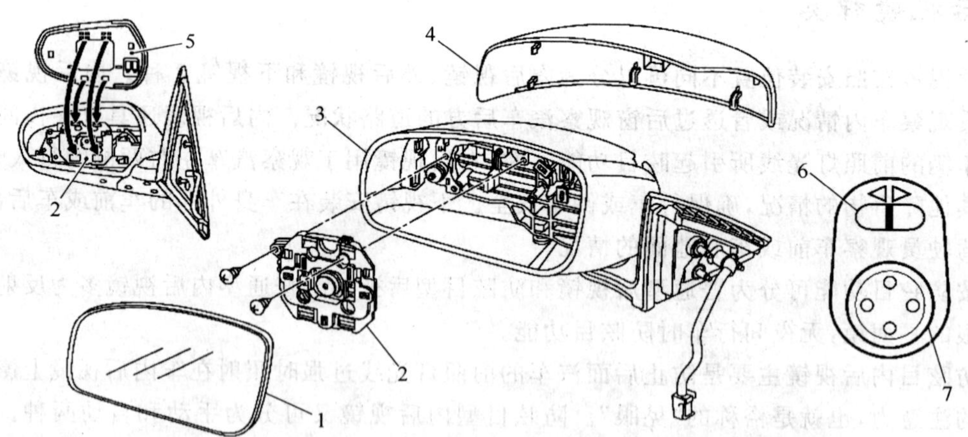

1—后视镜镜片；2—电力单元；3—后视镜支架；4—后视镜罩；5—后视镜体；6—后视镜选择开关；7—后视镜方向开关

图 3.5.3　典型电动后视镜的结构

为了使汽车通过尽可能狭小的路段，有的电动后视镜还带有伸缩功能，由伸缩开关控制伸缩电机工作，使两个后视镜整体回转伸出或缩回。

有些电动后视镜带有记忆功能，驾驶员操作存储和复位开关可将后视镜的调整位置存储起来，在需要的时候恢复到原来调整的位置。

三、电动后视镜的工作原理

如图 3.5.4 所示为别克凯越轿车电动后视镜的控制电路。其控制系统可调整后视镜的左/右和上/下位置，同时还可对后视镜进行缩回和伸出控制。现以驾驶员侧车外电动后视镜为例介绍其工作原理。

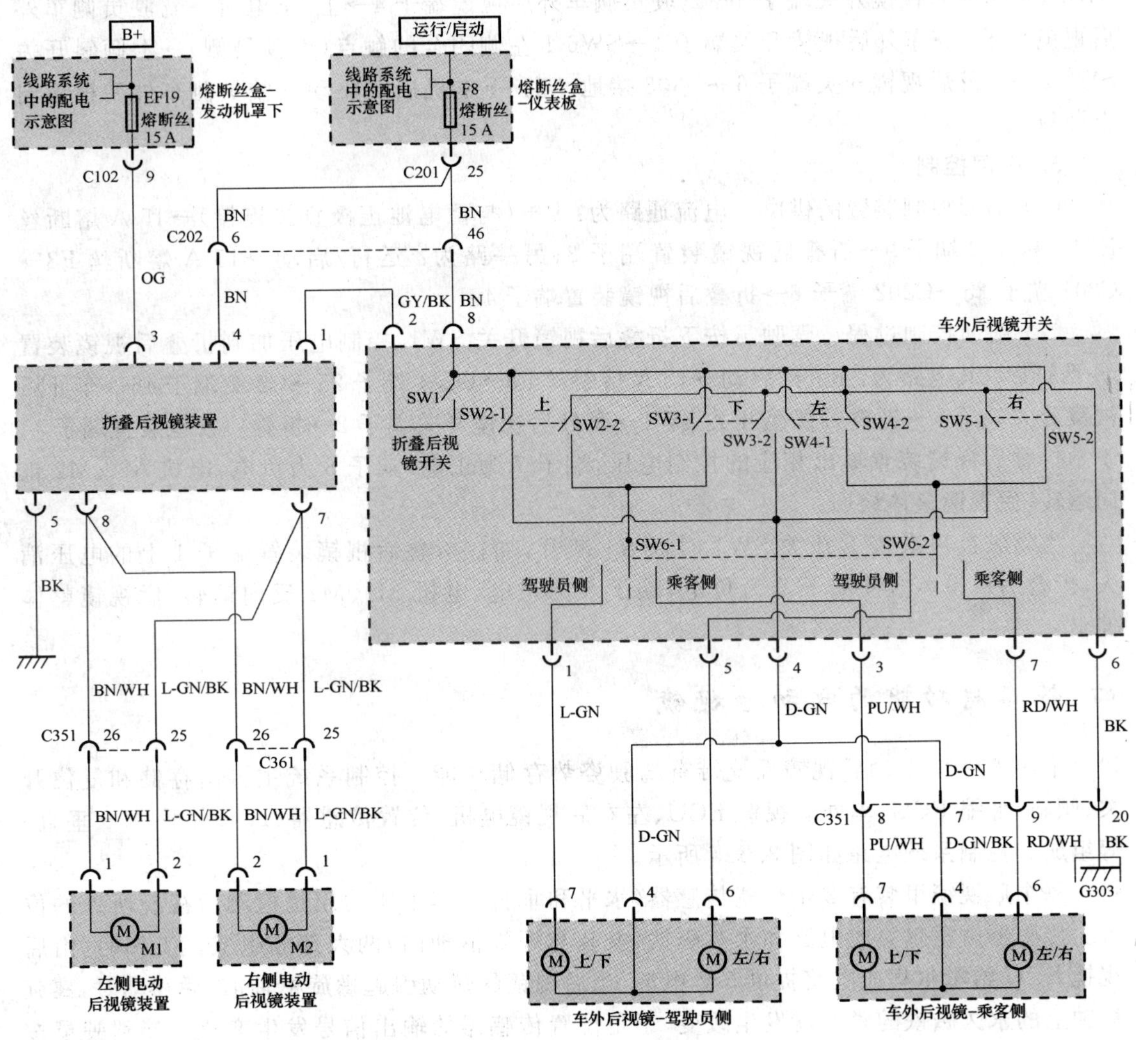

图 3.5.4　别克凯越轿车电动后视镜电路图

1. 向右倾斜控制

当要向右倾斜控制驾驶员侧车外电动后视镜时，将左/右后视镜选择开关 SW6（SW6-1 和 SW6-2）拨至驾驶员侧位置，将方向开关拨至向右倾斜 SW5（SW5-1 和 SW5-2）位置，电流通路为：运行/启动(在运行或启动时有电)→15A 熔断丝 F8→C201 端子 25→C202 端子 46→车外后视镜开关端子 8→右倾斜开关 SW5-2→SW6-2 左侧闭合的触点(驾驶员侧)→车外后视镜开关端子 5→驾驶员侧车外后视镜端子 6→左/右电机→驾驶员侧车外后视镜端子 4→车外后视镜开关端子 4→右倾斜开关 SW5-1→车外后视镜开关端子 6→G303 接地。左/右电机启动驱动驾驶员侧车外后视镜向右倾斜。

2. 向上倾斜控制

当要向上倾斜控制驾驶员侧车外电动后视镜时，将左/右后视镜选择开关 SW6 拨至驾驶员侧位置，将方向开关拨至向上倾斜 SW2(SW2-1 和 SW2-2)位置，电流通路为：运行/启动→15 A 熔断丝 F8→C201 端子 25→C202 端子 46→车外后视镜开关端子 8→上倾斜开关 SW2-1→车外后视镜开关端子 4→驾驶员侧车外后视镜端子 4→上/下电机→驾驶员侧车外后视镜端子 7→车外后视镜开关端子 1→SW6-1 左侧闭合的触点(驾驶员侧)→上倾斜开关 SW2-2→车外后视镜开关端子 6→G303 接地。上/下电机启动驱动驾驶员侧车外后视镜向上倾斜。

3. 缩回控制

(1) 缩回控制装置的供电。电流通路为：B+(与蓄电池正极直接连接)→15 A 熔断丝 EF19→C102 端子 9→折叠后视镜装置端子 3；另一路为：运行/启动→15 A 熔断丝 F8→C201 端子 25→C202 端子 6→折叠后视镜装置端子 4。

(2) 缩回控制过程。驾驶员按下折叠后视镜开关 SW1，控制电压加到折叠后视镜装置端子 1 上。其电路为：运行/启动→15 A 熔断丝 F8→C201 端子 25→C202 端子 46→车外后视镜开关端子 8→折叠后视镜开关 SW1→车外后视镜开关端子 2→折叠后视镜装置端子 1。于是折叠后视镜装置输出相应的控制电压，端子 7 为正电，端子 8 为负电，电机 M1、M2 正向运转，后视镜整体缩回。

当驾驶员再次按下开关 SW1 时，SW1 断开，加在折叠后视镜装置端子 1 上的电压消失，折叠后视镜装置使端子 7 为负电，端子 8 为正电，电机 M1、M2 反向运转，后视镜整体伸出。

四、带存储功能的电动后视镜

丰田 LS400 电动后视镜系统带有驾驶姿势存储功能。控制系统主要由存储和复位开关、倾斜/伸缩 ECU、车外后视镜 ECU、左右后视镜电机、位置传感器(H－水平，V－垂直)等组成。控制系统电路如图 3.5.5 所示。

每个后视镜里装有 2 个位置传感器(水平和垂直)，其主要功用是检测后视镜所处的位置。传感器由霍尔集成电路和永久磁铁(安装与螺旋枢轴内)两大部分组成。工作时，由后视镜 ECU 给霍尔集成电路提供 5 V 电源，当后视镜的转动引起螺旋枢轴前、后移动时，螺旋枢轴上的永久磁铁的磁场就发生改变，于是位置传感器的输出信号发生变化。当驾驶员按下存储按钮时，ECU 就将此时位置传感器的信号存储到 ECU 的存储器里。当驾驶员按下复位开关进行复位时，ECU 控制后视镜电机转动，同时检测出位置传感器的输出信号，并将此信号与以前存储的信号进行比较。当信号一致后，后视镜电机才停止转动。

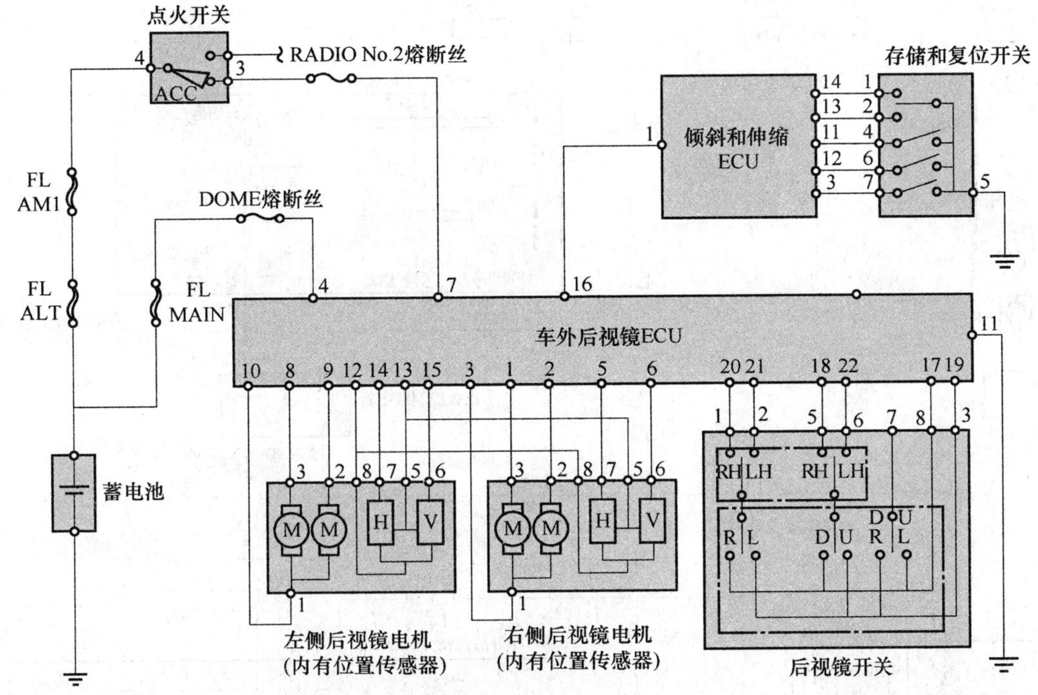

图 3.5.5 丰田 LS400 轿车带存储功能的后视镜电控系统电路

五、电控变色自动防炫目内后视镜

自动防眩目内后视镜有一个特殊镜面和两个光敏二极管及电子控制器组成。两个光敏二极管中一个安装在后视镜正面，另一个在背面，它们分别接受汽车前面及后面射来的光线。当后车的前照灯照射在车内后视镜上时，通过两个光敏二极管的信号比较可以判断后面的光强于前面的光，于是电子控制器就会施加电压给后视镜镜面的导电层上，从而改变镜面电化层颜色。电压越高，后视镜镜面电化层颜色越深，后面射来的强光就会被镜面吸收掉很大一部分，余下反射到驾驶员眼内的光线就变得柔和多了。镜面电化层使反射层根据后方光线的入射强度，自动持续变化以防止眩目。

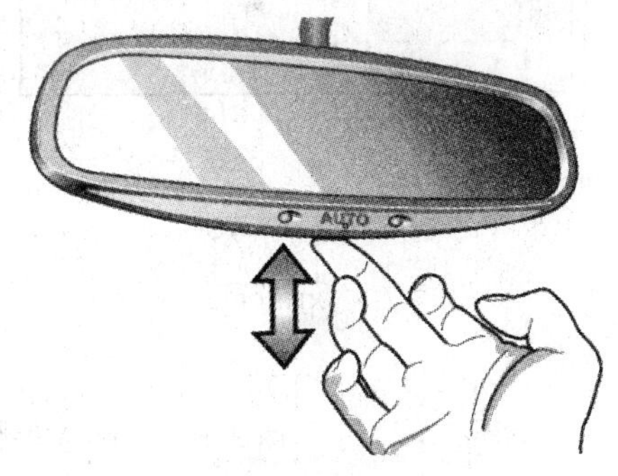

图 3.5.6 电控变色防眩目内后视镜

自动防炫目后视镜固然能防炫目，但在从车库倒车出来时，由于车后面的光线较强而车前面光线弱，此时后视镜如变暗就不利于倒车时看清车后情况，因此一些汽车便设计成当汽车挂倒挡时能自动取消防炫目功能，或者也可以用开关手动取消该功能。

别克荣誉轿车电控变色自动防炫目内后视镜如图 3.5.6 所示。内后视镜底座旁边有一个开关，可将系统设置在“自动(AUTO)”或“关闭(OFF)”位置。开关处于关闭位置时，内后视镜不具备防炫目功能。开关处于自动位置时，内后视镜将自动根据需要改变颜色，减小眩光。控制系统电路如图 3.5.7 所示。

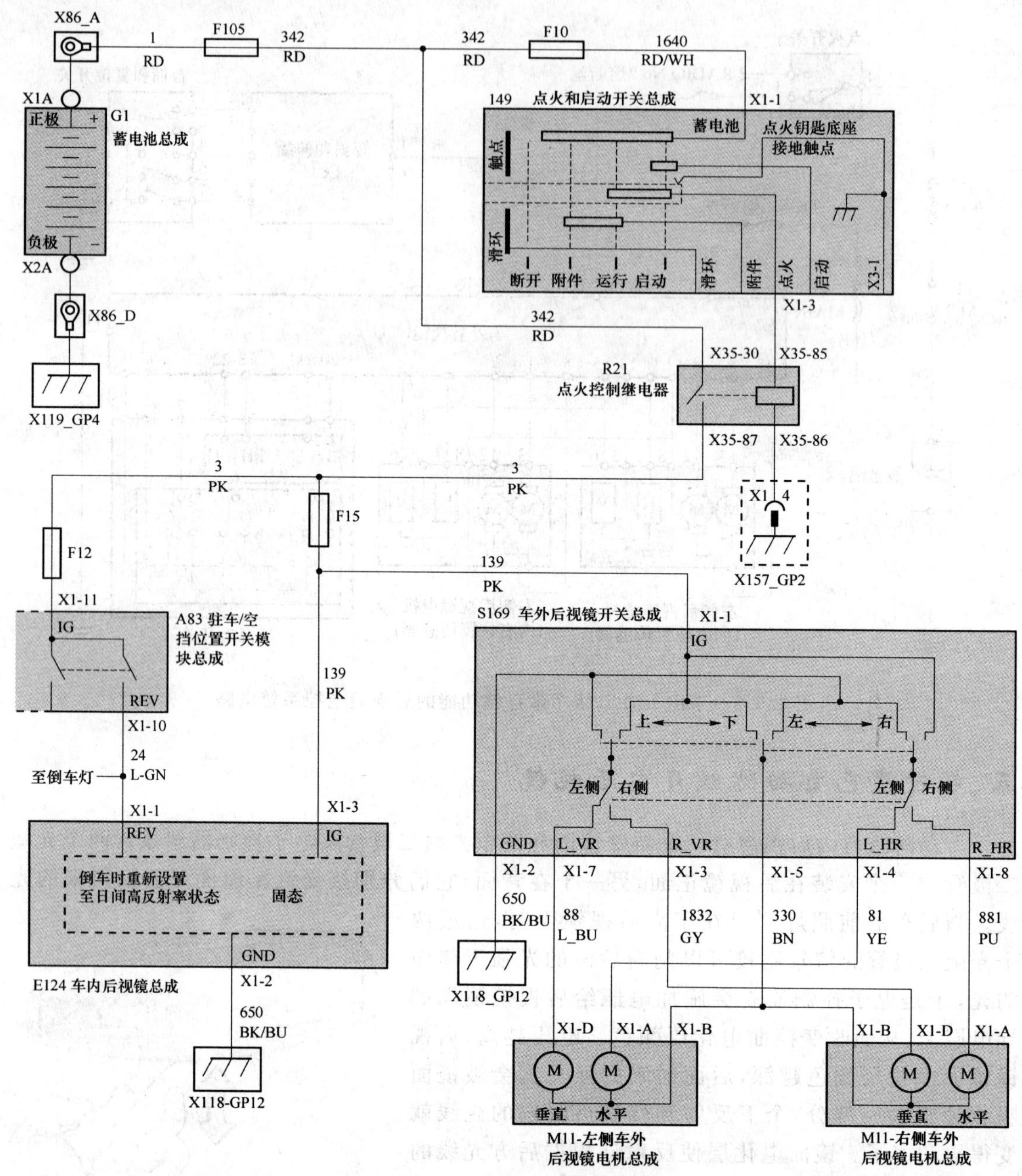

图 3.5.7 别克荣誉轿车电控变色自动防炫目内后视镜电路图

任务实施

一、电动后视镜主要部件的检修

由于不同车型的电动后视镜组件结构不相同，所以在维修时应该针对不同的车型，确定相应的维修方法。下面以别克荣誉轿车电动后视镜为例讲述电动后视镜主要部件的检修（电路参见图 3.5.7）。

1. 车外后视镜开关的检测

拆下车外后视镜开关。车外后视镜开关由后视镜选择开关 1 和后视镜方向开关 2 组成,如图 3.5.8 所示。按表 3.5.1 所示拨动后视镜开关,按图 3.5.9 所示用万用表测试所列开关接线端子之间是否导通。如果有一项不满足要求,应更换后视镜开关。

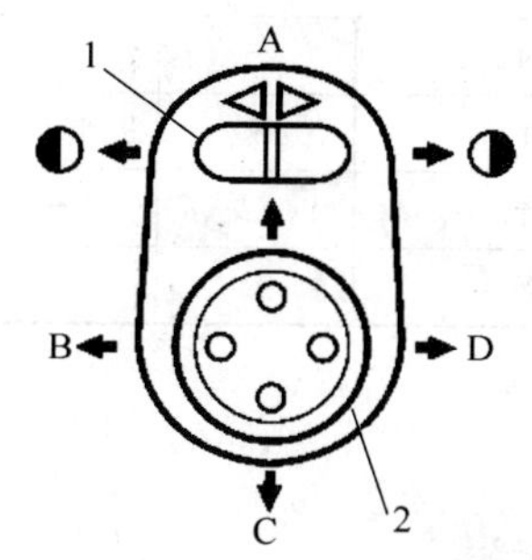

1—后视镜选择开关；2—后视镜方向开关

图 3.5.8　车外后视镜开关

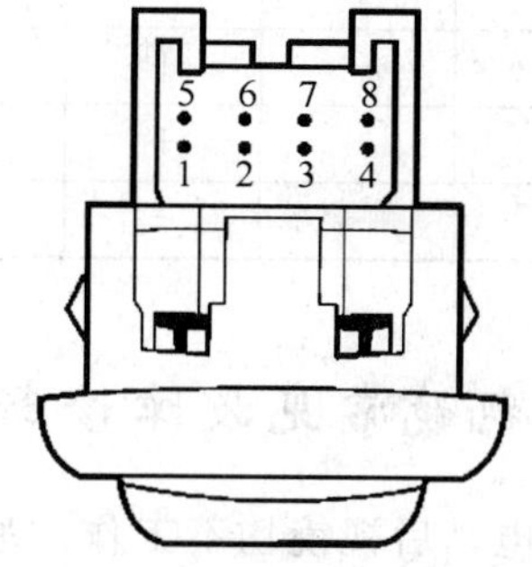

图 3.5.9　车外后视镜开关端子排列

表 3.5.1　车外后视镜开关线路导通情况的检测

选择开关 1 的位置	方向开关 2 的位置	导通的开关端子号	选择开关 1 的位置	方向开关 2 的位置	导通的开关端子号
◐(左侧)	A(上)	1 和 5、2 和 7	◑(右侧)	A(上)	1 和 5、2 和 3
◐(左侧)	B(左)	1 和 5、2 和 4	◑(右侧)	B(左)	1 和 5、2 和 8
◐(左侧)	C(下)	1 和 7、2 和 5	◑(右侧)	C(下)	1 和 3、2 和 5
◐(左侧)	D(右)	1 和 4 、2 和 5	◑(右侧)	D(右)	1 和 8、2 和 5

2. 电动后视镜电机的检修

(1) 电机内部通断检测。拆卸车外后视镜总成,如图 3.5.10 所示用万用表测量端子 A 和 B、A 和 D、B 和 D 之间的电阻,如果电阻值超过 200 Ω,则应更换后视镜总成。

(2) 电机通电检测。按图 3.5.11 所示，将 12 V 蓄电池的正极(+)和负极(−)引线连

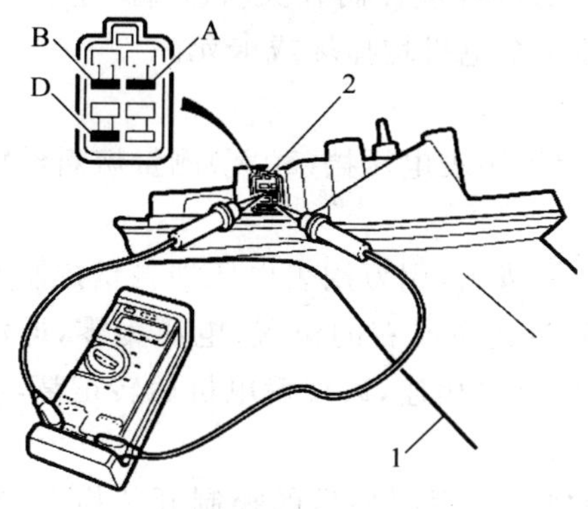

1—后视镜总成；2—连接器

图 3.5.10　电机内部通断检测

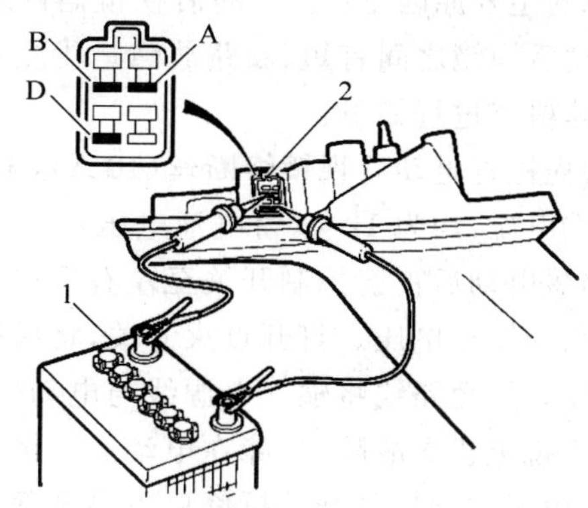

1—蓄电池；2—连接器

图 3.5.11　电机通电检测

接至连接器端子。观察后视镜的移动方向,如果与表3.5.2所示不符,则应更换后视镜总成。

表3.5.2 电动后视镜通电的检测

左侧后视镜移动方向	端子A	端子B	端子D	右侧后视镜移动方向	端子A	端子B	端子D
向内	+	−		向内	−	+	
向外	−	+		向外	+	−	
上升		+	−	上升		+	−
下降		−	+	下降		−	+

二、电动后视镜常见故障诊断

(1) 两个电动后视镜均不工作。故障原因为熔断丝熔断、搭铁不良、后视镜开关损坏、电机损坏等。

(2) 一侧电动后视镜不能动。故障原因为搭铁不良、后视镜开关损坏、电机损坏等。

(3) 一侧电动后视镜上下方向不能动。故障原因为搭铁不良、上下调整电机损坏。

(4) 一侧电动后视镜左右方向不能动。故障原因为搭铁不良、左右调整电机损坏。

当所有故障诊断和修理完成后,应检查系统是否正常工作。

案例分析

一、别克GLX轿车左右后视镜均不动作

故障现象:别克GLX轿车左右后视镜均不动作。

故障诊断与排除:该车电动后视镜总成设有两个可正反转的电机,一个用来驱动后视镜上下运动,一个用来驱动后视镜左右运动。每个电机带有一个自动复位电路断电器,当后视镜到达行程极限位置时,自动复位电路断电器便将电路切断,使电机停止转动。经分析认为,故障的主要原因是:①电动后视镜熔断丝熔断。②后视镜控制开关有故障。③控制开关至电动后视镜之间有短、断路故障。④左右后视镜4个电机均损坏或卡死。

具体检查过程如下:

(1)先检查电动后视镜熔断丝(10 A),未熔断。用万用表电压挡(50 V)测量熔断丝输入和输出端电压,均为12 V(蓄电池电压)。

(2)将电动后视镜控制开关至左右后视镜的连接器拔出,用万用表电压挡测量控制开关侧的输入和输出电压。打开点火开关,将后视镜开关转到左或右的位置,电压为零,即没有输出电压。用短路线将输入电源线与电动后视镜电机直接相连,后视镜电机运转正常,说明电动后视镜电机无故障,故障在电动后视镜控制开关。

(3)由于这种控制开关拆修后不易全部恢复正常状态,用同型号的控制开关换上,左右后视镜工作正常,故障排除。

二、路虎揽胜轿车左后视镜不能正常缩回

故障现象：2003 款路虎揽胜轿车左前后视镜不能正常缩回。

故障诊断与排除：先对整车进行了检查，发现左右后视镜都能进行上下左右移动，而一旦对后视镜进行缩回操作时，只有右边的后视镜能缩回，而左边的后视镜却不能，并且右边的后视镜在缩回后，立即又返回了，不能保持在缩回状态。

首先，试着用手推动后视镜，发现后视镜能缩回，说明后视镜里面没有发卡的现象。于是拆下后视镜。初步判断不是电机就是控制系统有问题。

于是逐一地对后视镜连接线进行检查。首先检查两个控制上下左右方向后视镜电机的线，接着检查控制除雾的和转向灯的线，剩下的 4 根线就是连接位置开关和电机的线了。对这 4 根线进行了检查，在这 4 根线中电机的线肯定是没有问题(因为它能正常缩回)，那么只剩下检测位置开关的两根线了。一根是黑色的线，测量这一根线发现是一根接地线，另一根一定是缩回信号线了。

对这个缩回信号线进行检测，发现后视镜在缩回到最后阶段时，这一根线并没有接地。于是在后视镜缩回的最后一个阶段时，对这一根线通入一个接地信号。发现左右的后视镜都能正常缩回，而当缩回后两边的后视镜都伸出了，不能保持在正常位置。说明这根信号线有问题。

对这根线进行检查，着重检查门与车身连接处的线束是否断路，未发现异常。怀疑是后视镜里面的检测开关有问题。解体后视镜后发现在后视镜的底部上有一个盖，揭开盖看到里面有一黑色开关。这个开关外面有带缺口的转轮。把这个开关拆下后，然后连上线用手按住开关，进行缩回操作，发现后视镜此时能进行正常的缩回。仔细检查了这个开关，发现这个开关有一根细小的销子把开关底部的一个钢片连在一起，而现在这个销子已经从底部和钢片脱开了。

再用一根大头针把开关底部和钢片连在一起，这在固定开关时一定要注意。因为在重新连接时有可能改变开关的形状，导致这个开关在安装时有可能不到位，如果不到位可以用一小片胶布把它粘起来。经试车，故障排除。

维修小结：该故障是由机械故障引起的。当发出后视镜缩回这个命令时，电机动作的同时带动下面转轮进行转动，使后视镜转到完全正常位置。在这一过程中这一开关一直关闭，给控制单元一个接地信号。而当后视镜折到位时，转轮刚好有一缺口，这时这个开关弹开，接地信号断开，于是这一信号在控制单元中说明后视镜已经到位了，而如果这一开关坏了以后，控制单元无法对后视镜在缩回时是否已到位进行检测，所以对后视镜进行了复位。这种故障在路虎车系上非常常见。

三、丰田雷克萨斯 LS400 轿车后视镜不能控制

故障现象：丰田雷克萨斯 LS400 轿车后视镜不能控制。

故障诊断与排除：该车在拆卸左右后视镜后做了全车油漆，再装复就出现上述故障，只能用手直接移动后视镜调整。

由于拆卸过左右后视镜，怀疑在安装时，电机连接器未插好、或者是未断电就拆卸，产生

自感电压造成后视镜 ECU 损坏。

拆检电机连接器，连接良好，由于电动后视镜与收音机、驾驶室灯共用 7.5 A 与 10 A 熔断丝，收音机与驾驶室灯正常，说明熔断丝正常；再检查左右调节开关、控制开关均正常；拆开前乘客侧杂物箱后面的 ECU，发现 ECU 进线有电，出线无电，说明故障在后视镜 ECU。

更换外后视镜 ECU 后，装复，后视镜控制工作正常，故障排除。

知识拓展

近年来，国内外科研人员和汽车厂商针对传统光学后视镜存在的缺陷，从不同的角度通过各种途径和方法进行革新与改进，产生了不少新技术。这些新技术中，既有局部的、单方面的变革，也有全方位的、根本性的改造；既有从功能上的创新，也有为满足个性化或美学要求的设计，它们有的已形成产品并投放市场，有的还停留在方案设计或试验阶段。

一、强化后视功能方面的新技术

1. 镜面新技术

平面镜、球面镜是传统镜面采用的两大系列，它们各有所长，但都存在明显的功能缺陷。对上述两种镜面各取所长，人们用改变镜面曲率的方法开发出一些新技术和新产品。

双曲率镜面：双曲率镜面弥补了平面镜后视范围过小，球面镜反映后方物体不真实的不足，它的球面部分曲率半径较大，基本上解决了失真问题。

变曲率镜面：对车辆的前后左右不同视野角度选择不同的曲率半径，并平滑过渡。这样能够在满足基本不失真的条件下进一步扩大视野、减少盲区，既满足了国家强制性标准，又解决了盲区问题。

全景后视镜：全景后视镜中间 2/3 的面积用平面镜，靠外 1/3 的面积用大弧度的凸面镜，这样驾驶员就能看到车后的一个全景，消除转弯时的盲点，视野扩大了 200%。

2. 表面处理新技术

(1) 镀层技术。后视镜镜面镀层有镀银、镀铝、镀铬、TiO_2 涂层（俗称“蓝镜”）4 种。镀银、镀铝镜面反射率较高，虽看得清晰，但长期观察镜面容易对眼睛造成疲劳，且防腐蚀性能较差，容易产生氧化，成本较低。镀铬镜面反射率比较适合于对眼部的刺激，防腐蚀性能较好，目前使用的后视镜大多采用此类镀层方式。TiO_2 涂层镜面有防眩目的功能，以减少眼部的疲劳，目前对中高档轿车后视镜的采用也比较普遍，但加工工艺比较复杂，色差的稳定性较难控制。

(2) 电化学后视镜。这种后视镜含有一种胶黏体，施加小电荷，胶黏体就发暗，当光敏传感器感觉到眩目强光时，电荷就被激发，后视镜就不晃眼了。

二、方便操作方面的新技术

1. 电动后视镜与记忆储存式电动后视镜

电动后视镜是目前汽车上普遍使用的调节装置。经过不断完善，电动后视镜进一步发展为记忆储存式后视镜。此类后视镜的镜面调节设计与驾驶员座椅、转向盘等构成一个系统，每个驾驶员可根据个人身高与驾驶习惯的不同来调节后视镜的最佳视角，座椅、转向盘最佳舒适性，然后进行记忆储存。当其他人驾驶车辆或被他人调整已记忆的视角后，车主可以非常轻松地开启自己的记忆储存，所有设施就又恢复到以前设定的状态。目前，很多轿车上都配有这种后视镜。

2. 后视镜的加热除霜

当驾驶员在雾天或雨天行驶时，由于雾气造成的后视镜镜面的积雾、冬天积霜或雨水侵袭会造成驾驶员对侧后方的视线不清，影响行车安全。为了驾驶的安全及操作的方便性，设计了加热除霜装置，当产生上述情况时，驾驶员就可方便地开启加热除霜按扭，解除不必要的后顾之忧。

三、提高自身安全及经久耐用性、延长装置寿命方面的新技术

1. 镜面防飞溅

国家标准规定，当后视镜受到强烈冲击时，后视镜镜面不得因破碎而飞溅伤人。为了防止镜面飞溅，设计时的措施有：采用安全玻璃，玻璃组件与整个装置尽可能牢固联接。

2. 折叠功能

车辆在行车过程中难免发生一些意外事故，如车辆与车辆相擦、车辆与建筑物相擦、车辆与行人相擦等不经意的意外碰撞事件。为了避免后视镜擦伤，也为了缩小停车泊位空间，通过改变联接方式或增加折叠机构，使后视镜具有折叠功能。

四、满足美观协调方面的新技术

1. 注重后视镜的整体风格设计

现代汽车，特别是高档车，设计时除了考虑后视镜流线型及风阻系数外，还非常重视后视镜的整体风格设计，艺术性、可观赏性大大增强。

2. 通过表面涂装体现豪华气派

后视镜组件的高质量的喷涂能让后视镜上一个档次；或使其与车身浑然一体，或体现高雅气质，或别具一格。

五、倒车安全新思路

1. 增加光学辅助后视镜

其辅助后视镜安装到标准后视镜之上，并且可相对于标准后视镜进行角度调节，以扩大其后视范围。辅助后视镜的直径约40～50 mm，对整车的风阻没有影响。然而，它仍有较大的盲区，且制造较为复杂，制作成本较高。

2. 汽车列车的侧后视镜

这种可调式后视镜结构在转向或倒车时（特别对于列车）具有最佳的视野。在共用的壳体内安装一副侧镜（一个动的和一个不动的），活动的侧镜相对于不动侧镜转动并可形成不同的线角，活动侧镜用电机经杆件连接转动，两个侧镜与壳体一起，也可相对固定支架垂直轴转动。

3. 智能技术

随着电子技术的发展，许多智能化技术广泛应用到汽车上。如Gentex公司正在研究用

一个数字辅助的后视镜系统来加强驾驶员的视觉。这个系统并不仅仅反映能看到的景物，还用若干个传感器捕捉和显示不明显的视觉信息，传感器能改变物体间光线的反差，使在黑暗中不容易看见的物体显现出来，还能发现在前照灯照不清楚或阳光眩目的地方的危险障碍物。

(1) 智能测距、显示(倒车雷达)技术。采用雷达(激光、超声波)测距原理制成的各种系统或装置被广泛用于汽车上。它能比较准确地测量出波源与障碍物之间的距离，并以数字形式显示于装在驾驶员可视范围的仪表上或发出警报或两者兼而有之。

(2) 红外夜视技术。利用红外线可改善汽车夜间行驶的视野情况。戴姆勒一克莱斯勒公司利用具有与远光灯同样照度的两束激光红外线光束照射汽车前方的景物，然后由放置在汽车顶部的一架红外线摄像机拍摄下所有驾驶员不能看到的东西(行人、骑自行车的人等)。拍摄的图像传输到驾驶座前方的风窗玻璃与仪表板之间的一个类似电视的荧屏上。这样一来，驾驶员犹如戴上一副红外线望远镜，车前方的景物清晰可辨。

(3) 可视监控(倒车电子屏)技术。倒车电子屏系统是在行李箱盖或后保险杠上装设摄像机，并将拍摄到的画面传递到驾驶座前方的电子屏幕上，驾驶员只要看眼前的电子屏幕就能知道车后的情况。这一技术目前已有应用，并解决了反向、夜视等问题。

课后练习

1. 对照图分析别克荣誉轿车外后视镜控制电路。
2. 自动防炫目内后视镜是如何实现自动变色的?

任务 3.6　电动除雾器检修

【知识要求】

➢ 能正确描述电动除雾器的工作过程；

➢ 能正确识读和分析电动除雾器电路图。

【能力要求】

➢ 会检修电动除雾器；

➢ 会分析诊断和排除电动除雾器常见故障。

任务描述

一位客户反映他所驾驶的奥迪 A6L 轿车，在汽车启动后，打开除雾器开关，除雾器指示灯不亮，除雾功能失效。现在请你对客户轿车的除雾器进行检修。

相关知识

在寒冷的季节，风窗玻璃上会凝结一层霜、雾、雪或冰，从而影响驾驶员的视线，严重时会无法驾驶运行。为了避免水蒸气凝结，汽车上必须装有风窗玻璃除雾装置。

目前所用除雾装置的形式有以下几种。

(1) 在风窗玻璃下面装热风管，向风窗玻璃吹热风以除雾，并防止结霜。这种形式一般用于前风窗玻璃和侧窗玻璃的除雾。

(2) 电加热除雾，将电热丝(镍铬丝)紧贴在风窗玻璃车厢内的表面，需要除雾时，通电加热即可。

(3) 在风窗玻璃制造过程中，将含银陶瓷电网嵌加在玻璃内，或采用在中间夹有电热丝的双层风窗玻璃，通电后都有除雾功能。

(4) 在风窗玻璃上镀一层透明导电薄膜(一般为氧化锢、氧化钵、氧化镁)，和电热丝一样，通电后产生热量除雾。

一、手动控制除雾器

后窗除雾器由多条水平的陶瓷化合物芯线和 2 条垂直的汇流排组成。在玻璃成形过程中，汇流排被烧结在玻璃内侧。供电导线或端子焊接到左侧的汇流排上，地线或端子位于右侧的汇流排上，除雾器的工作电压为 12 V。后窗内部除雾所需的时间为 5～10 min，随车速、外界车窗温度、大气压力、乘客数等条件变化。

由于除雾器的工作电流较大，因此电路中除设有开关外，有的还设有一个定时继电器。继电器在通电 10 min 后即能自动断电，如霜还没有除净，驾驶员可再次接通开关，但之后每次只能通电 5 min。

上海别克君威轿车采用的后窗除雾器主要由后窗除雾器开关、除雾器继电器、除雾器加热丝和除雾器指示灯等组成。加热丝由位于空调控制面板上的除雾器开关控制，该开关总成内带有一个指示灯和一个用来控制加热丝工作周期的固态电路计时器。除雾器开关和计时器均为 HVAC(空调暖风)控制总成的内置部件，损坏后，应整体更换 HVAC 控制总成。

上海别克君威轿车后窗除雾器电路如图 3.6.1 所示。按一下后窗除雾器开关，HVAC 控制总成收到请求信号，为后窗除雾继电器提供搭铁回路，除雾器指示灯同时点亮。后窗除雾继电器触点闭合，后窗除雾器工作。对于别克君威 3.0GS＋轿车，车外后视镜除雾器也同时供电工作。

接通点火开关后，第一次按下后窗除雾器开关，在加热器工作的同时，HVAC 内部的计时器工作，大约 10 min 后，加热器停止工作。第二次按下后窗除雾器开关后，除雾器工作约 5 min。在除雾器工作时，再按一下后窗除雾器开关或关闭点火开关，除雾器停止工作。关闭点火开关后再次接通时，除雾器重新设置为 10 min。

在后窗除雾电热丝连接器 C3 上连接有收音机噪声抑制导线，可防止除雾器在收音机工作期间产生静电。

二、自动控制除雾器

对除雾器电热丝通电的控制方式除了手动的以外，还可以自动控制。

自动控制除雾器由除雾器开关及指示灯、除雾传感器、控制器、电热丝等组成，如图 3.6.2所示。

1. 电热丝

当在电热涂料两端加上 12 V 电压时，即会产生 25～30 ℃的微温，将玻璃加热以消除雾层。

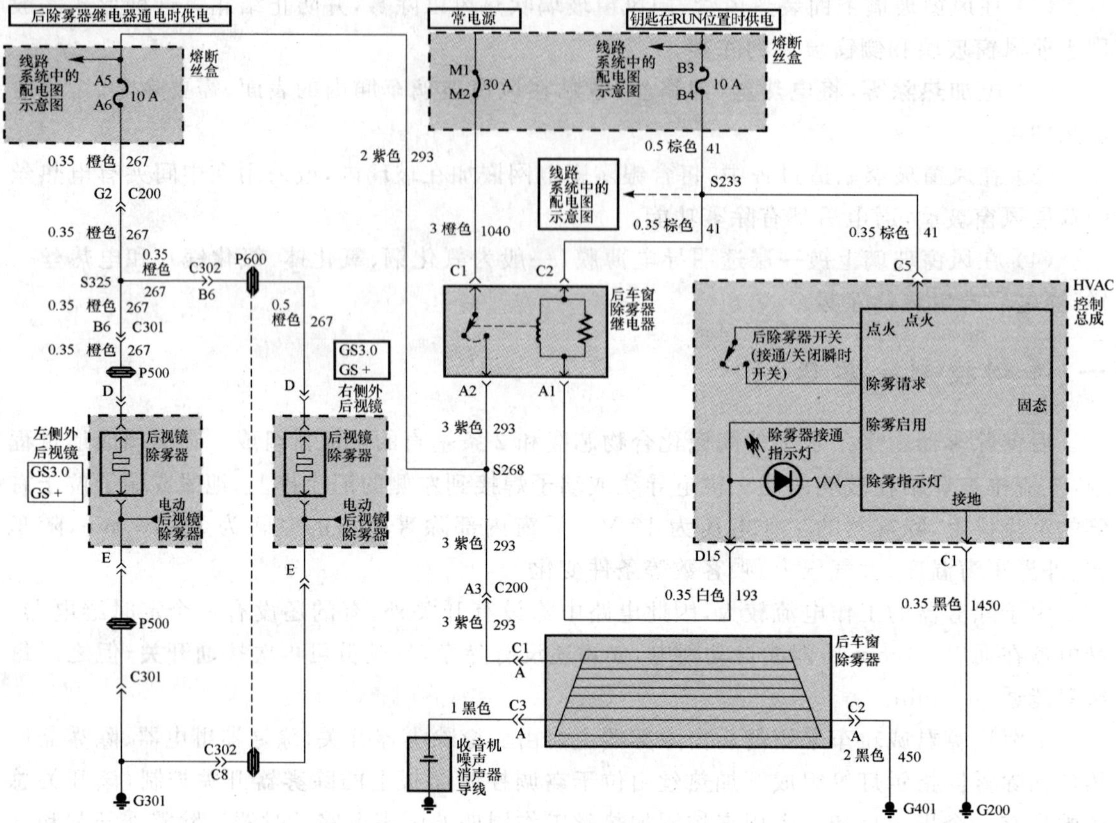

图 3.6.1　上海别克君威后窗玻璃除雾器电路图

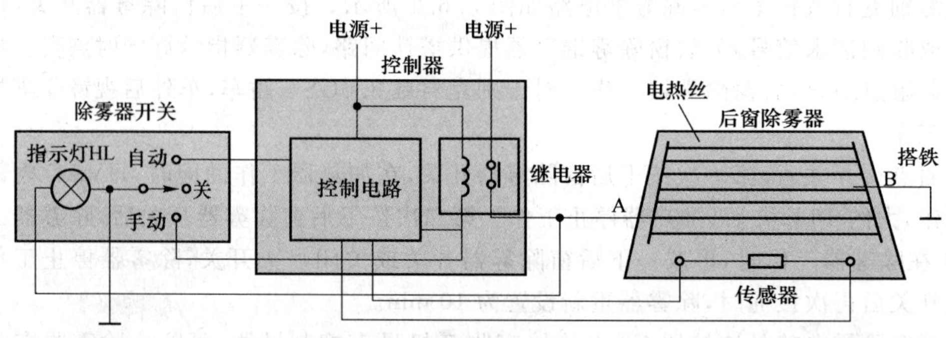

图 3.6.2　自动控制后窗除雾器

2. 除雾传感器

除雾传感器是一种热敏电阻，一般安装在后窗玻璃下方，用以检测有无积雾。如果有积雾，则传感器电阻减小，控制器就使继电器线圈通电，吸合触点，使电热丝通电。当除雾结束时，玻璃上温度上升，传感器阻值变大，控制电路将继电器断电，使除雾自动停止。

3. 控制器

控制器一般以分立元件电路或单片集成电路为主构成。其输入信号有两个：一个是手动/自动除雾器开关信号；另一个是除雾传感器信号。传感器信号主要是控制其内的一只电子开关，使电子开关在传感器电阻值减小（也即结雾）时导通，使继电器线圈内的电流通路形成，吸合触点接通，于是给电热丝通电加热。

当传感器电阻值增大（除雾后玻璃温度上升）后，上述电子开关截止，于是切断了继电器线圈电流，电热丝加热停止。

4. 除雾器指示灯

除雾器指示灯实际上并联在电热丝两端，受继电器控制。当电热丝加温时，该指示灯也同时点亮，表示除雾电路处于除雾工作状态。当除雾停止时，该指示灯也将熄灭。

5. 除雾电路工作原理

(1) 除雾关闭。自动除雾器开关位于“关”位置时，自动控制除雾装置不工作。

(2) 手动除雾。当采用手动除雾时，除雾器开关拨至“手动”挡，继电器电磁线圈经“手动”开关直接搭铁，使自动除雾电路接通。电流回路为：蓄电池正极→继电器触点（闭合）→电热线 A、B 端→搭铁→蓄电池负极。此时，除雾器指示灯 HL 也点亮，以示除雾状态。自动风窗除雾器的功率一般在 100 W 左右。

(3) 自动除雾。当采用自动除雾时，除雾器开关拨至“自动”挡。当后窗玻璃下方所装传感器检测到霜雾达到一定厚度时，自动除雾传感器电阻值急剧减小到某一设定值，自动除雾控制器便控制继电器电磁线圈使电路接通，继电器触点闭合。于是，电源经继电器触点向电热丝供电，同时仪表板上的指示灯点亮，指示自动除雾装置正在工作。随着挡风玻璃上冰霜减少到某一程度，自动除雾传感器电阻值增大，控制器便将继电器电路切断，触点断开，指示灯熄灭，后窗电热丝断电，自动控制除雾器停止工作。如此循环，就实现了自动除雾的目的。

任务实施

一、后窗除雾器的检修

1. 后窗除雾器工况的检查

(1) 启动发动机，打开后窗除雾器开关，后窗除雾器电缆应接通，同时开关复位，后窗玻璃电热丝发热，指示灯点亮。

(2) 如果后窗除雾器工作正常，10 min 后除雾器应自动停止工作；再打开后窗除雾器开关，除雾器应接通，并且 5 min 后除雾器自动停止工作。

如果检查结果与上述不符，表明后窗除雾器有故障，应查明原因予以排除。

如果后窗除雾器电热丝不发热而指示灯点亮，或后窗除雾器开关不能恢复原位，以及指示灯一直点亮，均应更换 HVAC 控制总成。

2. 后窗除雾器电热丝的检查

(1) 启动发动机，打开后窗除雾器，将测试灯的一根探针接地，另一探针与每根电热丝轻轻接触检查。正常时，将试灯探针从左向右沿电热丝慢慢移动，试灯亮度应逐渐增加，如图 3.6.3 所示。

(2) 对于一根特定的电热丝，如果测试灯检测表明其工作不正常，可将测试灯探针放在输入总线电极上，然后朝左进行检测，直到点亮的测试灯熄灭为止。灯熄灭时的位置即断点位置，如图 3.6.4 所示。一旦找到断点部位，则应修理除雾器电热丝或更换后窗。

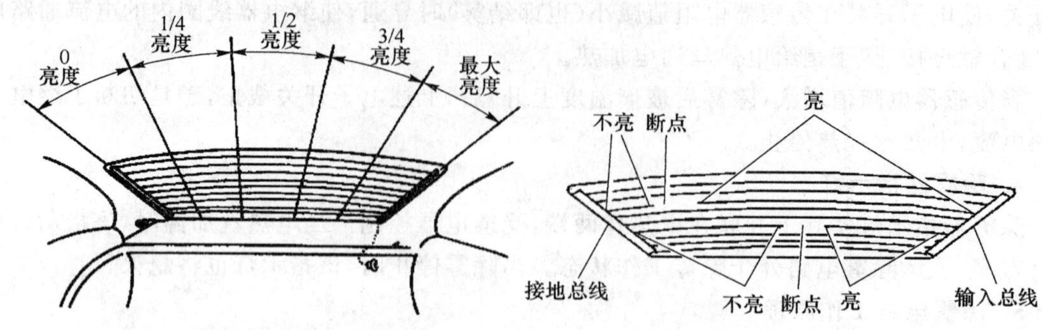

图 3.6.3 除雾器电热丝的检查

图 3.6.4 电热丝断点的查找

二、后窗除雾器常见故障的诊断

1. 指示灯和电热丝均不工作

(1) 接通点火开关,在线束侧用测试灯在后窗除雾器继电器端子 C2 与搭铁间检查(参见图 3.6.1)。若测试灯不亮,则维修继电器与熔断丝盒间棕色连接导线的断路或接触不良之处。

(2) 断开 HVAC 控制总成,接通点火开关,在线束侧用测试灯在 HVAC 控制总成连接器端子 C5 与 C1 间检查。

① 若测试灯不亮,在线束侧用测试灯在 HVAC 控制总成接头端子 C5 与搭铁之间检查。若测试灯点亮,则修理 HVAC 控制总成端子 C1 与搭铁之间的断路或接触不良之处;若测试灯不亮,则修理 HVAC 控制总成端子 C5 与仪表板熔断丝盒间导线的断路或接触不良之处。

② 若测试灯点亮,在线束侧用测试灯在 HVAC 控制总成端子 D15 与搭铁之间检查。测试灯点亮,则修理 HVAC 控制总成和后窗除雾器继电器白色连接导线的短路之处。若测试灯不亮,换装一只正常的 HVAC 控制总成后,重新检查。

2. 电热丝不能按规定时间停止工作

(1) 启动发动机,打开后窗除雾器,检查后窗玻璃电热丝能否按规定时间(10 min 或 5 min)停止工作。如果不能,断开 HVAC 控制总成,查看除雾器电热丝是否停止工作。如果停止,则换装一只正常的 HVAC 控制总成。

(2) 拆下后窗除雾器继电器线束连接器,接通点火开关,检查除雾器连接器紫色线端子 C1 与搭铁之间的电压。如果电压为 9~14 V,则维修继电器与电热丝间紫色连接导线的短路之处。

(3) 检查后窗除雾器继电器与 HVAC 控制总成间白色连接导线是否与搭铁短路。如果短路,则修理其短路之处。

(4) 换装一只正常的后窗除雾器继电器后,重新检查。

案例分析

2008 款奥迪 A6L 后窗除雾失效

故障现象:一辆 2008 款奥迪 A6L 2.0T 轿车,手动挡。后窗除雾器不好用,打开除雾器开关约 2 s 后，开关上的指示灯便熄灭。

故障诊断与排除：奥迪轿车后窗除雾器会根据室外温度变化而调节总的加热时间，时间是 10～20 min，这样可以延长电热丝的寿命并节约能源。

连接 VAS5052，输入地址字 46，进入舒适系统控制单元，读到一个故障码 00834，后窗加热触发信号不良，依据电路图找到继电器 J9，如图 3.6.5 所示。发现舒适系统控制单元能够提供 12 V 的电压，但是继电器线圈没有接地回路。找到后备箱右后侧的搭铁点，正常。最后确定线束中间出现了断路，另接一根搭铁线并正确布线，故障消失。

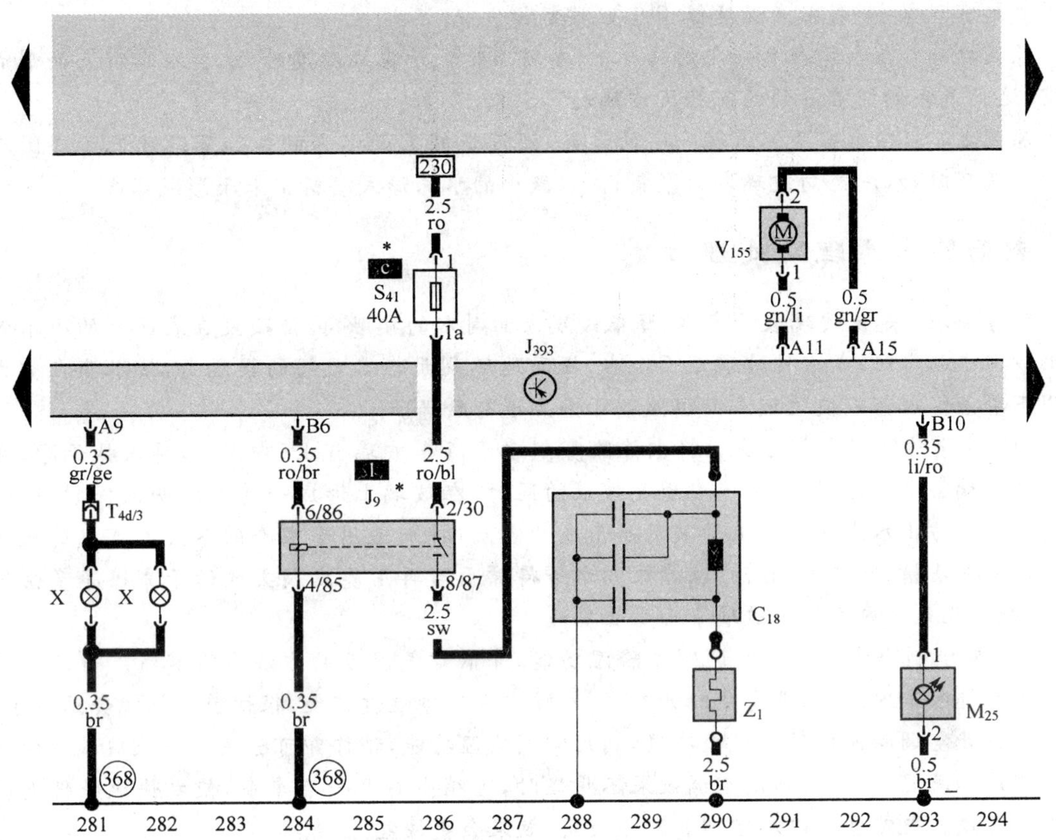

ws=白色　sw=黑色　ro=红色　br=棕色　gn=绿色　bl=蓝色　gr=灰色　li=淡紫色　ge=黄色　or=桔黄色

C18—挡风玻璃上天线的抗干扰滤波器；J9—可加热后窗玻璃继电器；J393－舒适/便捷功能系统中央控制单元；M25—高位制动灯灯泡；S41—可加热后窗玻璃熔断丝；V155－油箱盖板上锁机构电机；X－牌照灯；Z1—可加热后窗玻璃；*—行李箱右侧的保险丝架和继电器座

图 3.6.5　奥迪 A6L 后窗除雾电路图

知识拓展

一、车窗起雾现象

车窗起雾说法很多，诸如：起霜、起雾、冷凝、结霜等，实际上它们都是类似的自然现象。

例如在雨天，空气湿度很大，车窗起雾很普遍。它往往是在车窗玻璃表面上结薄薄一层水汽，这和人们生活中很多情形相类似。例如：在冬天，戴眼镜的朋友从室外进入暖和的室内，镜面上立即就会结上一层雾汽，还有在温室玻璃窗上也会结霜或内部有水汽等，车窗起雾是一种自然现象。

二、车窗起雾条件和产生原因

起雾条件：一个是湿度过高，一个是温度过低，两者缺一不可。如果露点温度高于0℃，则形成起雾现象；如果露点温度低于0 ℃则变成结霜。

原因之一：在空气湿度一定的情况下，车窗温度低于露点温度时，就会在车窗表面形成结露，这就是我们经常看到的前挡风玻璃起雾现象。

原因之二：在车窗两侧出现一定的温差，温度低的表面水分的饱和蒸汽压低于周围环境的蒸汽压时，水汽就向玻璃表面聚集，并以微小的水珠形式渗析出来而形成雾汽。

三、表面除雾原理及处理方法

除雾原理：是使玻璃表面亲水，降低玻璃表面对水的接触角，使凝聚在表面上的小水滴不形成微小的水珠；或者使玻璃表面疏水，提高玻璃表面与水之间的接触角，使水滴在重力作用下滑落。也可以使玻璃表面温度高于露点进行除雾。

(1) 喷涂防雾剂等预防法。将少许除雾剂喷于汽车玻璃窗上（内壁），再擦拭干净，即可除去玻璃窗上的污垢、斑痕。在擦亮玻璃的同时，在玻璃上形成一薄层透明的保护膜，它可以有效地防止水汽在玻璃上的凝结而形成的雾层，特别适用于寒冷的冬天。可以替代防雾剂还有洗洁精，肥皂水、甘油、酒精或盐水等待晾干后再用麂皮或柔软的干布擦净多余纤维，它能在几天之内保证车玻璃不会蒙上雾汽。

(2) 空调制冷法。利用空调制冷除湿功能，降低空气湿度的方法去除雾汽。当夏天特别是多人进入车内以后，没有及时开空调，人呼出的气体湿度较大，很快前风挡就会结雾了。这时可打开空调向前挡风玻璃吹冷风，利用空调除湿功能，稍许即可除去前挡风玻璃上的雾汽。但是如果湿气过大，利用空调效果不明显时，可稍微打开一点车窗，使之快速降低驾驶室内的湿度。当然也可以和空调相配合使用，效果会更快些。

(3) 空调暖风法。利用降低温度差的方法去除结雾。冬季利用暖风往玻璃上吹热风，快速把前玻璃温度提高，降低车窗玻璃内外表面的温差，可及时防止前挡风玻璃的雾汽过重，但有一点说明，后面和侧面的玻璃温度升得慢，因此需要较长时间才能去除全部的雾。

(4) 后窗玻璃除雾。汽车一般都配有后窗格栅式除雾器，除雾器工作时会消耗蓄电池电量，使用时，一定要先启动发动机，再按下后窗除雾器开关。

课后练习

1. 如何检测后窗除雾器电热丝？
2. 对照图 3.6.6 分析别克凯越轿车除雾器控制电路。

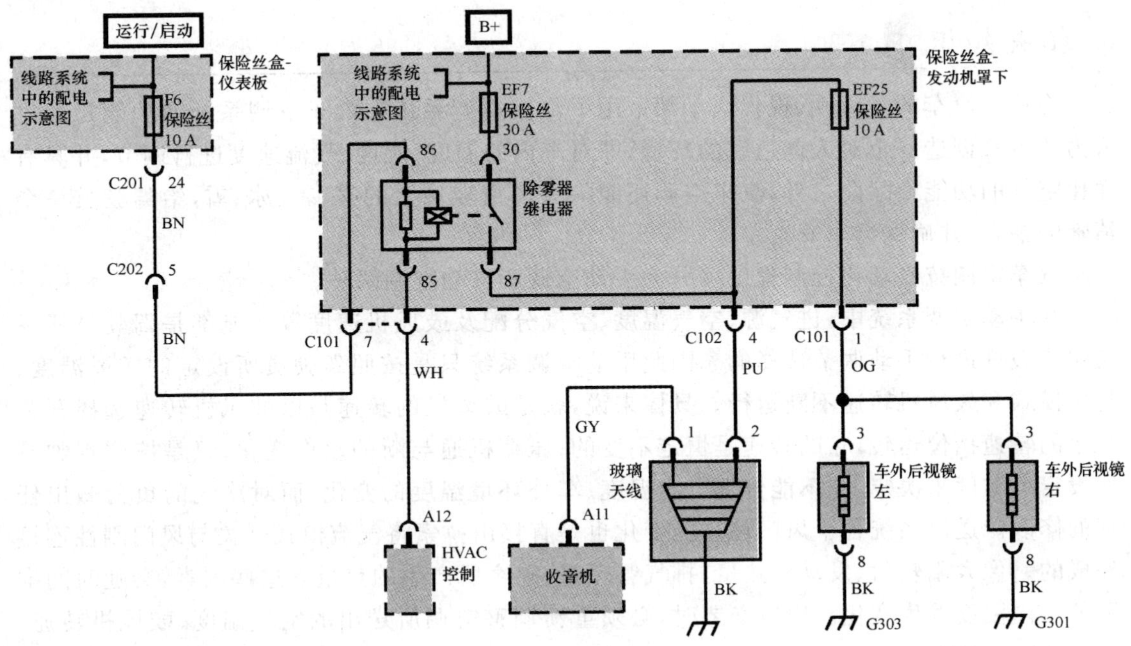

图 3.6.6　别克凯越轿车除雾器控制电路

任务 3.7　自动空调控制系统检修

【知识要求】

- 能正确讲述汽车自动空调系统的组成和功能；
- 能正确描述汽车自动空调系统传感器和执行器的功用与工作原理；
- 能正确描述汽车自动空调控制系统的控制功能；
- 能正确讲述汽车自动空调控制系统各零部件的安装位置；
- 能正确识读和分析汽车自动空调控制系统电路图；
- 能正确描述汽车自动空调控制系统的故障诊断方法。

【能力要求】

- 会检修汽车自动空调系统传感器和执行器；
- 能用故障诊断仪或空调控制面板对汽车自动空调控制系统进行诊断；
- 能正确分析和诊断汽车自动空调控制系统常见故障。

任务描述

一位客户反映他所驾驶的一辆 2002 年产的帕萨特 B5 1.8T 轿车，入夏后空调有时工作正常，偶尔在行驶中出现不制冷并且出热风的现象，无论怎么调整空调相关按钮都不起作用，观察空调控制面板上显示“－50～40 ℃”。这种现象不经常出现，出现半小时后又会不治而愈。现在请你对客户轿车的自动空调系统进行检修。

相关知识

为提高汽车的舒适性，现代汽车都采用了汽车空调系统。汽车空调系统的功能是通过人为的方式创造一个对人体适宜的环境，即对车内的温度、湿度、气流速度进行调节，并具有净化空气的功能。除此之外，汽车空调还能除去风窗玻璃上的雾、霜、冰、雪，给驾驶员一个清晰的视野，并确保行车安全。

汽车空调按自动化控制程度可分为手动空调和自动空调两种。

在手动空调系统中，进气源、空气温度、空气分配及鼓风机速度等功能都是驾驶员通过旋钮或拨杆进行手动调节选择的。因此手动空调系统只是按照驾驶员所设定的送风温度、送风模式和鼓风机转速不断运行。具体来说，就是鼓风机的转速是以鼓风机转速选择开关设定的转速挡位运转，它的转速是恒定不变的；压缩机通与断的动作变化，只是按照驾驶员所设定的温度来决定，它不能依据车内温度、车外环境温度的变化，而对冷气的负荷做出任何的修改。送风系统各个风门位置的变化也是直接由拉索将气流模式开关与风门刚性连接完成的。像太阳辐射、发动机热量、排气管热量、乘客所产生的热量等这些因素，会随时间推移使车内温度发生变化。所以必要时，必须重新调整空调所送出的空气温度、鼓风机转速，或两者同时调整。

自动控制空调系统则免去了这类手动调节的麻烦，它自动检测车内温度、车外环境温度、日照温度、空调蒸发器温度和发动机冷却水温等，并根据驾驶员所设定的温度，自动调节鼓风机所送出的空气温度和鼓风机转速，从而将车内温度保持在设定的温度范围内。有些高级轿车的自动空调器除了温度控制和鼓风机转速控制外，还能进行进气控制、气流方式控制和压缩机控制。

因此汽车空调在经历了多年的手动空调发展后，现在很多车系都已经使用微电脑控制的自动空调。

一、自动空调系统的组成

完善的汽车自动空调系统一般由制冷系统、暖风系统、配气系统和电子控制系统 4 大部分组成，有的还包括空气净化系统。其中制冷系统包括压缩机、冷凝器、蒸发器等；暖风系统有加热器、热水阀等。制冷系统和暖风系统均与手动空调相似。配气系统有鼓风机、风道、进气和出气风门等。配气系统与手动空调相似，不同的是各风门的位置变化不是由拉绳操纵机构和真空操纵机构控制，而是由伺服电机控制。

1. 自动空调系统的组成

自动空调与手动空调结构组成的最大差别是控制系统，自动空调电子控制系统如图 3.7.1所示，主要由传感器、执行器和空调控制单元(控制面板)组成，如图 3.7.2 所示。

(1) 传感器信号。传感器信号主要有 3 种：一是驾驶员通过空调控制面板设定的温度信号和功能选择信号；二是车内温度传感器、车外温度传感器、阳光传感器等各种传感器输入的信号；三是进气风门、空气混合风门的位置反馈信号。

(2) 执行器信号。执行器信号有 3 种：一是向驱动各种风门的伺服电机或真空驱动器输送的信号；二是控制鼓风机转速的电压调节信号；三是控制压缩机开启或停止的信号。

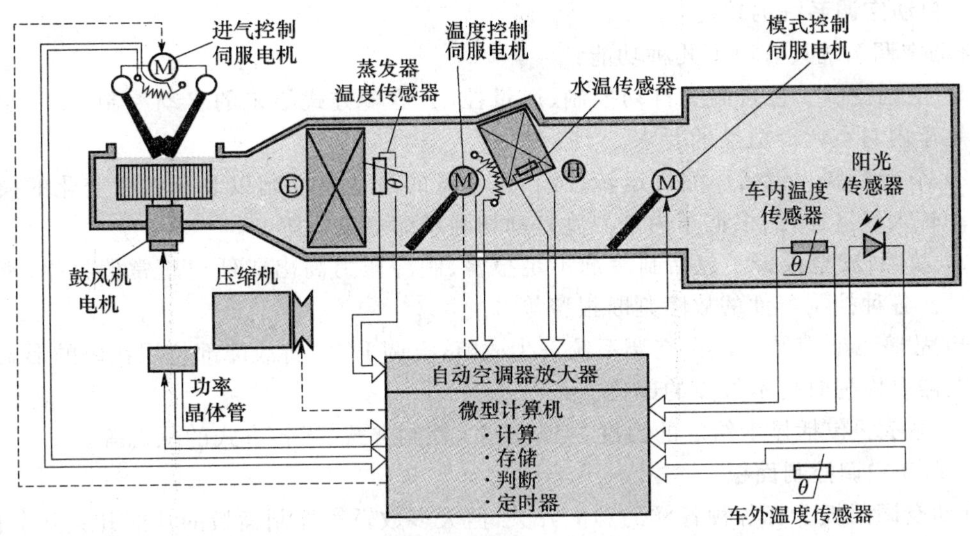

图 3.7.1　自动空调的电子控制系统

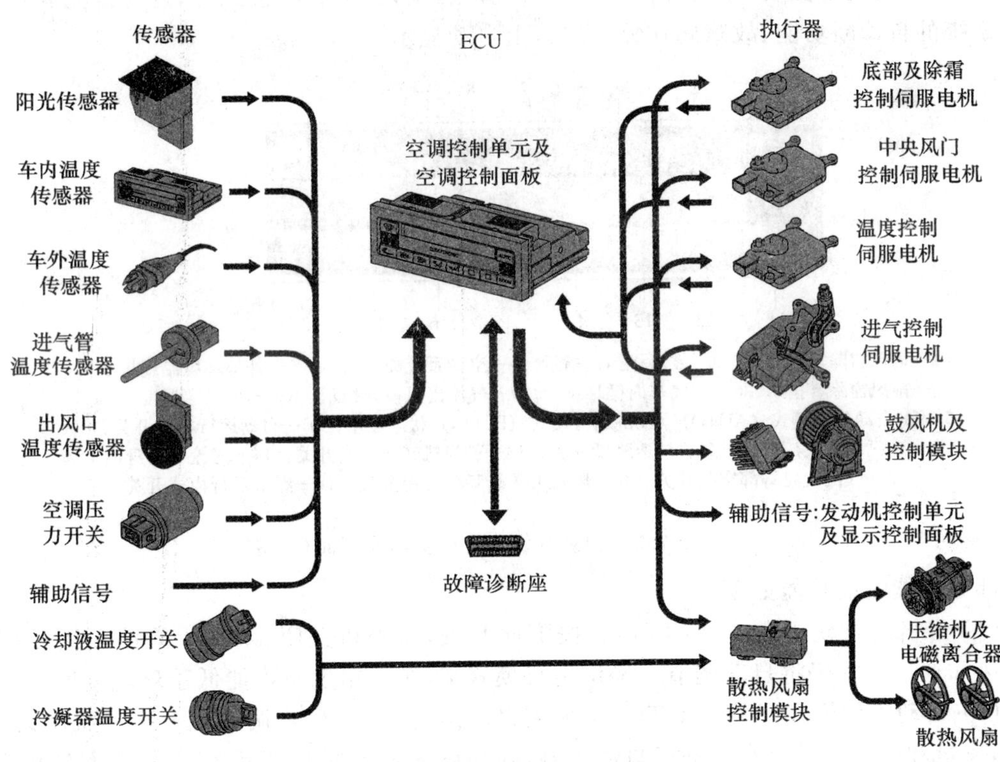

图 3.7.2　典型车型自动空调电子控制系统的组成

(3) 空调控制单元。计算机控制各个部件上的执行器。驾驶员通过触摸按钮向计算机输入各种信号,传感器将各种状态参数输入计算机,计算机通过计算、分析、比较,发出指令,控制各执行器动作。

2. 自动空调系统的功能

自动空调系统具有以下几种功能：

(1) 空调控制。包含温度自动控制、风量控制、运转方式给定的自动控制、换气量控制等，满足车内对空调舒适性的要求。

(2) 节能控制。包括压缩机运转控制、换气量的最适量控制以及随温度变化的换气切换、自动转入经济运行、根据车内外温度自动切断压缩机电源等。

(3) 故障、安全报警。包括制冷剂不足报警、制冷压力高出或低出正常值报警、离合器打滑报警、各种控制器件的故障判断报警等。

(4) 故障诊断存储。汽车空调系统发生故障，空调ECU将故障部位用代码的形式存储起来，在需要修理时指示故障的部位。

(5) 显示。包括显示给定的温度、控制温度、控制方式、运转方式的状态等。

3. 自动空调控制面板

自动空调面板上有各种各样的功能开关，但大多数轿车控制面板的功能开关基本相同。典型空调控制面板如图3.7.3所示。该面板显示屏上能显示许多内容，如鼓风机挡位、车外环境温度、车内设定温度、车内外循环、风窗除雾、自动模式、经济模式等，还可以完成对汽车空调系统的自诊断功能，故障码在显示屏幕上自动显示。

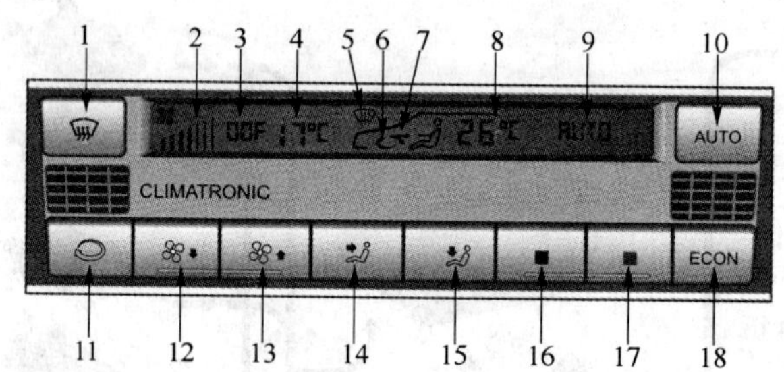

1—前风窗除雾器开关；2—鼓风机挡位指示；3—空调系统关闭指示；4—外部环境温度指示；
5—前风窗除雾指示；6—空气车内循环指示；7—气流出风模式指示；8—车内设定温度指示；
9—自动工作模式（AUTO）/经济运行模式（ECON）状态显示；10—自动运行模式开关；
11—空气车内循环开关；12—鼓风机转速降低开关；13—鼓风机转速升高开关；14—气流吹向身体上部开关；
15—气流吹向脚部空间开关；16—降温开关；17—升温开关；18—经济运行模式开关

图3.7.3 帕萨特领驭自动空调控制面板

部分功能键的功能如下：

(1) 经济运行模式开关(ECON)。按下此开关，压缩机关闭，空调无除湿和制冷作用。但加热和通风系统仍将自动调节。经济运行模式下，车内温度不可能低于环境温度。

(2) 自动工作模式开关(AUTO)。采用自动运行模式时，空调系统会自动维持设定的温度，风量和空气流量分布会进行自动控制，强烈阳光照射时空调系统也能自动作出调节，无需再进行手动调节。因此，在多数情况下，自动运行模式一年四季都能满足车辆乘员的舒适度要求。

(3) 风窗除雾器开关。按下此开关，大部分空气通向风窗玻璃进行除雾，此时空调鼓风机以高速运转。

(4) 升温、降温开关。这两个开关用来调节车内温度，范围在18 ℃～29 ℃。按一下升温开关，温度可升高1 ℃，超过29 ℃时，显示“HI”；按一下降温开关，温度下降1 ℃，低于

18 ℃时，显示“LO”。HI 和 LO 分别对应于全自动空调的最大取暖和最大制冷能力，在这两个位置上温度自动调节不起作用。

(5) 鼓风机转速调节开关。这两个开关为鼓风机转速调节开关，可以调节鼓风机的转速，并在显示屏上显示。

(6) 出风方式开关。这两个开关可以帮助选择出风方式，可分别选择吹向身体上部和脚部。

二、自动空调系统的主要部件及工作原理

(一)自动空调系统传感器

在空调系统中，ECU 是根据各种传感器的信号和设定的温度进行自动调节，以达到车内预定的温度的。相关传感器主要有车内温度传感器、车外温度传感器、蒸发器温度传感器、阳光传感器、水温传感器(冷却液温度传感器)、空调压力传感器、压缩机转速传感器、风门位置传感器等。

自动空调系统传感器在汽车上的安装位置如图 3.7.4 所示。

1. 车内温度传感器

车内温度传感器也称室内温度传感器、车内气温传感器。是自动空调系统的重要传感器之一，它能影响到出风口空气的温度、出风口风量、模式门和进气门的位置等。车内温度传感器的具体作用见表 3.7.1。

车内温度传感器一般安装在靠近空调操作面板处或直接装在空调面板的小窗口上，如图 3.7.5 所示。对于大众车系，车内温度传感器包括仪表板温度传感器和脚舱(脚部)出风口温度传感器，如图 3.7.6 所示。

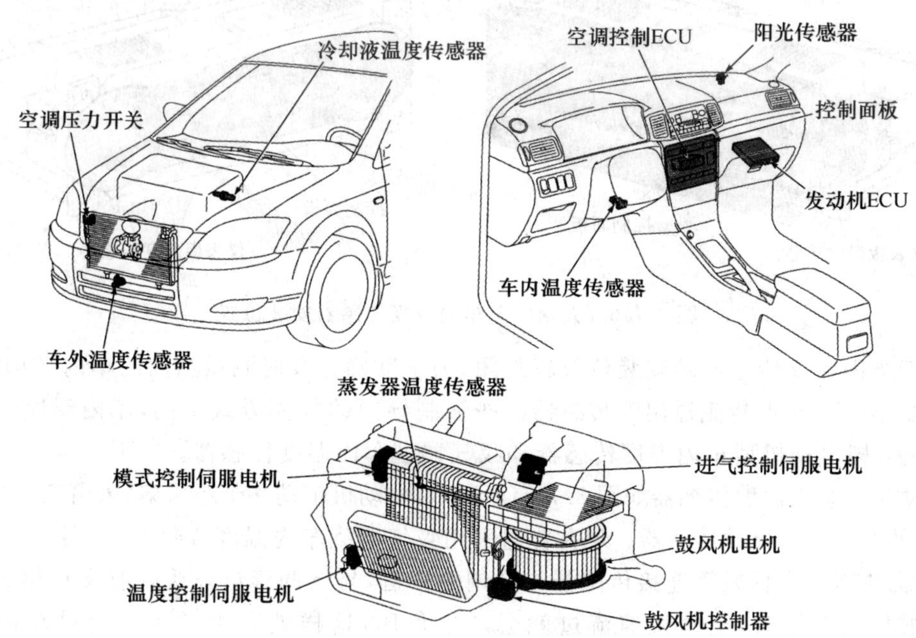

图 3.7.4　自动空调系统各传感器的安装位置

表 3.7.1 车内温度传感器的作用

序号	控制项目	具体控制内容
1	确定温度门的位置，以决定出风口的空气温度	车内温度越高，温度门就越往“冷”的方向移动，出风口的温度就越低；车内温度越低，温度门就越往“热”的方向移动，出风口的温度就越高。
2	确定鼓风机的转速，以决定车内的温度	在制冷工况，车内温度越高，鼓风机的转速就越高；反之则越低。在暖风工况，车内温度越高，鼓风机的转速就越低；反之则越高。
3	确定进气门的位置，以改变车内空气温度和空气的新鲜度	在制冷工况，一般进气门都处于车内循环位置。随着时间的推移，车内空气温度下降，根据不同的环境温度，进气门可以处于20%新鲜空气的位置或车外循环的位置。
4	确定模式门的位置	在制冷工况，一般都处于吹脸模式位置。随着时间的推移，车内空气温度下降，根据不同的环境温度，模式门可以处于吹脸、吹脸吹脚、吹脚位置。

图 3.7.5 现代起亚轿车车内温度传感器安装位置

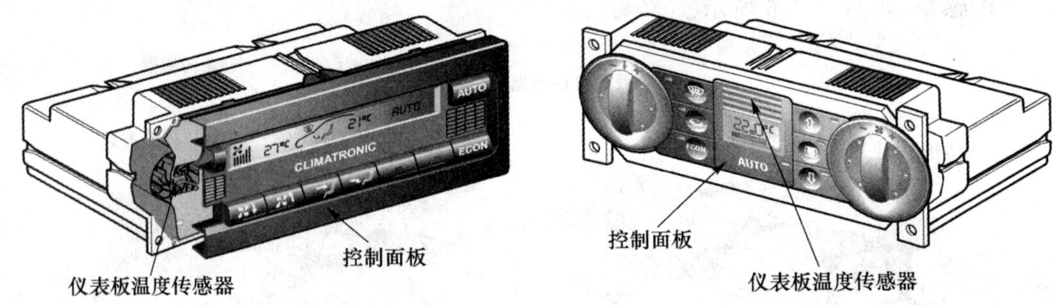

图 3.7.6 大众轿车车内温度传感器安装位置

由于车内温度传感器的安装位置较封闭，为了准确且及时测量当前的车内平均温度，系统会强制车内空气不断流过温度传感器。按强制导向的气流方式不同，车内温度传感器可分为两种：即电动机型车内温度传感器和吸气器型车内温度传感器。

电动机型车内温度传感器如图 3.7.7(a)所示，电动机带动一个小风扇，风扇工作时产生吸力，强制使车内空气流过传感器。现在普遍采用吸气器型车内温度传感器，如图 3.7.7(b) 所示，传感器内有一根抽风管连接传感器与空调的管道，与空调管道连接处有文丘里式效应管装置。鼓风机工作时，空气快速流过就会产生负压，这样就有少量空气流过车内温度传感器。

车内温度传感器是一个负温度系数的热敏电阻，其阻值随温度的升高而变小，随温度下

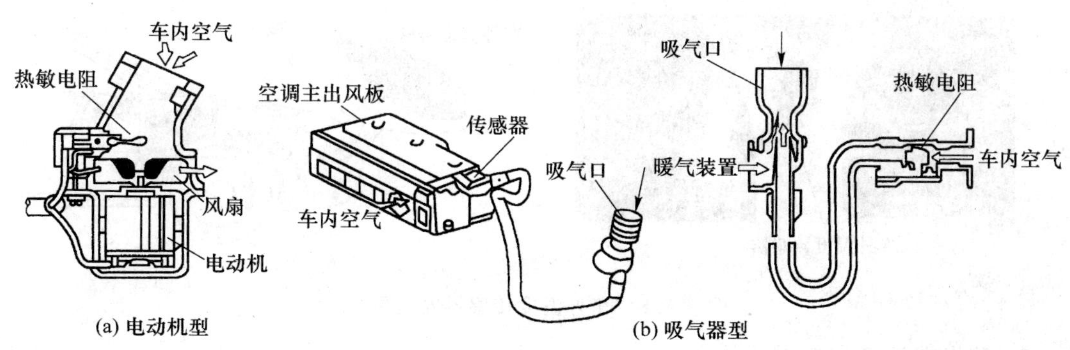

(a) 电动机型　(b) 吸气器型

图 3.7.7　车内温度传感器

降而增大。

2. 车外温度传感器

车外温度传感器也称环境温度传感器、外界空气温度传感器、外部温度传感器、室外温度传感器或大气温度传感器等。车外温度传感器是自动空调的重要传感器之一，它能影响到出风口空气的温度、出风口风量、送风模式风门的位置、进气模式风门的位置等。车外温度传感器的具体作用见表 3.7.2。车外温度传感器也是一个负温度系数的热敏电阻。

表 3.7.2　车外温度传感器的作用

序号	控制项目	具体控制内容
1	确定温度门的位置，以决定出风口的空气温度	车外温度越高，温度门就越往“冷”的方向移动，出风口的温度就越低； 车外温度越低，温度门就越往“热”的方向移动，出风口的温度就越高。
2	确定鼓风机的转速，以决定车内的温度	在制冷模式，车外温度越高，鼓风机的转速就越高；反之则越低。 在暖风模式，车外温度越高，鼓风机的转速就越低；反之则越高。
3	确定进气门的位置，以改变车内空气温度和空气的新鲜度	在制冷模式，一般进气门都处于车内循环位置。车外温度下降，根据不同的环境温度，进气门可以处于 20%车外新鲜空气的位置或车外循环的位置。
4	确定模式门的位置	根据车外温度情况，模式门可以处于吹脸、吹脸吹脚、吹脚位置。
5	控制压缩机的运转	一般自动空调在环境温度低于某值（例如 2 ℃），压缩机就不会工作。

车外温度传感器一般安装在前保险杠内或散热器之前，如图 3.7.8 所示。

由于车外温度传感器一般都安装在前保险杠或散热器之前，极易受到环境（散热器温度、前面车辆的排气等）影响，因此，车外温度传感器一般包在一个注塑树脂壳内，以免对温度的突然变化引起反应，使其能准确地检测到车外的温度。

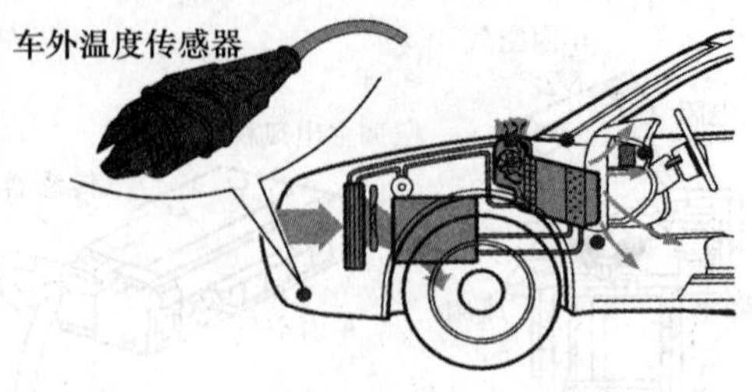

图 3.7.8　车外温度传感器安装位置

3. 蒸发器温度传感器

蒸发器温度传感器是一个负温度系数的热敏电阻，一般安装在蒸发器金属翅片上，如图 3.7.9 所示。

蒸发器温度传感器的作用是检测蒸发器表面的温度，一是用来修正空气混合风门位置，调节车内温度；二是控制鼓风机的转速；三是控制压缩机，防止蒸发器表面结冰。一般来说，当蒸发器温度低于 2 ℃时，空调停止运转，防止蒸发器结霜、结冰；当蒸发器温度高于 5 ℃时，空调系统才能重新接通。

有些汽车有两个蒸发器温度传感器，其中一个用来修正空气混合风门位置，另一个用来防止蒸发器表面结霜。

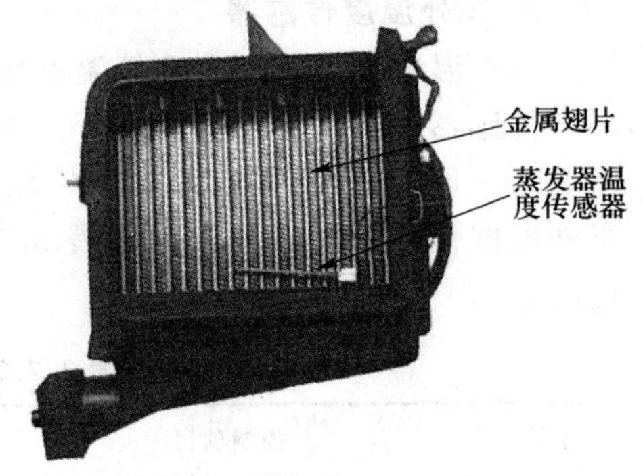

图 3.7.9　蒸发器温度传感器安装位置

4. 阳光传感器

阳光传感器也称太阳能传感器、光照度传感器、日照传感器、阳光辐射传感器等。阳光传感器通过测量阳光的强弱来修正温度门的位置与鼓风机的转速。当阳光增强时，温度门移向“冷”侧，鼓风机转速提高；反之，当阳光减弱时，温度门移向“热”侧，鼓风机转速降低。

阳光传感器一般安装在仪表台的上面，靠近前挡风玻璃的底部。如图 3.7.10 所示。

阳光传感器一般采用光敏电阻，当阳光照射越强时，其阻值越小；反之当阳光照射越弱时，其阻值就越大。

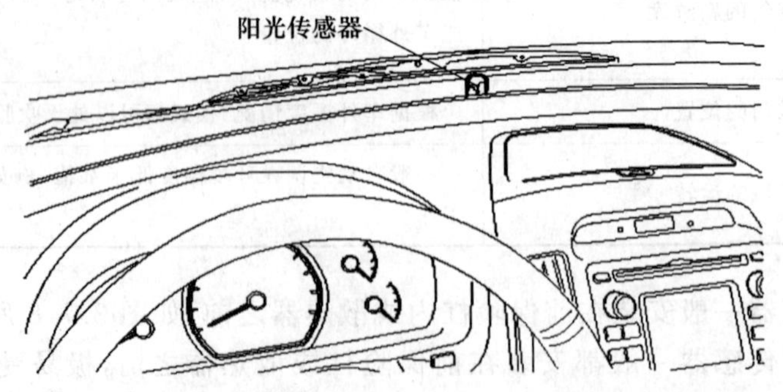

图 3.7.10　阳光传感器安装位置

自动空调 ECU 内包括一个处理电路，用来探测一段时间内平均的阳光日照量的变化，这样可防止探测到的日照微小或快速变化所导致的自动空调系统工作的剧烈变化。例如，当汽车驶过一条不时有庞大树群耸立两旁的道路，每次太阳光被树挡住时，阳光传感器探测到的日照量就会变化。处理电路将一段时间内探测到的日照进行平均，这样树瞬时遮住阳光的影响很微小，将不会使自动空调系统工作产生任何变化。相反，当车驶入一条长的隧道时，系统就会马上识别出日照的变化，并做出相应的反应。

阳光传感器的控制电路及特性如图 3.7.11 所示。

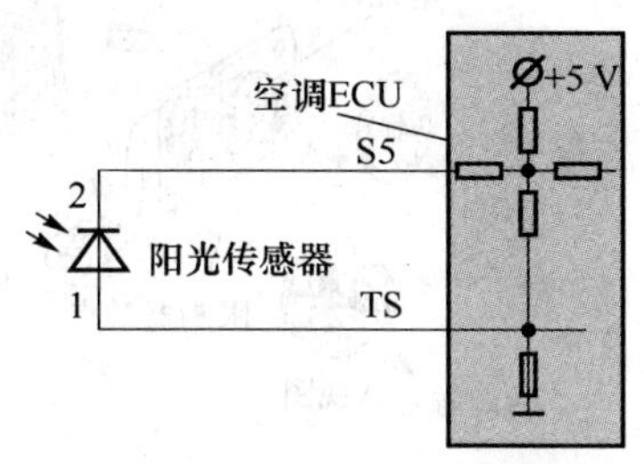

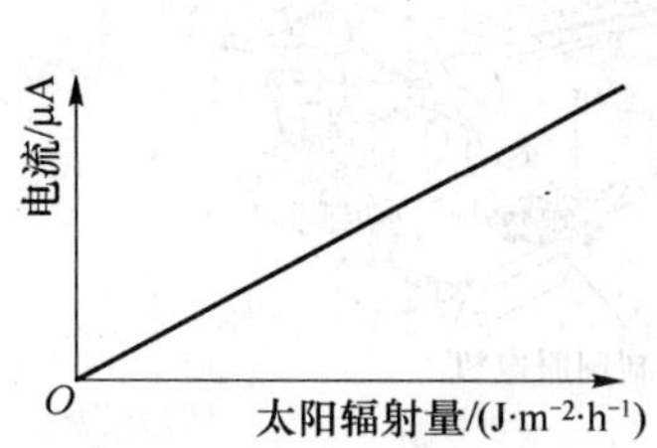

图 3.7.11　阳光传感器电路及特性

5. 空调压力传感器

空调压力传感器将制冷剂高压管路的压力值转换为电压值，发动机 ECU 根据此信号控制冷却风扇低速或高速运转。空调压力传感器安装在发动机舱内空调高压管路上，如图 3.7.12 所示。当检测到空调制冷管路压力过低或过高时，控制系统停止对空调压缩机电磁离合器供电，压缩机停止运转，以免对空调系统造成损坏。当制冷剂压力达到中等压力值时，散热器风扇高速运转，从而降低空调制冷剂压力。

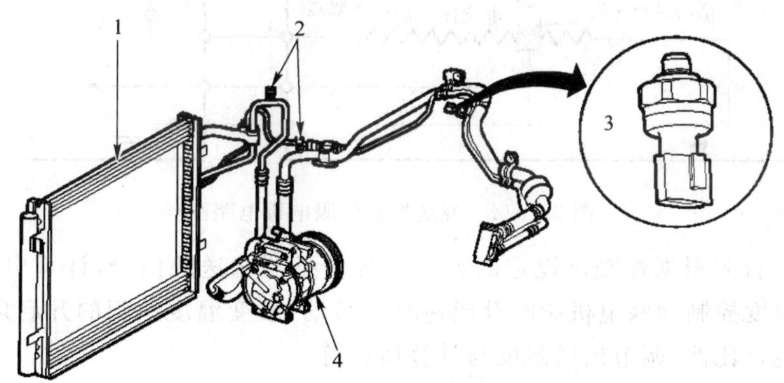

1—冷凝器；2—维修阀；3—空调压力传感器；4—压缩机

图 3.7.12　空调压力传感器

(二)自动空调系统执行器

汽车空调自动控制系统的执行器，主要是对鼓风机、压缩机、风门伺服电机等动作部件的控制。由于在系统中，这些部件的工况与手动空调完全不同，所以采用了先进的控制理论和控制方法。

1. 温度控制伺服电机

温度控制伺服电机又称为空气混合伺服电机、出风温度控制伺服电机、温度门执行器等。目前常见的温度控制伺服电机有以下几种型式。

(1) 直流电机加位置传感器控制型

这种控制形式主要用在福特、丰田、本田、三菱以及早期的日产等车型上,如图 3.7.13 及图 3.7.14 所示为丰田轿车温度控制伺服电机的结构示意图和电路图。温度控制伺服电机由 ECU 控制启动,由于直流电机本身不能定位,空调 ECU 通过检测位置传感器的信号来确定温度控制伺服电机的位置。

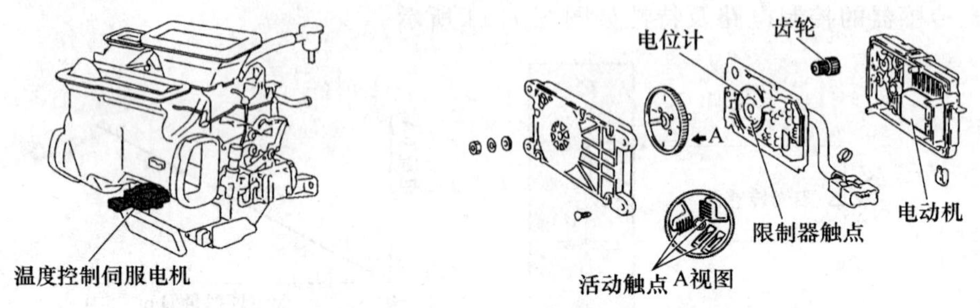

图 3.7.13 温度控制伺服电机结构示意图

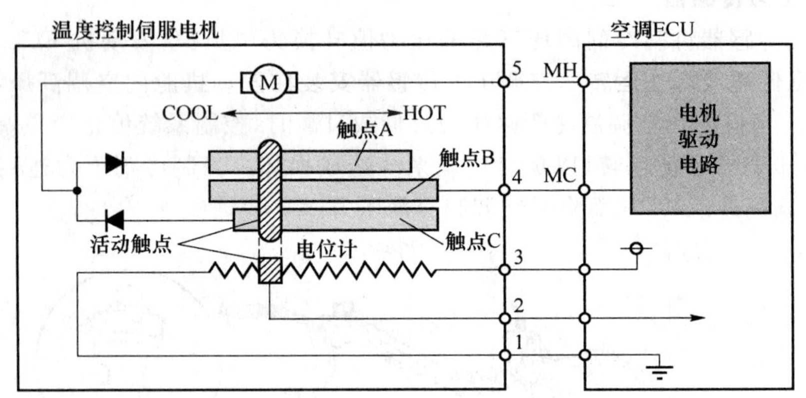

图 3.7.14 温度控制伺服电机电路图

空调 ECU 首先根据驾驶员设定的温度及各传感器输送的信号,计算出所需要的出风温度,并控制温度控制伺服电机顺时针或逆时针转动,改变温度风门的开启角度,从而改变冷、暖空气的混合比例,调节出风温度与计算值相符。

当需要提高温度时,MH 端子为电源,MC 端子接地。电流路径为:空调 ECU 端子 MH→伺服电机端子 5→伺服电机→触点 A→活动触点→触点 B→伺服电机端子 4→空调 ECU 端子 MC→搭铁。伺服电机转动,温度风门的开启角度变化,暖空气的混合比例增加,出风温度提高。

当需要降低温度时,MC 端子为电源,MH 端子接地。电流路径为:空调 ECU 端子 MC→伺服电机端子 4→触点 B→活动触点→触点 C→伺服电机→伺服电机端子 5→空调 ECU 端子 MH→搭铁。伺服电机转动,温度风门的开启角度变化,暖空气的混合比例减小,出风温度降低。

伺服电机转动时,电位计的活动触点同步移动,根据挡板的位置产生一个电信号,并将挡板的实际位置反馈回 ECU。当挡板达到要求的位置时,温度控制伺服电机电流切断。

(2) 步进电机控制型

宝马、凌志、日产等车型多采用步进电机来控制温度风门，其电路如图 3.7.15 所示。由于步进电机具有自定位的功能，因此没有位置传感器。

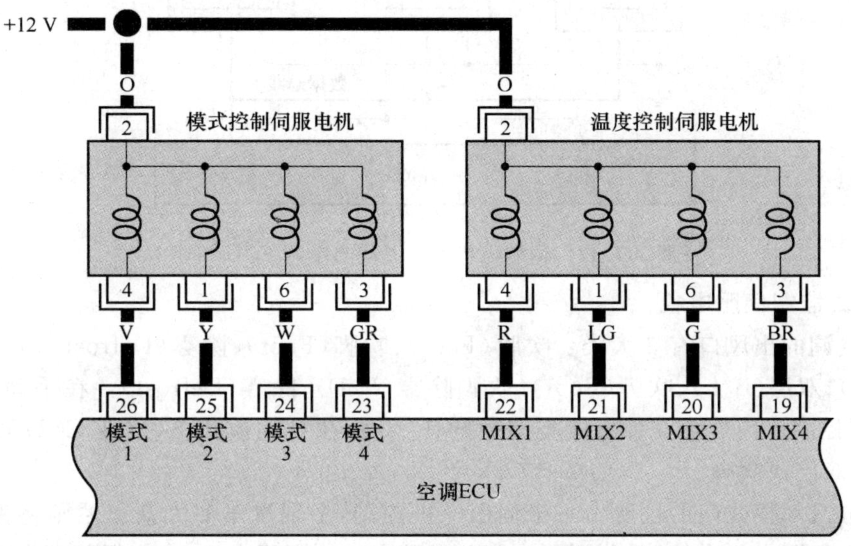

图 3.7.15　步进电机电路图

空调 ECU 按照一个固定的顺序分别控制 4、1、6、3 端子接地，电机就按照一个方向转动，空调 ECU 按照另一个顺序控制 3、6、1、4 端子接地，电机就反方向转动。空调 ECU 根据所选定的温度以及原来记忆的电机步数，确定电机应转动的方向，之后控制电机转动一定的步数，驱动温度风门到达规定的位置。

(3) 微芯片控制型

温度控制伺服电机总成内含有微芯片，通过微芯片控制伺服电机的转动，进而控制温度风门的开启角度。温度控制伺服电机总成由空调 ECU 来控制，其与空调 ECU 的连接如图 3.7.16 所示，通用车系上常用这种形式。

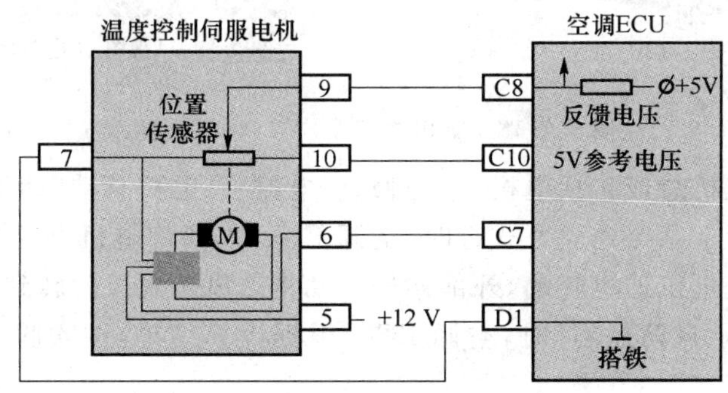

图 3.7.16　温度控制伺服电机不通过总线与空调 ECU 相连

现在新款车型上普遍采用数据总线连接方式，如风度、奔驰等，其与空调 ECU 的连接如图 3.7.17 所示。

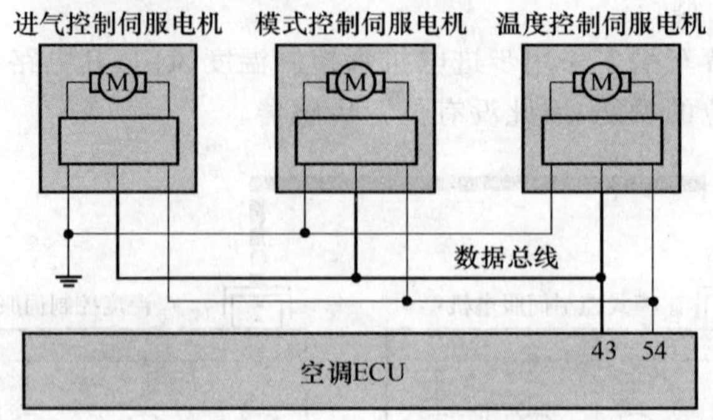

图 3.7.17　伺服电机通过总线与空调 ECU 相连

2. 模式控制伺服电机

自动空调的出风口有 3 大类：吹脸(Face)、吹脚(Foot)、除雾(Defrost)，有 5 种组合：吹脸(Face)、双层(B/L)、吹脚(Foot)、吹脚除雾(F/D)、除雾(Defrost)。在手动模式下，空调 ECU 可控制风门处于 5 种出风类型中的任一种；在自动模式下，空调 ECU 可控制风门处于吹脸、双层或吹脚。

大部分汽车模式门的位置由一个伺服电机控制，个别汽车如大众车系则将模式门的位置分成多个伺服电机来控制，分别称为底部及除雾控制伺服电机、中央风门伺服电机等。

模式控制伺服电机又称为出风模式伺服电机、送风模式伺服电机、气流模式伺服电机、通风模式执行器等。常见的模式控制伺服电机有以下几种型式。

(1) 丰田汽车专用的模式控制伺服电机

丰田汽车常用的模式控制伺服电机结构如图 3.7.18 所示，其电路图如图 3.7.19 所示。

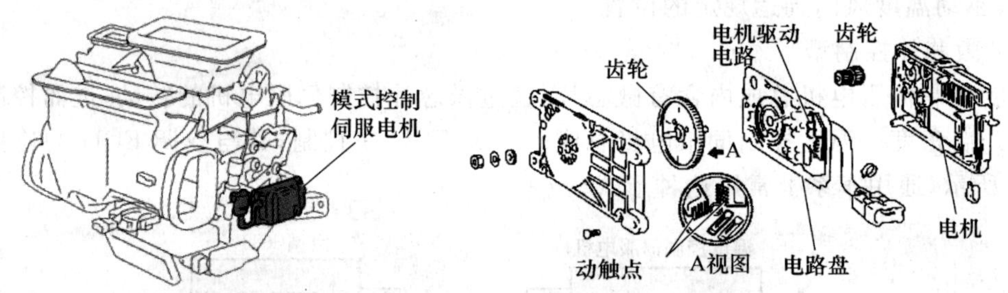

图 3.7.18　丰田汽车模式控制伺服电机

模式控制伺服电机总成包括电机、移动触点、电路板、电机驱动电路等。

当按下操纵面板上某个送风方式键时，空调 ECU 立即使电机上的相应端子接地，于是电机内的驱动电路使电机通电转动，外部连杆摆动将送风控制风门转到相应的位置，打开某个送风通道。当按下“自动控制”时，空调 ECU 根据计算结果，在吹脸、双层和吹脚三者之间自动改变送风方式。

例如当模式选择开关从 FACE 移到 DFF 时，输入 A 是 1(因为电路开路)，输入 B 是 0(因为接地回路接通)。因此，输出 D 是 1，输出 C 是 0，电流从 D 到 C 流经电机。当电机开始转动且动触点 B 脱开与 DFF 的接触时，由于电路被开路，输入 B 将是 1。结果，输出 C 和 D 两者均为 0，到电机的电流被切断，电机停止工作。

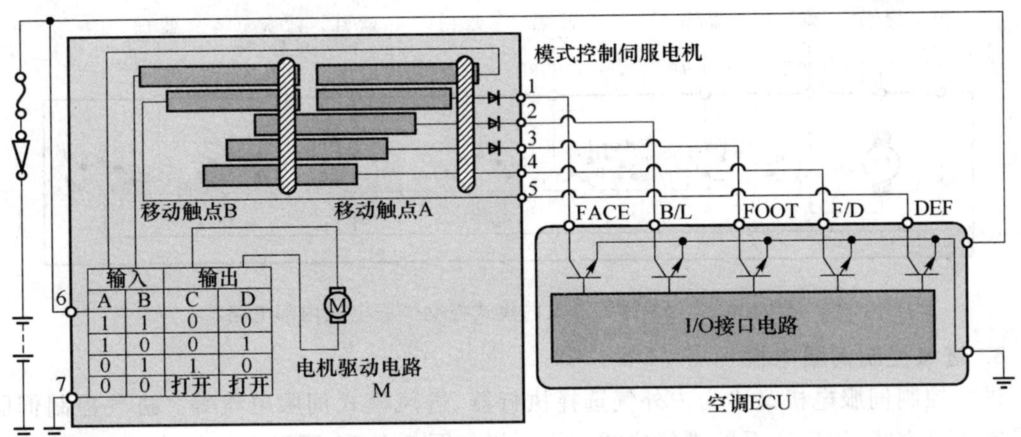

图 3.7.19　丰田汽车模式控制伺服电机电路图

(2) 直流电机加位置传感器控制型

这种形式主要用于JEEP、三菱等车型，其电路图如图3.7.20所示。空调ECU根据所选定的出风模式以及目前风门的位置，确定电机应转动的方向，之后控制电机转动，驱动风门到达所选模式的位置。位置传感器向空调ECU反馈位置信号。

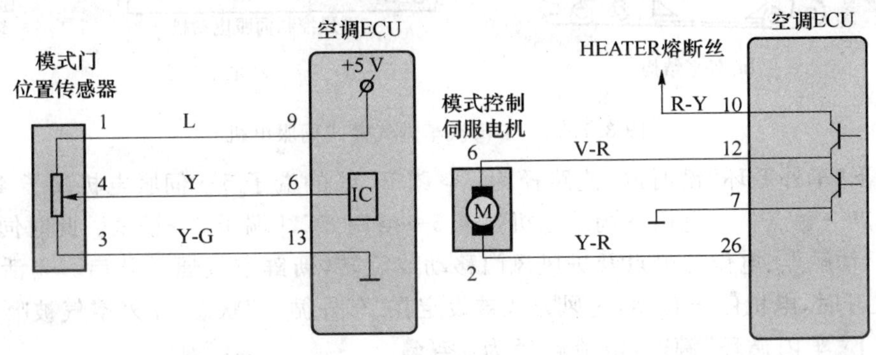

图 3.7.20　模式控制伺服电机和位置传感器电路图

(3) 直流电机加位置开关控制型

这种形式主要应用于本田、马自达、日产等车型，其电路图如图3.7.21所示。模式控制伺服电机内部装有位置开关，电机转动带动位置开关的滑动触片移动，于是接通不同的固定触片，使相应的固定触片与滑动触片接通，从而具有相同的低电位。空调ECU检测到固定触片的电位情况即可确定模式门的位置。例如位置开关在最左边FACE位置时，开关将端子4、6、7和端子1连通，为低电位，于是相应的开关信号111000送给空调ECU，空调ECU即可确定模式门电机处于FACE位置。

(4) 微芯片控制型

模式控制伺服电机总成内含有微芯片，通过微芯片控制伺服电机的转动，进而控制模式风门的开启角度。模式控制伺服电机总成由空调ECU来控制。现在新款车型上普遍采用数据总线连接方式，如风度、新款奔驰等。其与空调ECU的连接如图3.7.17所示。

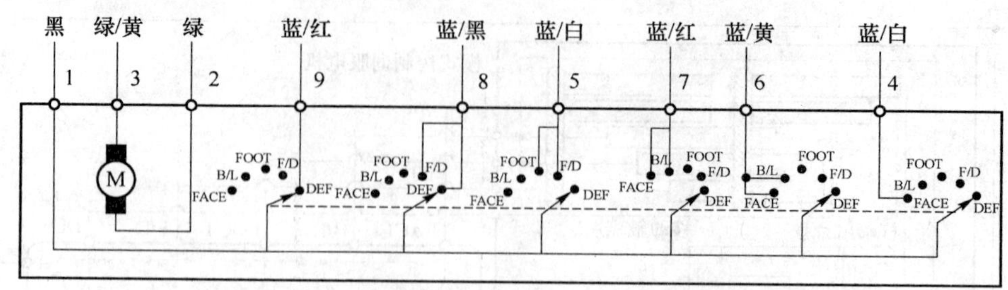

图 3.7.21 带位置开关的模式控制伺服电机内部电路

3. 进气控制伺服电机

进气控制伺服电机又称为内外气选择执行器、进风模式伺服电机等。进气控制伺服电机控制送风方式，丰田车系的进气模式伺服电机如图 3.7.22 所示。

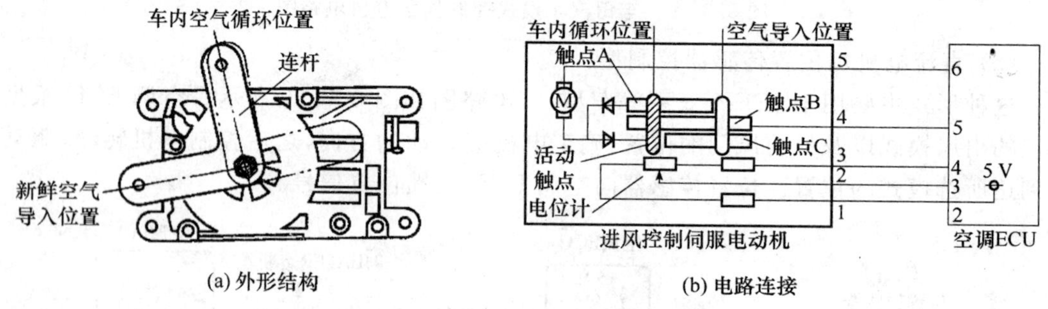

图 3.7.22 丰田汽车进气模式伺服电机

当按下“车外循环”键时，电流路径为：空调 ECU 的端子 5→伺服电机端子 4→触点 B→活动触点→触点 A→电机→伺服电机端子 5→空调 ECU 端子 6→搭铁。此时伺服电机转动，带动活动触点、电位计触点及进风风门移动或旋转，新鲜空气通道开启。当活动触点与触点 A 脱开时，电机停止转动，送风方式被设定在“车外循环”状态，车外空气被吸入。

当按下“车内循环”键时，电流路径为：空调 ECU 端子 6→伺服电机端子 5→电机→触点 C→活动触点→触点 B→伺服电机端子 4→ECU 端子 5→搭铁。于是电机带动活动触点、电位计触点及进风风门向反方向移动或旋转，关闭新鲜空气入口，同时打开车内空气循环通道，使车内空气循环流动。

当按下“自动控制”键时，空调 ECU 首先计算出所需要的出风温度，并根据计算结果自动改变进气控制伺服电机的转动方向，从而实现进风方式的自动调节。

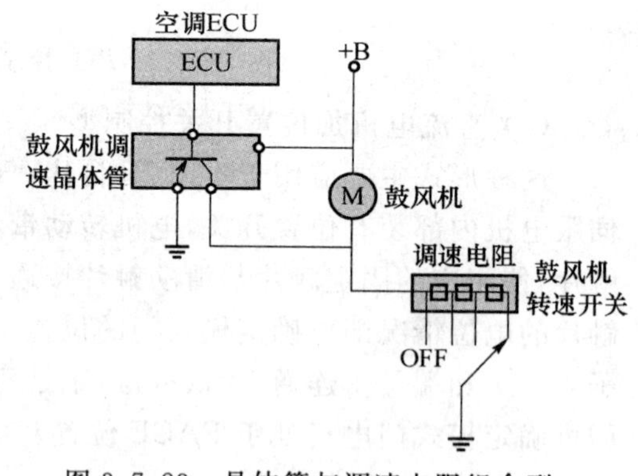

图 3.7.23 晶体管与调速电阻组合型

4. 鼓风机的控制

在自动空调控制系统中，鼓风机的控制主要有以下几种方式：

(1) 晶体管与调速电阻组合控制

鼓风机控制开关有自动(AUTO)挡和不同转速的人工选择模式，如图 3.7.23 所示。当鼓风机转速控制开关设定在"AUTO"挡时，鼓风机的转速由空调 ECU 根据车内、车外温度及其他传感器的参数控制。若按动人工选择模式开关，则空调电路取消自动控制功能，执行人工设定功能。

（2）晶体管减负荷工作型

电路原理如图 3.7.24 所示。空调 ECU 根据车内温度、车外温度、阳光强度、设定温度等自动控制鼓风机的转速。一般来说，车内温度越高、车外温度越高、阳光越强，鼓风机转速就越高。鼓风机控制原理如下：

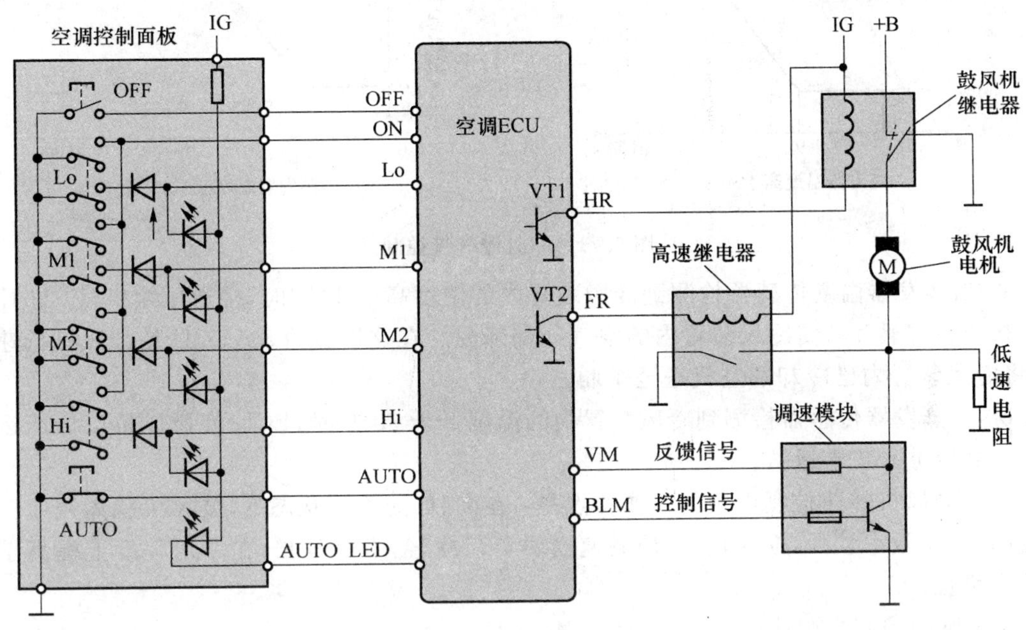

图 3.7.24　鼓风机转速控制电路

① 低速运转。空调 ECU 使晶体管 VT1 导通，鼓风机继电器常开触点闭合，电流方向为：蓄电池→鼓风机继电器→鼓风机电机→低速电阻→搭铁。鼓风机电机低速运转。空调起动时用这种模式有利于鼓风机平稳工作并防止损坏调速模块。当车内温度与设定温度接近或者人工设定时，亦维持最低转速。

② 中速运转。空调 ECU 接通 VT1，鼓风机继电器常开触点闭合。同时空调 ECU 根据各传感器的参数信号，控制 BLW 端子，输出相应信号至调速模块。电流流向为：蓄电池→鼓风机继电器→鼓风机电机→调速模块和低速电阻→搭铁，电机中速运转。ECU 从 VM 端子接收反馈信号，检测鼓风机实际转速信号，依此校正鼓风机驱动信号。

③ 高速运转。当车内温度与设定温度差较大时，或者操作鼓风机高速开关时，空调 ECU 使晶体管 VT1、VT2 导通，高速继电器触点闭合。电流方向为：蓄电池→鼓风机继电器→鼓风机电机→高速继电器→搭铁。鼓风机电机以高速运转。

④ 自动运转。在自动工作状态（或者人工设定）时，空调 ECU 根据环境温度与设定温度的参数，发出控制信号，使调速模块晶体管以不同的角度导通，鼓风机电机无级变速，达到调节空气的目的。电流方向为：蓄电池→鼓风机继电器→鼓风机电机→调速模块和低速电阻→搭铁。

⑤ 时滞气流控制。夏天，车辆长时间停在炎热阳光下，若马上打开鼓风机，此时吹出的是热风而不是想要的冷风。因此鼓风机不能马上工作，而应滞后一段时间才工作。

发动机启动时，如果压缩机已工作，控制面板上 AUTO(自动)开关接通，气流方式设置在 FACE 或 BI-LEVEL 时，时滞气流控制就起作用。时滞气流控制功能如图 3.7.25 所示。

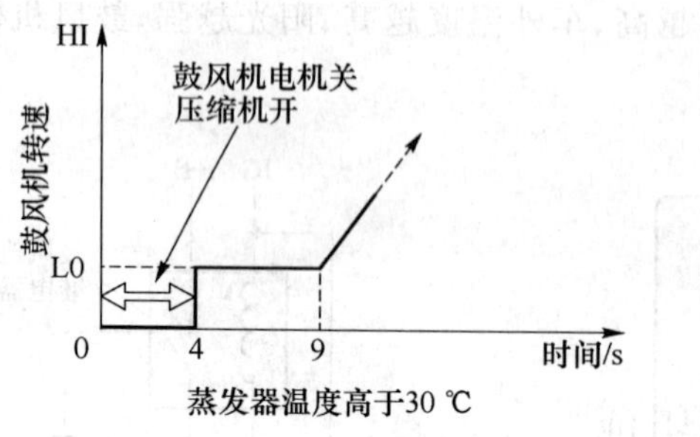

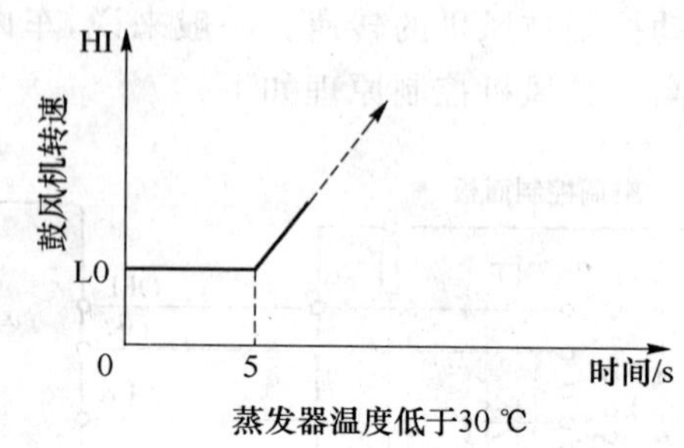

图 3.7.25 时滞气流控制

a. 当蒸发器温度传感器检测到冷风装置内的温度高于 30 ℃时，接通压缩机，ECU 控制鼓风机电机停转 4 s，使冷风装置内的空气冷却降温。在这以后的 5 s，ECU 使鼓风机低速运转，将冷风装置内已冷却的空气送至车厢。

b. 当蒸发器传感器检测到冷风装置内的温度低于 30 ℃时，ECU 使鼓风机以低速运转约 5 s，之后进入正常运转。

这类鼓风机转速控制电路的工作特点是：在高、低速工作状态下，鼓风机脱离调速模块的控制，工作效率较高，损耗较小，使调速模块负荷减轻，寿命延长，在一定程度上提高了系统的可靠性。

(3) 脉冲控制全调速型

目前较先进的风机调速电路采用脉冲控制全调速型，原理如图 3.7.26 所示。

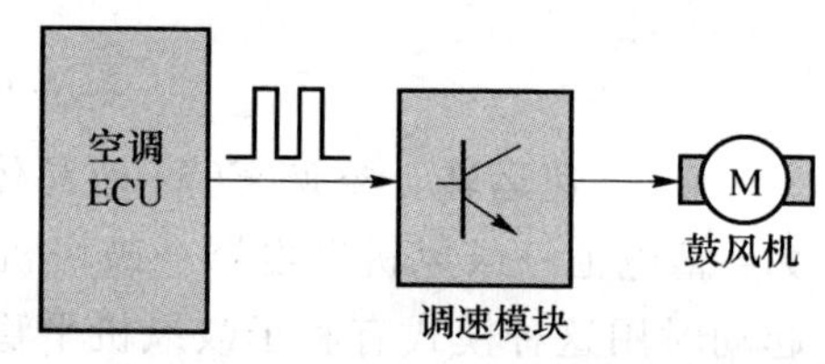

图 3.7.26 脉冲调速电机工作原理

这种鼓风机转速控制系统是由空调 ECU 根据系统送风量的要求，控制内部脉冲发生器，提供不同占空比的导通信号。调速模块中一般由大功率晶体管组成驱动鼓风机电路，完成对其转速的无级调速工作。

采用这类调速方式，既可以将功率损耗降至最低，又可以在一个很大范围内实现无级调速的功能，是新一代控制器件的典型应用。

(三)自动空调控制单元

自动空调控制单元也叫自动空调控制器、空调放大器、空调 ECU 等，是整个自动空调系统的控制中心。自动空调控制单元一般与空调控制面板集成一体，它根据输入的传感器信号及空调控制面板的操作输入信号来控制制冷系统和暖风系统的运行。它还同时向车身控制单元 BCM 输出信号，以控制后窗除雾器。

自动空调控制单元上的一体式控制面板包含系统控制输入开关和提供系统状态信息的液晶显示屏(LCD)。

三、自动空调控制系统的控制内容

自动空调 ECU 一般与控制面板制成一体，对输入的各种传感器信号和功能选择键的输入指令进行计算、分析比较后，发出指令，控制各个执行元件动作，使车内温度、空气流动状况等始终保持在驾驶员设定的水平上。

自动空调控制系统的控制内容主要有：

1. 鼓风机转速控制

(1) 自动控制。空调 ECU 根据车内温度、车外温度、阳光强度和设定温度等控制鼓风机转速。一般来说，室内温度与设定温度之差越大，鼓风机转速就越高。

(2) 预热控制。冬天当冷却液温度低于 30 ℃时停转。

(3) 时滞控制。夏季开空调，而此时蒸发器温度高于 30 ℃时，ECU 控制鼓风机关断4 s。

(4) 启动控制。启动时设置为低速运转，以降低启动电流，保护调速模块不被烧坏。

(5) 车速补偿控制。车速高时，迎面风冷却强度大，此时降低鼓风机转速。

(6) 手动控制。根据操作面板手动开关的信号，相应地控制鼓风机转速。

2. 送风温度控制

空调 ECU 根据车内温度、车外温度、阳光强度和设定温度等计算所需的送风温度。再根据送风温度，向温度控制伺服电机等执行元件发出控制信号，使温度风门处于相应的位置。

一般来说，车内温度越高、车外温度越高、阳光越强，温度风门就越处于“冷”的位置。例如当车内温度为 35 ℃时，温度风门处于最冷位置；若温度为 25 ℃，温度风门处于 50%的位置。

3. 进气方式控制

在手动模式中，进气方式只有两种位置：车内循环和车外循环。在自动模式，很多车型有 3 种位置：即车内循环、车外循环和 20%车外新鲜空气，空调 ECU 根据车内温度、车外温度、阳光强度和设定温度自动控制进气风门的位置。例如当车内温度为 35 ℃时，进气方式为车内循环；当车内温度为 30 ℃时，进气方式为 20%车外新鲜空气；当车内温度为 25 ℃时，进气方式为车外循环。

4. 模式门控制

在手动模式，模式门有 5 种位置：吹脸、双层、吹脚、吹脚除雾和除雾。空调 ECU 可控制模式风门处于 5 种类型中的任一种。在自动模式中，模式门一般只有 3 种位置：即吹脸、吹脚和双层。空调 ECU 根据车内温度、车外温度、阳光强度和设定温度自动控制模式风门的位置。例如当车内温度为 30 ℃时，模式风门处于吹脸位置；当车内温度为 20 ℃时，模式风门处于双层位置；当车内温度为 15 ℃时，模式风门处于吹脚位置。

5. 压缩机控制

空调 ECU 根据车内温度、车外温度、阳光强度和设定温度来决定压缩机是否工作。

(1) 低温控制。在车外温度低于某值(如 3 ℃或 8 ℃)时压缩机停止工作。

(2) 高温控制。在发动机水温超过某值(如 120 ℃)时，压缩机不工作，以防止水温进一步升高。

(3) 低速控制。在发动机转速过低(如低于 600 r/min)时,压缩机不工作。

(4) 高速控制。在发动机转速超过某转速时压缩机不工作,以保护压缩机。

(5) 加速切断。在发动机处于急加速工况时,为了提供足够的动力,压缩机会暂时停止工作。

(6) 低压和高压保护。在制冷系统压力过低(如低于 500 kPa)或压力过高(如高于 2 800 kPa)时,压缩机停止工作。

(7) 打滑保护。空调 ECU 比较发动机转速信号和压缩机锁止传感器传来的压缩机转速信号,若两种转速信号偏差率连续 3 s 超过 80%,ECU 则判定皮带打滑,于是停止压缩机工作。

四、丰田卡罗拉轿车自动空调系统分析

1. 电控元件位置图

丰田卡罗拉轿车自动空调系统零部件位置如图 3.7.27 所示,空调配气系统如图3.7.28 所示。

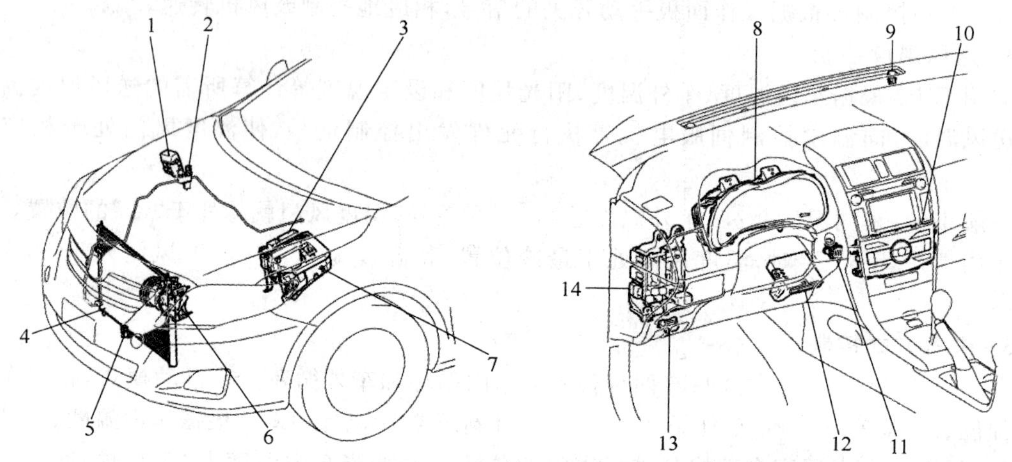

1—发动机室7号继电器盒; 2—空调压力传感器; 3—ECM; 4—冷凝器; 5—车外温度传感器; 6—压缩机和皮带轮; 7—发动机室继电器盒和接线盒; 8—组合仪表; 9—阳光传感器; 10—空调控制面板总成; 11—车内温度传感器; 12—空调ECU; 13—DLC3; 14—主车身ECU(仪表板接线盒)

图 3.7.27 丰田卡罗拉轿车自动空调系统零部件位置

丰田卡罗拉自动空调系统具有下列控制功能:

(1) 神经网络控制。该控制可通过人工模拟生物神经系统的信息处理办法,进行复杂的控制,以建立类似人脑的复杂输入或输出关系。

(2) 出风温度控制。对应温度调节开关设置的温度,神经网络控制根据来自不同传感器的输入信号计算出风温度。此外,根据来自蒸发器温度传感器和发动机冷却液温度传感器的信号,添加校正控制出风温度。

(3) 鼓风机控制。基于来自各个传感器的输入信号,神经网络控制计算出气流量,控制鼓风机电机。

(4) 出风模式控制。基于来自各个传感器的输入信号,神经网络控制计算模式门冷热

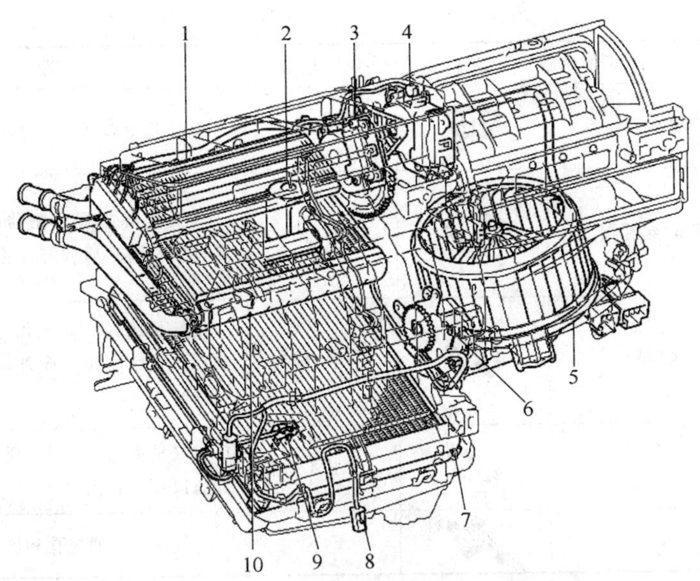

1—PTC加热器总成；2—膨胀阀；3—模式控制伺服电机；4—进气控制伺服电机；5—鼓风机电机；6—温度控制伺服电机；7—蒸发器；8—空调线束；9—蒸发器温度传感器；10—加热器散热装置总成

图 3.7.28　丰田卡罗拉轿车配气系统

风的比率，自动切换各个出风口。

(5) 进气控制。根据神经网络控制计算的风量，自动控制进气风门。

(6) 可变排量压缩机控制。基于来自各个传感器的信号，控制压缩机的打开或关闭以及排量。

(7) 环境温度指示控制。基于来自环境温度传感器的信号，该控制计算环境温度，然后在空调 ECU 中修正并在组合仪表的多功能显示屏上显示。

(8) 后窗除雾器控制。按下后窗除雾器开关时，打开后窗除雾器和车外后视镜加热器 15 min。如果运行时按下按钮，则关闭后窗除雾器。

(9) 自诊断。根据空调开关的运行情况检查传感器，随后温度设置显示一个 DTC，以指示是否存在故障(传感器检查功能)。根据空调开关的运行情况，通过预定顺序驱动执行器(执行器检查功能)。

2. 模式位置和风门操作

丰田卡罗拉自动空调配气系统简图如图 3.7.29 所示，各风门的功能见表 3.7.3。

表 3.7.3　丰田卡罗拉自动空调配气系统各风门的功能

控制风门	工作位置	风门位置	操　作
进气控制风门	FRESH	A	吸入车外新鲜空气
	RECIRC	B	车内再循环空气
温度控制风门	MAX COLD 至 MAX HOT 温度设置 16 ℃至 30 ℃	C-D-E	改变车外新鲜空气和车内再循环空气的混合比率，以连续地调节 HOT 至 COLD 的温度

续 表

控制风门	工作位置		风门位置	操 作
模式控制风门	除雾器		H,K	通过前除雾器和侧通风孔对挡风玻璃除雾
	脚部/除雾器		H,J	通过前除雾器和侧通风孔对挡风玻璃除雾,同时从前、后放脚坑通风孔中送出空气
	脚部		H,I	空气从放脚坑通风孔、后放脚坑通风孔和侧通风孔中吹出。此外,空气从前除雾器中轻轻吹出
	双层		F,I	空气从中央通风孔、侧通风孔和前后放脚坑通风孔中送出
	面部		F,K	空气从中央通风孔和侧通风孔中吹出

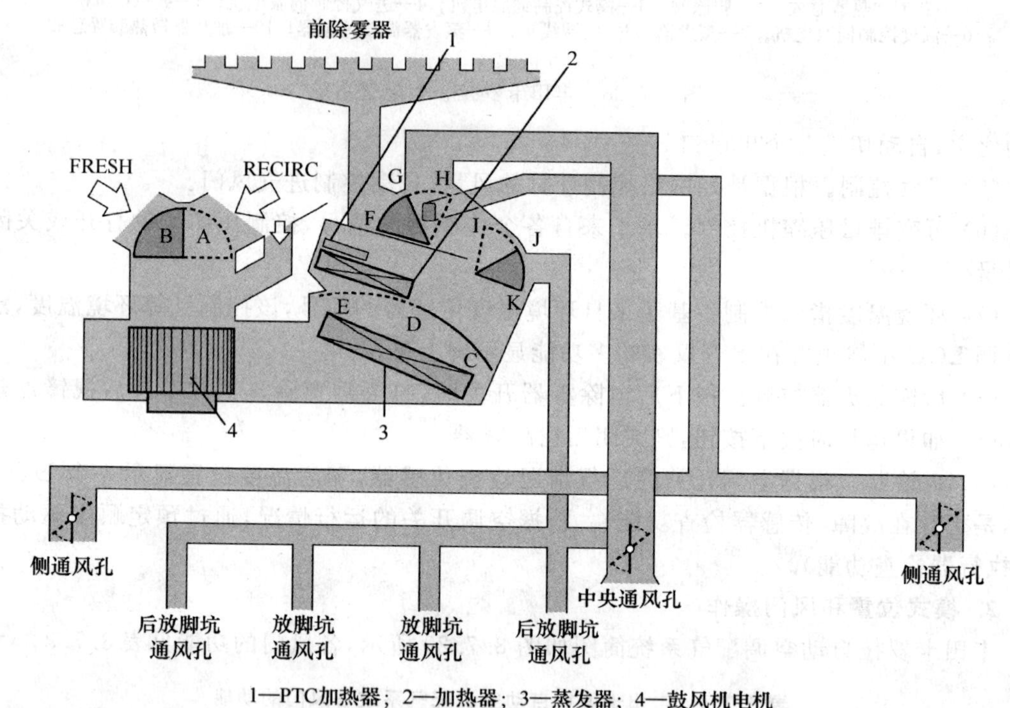

1—PTC加热器; 2—加热器; 3—蒸发器; 4—鼓风机电机

图 3.7.29 丰田卡罗拉轿车自动空调配气系统

3. 总线连接器

丰田卡罗拉轿车伺服电机与空调 ECU 的连接采用总线连接,这与直接导线连接是不同的,如图 3.7.30 所示。总线连接器有一个内置的通信/驱动集成电路,与各个伺服电机连接器通信,以驱动伺服电机,并有位置检测功能,这使得系统结构更轻而且线束数量更小。

4. PTC 加热器

现在汽车发动机的热效率不断被改善,仅由发动机冷却液提供给加热器的热量还不够,

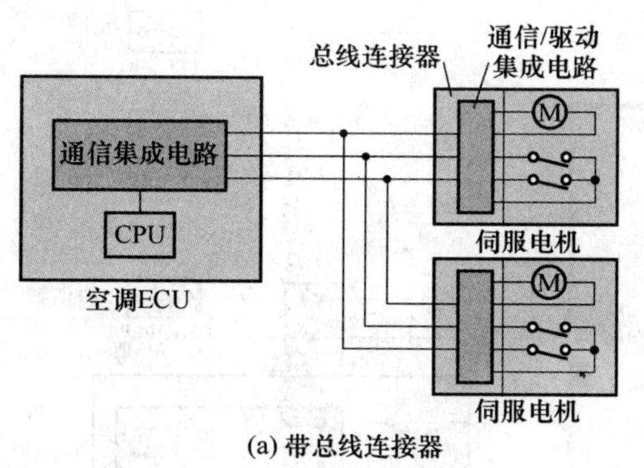

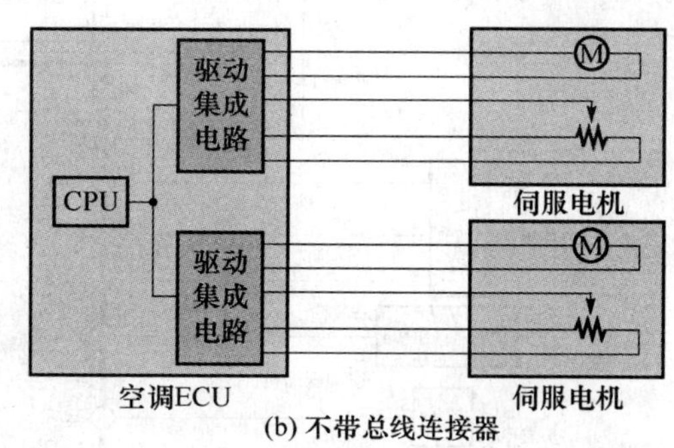

图 3.7.30　伺服电机与空调 ECU 的连接

因此必须通过除了发动机冷却液以外的手段来加热空气。

丰田卡罗拉轿车采用了 PTC(正温度系数)加热器,PTC 加热器位于空调装置的加热器芯上方,由一个 PTC 元件、一个铝散热片和铜片组成,如图 3.7.31 所示。当电流施加在 PTC 元件上时,它会产生热量来加热通过的空气。PTC 加热器由空调 ECU 根据冷却液温度、环境温度、发动机转速、空气混合风门位置和电器负载来控制。例如,工作的 PTC 加热器数目根据冷却液温度而变化,冷却液温度低时,加热器数目多,如图 3.7.32 所示。

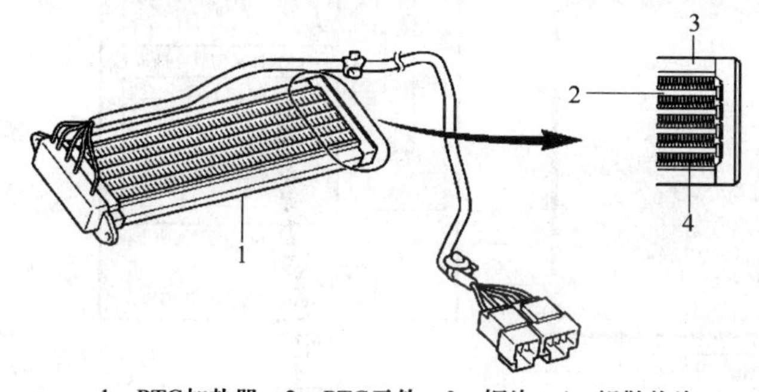

1—PTC加热器；2—PTC元件；3—铜片；4—铝散热片

图 3.7.31　PTC 加热器

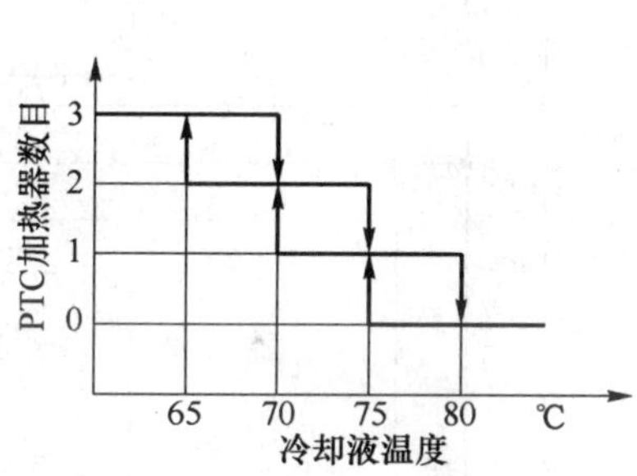

图 3.7.32　PTC 加热器模式

5. 其他传感器和执行器

(1) 鼓风机电机。鼓风机电机有一内置的鼓风机控制器,空调放大器以占空比控制方式对其进行控制。

(2) 空调压缩机。空调压缩机为连续可变排量型,其排量可根据空调的制冷负荷进行调节,这通过一个占空比控制方式的电磁阀调整吸气压力来实现。

(3) 车内温度传感器。根据内置热敏电阻的变化检测车厢内温度。

(4) 车外温度传感器。根据内置热敏电阻的变化检测车外的温度。

(5) 蒸发器温度传感器。一旦蒸发器热敏电阻发生变化,蒸发器温度传感器立即检测到通过蒸发器的冷却温度,并将其输出到空调放大器。

(6) 空调压力传感器。检测制冷剂压力,并将其以电压变化的形式输出到空调放大器中。

6. 自动空调系统电路图

丰田卡罗拉轿车自动空调系统电路图如图 3.7.33 所示。

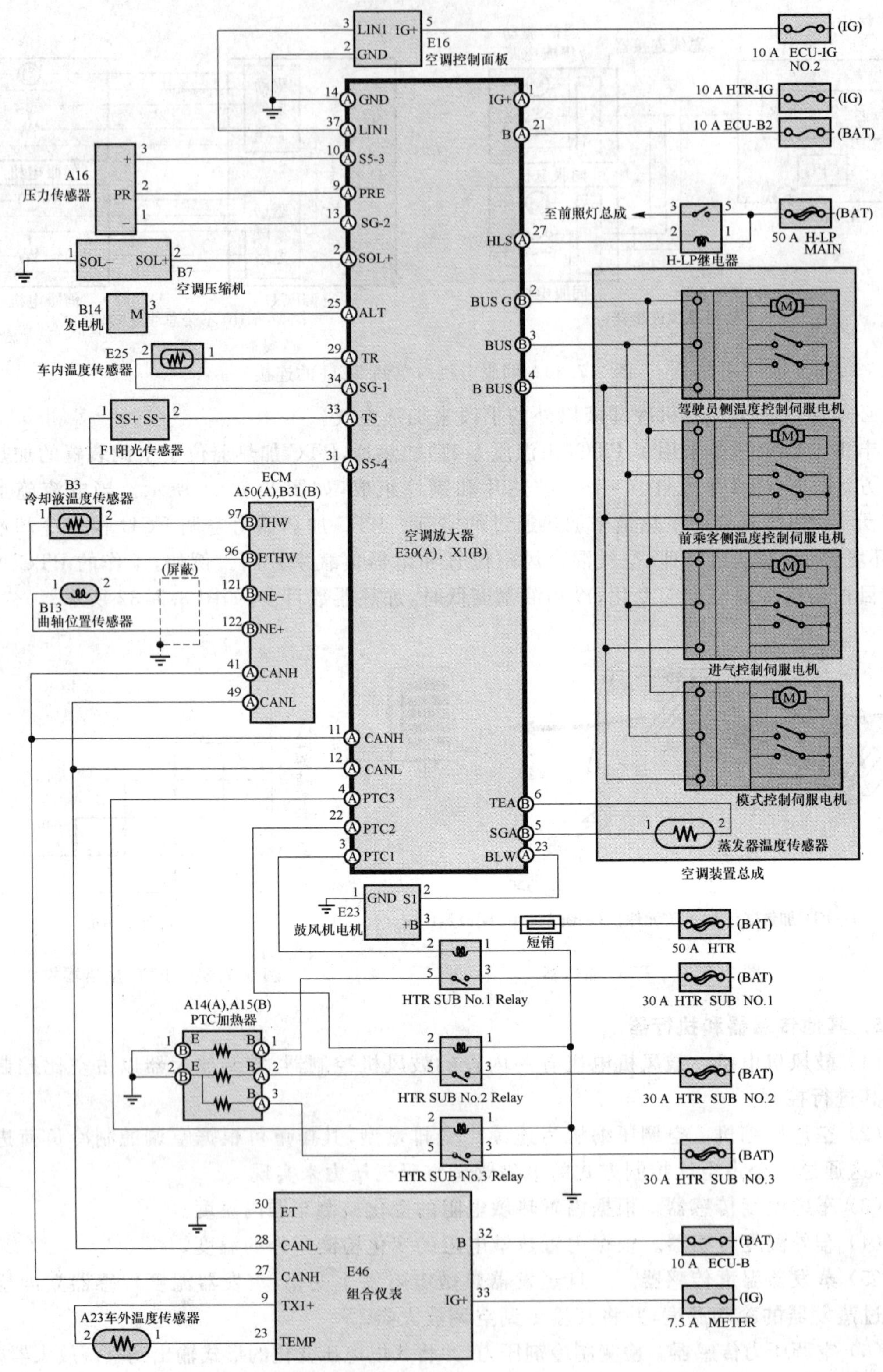

图 3.7.33　丰田卡罗拉轿车自动空调系统电路图

五、北京现代悦动轿车自动空调系统分析

1. 空调控制面板和电路图

北京现代悦动轿车自动空调控制面板如图 3.7.34 所示，其控制电路如图 3.7.35、图 3.7.36、图 3.7.37 所示。

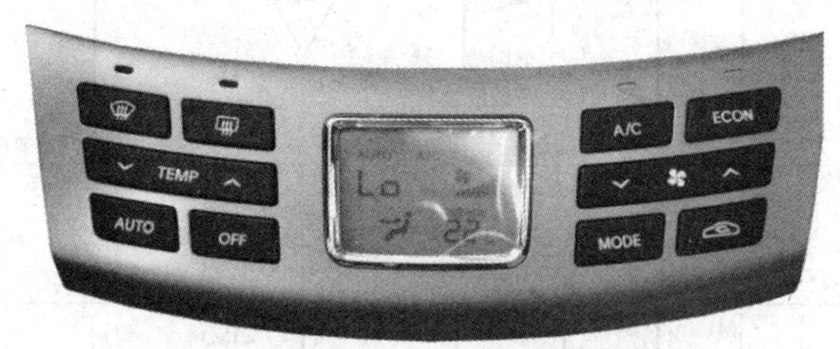

图 3.7.34　北京现代悦动轿车自动空调控制面板

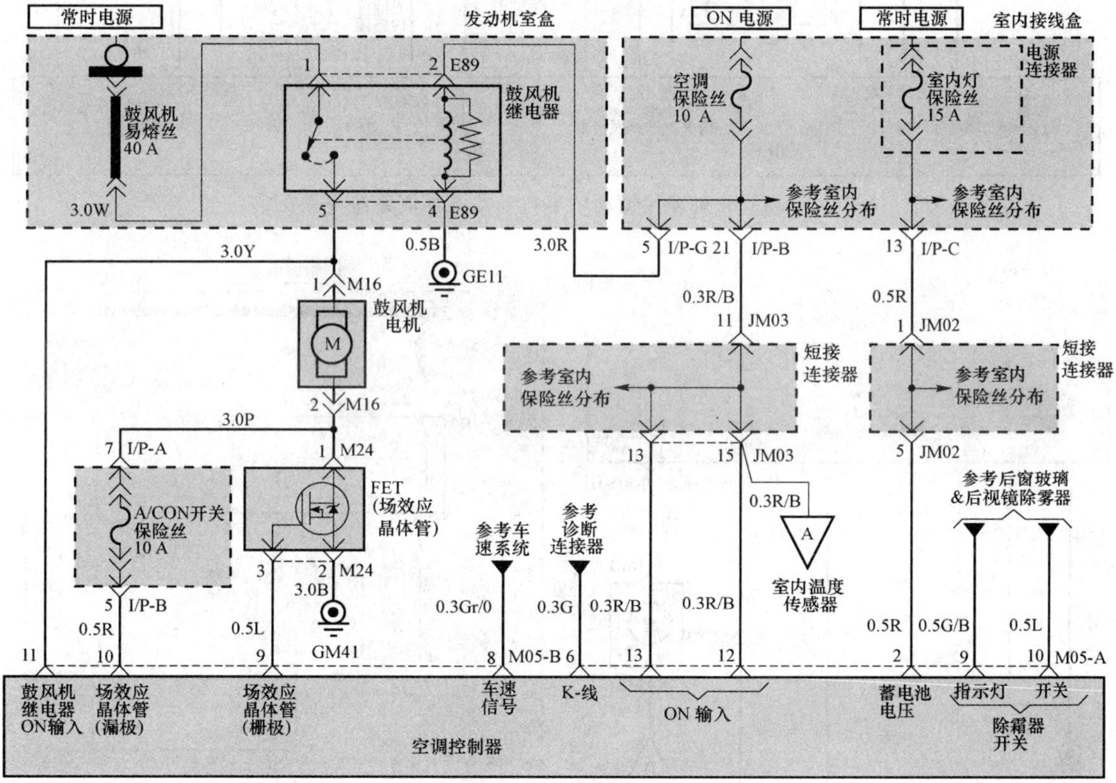

图 3.7.35　北京现代悦动轿车自动空调控制系统电路(一)

2. 各零部件功能

(1) 空调压力传感器(图中未画出)将高压管路的压力值转换为电压值，再由发动机 ECU 控制冷却风扇低速或高速运转。制冷管路温度过高或过低时，发动机 ECU 停止压缩机的运转。

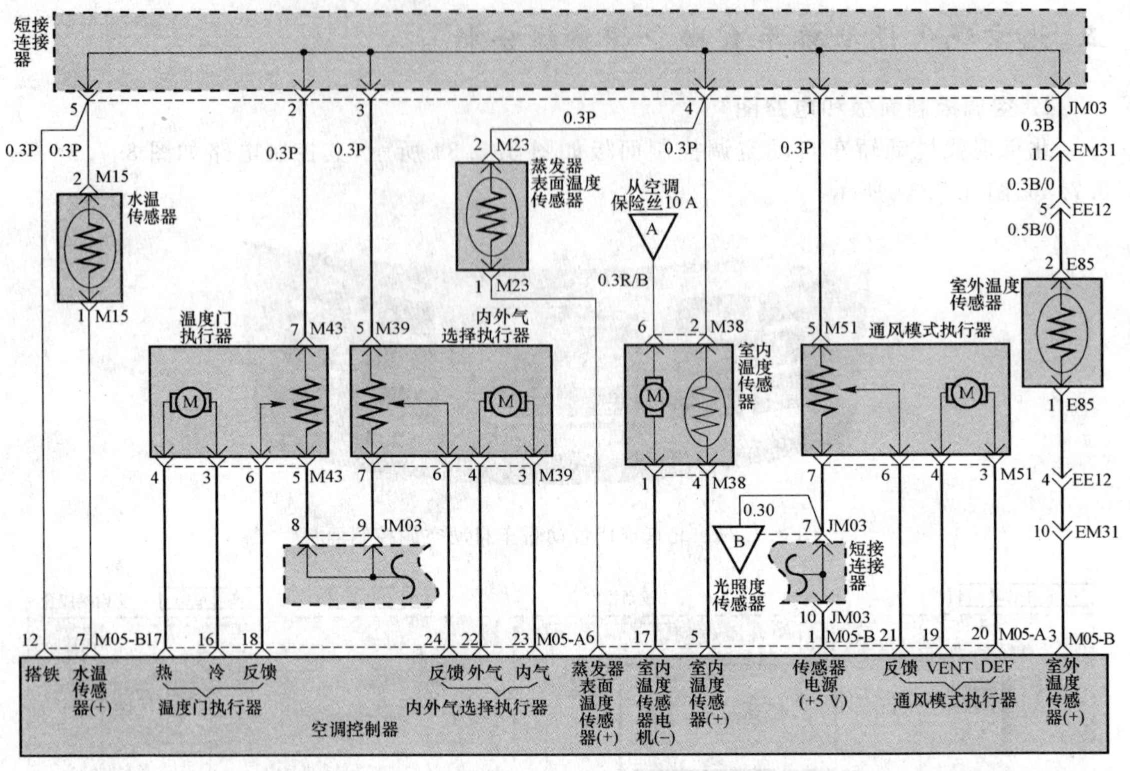

图 3.7.36 北京现代悦动轿车自动空调控制系统电路(二)

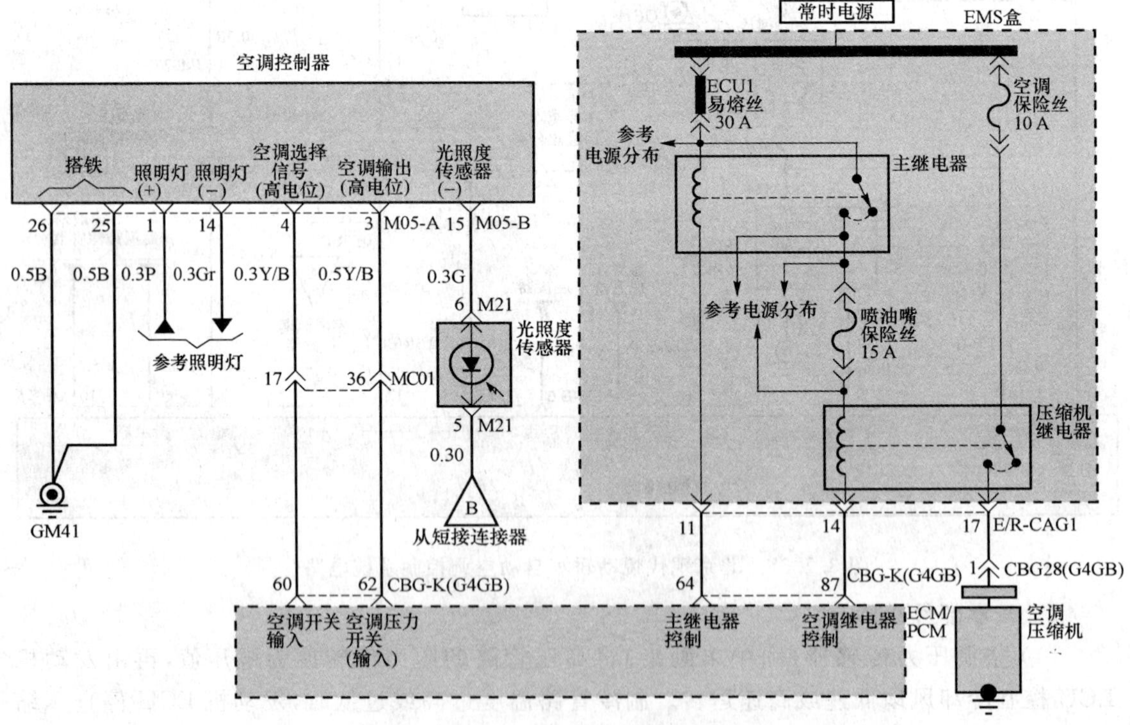

图 3.7.37 北京现代悦动轿车自动空调控制系统电路(三)

(2) 室内温度传感器位于仪表盘罩上，采用负温度系数热敏电阻。信号用于出气温度控制、温度门控制、鼓风机电机转速控制和 A/C 自动控制。

(3) 室外温度传感器为负温度系数热敏电阻，安装在冷凝器的前面。信号用于出气温度控制、温度门控制、鼓风机电机转速控制、混合通风模式控制和室内湿度控制。如果室外温度低于 2 ℃，空调压缩机将停止运转。

(4) 蒸发器表面温度传感器位于加热器单元处，采用负温度系统热敏电阻。当蒸发器芯温度低于界限值时，BCM/PCM 切断压缩机继电器电源，以免蒸发器过冷冻结。

(5) 水温传感器(冷却液温度传感器)为负温度系数热敏电阻，安装在暖风总成上。驾驶员在暖机前操作暖风时，根据传感器的信号，促使空调控制器减少鼓风机电机的转速，直到冷却水温达到规定值。

(6) 光照度传感器安装在除雾通风口的中央，传感器为光电二极管。由光接收部分接收太阳辐射，产生与接收的辐射量成比例的电动势，送至空调控制器后执行太阳辐射补偿。

(7) 通风模式执行器安装在暖风总成上，包括改变通风模式风门位置的模式门电机和监测模式门位置的电位计。按下通风模式选择开关，空调控制器控制通风模式风门电机转动来调整通风口位置，各通风口依照中风口→中风口/下风口→下风口→上风口/下风口顺序进行切换。电位计将模式门位置转化成电压信号传送到空调控制器。

(8) 温度门执行器安装在暖风总成上，包括改变温度门位置的温度门电机和监测温度门位置的电位计。按下温度控制开关，空调控制器控制温度门电机转动来调整温度门的位置，改变冷热空气比率来调整温度。电位计将温度门位置转化成电压信号传送到空调控制器。

(9) 内外气选择执行器安装在鼓风机总成上，包括改变内外气选择风门位置的内外气选择电机和监测内外气选择风门位置的电位计。按下内外气选择开关时，空调控制器控制内外气选择电机转动，将内外气选择风门调整至规定位置。电位计将内外气选择风门位置转化成电压信号发送到空调放大器。

任务实施

各种车型的自动空调系统基本相同，其检修方法也基本相同。下面以丰田卡罗拉轿车自动空调系统为例，介绍其故障诊断过程。

一、采用空调控制面板诊断

自动空调系统除了可以用故障诊断仪进行故障诊断外，还可以利用空调控制面板诊断功能，在空调控制面板上进行操作和显示。卡罗拉轿车自动空调面板如图 3.7.38 所示。

1. 空调控制面板的操作

采用空调控制面板诊断时，空调控制面板的操作方法如图 3.7.39 所示。

2. 指示灯检查

(1) 关闭点火开关。同时按住空调控制面板“AUTO”和“R/F”开关后，再打开点火开关(ON)。

(2) 控制面板上所有的指示灯连续亮灭 4 次，如图 3.7.40 所示。此时即激活了控制面

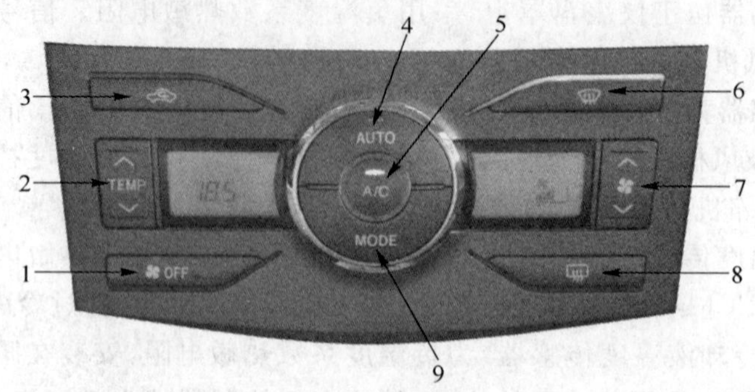

1—鼓风机关闭开关（OFF）；2—升温降温开关；3—车内循环/车外循环开关（R/F）；
4—自动运行模式开关（AUTO）；5—空调开关；6—前窗除雾器开关（FRONT DEF）；
7—鼓风机转速升高降低开关；8—后窗除雾器开关（REAR DEF）；9—模式选择开关（MODE）

图 3.7.38 丰田卡罗拉轿车自动空调面板

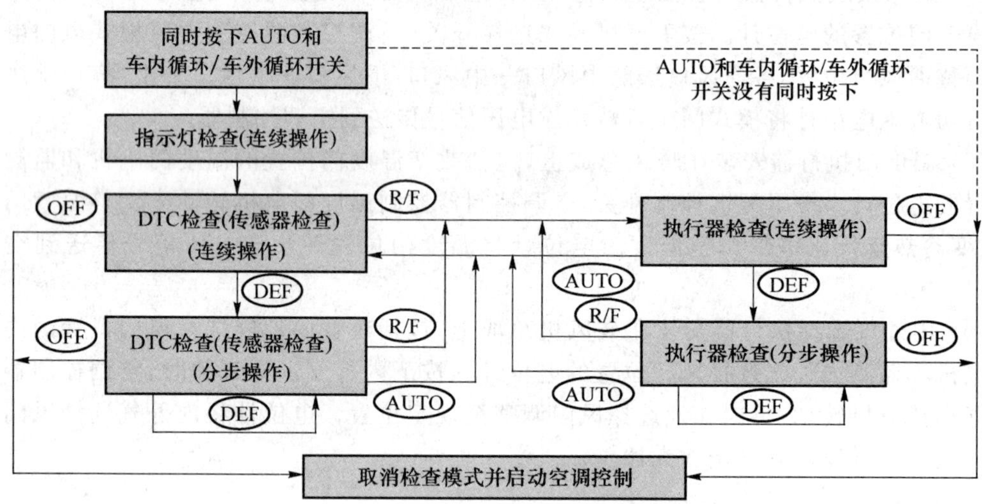

R/F—车内循环/车外循环开关；DEF—前窗除雾器开关

图 3.7.39 空调控制面板的操作方法

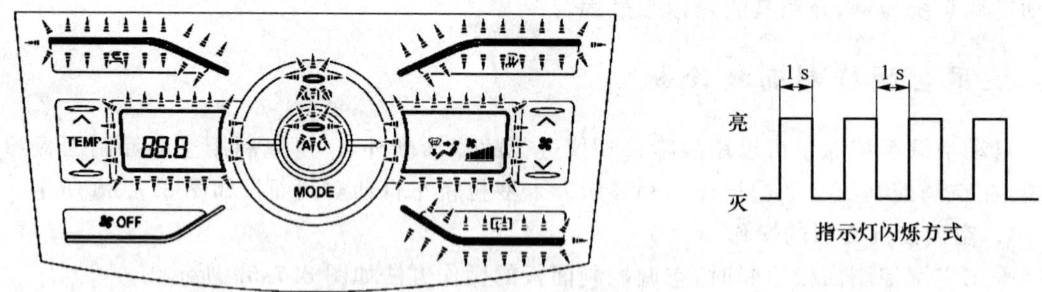

图 3.7.40 控制面板所有指示灯闪烁及闪烁方式

板诊断功能。

(3) 指示灯检查完成后，系统自动进入故障码检查模式。任何时刻按下“OFF”开关结束控制面板诊断。

3. 故障码检查(传感器检查)

指示灯检查完成后,系统自动进入故障码检查模式。这时可通过空调面板的温度显示屏读取故障代码,如图 3.7.41 所示。无故障时,显示 00。如果车辆在暗处进行检查,即使系统正常也可能显示 21 或 24。

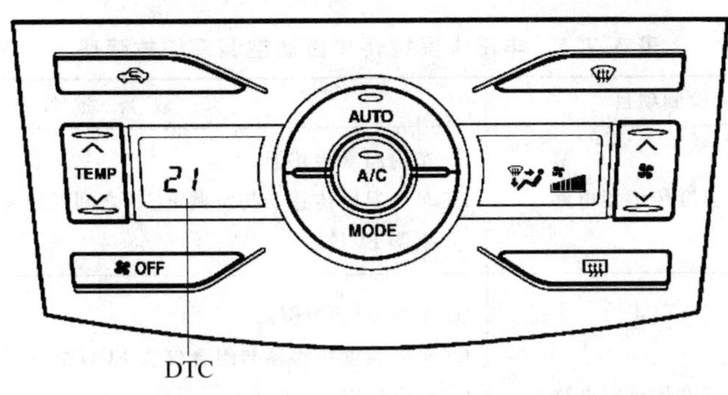

图 3.7.41　从面板上读取故障码

在连续操作模式中,如果想要慢慢显示,可按下"DEF"开关,切换至分步操作模式。每按"DEF"开关一次,显示屏变化一次。

4. 执行器检查

(1) 在传感器检查模式下按"R/F"开关进入执行器检查模式。

(2) 空调 ECU 按顺序控制每个风门和伺服电机动作,按表 3.7.4 所示步骤 1～10 逐步执行,每步之间间隔 1 s,此时可通过目视和用手检查温度和气流的方法检查执行器工作是否正常。

(3) 在连续操作模式中,如果想要慢慢显示,可按下"DEF"开关一步一步执行。每按一次"DEF",改变显示一步,以便于检查。在分步操作模式中,显示屏每隔 1 s 闪烁一次。按"AUTO"开关切换到传感器检查模式。

表 3.7.4　执行器检查步骤

步骤号	显示代码	条　件				
		鼓风机速度等级	空气混合风门	出风口	进气风门	压缩机
1	0	0	0%开度	吹脸	车外循环	OFF
2	1	1	0%开度	吹脸	车外循环	OFF
3	2	17	0%开度	吹脸	车内循环/车外循环	ON
4	3	17	0%开度	吹脸	车内循环	ON
5	4	17	50%开度	吹脸/吹脚	车内循环	ON
6	5	17	50%开度	吹脸/吹脚	车内循环	ON
7	6	17	50%开度	吹脚	车外循环	ON
8	7	17	100%开度	吹脚	车外循环	ON
9	8	17	100%开度	吹脚/除雾	车外循环	ON
10	9	31	100%开度	除雾	车外循环	ON

5. 清除故障码

在传感器检查期间，同时按下“FRONT DEF”开关和“REAR DEF”开关，即可清除故障码。

二、故障码表

丰田卡罗拉轿车自动空调系统故障码见表 3.7.5。

表 3.7.5　丰田卡罗拉轿车自动空调系统故障码

故障码	检测项目	故障部位
B1411/11	车内温度传感器电路	① 车内温度传感器； ② 车内温度传感器与空调 ECU 之间的线束或连接器； ③ 空调 ECU。
B1412/12	车外温度传感器电路	① 车外温度传感器； ② 车外温度传感器与组合仪表 ECU 之间的线束或连接器； ③ 组合仪表； ④ CAN 通信系统； ⑤ 空调 ECU。
B1413/13	蒸发器温度传感器电路	① 蒸发器温度传感器； ② 空调线束； ③ 空调 ECU。
B1421/21	阳光传感器电路	① 阳光传感器； ② 阳光传感器与空调 ECU 之间的线束或连接器； ③ 空调 ECU。
B1423/23	压力传感器电路	① 压力传感器； ② 压力传感器与空调 ECU 之间的线束或连接器； ③ 空调 ECU； ④ 膨胀阀（堵塞、卡滞）； ⑤ 冷凝器（由于污垢而引起的制冷功能堵塞、失效）； ⑥ 储液干燥器（制冷剂循环的水分无法吸收）； ⑦ 冷却风扇系统（冷凝器无法冷却）； ⑧ 空调系统（泄漏、堵塞）。
B1441/41	空气混合伺服电机电路	① 空气混合伺服电机； ② 空调线束； ③ 空调 ECU。
B1442/42	进气控制伺服电机电路	① 进气控制伺服电机； ② 空调线束； ③ 空调 ECU。
B1443/43	模式控制伺服电机电路	① 模式控制伺服电机； ② 空调线束； ③ 空调 ECU。

续 表

故障码	检测项目	故障部位
B1451/51	压缩机电磁阀电路	① 空调压缩机； ② 可变排量压缩机电磁阀与空调 ECU 之间的线束或连接器； ③ 空调 ECU。
B1497/97	BUS IC 通信故障	① 空调线束； ② 空调 ECU。
B1499/99	多路通信电路	CAN 通信系统

注：① 如果车内温度约为－18.6 ℃或更低，即使系统正常，仍可能出现故障码 11。

② 如果车外环境温度约为－52.9 ℃或更低，即使系统正常，仍可能出现故障码 12。

③ 如果正在检查的车辆在黑暗处，即使系统正常，仍可能出现故障码 21。

三、故障码和电路检查

1. 故障码 B1411/11(车内温度传感器电路)检查

(1) 拆下空调放大器但连接器仍连接着，将点火开关转至 ON 位置，检测空调放大器端子 E30-29(TR)与 E30-34(SG-1)之间的电压，在 25 ℃时为 1.35～1.75 V，40 ℃时为 0.9～1.2 V。若正常，更换空调放大器。

(2) 拆下车内温度传感器，检测车内温度传感器端子 1 与 2 之间的电阻。20 ℃时应为 1.95～2.30 kΩ，30 ℃时为 1.28～1.47 kΩ，40 ℃时为 0.8～1.0 kΩ。若电阻值不正常，则更换车内温度传感器。

(3) 拆下车内温度传感器和空调放大器连接器，检查传感器与空调放大器之间的线路是否短路或断路，若不正常，则修理或更换线束或连接器。

(4) 若以上均正常，则更换空调放大器。

2. 故障码 B1412/12(车外温度传感器电路)检查

(1) 检查组合仪表与空调放大器之间的 CAN 通信系统是否有故障码输出，若有，排除 CAN 系统故障。

(2) 拆下组合仪表连接器 E46，测量线束侧端子 E46-9(TX1＋)与 E46-23(TEMP)之间的电阻，在 25 ℃时为 1.6～1.8 kΩ，40℃时为 0.8～1.0 kΩ。若电阻值正常，更换组合仪表。

(3) 拆下车外温度传感器，检测车外温度传感器端子 1 与 2 之间的电阻。在 25 ℃时为 1.6～1.8 kΩ，30 ℃时为 1.28～1.47 kΩ，40 ℃时为 0.8～1.0 kΩ。若电阻值不正常，更换车外温度传感器。

(4) 拆下车外温度传感器和组合仪表连接器，检查传感器与组合仪表之间的线路是否短路或断路，若不正常，则修理或更换线束或连接器。

(5) 若以上均正常，则更换空调放大器。

3. 故障码 B1413/13(蒸发器温度传感器电路)检查

(1) 拆下蒸发器温度传感器，检测蒸发器温度传感器端子 1 与 2 之间的电阻。－10 ℃时为 7.30～9.10 kΩ，0 ℃时为 4.40～5.35 kΩ，10 ℃时应为 2.70～3.25 kΩ，20 ℃时为 1.71～2.05 kΩ，30 ℃时为 1.11～1.32 kΩ。若电阻值不正常，则更换蒸发器温度传感器。

(2) 拆下空调线束,检查传感器与空调放大器之间的线路是否短路或断路,若不正常,则修理或更换线束或连接器。

(3) 若以上均正常,则更换空调放大器。

4. 故障码 B1421/21(阳光传感器电路)检查

(1) 拆下阳光传感器连接器,检查线束侧端子 F1-1(SS+)与 F1-2(SS−)之间的电压。当关闭点火开关时,电压应低于 1 V;当打开点火开关时,电压应为蓄电池电压。若电压正常,则更换阳光传感器。

(2) 拆下阳光传感器和空调放大器连接器,检查阳光传感器与空调放大器之间的线路是否短路或断路,若不正常,则修理或更换线束或连接器。

(3) 若以上均正常,则更换空调放大器。

5. 故障码 B1423/23(压力传感器电路)检查

(1) 拆下空调压力传感器和空调放大器连接器,检查传感器和空调放大器之间的线路是否短路或断路,若不正常,则修理或更换线束或连接器。

(2) 检查传感器供电电路。连上空调放大器连接器,打开点火开关,检查传感器端线束侧端子 A16-3(+)与车身搭铁之间的电压,应为 5 V。若不为 5 V,检查空调放大器的供电和搭铁情况,必要时更换空调放大器。

(3) 检查传感器搭铁电路。关闭点火开关,测量线束侧端子 A16-1(−)与车身搭铁之间的电阻,应小于 1 Ω。若大于 1 Ω,检查空调放大器的搭铁情况,必要时更换空调放大器。

(4) 检查传感器信号电路。重新连接传感器连接器,拆下空调放大器但连接器仍连接着,打开点火开关,关闭空调,测量空调放大器端子 E30-9(PRE)与搭铁之间的电压,应为 0.7~4.8 V。若不在正常范围内,则空调放大器、空调压力传感器或线束可能有故障,也可能是制冷剂量不合适,转第(11) 步。

(5) 将车门全部打开,发动机运转至 2 000 r/min,车内温度为 25~35 ℃。打开空调开关,将空调温度设置为最大制冷模式,鼓风机转速为高,内循环方式。继续测量传感器信号端子 E30-9(PRE)与搭铁之间的电压,应为 0.7~4.8 V。若电压正常,则更换空调放大器。

注意如果在检查过程中,高压侧制冷剂压力变得过高(如果电压也超过 4.8 V),则失效保护功能将停止压缩机的操作,因此,应在失效保护操作前测量电压。而且必须每隔一定时间(约 10 min)测量一下电压,因为一段时间后故障症状可能再次出现。

(6) 检查并确认冷却风扇工作正常。

(7) 使用制冷剂回收装置回收制冷剂,对空调系统抽真空,再重新添加适量的制冷剂。

(8) 将车门全部打开,发动机运转至 2 000 r/min,车内温度为 25~35 ℃。打开空调开关,将空调温度设置为最大制冷模式,鼓风机转速为高,内循环方式。然后再次读取故障码,若此时不再出现故障码 B1423,则表示冷凝器中的储液干燥器无法吸收制冷剂循环中的水分,系统内残留空气中的湿气会在膨胀阀处冻结,堵塞高压侧的气流,而引起的故障码。因此应更换储液干燥器。

(9) 若故障码仍出现,检查并视情更换膨胀阀。

(10) 再次检查故障码,如果还有故障码,则维修或更换冷凝器,故障检修结束。

(11) 安装歧管压力表组件,使用制冷剂回收装置从空调系统中回收制冷剂,对空调系统抽真空,检查并确认空调系统内无泄漏。视情维修或更换空调系统的泄漏部件。

(12) 重新加注适量的制冷剂。

(13) 重新检查是否有故障码 B1423。如果因制冷剂不足或过量而导致设置这个故障码,则检查了泄漏且重新加注制冷剂后故障码应该不再出现。

(14) 若故障码再次出现,则问题在空调压力传感器本身或空调放大器。脱开空调压力传感器连接器,将 3 节 1.5 V 干电池正极连接到传感器端子 3,负极连接到端子 1,然后检查端子 2 与 1 之间的电压,应为 1.0～4.8 V。如果电压不对,则更换空调压力传感器。否则更换空调放大器。

6. 故障码 B1441/41(空气混合伺服电机电路)检查

(1) 连接故障诊断仪,打开点火开关,读取空调系统的数据流“驾驶员侧空气混合伺服电机目标脉冲”,正常情况下,当最大制冷时,数值为 92;最大取暖时,数值为 5。若显示正常,则更换空调放大器。

(2) 若数据流显示不正常,则更换空气混合伺服电机,然后再次检查故障码,若仍有故障码 B1441 输出,则更换空调线束。

7. 故障码 B1442/42(进气控制伺服电机电路)检查

(1) 连接故障诊断仪,打开点火开关,读取空调系统的数据流“进气风门目标脉冲”,正常情况下,当车内循环时,数值为 19;车外循环时,数值为 7。若显示正常,则更换空调放大器。

(2) 若数据流显示不正常,则更换进气控制伺服电机,然后再次检查故障码,若仍有故障码 B1442 输出,则更换空调线束。

8. 故障码 B1443/43(模式控制伺服电机电路)检查

(1) 连接故障诊断仪,打开点火开关,读取空调系统的数据流“驾驶员侧出气风门伺服电机目标脉冲”,正常情况下,当吹脸时,数值为 47;吹脸吹脚时,数值为 37;吹脚时,数值为 17;吹脚除雾时,数值为 9;除雾时,数值为 5。若显示正常,则更换空调放大器。

(2) 若数据流显示不正常,则更换模式控制伺服电机,然后再次检查故障码,若仍有故障码 B1443 输出,则更换空调线束。

9. 故障码 B1451/51(压缩机电磁阀电路)检查

(1) 拆下空调压缩机连接器,测量空调压缩机端子 1 和 2 之间的电阻,在 20 ℃时为 10～11 Ω,若电阻不对,更换空调压缩机。

(2) 检查空调压缩机线束侧端子 B7-1(SOL－)与车身搭铁之间的电阻,应小于 1 Ω,若大于 1 Ω,修理或更换线束或连接器。

(3) 检查空调压缩机与空调放大器之间的线路是否短路或断路,若不正常,则修理或更换线束或连接器。

(4) 若以上均正常,更换空调放大器。

10. 鼓风机电机电路检查

鼓风机电机检查电路如图 3.7.42 所示,检查步骤如下:

(1) 连接故障诊断仪,打开点火开关,用故障诊断仪对空调系统进行主动测试,检查并确认鼓风机电机能否工作。

(2) 如果主动测试中鼓风机电机不工作,则:

① 首先检查 HTR 熔断丝是否熔断。

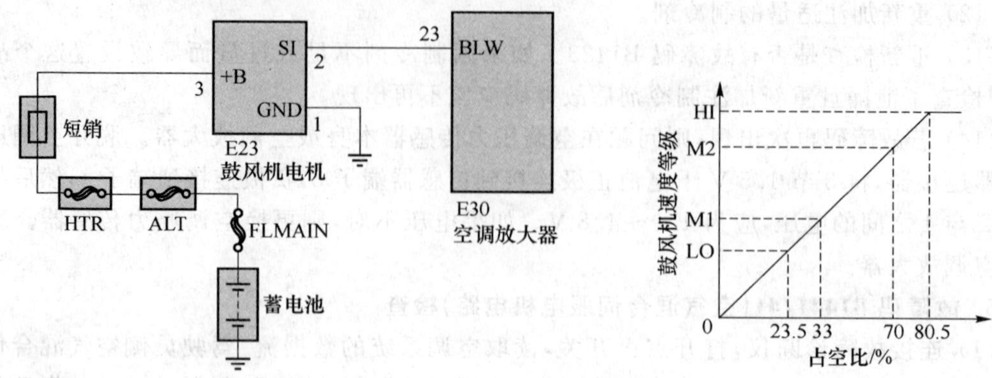

图 3.7.42　鼓风机电机检查电路

② 断开鼓风机电机连接器,检查鼓风机电机线束侧端子 E23-1(GND)与车身搭铁之间是否断路,若断路,维修或更换线束或连接器。

③ 检查鼓风机电机线束侧端子 E23-3(+B)与车身搭铁之间的电压,应为蓄电池电压。若不正常,维修或更换线束或连接器。

④ 继续断开空调放大器连接器,检查鼓风机电机与空调放大器之间的线路是否断路或短路,视情维修或更换线束或连接器。

(3) 如果主动测试中鼓风机电机工作,但不能改变速度。则:

① 连接鼓风机电机连接器,打开点火开关,测量空调放大器端子 E30-23(BLW)与车身搭铁之间的电压,应为 4.5～5.5 V。若电压不对,更换鼓风机电机。

② 拆下空调放大器但连接器仍连接着,打开点火开关,打开鼓风机电机开关,测量空调放大器端子 E30-23(BLW)和车身搭铁之间的波形,波形应为矩形波,且随鼓风机电机速度等级而变化。若波形不对,应更换空调放大器。

案例分析

一、帕萨特 B5 1.8T 轿车在行驶中出现不制冷并且出热风的故障

故障现象:一辆 2002 年产的帕萨特 B5 1.8T 轿车,入夏后空调有时工作正常,偶尔在行驶中出现不制冷并且出热风的现象,无论怎么调整相关开关都不起作用,观察空调控制面板上显示“-50～40 ℃”。这种现象不经常出现,出现半小时后又会不治而愈。

故障诊断与排除:用故障诊断仪进入空调系统,读取故障码为 00779,即车外温度传感器 G17(位置在前保险杠下风口,冷凝器前)有故障。首先检查车外温度传感器 G17,发现其连接器连接良好,测量其电阻为 395 Ω,正常。接着检查散热风扇及冷却液等相关因素,均未发现异常。考虑到该车空调故障的偶发性,怀疑外部温度传感器热敏元件在高温或其他特殊状态下性能不稳定,于是更换车外温度传感器 G17。清除故障码后,多次试车未发现故障重现,于是交车。可过了一星期,老毛病又出现了。

继续读故障码,和上次一样为 00779。又检查了空调及相关系统。并更换了空调控制单元。对空调系统进行编码,进入 08 空调系统,用功能键 07 编码,输入 05000,而后设定,

用功能键 04 输入 063。交车后过了一个多星期,故障再次出现,说明故障点仍没找到。

再一次读取故障码,一点也没变,还是 00779。考虑每次出现故障时空调控制面板上出现的“-50～40 ℃”,这个前面数字应该是车外温度显示,后面数字是车内设定温度显示。当出现零下摄氏度时,空调当然不会制冷工作。而感知这一温度的除车外温度传感器之外,还有车内温度传感器。

在对照维修手册检查传感器,发现新鲜空气进气温度传感器 G89 检测车外的温度,当失灵时由车外温度传感器 G17 替代。故障很可能是 G89 引起的问题。新鲜空气进气温度传感器 G89 在右前乘客侧杂物箱后,靠近蒸发器后边的进风口。更换一个新的传感器之后,反复试车,故障现象再也没出现,至此故障彻底排除。

实际上,G89、G17 这 2 个传感器都是感知外界温度的,以 G89 为主。当 G89 失灵时,G17 作为替代传感器参与工作。

二、奔驰轿车开空调一直吹自然风

故障现象:一辆奔驰 S600 轿车,该车打开空调一直吹自然风。刚开始以为用户操作不当或不会使用空调控制键。因该车设有 EC(经济型)开关,如果打开此开关则为自然风。但是到驾驶室里打开空调一看,开的是“强冷”挡。再用“AUTO”切换键,选择“7”通道查看压力,显示高压侧压力为“1.1 MPa”始终不变,看来空调系统不工作。打开发动机盖,检查压缩机工作情况,发现压缩机电磁离合器不吸合。

故障诊断与排除:用 HHT 专用检测工具对空调系统进行检测,读出故障为“热循环泵工作不良”和“空调转速传感器”不良。检查热循环泵,没发现损坏和泄漏制冷剂的地方,再检查转速传感器,阻值也在正常范围,电源线和接地线也没有问题。仔细检查空调压缩机皮带,发现空调压缩机皮带有磨损甚至断裂的痕迹,皮带相对松弛,自然会发生打滑现象。该车空调压缩机装有转速同步传感器,如果皮带打滑,将会造成压缩机转速低于发动机转速,使得传感器接收的转速信号也较低,因此当空调控制单元接收到“发动机转速过低”的信号之后,命令压缩机离合器不工作,所以就会造成空调不制冷,出风口一直吹自然风的情况。更换空调压缩机皮带之后,清除故障码,一切恢复正常。

三、别克轿车空调压缩机离合器不吸合故障

故障现象:一辆 2002 年款别克 GS 轿车,空调系统控制方式为 CJ2,行驶里程 81 000 km。打开空调时,空调压缩机离合器不吸合。

故障诊断与排除:首先检查空调系统熔断丝,没有熔断且安装可靠。用 TECH2 检查动力系统控制单元 PCM 和空调控制模块 HVAC,没有故障码存储。用 TECH2 控制空调压缩机,压缩机离合器能够立即吸合,工作一段时间后,空调出风口的温度也基本正常。从以上检查可以看出,空调系统的制冷功能没有问题,于是将重点放在了空调压缩机离合器无法吸合的检查上。

空调压缩机离合器吸合需要满足以下条件:节气门开度＜90%,发动机转速＜4 700 r/min,发动机水温＜124 ℃,285 kPa＜空调压力(ACP)＜2 700 kPa,车外温度＞4 ℃。

空调控制模块 HVAC 通过数据线发送空调请求信号给动力系统控制单元 PCM,如果

连接在数据线上的控制单元出现故障,PCM 中也会存储相应的故障码。由于该车的 PCM 中没有存储故障码,所以应该先重点检查空调压力传感器和车外温度传感器。在不启动发动机的情况下,用 TECH2 观察数据流中的空调压力为 510 kPa,空调压力传感器信号电压为 1 V,连接空调歧管压力表,压力表显示的数值与 TECH2 中显示的压力值一致,压力值符合压缩机离合器吸合的条件。

用 TECH2 观察数据流中的车外温度数值,显示为－38 ℃,观察空调面板显示屏上显示的车外温度也是－38 ℃,这是不正常的。正常情况下,当车外温度传感器出现短路或断路故障时,将设置故障码,空调控制单元使用 9 ℃作为车外温度的替代值,允许空调继续工作。当车内温度传感器出现短路或者断路时,空调控制单元使用 24 ℃作为车外温度的替代值,允许空调继续工作。当空调控制面板显示车外温度为－38 ℃时,说明车外温度传感器的线路并没有断路,而是阻值过大。

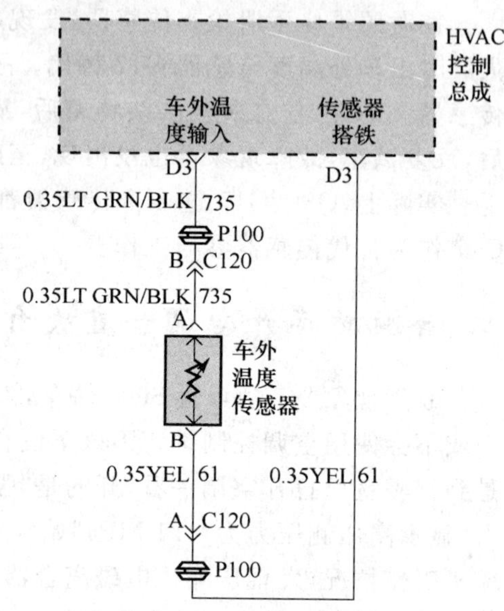

图 3.7.43 车外温度传感器电路图

车外温度传感器电路如图 3.7.43 所示,测量车外温度传感器在 5～10 ℃时的电阻值为 12 kΩ,符合标准,测量传感器线束连接器的 A 脚和 B 脚,电压为 5 V,正常。从车外温度传感器的电路图上可以看出,传感器的线路上带有 1 个连接器 C120,该连接器位于蓄电池的旁边。拆下蓄电池后,发现连接器 C120 已经被从蓄电池流出的电解液腐蚀得“面目全非”,看来问题就在于此。连接器 C120 损坏后,导致车外温度传感器的线路阻值增大,相当于车外温度降低,于是 PCM 误认为车外温度过低,禁止空调压缩机工作。

更换连接器 C120 后,打开空调开关时空调压缩机离合器能够正常吸合和断开,但是空调面板显示屏上显示的车外温度仍然是－38 ℃。驾驶车辆行驶一段时间后,空调面板显示屏上的显示值恢复正常。

知识拓展

在空调成为了家庭轿车的标准配置之后,双区空调甚至四区空调也越来越多地应用到追求舒适性的车型上。双区空调就是将车内空间分为两个空气调节区,可以独立调节左右两侧车内空间的温度。四区空调就是将车内空间分为四个空气调节区,可以独立调节这四个空调调节区的温度、气流模式分布和风量。这样就可以让车内具备不同温度的环境,如图 3.7.44 所示,既可以照顾儿童、妇女,特别是孕妇等易感人群,也不影响怕热的乘客。

一、双区空调

双区空调制冷系统回路和普通自动空调一样,也包括一个压缩机、一个鼓风机和一个带膨胀阀的蒸发器和一个冷凝器。双区空调的两个空气调节区由一个空调器调节,空气分别

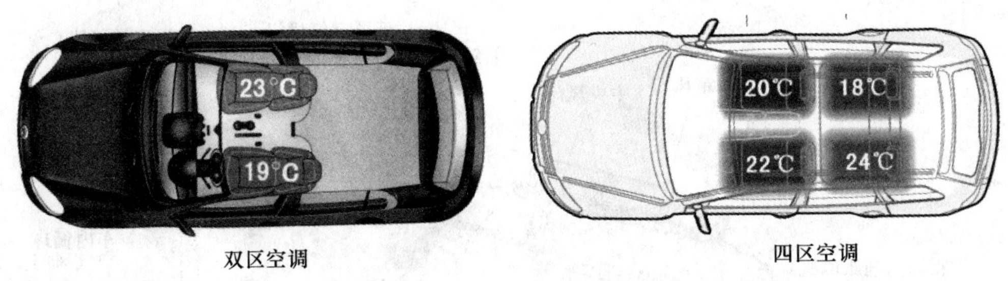

图 3.7.44　双区和四区空调

引至车辆左半部分和右半部分的出风口，包括除雾出风口、仪表板中部出风口、仪表板中部左右出风口、左右侧出风口、左右侧脚舱出风口等，如图 3.7.45 所示。双区空调左右两侧出风口的风门都由直流伺服电机控制，因此伺服电机数量比一般的自动空调要多些，如图 3.7.46 所示。

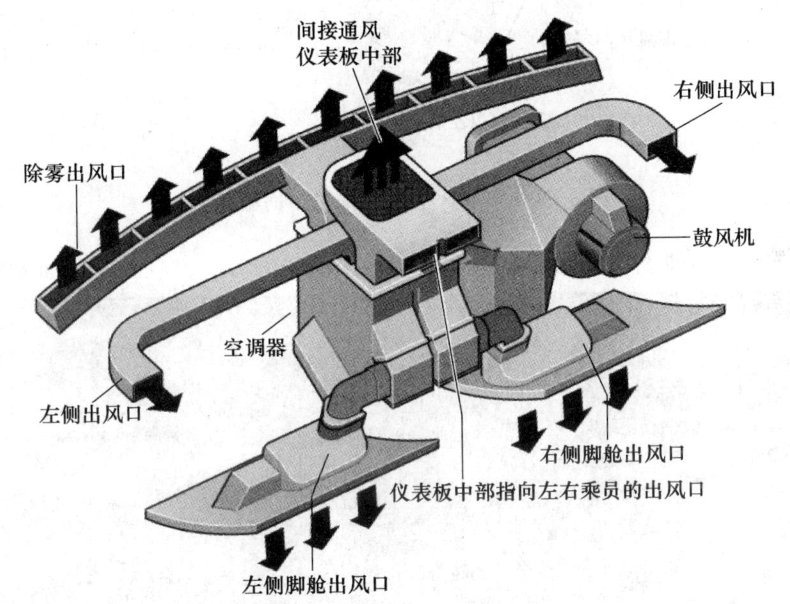

图 3.7.45　双区空调的出风口

双区空调控制面板如图 3.7.47 所示，可分别调节左右两个区域的温度。其中显示屏可分别显示驾驶员侧和乘员侧的温度和鼓风机转速。REST 按钮为余热利用功能，启用后，即使关闭了发动机，也能在有限的时间内对车内空间供热。

二、四区空调

四区空调采用了两个独立的空调器用于前部和后部区域的空气调节，前部空调器装在仪表板下，后部空调器位于行李箱内左侧饰板后，如图 3.7.48 所示。采用两个空调器后，前后空气调节区的气流模式控制部件彼此分开。

四区空调的制冷循环回路如图 3.7.49 所示，回路中有两个蒸发器，在管路中以并联方式连接，两个蒸发器内流动的制冷剂循环由一个压缩机来维持。

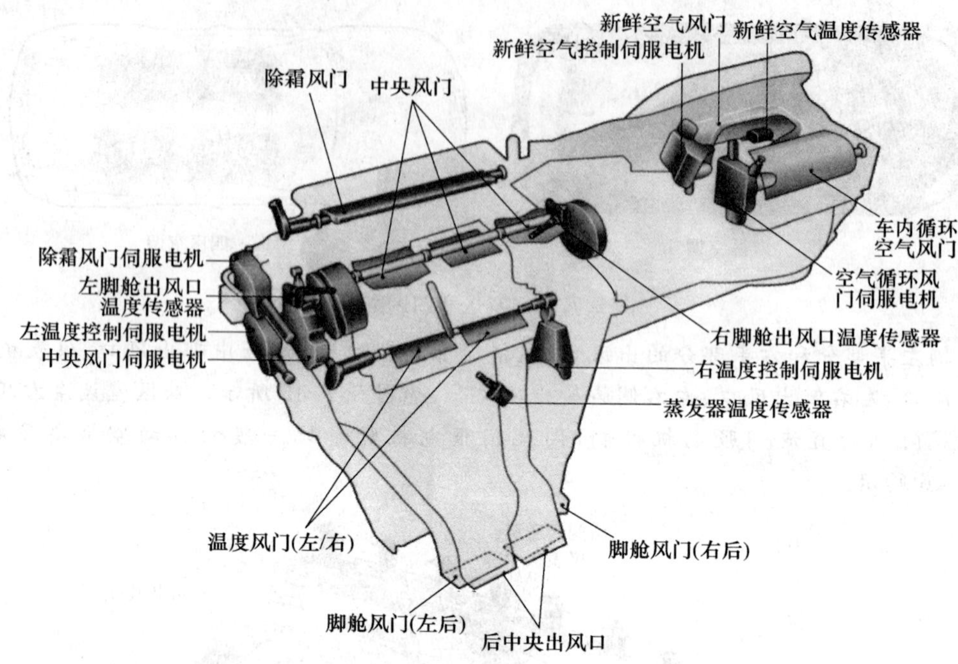

图 3.7.46　双区空调的风门和伺服电机

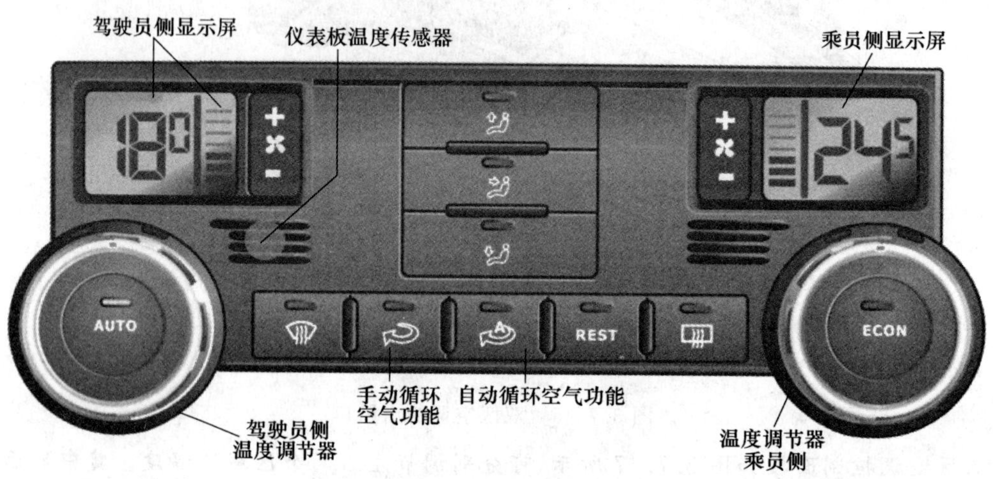

图 3.7.47　双区空调控制面板

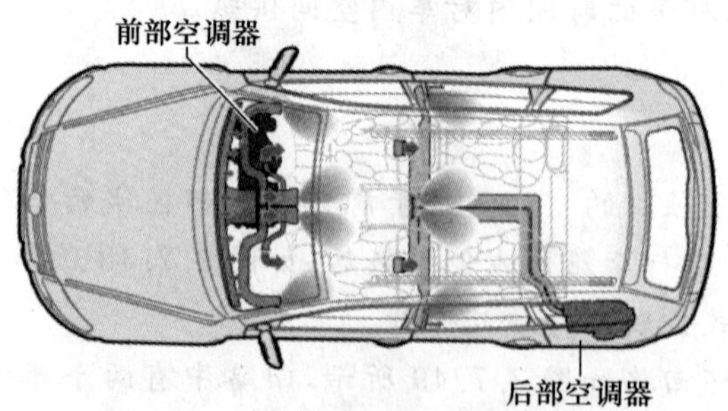

图 3.7.48　四区空调的空调器安装位置

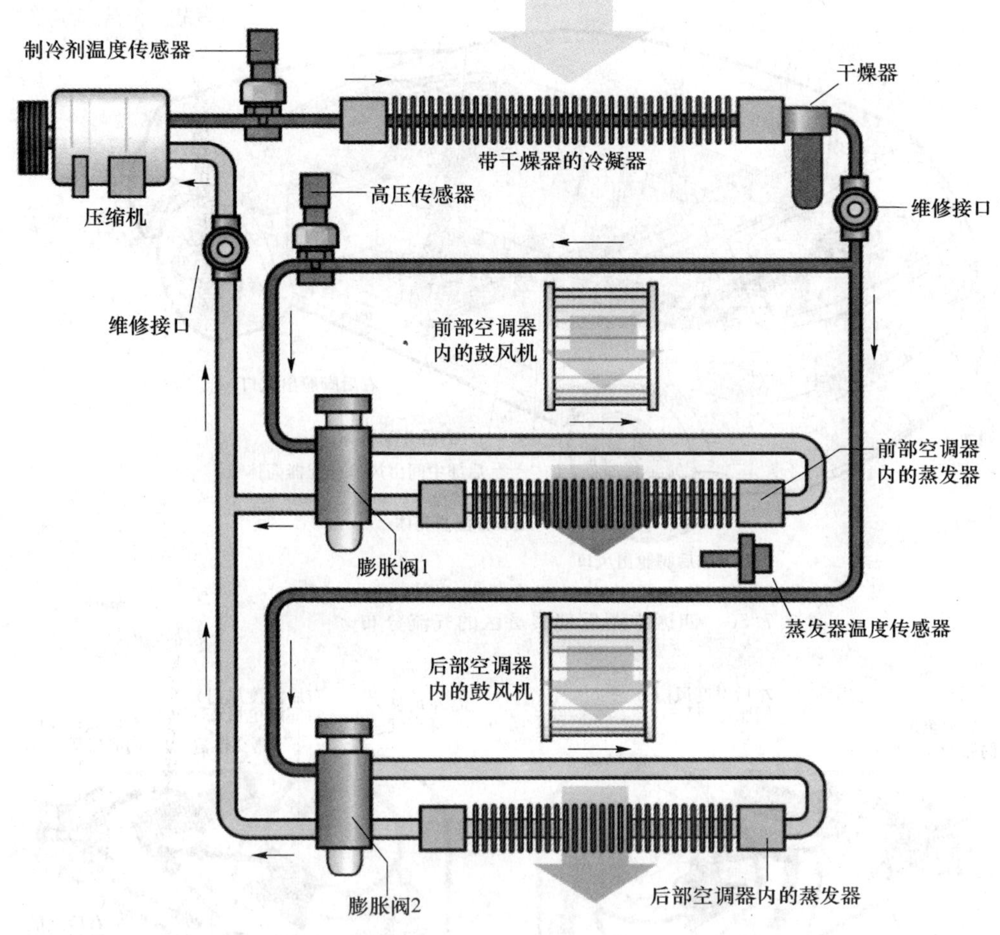

图 3.7.49　四区空调的制冷管路

前部乘员区的气流模式分布与双区空调一样。后部乘员区的气流模式分布如图 3.7.50 所示，包括左右各一个分配器壳体和各种空气通道（至左右乘员的中部出风口、B 柱内的出风口和后部脚舱出风口）。后部空调器包括两个温度风门和两个风量风门，各个风门均由伺服电机控制，如图 3.7.51 所示。

四区空调的控制面板包括前部控制面板和后部控制面板，如图 3.7.52 所示，通过后部控制面板，可调节两个后部空气调节区的温度、气流模式及后部的鼓风机转速。

课后练习

1. 车内温度传感器有何作用？怎样检测车内温度传感器？
2. 车外温度传感器有何作用？怎样检测车外温度传感器？
3. 模式控制伺服电机有哪几种型式？
4. 温度控制伺服电机有哪几种型式？
5. 自动空调控制系统中的控制内容有哪些？
6. 如何用空调控制面板诊断空调系统故障？

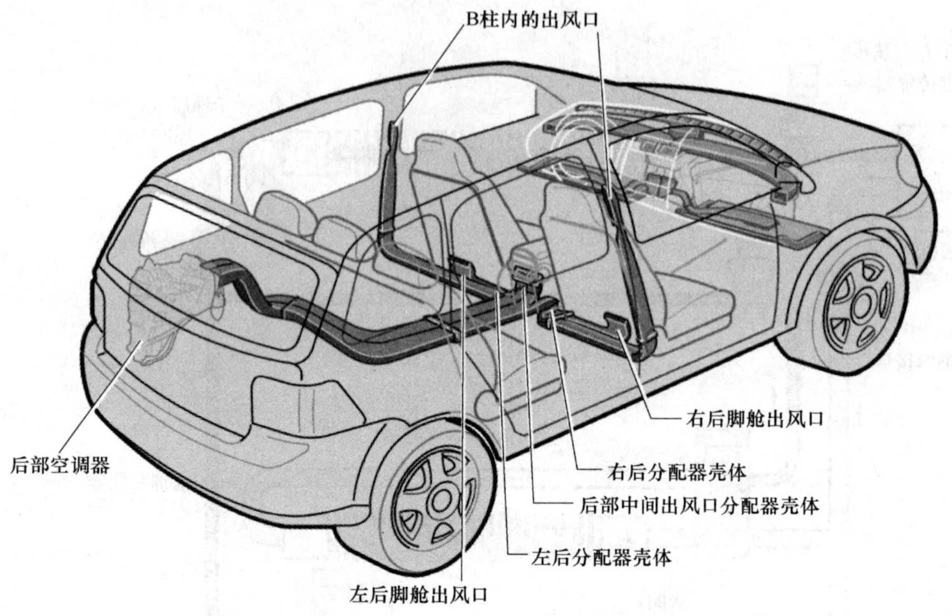

图 3.7.50 四区空调后部乘员区的气流分布

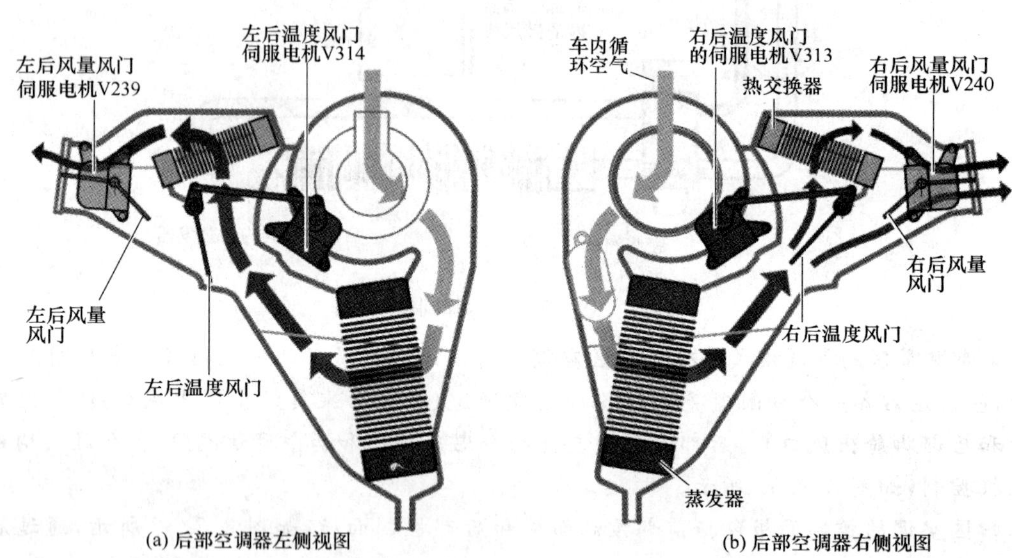

图 3.7.51 后部空调器的风门及伺服电机

(a) 前部控制面板 (b) 后部控制面板

图 3.7.52 四区空调前部和后部控制面板

项目四　汽车娱乐与通信系统检修

任务 4.1　汽车网络系统检修

【知识要求】

➢ 能正确讲述汽车网络系统常用术语的含义；
➢ 能正确描述 CAN-BUS 总线系统的结构及传输原理；
➢ 能正确描述大众波罗轿车 CAN-BUS 数据总线结构；
➢ 能正确描述 MOST 总线系统结构及 MOST 总线中控制单元各部分功用；
➢ 能正确描述光纤的结构及各部分功用；
➢ 能正确讲述 LIN 总线结构。

【能力要求】

➢ 会使用万用表和故障诊断仪对汽车网络系统进行检测；
➢ 会使用示波器对汽车网络系统进行检测；
➢ 会分析诊断和排除汽车网络系统常见故障。

任务描述

一位客户反映他所驾驶的上海别克轿车，在车辆行驶过程中，时常出现转速表、里程表、燃油表和水温表指示为零的现象。维修技师在询问该客户一些基本情况后，利用 TECH2 扫描工具(故障诊断仪)读取故障码，发现有多个故障码。其中在 SDM(安全气囊模块)中出现 U1040(含义为失去与 ABS 控制模块的对话)、U1000(二级功能失效)、U1064(失去多重对话)和 U1016(失去与 PCM 的对话)；在 IPC(仪表控制模块)中出现 U1016(失去与 PCM 的对话)；在 BCM(车身控制模块)中出现 U1000(二级功能失效)。这些 U 字头的故障代码都是汽车网络系统的故障码。现在请你对客户轿车的网络系统进行检修。

相关知识

一、采用汽车网络系统的必要性

自 20 世纪 50 年代汽车技术与电子技术开始结合以来，电子技术在汽车上的应用范围也越来越广。特别是 70 年代后，电子技术领域中集成电路、大规模集成电路和超大规模集成电路的发展，为汽车提供了速度快捷、功能强大、性能可靠、成本低廉的汽车电子控制系统(简称电控系统)。汽车电控系统极大地提高了汽车的经济性、安全性和舒适性，这些汽车电子技术在汽车工业上的广泛应用，能够很好地解决全球范围的汽车尾气排放环保问题和能源危机问题。

现代汽车中所使用的电控系统和通信系统越来越多，如发动机电控系统、自动变速器控制系统、防抱死制动系统、巡航控制系统和车载多媒体系统等;这些系统与系统之间、系统和汽车的显示仪表之间、系统和汽车故障诊断系统之间均需要进行数据交换,如此巨大的数据交换量,如仍然采用传统数据交换的方法,即用导线进行点对点连接的传输方式将是难以想象的,据粗略估计,如采用普通线束,一个中级轿车就需要线束连接器 300 个左右,插针总数将达到 2 000 个左右,线束总长超过 1.6 km,不但装配复杂而且故障率很高。

同时,现代汽车控制技术已从单变量控制发展到多变量控制,从局部的自动调节发展到全局的最优控制。这就要求对汽车上每一系统的状态进行实时同步的跟踪、采集、综合分析、推理、判断,从而做出最优控制决策。为了提高信号的利用率,要求大批的数据信息能在不同的电控单元中共享,汽车综合控制系统中大量的控制信号也需要实时交换。

针对上述问题,在借鉴计算机网络和现场控制技术的基础上,汽车网络系统(局域网)应运而生。通过现场总线技术可以实现多路控制和各模块之间的数据共享等功能,使控制变得更加方便,并可节省大量的导线,降低成本、便于维护和提高总体可靠性。

二、汽车网络系统基础

1. 网络系统信息传输

汽车网络系统的信息一般采用多路传输。

多路传输是指在同一通道或线路上同时传输多条信息。事实上数据信息是依次传输的,但速度非常快,几乎就是同时传输。多路传输采用划分时间片的方法来轮流接收和处理数据。例如,对一个人来说,十分之一秒算是非常快了,但对一台运算速度相对慢的计算机来说,十分之一秒却是很长的时间。如果将十分之一秒分成若干时间片,在每一时间片里传输一段数据信息,许多单个的数据都能被传输,这就叫分时多路传输。

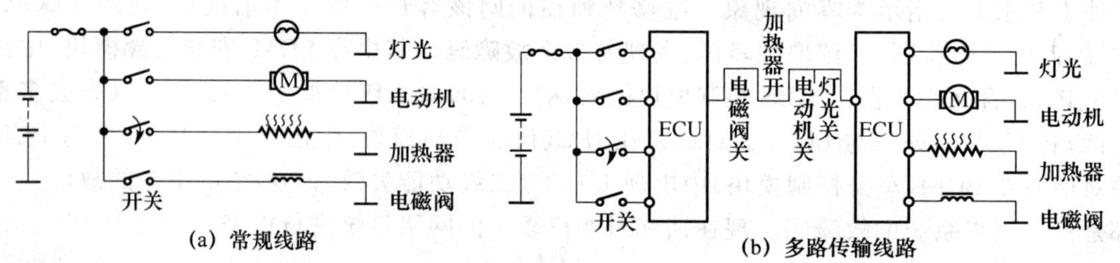

图 4.1.1　常规线路与多路传输线路原理图

从图 4.1.1 可以看出,常规线路要比多路传输线路简单得多,但是多路传输系统 ECU 之间所用导线比常规线路系统所用导线少得多。由于多路传输可以通过一根线(数据总线)执行多个指令,因此可以增加许多功能装置。

目前汽车上用的是单线或双线分时多路传输系统。

多路传输的优点是线束简单,质量小,成本低,连接器的数量少。可以进行设备之间的通信,功能丰富,能够通过信息共享减少传感器的数量。

2. 数据总线

数据总线(BUS)是模块(如控制单元,智能传感器等)间运行数据的通道,即所谓的信息高速公路,如图 4.1.2 所示。如果一个控制单元可以通过数据总线发送数据,又可以从数据总线接收数据，则这样的数据总线就称之为双向数据总线。汽车上的信息高速公路实际是一条导线或两条导线。

图 4.1.2　多个计算机之间利用数据总线进行通信

高速数据总线及网络容易产生电磁干扰，这种干扰会导致数据传输出错。数据总线有多种检错方法，如检测一段特定数据的长度，如果出错，数据将重新传输。为了抗电磁干扰，双线制数据总线的两条线是绞在一起的。各汽车制造商一直在设计各自的数据总线，如果不兼容，就称为专用数据总线。如果是按照某种国际标准设计的，就是非专用的。但事实上可能都是专用的数据总线。

3. 模块(节点)

模块就是一种电子装置。简单的如智能传感器，复杂的如电控单元。在计算机多路传输系统中一些简单的模块称为节点。因此模块相当于信息高速公路上的进口和出口。

4. 网络

为了实现信息共享而把多条数据总线连在一起，或者把数据总线和模块当作一个系统，称为网络。从物理意义上讲，汽车上许多模块和数据总线距离很近，因此被称之为**LAN**(局域网)。

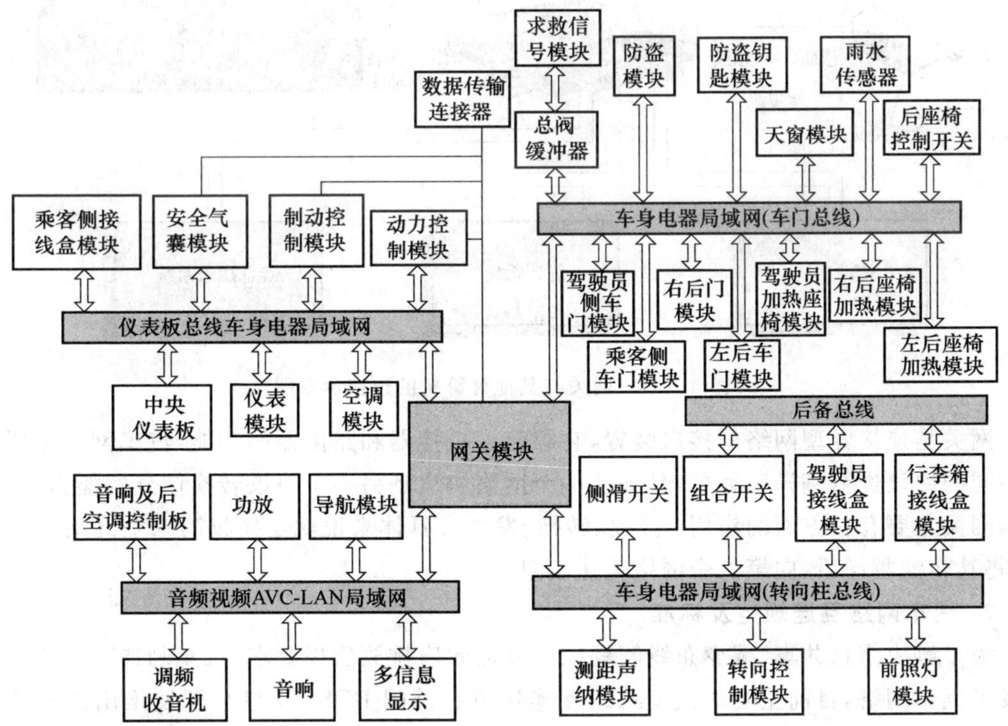

图 4.1.3　凌志 LS430 轿车的多路传输系统

局域网是在一个有限区域内连接的计算机网络。一般这个区域具有特定的职能，通过网络实现这个系统内的资源共享和信息通信。连接到网络上的节点可以是计算机、基于微处理器的应用系统或职能装置。

例如凌志 LS430 的几条数据总线间共有 29 块相互交换信息的模块，如图 4.1.3 所示，几条数据总线连接 29 个模块，总线又连接到局域网上，其中还有 3 个接线盒 ECU，两个作为前端模块，一个作为后端模块。

5. 通信协议

两个实体要想成功地通信，它们必须使用相同的语言，并按既定控制法则来保证相互的配合。具体来说，在通信内容、怎样通信以及何时通信等方面，两个实体要遵从相互可以接受的一组约定和规则。这些约定和规则的集合称为协议。因此协议可定义为在两实体间控制信息交换的规则集合。

通信协议犹如交通规则，包括“交通标志”的制定方法。作为汽车维修人员，并不关心通信协议本身，而真正关心的是它对汽车维修诊断的影响。通信协议本身取决于车辆要传输多少数据，要用多少模块，数据总线的传输速度要多快。大多数通信协议（以及使用它们的数据总线和网络）都是专用的。因此，维修诊断时需要专门的软件。

6. 网关

因为汽车上有这么多总线和网络，所以必须用一种有特殊功能的计算机达到信息共享和不产生协议间的冲突，实现无差错数据传输，这种计算机就叫做网关，如图 4.1.4 所示。

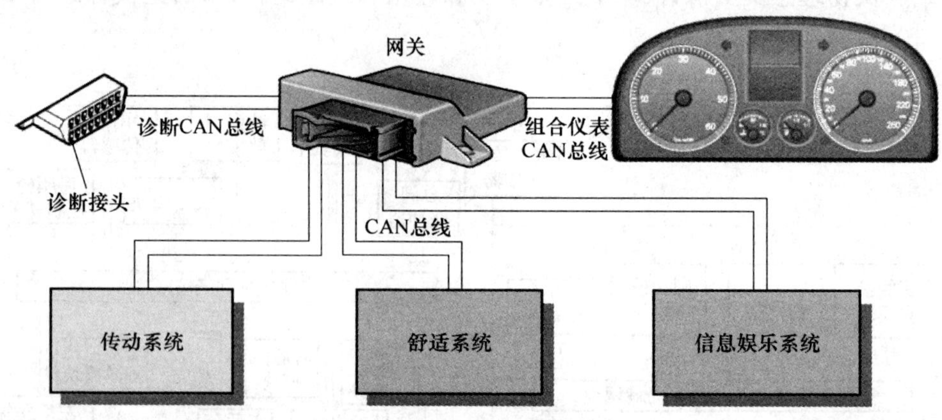

图 4.1.4　网关与其他计算机的连接示意图

网关是连接异型网络的接口装置，它综合了桥接器和路由器的功能，汽车网关主要对双方不同的协议进行翻译和解释，具备从一个网络协议到另一个协议转换信息的能力。

网关主要有三方面的作用：接收、转换、发送。具体来说就是接收第一个网络送来的信息，将其转换翻译后，向第二个网络传送信息。

7. 汽车网络互连规范及标准

为了解决信息共享、减少布线问题以及满足政府排放法规要求，汽车制造商和相关组织开发了汽车网络，目前主要的汽车网络互连规范有德国 BOSCH 最早开发推出的欧洲规范 CAN 和美国汽车工程师协会（SAE）开发的美国规范 J1850。其他的总线类型（如 VAN、TTP 等）在汽车内部网络也有使用，不过 CAN 和 J1850 基本上已经成为事实上的标准。IDB（ITS data bus）为汽车网络拓展提供了标准。

三、CAN-BUS 总线系统结构及传输原理

CAN 是 Controller Area Network（控制器局域网络）的缩写，含义是电控单元通过网络进行数据交换。CAN 系统是国际上应用最广泛的现场总线之一，用作为车载电控单元ECU之间交换信息，形成汽车电子控制网络。典型 CAN 网络结构如图 4.1.5 所示。

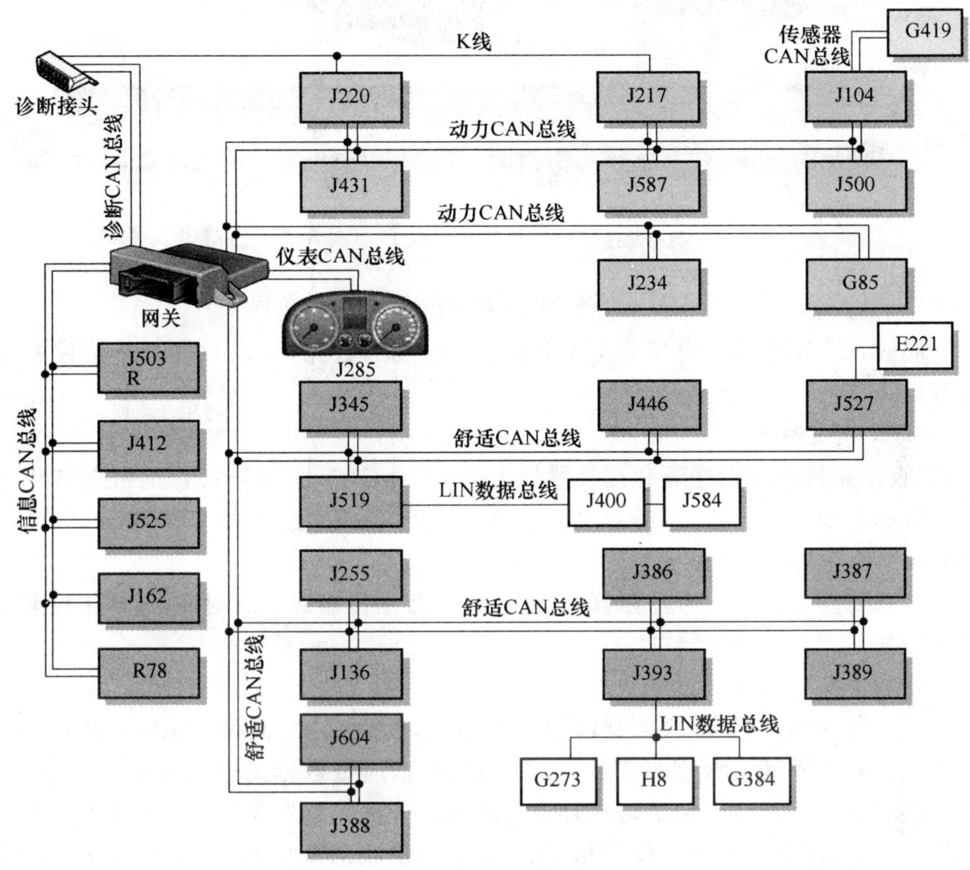

图 4.1.5　典型的 CAN 网络结构

按照 ISO 有关标准，CAN 的拓扑结构为总线式，因此也称为 CAN 总线（CAN-BUS）。一个由 CAN 总线构成的网络中，理论上可以挂接无数个节点。实际应用中，节点数目受网络硬件的电气特性所限制。例如，当使用 Philips P82C250 作为 CAN 收发器时，同一网络中允许挂接 110 个节点。CAN 可提供高达 1 Mbit/s 的数据传输速率，这使实时控制变得非常容易。另外，硬件的错误检定特性也增强了 CAN 的抗电磁干扰能力。

1. CAN-BUS 总线系统的结构

CAN-BUS 总线系统由一个控制器，一个收发器，两个数据传输终端以及两条数据总线组成。除了数据总线，其他元件都置于控制单元内部，控制单元功能不变，如图 4.1.6 所示。

(1) CAN 控制器

CAN 控制器的作用是接收控制单元中的微处理器发出的数据，处理数据并传给 CAN

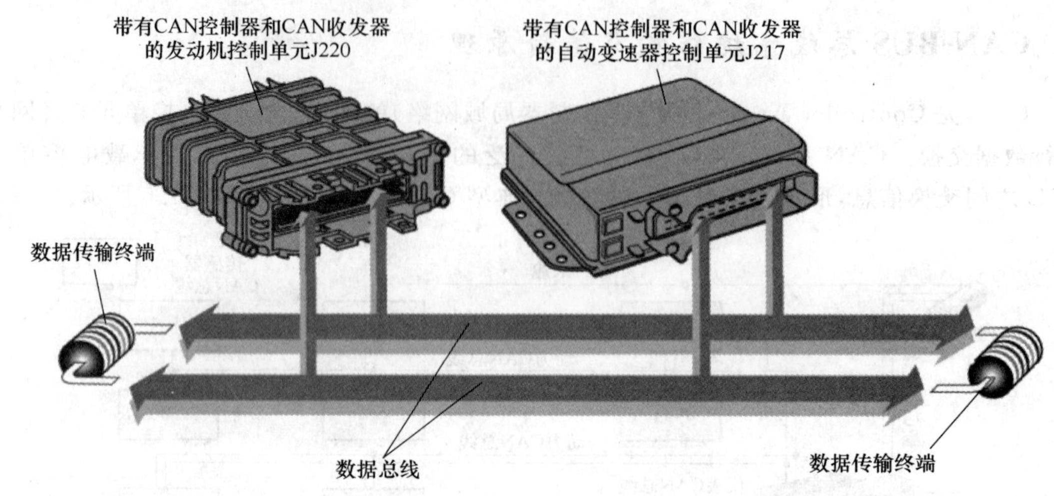

图 4.1.6　CAN-BUS 总线系统的组成与结构

收发器。同时，CAN 控制器也接收 CAN 收发器收到的数据，处理数据并传给控制单元中的微处理器。

(2) CAN 收发器

CAN 收发器是一个发送器和接收器的组合，它将 CAN 控制器提供的数据转化为电信号并通过数据总线发送出去，同时它也接收总线数据，并将数据传给 CAN 控制器。

(3) 数据传输终端

数据传输终端实际是一个电阻器，作用是避免数据传输终了反射回来，产生反射波而使数据遭到破坏。

(4) 数据总线

CAN 数据总线是用于传输数据的双向数据线，分为 CAN 高位(CAN-high)线和 CAN 低位(CAN-low)数据线。数据没有指定接收器，数据通过数据总线发送给各控制单元，各控制单元接收后进行计算。为了防止外界电磁波的干扰和向外辐射，CAN 数据总线采用两条线缠绕在一起，两条线上的电位是相反的，如果一条线的电压是 5 V，另一条线就是 0 V，两条线的电压总和等于常值。通过这种方法，CAN 数据总线得到保护而免受外界电磁场干扰，同时 CAN 数据总线向外辐射也保持中性，即无辐射，如图 4.1.7 所示。

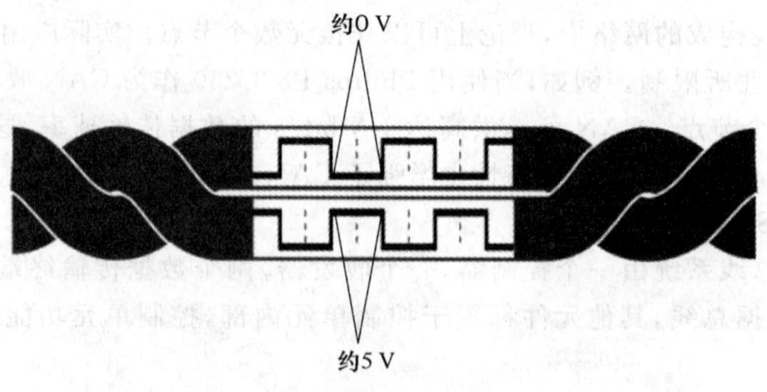

图 4.1.7　CAN 数据总线

2. CAN-BUS 数据总线的传输原理与过程

CAN-BUS 数据总线的数据传输原理在很大程度上类似电话会议的方式，如图 4.1.8 所示。一个用户(控制单元)向网络中“说出”数据，而其他用户“收听”到这些数据。一些控制单元认为这些数据对它有用，它就接收并且应用这些数据，而其他控制单元也许不会理会这些数据。故数据总线里的数据并没有指定的接收者，而是被所有的控制单元接收及计算。

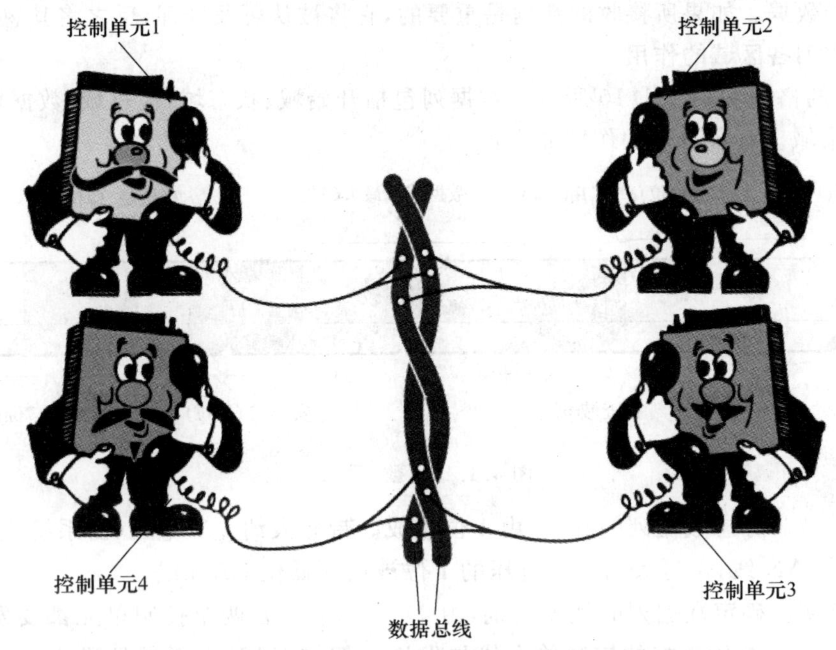

图 4.1.8　CAN-BUS 总线数据传输原理

数据的具体传输过程如图 4.1.9 所示。

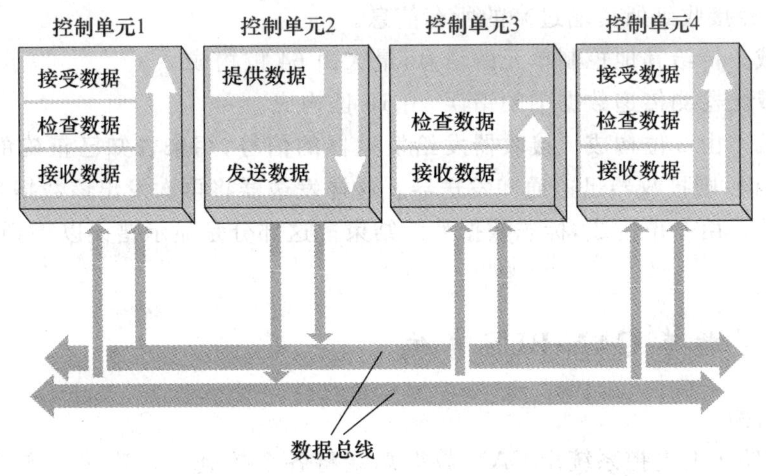

图 4.1.9　数据的具体传输过程

① 提供数据。控制单元的微处理器向 CAN 控制器提供需要发送的数据。

② 发送数据。CAN 收发器从 CAN 控制器处接收数据，将其转化为电信号并发送到

CAN-BUS数据总线上。这些数据以数据列的形式进行传输，数据列是由一长串二进制（高电平与低电平）数字组成。

③ 接收数据。所有与CAN-BUS数据总线一起构成网络的控制单元成为接收器，从CAN-BUS数据总线上接收数据。

④ 检查数据。控制单元对接收到的数据进行检查，看是否是其功能所需。

⑤ 接受数据。如果所接收的数据是重要的，它将被认可及处理，反之将其忽略。

3. 数据列各区域的作用

数据列的格式如图4.1.10所示。数据列包括开始域、状态域、检查域、数据域、安全域、确认域、结束域。其各个域的作用如下：

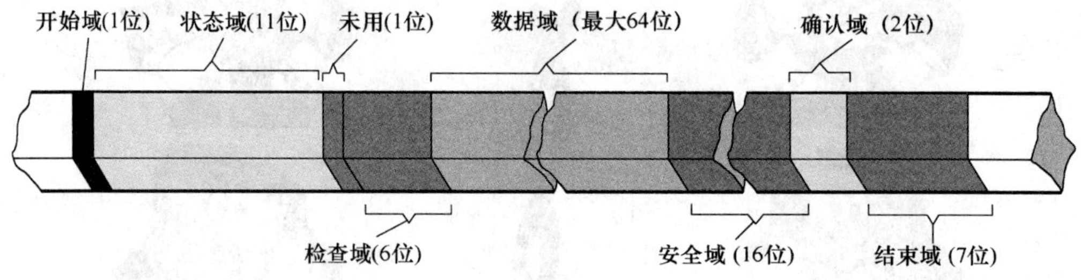

图4.1.10　数据格式

① 开始域。标志数据列的开始，由1位构成。带有大约5 V电压（由系统决定）的1位被送入高位CAN线；带有大约0 V电压的1位被送入低位CAN线。

② 状态域。确定数据列的优先级别，由11位构成。若两个控制单元都要发送各自的数据列，则具有较高优先权的控制单元优先发送。例如CAN驱动装置数据总线系统优先级依次为ABS/EDL控制单元、发动机控制单元、自动变速器控制单元。

③ 检查域。用于显示在数据域中所包含的信息项目数，由6位构成。该域可以让接收器检查是否已经接收到所传输过来的所有信息。

④ 数据域。传给其他控制单元的信息，最大由64位构成。

⑤ 安全域。检测传递数据中的错误，由16位构成。

⑥ 确认域。由2位构成。接收器发给发送器的信号，用来告知已正确的收到数据列。若检测到有错误，则接收器迅速通知发送器。这样发送器将再次发出该数据列。

⑦ 结束域。由7位构成，标志数据列的结束。这部分是显示错误以得到重新发送的最后一次机会。

四、大众波罗轿车CAN-BUS系统

1. 总体结构

大众波罗轿车的电控系统用CAN数据总线将各个控制单元连接起来，形成车载网络系统。各个控制单元在车上的位置如图4.1.11所示。

2. CAN总线结构

波罗轿车CAN总线系统由CAN驱动装置总线系统和CAN舒适模式总线系统组成，它们的区别在于传输的数据内容不同。

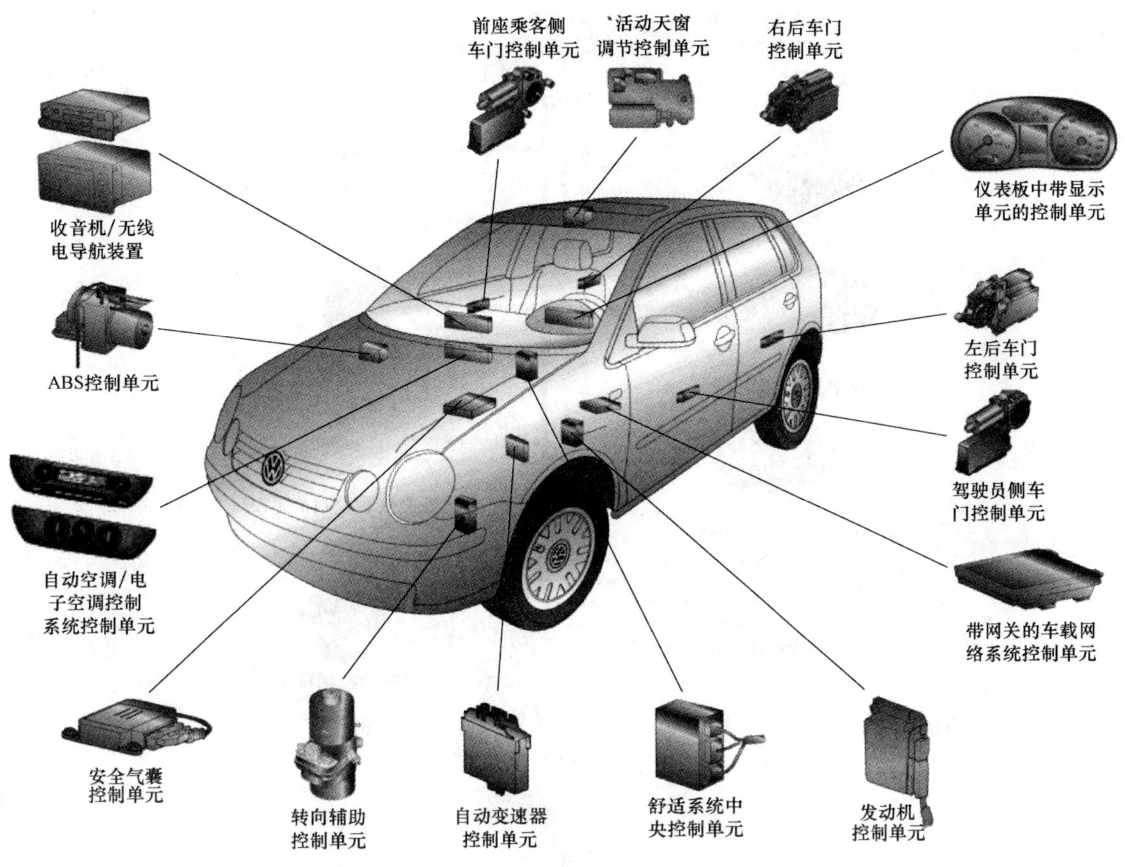

图 4.1.11　大众波罗轿车车载网络系统各个控制单元在车上的位置

CAN 驱动装置总线系统以 500 kbit/s 的传输速度工作，以便对安全较重要的系统内部能进行快速的数据传输。它由车载网络系统的控制单元 J519、带有用于数据总线的诊断接口 J533(网关)、转向角传感器 G85、控制单元 J285(在仪表板上有显示单元)、ABS 控制单元 J104、自动变速器控制单元 J217、转向辅助控制单元 J500、安全气囊控制单元 J234、发动机控制单元 J 及诊断接头组成，如图 4.1.12 所示。

CAN 舒适模式总线系统以 100 kbit/s 的传输速度工作。它由车载网络系统的控制单元 J519、带有用于数据总线的诊断接口 J533(网关)、空调电子控制系统的控制单元 J255、空调控制单元 J301、舒适系统的中央控制单元 J393、驾驶员侧车门控制单元 J386、左后车门控制单元 J388、右后车门控制单元 J389、前座乘客侧车门控制单元 J387、控制单元 J503(带有无线电和导航用显示单元)及诊断接头组成，如图 4.1.13 所示。

3. 数据总线的诊断接口

数据总线的诊断接口 J533(网关)集成在车载网络系统的控制单元 J519 中，如图4.1.14 所示。

数据总线的诊断接口 J533(网关)有两个任务：

(1) CAN 驱动装置总线和 CAN 舒适模式总线间进行数据交换。由于两个系统的传输率不同，要进行直接的通信是不可能的。要进行系统间的信息交换需要建立连接，这个连接通过数据总线的诊断接口 J533 实现。诊断接口 J533 编译来自总线系统的数据，并将数据

图 4.1.12　CAN 驱动装置总线系统的组成

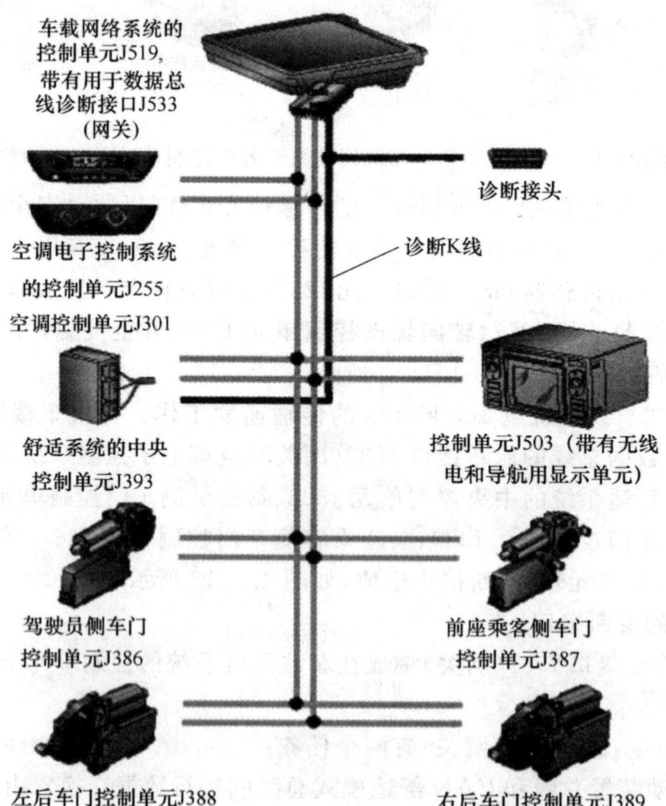

图 4.1.13　CAN 舒适模式总线系统的组成

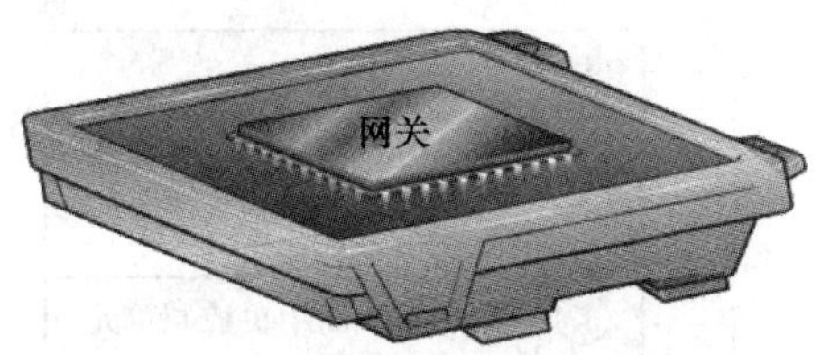

图 4.1.14　网关实物图

继续传送给相关的其他总线系统，如图 4.1.15 所示。

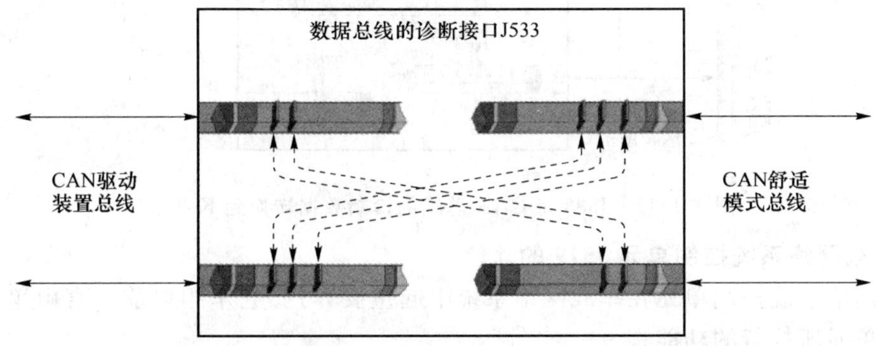

图 4.1.15　CAN 驱动装置总线和 CAN 舒适模式总线间进行数据交换

例如：车外温度由安装在保险杠内的温度传感器检测，并向仪表板内带显示的控制单元 J285 传送，并提供给 CAN 驱动装置总线。发动机的专用数据例如冷却液温度、发动机转速等由发动机控制单元采集并提供给 CAN 驱动装置总线。在数据总线的诊断接口（网关）中 CAN 驱动装置总线的信息被转换到 CAN 舒适模式总线上。空调控制单元从 CAN 舒适模式总线上读取这些信息并用于空调的调节。如图 4.1.16 所示。

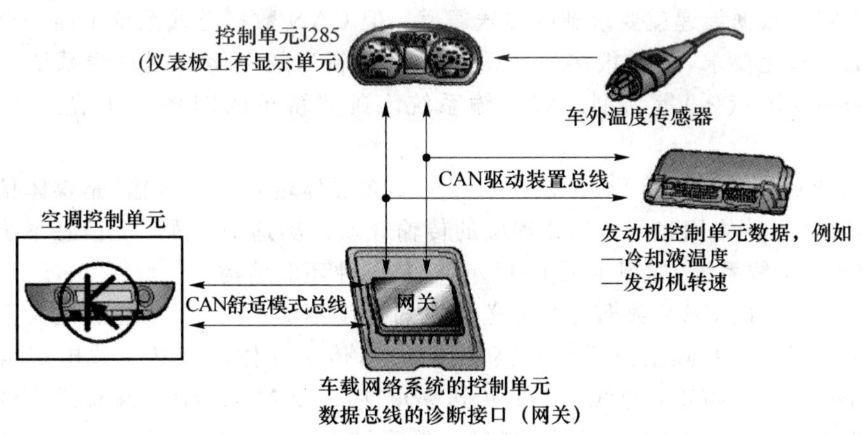

图 4.1.16　CAN 数据总线系统之间数据交换举例

（2）数据总线的诊断接口 J533 将 CAN 驱动装置总线和 CAN 舒适模式总线的诊断数据转换到 K 线（大众车系早期用的诊断线）上，反之亦然，如图 4.1.17 所示。发动机控制单元、自动变速器控制单元和舒适系统的中央控制单元均有一根单独的 K 线。

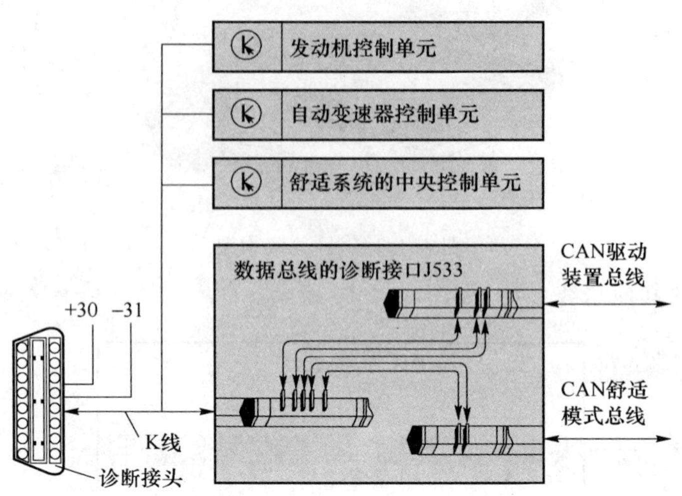

图 4.1.17　J533 将 CAN 总线的诊断数据转换到 K 线上

4. 车载网络系统控制单元 J519 的功能

车载网络系统控制单元在车载网络系统中起重要作用,它承担以前一直由单独的继电器和控制单元所执行的功能。

车载网络系统控制单元的功能有:负荷控制、车内灯控制、燃油泵供给控制、接通后窗雨刮器控制、前挡风玻璃雨刮器锁止装置控制、外后视镜和后窗加热装置控制、后座椅靠背监控、转向信号灯和报警灯控制及编码。

五、MOST 总线系统

随着人们对车辆的操控性和舒适性要求越来越高,车上使用的电子部件越来越多,各个控制单元之间的数据传递就要求新的传送通道。但 CAN 数据总线系统不能完全满足数据传输性能的多样化要求,现在很多轿车采用了多种新型的网络数据总线系统,例如 LIN、MOST、Bluetooth(蓝牙)等新型总线传输系统。典型轿车的网络拓扑结构如图 4.1.18 所示。

MOST(Media Oriented Systems Transport,多媒体定向系统传输)是媒体信息传输的网络标准,MOST 网络用光纤作为物理层的传输介质。奥迪 A8 轿车上信息系统的数据传递采用 MOST 总线系统,如图 4.1.19 所示,它是一种环形结构。

由于当前使用的 CAN 数据总线发送数据的速度不够快,所以不能满足大量数据传送的要求。传送视频和音频信息需要很高的传送率,传送立体声的数字式电视信号需要约 6 Mbit/s的传送率。MOST 总线允许的传送率可达 21.2 Mbit/s,CAN 总线系统的最高数据传送率为 1 Mbit/s。因此,只能用 CAN 总线系统来传送控制信号。MOST 总线可以在相关的部件之间以数字的形式交换数据。MOST 总线除了使用较少导线和重量较轻之外,光波传送具有极高的数据传送率。与无线电波相比,光波的波长很短,它不仅不产生电磁干扰波,而且对电磁干扰波也不敏感。这些因素使得光波具有很高的数据传送率和高级别的抗干扰性能。

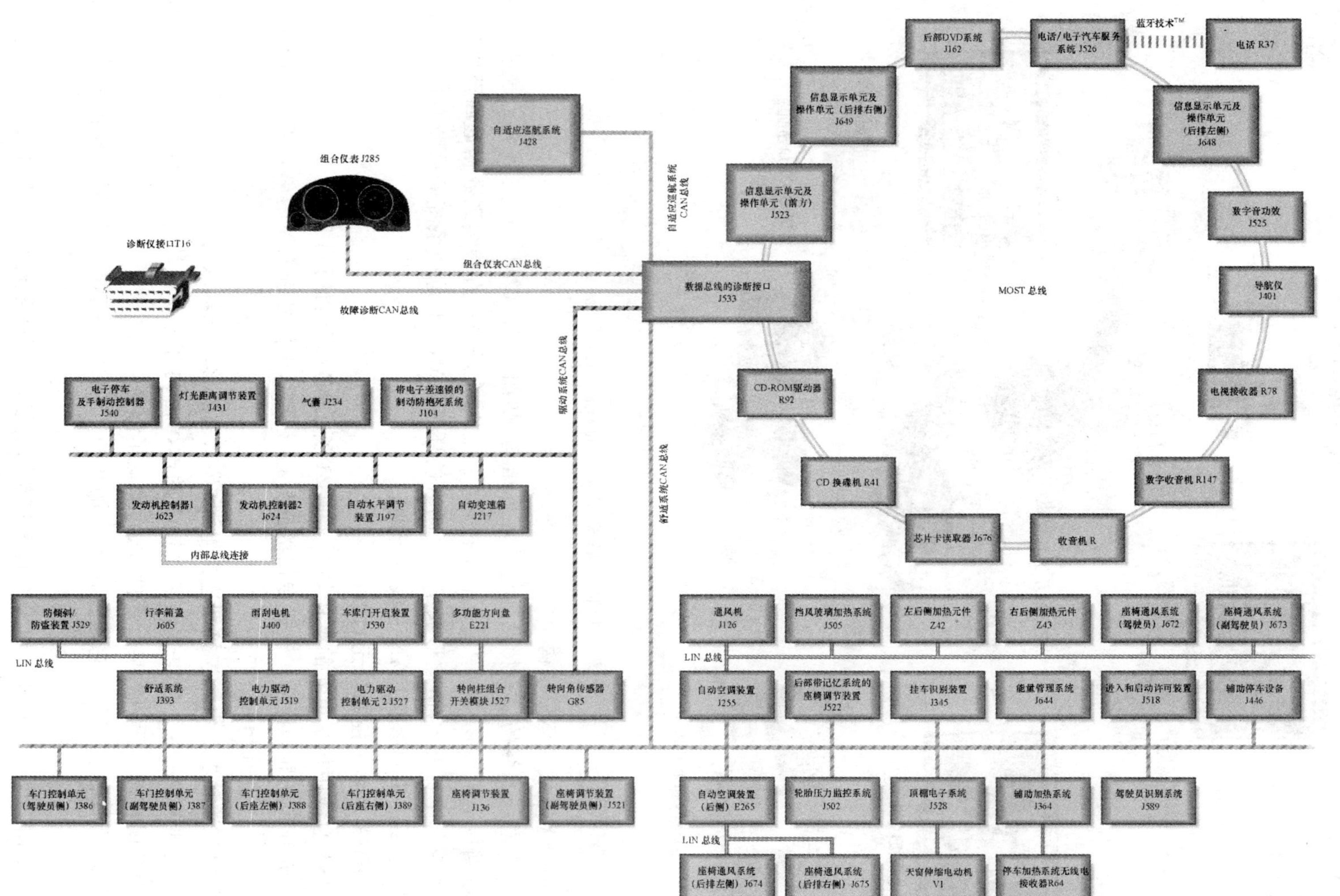

图 4.1.18　奥迪 A8 轿车车载网络拓扑图

图 4.1.19 基于 MOST 总线的信息系统

1. MOST 总线的环形结构

MOST 总线系统的显著特点是它的环形结构，如图 4.1.20 所示。控制单元通过一根光纤把数据传送至环形结构中的下一个控制单元。这个过程一直持续到数据返回至原先传送它们的那个控制单元，由此形成了一个闭合的环路。MOST 总线系统的诊断是借助于数据总线的诊断接头和诊断 CAN 总线进行的。

2. MOST 总线中控制单元的结构

MOST 总线中控制单元的结构如图 4.1.21 所示，各部分功用如下：

(1) 光纤和光导连接器。通过专门的光导连接器 2，光信号进入控制单元或产生的光信号传送到下一个总线用户。

(2) 电气连接器。电气连接器连接电源、环状故障诊断和输入与输出信号。

(3) 内部电源模块。由电气连接器输入的电再由内部电源模块分送到各个部件，这样就可单独关闭控制单元内的某个部件，从而降低了静态电流。

(4) 微处理器(CPU)。它是控制单元的中央处理器，用于操纵控制单元的所有基本功能。

(5) 专用部件。这些部件用于控制某些专用功能，如 CD 播放机、无线电收音机。

(6) 发射接收机一光纤导体(FOT)。该装置由一个光敏二极管和一个发光二极管组成。入射的光信号被光敏二极管转换成电压信号，之后电压信号传送至 MOST 发射接收

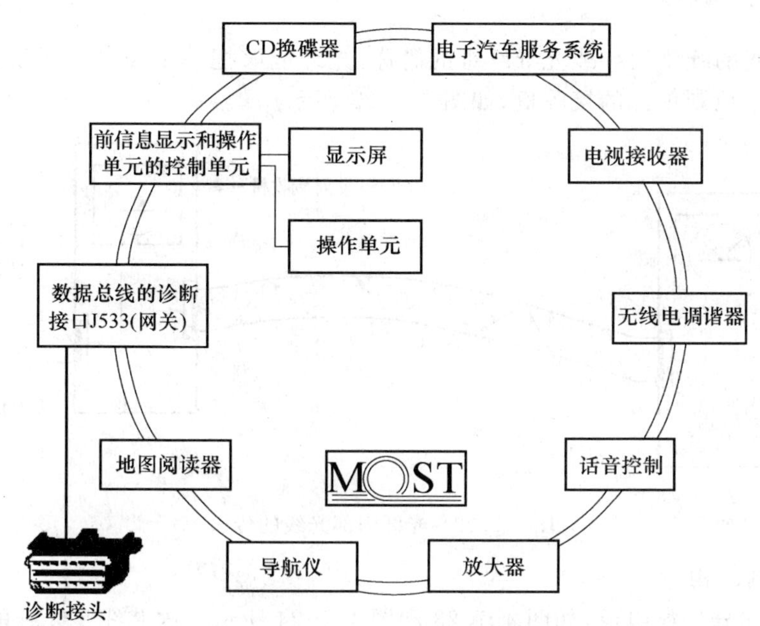

图 4.1.20　MOST 总线的环形结构

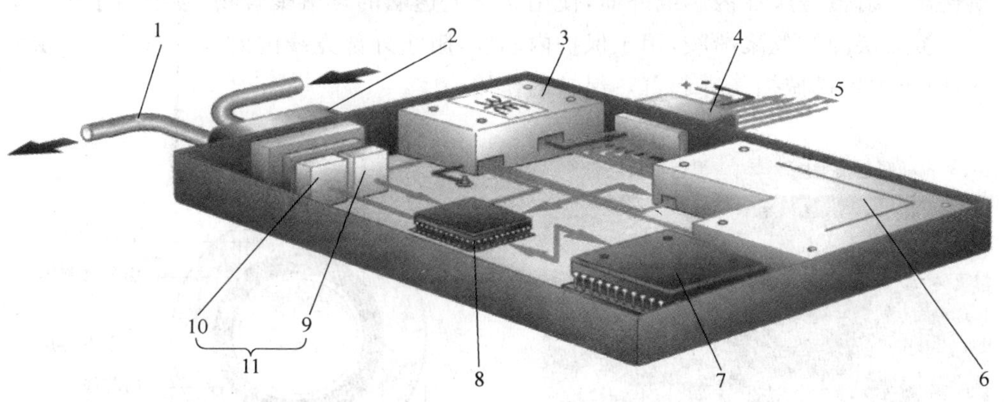

1—光纤；2—光导连接器；3—内部电源模块；4—电气连接器；5—诊断；6—专用部件；7—微处理器；8—MOST发射接收机；9—光敏二极管；10—发光二极管；11—发射接收机—光纤导体（FOT）

图 4.1.21　MOST 控制单元结构图

机。发光二极管的功能是把 MOST 发射接收机的电压信号转换成光信号，所产生光波的波长为 650 nm，是可见红色。数据通过光波调制传送，调制后的光波经光纤传到下一个控制单元。

(7) MOST 发射接收机。MOST 发射接收机由 2 个部件组成，即发射机和接收机。发射机把要被传送的信息以电压信号的形式传送到 FOT，而接收机接收来自 FOT 的电压信号，并把所需的数据传送至控制单元的标准微处理器(中央处理器)，来自其他控制单元的无用信息虽经过发射接收机，但不会被传送至中央处理器，而是原封不动传至下一个控制单元。

3. 光纤

光纤是传光的纤维波导或光导纤维的简称，光纤能够把一个控制单元发射机产生的光波传送至另一个控制单元的接收机，如图 4.1.22 所示。

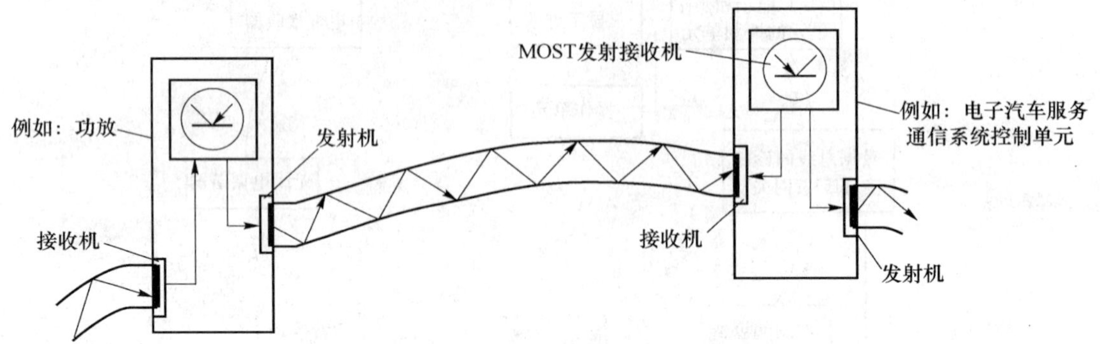

图 4.1.22　光纤内部光线的传递

(1) 光纤的结构

光纤由 4 部分材料组成，如图 4.1.23 和图 4.1.24 所示。内芯线是光纤的中心部分，它由聚甲基丙烯酸甲酯组成并且是真正的光导体。由于全反射原理，当光穿过它时，几乎没有任何损耗。反射覆盖层在内芯线外面，使用光学上透明的含氟聚合物，主要用于全反射的需要。黑色覆盖层为黑色聚酚胺，用于保护内芯线，阻止外部光线的射入。彩色覆盖层用于进行识别，防止发生机械损伤并起着热保护的作用。

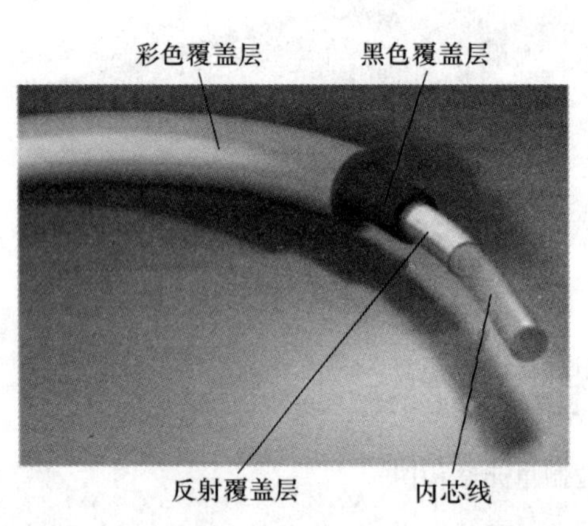

图 4.1.23　光纤的结构

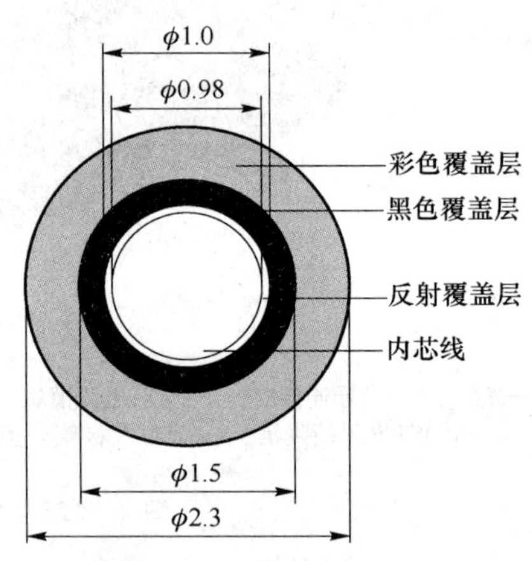

图 4.1.24　光纤断面结构

(2) 光纤中光波的传送

光纤以直线方式在内芯线中传导部分光波，并在内芯线的表面产生了全反射，如图 4.1.25所示，大多数光波以 Z 字形传送。当通过弯曲的光纤时，发生在内芯线覆盖层边缘的全反射使得光波被反射，从而被传导通过弯曲处，如图 4.1.26 所示。

在一根光纤中，内芯线的折射率比它的覆盖层高，因此内芯线的内部会发生全反射，这一作用取决于从内部撞击边界的光波的角度。如果这个角度太陡峭，光波就离开内芯线并产生很高的损耗；如果光纤被过度弯曲或扭绞，就会发生这种情况，如图 4.1.27 所示，故光纤的弯曲半径决不能小于 25 mm。

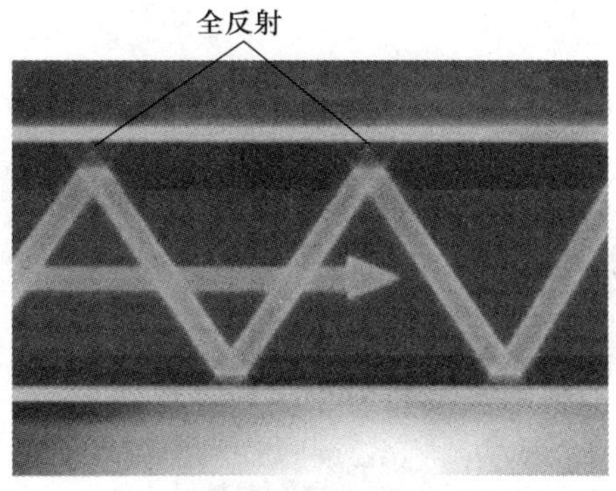

图 4.1.25　笔直的光纤

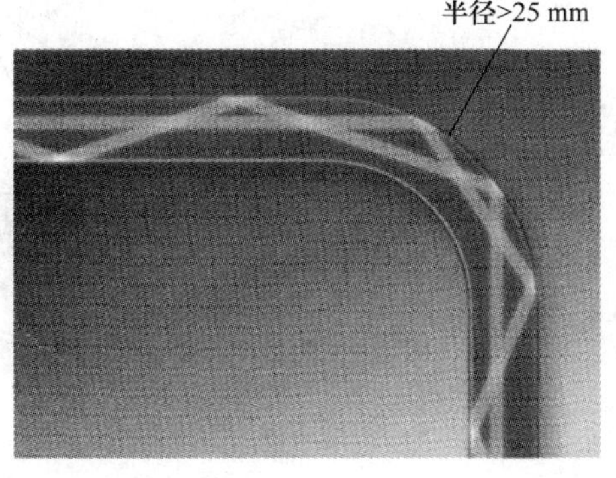

图 4.1.26　弯曲的光纤

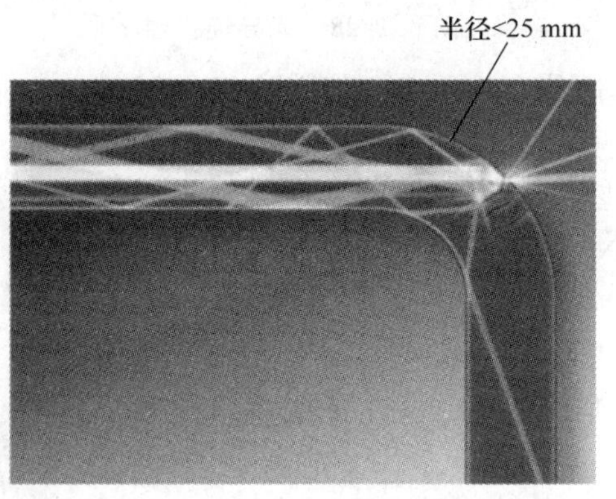

图 4.1.27　光纤过度弯曲或扭绞

4. 光导连接器

光纤与控制单元之间的连接采用专门的光导连接器，如图 4.1.28 所示。连接器上的一个信号方向箭头表明（至接收机的）输入端，连接器外壳形成与控制单元的连接。

在生产光纤时为了要在连接器外壳上固定光纤，要在光纤尾端利用激光技术焊上塑料套管或者在尾端卡上黄铜质地的套管。

为了最大限度地减小传送损失，光纤的端面必须光滑、垂直和清洁，实际的光纤端面如图 4.1.29 所示。只有使用专用的切割工具才能达到上述要求，切割面上的污垢和刮痕会产生很高的损耗（衰减）。

六、LIN 总线

LIN 是 Local Interconnect Network 的缩写，其含义是局域互联网络，又称为“局域子系统”。LIN 总线是 CAN 总线网络下的子系统。车上各个 LIN 总线系统之间的数据交换是由控制单元通过 CAN 数据总线实现的。

1. LIN 总线传输特征

LIN 总线是一种低成本的串行通信网络，用于实现汽车中的分布式电子系统控制。

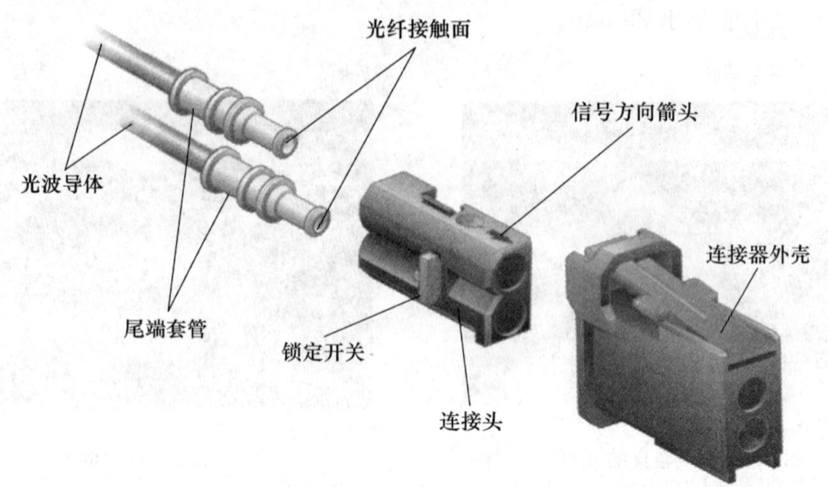

图 4.1.28　光导连接器

LIN 的目标是为现有汽车网络(例如 CAN 总线)提供辅助功能，因此 LIN 总线是一种辅助的总线网络，在不需要 CAN 总线的带宽和多功能的场合，比如智能传感器和制动装置之间的通信使用，LIN 总线可大大节省成本。LIN 总线的主要特征如下：

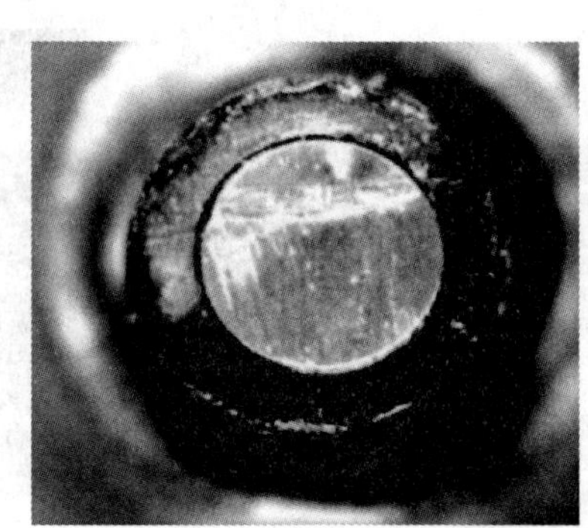

图 4.1.29　实物光纤端面图

(1) 最大传输率 19.2 kbit/s。

(2) 低成本基于通用 UART 接口，几乎所有微控制器都具备 LIN 必需的硬件。

(3) 只需要一根数据传输线。

(4) 单主控制单元/多从控制单元设备模式，无须仲裁机制，通过单主/多从的原则保证系统安全。如图 4.1.30 所示，空调控制单元和天窗控制单元就是两个 LIN 主控制单元，前风窗加热器、鼓风机和两个 PTC(正温度系数)辅助加热器是空调 LIN 中的从控制单元；天窗控制电机则是天窗 LIN 中的从控制单元。

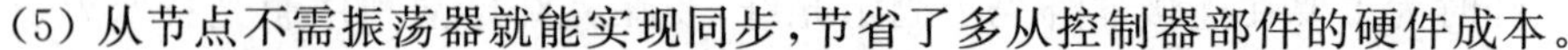

(5) 从节点不需振荡器就能实现同步，节省了多从控制器部件的硬件成本。

(6) 保证信号传输的延迟时间。

(7) 不需要改变 LIN 节点上的硬件和软件就可以在网络上增加节点。

(8) 通常一个 LIN 网络上节点数目小于 12 个，共有 64 个标识符。

(9) 单线式总线，底色是紫色，有标志色，导线横截面积为 0.35 mm^2，无须屏蔽。

2. LIN 总线组成和工作原理

(1) LIN 总线主控制单元

LIN 总线主控制单元连接在 CAN 总线上，它执行 LIN 的主功能。

LIN 总线主控制单元的主要作用是：监控数据传递和数据传递的速率，发送信息标题；主控制单元的软件内设定了一个周期，这个周期用于决定何时将哪些信息发送到 LIN 数据总线上以及发送多少次；该控制单元在 LIN 总线与 CAN 总线之间起“翻译”作用，它是 LIN 总线系统中唯一与 CAN 数据总线相连的控制单元；通过 LIN 主控制单元进行 LIN 系统的自诊断。

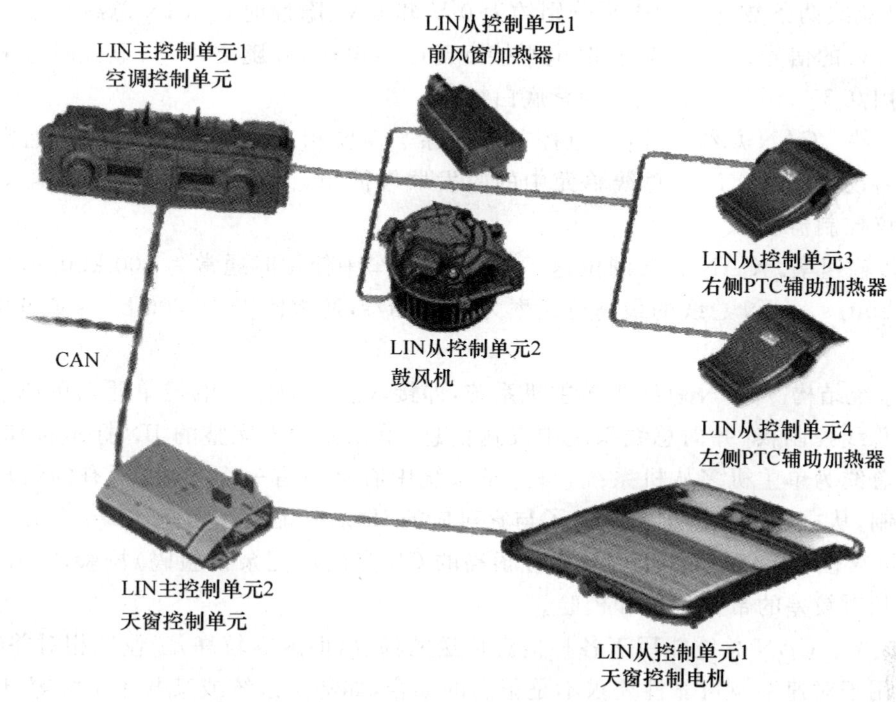

图 4.1.30　LIN 总线内部组成示意图

(2) LIN 从控制单元

每个 LIN 总线中最多可以连接 16 个从控制单元，从控制单元主要是接收或传送与主控制单元的查询或指定有关的数据，如图 4.1.31 所示。

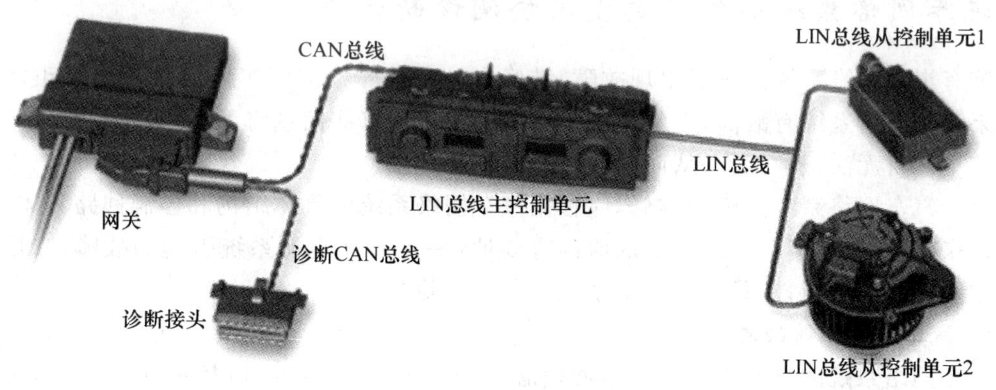

图 4.1.31　CAN、LIN 与从控制单元示意图

从控制单元诊断的内容(测量数据块、执行元件测试、设定、故障存储器查询)在主控制单元地址的帮助下被读出或激活。在几次通信无效的尝试后，主控制单元的故障存储器里会产生一个故障代码“控制单元 XX 无信号/通信”。LIN 总线通信在通信断开时(拔下连接器，通信参与者的供电断路)，主控制单元里产生一个故障代码。

3. CAN 总线与 LIN 总线的差别

(1) 信号线及信号。CAN 总线以 CAN-High 和 CAN-Low 两条数据线(双绞线)工作，舒适 CAN 总线两条数据线的电平分别约为 0 V 和 5 V(隐性时)。LIN 总线只以一条相当于 CAN-Low 的信号线工作,隐性时电平接近蓄电池电压,并随之浮动;显性时电平接近低电平。使用 0.35 mm^2 导线,颜色为紫底白线。

(2) 组件。CAN 总线工作时,电控单元中除了需要相对复杂的收发器外,通常还需要用专门的协议控制器。LIN 总线单元中的收发器较简单,而且由于协议简单,通常不需要专门的协议控制器。

(3) 传输速率。CAN 总线的位速率较高,在汽车中使用时通常为 500 kbit/s,最低的也达到 100 kbit/s。LIN 总线的最高位速率为 20 kbit/s,通常使用 19 200 bit/s 或 9 600 bit/s 的速率。

(4) 系统结构。CAN 总线为多主机系统,即接入总线的任一电控单元都可通过总线仲裁来获取总线控制权,并向总线系统中发送信息,单元在发出完整的 ID(标示符)时即为主机。LIN 总线为单主机多从机系统,每一子系统中有且只有一个主机,所有的信息传送都由主机控制,从机必须等待主机发出了与它对应的 ID 后才能发送信息。

(5) 可靠性。CAN 总线采用可靠性很高的 CRC(循环冗余校验码)校验。LIN 总线采用可靠性相对较差的带进位的和校验。

(6) 成本。CAN 总线能用于各种信息传送的场合,但成本较高,工业性相对差些。LIN 总线只能用于对速率及可靠性要求不是很高的场合,如舒适系统或某些子系统等,优点是成本低,工艺性好。

任务实施

一、汽车网络系统的故障类型及检测诊断方法

装有汽车网络系统的车辆出现故障,维修人员应首先检测汽车网络系统是否正常。因为如果汽车网络系统有故障,则整个汽车网络系统中的有些信息将无法传输,接收这些信息的电控单元将无法正常工作,从而为故障诊断带来困难。

对于汽车网络系统故障的维修,应根据汽车网络系统的具体结构和控制回路具体分析。一般说来,引起汽车网络系统故障的原因有 3 种:一是汽车电源系统引起的故障;二是汽车网络系统的链路故障;三是汽车网络系统的节点故障。

1. 汽车电源系统故障

汽车网络系统的核心部分是含有通信芯片的电控单元 ECU,电控单元 ECU 的正常工作电压在 10.5～15.0 V 的范围内。如果汽车电源系统提供的工作电压低于该值,就会造成一些对工作电压要求高的电控单元 ECU 出现短暂的停止工作,从而使整个汽车网络系统出现短暂的无法通信。

2. 节点故障

节点是汽车网络系统中的电控单元,因此节点故障就是电控单元 ECU 的故障。它包括软件故障即传输协议或软件程序有缺陷或冲突,从而使汽车网络系统通信出现混乱或无法工作,这种故障一般成批出现,且无法维修。硬件故障一般由于通信芯片或集成电路故障,造成汽车网络系统无法正常工作。对于采用低版本信息传输协议的汽车网络系统,如果

有节点故障，将出现整个汽车网络系统无法工作。

3. 链路故障

当汽车网络系统的链路（通信线路）出现故障时，如通信线路的短路、断路以及线路物理性质引起的通信信号衰减或失真，都会引起多个电控单元无法工作或电控系统错误动作。判断是否为链路故障时，一般采用示波器或汽车专用光纤诊断仪来观察通信数据信号是否与标准通信数据信号相符。

一般来说，汽车网络系统的诊断步骤为：

(1) 了解该车型的汽车网络系统特点（包括：传输介质、几种子网及汽车网络系统的结构形式等）。

(2) 汽车网络系统的功能，如：有无唤醒功能和休眠功能等。

(3) 检查汽车电源系统是否存在故障，如：交流发电机的输出波形是否正常（若不正常将导致信号干扰等故障）等。

(4) 检查汽车网络系统的链路是否存在故障，采用替换法或采用跨线法进行检测。

(5) 如果是节点故障，一般采用替换法进行检测。

二、CAN 总线的万用表检测

CAN 数据总线可以采用数字万用表进行测试，以判断数据总线的信号传输是否存在故障，检测方法见图 4.1.32。

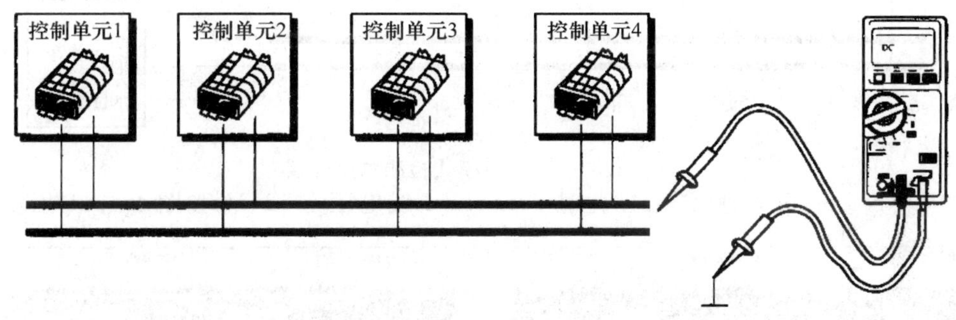

图 4.1.32　用万用表检测 CAN 总线

1. 电阻测量

用万用表电阻挡直接测量 CAN-High 线和 CAN-Low 线之间的电阻，正常情况下应该有一个规定的电阻（电阻大小随车型而异），不应直接导通；用万用表电阻挡测量 CAN-High 线或 CAN-Low 线分别与搭铁或蓄电池正极之间的导通性，正常情况下应不导通。

2. 电压测量

(1) 大众车系 CAN 驱动装置总线

CAN-High 线信号在总线空闲时的电压约为 2.5 V，总线上有信号传输时，电压值在 2.5 V和 3.5 V 之间高频波动，因此 CAN-High 线的主体电压应是 2.5 V，所以万用表的测量值大于 2.5 V 但靠近 2.5 V。

同理，CAN-Low 线信号在总线空闲时的电压约为 2.5 V，总线上有信号传输时，总线上的电压值在 2.5 V 和 1.5 V 之间高频波动，因此 CAN-Low 线的主体电压应是 2.5 V，所以万用表的测量值小于 2.5 V 但靠近 2.5 V。

(2) 大众车系 CAN 舒适系统总线

CAN-High 线信号在总线空闲时的电压约为 0 V，总线上有信号传输时，总线上的电压值在 0 V 和 3.6 V 之间高频波动，因此 CAN-High 线的主体电压应为 0 V，所以万用表的测量值为 0.35 V 左右。

同理，CAN-Low 线信号在总线空闲时的电压约为 5 V，总线上有信号传输时，总线上的电压值在 5 V 和 1.4 V 之间高频波动，因此 CAN-Low 线的主体电压应是 5 V，所以万用表的测量值为 4.65 V 左右。

三、CAN 总线的波形检测

CAN 数据总线波形的检测必须采用双通道示波器或检测仪，然后根据故障波形判断故障。波形检测电路连接如图 4.1.33 所示，图 4.1.34 为 CAN 总线标准波形。由图可看出，其 CAN-High 和 CAN-Low 线上的电位总是相反的，电压的总和等于常值。下面以大众 CAN 舒适系统总线为例说明常见的故障波形。

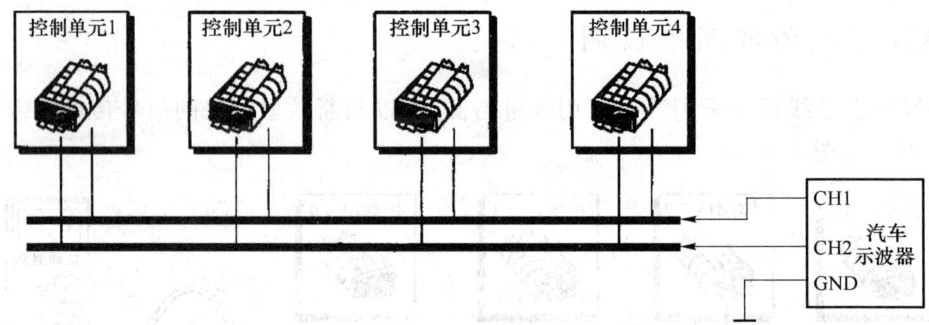

图 4.1.33 双通道模式检测电路连接

(1) CAN-Low 线对正极短路，此时 CAN-Low 线电压为 12 V，如图 4.1.35 所示。

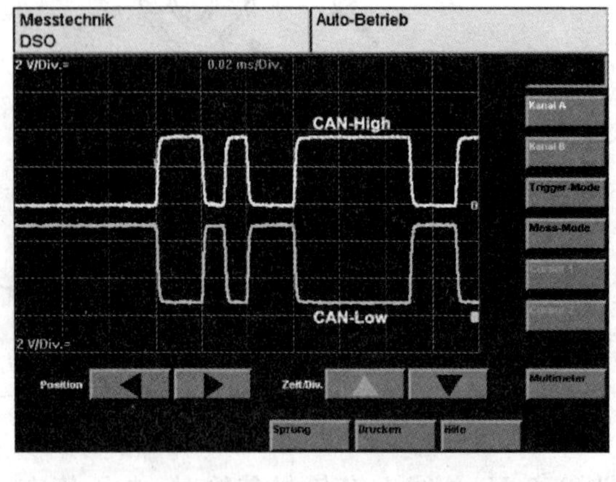

图 4.1.34 CAN-BUS 数据总线标准波形

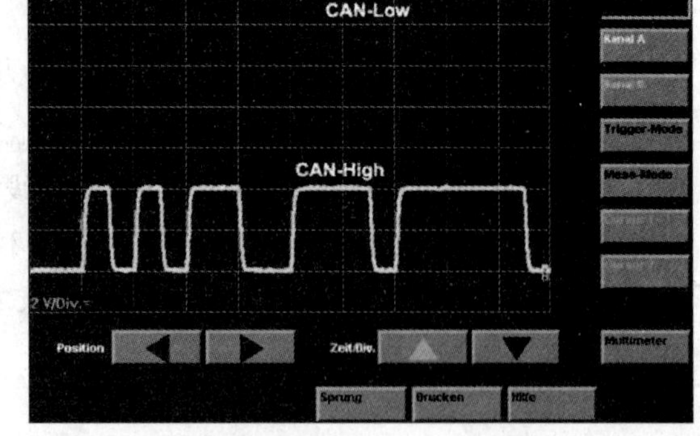

图 4.1.35 CAN-Low 线对正极短路

(2) CAN-Low 线对地短路，此时 CAN-Low 线电压为 0 V，如图 4.1.36 所示。

(3) CAN-High 线对地短路，此时 CAN-High 线电压为 0 V，如图 4.1.37 所示。

(4) CAN-High 线对正极短路，此时 CAN-High 线电压为 12 V，如图 4.1.38 所示。

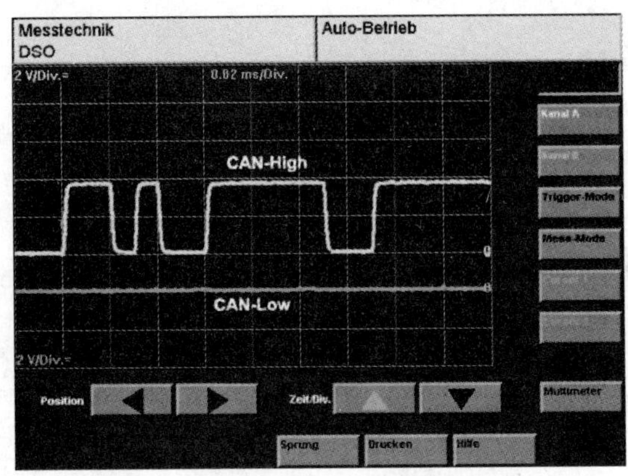

图 4.1.36　CAN-Low 线对地短路

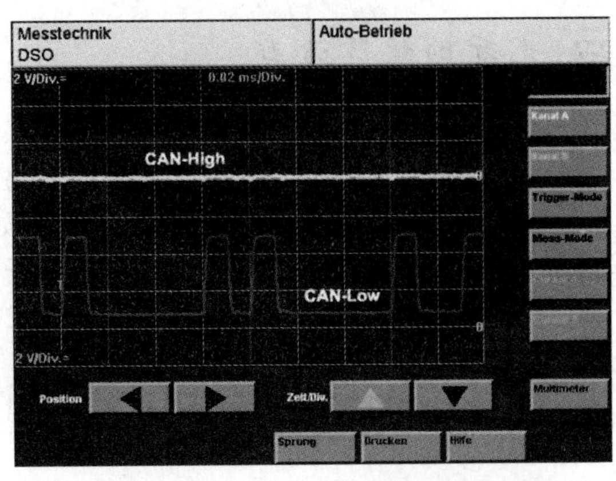

图 4.1.37　CAN-High 线对地短路

(5) CAN-Low 线断路，此时 CAN-Low 线电压为 0 V，但有一其他控制单元应答信号，如图 4.1.39 所示。

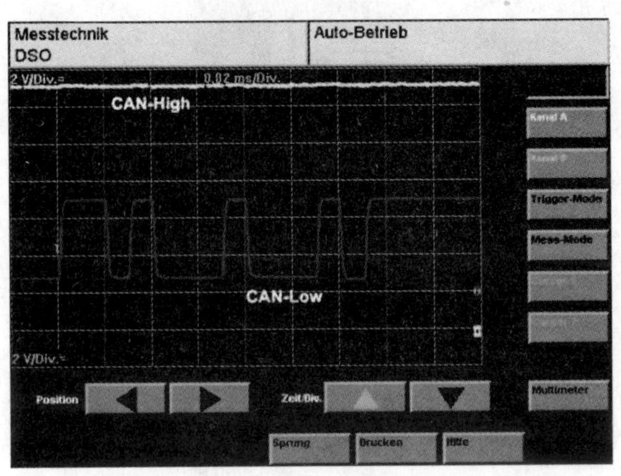

图 4.1.38　CAN-High 线对正极短路

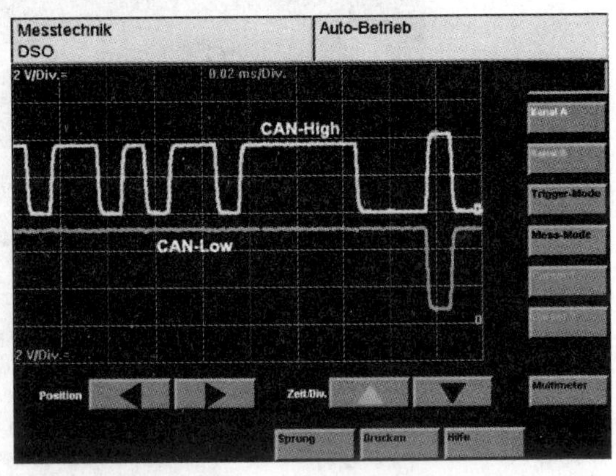

图 4.1.39　CAN-Low 线断路

(6) CAN-High 线与 CAN-Low 线互相短接，此时 CAN-High 线和 CAN-Low 线波形重叠，如图 4.1.40 所示。

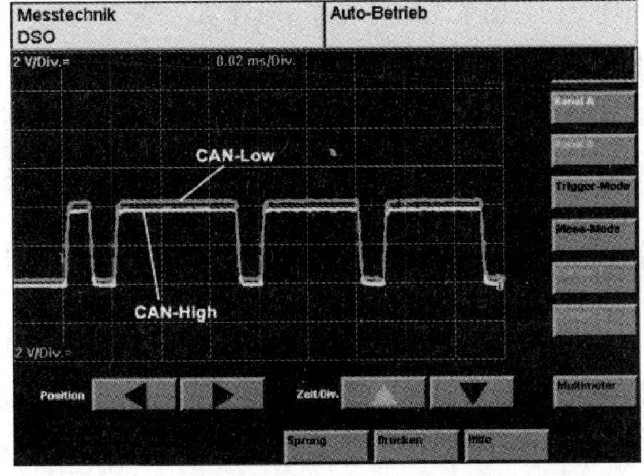

图 4.1.40　CAN-High 线和 CAN-Low 线互相短接

四、光纤的故障诊断

1. 光纤应用的注意事项

(1) 绝不可对其进行热加工或采用如锡焊、热压焊和焊接的修理方法。

(2) 绝不可使用化学的和机械的方法，如粘结和连接。

(3) 绝不可把两根光纤导线或一根光纤导线与一根铜线绞合在一起。

(4) 避免覆盖层的损坏，如钻孔、切割或挤压，在汽车中进行安装时，不要站在覆盖层上或把物体放在覆盖层上。

(5) 避免污染端面，如液体、灰尘或其他介质，只有在进行连接或测试时，才可以极其小心地取下规定的保护性罩盖。

(6) 当铺设在汽车中时，应当避免其成环形和打结，更换光纤时，应注意正确的长度。

2. 光纤导线常见故障

光纤导线常见故障如图 4.1.41 所示。

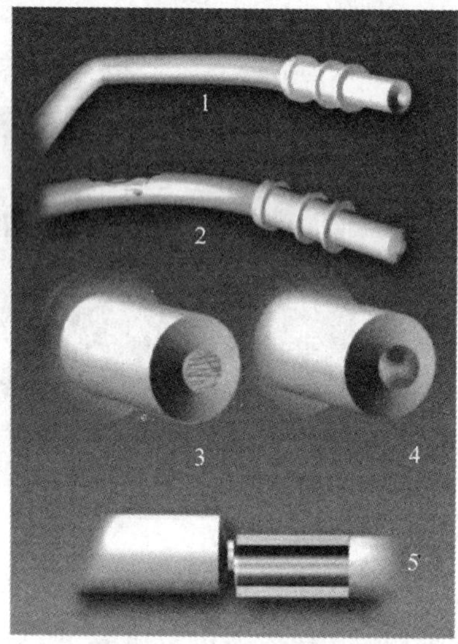

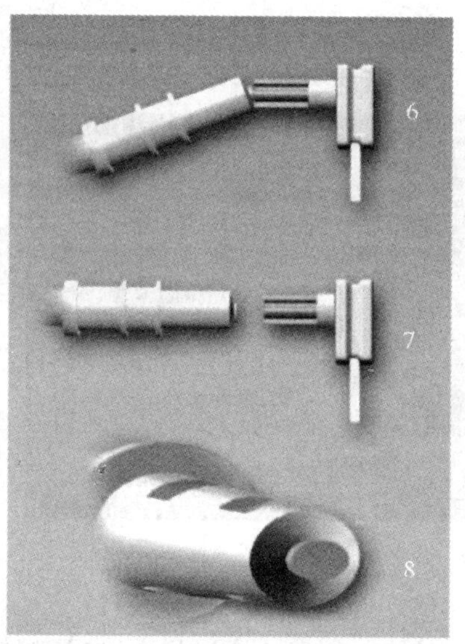

1—弯曲半径不足；2—外壳破环；3—端面刮伤；4—端面变脏；5—端面错位；
6—角度误差；7—两条光纤导线间漏光；8—端口问题

图 4.1.41　光纤导线常见故障

3. MOST 总线的诊断

由于采用了环形结构，因此某一个 MOST 数据总线位置上数据传送的中断称为光纤环路断路。光纤环路断路故障的原因有：光纤断路；控制单元供电不良；发射机或接收机控制发生故障等。

光纤环路断路的后果：不能播放音频与视频；不能用多媒体操作单元进行控制和调整；故障存储器中存储故障“光纤数据总线中断”。

(1) 检测

由于环形结构断路，就不能在 MOST 总线中进行数据传送，所以要借助于诊断线来执行环形结构的故障诊断。环路断路诊断线由每个控制单元(包括网关)引出，最后相交于一点，呈星型连接，如图 4.1.42 所示。

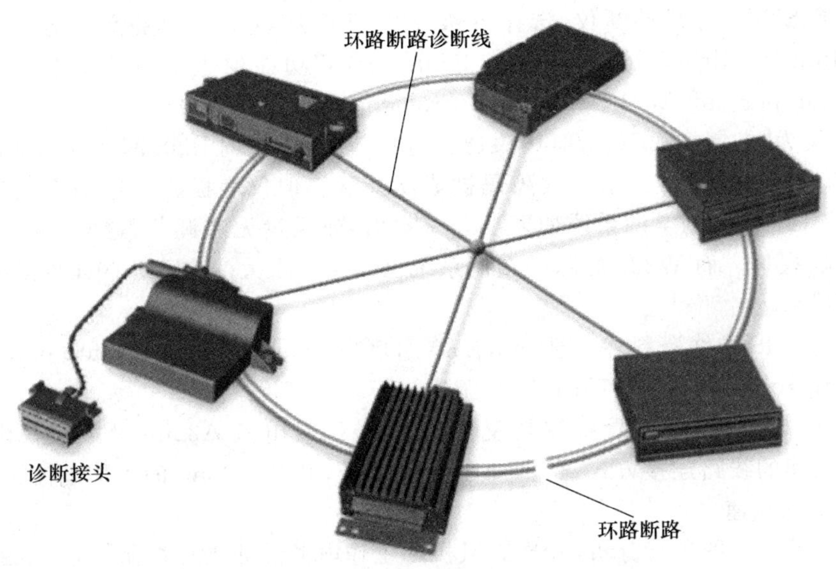

图 4.1.42　环路断路诊断示意图

在网关中有一项诊断功能是专门为检测 MOST 总线故障设置的，即“光环断点诊断”。该功能通过故障诊断仪 VAS505X 激活，由网关执行。诊断时，网关依次向各控制单元发送短时脉冲，根据控制单元的反应先判断该控制单元是否存在电气故障，随后判断光学功能是否正常。检测结束后，自动显示不正常的部件名称和故障性质。

根据检测结果，须对故障部件进行进一步检测。应先测其供电、接地；如正常，再检查光导连接器是否正常，因为在正常使用的情况下，光纤本身很少会出现问题；最后再怀疑控制单元故障。

若判定控制单元故障，可用奥迪专用的检测仪 VAS6786 将控制单元替换。该仪器相当于光纤的连接装置，将其供电，然后把控制单元的光导连接器插上，即可使光路接通。若此时系统能正常打开，则表明该控制单元已损坏。

(2) 维修

若光纤本身有故障，如断裂、破损、变形等，须将其更换。更换时需用专用工具进行切割，否则无法保证正常功能。若判定某控制单元已损坏，须将其更换。将新部件装车时，车辆防盗系统会启动“元件保护”功能，限制该新装部件的某些功能而使其无法正常工作。此时必须到经过授权的奥迪特许维修站进行上网在线匹配。

案例分析

一、奔驰 S320 空调无风吹出

故障现象：车主反映由于最近一段时间天气炎热。在行车的时候都是开着空调。制冷效果一直很好，而这一次仪表板各出风口突然间就没有风吹出了。

故障诊断与排除：运转发动机，检查仪表板中央的空调控制面板的按钮，各按钮的显示功能均正常，只是仪表板的各出风口无一丝风吹出。而且也没有感觉到仪表板内部的鼓风机任何运转迹象。考虑到奔驰车系空调的电控系统比较复杂，决定先做控制模块的自诊断。

(1) 连接 STAR 原厂诊断仪，选择 S 级 W220165 底盘配置。在控制模块栏目中选取“AAC—Automatic air condition”，单击“Fault codes”功能项查询故障信息。显示 B1268 communication fault of AC BUS with control unit N18/4(center vent electronics control module)，含义为“控制模块 N18/4(中央通风电控单元)的空调 BUS 网络通信故障”。

(2) 执行清除故障码功能，该故障码被成功清除。但仪表板各风口仍无风吹出。我们知道，奔驰 W140 底盘的空调系统如果没有风吹出，或风量无法调节，通常的故障是鼓风机的电子放大器损坏。而 W220 底盘的空调系统已发生了很大变化。一些元件的安装部位也不是很清楚。

(3) 调用 WIS 维修资料库。选择 83.40 组区“wiring diagram of automatic air condition AAC control module.”，打开自动空调控制模块 N22 电路图。

在电路中。我们清楚地看到控制模块 N22、鼓风机电机 A32ml 及鼓风机电子调节器 A32nl 三者之间的线路连接方式：A32nl 受控于 N22，并对 A32ml 的工作电流进行调节，以此改变鼓风机的转速。

(4) 继续对电路图进行分析，发现鼓风机的工作电源并非来自控制模块 N22，而是由外部的保险丝继电器模块 K40/7 所提供的。与空调系统有关的保险丝为 23、47、35、82、33 号，逐一进行排查。均良好。

根据 WIS 的元件位置图，我们确定鼓风机位于仪表板右下方。

(5) 拆开鼓风机外壳进行检查，结果发现鼓风机电机的 3 针连接器因过热而熔化。而且看到该连接器曾经被修理过，但线路没有接牢靠，这是引起过热的直接原因。

故障排除：重新做焊接处理。装复试车。鼓风机恢复运转。压缩机吸合，仪表板风口吹出冷气，空调故障至此排除。

维修小结：W220 底盘的自动空调系统的控制原理较为复杂。它是通过数个控制模块之间 CAN 总线的数据传输来实现的。因此我们首先要对几个重要的控制模块有所认识：

(1) 空调按钮控制模块 N22。这是空调系统的主控模块，与空调控制面板组合在一起，通过按动各按钮来调节和控制空调状态。同时，模块 N22 还处理接收到的各类传感器信号，以便操纵各执行元件。

(2) 后空调按钮控制模块 N22/4。主要用于后部空调状态的控制。

(3) 步进电机控制模块 N22/5。用于仪表板各出风口风门和加热器水道电磁阀门的执行元件的控制。

(4) 中央面板控制模块 N18/4。

(5) 左前车身 SAM 控制模块 N10/6。

(6) 右前车身 SAM 控制模块 N10/7。

空调系统自动控制过程说明：

(1) 空调压缩机的控制。信号由 N22 经 CAN 总线传输至 N10/6，N10/6 经数据线传输至 N10/7(右前保险丝继电器模块 K40/7 与 N10/7 是一个总成)，N10/7 触发 K40/7 以驱动压缩机。

(2) 散热器风扇的控制。信号的输入端口有两条，一是冷却液温度传感器 B11/4 的信号至发动机控制模块 N3，经 CAN 总线至仪表板单元 A1，再经 CAN 总线至 N22；二是外部温度传感器 B14，以及制冷剂温度传感器 B12 和空调压力传感器 B12/1 的信号至 N10/6，经 CAN 总线至 N22。N22 对这两组信号分析处理后，触发信号经 CAN 总线至 N10/7 和

K40/7，再由数据线传至风扇控制模块 N76，以驱动风扇运转。

(3) 内循环连锁控制。如果按动空调控制面板的循环按钮，系统可能会提供关闭车窗及天窗的连锁功能，其控制流程：信号由 N22 经 CAN 总线至 4 个车门的门控模块 N69/1、N69/2、N69/3 和 N69/4，再驱动各车窗玻璃升降器电机 M10/3、M10/4、M10/5 和 M10/6。同样，信号由 N22 经 CAN 总线至天窗控制模块 N70，以驱动天窗电机 M12/1。

由此可见，一项功能的实现，从信号采集到执行触发。要经过多个控制模块的信息传递，通信线路可能是 CAN 总线，或是单根数据线，直至终端执行元件。这也是汽车网络系统的控制特点，维修人员的检测思路必须适应这种变化的趋势，才能对故障做出正确判断。

二、荣威轿车转向灯工作异常故障排除

故障现象：一辆 2007 年产上汽荣威 750E 轿车，用户反映操作转向开关时，仪表板上的转向指示灯与外部的转向灯不同步闪烁。

故障诊断与排除：首先进行故障现象验证，将该车转向开关拨到左转向或右转向位置时，有时仪表板上转向指示灯的指示会比外部的转向灯延迟 2～3 s；转向灯开关回位后，仪表上的转向指示灯仍在闪烁。有时打开右转向灯时，仪表上的左转向指示灯闪烁。

查阅维修手册，了解到转向灯的控制过程。转向开关将左、右转向信号送给灯光控制模块 LSM，LSM 控制车外转向灯的点亮，并能监控转向灯泡的好坏(但不监控翼子板上的转向灯)。LSM 通过 K 总线将信号送给仪表，由仪表点亮转向指示灯。K 总线是个低速网络，主要由事件驱动，即一个控制单元仅对来自另一个控制单元的要求信息或来自一个开关或传感器的输入信息做出反应而输出一个信息。K 总线网络有一个低阻抗，使其具备一定的抗干扰能力。通过该车的故障现象分析，转向开关和转向灯线路是没有问题的，故障主要是转向信号的传输或控制出了问题，可能原因主要包括：K 总线故障或 K 总线受到了干扰；灯光控制模块 LSM 故障；仪表故障。

接下来按照上面的分析进行检查。首先使用故障诊断仪 T5 检查连接在 K 总线上的每个模块，发现只有网关模块 GIM 中存储有故障码 U1001，含义为 K 总线故障，且该故障码无法清除，这说明 K 总线或网关模块 GIM 有故障。检查 GIM 的电源线、搭铁线以及线束连接器，没有发现可疑情况；断开网关模块 GIM，故障现象并没有排除。看来问题的关键很可能是 K 总线故障，维修人员怀疑 K 总线有干扰信号。

从车辆网络系统可以看出，连接在 K 总线上的模块主要是车身电气模块，一共有 6 个。车身控制单元 BCU 与驾驶员车门组合开关 DDM 是通过另外一根硬线进行通信，自动空调控制单元 ATC 与 BCU 之间通过专用的 K 总线通信。K 总线的正常信号是 0～12 V 变化的脉冲信号，用示波器观察 K 总线信号，无论是信号的幅度、频率还是形状都没有发现明显的异常。

根据维修经验，对于网络数据线的诊断与维修，可以采用以下的思路：①首先利用故障诊断仪检查连接在 K 总线上的模块是否存储有故障码，可以先按照故障码的提示进行故障排查。②如果怀疑 K 总线有干扰信号，经常采用逐一断开 K 总线上的控制模块的方式来排除干扰源。③检查或断开点火线圈和火花塞，以排除最大的干扰源。④检查车辆是否加装了其他的用电设备。⑤逐一拔下相关模块的熔断丝，来缩小故障范围。

根据上面的思路，按照先简单后复杂的维修步骤，先拆下组合仪表 IPC，拔下组合仪表的线束连接器，再用故障诊断仪 T5 检查网关模块 GIM，发现 GIM 中的故障码 U1001(K 总线故障)还是无法清除，为当前故障码。然后逐一断开 K 总线上连接的控制模块，当断开 BCU 后，

GIM 中的故障码可以清除，试车发现仪表转向指示灯延时的故障现象消失。采用以上的维修方法，使故障范围缩小了很多。仔细检查 BCU 的电源线、搭铁线以及线束连接器，未发现异常情况。由于 BCU 与 ATC 之间也是通过 K 总线通信，于是安装好 BCU，在尝试断开 ATC 后，GIM 中的故障码可以清除，故障现象排除。检查 ATC 的线束和端子，但未见异常。

将 ATC 重新插回后，多次模拟试验，故障现象再没有出现。

维修小结：经过检查发现，由于该车的用户自行加装了 GPS 系统，在加装的过程中很可能拆装过 ATC 连接器。维修人员怀疑当时的安装人员没有将 ATC 连接器安装到位，导致连接器内的管脚接触不良，使得 ATC 向网络系统中发送干扰信号，而引起了该车的故障。

知识拓展

丰田车系车载多路通信系统

丰田车系安装有车载多路通信系统 MPX(Multiplex Communication System)，丰田车系在网关 ECU 内置了 3 种通信电路，即 CAN、BEAN、AVC-LAN，其通信规格见表 4.1.1。

表 4.1.1　3 种通信电路通信规格

项目	CAN	BEAN	AVC-LAN
通信速度(kbit/s)	500	10	17.8
通信导线	双绞线	单线	双绞线
电气信号种类	差分电压	单线电压	差分电压
数据长度/字节	1～8(可变)	1～11(可变)	0～32(可变)

由表可见，这 3 种网络的通信协议是不同的。内置 CPU 从不同的总线接收数据，对数据进行处理，再按照各通信协议把该数据发送到总线上去。由于各网络通信协议不同，传输速率也不同，翻译工作由网关来完成。网关结构如图 4.1.43 所示，网关的安装位置见图 4.1.44。

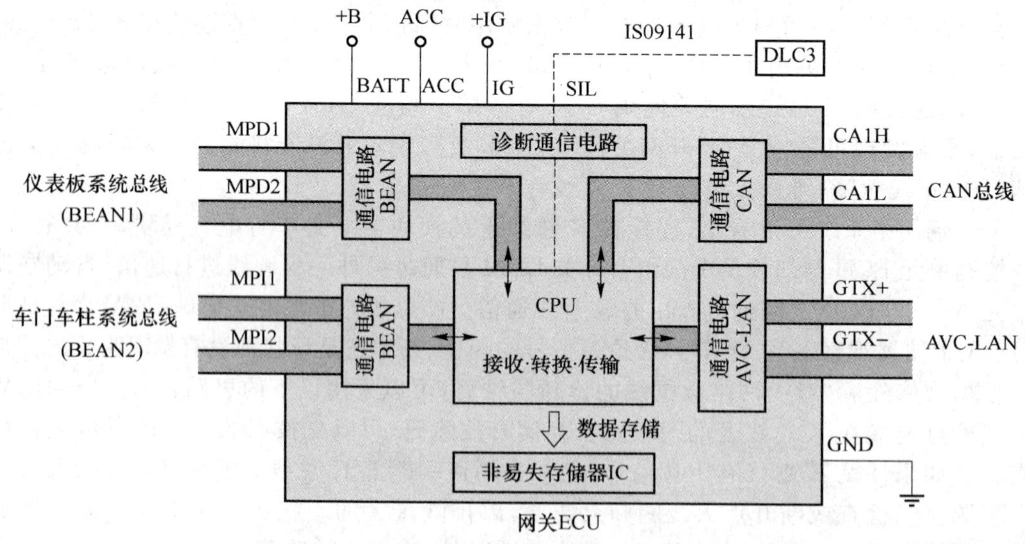

图 4.1.43　网关结构图

CAN 总线是符合国际标准化组织 ISO 标准的串行数据通信网络，多个 ECU 连接到 CAN 数据总线上，终端电阻(120 Ω)安装在总线主线路上。CAN 通信网络的组成如图4.1.45所示。

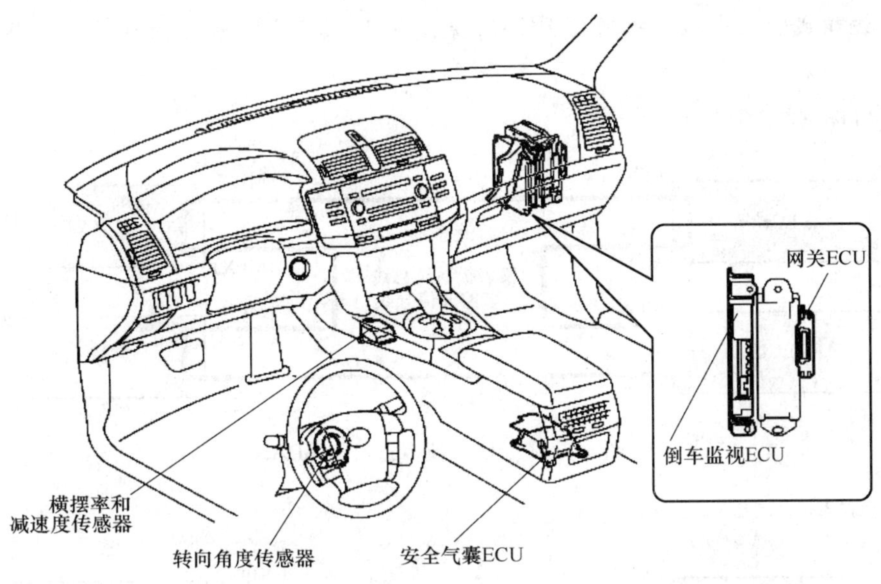

图 4.1.44　网关的安装位置

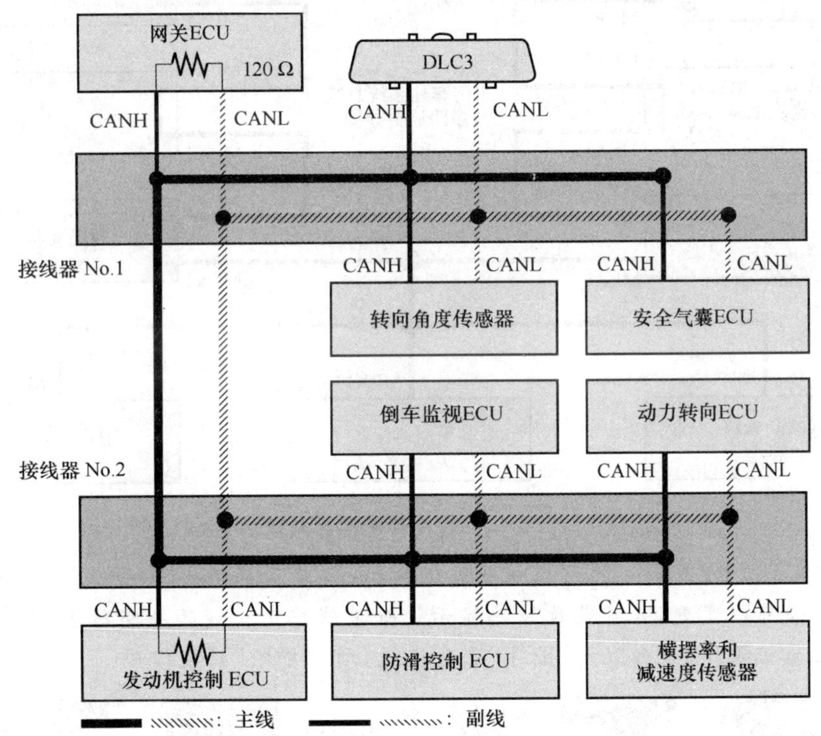

图 4.1.45　CAN 通信网络组成

AVC-LAN(Audio Visual Communication-Local Area Network，音响视听局域网络)，主要用于音频和视频设备中的通信网络。

车身多路通信系统 BEAN(Body Electronic Area Network)，是丰田汽车公司的专利技术。车身多路通信 BEAN 通过扩展控制对象，使其更为多功能化，提高了控制数据量。另外，它是一种多总线车身电子局域网，由仪表板 BEAN 系统、转向柱 BEAN 系统和车门

BEAN 系统组成。仪表板多路通信 BEAN 见图 4.1.46。车门和转向柱系统总线电路见图 4.1.47。

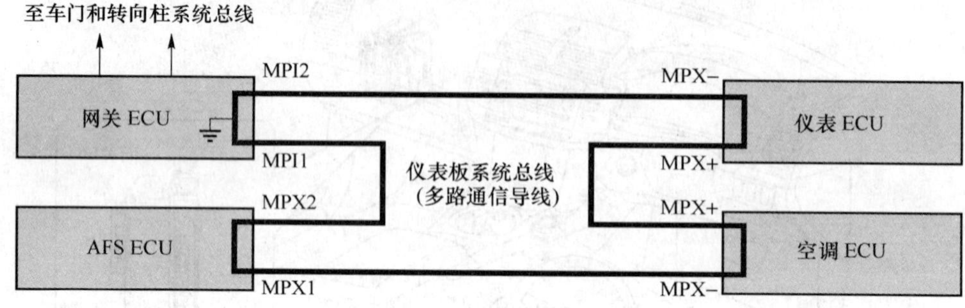

图 4.1.46　仪表板多路通信 BEAN

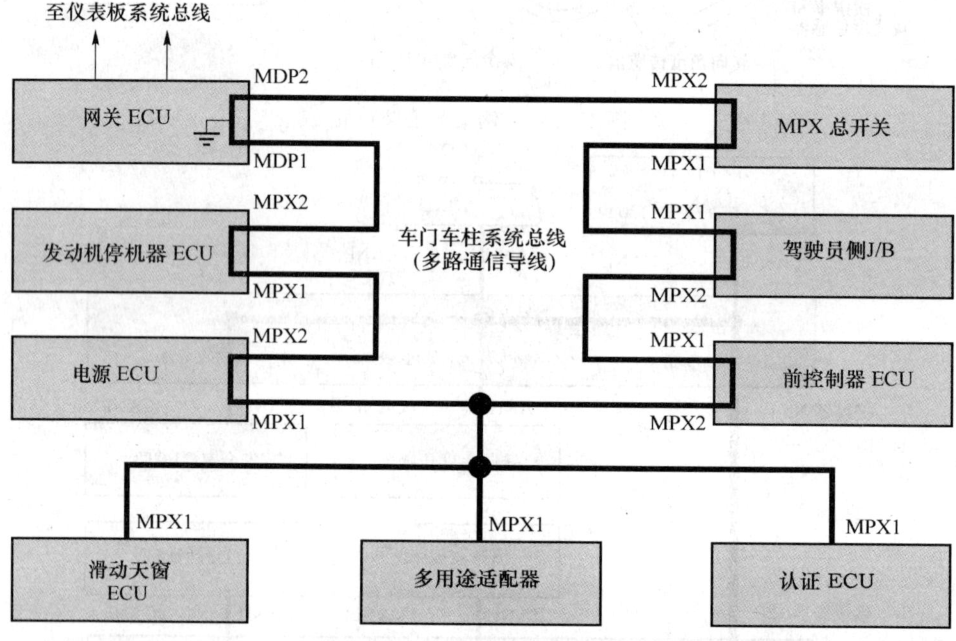

图 4.1.47　车门和转向柱系统多路通信 BEAN

丰田多路通信 BEAN 通信线是一个链环结构，当其中的一个点出现断路，如图 4.1.48 所示，通信路径可以变更，并且无故障码显示。如果线路中出现两个断路点，如图 4.1.49 所示，就会发生通信故障，并会显示“ECU 没有连接，通信中断”的故障码。

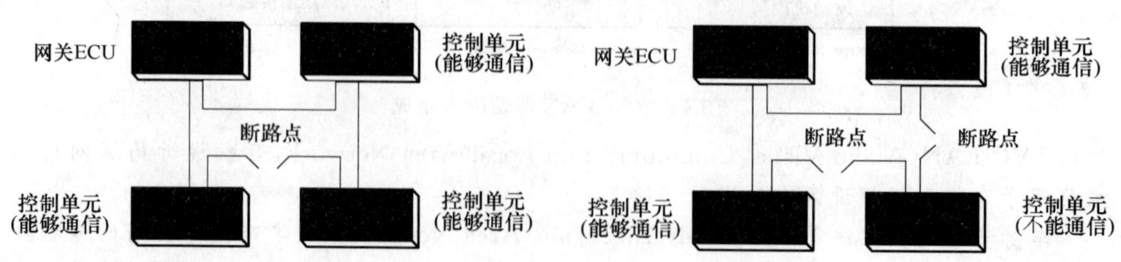

图 4.1.48　通信线路上有一个断点　　图 4.1.49　通信线路上有两个及以上断点

课后练习

1. 为什么要在汽车上采用网络技术？
2. CAN 总线系统有哪几部分组成？是如何进行数据传输的？
3. 简述网关在波罗轿车网络系统中的作用。
4. 在奥迪 A8 轿车的总线网络拓扑图中，指出哪些部件采用 LIN 总线，有哪些功能？
5. 在奥迪 A8 轿车的总线网络拓扑图中，指出哪些部件采用 MOST 总线，有哪些功能？
6. 简述光纤的结构。
7. 如何用万用表检测 CAN 总线系统？

任务 4.2　汽车电子仪表系统检修

【知识要求】

➢ 能正确讲述汽车电子仪表系统的组成和各部分功用；
➢ 能正确描述汽车电子仪表系统的工作原理、使用及系统的控制方法；
➢ 能正确识读和分析汽车电子仪表系统的电路图。

【能力要求】

➢ 会正确拆装汽车电子仪表系统各部件；
➢ 会分析诊断和排除汽车电子仪表系统常见故障。

任务描述

一位客户反映他所驾驶的一汽马自达 M6 轿车，打开汽车点火开关或启动车辆时，发现仪表无显示、仪表指示灯或照明灯不亮。现在请你对客户轿车的仪表系统进行检修。

相关知识

为适应汽车安全、节能、舒适和低污染等性能的要求，汽车电子控制装置必须能准确、迅速地处理各种复杂的信息，并通过组合仪表以数字、文字或图形的形式显示出来，向驾驶员发出汽车各种工作状态的信号和故障报警信号，而且信息还要精确、可靠。现代汽车广泛采用电子仪表，即采用计算机控制数字显示的电子仪表。

一、电子仪表板的组成

一般情况下，电子仪表板包括几组由计算机控制的独立液晶显示器或指示器，分别用来显示车速、油耗、发动机转速、燃油存量、机油压力、冷却液温度、累计行驶里程及平均油耗等信息，同时还有一套指示灯系统，用来指示机油压力、冷却液温度、冷却液液面高度、蓄电池充电电压、制动蹄片磨损、灯泡故障及车门未关等异常情况，如图 4.2.1 所示。

电子仪表板的显示系统一般有 3 种显示方式：数字显示（包括曲线图显示）、模拟显示和指示灯亮灭显示。车速表和发动机转速表常用数字显示和曲线图显示，燃油表可用数字

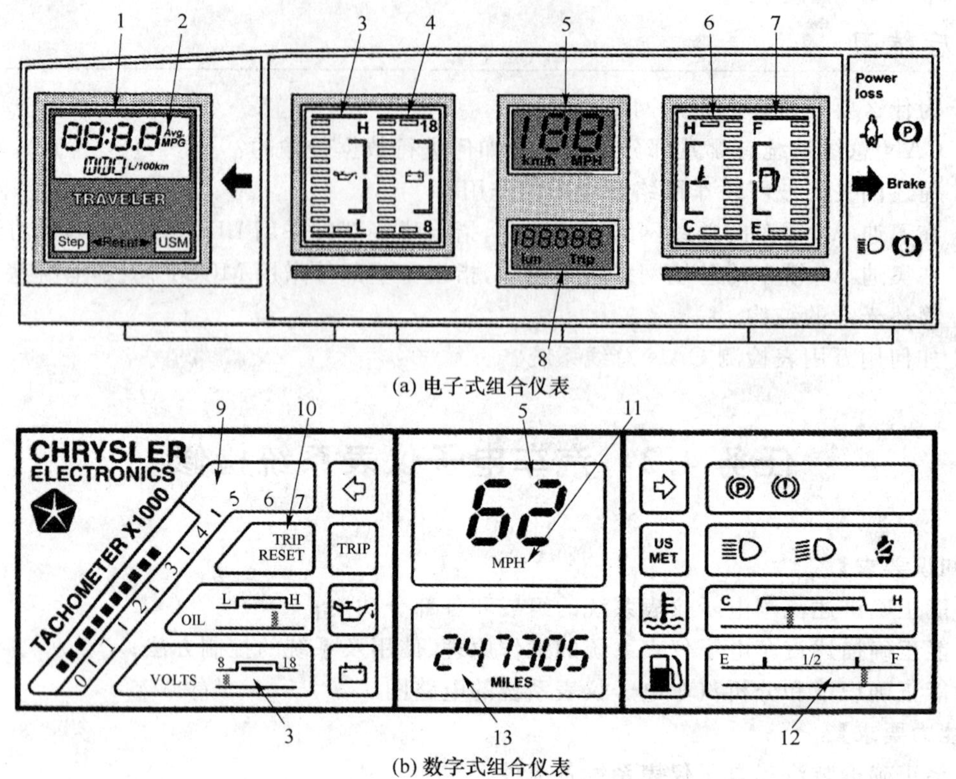

(a) 电子式组合仪表

(b) 数字式组合仪表

1—燃油计算机；2—每加仑平均英里数；3—发动机机油压力表；4—电压表；5—车速表；6—冷却液温度表；7、12—燃油表；8—短程里程表；9—发动机转速表；10—短程里程表归零按钮；11—每小时英里数；13—里程表

图 4.2.1 汽车电子仪表板

显示，也可用模拟显示。为更准确地显示信息，计算机系统对数字显示信号每秒钟修正两次，对曲线图显示信号，每秒钟修正 16 次，对驾驶员信息中心显示的各种信号，每秒钟修正 1 次。

电子仪表板的亮度调整通常有两种方式：一种是由电子仪表中的光电池进行自动调整；另一种是像普通仪表照明一样，用灯光开关电路中的变阻器进行调整。

大多数电子仪表板都有自诊断功能，进行自诊断时，按下仪表板上的选择钮。当点火开关转到 ACC 挡或 RUN 挡时，仪表板便开始一次自检，检验时通常是整个仪表板发亮。与此同时，各显示器的每段字符段都发亮。在自检过程中，电子仪表板上用来监测各系统的 ISO 标准符号，一般都闪烁。检验完成时，所有仪表都显示当时的读数。若发现故障，便显示一个提醒驾驶员的代码。

二、电子仪表的电控系统组成

电子仪表的电控系统原理如图 4.2.2 所示。电控系统接收不同传感器的模拟信号或数字信号，通过接口电路、中央处理器、输出驱动电路，最后控制电子仪表的显示器。对于控制电子仪表的计算机，有的车型采用车身计算机来控制电子仪表，而有些车型采用单独的计算机来控制电子仪表。

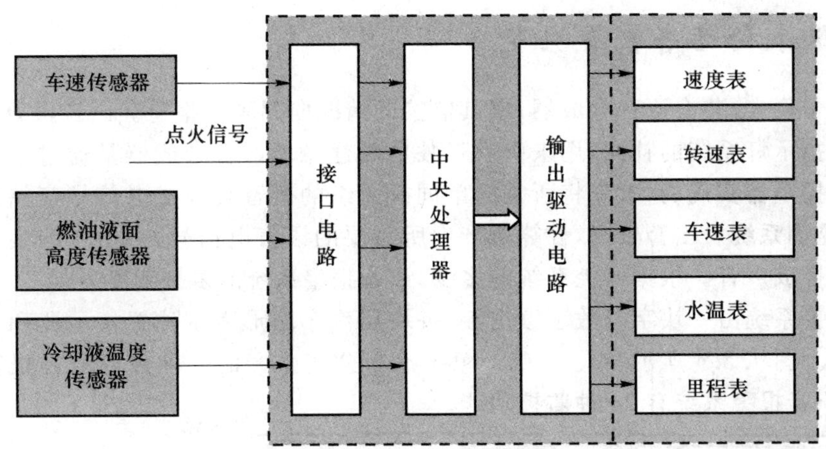

图 4.2.2　电子仪表的电控系统原理图

为了简化电路、降低成本、节省空间，电子仪表的电控系统中，采用了多路传输技术。例如当汽车发动机启动后，发动机转速、冷却液温度、燃油液面高度等多种信号同时传输给计算机处理。在同一时刻，在所有输入的大量信号中，计算机系统只能处理一个信号；在所有需要输出的大量信号中，计算机系统只能输出一个信号到相应的显示器中。采用了多路传输技术后，多路开关选择器把输送给计算机系统的大量信号分开，有序地选择信号源，输送给计算机系统。而多路开关分配器把计算机系统处理后的所有信号分开，有序地把信号输送给相应的显示器，如图 4.2.3 所示。

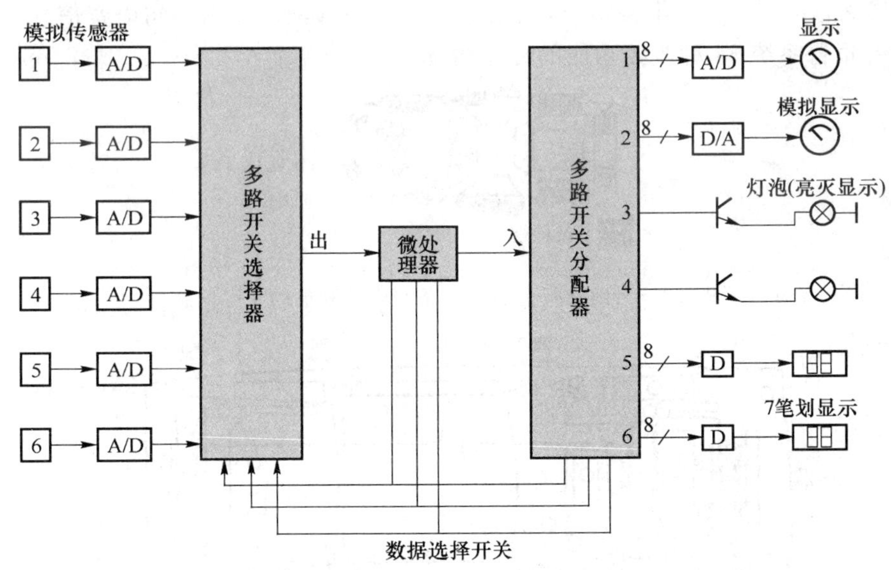

图 4.2.3　多路信号转换开关原理示意图

多路信号转换开关的基本原理为：根据各项信息的快慢，如冷却液温度信号变化慢，而发动机转速信号变化快，计算出不同信号源开关接通时刻，即确定对某一信号源在一段时间内选送信息的次数，再根据项目数据的多少，编出相应的控制电路，以实现上述控制功能。

三、电子仪表的语音报警系统

有些电子仪表,装有语音合成器,就其监控的情况向驾驶员报警。语音报警系统是对电子仪表上的指示灯系统的补充,用来引起驾驶员的注意。语音合成器是通过计算机技术和声响装置的扬声器实现的,事先将所需的单词或词组的语音转换成电信号存储在计算机的芯片中,当监测系统发出警告时,计算机产生所需要的语言电信号,再由音响装置的扬声器把电信号转换成声音。根据监控系统的多少,语音报警系统的复杂程度各异。

语音报警系统由一块字母数字读出板,一块用汽车图形表示位置指示器和一块电子语音报警模块。图 4.2.4 所示为美国 Chrysler 汽车公司生产的一种带有语音报警系统的电子仪表,其语音报警系统有 24 种监控功能。

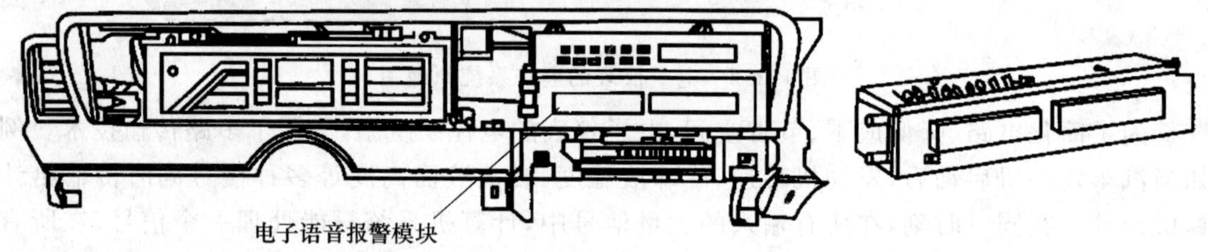

图 4.2.4　美国 Chrysler 汽车公司生产的一种带有语音报警系统的电子仪表

当点火开关在 RUN 挡时,仪表板上显示汽车轮廓图案,如图 4.2.5 所示。当出现需要驾驶员注意的情况时,某个彩色指示器便发亮,并且一直亮到报警情况纠正了才熄灭。如果在这个时候又查出一个新的报警情况,便以电子语音向驾驶员发出一句语音信息。图 4.2.6 所示为语音报警系统 24 种监控功能的分布情况。

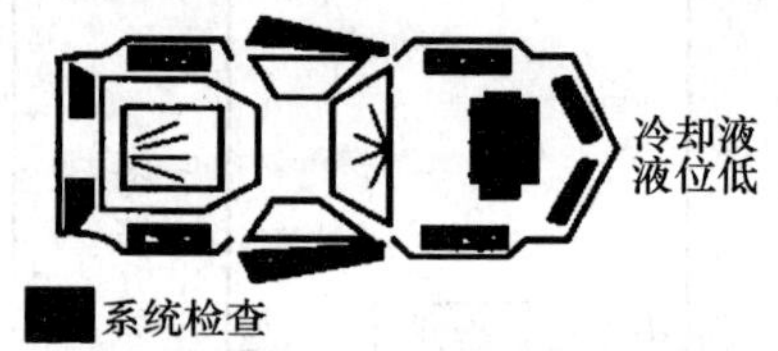

图 4.2.5　读出板上显示一条警告驾驶员的文字信息

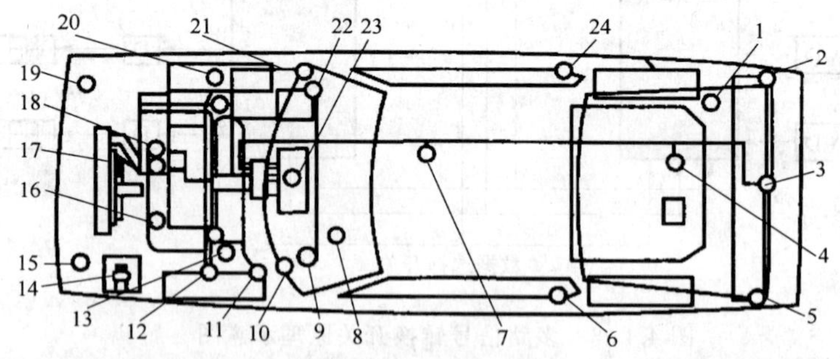

1—后风窗洗涤液；2—右尾灯和右制动灯；3—行李厢锁；4—燃油液面高度；5—左尾灯和左制动灯；6—左车门锁；7—安全带；8—钥匙在点火锁内；9—前照灯；10—手制动器；11—制动液；12、20—制动踏板；13—洗涤液；14—冷却液；15—左前照灯；16—变速器油；17—发动机温度；18—发动机机油；19—右前照灯；21—电压低；22—电子语音报警；23—监控器；24—右车门锁

图 4.2.6　语音报警系统 24 种监控功能的分布情况

上述语音报警系统的监控系统电路图如图 4.2.7 所示。在语音报警系统的监控系统中，所有的传感器可分为 4 类：

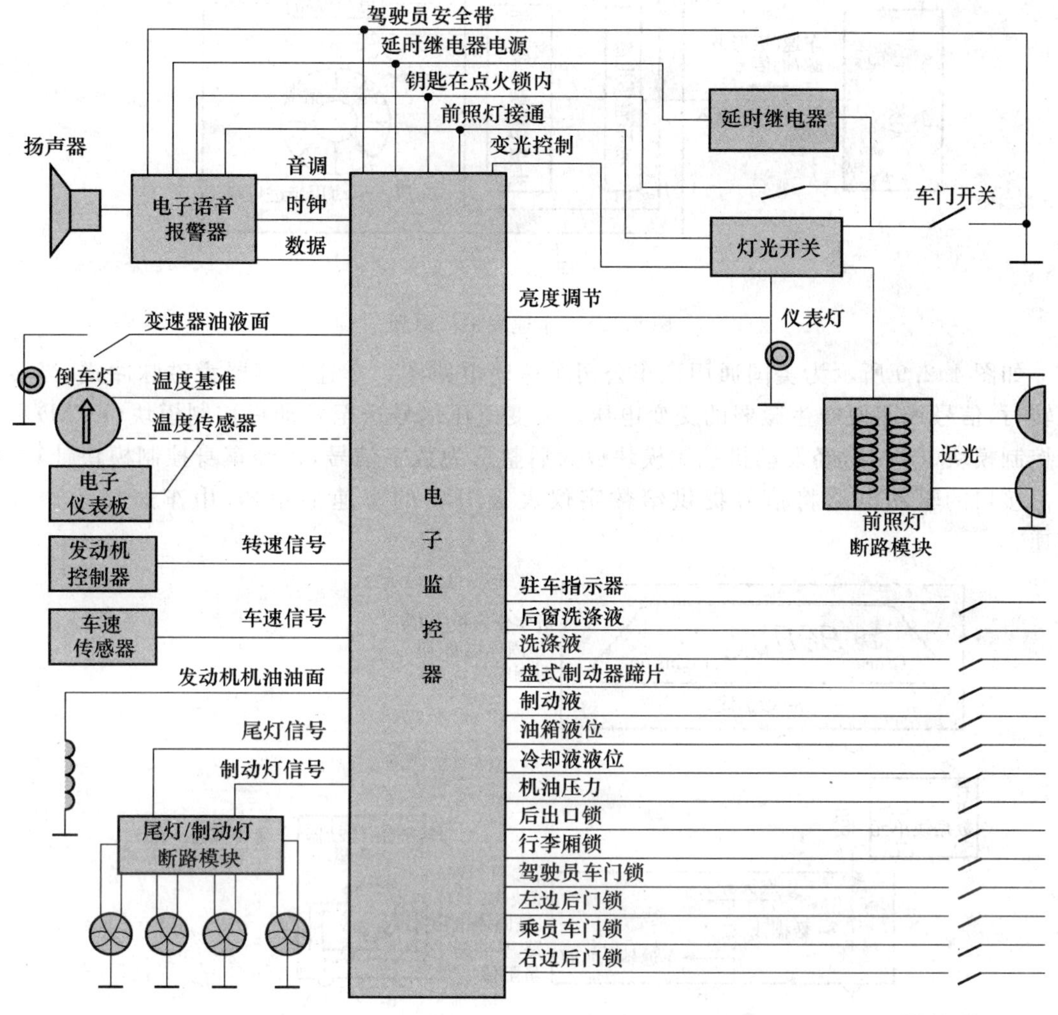

图 4.2.7　语音报警系统的监控系统电路图

① 监控前照灯、尾灯和小灯等是否正常的模块；

② 监控发动机机油温度的热敏电阻；

③ 测定充电系统输出的电压传感器；

④ 当有故障或危险情况时向中央处理器提供搭铁信号的常开式开关。

四、常用汽车电子仪表的工作原理

1. 车速表

车速表工作原理图如图 4.2.8 所示，车速表信号来自车速传感器，传感器先将信号送至 ABS ECU、变速器 ECU 或者发动机 ECU，再由这些 ECU 通过数据线将信号送给仪表 ECU。仪表 ECU 收到车速信号后来计算车速，然后通过步进电机驱动电路来控制指针（步进电机的转子）的旋转角度、方向和速度从而显示车速。

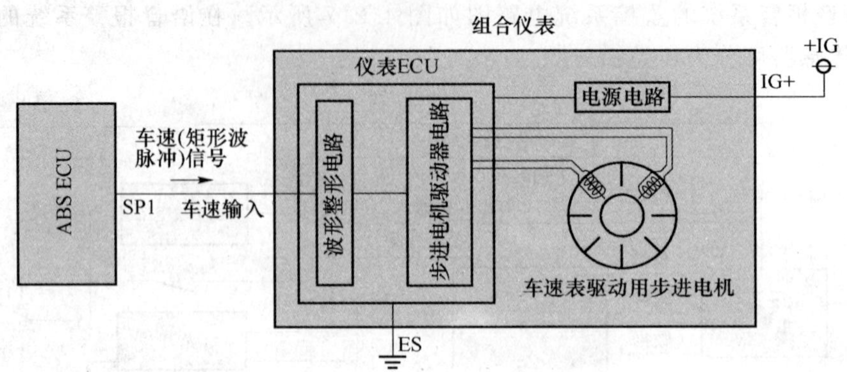

图 4.2.8　车速表工作原理

如图 4.2.9 所示为美国通用汽车公司车速表电路图。车速传感器为磁脉冲式,当转子旋转时,信号线圈便产生微弱的交变电压。交变电压信号送至发动机控制模块(ECM)和车身控制模块(BCM),经发动机控制模块放大后整形为数字信号,再经车身控制模块计算,由输出接口的驱动电路将信号提供给数字仪表板 IPC 的车速显示器,由车速显示器显示车速。

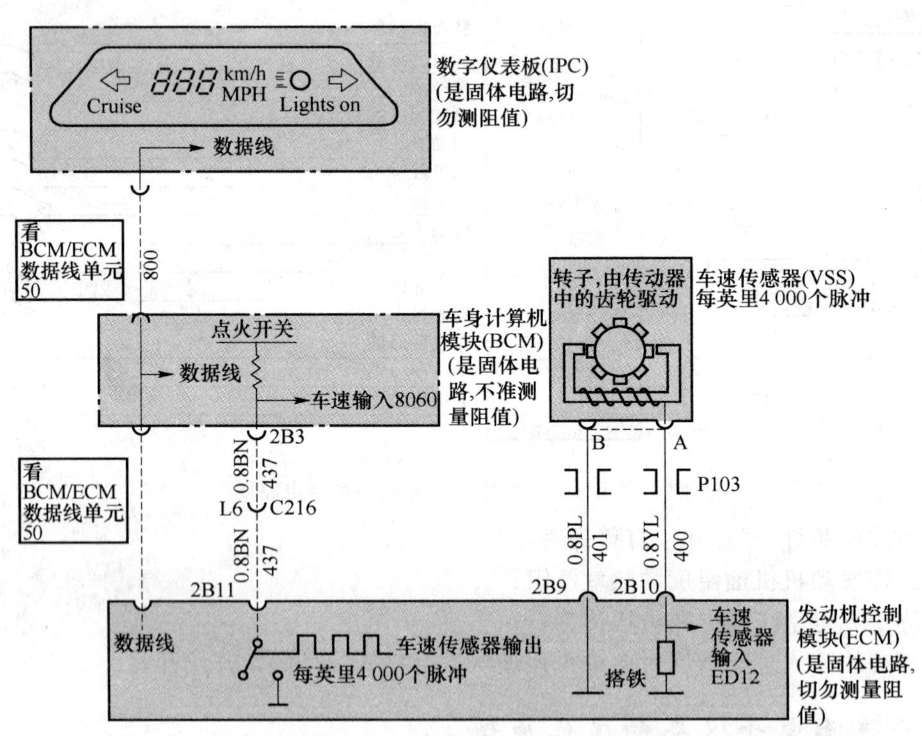

图 4.2.9　美国通用汽车公司车速表电路

每次将点火开关置于 ACC 挡或 RUN 挡,电控系统便对数字仪表板自检一次,每次自检大约 3 s。自检时,首先所有显示字符都发亮,然后再熄灭。若无故障,最后显示“0”。

2. 里程/计程(短程里程)表

里程/计程表工作原理图如图 4.2.10 所示。仪表 ECU 根据某个 ECU 送来的车速信号计算出行驶距离数据，然后通过 LCD(液晶显示器)驱动器，亮起相应的 LCD 分段来显示行驶距离。仪表 ECU 内采用非易失存储器 IC 来保存行驶距离数据，这样即使断电也能保存数据。

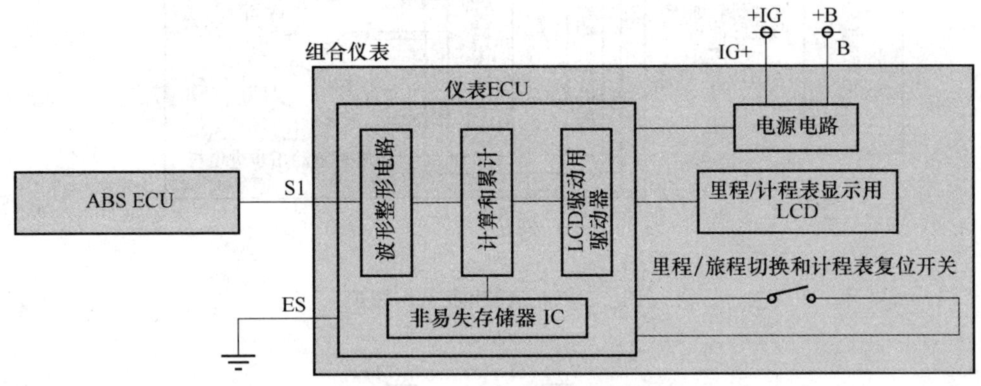

图 4.2.10　里程/计程表工作原理

里程/计程表的显示模式有里程表、计程表 A、计程表 B 3 种，如图 4.2.11 所示。各模式的切换是通过打开配置在组合仪表左上部的里程/计程表切换和计程表复位开关进行的，如图 4.2.12 所示。每次按下复位开关，会按照里程表→计程表 A→计程表 B→里程表的顺序进行显示。在计程表 A 或 B 的显示中，如果按下复位开关 0.8 s 以上，当前计程表的显示会回归为 0.0 km，并从复位开关关闭的时间开始重新测量。

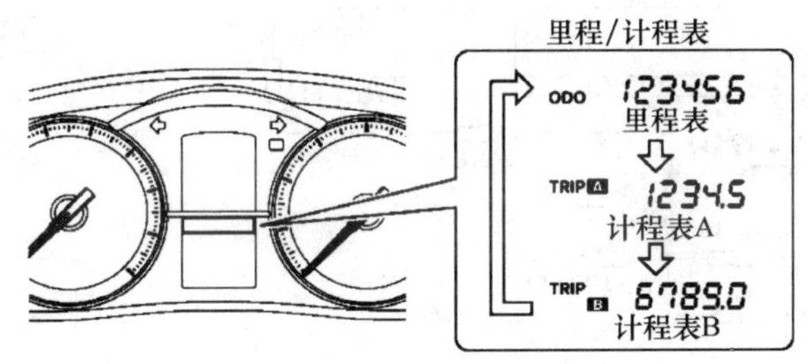

图 4.2.11　里程/计程表

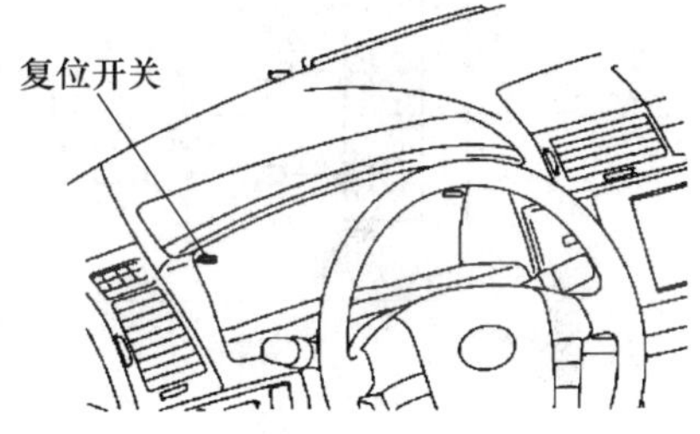

图 4.2.12　里程/计程表切换和计程表复位开关

3. 转速表

转速表工作原理如图 4.2.13 所示。转速表的信号来自发动机转速传感器，发动机转速传感器信号首先送给发动机控制 ECU，然后再由发动机控制 ECU 送至组合仪表。仪表 ECU 根据这些信号脉冲计算发动机转速，然后通过步进电机驱动电路来控制指针(步进电机的转子)的旋转角度、方向和速度从而显示发动机转速。

4. 电子燃油表

电子燃油表电路图如图 4.2.14 所示，电路主要由燃油传感器 R_X、集成电路 LM324(两块)，LED 数字显示器等组成。

工作原理：传感器采用浮子式可变电阻式传感器，当油箱无油时，其传感器 R_X 电阻值约为 100 Ω，满油时约为 5 Ω。电阻 R_{15} 和二极管 VD_8 组成稳压电路，其稳定电压作为电路

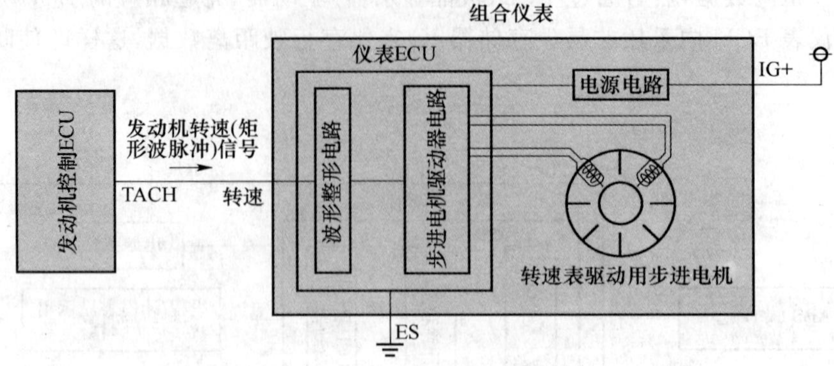

图 4.2.13 转速表工作原理

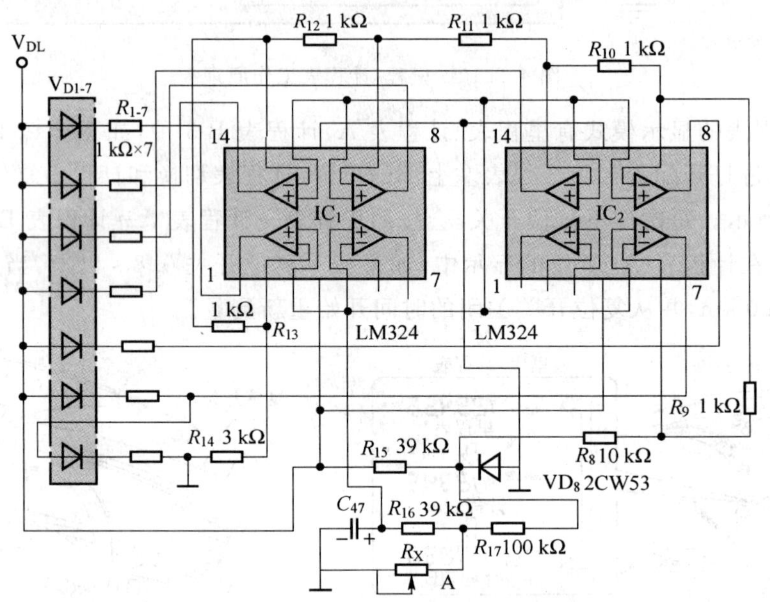

R_X—燃油传感器；V_{DL}—电源正极；VD_1～VD_7—发光二极管，顺序为自下而上

图 4.2.14 电子燃油表电路图

的标准电压，并通过 R_8～R_{13} 加到由集成电路 IC_1 和 IC_2 所组成的电压比较器反向输入端。为了消除燃油晃动的影响，燃油传感器 R_X 由 A 点输出的电压信号，经电容器 C_{47} 和电阻 R_{16} 组成的延时电路后，加到电压比较器的同向输入端，与反向输入端的标准电压进行比较、放大，然后控制各自对应的发光二极管，以显示油箱内燃油量的多少。

燃油表 LED 显示器的工作情况如下：

(1) 当油箱内燃油加满时，传感器 R_X 的阻值最小，则 A 点电位最低，各电压比较器输出为低电平，此时 6 只绿色发光二极管 VD_2～VD_7 全部点亮，而红色发光二极管 VD_1（燃油不足报警灯，电路图中最下的那一个）因其正极电位变低而熄灭，此时表示油箱为满油状态。

(2) 随着油箱燃油量的逐渐减少，显示器中的绿色发光二极管按 VD_7，VD_6，…，VD_2 顺序依次熄灭。燃油量越少,绿色发光二极管点亮的个数越少。

(3) 当油箱无油时,R_X 的阻值最大,则 A 点电位最高,集成块 IC_2 第 5 脚电位高于第 6 脚的标准电位,于是第 7 脚输出高电位,此时 6 只绿色发光二极管全部熄灭,红色发光二极管 VD_1 自动点亮,表示燃油量不足,提醒驾驶员必须加油。

5. 水温表(冷却液温度表)

水温表的原理如图 4.2.15 所示。水温表信号来自发动机水温传感器,该传感器将信号送至发动机控制 ECU,发动机可知 ECU 再通过 CAN 数据线将信号送至组合仪表。仪表 ECU 对该信号处理后,用 LCD 上的 7 段显示器的点亮和熄灭来表示发动机水温。

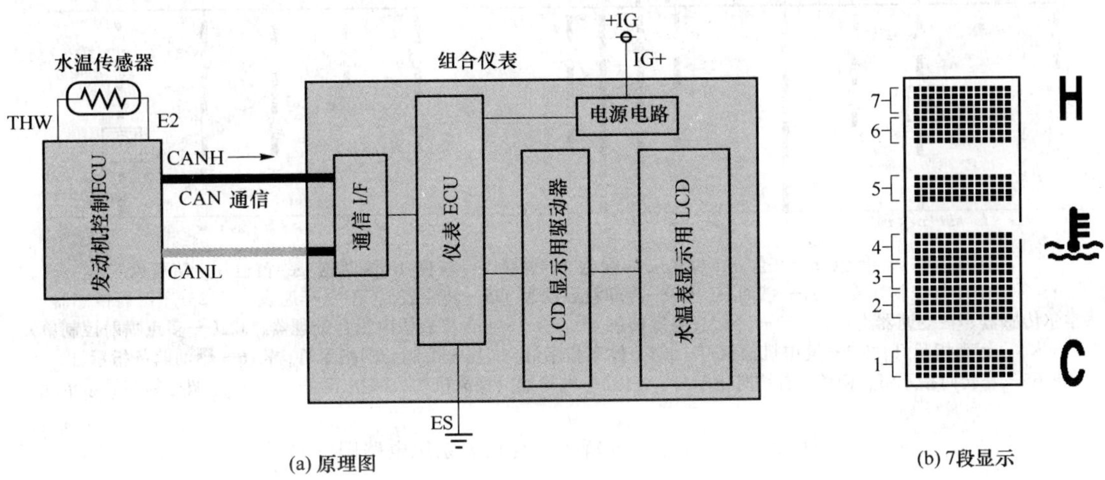

(a) 原理图　　(b) 7段显示

图 4.2.15　水温表

任务实施

一、奥迪 A6 轿车组合仪表故障诊断

奥迪 A6 轿车的组合仪表称为"Highline"型,其中有 LCD 多功能显示屏,用于显示收音机频率、电话数据、外部温度、自动变速器的挡位等信息。在车速里程表上也有一个 LCD 显示屏,用于显示总行驶里程和日行驶里程。指示灯集成在车速里程表和转速表内。

组合仪表由一微处理器控制,具有很强的自诊断功能。如有故障发生,故障代码会存入组合仪表的故障存储器里。用 V. A. G1551 或 V. A. G1552 可读出这些故障代码。

如果组合仪表内的控制单元发现故障存储器内有故障存储,"dEF"就会出现在多功能显示屏上,此时应更换组合仪表。组合仪表不可分解,但装有普通灯泡的指示灯可更换。如有需要,在保修期内应整体更换组合仪表。

1. 奥迪 A6 组合仪表控制电路

奥迪 A6 组合仪表控制电路如图 4.2.16 至图 4.2.18 所示。

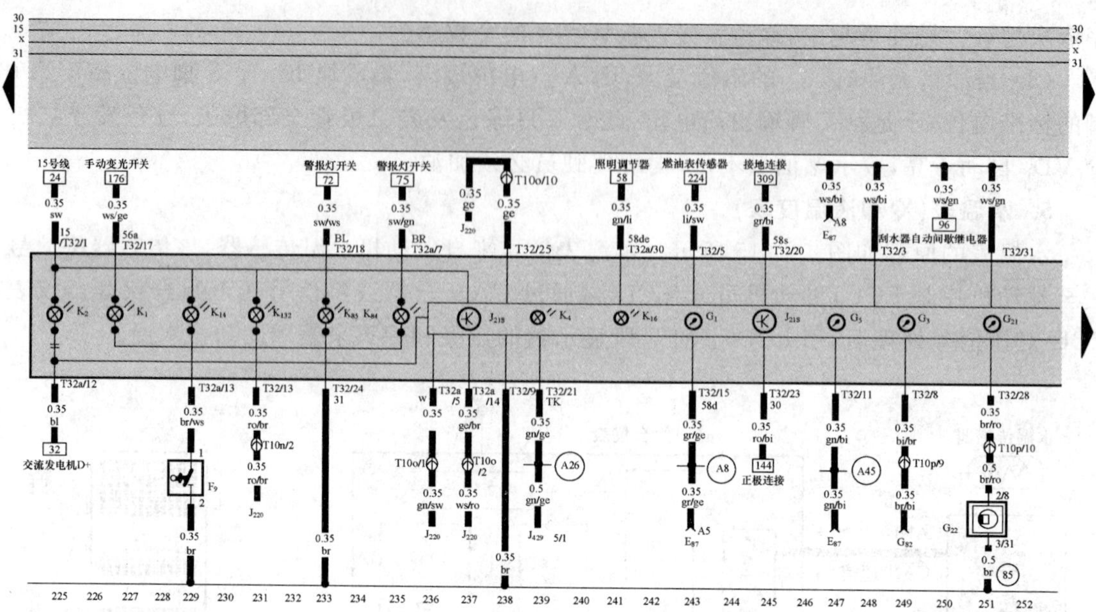

ws=白色 sw=黑色 ro=红色 br=棕色 gn=绿色 bl=蓝色 gr=灰色 li=淡紫色 ge=黄色 or=桔黄色

F9—手制动器控制开关；G1—燃油表；G3—冷却液温度表 G5—转速表；G21—车速表；G22—车速表传感器；（霍尔传感器，在变速器上）；G62—冷却液温度传感器；J218—组合仪表板内组合处理器；J220—多点喷射控制单元；K1—远光指示灯；K2—发电机指示灯；K4—停车指示灯；K14—手制动器指示灯；K16—燃油储备指示灯；K65—左转向指示灯；K94—右转向指示灯；K132—电子油门操纵机构故障指示灯；E87—空调控制和显示单元

图 4.2.16 奥迪 A6 轿车组合仪表系统电路图(一)

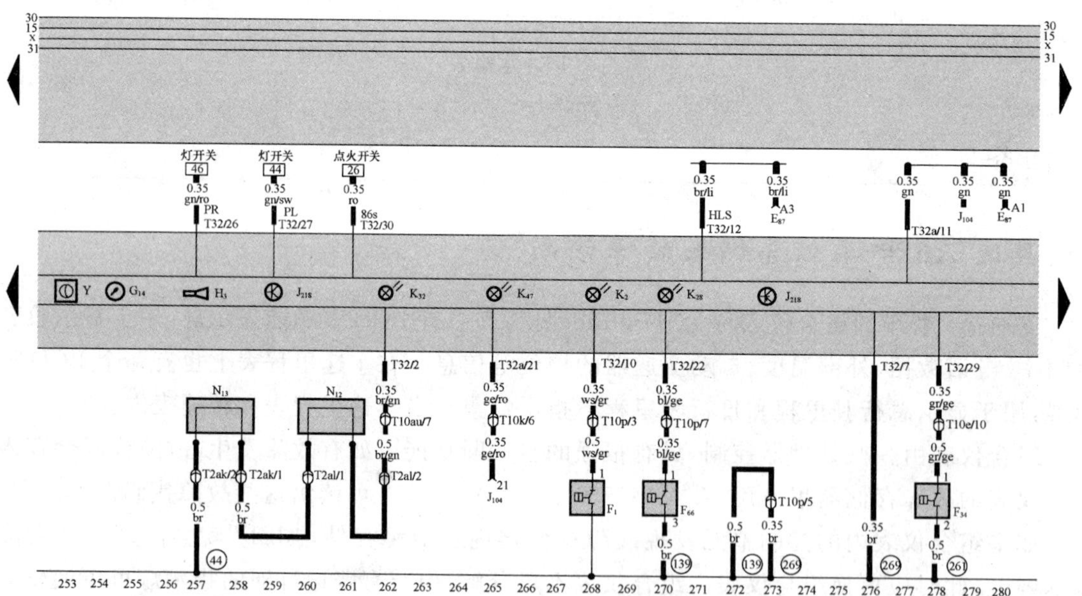

E87—空调控制和显示单元；F1—机油压力开关；F34—制动液液面高度警报接触点；F66—冷却液不足显示开关；G14—电压表；H3—蜂鸣器；J104—带EDS的ABS控制单元；J218—仪表板内组合处理器；K3—机油压力指示灯；K28—冷却液温度/冷却液不足显示指示灯；K32—制动摩衬片指示灯；K47—ABS指示灯；N12—右制动接触器（断裂元件）；N13—左制动接触器（断裂元件）；Y—时钟

图 4.2.17 奥迪 A6 轿车组合仪表系统电路图(二)

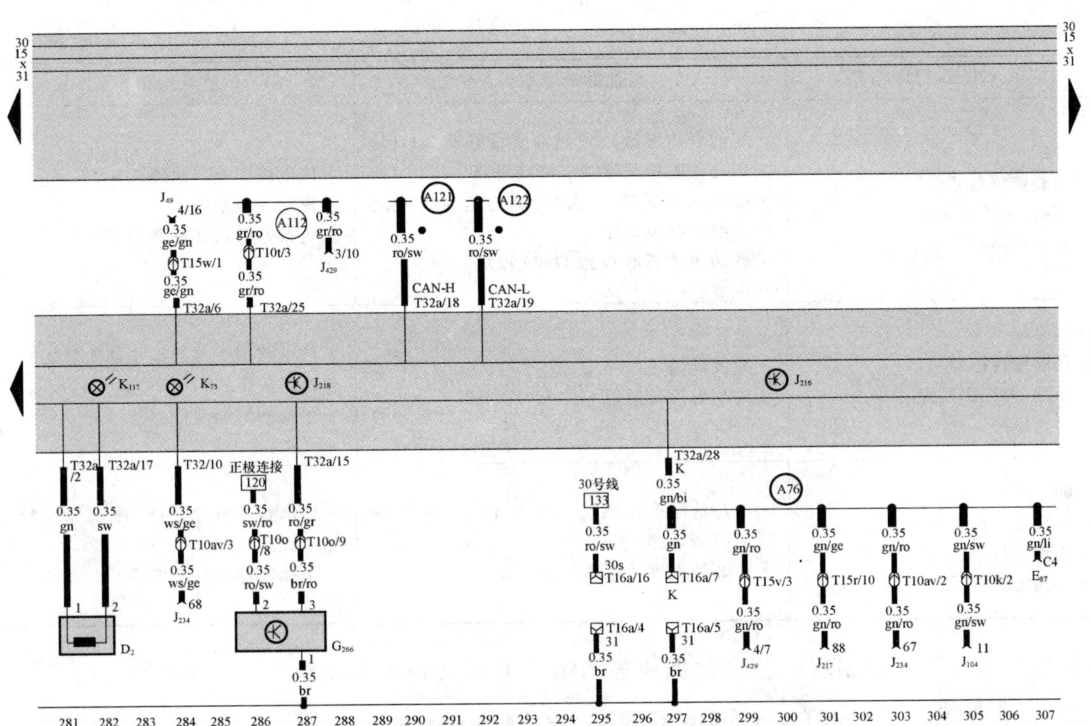

D2—防盗器读出线圈；G266—机油油面高度/温度传感器；J104—带EDS的ABS的控制单元；J217—自动变速器控制单元
J218—仪表板内组合处理器；J234—安全气囊控制单元；J429—中央门锁控制单元；K－自诊断接口
K75—安全气囊指示灯；K117—防盗警报指示灯；E87—空调控制和显示单元

图 4.2.18　奥迪 A6 轿车组合仪表系统电路图(三)

2. 组合仪表的故障诊断

(1) 组合仪表故障代码见表 4.2.1。

表 4.2.1 组合仪表故障代码

V. A. G1551 打印信息	可能的故障原因	故障排除
00562 机油油面高度/机油温度传感器 G266 · 断路/对正极短路 · 对地短路 · 不可靠信号	· 机油油面高度/机油温度 G226 与组合仪表板间导线断路或短路 · 机油油面高度/机油温度 G266 损坏 · 传感器内电子部件损坏	· 按电路图查找故障 · 排除导线断路 · 更换机油油面高度/机油温度 G266
00667 外部温度信号 · 断路/对正极短路 · 对地短路 · 不可靠信号	· 组合仪表与空调控制和显示单元 E87 之间断路或短路 · 空调控制和显示单元 E87 损坏	· 按电路图查寻故障 · 排除导线断路 · 进行空调自诊断
00668 车上 30 号接线电压 · 电压过低	· 蓄电池电缆已拆下 · 控制单元或传感器导线断路或短路	· 按电路图查寻故障，排除导线断路或短路故障 · 清除故障代码并继续观察车辆

续 表

V. A. G1551 打印信息	可能的故障原因	故障排除
00771 燃油表传感器 G ·断路/对正极短路 ·对地短路	·燃油表传感器 G 或燃油表传感器 2 G169 与组合仪表板间导线断路或短路 ·燃油表传感器 G 或 G169 与组合仪表之间导线断路或短路 ·燃油表传感器 G 或 G169 损坏	·按电路图查寻故障 ·排除导线断路 ·更换燃油表传感器 G 或 G169
00779 外部温度传感器 G17 ·断路/对正极短路 ·对地短路	·导线断路或短路 ·外部温度传感器 G17 损坏	·按电路图查寻故障并排除导线断路短路故障 ·更换外部温度传感器
01039 冷却液温度传感器 G62 ·断路/对正极短路 ·对地短路	·冷却液温度传感器 G62 与组合仪表间导线断路或短路 ·冷却液温度传感器 G62 损坏	·按电路图查寻故障，排除导线断路或短路故障 ·更换冷却液温度传感器 G62

(2) 读取测量数据块。测量数据块显示组一览表见表 4.2.2

表 4.2.2 奥迪 A6 组合仪表测量数据块显示组一览表

显示组	显示区	屏幕显示	显示组	显示区	屏幕显示
001	1 2 3 4	车速(km/h) 发动机转速(r/min) 机油压力开关 钟面时刻(h)	012	1 2 3 4	通道 40。维修保养后行驶里程自适应通道 从维修保养后算起的行驶里程(km) 通道 41。维修保养后行驶时间自适应通道 从维修保养后算起的行驶时间
002	1 2 3 4	里程表显示值(km) 燃油指示(L) 燃油表传感器(Ω) 外部温度(℃)	013	1 2 3 4	通路 42。最小行驶里程自适应通道 最小行驶里程(km) 通道 44。最大行驶里程自适应通道 最大行驶里程(km)
003	1	冷却液温度(℃)	014	1 2 3、4	通路 43。最大时间间隔自适应通道 最大时间间隔 未使用
010	1 2 3 4	通道 4。燃油表传感器自适应通道 燃油表传感器自适应 通道 9。里程显示自适应通道 里程表(km)	015	1 2 3 4	通道 54。机油质量自适应通道 机油质量 通道 46。总耗油量自适应通道 总的耗油量
011	1 2 3 4	通道 30。语言种类自适应通道 语言种类 通道 3。燃油消耗自适应通道 燃油消耗	050	1 2 3 4	里程表(km) 发动机转速(r/min) 机油温度(℃) 冷却液温度(℃)

二、丰田锐志轿车组合仪表故障诊断

1. 组合仪表的组成及功能

丰田锐志轿车组合仪表中采用了 LED(发光二极管)，如图 4.2.19 所示。各仪表的外围设置了电镀圈，使仪表富有高级感。在仪表中央配置了能够集中显示燃油、水温、巡航信息、挡位指示灯和里程/计程表的大型 LCD 面板，并可通过变阻器调节仪表的亮度。刻度盘、指示灯等所有照明都采用了 LED，这样可节电和延长寿命。

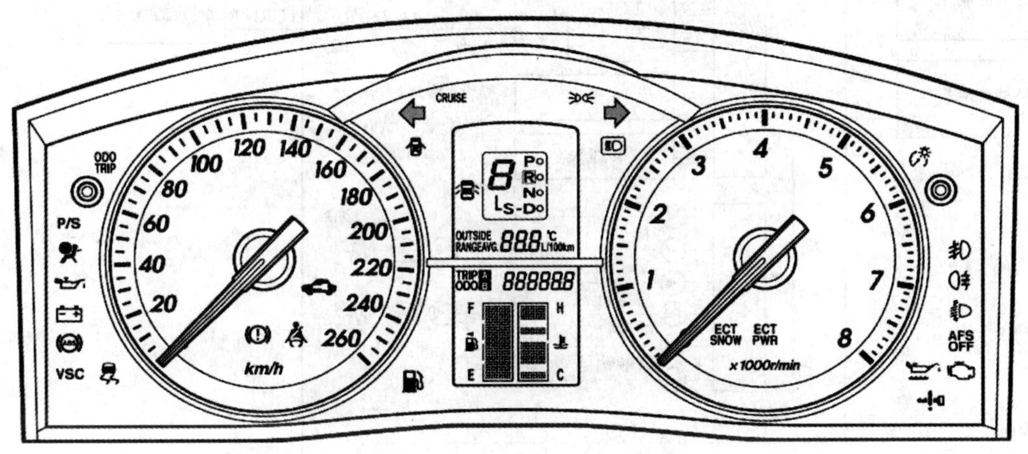

图 4.2.19　锐志轿车组合仪表

2. 组合仪表的电路原理图

丰田锐志轿车组合仪表的电路原理如图 4.2.20 所示。

3. 组合仪表故障症状

丰田锐志轿车组合仪表的故障症状见表 4.2.3。

案例分析

一、奥迪 A6 轿车仪表板上的机油油面高度/温度传感器故障指示灯偶尔点亮

故障现象：一辆 2003 年的奥迪 A6 1.8T 轿车，仪表板上的机油油面高度/温度传感器故障指示灯偶尔点亮。

故障诊断与排除：首先检查仪表板上机油温度表的显示状态，发现不管在什么时候油温总是在最低点，而用红外线非接触式温度计测量油底壳的温度，已经达到了 74 ℃，此时机油温度应该已经在 80 ℃以上。因此仪表的机油油面高度/温度指示系统应该有故障。

该系统由仪表板、装在油底壳上的机油油面高度/温度传感器及连接导线 3 部分组成。油面高度/温度信息由传感器通过导线以脉冲宽度调制信号的形式传递到仪表板，仪表 ECU 对信号进行分析计算后将油温信息显示在仪表上，而油面高度信息则用于低油位警告灯开启的依据。此外，油温、油面高度的信息还用于仪表对燃油消耗量及行驶里程的计算以

及保养间隔里程及时间的确定。机油油面高度/温度传感器上共有 3 根导线，分别为正极线、搭铁线和信号线。

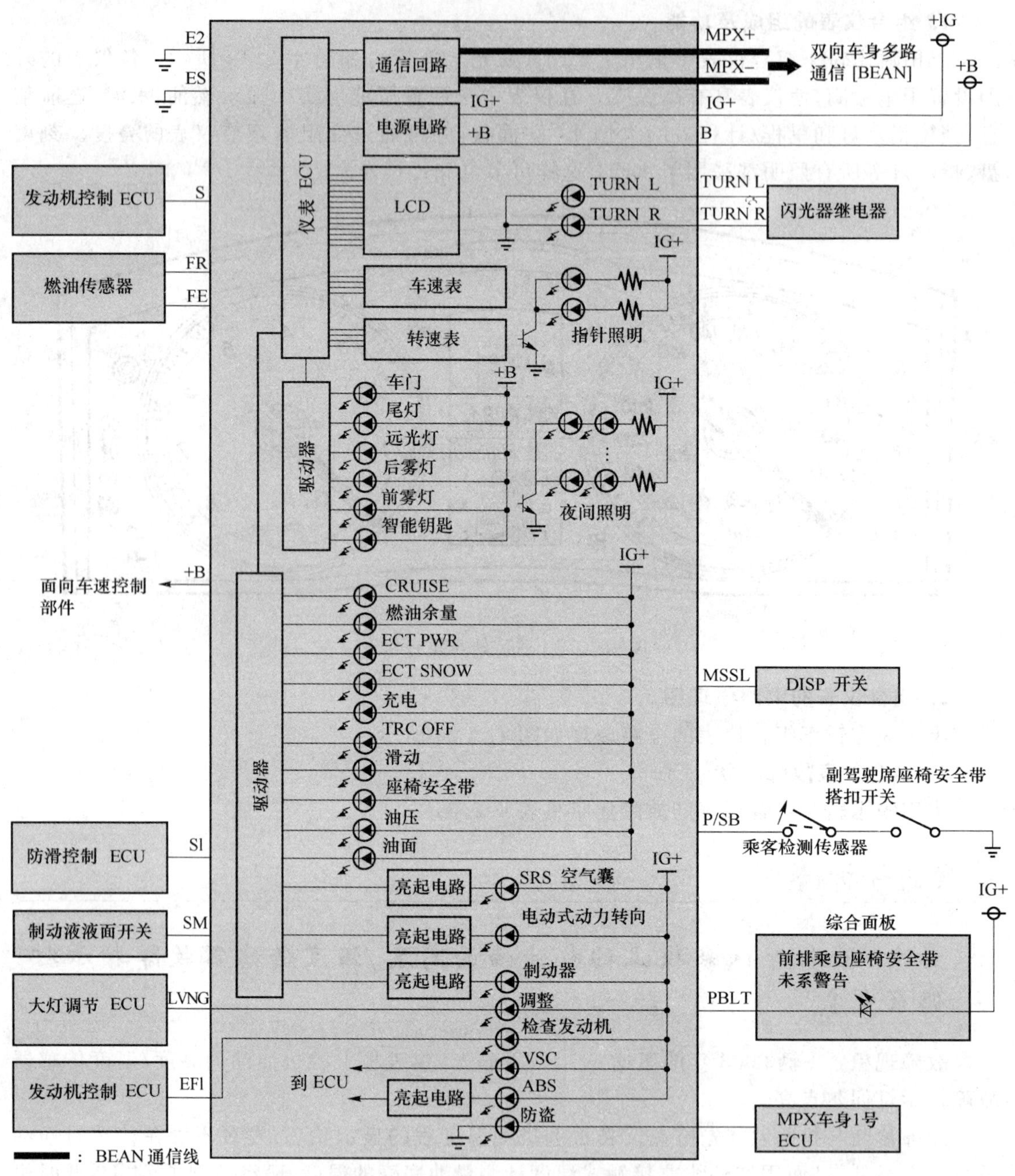

图 4.2.20　锐志轿车组合仪表电路原理图

表 4.2.3　锐志轿车组合仪表故障症状表

症状	可疑部位	症状	可疑部位
整个组合仪表不工作	组合仪表电路。	燃油液位警告灯故障	1. LED;2. 燃油表传感器总成;3. 线束或连接器;4. 组合仪表总成。
仪表照明始终暗	仪表照明电路。	转向指示灯故障	1. 转向信号闪光器;2. 线束或连接器;3. 组合仪表总成。
仪表照明夜间部变暗	仪表照明电路。	远光指示灯故障	1. LED;2. 主车身 ECU;3. 线束或连接器;4. 组合仪表总成。
速度表故障	速度表电路。	尾灯指示灯故障	1. LED;2. 主车身 ECU;3. 线束或连接器;4. 组合仪表总成。
转速表故障	转速表电路。	巡航指示灯故障	1. LED;2. 巡航指示灯电路;3. 组合仪表总成。
燃油表故障	燃油表电路。	A/T 挡位指示灯故障	1. LED;2. 主车身 ECU;3. 组合仪表总成。
发动机冷却液温度表故障	发动机冷却液温度表电路。	ECT PWR 指示灯故障	1. LED;2. 主车身 ECU;3. 组合仪表总成。
发动机故障警告灯故障	1. LED;2. 发动机控制 ECU;3. 线束或连接器;4. 组合仪表总成。	ECT SNOW 指示灯故障	1. LED;2. 主车身 ECU;3. 组合仪表总成。
充电警告灯故障	1. LED;2. 发动机控制 ECU;3. 线束或连接器;4. 组合仪表总成。	AFS 关闭指示灯故障	1. LED;2. AFS ECU;3. 线束或连接器;4. 组合仪表总成。
机油压力警告灯故障	1. LED;2. 发动机机油压力开关总成;3. 线束或连接器;4. 组合仪表总成。	KEY 指示灯故障	1. LED;2. 认证 ECU;3. 组合仪表总成。
P/S 警告灯故障	1. LED;2. 电子动力转向 ECU;3. 组合仪表总成。	SECURITY 指示灯故障	1. 安全指示灯电路;2. 组合仪表总成。
制动警告灯不亮	1. LED;2. 制动器执行器总成;3. ABS 和牵引执行器总成;4. 线束或连接器;5. 组合仪表总成。	钥匙提醒警告蜂鸣器不鸣响	1. 安全带警告蜂鸣器设置;2. 蜂鸣器;3. 组合仪表总成。
制动警告灯不熄灭	1. LED;2. 制动器执行器总成;3. ABS 和牵引执行器总成;4. 线束或连接器;5. 组合仪表总成。	安全带警告蜂鸣器不鸣响	1. 蜂鸣器;2. 组合仪表总成。
ABS 警告灯不亮	1. LED;2. 制动器执行器总成;3. ABS 和牵引执行器总成;4. 线束或连接器;5. 组合仪表总成。	运动挡拒绝蜂鸣器不鸣响	1. 蜂鸣器;2. 组合仪表总成。
ABS 警告灯不熄灭	1. LED;2. 制动器执行器总成;3. ABS 和牵引执行器总成;4. 线束或连接器;5. 组合仪表总成。	车门未关行驶警告蜂鸣器不鸣响	1. 蜂鸣器;2. 组合仪表总成。

续表

症状	可疑部位	症状	可疑部位
VSC警告灯不亮	1. LED;2. ABS和牵引执行器总成;3. 线束或连接器;4. 组合仪表总成。	驻车制动警告蜂鸣器不鸣响	1. 蜂鸣器;2. 组合仪表总成。
VSC警告灯不熄灭	1. LED;2. ABS和牵引执行器总成;3. 线束或连接器;4. 组合仪表总成。	滑动天窗警告蜂鸣器不鸣响	1. 蜂鸣器;2. 组合仪表总成。
气囊警告灯不亮	1. LED;2. 中央气囊传感器总成;3. 线束或连接器;4. 组合仪表总成。	智能钥匙警告蜂鸣器不鸣响	1. 蜂鸣器;2. 组合仪表总成。
气囊警告灯不熄灭	1. LED;2. 中央气囊传感器总成;3. 线束或连接器;4. 组合仪表总成。	多功能显示屏不亮	组合仪表总成。
前大灯光束高度警告灯故障	1. LED;2. 前大灯光束高度控制ECU;3. 线束或连接器;4. 组合仪表总成。	按下方向盘装饰盖开关上的"DISP"开关时,行驶信息显示屏不切换	1. 方向盘装饰盖开关;2. 组合仪表总成。
车门未关警告灯故障	1. LED;2. 组合仪表总成。	外部温度显示屏故障	1. 空调控制放大器;2. 组合仪表总成。
驾驶员安全带警告灯故障	1. LED;2. 安全带警告灯电路;3. 组合仪表总成。	行驶挡位显示屏故障	1. 发动机控制ECU;2. 组合仪表总成。
前排乘客座椅安全带警告灯故障	1. 安全带警告灯电路;2. 组合仪表总成。	平均燃油消耗显示屏故障	1. 发动机控制ECU;2. 组合仪表总成。

这个故障的原因可能有:①机油油面高度/温度传感器故障。②线路故障。③仪表板故障。④供电或搭铁故障。下面逐项检查。

首先拔下传感器连接器,打开点火开关并测量线束侧的3个端子,其中1号脚是正极供电端,打开点火开关应该有蓄电池电压,2号脚是搭铁端,3号脚是仪表板信号线,打开点火开关时发送大约11 V的触发信号。经测量3根导线都没有问题,这样就排除了线路、供电及搭铁出现故障的可能性。

关闭点火开关,将连接器插回传感器,将示波器接入信号线端和搭铁端。在正常情况下,打开点火开关后示波器上应该产生一个波形。启动发动机,直到发动机的温度升到正常工作温度,使用红外温度计测量油底壳温度已经升到70 ℃,但此时示波器上显示的波形依然和冷车时一样,这说明故障原因在机油油面高度/温度传感器。

更换机油油面高度/温度传感器后,故障排除。

二、广州本田雅阁轿车发现仪表板里程表不指示

故障现象:一辆广州本田雅阁轿车,排量2.3L,自动变速器,发现仪表板里程表不指示。

故障诊断与排除：首先路试，里程表指针与液晶计数系统的确不工作，但发动机运转正常，变速器换挡也正常。找到车速信号端子（蓝白线），用模拟信号发生器（博安 8901 表）驱动，指针显示里程并且计数器运转，初步判断仪表总成无故障。故障应该发生在车速传感器或信号线路上。查阅资料，在装有自动变速器的广州本田雅阁车中根本没有装车速传感器，采取的是检测自动变速器中间轴的转速，再经发动机控制 ECU 计算出来的车速信号，再经 9 号端子输出给各系统。

顺着发动机控制 ECU9 号端子检查线路，发现车速输出信号线分别进入了仪表板、驾驶员侧多路传输装置、巡航系统、防抱死系统。试着依次断开上述装置中的车速信号线，发现当断开巡航系统中的蓝白线时仪表板车速指示显示正常。很明显故障点在巡航 ECU 上。因为巡航 ECU 损坏而直接影响到了车速信号的输出。此时驾驶员才想起该车巡航系统早已不好用，也没有修理。断开至巡航 ECU 中的蓝白线，也就是发动机控制 ECU 输出的车速信号线，故障排除！

装复车辆，并将旧仪表板恢复，路试一切正常。

三、帕萨特 B5 启动发动机只维持 2 s 便熄火

故障现象：一辆帕萨特 B5 GSi 型轿车停放一段时间后，启动发动机只维持 2 s 便熄火，不能着车。

故障诊断与排除：根据故障现象，很明显可以看出车辆是进入了防盗状态，但电子防盗装置指示灯却没有闪亮。由于该车型的防盗控制单元与组合仪表合为一体，首先使用故障诊断仪 V. A. G1552 进入地址字 17，然后进入 02 功能查询故障。在诊断仪没有查到故障的情况下，考虑到钥匙可能被外界磁场消磁。便重新对点火钥匙进行防盗匹配，执行 17-11-*****（密码数）-10-21 过程却进行不下去，判定为防盗控制单元损坏。但组合仪表不允许解体修理，只能更换仪表总成。鉴于帕萨特 B5 仪表更换程序较复杂，需要注意以下几点：

（1）拆卸仪表前需先拆下转向盘，因转向盘上有安全气囊，作业前必须先断开蓄电池的接地线。

（2）对新仪表进行编码才能使用，用 V. A. G1552 执行 17-11-*****（密码数）-10-09。如果新仪表是 VDO 公司生产的，***** 不输密码数，采用固定数 13861。

（3）对新换的仪表进行功能检查，用 V. A. G1552 执行了 17-03，必须符合下列要求，否则不能确定仪表正常工作。

①转速表、里程表、水温表和燃油表指针先到满度再回到中间。

②水温灯、机油灯、燃油灯、充电灯、制动液面灯及其他灯全亮。

③蜂鸣器鸣叫。

④显示屏全屏显示。

（4）对燃油表进行标定：将燃油箱内的油全部排净，再用量筒加入 10 L 油，观察燃油表指针的指示位置，如果指示到红线，说明油表指示正确。若有偏差，用 V. A. G1552 执行 17-10-30，按（∧）或（∨）键进行修正。

（5）对收放机重新输入密码激活，对电动门窗执行一次学习功能。

该车经更换仪表总成后，故障消失。

知识拓展

由于汽车排放、节能、安全和舒适性等使用性能不断提高，使得汽车电子控制程度也越来越高。汽车电控系统必须迅速、准确地处理各种信息，并通过电子仪表显示出来，使驾驶员及时了解并掌握汽车的运行状态，妥善处理各种情况。同时，汽车仪表正向“综合信息系统”的方向发展，其功能将不局限于现在的车速、里程、发动机转速、燃油量、水温、转向灯指示，还可能增添一些功能，比如带 ECU 的智能化汽车仪表，能指示安全系统运行状态，如轮胎气压、制动装置、安全气囊等，这对汽车仪表技术提出了更高要求。

1. 汽车电子仪表将适应数字化、网络化趋势

目前汽车仪表有两种技术，一是传统的模拟显示，二是数字式仪表，目前都以数字式仪表为主。为适应汽车网络化的趋势，汽车仪表进行通信也成为必然。以前传统方式是把传感器信号直接传输给仪表，现在传感器信号经发动机控制系统处理后，应用 CAN 协议编成代码给仪表。

2. 汽车仪表带动显示方式和照明方式革新

数字仪表大行其道之际，也带动了仪表显示方式和照明方式的革新。仪表显示方式由传统的机械指针式向阴极射线管（CRT）、液晶显示（LCD）、激光模拟指针显示等多种形式发展。同时，仪表的照明系统运用了诸如长寿命、低功耗、照度均匀、发热量低的微型高亮度发光二极管（LED）、等离子体（PDP）以及电致发光（EL）等多种新型照明方式。

3. 汽车仪表发展要具备总线功能

未来汽车仪表将成为综合信息显示系统，把驾驶员需求的更多信息及时地显示出来，如故障诊断、地形图显示、导航及各种信息，作为信息显示中心是大势所趋。要适应这种趋势，对汽车仪表提出许多要求，一是要求仪表具备更宽的带宽及更强的数据处理能力来支撑这些功能。其二是显示技术的进步，对显示处理能力要求更高，当然这也需要更强大的 ECU。三是平衡成本。无论如何车身将会有多个总线并存，在这种拓扑结构中，仪表此时一般作为网关，进行信息交互。

课后练习

1. 汽车电子仪表板的组成。
2. 简述汽车电子转速表的工作原理。
3. 简述汽车电子燃油表的工作原理。

任务 4.3　汽车音响系统检修

【知识要求】

➢ 能正确讲述汽车音响系统的组成和各部分功用；
➢ 能正确描述汽车音响系统的防盗和解码的方法；
➢ 能正确讲述汽车音响系统的使用方法；

➢ 能正确识读和分析汽车音响系统的电路图；
➢ 能正确描述汽车音响系统的故障检修方法。

【能力要求】

➢ 会正确拆装汽车音响系统各部件；
➢ 会进行汽车音响系统的解码操作；
➢ 会分析诊断和排除汽车音响系统常见故障。

任务描述

一位客户反映他所驾驶的奥迪 A6 轿车，收音、磁带正常，CD 播放有问题，工作 30 s 左右停 10 s 左右，始终这样。现在请你对客户轿车的音响系统进行检修。

相关知识

随着社会的不断发展，人们对生活质量的要求越来越高。汽车音响系统作为现代汽车的一个重要组成部分，越来越受到人们的重视。汽车音响系统里面传来的优美音乐，使驾驶员感到放松，也可以听到驾驶所需要的交通信息和新闻。因此现代汽车都非常重视汽车音响系统，并将汽车音响系统作为评价汽车舒适性的依据之一。对于汽车音响系统，主要使用收音机和磁带放音机。随着数字技术的发展，现在很多轿车装有 CD 激光唱机，用来播放录制的数字信号。

一、汽车音响系统的组成及工作原理

汽车音响系统的组成形式多种多样，典型汽车音响系统组成及安装部位如图 4.3.1 所示。音响系统框图如图 4.3.2 所示，汽车音响系统主要包括天线、接收装置、声场修正、可听频率增幅及喇叭(又称扬声器)5 个部分。

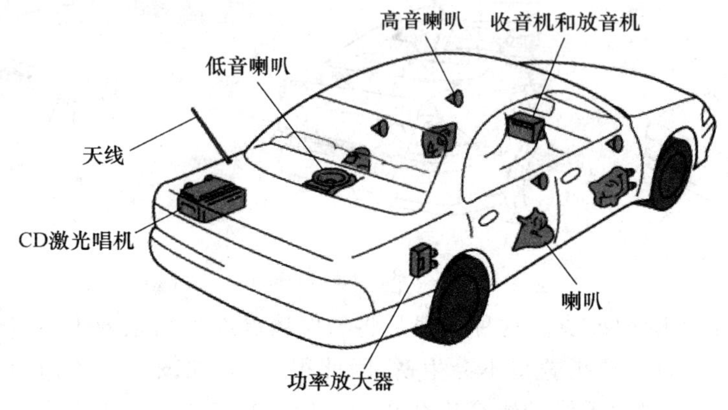

图 4.3.1　汽车音响系统组成及安装部位

1. 天线

天线的作用是接收广播电台的发射电波，通过高频电缆向无线电调频装置传送。天线可以说是无线电信号通往收音机的“大门”，因此是产生良好声音的重要元件。

天线可分为在车身外体上伸出的拉杆天线和后窗玻璃印刷型天线两种，如图 4.3.3 所示。

(1) 拉杆天线。拉杆天线一般安装在前后翼子板上或车顶后中部。有些汽车采用电动式天线，电动机的通电是与音响的电源开关(ON/OFF)联动，打开音响电源，天线伸出；关闭音响电源，天线缩回收藏在车身内。

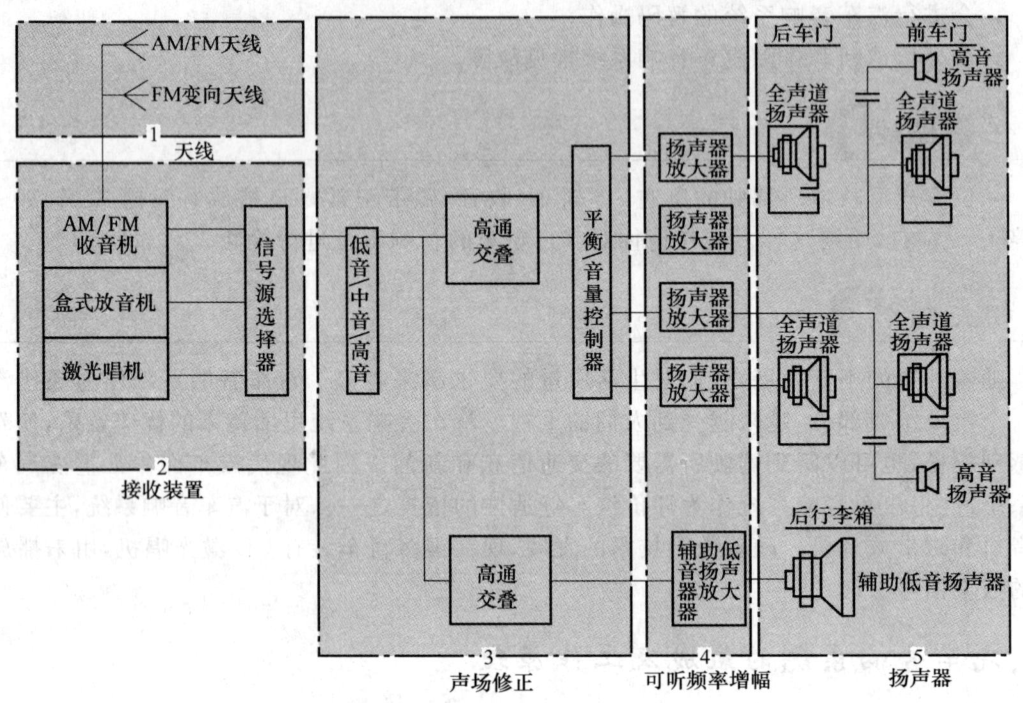

图 4.3.2 汽车音响系统框图

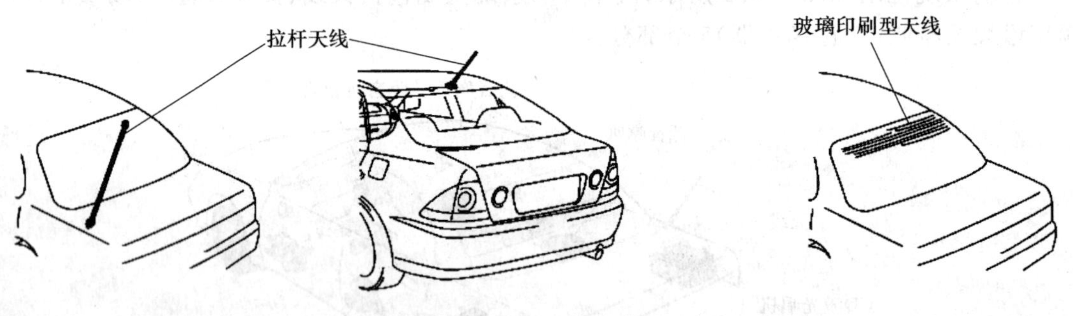

图 4.3.3 天线的类型

(2) 后窗玻璃印刷型天线。这种天线是将导电漆涂在后窗玻璃上，天线不需移上移下，也没有风的噪声，同时不要折叠也不会生锈，因此很耐用，如图 4.3.4 所示。这种天线系统通过一根主天线和一根副天线的组合来防止衰减以保持良好的接收条件。当主天线的灵敏度变弱时，系统对主天线与副天线的灵敏度进行比较，使用灵敏度较好的一根。

2. 接收装置

接收装置也就是信号源设备，主要包括收音机、磁带放音机和激光唱机，如图 4.3.5 所示。磁带放音机现在已经很少用，现代汽车一般将收音机和激光唱机甚至放大器都集成在一起，成为音响主机。

(1) 收音机

收音机是无线电接收装置，是专门接收广播节目的。在无线电广播中，有调幅(AM)和调频(FM)两种信号。收音机接收AM广播和接收FM广播是不同的。两种信号都接收的收音机有两只调谐器分别用于AM和FM。收音机可分为两大类，一种是模拟式，另一种是数字式。模拟式是传统的收音机，一般用于手动调谐选台；数字式的收音机是较高级的无线电接收装置，由内部电路发出选台、存储、控制及显示信号，内部一次可存储12～44个电台，并可实现遥控。

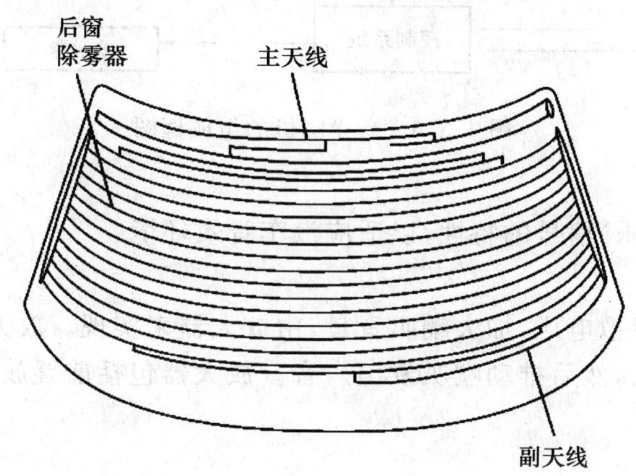

图 4.3.4　后窗玻璃印刷型天线

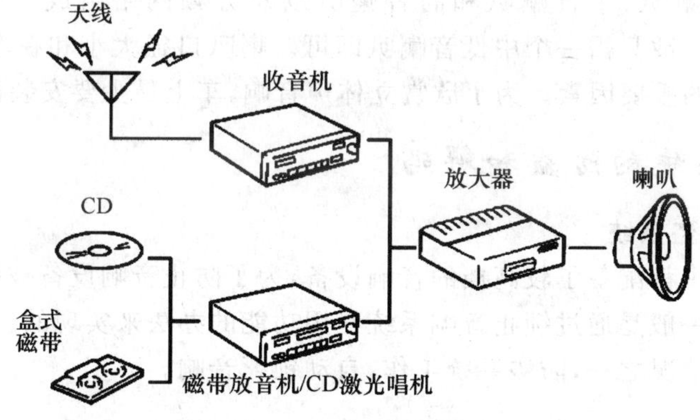

图 4.3.5　信号源设备

(2) 磁带放音机

磁带放音机本身不带功率放大器和喇叭，用于盒式磁带的放音。

(3) 激光唱机

激光唱机又称CD唱机，CD光盘(CD激光唱片)是将音乐信号或者图像信号进行记录的介质，所记录的信号可利用激光的光拾音作用进行非接触式读出。信号读出时，对信号记录部分的凹凸处不断照射聚焦的激光，利用光接收器检测反射光的强弱并转换成数字电信号。在数字信号处理电路中进行数模转换并放大，从而恢复原来的音乐信号。

激光唱机通常由机械转盘系统、激光拾音器、伺服系统、信号分离与处理系统及控制系统等部分组成，其组成框图如图 4.3.6 所示。

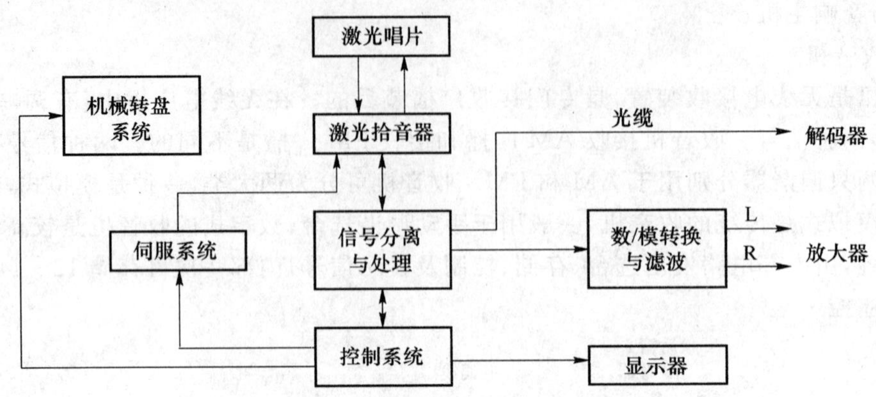

图 4.3.6　激光唱机的组成框图

3. 声场修正

用于调节声音(音乐)信号的特性,以适应汽车音效环境。

4. 可听频率增幅

增强可听频率的模拟电压,加大喇叭音量,由放大器来实现。放大器将各种节目信号进行电压放大和功率放大,然后推动喇叭发出声音。放大器包括前置放大器、功率放大器及环绕声放大器。

5. 喇叭

主要指主喇叭、环绕喇叭等,是汽车音响系统的终端,最终决定车厢内的音响性能。主喇叭中通常由低音喇叭、中音喇叭和高音喇叭以及分频网络组成。一般环绕声只重放7 kHz以下的反射声,故只需一个中低音喇叭即可。喇叭口径大小和在车上的安装方法、位置是决定音响性能的重要因素。为了欣赏立体声音响,车上最少要安装两个喇叭。

二、汽车音响系统的防盗和解码

1. 汽车音响防盗系统

现代高级轿车中都配备了较高档的音响设备,为了防止音响设备被盗,大多设置了防盗系统。其防盗功能一般是通过锁止音响系统使用功能的办法来实现的。

如果出现以下情况之一,防盗系统工作,自动锁死音响。

(1) 音响被盗;

(2) 更换蓄电池或拆下蓄电池的电源线后,主机断电后未能及时提供存储保持电压;

(3) 蓄电池严重亏电,不能维持汽车音响的存储保持电压;

(4) 音响的电源熔断丝因故熔断或拔下了音响熔断丝;

(5) 音响的电源电路断电,使音响无存储保持电压;

(6) 拔掉音响连接器,致使音响电源中断。

2. 汽车音响防盗密码的形式

汽车音响防盗密码主要采用两种形式:

(1) 固定密码,如欧宝、奔驰、宝马等车系;

(2) 可变密码,如凌志 LS400、丰田大霸王等车系。

固定密码和可变密码均是通过防盗集成块来控制的,也有的防盗系统集成于音响的

CPU 中。防盗集成块具有读、写、字擦除、片擦除及数据时钟功能，它与主机共同控制音响防盗功能。

3. 汽车音响防盗系统带的解码

(1) 汽车音响密码的获取方法

汽车音响密码的获取方法较多，主要有在原车上查找和用读码器读取两种方法。

(2) 汽车音响防盗系统的解码方法

① 硬解码法，更换防盗集成块管脚某些线路，适合于固定密码的解码；

② 软解码法，即输入通用码来解除防盗。此方法不需要更改线路，主要适合于可变密码的解码；

③ 断电法，某些机型只需切断防盗集成电路的电源电路即可；

④ 综合法，同时使用硬解码和软解码法。

任务实施

一、汽车音响的正确使用

1. 汽车收音机

① 接收天线应良好可靠。在接收广播时，拉杆天线应拉出，确保收听效果。天线与收音机的连线应保持干燥、无锈蚀并升降灵活，手动拉杆天线要及时收回。

② 注意防止干扰。当汽车在电磁干扰较强的场合时（例如接近雷达、无线电发射台及电焊切割等场所），应停止使用收音机。

③ 用好电台储存功能。数字式收音机可存储电台的频段，使用时将平时经常收听的节目存储在收音机内，由于收音机的记忆作用，重新开机后，记忆便生效。

2. 激光唱机

① 注意合理安放。激光唱机的位置应避免剧烈振动及重物碰撞；注意盖好唱片仓门。

② 正确取放唱片。打开唱片仓盘后，要将唱片的标签面朝上放入仓盘。如唱片装反，则将无法放唱。

③ 不要将其他物品放到唱片盘，也不要将两张唱片重叠在一起放唱，否则将会加重驱动系统的负担，并可能造成损坏。

④ 对于设有数字信号接口的 CD 唱机，应尽量使用盖接口，将输出的信号送至外接的数字解码器，最后送到放大器，这样可获得更优质的音质。

⑤ 注意各接口的连接位置正确。

二、汽车音响系统一般故障检修方法

(1) 询问用户法

一般遇到故障时，不要急于动手拆修，先问清用户故障现象、故障时间、有无自行修理、有无请过人修理、已修理的部位等。通过询问用户，可以获得第一手资料，少走弯路，提高效率。

(2) 面板操作压缩法

面板操作压缩法是利用汽车音响上的各种功能开关、按键旋钮、连接器等装置，进行各

种不同的操作、切换,迅速地压缩故障范围,进而判断故障所在大致范围的一种检查方法。

(3) 元器件替换和并联法

使用合格的元器件替换电路中可疑的元器件,或元器件上再并联相同规格的合格元器件,以观察收音机喇叭中有无变化的检查方法,称为替换和并联法。但其中并联法只对元器件开路、失效等故障有效,对漏电、短路故障无效。

(4) 信号追踪法

信号追踪法是利用一定的信号源(音频信号发生器或高频信号发生器),按照电路从后级至前级的顺序,先将低频、中频、高频信号逐级加入汽车音响的各相应点,而后用万用表检测输出信号电压的大小,或比较喇叭声音的大小,进而判断出故障所在位置的方法。

(5) 触击检查法

触击检查法是用手握螺丝刀(或其他零件),以其金属部分轻轻触击晶体管的基极(指信号的输入端)或集电极的信号输入端,通过听喇叭中的声音反应,来判断故障的一种方法。这种触击法实质上相当于给电路输入了一个杂波干扰信号,基本原理同上述信号追踪法。此方法常用来检查收音电路的高、中频通道和功率放大器电路等。使用触击法检查故障时,一般应从后到前逐级进行检查。

(6) 敲击检查法

人为地对某些元器件、部件或印刷电路板加以振动的方法,可以发现由于某种原因(例如虚焊、接触不良、导线断裂等)而产生故障的具体部位或大致范围。轻轻敲击便能找到虚焊或松动之处,在敲击过程中,要同时听喇叭的音量变化情况。

(7) 短路检查法

短路检查法是利用短路线(或串接有电阻、电容的线)将电路的某一部分短接,依据喇叭中的声音变化情况来判断故障的一种方法。可由后级开始,向前逐级短接检查。需要注意的是:在使用短路法检查故障时,应根据故障现象来确定合适的短路点,然后再根据短路点直流电压的大小,以及该点直流电压对电路工作点状态的影响,来确定用何种短路线。

(8) 脱开检查法

脱开检查法是将某一部分电路断开,用万用表测量电阻、电压、电流,以此来判断故障的一种方法。这种方法特别适合于电流变大、电压变低、有短路、噪声和自激等故障的检查。因某一个局部电路出现短路性故障时,流过它的电流就会大大增加,若采用其他方法检查,时间过长,可能会伴生其他故障。

(9) 加温法

此方法适用于那些开机后过一会才能够正常工作或经过一段工作时间后才出现故障的音响主机。遇到此类故障时,首先根据故障出现时的现象,初步确定需要加热的部位,开机后再用 20 W 左右的热电烙铁头距元件 10 mm 左右烘烤,顺序是先晶体管(集成电路)后阻容元件。当烤到某一个元件时,故障消失(或故障出现),则说明被烤元件不良,应换新件。

(10) 冷却检查法

这种方法用于汽车收音机工作一段时间后出现异常的故障。先根据故障的现象,初步判断故障的大致部位,然后开机,在故障出现时,用镊子夹蘸酒精棉球,对怀疑部位的元器件逐个冷却散热约 1 min,冷却顺序是先晶体管(集成电路),后阻容元件。当酒精棉球放在某一个元件上故障消失时，此元件即为故障元件。

(11) 对号入座检查法

对号入座检查法是根据观察到的故障现象，到故障检修一览表中找出相应的故障部位或元器件，并用好的元器件替换的一种检修方法。

三、广州本田雅阁汽车音响系统的故障诊断

1. 音响系统的组成和电路

广州本田雅阁轿车的音响系统各元件在车上的位置如图 4.3.7 所示，音响主机安装在前乘客席侧仪表板内。系统设有驾驶员侧喇叭、前乘客侧车门喇叭及两个高频喇叭和两个后喇叭，天线布置在后窗玻璃上，音响系统电路如图 4.3.8 所示。

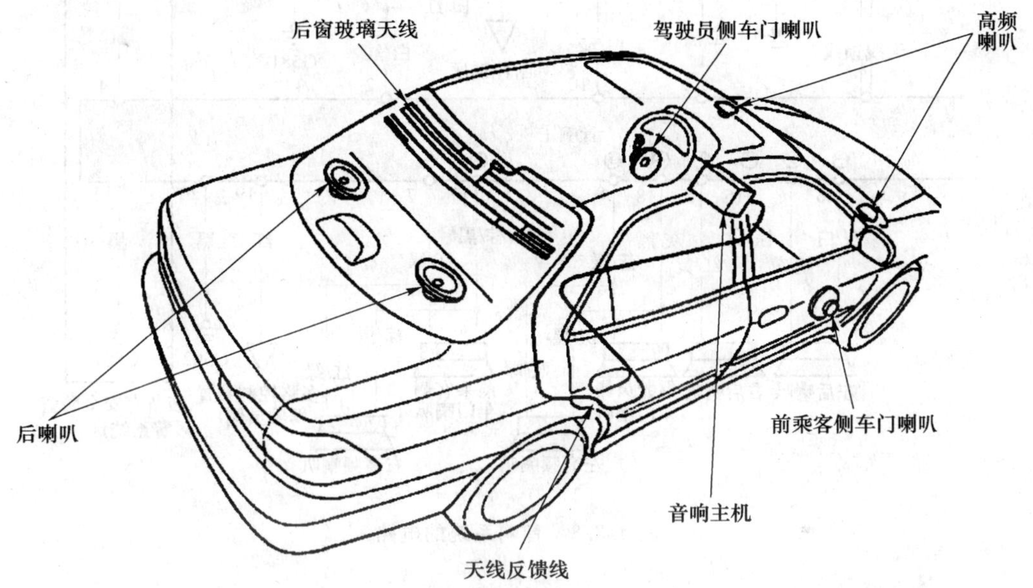

图 4.3.7　音响系统各元件在车上的位置

2. 音响主机的拆装

音响主机部件安装有安全气囊(SRS)的有关部件，在拆装、维修时应按照 SRS 系统的有关规定进行操作。

(1) 确认已经知道音响的防盗密码，并记录下无线电台预设的频率。

(2) 拆下蓄电池的负极电缆。

(3) 拆下图 4.3.9 所示的卡夹，然后取出时钟，并拆开时钟连接器和危险报警开关连接器。

(4) 拧出图 4.3.10 所示中间板的固定螺钉并拆下卡夹，然后拆开车内加热控制装置的连接器，再拆下中间板。

(5) 拧出图 4.3.11 所示音响主机的 4 个固定螺钉，然后拉出音响主机。

(6) 拆开音响主机的 20 芯连接器和天线反馈线，然后拆下音响主机。

(7) 按照与拆卸时相反的顺序安装音响主机，并输入音响主机的防盗密码和无线电台预设的频率。

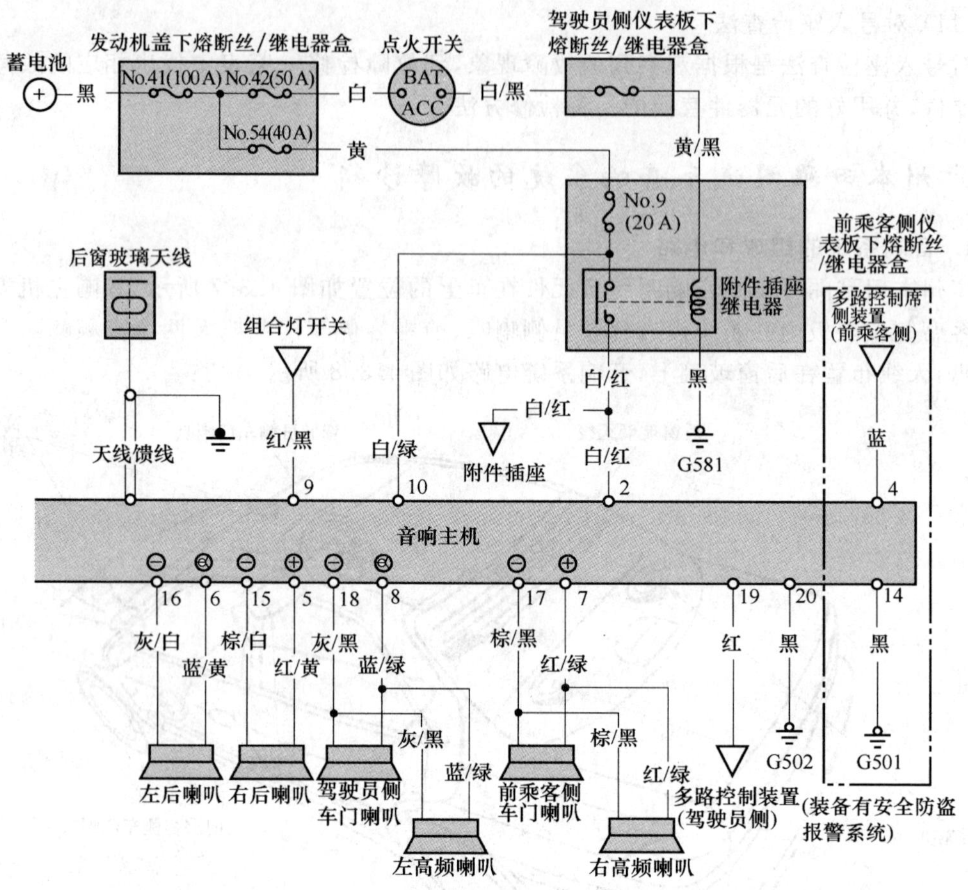

图 4.3.8　音响系统的电路

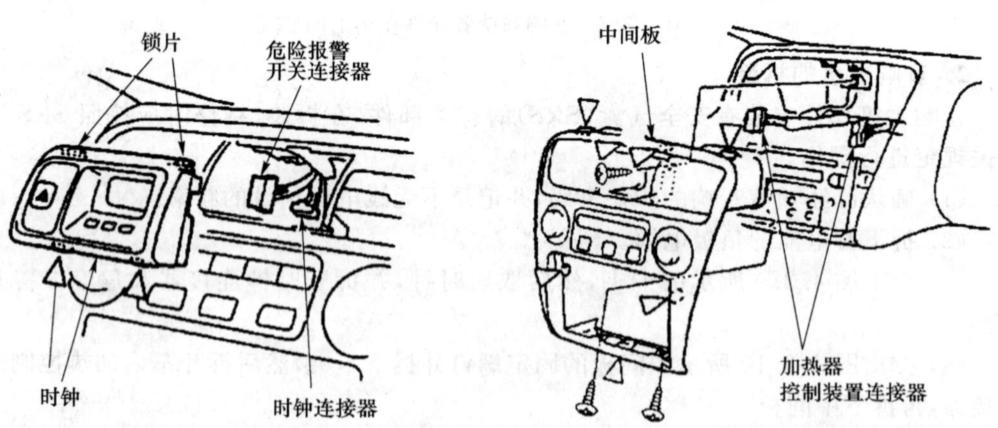

图 4.3.9　拆开时钟连接器和危险报警开关连接器　　图 4.3.10　拆开车内加热控制装置的连接器

3. 音响主机连接器端子的识别

音响主机各连接器的位置如图 4.3.12 所示，各端子的功用如表 4.3.1 所列。

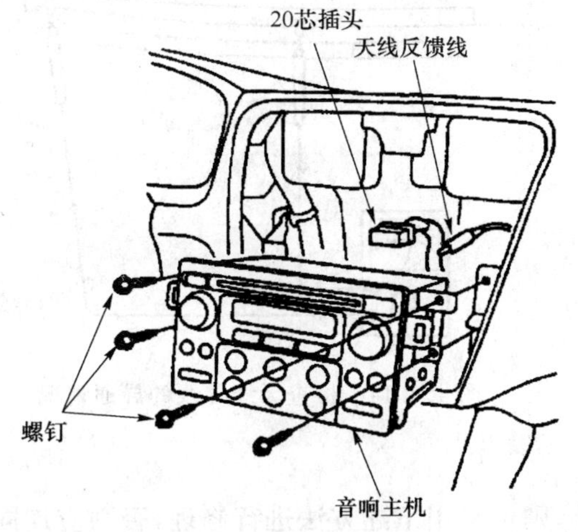

图 4.3.11　拉出音响主机

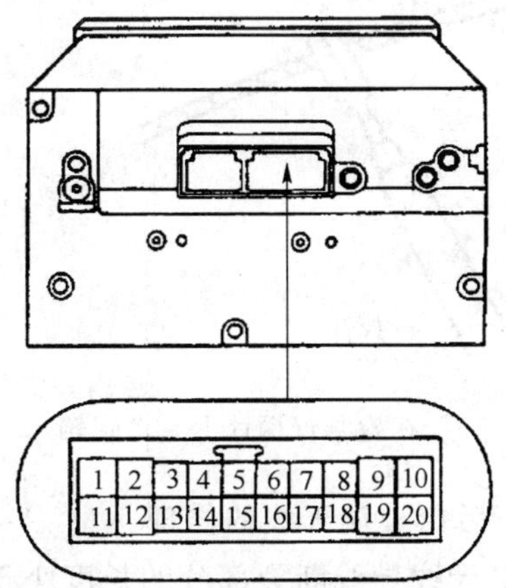

图 4.3.12　音响主机各连接器的位置

表 4.3.1　音响主机各连接器各端子的功用

端子号	连接导线颜色	功用(连接至……)	端子号	连接导线颜色	功用(连接至……)
2	白/红色	ACC(立体声主电源)	14	黑色	防盗系统输出
4	蓝色	防盗系统输入	15	棕/白色	右后喇叭
5	红/黄色	右后喇叭(+)	16	灰/白色	左后喇叭
6	蓝/黄色	左后喇叭(+)	17	棕/黑色	前乘客侧车门喇叭、右前高频喇叭
7	红/绿色	前乘客侧车门喇叭(+)、右前高频喇叭(+)	18	灰/黑色	驾驶员侧车门喇叭、左前高频喇叭
8	蓝/绿色	驾驶员侧车门喇叭(+)、左前高频喇叭(+)	19	红色	仪表灯亮度控制器
9	红/黑色	仪表灯亮度信号	20	黑色	搭铁线
10	白/绿色	常规电源			

注：1、3、11、12 和 13 端子未使用。

4. 后窗玻璃天线的检修

(1) 后窗玻璃天线的检测

① 如图 4.3.13 所示，在探针上卷上铝箔。

② 如图 4.3.14 所示，将两探针与万用表相连接，一探针固定搭靠在后窗玻璃天线端子上，另一探针则沿天线导线移动，通过万用表检查两探针之间的天线导线的导通情况。如果探针移动至万用表显示不导通，则说明天线导线在该处有断裂现象。

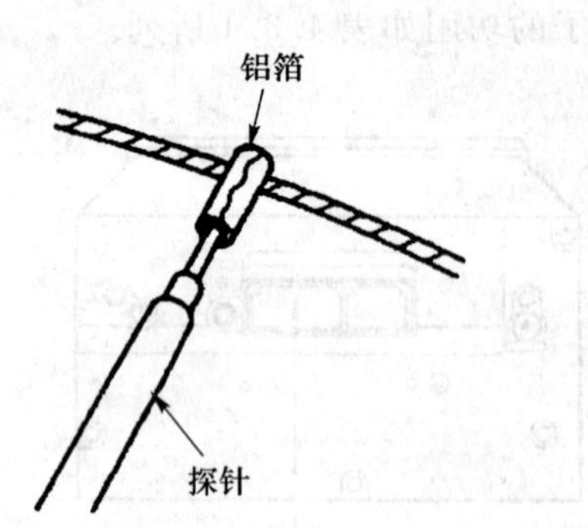

图 4.3.13 在检测仪探针上卷上铝箔

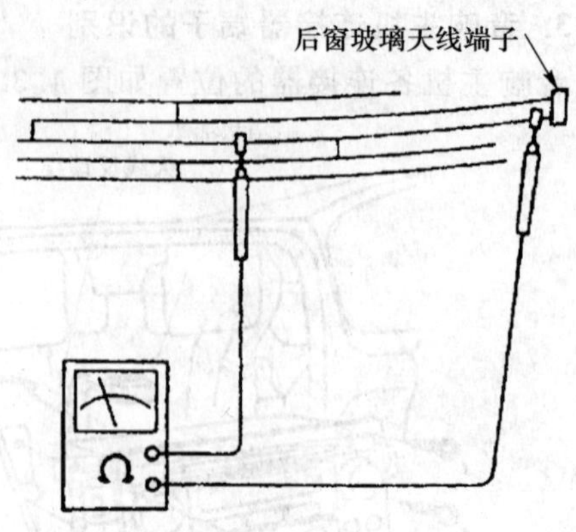

图 4.3.14 检查天线导线的导通情况

(2) 后窗玻璃天线的修理

如果天线导线断裂部分的长度小于 25 mm,则可采用下述方法进行修理,否则应连同后窗玻璃一起整体更换。

① 使用细铜丝绒轻擦天线导线断裂部分的周围,然后用酒精将该擦拭部分清理干净。

② 如图 4.3.15 所示,将两块胶带纸顺着天线导线的布置方向,分别小心地粘贴在天线导线断裂处的上、下方。

③ 如图 4.3.16 所示,使用一小刷子,在天线导线断裂处涂上第一层银导电漆(特别提醒:须充分调匀),然后等候约 30 min 待其晾干。

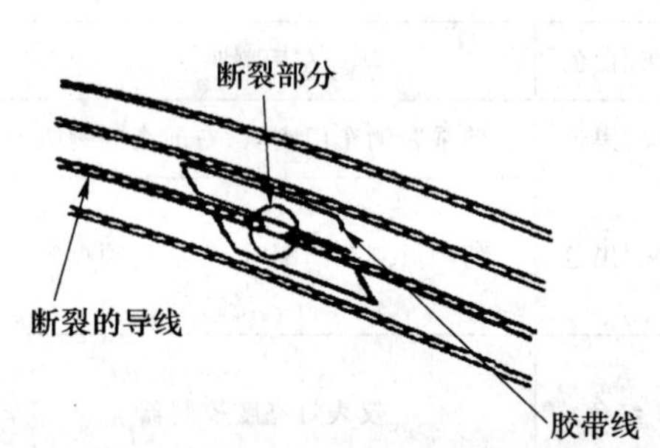

图 4.3.15 将胶带纸贴在天线导线断裂处

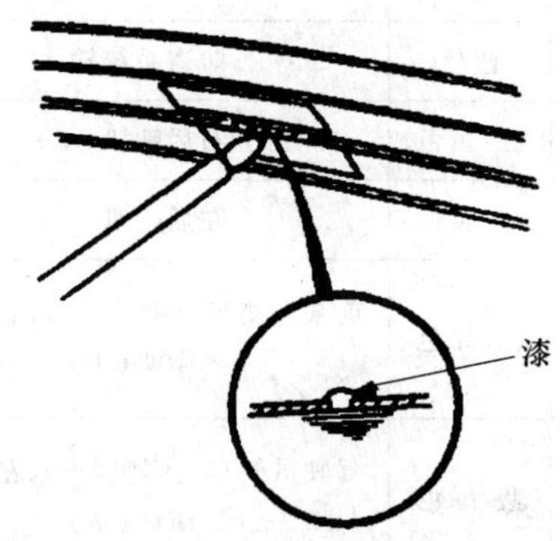

图 4.3.16 在天线导线断裂处涂上银导电漆

④ 待第一层导电漆晾干后,再用上述同样的方法涂上第二层银导电漆。

⑤ 等候约 30 min,检查修复处天线导线的导通情况。

⑥ 如果天线导线经修理已恢复正常,则待银导电漆层干燥 3 h 后再撕下其上、下方的胶带纸。

四、汽车音响系统的解码操作

现代高档汽车断电或更换蓄电池后,都需要重新输入音响密码才能正常使用音响,但如果丢失了密码,就需要重新解开密码。几种常见中高档车型的音响解码方法如下:

1. 帕萨特 B5 音响解码

上海大众生产的帕萨特 B5 的音响分为两种，一种为 ϒ 型，另一种为 β 型，但其音响防盗原理是一样的，解码的程序也是一样的。

(1) 便捷型音响密码系统

在此之前，每次卸下音响主机或拆除蓄电池接线后，均需人工取消防盗密码。有了此新的便捷型音响密码系统后，首次将编码数字输入音响主机后，它还同时储存在车辆中。

车辆供电中断后，汽车音响会自动将“它的”密码数字和存储在车辆中的密码加以比较，如密码相符，则在短短几秒后音响便可工作，不再需要人工取消电子锁定。

(2) 取消电子锁定

当音响断电后，防盗密码系统将音响电子锁定，开机后则显示“SAFE”字样，解码程序如下：

① 开机显示屏显示“SAFE”字样。

② 3 s 后显示屏显示“1000”。

③ 使用存台键将贴在“音响资料卡”上的代码输入，按 1 键输入第一位，按 2 键输入第二位，依次类推。

④ 其后按搜索键或按手动调谐键，按住 2 s 以上松开。

⑤ 如果输入的密码正确，则其后很快便会自动显示频率，这时音响便可工作。

2. 奥迪 A6 AUDI GAMMA 轿车音响解码

(1) 打开收音机，显示屏上显示“SAFE”表示收音机已被锁住。

(2) 同时按住“U”键和“M”键，待显示屏上显示“1000”后松开。此后不能再同时按住两键，否则“1000”将作为密码被输入。

(3) 4 个调谐预置键(1、2、3、4)兼做解码键，用 1 键输入千位码，由于技术上的原因千位码只能是 1 或 0，用 2 键输入百位码，是几就按几下，依次类推。显示屏上显示输入的密码。

(4) 同时按下“U”键和“M”键，待显示屏上显示“SAFE”后松开，稍后显示屏自动显示一个电台频率，此时锁住的收音机已被打开，能正常工作了。

如果输入密码是错误的，“SAFE”不会消失，这时可重新输入密码，如果两次输入的密码都是错误的，“SAFE”需 1 h 后才能消失，这期间应一直打开收音机。

3. 上海别克轿车音响解码

(1) 接通点火开关，显示屏显示“LOC(锁止)”。

(2) 按住“MN”(分钟)键，直到显示屏显示“000”。

(3) 再按“MN”键使后 2 位数和密码相符。

(4) 按“HR”键使前 1 位或前 2 位数字和密码相符。

(5) 确认这个数字和记下来密码相符之后按住“AM～FM”键，直到显示屏显示“SEC”(安全)，表明音响系统可以工作并上了保险。

注意：按以上步骤输入密码，在任何 2 个步骤之间停顿不要超过 15 s。如果输入 8 次错误密码，显示屏会显示“INOP(不工作)”，再试之前应使点火开关接通等上 1 h，再试时，在 INOP 显示之前，只有 3 次输入正确密码的机会。

案例分析

一、东风日产公爵 VG30 轿车光盘自动退出

故障现象：东风日产公爵 VG30 轿车装入 CD 光盘十几秒后，光盘自动退出。

故障诊断与排除：根据故障现象判断，该故障大多为激光头脏污或者老化所致。拆开激光头防尘盖，发现激光头物镜上落有很厚的灰尘，用镜头纸蘸少许纯净水擦拭激光头物镜后，装上激光头防尘盖，试机，一切即恢复正常。

二、奥迪 A6 汽车音响 CD 播放有问题

故障现象：奥迪 A6 汽车音响故障为收音、磁带正常，CD 播放有问题，工作 30 s 左右停 10 s 左右，始终这样。

故障诊断与排除：因收音和磁带正常，故先不动主机，在后备箱左侧退出碟仓盒，仔细检查光盘，并换一张光盘试，故障依旧。遂取下 CD 机检查。清洁光头，将两块主板之间的排线全部焊一遍，重新装配完毕，开机试光盘，随机挑选 4 首歌曲，恢复正常。

三、宝马轿车音响不工作

故障现象：宝马轿车打开音响开关，音响不工作，屏幕显示“CODE”。

故障诊断与排除：宝马音响电路具有防盗功能，如果在维修过程中，拆卸蓄电池或者拆卸音响系统的电路，修理完毕后，必须按照正常步骤输入音响密码，音响系统才能正常工作。

车主使用手册上贴有两张卡名片，一张是白色的，大小和名片相同的卡片，正面主要有两个号码：一个是该车的密码，它是由 5 位数组成，且每位数都在 1 到 6 之间，另一个是音响系统的批号，如 F21127929A。卡片反面写着：当你输入密码时，若听到“嘟嘟”声，应立即停止并重新由第一位开始输入密码；另一张是黄色的方形卡片，正中间有一钥匙形状的符号，指明如果音响系统显示“CODE”应输入密码号才能工作。

正确输入如下：

（1）拔出点火钥匙后，在音响系统的面板左侧，标有 ANTI-THEFT 字样的旁边有一红色防盗指示灯将连续闪烁，用户应仔细注意这一特征。

（2）钥匙拔下后，只要触摸音响系统按键，报警的办法是在报警期间接通点火开关。

（3）如果音响系统电源电压低于 5 V，如蓄电池亏电，拆蓄电池、电子设备修理或拆音响系统等等操作，音响系统将不能工作。当电源电压恢复正常后，“CODE”字符出现在显示屏中，要求用户输入该音响系统的密码。

（4）当音响系统接通时，如显示“CODE”字符，你应该按白色卡片提供的密码号顺序输入。如果连续 3 次输入正确的密码，音响系统仍不接受的话，应耐心等待 1 h 之后再输入，此期间音响系统不接受任何指令，所以一切操作都是徒劳的。输入五位数字的密码号时，必须按顺序逐一输入。当输入密码的第 5 位数字时，如果听到“嘟嘟”声音就应立即停止。

知识拓展

一、汽车音响的改装

汽车音响的改装，在欧美、日本等已经非常成熟，在国外，汽车音响改装都是由音响经验丰富的专业公司来进行改装。

国内生产的汽车的原装音响系统，大部分由知名品牌的音响制造厂家提供的配套产品（国内生产），如日本先锋公司为广州本田汽车提供配套，阿尔派为一汽海南马自达汽车提供配套，惠州中欧的VDO为上海大众和一汽大众的汽车提供配套，松下公司为奥迪和风神蓝鸟提供配套，而飞利浦为汽车音响器材提供的配套就更多了。这些品牌的车载音响虽然不算顶级，但出厂前都经过专家精确调试，音响效果可满足一般要求，而对于要求较高的车主，就必须设法进行改装。

1. 汽车音响改装的现状

在音响器材上走在世界前列的要数美国、英国、丹麦以及日本。其中美国、英国、丹麦的喇叭颇受专业音响店的青睐，而日本的主机则是音响市场的宠儿。美国、英国、丹麦的喇叭代表了世界音响的三大风格：美国式节奏强劲的摇滚风格，英国式音色柔和的古典风格，丹麦式音色细腻的小夜曲风格，各有所长。消费者可根据自身喜好，来选择各个产品，

目前国内的汽车音响改装，大多数都设在汽车用品和汽车美容装饰店，担任操作的是缺乏音响经验和音响知识的小工，仅仅用器材的品牌和价格对车主进行宣传，使本来就对音响不熟悉的车主误认为这便是汽车音响改装的全部内容。有些改装后的音响，其效果和器材性能不仅没有得到正常发挥，甚至还损坏了原车的电器系统，给车主留下了安全上的隐患，改装汽车音响的关键就是看能不能进行有效调试，有效调试比品牌更重要。

2. 汽车音响改装的原因

(1) 汽车的原车音响较差；

(2) 驾车快感，需要美妙音质，有必要改装；

(3) 城市交通拥挤，堵车塞车时，解闷消遣；

(4) 长时间驾车，长途开车，解乏的伴侣；

(5) 提升生活的品味与层次；

(6) 缓解压力，放松神经，健康的生活方式。

3. 汽车音响的改装基础

在音响改装方面，功率放大器、喇叭之类的改装非常重要，同时音响器材安装的位置、布局对音响效果也会产生极大的影响。

(1) 车门隔音

汽车在高速行驶时，风噪声、轮胎噪声及机械噪声会对音响系统产生干扰，因此需要对汽车进行改造。改造一般是选择车门做止振和隔音，采用柔软的发泡海绵来密封门腔，效果最好的是用专业的止振板，但是止振板的成本比发泡海绵要高很多。

(2) 喇叭的位置

汽车音响改装时，高、中、低音的喇叭要各自独立，如果安装在一起会互相干扰。

(3) 音响布局

在改装时应选择内置式的音响，将音响藏匿起来，这样既节省空间，又非常实用。为了最大限度地利用空间，还可以选择外形不规则的音响，而且不规则的外形有利于消除音波之间的彼此干扰。

(4) 喇叭

喇叭是有风格的，一种喇叭就是一种声音。有的喇叭特别讲究音乐性，强调清晰度、层次感，也有的喇叭偏重于表现动态大、低音强劲的摇滚音乐。

(5) 功率放大器

选择功率放大器首先要考虑的是声音的特色，其次是功率的输出大小，还有产品的散热、稳定性等。

二、汽车音响改装实例

德系车对于改装来说，有着得天独厚的条件，如德系车拥有坚固且厚实的门板，这给改装带来良好基础。厚实的车门板，只要贴上隔音材料，就很好地杜绝外界的噪声从门板传入，同时，也减少喇叭在发音时的共振产生。因此，德系车型在音响改装当中也算是较多见的。下面以帕萨特为例介绍汽车音响改装。

1. 帕萨特噪声分析

(1) 发动机噪声：这种噪声在转速 3 000 r/min 以上比较明显，这种情况几乎都是大油门超车时候出现，正常行驶的话，3 000 r/min 转速已经超过 160 km/h 了。

(2) 轮胎噪声：轮胎与路面的磨损产生的路面噪声，水泥路面尤为明显。

(3) 尾箱共振：在烂路上特别明显。

(4) 其他噪声：包括门板和玻璃，无法隔绝外界的噪声。

2. 帕萨特音响升级

音响升级方案见表 4.3.2 所示。

表 4.3.2 帕萨特音响升级方案

帕萨特音响升级方案		
主机	阿尔派 9887	1 台
	阿尔派 305E	1 台
功率放大器	DLS-A3	1 台
	DLS-A5	1 台
	导航功能	1 台
前喇叭	DLS-UP36i 三分频	1 套
后喇叭	DLS-MS6 两分频	1 套
超低音	DLS-W312D	1 只

经过反复测试，对于帕萨特的改装，最后以 DLS-UP36i 三分频为前声场喇叭，如图 4.3.17所示。用一台 DLS-A3 功率放大器推动。后声场 DLS-MS6 两分频套装喇叭，如图 4.3.18 所示。超低音选 DLS-W312D，如图 4.3.19 所示，用一台大功率的 DLS-A5 功率放

大器推动。为追求整套系统的完美，音源部分选用阿尔派 9887（听 CD 为主）和阿尔派 305E（看 DVD 影碟），如图 4.3.20 所示。

图 4.3.17　前喇叭布置图

图 4.3.18　后喇叭布置图

图 4.3.19　超低音喇叭布置图

图 4.3.20　两台主机布置图

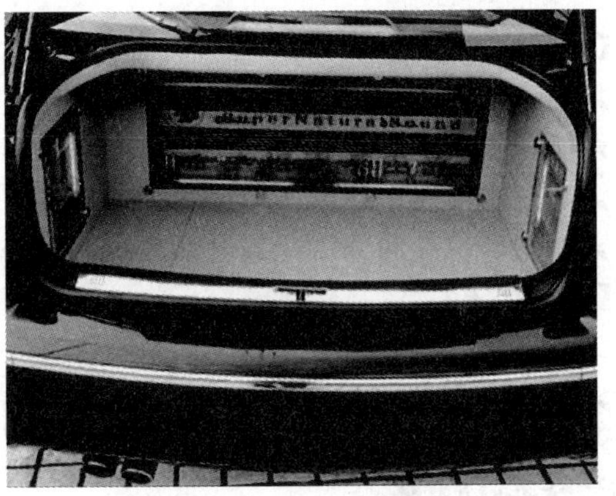

图 4.3.21　后尾箱完整效果图

考虑到车内更多使用空间，帕萨特可以巧妙地将超低音喇叭装在后座中央位置。剩下的功率放大器是装在后尾箱，两台功率放大器一字排开装尾箱正内侧，外面加木框保护，并装上有机玻璃板，如图 4.3.21 所示。电容、熔断丝等小配件的器材则装在后尾箱侧边，如图 4.3.22 所示，如果为了凸显改装后的效果，这款帕萨特还在器材的装饰上加入淡蓝色的灯光，使器材在夜间里都有着它非凡的一面。

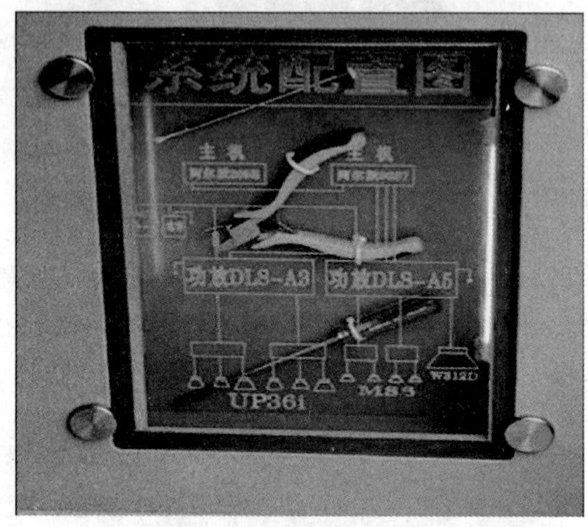

图 4.3.22　尾箱两侧布置图

课后练习

1. 如何对汽车音响进行维护？
2. 汽车音响系统主要包括哪几部分，信号源设备有哪些？
3. 如何对音响系统进行解码？

任务 4.4　车载电话系统检修

【知识要求】

- 能正确讲述车载电话系统的优点；
- 能正确讲述车载电话系统的组成和各部分功用；
- 能正确描述车载电话系统的工作原理；
- 能正确识读和分析车载电话系统的电路图。

【能力要求】

- 会分析诊断和排除车载电话系统常见故障；
- 会正确安装、设定车载电话系统。

任务描述

一位客户反映他所驾驶的上海大众帕萨特 V6 轿车，配有西门子车载免提电话系统，该车车载电话系统一直无法正常工作。现在请你对客户轿车的车载电话进行检修。

相关知识

汽车与外界的信息交流，在相当长时间里仅使用单向的通信方式，如汽车将制动、转向报警等与行驶有关运行信息，用灯光指示或声响方式报警通知外界；或者通过收音机接收电台的信号等。这种缺乏实时交流的通信方式，显然无法满足现代汽车的要求。随着无线技术的发展，在汽车上安装车载电话已成为很多车主的选择。

一、车载电话的优点

1. 信号强

众所周知，手机的信号强度与运营商为其移动通讯网络架设基站的发射功率以及手机离基站的远近息息相关。在电梯、火车、地下通道等比较封闭的地方，手机信号要穿过的障碍物增多，也会影响手机信号强度。而车载电话可以外接一根增强信号的天线，这样就基本上保证了通话的畅通无阻。

2. 辐射低

当人们使用手机时，手机会向发射基站传送无线电波，而无线电波或多或少地会被人体吸收，这些电波就是手机辐射。这些辐射有可能改变人体组织，对人体健康造成不利影响。而车载电话使用的是外置天线，外置天线放置的位置离人体至少有 1 m 的距离，大大降低了辐射给人体带来的伤害。

3. 使用汽车电源，保证了通话的延续性

我们在使用手机时，经常会碰到在接打电话的时候手机没电的情况，这就不可避免地给通话双方带来不便。而车载电话是利用汽车电源，只要打开了点火开关，汽车蓄电池有电，就能保证通话中不会出现中途断电或者掉线，也省掉了一次次充电的麻烦。若您需要在汽车之外使用，还可选用自带蓄电池的便携式背包电话。

4. 通话品质卓越

虽然目前很多手机已带有免提功能，但音量都不完美。车载电话配有独立的大功率扬声器，也可以通过接线使对方的声音从汽车音响中传输出来，使用户得到高水准的商务级通话品质。

5. 尊贵大气的外观设计，是使用者身份的象征

车载电话通常都有比较大的键盘，在车上拨号时非常方便，有些车载电话还有语音拨号和语音指令的功能，可让您用声音方式对电话进行操控，而不必再按数字键盘，保证了行车安全。其尊贵大气的设计，可烘托成功商务人士、国家机关及政府部门领导的气质。

车载电话的主要应用人群为国家机关及政府部门领导、企事业高级领导、商务人士、需要在户外作业的人员、在偏远的郊区或山区工作的人员及特殊群体，如医疗救护、消防、公安武警、地质勘探、采矿、油田、机场、航天发射场的工作人员或是户外运动爱好者等。

二、车载电话系统的组成与工作原理

上海别克君威 GS 轿车车载电话系统的组成如图 4.4.1 所示。

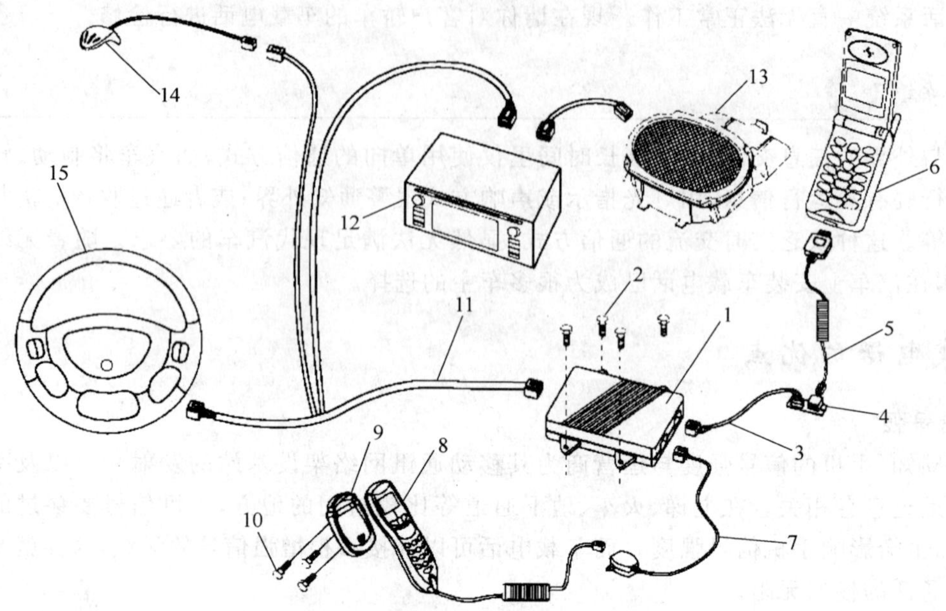

1—车载电话控制模块；2—车载电话控制模块固定螺丝；3—信号连接线；4—移动电话转接头；5—信号线；6—手机（用户自配）；7—车身线束；8—带线束的副机；9—副机机座；10—副机机座固定螺丝；11—仪表板线束；12—音响主机（收音机／DVD 机）；13—右前扬声器；14—带线束的麦克风；15—转向盘音响/车载电话控制器

图 4.4.1　车载电话系统的组成

1. 车载电话控制模块

控制模块控制着整个系统的协调工作，如接收副机、转向盘及麦克风上的车载电话系统操作；收到来电时，识别来电并通过唤醒 DVD 主机使来电号码或人名在右前扬声器中播放出来。另外，在控制模块中可存储 100 组电话号码，并且在控制模块断电后数据不会丢失。

在控制模块上有 3 个接线连接器：一路经转接后接主机，即图 4.4.1 中的部件 3、4、5、6。另一路经过后排座椅接后座中间的副机，即图 4.4.1 中的部件 7、8。第三路又可分为 3 路，分别接部件 15、14 和 12。

车载电话控制模块的安装位置如图 4.4.2 所示。

2. 主机

主机就是用户使用的手机，连接主机前，应先对主机进行必要的设置(设置为车载免提或协议免提)。将其连接到车载电话系统后，右前扬声器会发出“嘟嘟”两声提示音，音响系统显示屏也会有相应的显示。接收来电和拨出电话都要通过主机，在这里它相当于整个系统的一个天线。没有连接主机，车载电话系统就不能工作。

3. 副机

副机随车配备，它位于后排座位中间，可以接收来电和通过本机拨号拨出电话(需连接主机)。副机拨号时，主机会有相应的号码显示。但是用主机拨号时，副机没有相应的号码显示，只是显示“正在连接”。

4. 转向盘控制开关

别克君威 GS 轿车的转向盘上带有音响/车载电话控制器，在行驶中可方便地进行音响和车载电话操作，如图 4.4.3 所示。

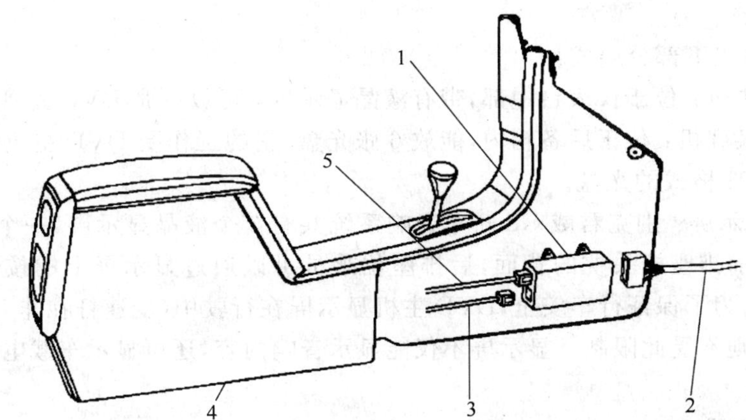

1—车载电话控制模块；2—仪表板线束；3—车身线束；4—副仪表板；5—信号连接线

图 4.4.2　控制模块安装位置

车载电话状态各按键的功能是：

SCAN：用来快速搜索每一个电台或曲道并播放几秒钟直至再次按下 SCAN 当前电台或曲道被选定。

AM/FM：在 AM 和 FM 模式之间的切换

SEEK △：向上搜寻电话簿。短按（<1 s），单个号码搜寻；长按（>3 s），快速搜寻（每次跳 10 组电话号码）。

SEEK ▽：向下搜寻电话簿。短按，单个搜寻；长按，快速搜寻（每次跳 10 组电话号码）。

SRCE：在 AM 或 FM 模式下按下此按钮，音源会转成 CD 模式；在 CD 模式下按下此按钮音源会转成 AM 模式。

MUTE：此键功能较多。在音响状态时，短按静音；长按进入车载电话模式。此时如果再按则重拨上一次通话的电话号码。在车载电话状态，如果有来电在语音回馈结束前短按此键拒接；电话接通后再按此键结束通话。

5. 麦克风

在车载电话的免提状态，麦克风拾取声音信号，并通过控制模块从主机将声音信号发射出去，它位于车内后视镜的上部，如图 4.4.4 所示。

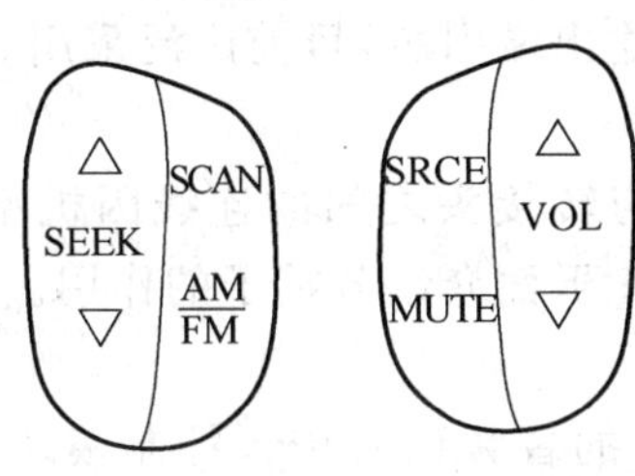

图 4.4.3　转向盘上音响/车载电话控制开关

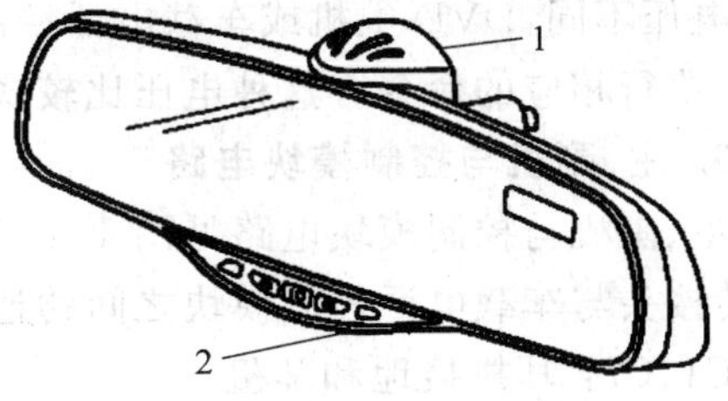

1—麦克风；2—车内后视镜

图 4.4.4　麦克风的安装位置

6. 音响系统

音响系统由以下部分组成：

(1) DVD 主机：位于仪表台中部，带有液晶显示屏，可放一张 DVD 光盘。

(2) DVD 换碟机：位于后备箱内，能放 6 张光盘，它的工作受 DVD 主机控制。能播放 CD、VCD 和 MP3 格式的光盘。

(3) 液晶显示屏：别克君威 GS 轿车音响系统共有 3 个液晶显示屏，一个在 DVD 主机上；另两个在两前排座椅头枕的背面，后排座位乘员可以通过显示屏上的按键，操作 DVD 和两后显示屏。为了保证行车安全，DVD 主机显示屏在行驶中(变速杆在非 P 状态)不能打开，两后显示屏则不受此限制。显示屏不仅能显示音响内容，还可显示车载电话的某些功能信息。

7. 右前扬声器

车主可以选择来电免提或是副机接收，当有来电或车载电话在免提状态工作时，通过右前扬声器发声。如果系统检测到副机有故障，声音会自动转换到右前扬声器。

三、车载电话系统控制电路分析

1. 车载电话控制模块

车载电话控制模块如图 4.4.5 所示。控制模块的 B13 脚为供电端，B11 脚接地。在 ACC(接通附件)、RUN(发动机运转或点火接通)、RAP(附件延时，即当点火钥匙由 RUN 转至 LOCK 且车门未打开的 10 min 内)时供电，也就是说在以上情况才能使用车载电话。

DVD 主机的 C1-7 脚平时有 5 V 电压，当有来电时，控制模块的 B7 脚接地，DVD 主机的 C1-7 脚收到此接地信号后，控制 DVD 主机原有的音频信号停止(即静音)，同时控制模块把来电信息和电话内容通过 B8、B9 送至 DVD 主机。经 DVD 主机音频放大后从右前扬声器播放出来。收到来电后，控制模块先从存储号码中查找，如果是存储电话则报出来电者姓名，如果不是则报出来电号码。在免提状态，麦克风拾取通话人的声音信号并传送至控制模块，再通过主机发射出去。

2. 转向盘上音响/车载电话控制开关电路

转向盘上的音响/车载电话控制开关内部电路如图 4.4.6 所示。控制开关内左侧的灯泡为照明灯泡，其工作及亮度受灯光开关的控制和调节。右侧为按键电路，按下不同的键时，相应的触点闭合，回路中接入不同阻值的电阻。接入电路的电阻不同，控制开关 C 端输出的电压不同，DVD 主机或车载电话控制模块根据收到不同的电压值来识别不同的按键操作，以执行相应的命令。这种电压比较式按键可节省输出端引脚，目前广泛采用。

3. 主、副机与控制模块电路

主、副机与控制模块电路见图 4.4.7。图中主机与转接头之间的连线因机型不同而不同，转接头与车载电话控制模块之间的连线随车配备。下面介绍各端子的作用。

C1、C7：耳机接地和耳机。

C2：扬声器(喇叭)。主机通过此端子将接收来电的音频信号传入控制模块，控制模块再将此信号送往 DVD 主机，经功率放大后从右前扬声器发出。

C3：麦克风。由麦克风(车载电话免提状态)或副机(非免提状态)送至控制模块的音频信号由此端子传至主机，并通过主机发射出去。

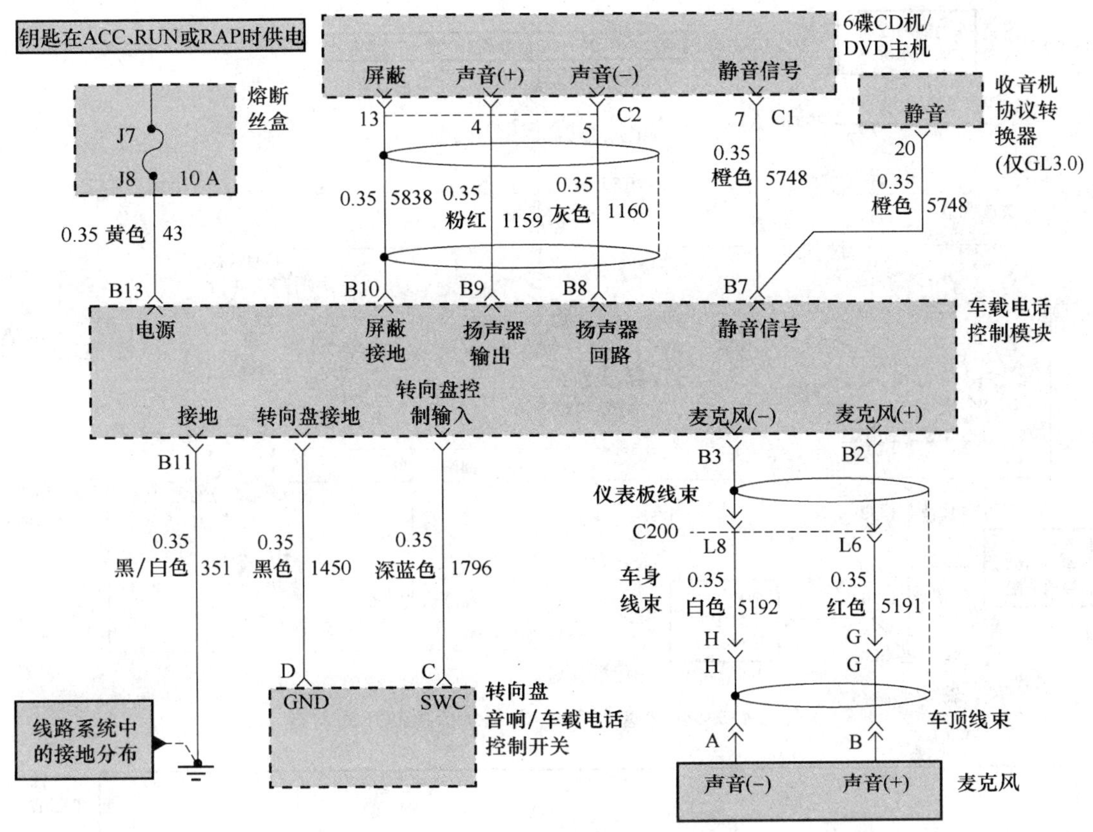

图 4.4.5　车载电话控制模块电路

C4：5 V 供电端，为转接头内的芯片及电路供电。

C5：信号地。如前所述，当主机连接到车载电话系统后，右前扬声器会发出两声“嘟嘟”的提示音，DVD 主机显示屏也会有相应的显示，此功能就是通过 C5 电路实现的。车载电话控制模块 C5 端子向外电路输出 5 V 电压，在未连接主机时，此端子电压保持 5 V；连接主机后，此端子接地，控制模块检测到 C5 端子为低电平后，便指令 DVD 主机发出“嘟嘟”的提示音和相关的屏幕显示。

C6：参考电压。C6 是双向信号线，如前所述，用副机拨号时，主机会有相应的号码显示，该信息就是先从副机传至控制模块，再从控制模块通过此端子传给主机的。在转接头内有芯片，能够检测不同型号主机的充电电压和电流，并把有关信息通过此端子传递给车载电话控制模块，用以调节 C12 端子的充电电压。

C9：数据输入。对方来电由主机接收后，有关信息(如来电号码)从此端子传给车载电话控制模块。

C11：接地。转接头内电路接地。

C12：充电。连接主机后，控制模块根据 C6 端子输入的信息，向主机提供 5～10 V 的充电电压，做为系统工作时的主机电源。

D1：耳机。主机接收到的对方来电音频信号由此端子传给副机，使副机能够接听来电。

D2(TX)、D8(RX)：如前所述，用副机拨号时主机会有号码显示，用主机拨号时副机没

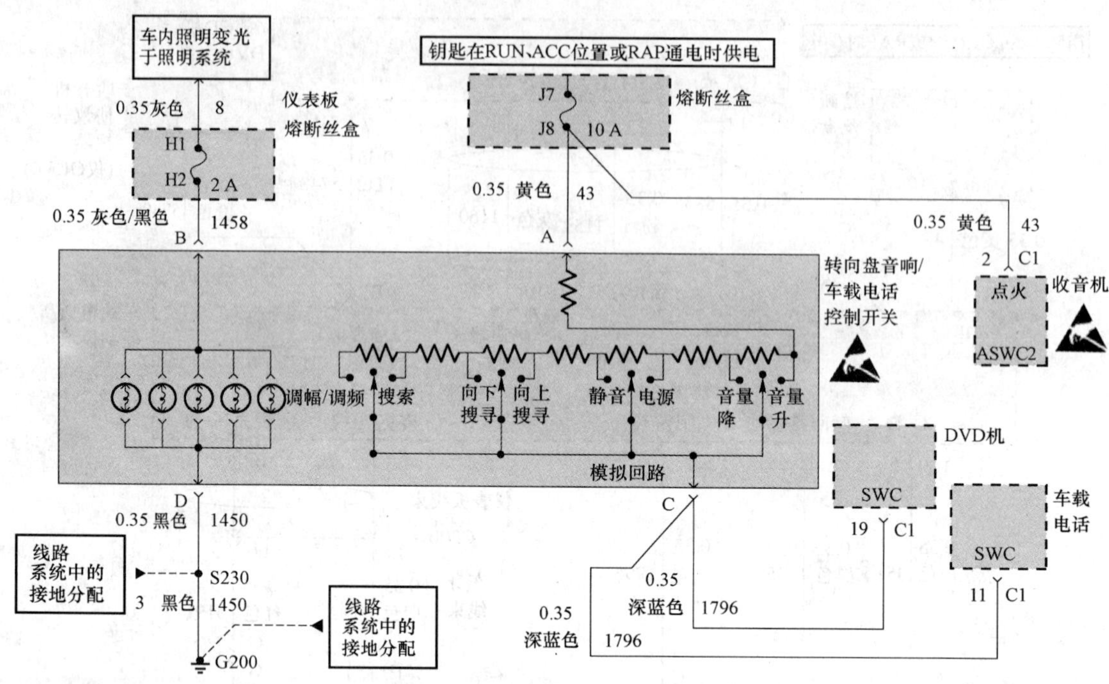

图 4.4.6 转向盘上音响/车载电话控制开关电路

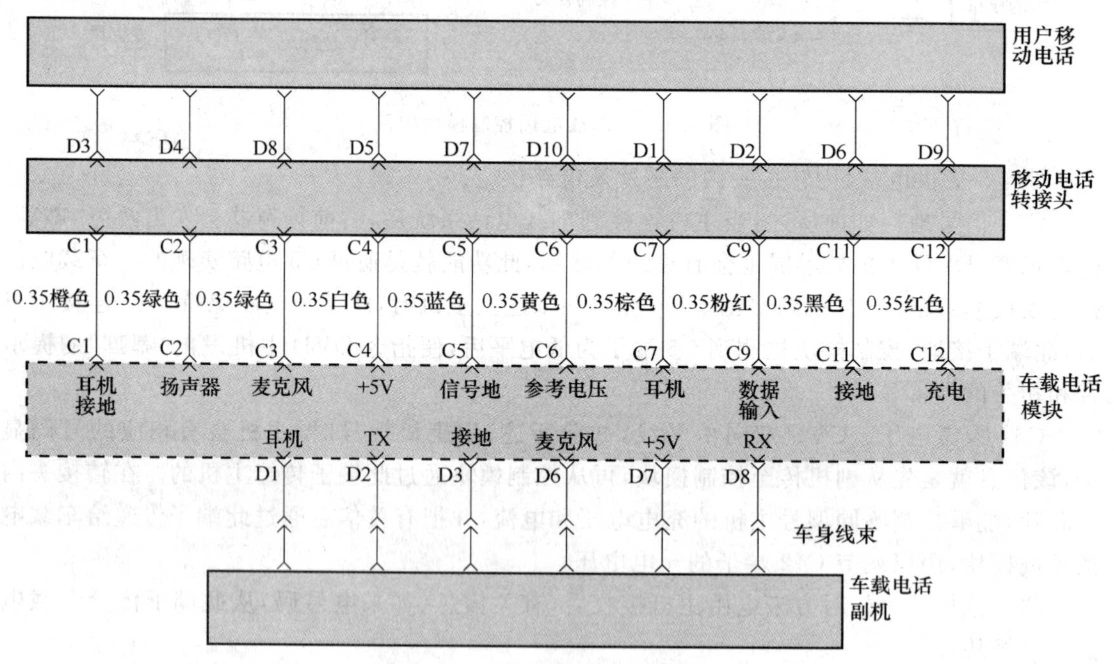

图 4.4.7 主、副机与控制模块电路

有号码显示，但会显示“正在连接”，这一信息就是从此线传递的，其显示过程是：副机拨号时，相关信息从 RX 端子传至控制模块，控制模块将收到的信息分为两路，一路给主机显示拨号号码，另一路从 TX 端子传回副机，副机显示相应的号码。如果 TX 端子断路，副机拨号时能拨出号码,但副机本身没有号码显示。

D3：系统接地。

D6：麦克风。将副机音频信号送至控制模块。

D7：副机 5 V 电源。

任务实施

一、别克君威车载电话系统故障诊断

1. 车载电话功能不能启动

故障诊断程序为：

(1) 测试车载电话控制模块端子 B13(钥匙在 ACC、RUN 或保持附件电源 RAP 位置时通电)是否开路或对地短路。

(2) 测试车载电话控制模块端子 B11(接地)是否开路。

(3) 检查车载电话控制模块端子 B13 和端子 B11 是否接触不良。

(4) 若以上都正常,则更换车载电话控制模块。

2. 车载电话工作时,(左前、左后、右后)扬声器没有静音

故障诊断程序为：

(1) 当车载电话工作时,检测车载电话控制模块端子 B7 是否有低电平(0 V 左右)输出。

(2) 若有低电平输出,则为收音机静音信号故障,更换收音机。若没有低电平输出,则更换车载电话控制模块。

3. 车载电话工作时所有扬声器都静音

故障诊断程序为：

(1) 关闭车载电话,打开 DVD 主机,检查副驾驶员处右前扬声器是否有声音？若没有声音,则检查右前扬声器至 DVD 主机连接线是否短路或接触不良。

(2) 检测车载电话控制模块端子 B10 与 DVD 主机端子 13 连接线是否短路或接触不良。

(3) 检测车载电话控制模块端子 B9 与 DVD 主机端子 4 连接线是否短路或接触不良。

(4) 检测车载电话控制模块端子 B8 与 DVD 主机端子 5 连接线是否短路或接触不良。

(5) 若以上均正常,则更换车载电话控制模块。

二、奥迪 A6 轿车车载电话系统安装与故障诊断

1. 系统特点

(1) 通过置于车内部的免提麦克风和收音机的扬声器实现车内免提通话；

(2) 无论收音机是否打开或播放音乐,来电话自动静音并切换至电话模式；

(3) 利用车内既有的集成外接天线接口,将电磁辐射导向车外,消除了电磁辐射对人体的危害；

(4) 通过接通耳机或将适配器从支架上取下,可实现私人通话模式；

(5) 手机自动充电、自动开机、自动设置手机的通话模式。

2. 系统构成

奥迪 A6 轿车车载电话系统构成如图 4.4.8 所示。

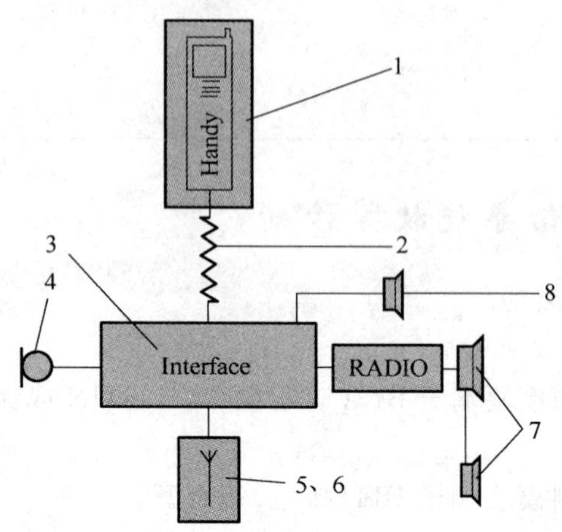

1—移动电话专用支架；2—螺旋电缆；3—车载电话控制模块（接口）；4—免提麦克风；5—收音机/电话天线；6—中高音扬声器及低音扬声器（由收音机/放大器来控制）；7—电话免提扬声器

图 4.4.8 Audi A6 轿车车载电话系统构成

3. 电路图

奥迪 A6 轿车车载电话系统电路图，如图 4.4.9 所示。

4. 系统的安装、设定

汽车在出厂时，已经安装了车载电话准备系统。安装时将适配器装入预留在中央扶手座内的支架上，将螺旋电缆插入中央扶手座下方的插座即可。

适配器安装完毕后，需立即对系统进行初始化：

(1) 打开点火开关，收音机被静音，收音机显示屏上出现“PHONE”或类似字样；

(2) 将手机放置在适配器中，手机显示屏上即出现充电标识；

(3) 初始化结束时，不能将手机插入适配器中：不能在点火后，才将适配器连接器插入中央扶手座下方的插座。如果系统初始化失败，将不能正常工作。此时，可以使用另一种型号的适配器按上述步骤进行初始化，然后换上原来的适配器再做一次初始化即可。

5. 系统的常见故障

系统常见的故障有：

(1) 来电时须按手机接听键，不能自动接听。

原因：此一般为手机未设定在“自动接听”。

排除：可以参阅手机使用说明书，设定“自动接听”。

(2) 手机不能自动充电

原因：手机未正确装入适配器；适配器初始化失败；适配器故障；手机故障。

排除：检查手机安装情况，必要时调整；执行系统初始化；检查适配器和手机，必要时更换。

(3) 将手机放入适配器后，不能自动设定在“车内使用”模式。

原因：适配器初始化失败；适配器故障；手机故障。

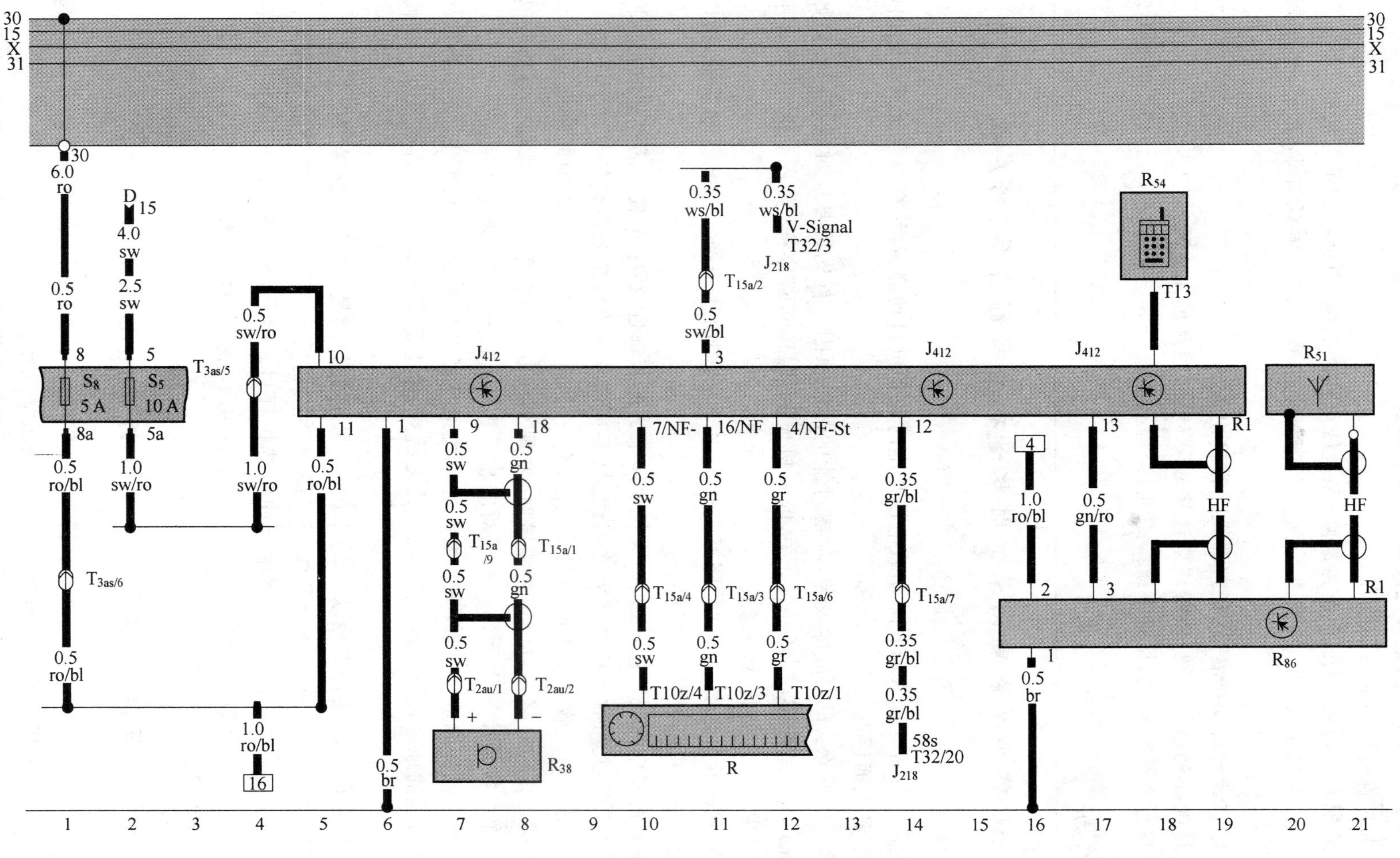

D—点火开关；J218—仪表板内组合处理器；J412—车载电话控制模块；R—收音机；R1—天线接头；R38—电话麦克风；R51—收音机/电话/停车加热天线；R54—移动电话；R86—移动电话放大器；S5—熔丝支架上熔丝；S8—熔丝支架上熔丝

图 4.4.9　Audi A6 轿车车载电话系统电路图

排除：执行系统初始化；检查适配器和手机，必要时更换。

(4) 来电时收音机不能自动静音。

原因：适配器初始化失败；适配器故障；系统线束连接故障；电话控制单元故障。

排除：执行系统初始化；检查系统线束连接；检查适配器和电话控制单元，必要时更换。

(5) 来电收音机自动静音后，扬声器无声音输出。

原因：适配器初始化失败；系统线束连接故障；电话控制单元故障。

排除：执行系统初始化；检查系统线束连接；检查适配器和电话控制单元，必要时更换。

案例分析

一、奥迪 A6 轿车车载电话来电时收音机自动静音后，扬声器无声音输出。

故障现象：一辆奥迪 A6 轿车，车载电话来电时收音机自动静音后，扬声器无声音输出，但可以实现“私人通话”。

故障诊断与排除：根据故障现象，考虑可能的故障原因。首先按要求对系统进行初始化。更换新的电话适配器，打开点火开关，收音机显示“PHONE”字样，安装手机，手机显示“配置文件已生效”，初始化成功完成。

但是经测试，故障依旧。说明故障不是初始化问题，同时因更换了适配器和手机，所以排除是适配器或手机的故障。

拆下收音机和中央扶手座，以及中央扶手座下方的装饰件，拆下车载电话控制单元。检查车载电话控制单元与收音机的线束连接情况(参见图 4.4.9)，车载电话控制单元上的 7、16、4 号端子，分别对应收音机上收音机 10 孔红色连接器 4、3、1 号端子。通断测试，结果显示正常。在进行线间短路及对地短路测试时，发现车载电话控制单元上 7＃端子对应收音机 4＃端子、车载电话控制单元 16＃端子对应收音机 3＃端子两根线发生了短接。

拆下前排座椅和地板，检查线束。发现此车线束已经被修理过(询问车主，该车为事故车)，在原来修理的地方，线束发生了短路。修复线束，换上原车的电话适配器和手机。故障排除。

维修小结：车载电话控制模块上的 7、16、4 号端子分别是：NF/－信号、NF/＋信号、NF/ST 信号。信号作用为：NF/ST 线为车载电话控制模块向收音机提供收音机静音信号，NF/－、NF/＋线为车载电话控制单元向收音机提供声音信号。当 NF/－、NF/＋短路后，收音机只收到了车载电话控制单元传来的静音信号，但无声音信号的传入，最终导致电话静音后无声音输出。

二、上海大众帕萨特 V6 轿车，车载电话系统无法正常工作。

故障现象：2003 年产上海大众帕萨特 V6 轿车，配备有西门子车载免提电话系统，车载电话中配有西门子手机。该车车载电话系统无法正常工作。

故障诊断与排除：帕萨特 V6 轿车的车载电话系统由西门子手机、手机适配器、车载电话控制单元和收音机等组成。当手机插入手机适配器中时,手机就被车载电话控制单元和车辆的音响系统组成车载免提电话系统,可以免提接打电话。

将该车的西门子手机从车载电话的镶入式适配器中取出时,手机可正常打出和接听电话。然后按照适配的初始化操作程序对其进行初始化操作,收音机无任何反应,手机安装在适配器中无法和车载系统连为一体,同时不能充电。该车手机原有的锂电池已经在车载系统充电时被充胀变形,之后新换了一块电池。

找来和该车可以互换的 2005 款 1.8L 新车的手机适配器以及配套的西门子 m55 手机装上,再进行一次初始化操作,故障依旧;同样将该车的手机和适配器安装在 2005 款 1.8T 轿车上,初始化后可以正常使用。

经过上面的检查,说明手机没有问题。无法正常地完成初始化和充电的故障原因有:车载电话控制单元没有工作或损坏,收音机内部电路有故障,车载电话控制单元和收音机之间电路有问题,手机适配器线路有故障问题。

根据电路图,首先检查车载控制单元的熔断丝 S10(位于仪表台左侧的熔断丝插座),熔断丝正常。然后分别拆下收音机和车载电话控制单元 J412 连接器,分别测量车载电话控制单元的供电和接地线,发现连接正常,再测量控制单元到收音机的信号和音频线也连接正常,线路也正常。由于收音机可以正常工作,加之该车原配的手机在车载适配器中曾充坏了原配的电池,从而确定车载电话控制单元损坏。更换一只新的车载电话控制单元 J412,并初始化后试车,车载电话工作正常。

知识拓展

一、车载蓝牙系统

车载蓝牙系统中的蓝牙技术是从手机的蓝牙技术延续下来的,拥有相同的发射系统。

车载蓝牙的功能就是自动辨识移动电话,不需要电缆或电话托架便可与手机联机;车主可以不接触手机,甚至双手扶在转向盘上也可以控制手机。车主用语音指令控制接听或拨打电话,并可以通过车上的音响进行通话。

如果车载蓝牙技术和整个汽车的音响都匹配,则在来电时,可以自动切换音响的声音、静音,挂掉电话的时候声音就自动恢复。

安装车载蓝牙系统后,车主在开车接听电话时不需要分散注意力。接听来电时,用户只需轻轻按一个键或通过语音控制就可以接听电话,这样提高了驾驶的安全性和便捷性。

目前大部分车载蓝牙系统支持电话会议,MP3 播放等功能,操作简单,可同时连接多部电话,大大提高了行车安全性。

二、车载电话与车载蓝牙免提电话系统

市场上车载通讯产品主要有两种:车载电话与车载蓝牙免提电话系统,二者主要区别是:车载电话需要插入 SIM 卡,而车载蓝牙免提电话系统则不需要;车载蓝牙免提电话系统是利用蓝牙与手机配对后,开始进行通信。

三、车载蓝牙免提电话系统的组成

蓝牙车载免提系统由以下模块组成：蓝牙免提控制器、蓝牙手机、蓝牙无线耳机、显示屏。各模块之间的关系如图 4.4.10 所示。

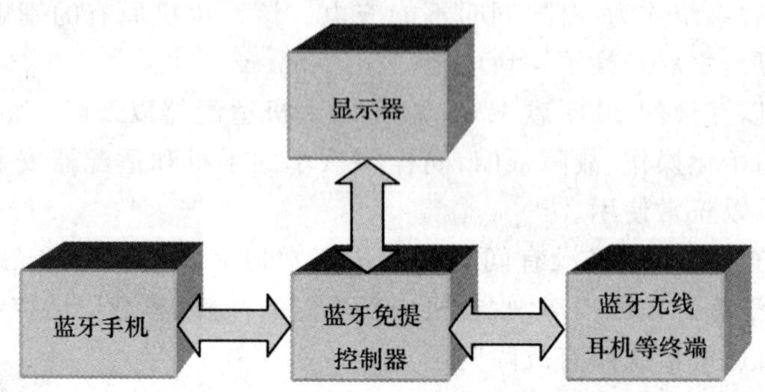

图 4.4.10　车载蓝牙免提电话系统

课后练习

1. 车载电话系统有什么优点?
2. 简述上海别克君威 GS 轿车车载电话系统的组成。
3. 如何诊断上海别克君威 GS 轿车车载电话系统常见故障?
4. 简述奥迪 A6 轿车车载电话的安装及设定过程。

任务 4.5　汽车导航系统检修

【知识要求】

➢ 能正确讲述汽车导航系统的组成和各部分功用；
➢ 能正确描述汽车导航系统的工作原理及系统的控制方法；
➢ 能正确识读和分析汽车导航系统电路图；
➢ 能正确描述汽车导航系统的故障诊断方法。

【能力要求】

➢ 会正确使用汽车导航系统；
➢ 会分析诊断和排除汽车导航系统常见故障。

任务描述

一位客户反映他所驾驶的丰田威驰轿车，启动汽车欲行车时，按下导航接收器电源按钮时，发现导航系统不能工作。现在请你对客户轿车的导航系统进行检修。

相关知识

随着经济水平的提高，人们自行驾驶车辆出行的机会越来越多，但因为对道路不熟悉，走弯路走错路时常发生，而汽车导航系统的出现就能很大程度避免这种情况发生，驾驶员只要将目的地输入系统，导航系统就会根据电子地图自动计算出最合适的路线，并在车辆行驶过程中必要的时刻(例如转弯前)提醒驾驶员按照计算的路线行驶。在整个行驶过程中，驾驶员根本不用考虑该走哪条路线，就能轻松快捷地到达目的地。

一、什么是汽车导航系统

汽车导航系统是一种先进的仪器，置于现有的音响系统上，能够侦测汽车在行驶途中的位置，协助驾驶者在陌生的道路环境中，通过电子地图与话音指南，准确地掌握前往目的地的路线。导航系统之所以能够侦测到汽车的现在位置，有赖于全球定位系统(Global Positioning System,GPS)卫星与汽车上专用天线的配合。然而，假如汽车处于隧道之内，天线便无法接收从卫星传送的电波，而需要采用感应器与车速脉冲两者结合的方法，修正汽车的当前位置。此外，驾驶员可以利用比例放大或缩小的功能，将地图拉近或拉远，以更细微或更宏观的角度来审视目前的所在地。

二、汽车导航系统的功能

1. 导航功能

使用者在汽车导航系统上任意标注两点后，导航系统便会自动根据当前的位置，为车主设计最佳路线。有些系统还有修正功能，假如用户因为不小心错过路口，没有走汽车导航系统推荐的最佳线路，车辆位置偏离最佳线路轨迹 200 m 以上，汽车导航系统会根据车辆所处的新位置，重新为用户设计一条回到主航线路线或为用户设计一条从新位置到终点的最佳线路。

2. 电子地图

汽车导航系统都配备了电子地图，一般覆盖全国各大省会城市。功能强大的地图系统还包含了中小城市，可以随时查看目的城市的交通、建筑等情况。

3. 转向语音提示功能

如果前方遇到路口需要转弯，系统具有转向语音提示功能，这样可以避免车主走弯路。此外，可以查阅街道及其周围建筑物，甚至可能具有一些城市交通中的单行线、禁左、禁右等路况信息供查询。

4. 定位功能

汽车导航系统通过接收卫星信号，准确的定位车辆所在的位置。如果导航系统内带有地图的话，就可以在地图上相应的位置用一个记号标记出来。同时，汽车导航系统还可以显示方向、海拔高度等信息。

5. 测速功能

通过汽车导航系统对卫星信号的接收计算，可以测算出车辆行驶的具体速度。

6. 显示航迹

如果去一个陌生的地方，汽车导航系统带有航迹记录功能，可以记录下用户车辆行驶经过的路线，误差小于 10 m，甚至能显示 2 个车道的区别。回来时，用户可以启动它的返程功能，让它领着你顺着来时的路线返回。

7. 信息检索功能

根据情况使用不同的检索功能，快速将待查地点显示在画面上。

8. 娱乐功能

可以接收电视，播放娱乐光盘等。

三、汽车导航系统的组成与工作原理

汽车导航系统包括两大部分：全球卫星定位系统 GPS 和车辆自动导航系统。汽车导航系统一般由 GPS 天线，集成了显示屏幕和功能按键的导航接收器总成，以及语音输出设备(一般利用汽车音响系统输出语音提示信息)组成。受车内空间的限制，多数汽车导航接收器和汽车音响集成在一起，如图 4.5.1 所示。

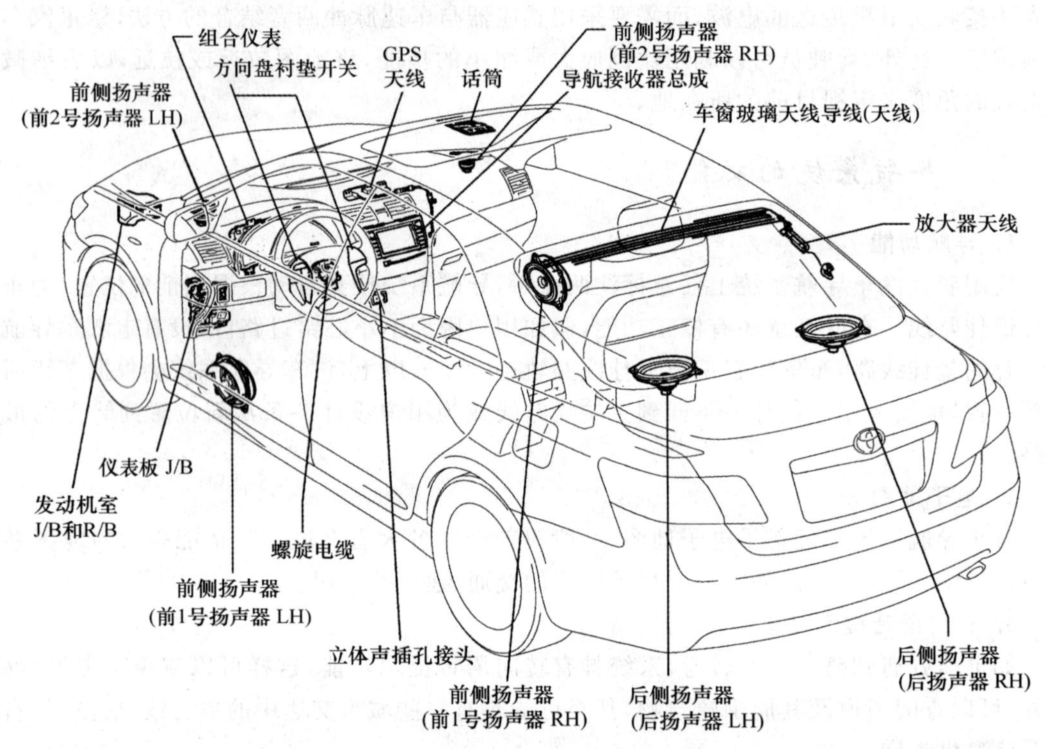

图 4.5.1　汽车导航系统的组成

1. 全球卫星定位系统

在汽车导航系统中，使用来自 GPS 卫星的无线电波来检测车辆的绝对位置。

全球定位系统 GPS 是美国军方耗时 20 年，花费 1 000 亿美元于 1993 年建成的。该系统由距地面 21 000 km、在 6 个轨道面上均匀布置的 24 颗地球同步卫星组成。GPS 系统卫星组成图如图 4.5.2 所示。全球定位系统 GPS 能根据发射的这些卫星提供的信号随时确定车辆当前的准确位置。

(1) GPS 的组成及工作原理

GPS 主要是由空间部分(导航卫星)、地面站(监控部分)、用户设备(GPS 接收器)组成。在全球任何地方，任何时刻都至少能看到 4 颗 GPS 导航卫星。

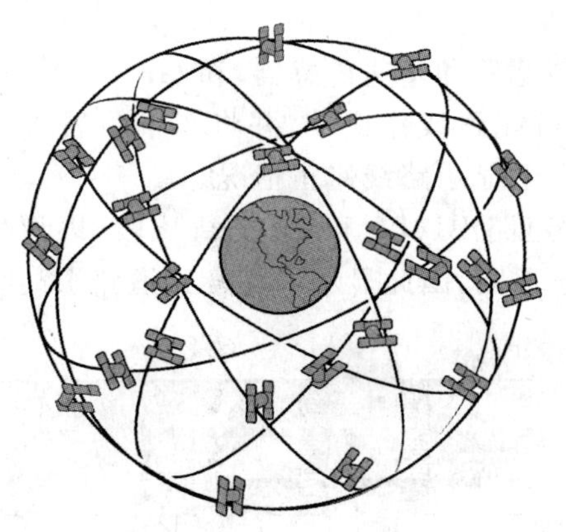

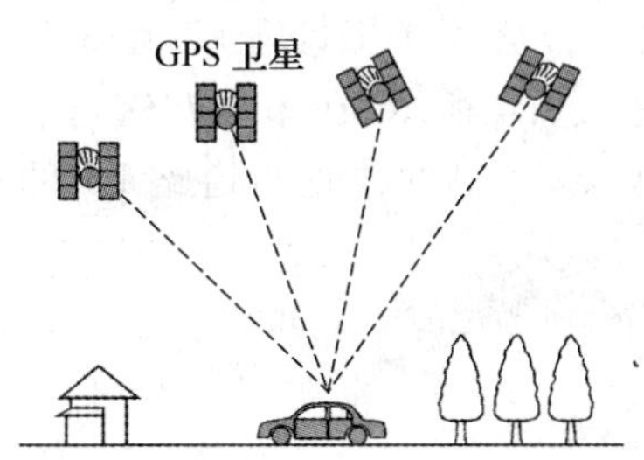

图 4.5.2　GPS 系统卫星组成图

导航卫星采用无源工作方式，凡是有 GPS 接收设备的用户都可以使用 GPS 系统。确定物体位置可通过测量电波从卫星至接收器的传播时间来进行计算。理论上当接收器接收到 3 颗卫星的信号时，就可以测出接收器在地球上的位置坐标(经度、纬度和高度)。但考虑到实际空间中存在许多误差因素，所以通过第四颗卫星来作“双重检验”，以清除这些因素的影响。

(2) GPS 系统主要用途

① 卫星通信：用于电话、广播、电视、通信等领域；

② 卫星遥感：用于气象、军事、农业、地质地貌、地震监测、国土资源开发等领域；

③ 卫星定位：用于地面上一切活动目标的定位，如人、汽车、火车、轮船及飞机等。

目前可提供 3 种定位服务，一是采用粗码为民间一般用户服务，定位精度为 100 m 左右；二是采用精码，供民间特许用户使用，定位精度为 10 m；三是采用超精码，专为美国军方服务，定位精度在 3 m 以内。

2. 车辆自动导航系统

在车辆自动导航系统中，系统根据导航接收器总成中的陀螺仪和车速传感器来确定车辆的运动轨迹，从而确定车辆的相对位置。

陀螺仪传感器位于导航接收器总成内，它通过检测角速度来计算方位，但当汽车长距离行驶没有中断时，其方向误差有可能产生积累。车速传感器用于计算车辆运动距离。

(1) 车辆地理位置定位原理

汽车导航系统根据全球卫星定位系统 GPS 测定的车辆绝对位置和车辆自动导航系统中测定的车辆相对位置来计算车辆当前的实际位置。

计算车辆当前实际位置的 3 种信号：

① 根据车速传感器所确定的汽车行驶距离。

② 根据陀螺仪所确定(角速度传感器)的汽车转弯角度。

③ 根据 GPS 天线所确定(GPS 信息)的汽车行驶方向。

当前汽车的实际位置可以通过从上一计算位置开始的行驶距离和方向而得到，如图 4.5.3所示。行驶距离的计算是通过汽车速度传感器输入信号得到的，所以在轮胎磨损后会导致计算错误。为避免这种情况，采用了自动距离修正功能。汽车行驶方向的改变是由陀螺仪(角速度传感器)和 GPS 天线(GPS 信息)所计算得到的。

(2) 地图匹配原理

当前的驾驶路线由自动导航(根据陀螺仪传感器和车速传感器)和 GPS 导航计算得出。随后将该信息与 DVD 光盘地图数据中得出的可能路线作比较,并将车辆位置设定到最合适的路线上。经过地图匹配后,系统将在显示器上显示路线修正情况。

如图 4.5.4 所示,在车辆右转弯后,系统对道路 L1、L2 和 L3 进行比较,以评估行驶路线。在 A 点,车辆的位置与道路 L1 的形状明显不同,因此显示屏切换到道路 L2 上。

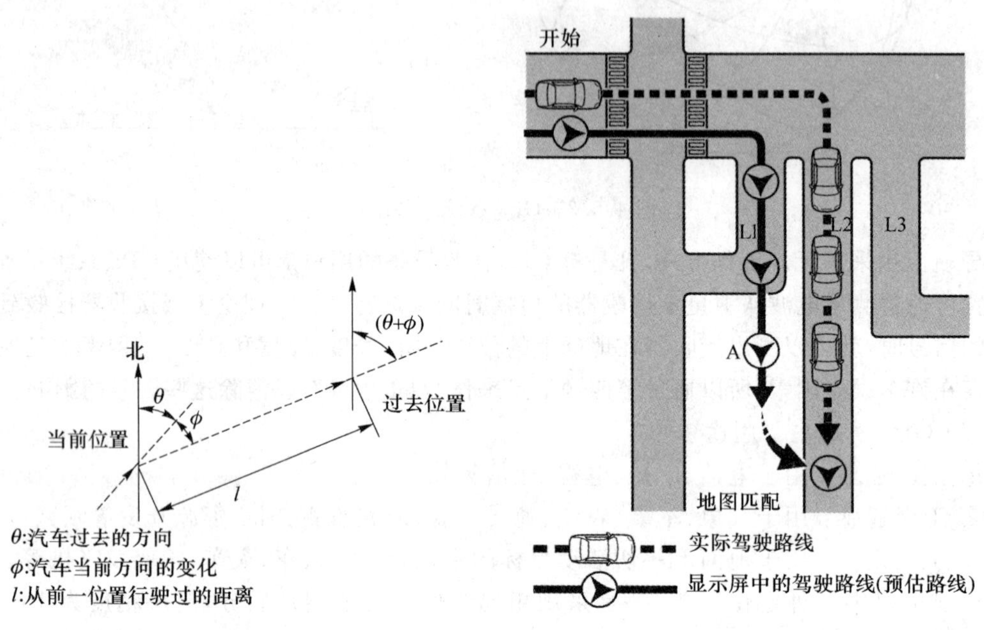

图 4.5.3　当前汽车位置的确定　　　　图 4.5.4　地图匹配

3. 汽车导航系统的工作过程

目前世界上应用较多的导航系统都自带电子地图,定位和导航功能全部由车载设备完成。它的工作过程主要有以下几个步骤。

(1) 用户输入目的地。在出发前,用户通过系统提供的输入方法将目的地输入到导航设备中。根据输入设备的不同,可以有不同的地名输入方法,依靠键盘或触摸屏可以实现几乎所有功能按键的功能。为了安全性的要求,目前人们也在开发基于语音识别技术的产品。

(2) 行驶路线的计算。汽车导航系统中至关重要的一部分是存储在光盘或内置存储器(如硬盘)中的电子地图。电子地图中存储了一定范围内的地理与道路和交通管制信息,与地点对应存储了相关的经纬度信息。

汽车导航系统根据 GPS 系统测定的车辆绝对位置和车辆自动导航系统中测定的车辆相对位置来计算车辆当前的经纬度,通过与电子地图中数据的对比,就可以随时确定车辆当前所在的地点。

一般汽车导航系统将车辆当前位置默认为出发点,在用户输入了目的地之后,导航系统根据电子地图上存储的地图信息,就可以自动计算出一条最合适的推荐路线。在有的系统中,用户还可以指定途中希望经过的途径点,或者指定一定的路线选择规则(如不允许经过高速公路、按照行驶路线最短的原则等)。推荐的路线将以特殊的方式显示在屏幕上的地图中,同时屏幕上也时刻显示出车辆的当前位置,以提供参考。

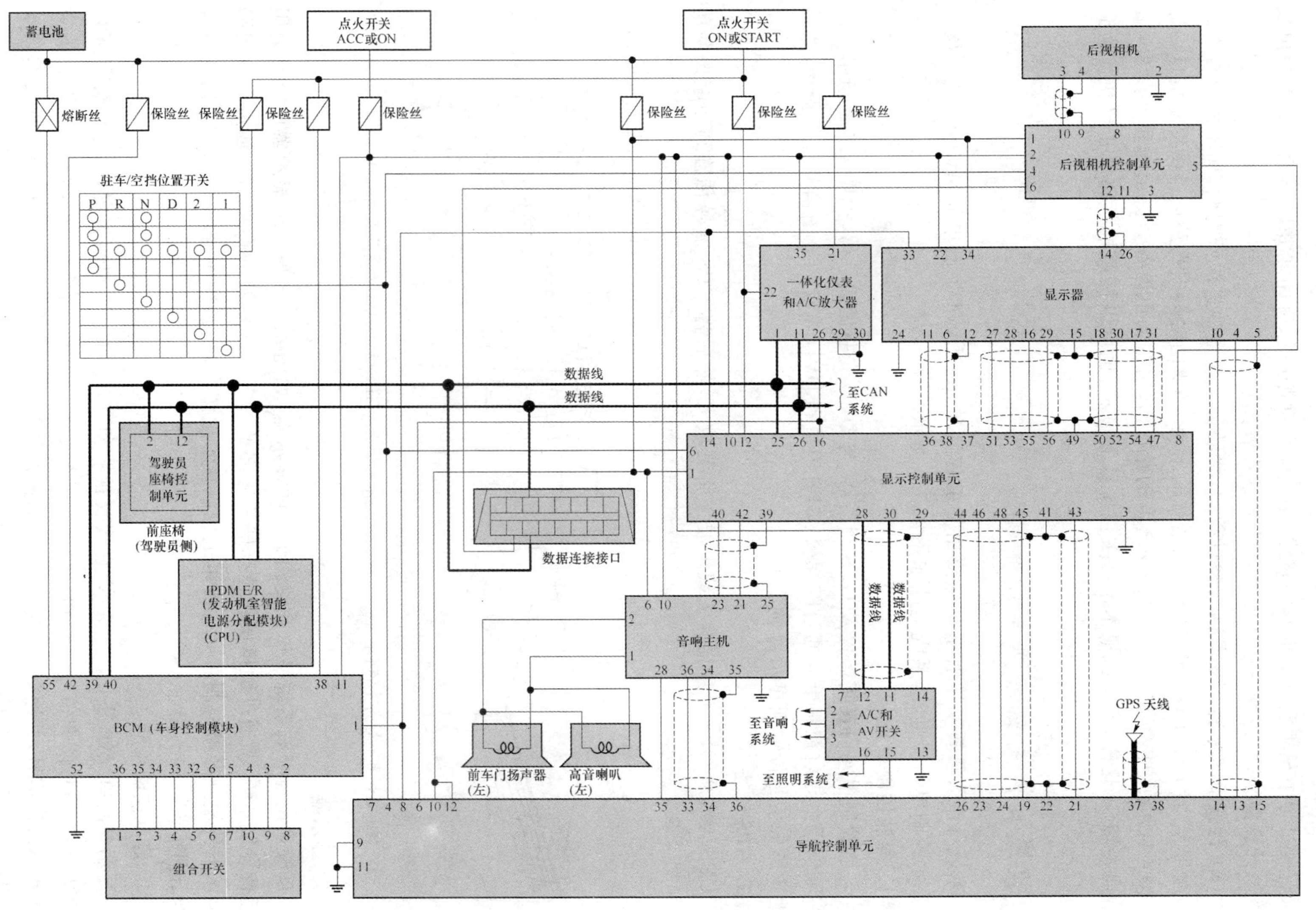

图 4.5.5　东风日产天籁轿车导航系统电路图

如果行驶过程中车辆偏离了推荐的路线，系统会自动删除原有路线并以车辆当前点为出发点重新计算路线，并将修正后的路线作为新的推荐路线。

(3) 行驶中的导航。在车辆行驶过程中，驾驶员必须全神贯注于驾驶，而不能经常去查看显示屏幕。因此，车辆导航系统利用语音输出，在必要的时刻向驾驶员提供提示信息。比如，车辆按照系统推荐路线行驶到应该转弯的路口前，语音输出设备会提示驾驶员："300 m后请向左转"。这样，驾驶员根本不必关注屏幕的显示，也可以按照推荐路线正确快捷地到达目的地。

四、东风日产天籁轿车导航系统

东风日产天籁轿车导航系统主要由导航控制单元(NAVI 控制单元)、GPS 天线、显示器、显示控制单元等组成，系统电路如图 4.5.5 所示。

1. 导航控制单元

导航控制单元内置陀螺仪及 GPS 调谐器，与 DVD 光驱做成一体，如图 4.5.6 所示。汽车实际位置由导航控制单元通过陀螺仪、GPS 卫星和 DVD 光盘的地图信号计算得到，然后把地图图像信号传输到显示器显示出来。

2. GPS 天线

GPS 天线从 GPS 卫星接收无线电波并将其放大，然后将 GPS 信号传输到导航控制单元，如图 4.5.7 所示。

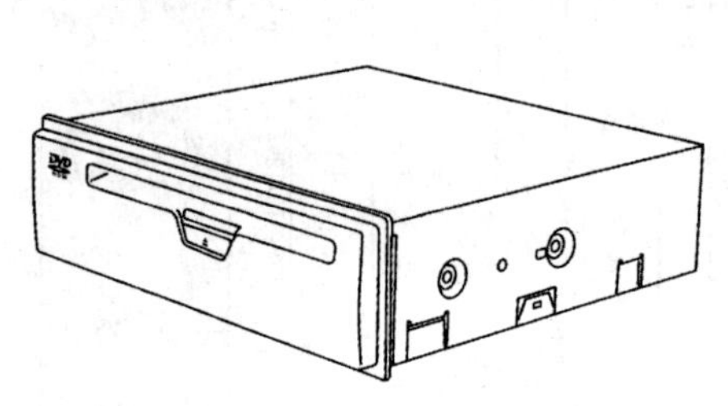

图 4.5.6 导航控制单元

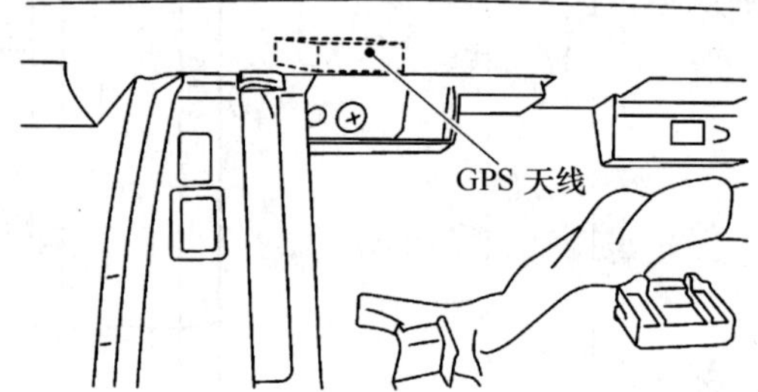

图 4.5.7 GPS 天线位置(去除显示器后的视图)

3. 显示器

系统采用与导航系统操作开关相集成的显示器，如图 4.5.8 所示。显示器面板开关用来运行导航系统，并通过触摸操作位于屏幕边部的开关。显示器的操作信号通过通信线路从显示器传输到导航控制单元。屏幕上可以显示地图窗口、音响和空调状态、倒车时的后视图像、时间等。

4. 显示控制单元

显示控制单元如图 4.5.9 所示，它接收音响和空调屏幕、驾驶信息屏幕、燃油耗尽屏幕等的状态，然后将图像信号传输到显示屏幕。显示控制单元接收来自 A/C 和 AV 开关的空调和音响操作信号，并通过通信线路将音响操作信号传送到音响单元，通过 CAN 通信将空调的操作信号传送到仪表和 A/C 放大器。

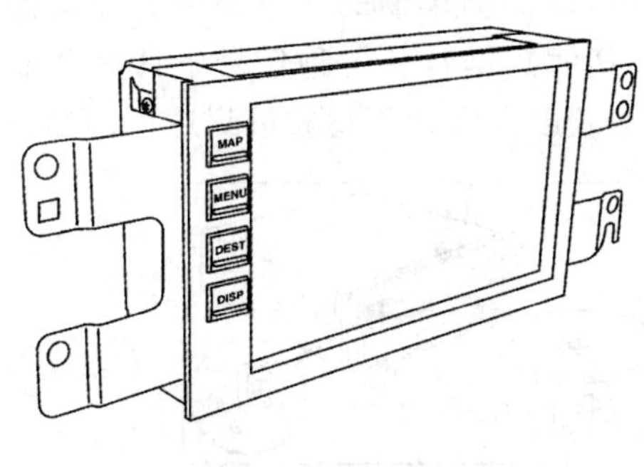

图 4.5.8　显示器

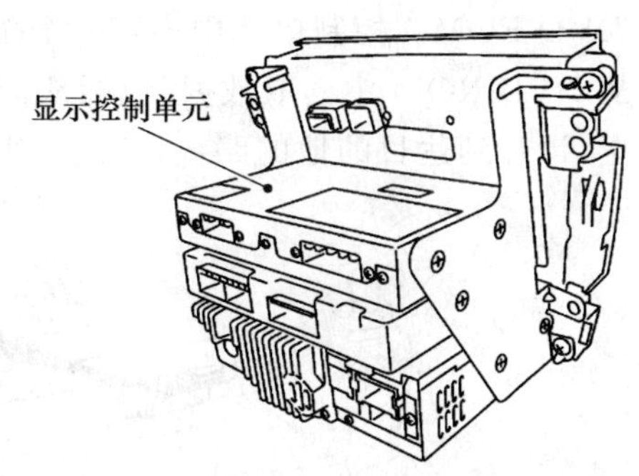

图 4.5.9　显示控制单元

五、一汽 MAZDA M6 轿车导航系统

一汽 MAZDA M6 轿车导航系统采用车内导航系统与地图匹配功能相结合，用以提高车辆位置探测的精确性。通过使用外部信号输入与 DVD-ROM 信息，该系统可探测车辆位置、提供目的地路线指导以及显示彩色地图。导航系统元件布置如图 4.5.10 所示。

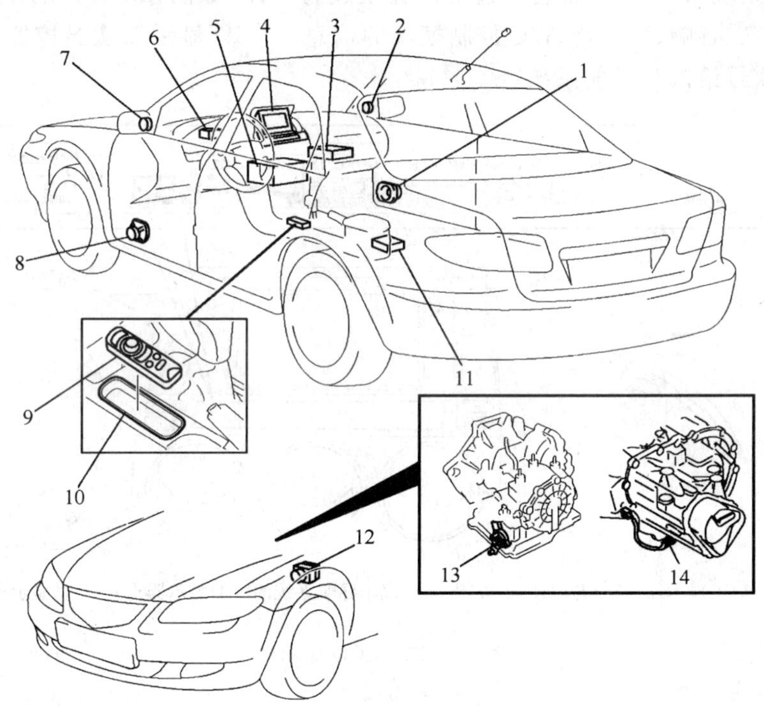

1—前车门扬声器（右）；2—高频扬声器（右）（BOSE）；3—汽车导航控制单元；4—LCD显示器；5—音响主机；6—GPS天线；7—高频扬声器（左）（BOSE）；8—前车门扬声器（左）；9—遥控装置；10—托架；11—音响扩音器（BOSE）；12—DSC HU/CM（带DSC）或ABS/TCS HU/CM（带ABS/TCS）；13—TR开关（ATX）；14—倒车灯开关（MTX）

图 4.5.10　导航系统元件布置图

1. 汽车导航控制单元

汽车导航控制单元位于杂物箱内，如图 4.5.11 所示。采用弹出式按钮，可从装载槽中

弹出 DVD-ROM。控制单元中内置一个陀螺传感器,以探测车辆的转弯角度。导航控制单元可从 DVD-ROM 中读取数据(包括地图、声音与其他数据),从各种信号中计算并显示车辆位置,计算到达目的地的路线,通过使用地图屏幕或声音来指导驾驶员到达目的地。

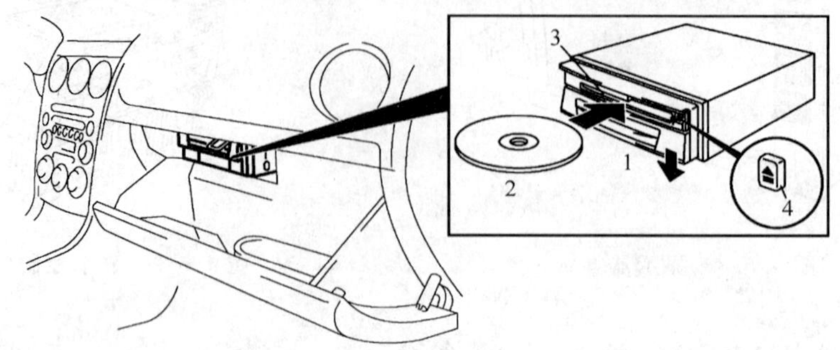

1—汽车导航控制单元;2—DVD-ROM;3—DVD-ROM装载槽;4—弹出按钮(EJECT)

图 4.5.11　汽车导航控制单元

2. LCD 显示器

汽车导航系统 LCD 显示器与信息显示器集成为一体,如图 4.5.12 所示。LCD 显示器可显示导航信息、音响、DIS 及 A/C 控制模块的信息。LCD 显示器从遥控器接收使用者的操作,并发送信号给汽车导航系统。

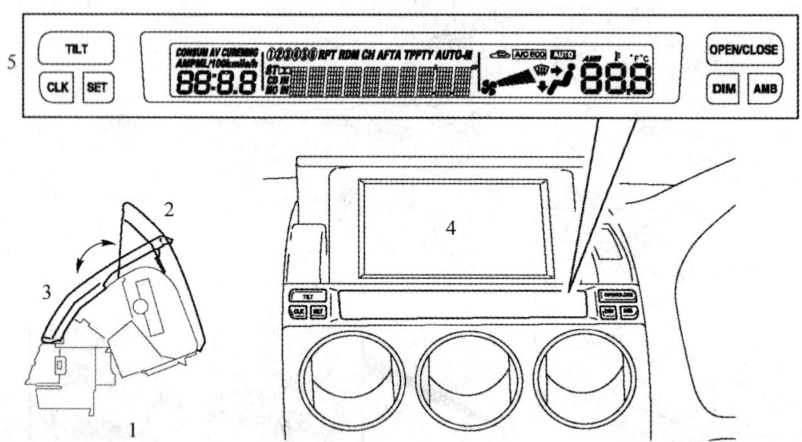

1—LCD显示器;2—开启;3—关闭;4—汽车导航系统的LCD显示器;5—信息显示器

图 4.5.12　LCD 显示器

3. GPS 天线

GPS 天线从卫星接收 GPS 信号。

4. Gyro(陀螺仪)传感器

Gyro 传感器位于汽车导航控制单元内部,向导航控制单元中的 CPU 发送横摆率信号。

5. TR 开关(ATX)或倒车灯开关(MTX)

TR 开关(ATX)或倒车灯开关(MTX)向汽车导航控制单元发送倒挡信号

6. DSC 装置(带有 DSC)或 ABS/TCS HU/CM(带有 ABS/TCS)

通过 CAN 系统向汽车导航控制单元发送车速信号。

7. 前扬声器与高频扬声器

前扬声器与高频扬声器位于驾驶员一侧，输出声音与音响声音。

8. DVD ROM

DVD ROM 位于汽车导航控制单元内部，记录每一国家的地图信息数据和用来指导路线的声音(话音)数据、用来搜寻路径的路径信息数据。

9. 遥控装置和托架

遥控装置与托架位于控制台上，控制汽车导航系统的按钮与操纵杆位于遥控装置顶端。红外线传输器通过在遥控装置前部及后部的终端发送信号。

任务实施

一、东风日产天籁导航系统的故障诊断

当导航控制单元，显示器，GPS 天线，DVD 光驱，导航控制单元与显示器之间的信号，显示器与显示控制单元之间的信号出现故障时，导航控制单元可以诊断出这些故障。

导航系统故障自诊断步骤如下：

(1) 依次按下显示器上的“MENU”开关→“DEST”开关→“MENU”开关→“DEST”开关，然后同时按下“MAP” 和“DISP”开关，如图 4.5.13 所示，系统即进入自诊断状态。当启动自诊断功能时，显示器将显示诊断检查屏幕，如图 4.5.14 所示。

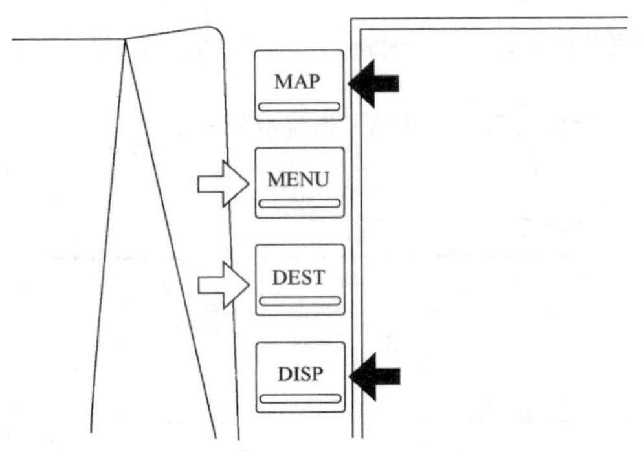

图 4.5.13　触发自诊断

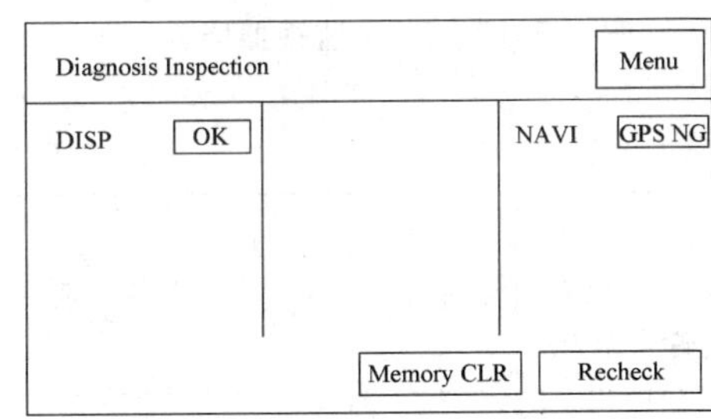

图 4.5.14　诊断检查屏幕

(2) 在诊断检查屏幕上触摸“MENU”，即会出现诊断菜单屏幕，如图 4.5.15 所示，然后触摸“Service Check”，系统进入维修检查模式屏幕，如图 4.5.16 所示。

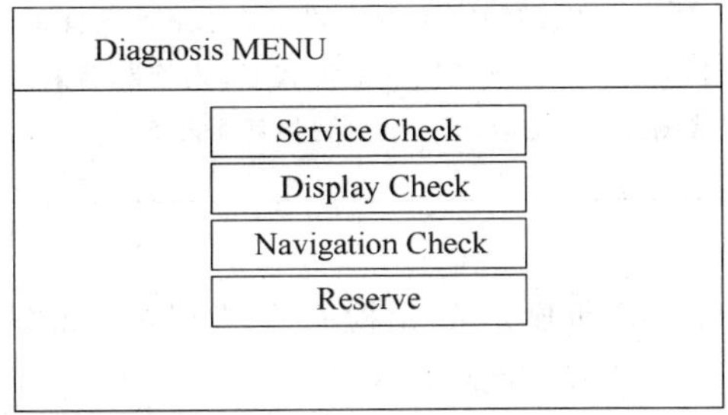

图 4.5.15　诊断菜单屏幕

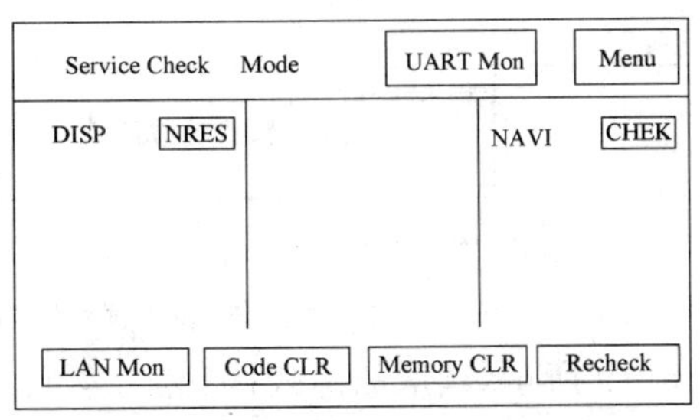

图 4.5.16　维修检查模式屏幕

(3) 系统在维修检查模式屏幕上读取诊断结果,当"DISP"和"NAVI"同时显示"OK"时,转至第(4)步;当显示"EXCH"或"CHEK"时,转至第(6)步;当显示"NCON"或"NRES"时,转至第(8)步。

(4) 在维修检查模式屏幕上触摸"LAN Mon",显示LAN监视器屏幕,如图4.5.17所示,可以读取导航控制单元与显示器之间通信的诊断结果。如果"DISP"和"NAVI"同时显示"OK",触摸"MENU"返回到维修检查模式屏幕后,转至第(5)步;当显示"CHEK"时,触摸"MENU"返回到维修检查模式屏幕后,转至第(7)步;当显示"NCON"或"NRES"时,触摸"MENU"返回到维修检查模式屏幕后,转至第(8)步。

(5) 在维修检查模式屏幕上触摸"UART Mon",显示UART监视器屏幕,读取显示器与显示控制单元之间通信的诊断结果,如图4.5.18所示,然后参照UART故障代码清单进行诊断,见表4.5.1。如果没有显示UART故障代码,则诊断结果正常,诊断结束。

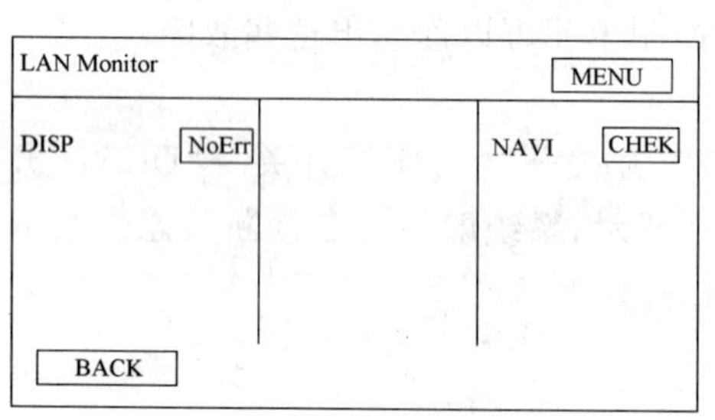

图4.5.17　LAN监视器屏幕

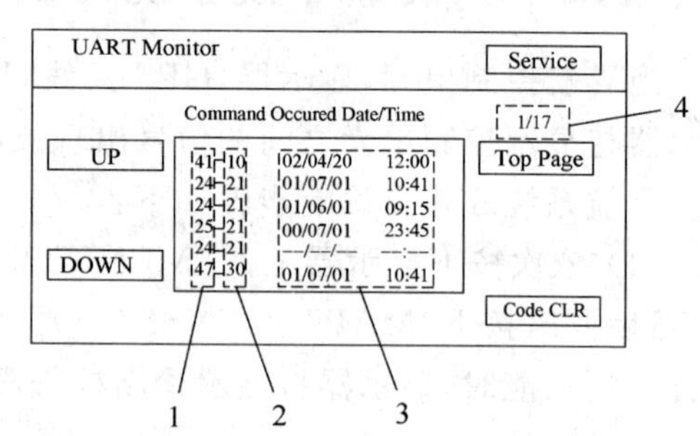

1—检测到的命令代码;2—检测到的故障代码;3—记录故障

图4.5.18　UART监视器屏幕

表4.5.1　UART故障代码清单

UART命令代码	UART故障代码	诊断项目	说　明	措　施
-(*)	02	传输故障	重新测试传输。	1. 检查显示控制单元和显示器的电源和接地线路。 2. 检查显示控制单元和显示器之间的通信信号。 3. 上述检查后如果没有发现任何故障,更换显示控制单元或显示器,然后启动导航控制单元自诊断来清除故障代码。 4. 清除故障代码后,重新启动导航控制单元自诊断。如果没有检测到相同的故障代码,则诊断结束。如果检测到相同的故障代码,则更换其他设备。
25	20	连接检查没有响应	启动系统后,5 s之内接收不到连接响应(在显示器和显示控制单元之间不能建立通信信号连接)。	
71	21	周期性通信故障	操作检查停止5 s。	

*:所有UART命令均适用。

(6) 在维修检查模式屏幕上触摸"EXCH"或"CHEK"即显示单元检查模式屏幕,如图4.5.19所示,读取故障代码,然后参照故障代码清单进行诊断,见表4.5.2。

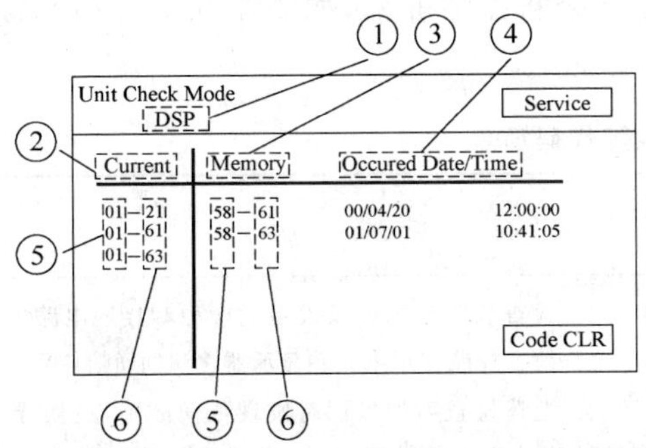

1—适用设备名称；2—启动导航控制单元自诊断后检测到的故障代码；3—记忆的故障代码；4—故障代码记忆的日期和时间；5—适用单元代码；6—当前或过去检测到的故障代码

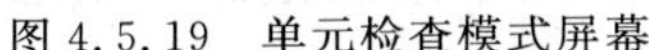

图 4.5.19　单元检查模式屏幕

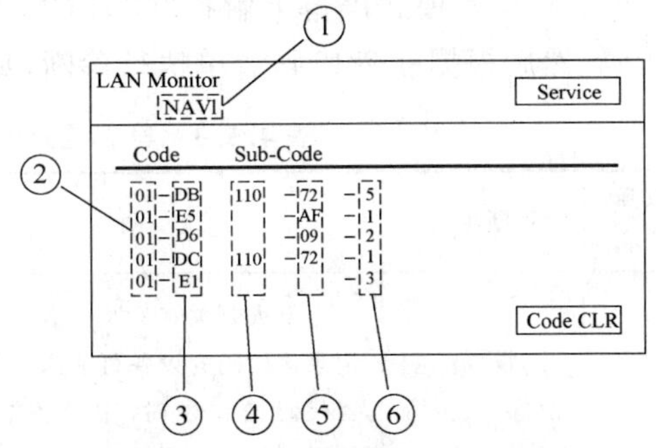

1—适用设备名称；2—适用单元代码；3—检测到的故障代码；4—与故障代码一起记忆的相关设备代码；5—与故障代码一起记忆的连接检查号码；6—与故障代码一起记忆的相同故障代码频率

图 4.5.20　诊断详细屏幕

表 4.5.2　显示器故障代码清单

单元代码	故障代码	诊断项目	说　明	措　　施
01	21	ROM 故障	检测到 ROM 故障。	更换显示器。
01	22	RAM 故障	检测到 RAM 故障。	
01	D5	未登记的设备	1. 单元代码所显示的设备没有连接，或者在点火开关启动之前没有连接； 2. 启动发动机时，单元代码所显示的设备没有通信。	1. 检查故障代码所显示设备的电源和接地。 2. 检查导航控制单元与显示器之间的通信信号。 3. 上述检查后，如果没有发现任何故障，更换导航控制单元或显示器，然后启动导航控制单元自诊断清除故障代码电路。 4. 清除故障代码后，重新启动导航控制单元自诊断，如果没有检测到相同的故障代码，则诊断结束；如果检测到相同的故障代码，则更换其他设备。
01	D8	连接检查没有响应	启动发动机后，代码所显示的设备没有连接或以前没有连接。	
01	D9	连接检查没有响应	发动机停止前，所运行的设备没有连接或者在点火开关启动前没有连接。	
01	DB	模式状态故障	检测到模式状态故障。	
01	DC	传输故障	本代码所显示设备的传输以前没有工作过。	
01	DE	辅设备重置(短暂开启)	启动发动机后，副设备以前已被断开连接。	
01	E4	多路结构失效	在线路上有多路结构传输。	即便正常也会记录这些故障代码，不需要特殊的措施。
34	10	图像电路故障	图像电路电源故障(异常电压)。	更换显示器。
34	11	背景灯光故障(没有电流)	检测到背景灯光变换器电路输出质量差。	
34	12	背景灯光故障(过电流)	检测到背景灯光变换器电路过量输出。	

(7) 在维修检查模式屏幕上触摸"CHECK"即显示诊断详细屏幕，如图 4.5.20 所示，读取故障代码，然后根据故障代码清单执行诊断，见表 4.5.3。

表 4.5.3　导航控制单元故障代码清单

单元代码	故障代码	诊断项目	说　明	措　施
01	D6	没有主设备	当点火开关在 ON 位置上时，记录该代码的设备可能未连接。当代码被记录时，主设备被拆卸了。	1. 检查故障代码记录设备的电源和接地电路。 2. 检查导航控制单元和显示器之间的通信信号。 3. 上述检查后如果没有发现任何故障，更换导航控制单元或显示器，然后启动导航控制单元自诊断来清除故障代码。 4. 清除故障代码后，重新启动导航控制单元自诊断。如果没有检测到相同的故障代码，则诊断结束。如果检测到相同的故障代码，则更换其他设备。
01	D7	连接检查故障	发动机启动后，存储该代码的设备可能没有连接。或在存储该代码后，主设备被断开。	
01	DC	传输故障	故障代码所显示设备的传输以前没有正常工作。	1. 检查代码所显示设备的电源和接地电路。 2. 检查导航控制单元和显示器之间的通信信号。 3. 上述检查后如果没有发现任何故障，更换导航控制单元或显示器，然后启动导航控制单元自诊断来清除故障代码。 4. 清除故障代码后，重新启动导航控制单元自诊断。如果没有检测到相同的故障代码，则诊断结束。如果检测到相同的故障代码，则更换其他设备。
01	DD	主设备重置（短暂开启）	发动机启动后，主设备已被断开。	1. 检查显示器的电源和接地电路。 2. 检查导航控制单元和显示器之间的通信信号。 3. 上述检查后如果没有发现任何故障，更换导航控制单元或显示器，然后启动导航控制单元自诊断来清除故障代码。 4. 清除故障代码后，重新启动导航控制单元自诊断。如果没有检测到相同的故障代码，则诊断结束。如果检测到相同的故障代码，则更换其他设备。
01	DF	主设备故障	显示器发生故障。	
01	E0	登记结束提醒故障	没有接收到主设备完成登记的提醒命令。	即便正常也会记录这些故障代码。不需要特殊的措施。
01	E2	ON/OFF 指示器参数故障	主设备控制 ON/OFF 的命令有故障。	更换显示器。
01	E3	登记请求传输	由副设备输出的登记请求命令。	即便正常也会记录这些代码。不需要特殊的措施。
01	E4	多路结构失效	在线路上有多路结构传输。	

续表

单元代码	故障代码	诊断项目	说　明	措　　施
58	10	陀螺仪故障	检测到陀螺仪故障(传感器输出电压指示超过限定时间的异常值)。	1. 检查汽车传感器屏幕的陀螺仪输出状况。 2. 如果陀螺仪输出电压超过标准值,更换导航控制单元。
58	11	GPS 接收器故障	检测到 GPS 接收器故障。	检查 GPS 故障。
58	12	GPS 接收器 RTC 故障	GPS 接收器的 RTC 故障。	更换导航控制单元。
58	40	GPS 天线故障	GPS 天线接头断开或故障。	检查 GPS 故障。
58	41	GPS 天线电源故障	GPS 天线信号线路异常电压或短路。	
58	42	地图 DVD ROM 故障	地图 DVD ROM 数据不能读入。	检查地图 DVD 光驱故障。
58	43	车速信号故障	GPS 信号的输入状况与车速信号不一致。	1. 检查汽车传感器屏幕的汽车速度信号。 2. 如果经过以上检查后没有发现任何故障,则更换导航控制单元。
58	44	播放器故障	检查到地图 DVD ROM 插入/退出故障。	1. 检查地图 DVD ROM 插入/退出。 2. 如果插入/退出工作异常,则更换导航控制单元。 3. 如果插入/退出工作正常,启动导航控制单元自诊断,并且清除故障代码。 4. 清除故障代码后,重新启动导航控制单元自诊断。如果没有检测到相同的故障代码,则诊断结束。如果检测到相同的故障代码,则更换导航控制单元。
58	45	高温检测	导航控制单元在高温情况下。	1. 点火开关置于 OFF 位置,搁置一段时间。 2. 启动导航控制单元自诊断,并且清除故障代码。 3. 清除故障代码后,重新启动导航控制单元自诊断。如果没有检测到相同的故障代码,则诊断结束。如果检测到相同的故障代码,则更换导航控制单元。

(8) 检查相关设备的电源和接地电路,检查导航控制单元与显示器之间的通信信号导通性,然后维修有故障的零部件。如果正常,清除记录并再次执行自诊断,如果自诊断结果没有改变,更换相关的设备。

二、一汽 MAZDA M6 导航系统的故障诊断

当导航系统发生故障时，用表 4.5.4 检验故障症状，以确定故障的正确性。

表 4.5.4 故障症状表

序号	故障现象	故障原因
1	当汽车倒车时，汽车定位器标记为向前。	汽车导航控制单元 R 挡（ATX）或倒挡（MTX）挡位信号故障；汽车导航控制单元故障；汽车导航控制单元和挡位开关之间的线束故障；挡位开关故障。
2	在导航模式下，汽车定位器标记跳跃。	导航控制单元车速信号线故障；导航控制单元故障；ABS（或 ABS/TCS）HU/CM 故障（带 ABS 或 ABS/TCS 系统）；DSC HU/CM 故障（带 DSC 系统）；导航控制单元与仪表板之间的线束故障。
3	即使打开前大灯开关，白天显示屏也不转变为夜间显示屏（前、后组合灯工作正常）。	LCD 单元 TNS（＋）信号线故障；LCD 单元故障；LCD 单元与 TNS 继电器之间的线束故障。

案例分析

一、装有新科 GM-701C 型卫星导航接收器不能工作

故障现象：启动汽车，汽车将要行车时，按下导航接收器电源按钮时，发现导航系统不能工作。

故障诊断与排除：把点火开关转至 ACC 挡（点烟器电源控制挡，不同车型控制可能不一样），拔出汽车电源连接器与点烟器插孔连接的一端，测量点烟器插孔电压，显示蓄电池电压，由此可判定汽车电源连接器自点烟器插孔线路良好，故障应出现在导航接收器。更换一台导航接收器后，系统能正常工作。把导航接收器送到新科卫星导航接收器售后服务维修站进行检修，修好后再装于车上，卫星导航接收器能正常工作，故障排除。

二、威驰轿车车辆极大地偏离 GPS 指示的位置

故障现象：一辆威驰轿车，车辆极大地偏离 GPS 指示的位置。

故障诊断与排除：首先启动车辆，打开导航接收器电源开关，并使导航系统显示出地图，然后将车辆行驶到良好视野的空旷场地上，并检查是否显示“GPS”标记。经检查发现，该车的导航系统只能显示地图，不能显示“GPS”标记。随后根据驾驶员手册的操作步骤，修正了车辆的正确位置。

由于该车装备的导航系统具备自诊断功能，决定先对导航系统进行自诊断。于是按照规定操作，将车辆停止，并拉紧驻车制动器手柄，打开点火开关到 ON 位置（ACC 位置也可），然后在多功能显示屏上按住 INFO 开关，操纵示宽灯开关，通过从 OFF-TAIL-OFF-TAIL-OFF-TAIL-OFF-TAIL-OFF，系统进入了故障诊断界面。经观察发现，系统中存在

车速信号不良故障码，检查并记录故障代码。

将故障代码清除后进行路试，结果故障再次发生。根据车速信号不良的故障代码的提示，首先应检查车速输入信号是否正常，同时与 GPS 自诊断系统的车速信号对比，以确认车速是否相吻合。如果存在较大的误差，需要利用示波器检查车速的波形，同时还应进一步检查车速传感器和相关的线路是否正常。

经检查确认车速信号没有问题，然后再决定检查车辆上是否存在其他的光学组件（雷达测试器），有无油雾贴在窗户上，或有任何金属物质吸附在仪表板上。经检查发现，此车装有雷达探测器，且在窗户和前风挡玻璃上贴有防爆膜。在用专用的连接线将 GPS 卫星接收天线引导到车外后，对该车进行路试，结果地图上显示的位置与车辆的实际位置相吻合，但导航系统仍无声音引导。

由于导航系统的声音是靠扬声器发出的，根据维修手册，经使用收音机试验，扬声器能够正常地发声，利用万用表测量扬声器的电阻为 4 Ω，因此可以确定扬声器无故障。再检查了相关的线路，但依然没有发现任何异常之处。至此，判定故障应在导航系统本身。更换导航系统控制单元后，故障排除。

三、显示屏上“GPS”图标颜色呈灰色或不显示

故障现象：显示屏上的全球定位系统图标“GPS”颜色呈灰色或不显示。

故障诊断与排除：这说明导航系统没有卫星信号。导航系统接收到信号时，全球定位系统的图标应呈激活状态的绿色。出现此类故障时，可参考下面的步骤进行检查。

(1) 检查前风挡玻璃是否贴有太阳膜，如果有，应改变车载 GPS 天线的位置进行试验。太阳膜对汽车 GPS 天线和遥控器信号均有一定的屏蔽作用，特别是金属太阳膜。可以使用延长线将 GPS 天线移到没有贴太阳膜的玻璃处或接出车外，这样操作后如果可以接受到信号，说明是太阳膜的原因；如果没有信号出现，说明 GPS 天线或导航控制单元性能不良。有些 GPS 天线与收音机的天线制成一体，安装在后风挡玻璃上或车顶；检查车体周围有无屏蔽物遮挡，应将车辆移到户外空旷处继续检查。车辆在高层建筑、隧道以及地下停车场时，导航信号可能被屏蔽。

(2) 检查车体周围有无屏蔽物遮挡，应将车辆移到户外空旷处继续检查。车辆在高层建筑、隧道以及地下停车场时，导航信号可能被屏蔽。

(3) 检查导航控制单元是否进水，如果在仪表板上放置水杯可能导致导航控制单元和导航接收器进水。

知识拓展

汽车导航系统的使用

别克君威导航系统操作面板如图 4.5.21 所示。

1. 启用导航系统

按下 NAV（导航）按钮，打开导航菜单，如图 4.5.22 所示。选择开始导航，按下 NAV 按钮，显示屏上会显示当前位置的地图，如图 4.5.23 所示。

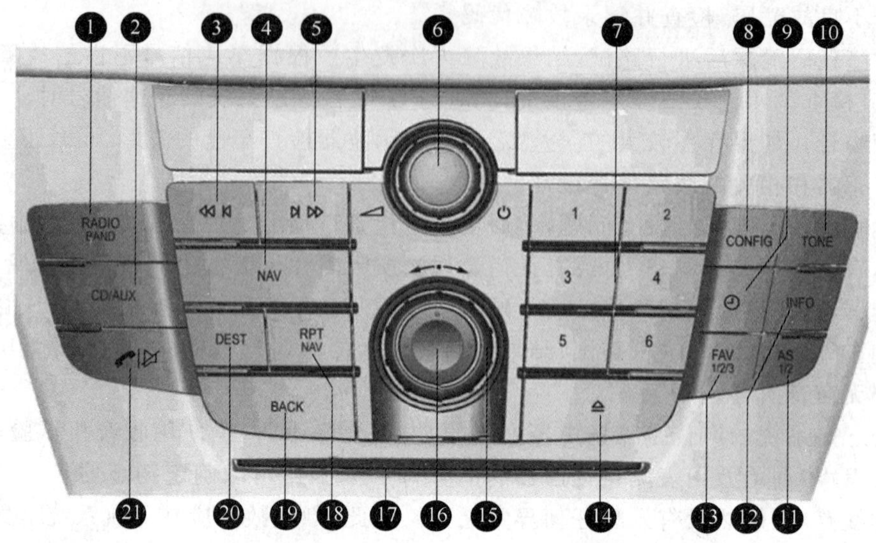

1—收音机/波段；2—音源CD/MP3；3—向后；4－导航；5—向前；6—音量/开关按钮；7—收音机电台按钮1-6；
8—系统设置；9—时钟；10—音调设置；11—自动保存；12—附加信息；13—收藏；14—弹出CD；
15—多功能旋钮/在菜单中进行选择和导航的中央控制装置；16—八向开关；17—CD装载槽；
18—重复播放上次的导航信息；19—回退；20—目的地；21—电话/静音

图 4.5.21　汽车导航系统操作面板

2. 输入目的地

按下 DEST(目的地)按钮;在“输入目的地”菜单中有一些选项可用,如图 4.5.24 所示。

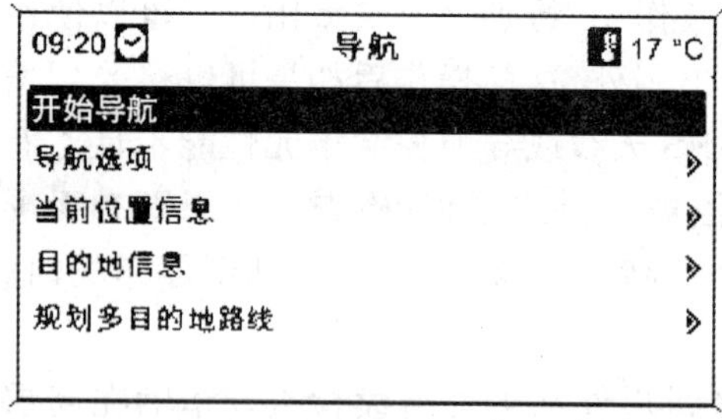

图 4.5.22　汽车导航菜单

图 4.5.23　当前位置地图

3. 启用路线导航

完成所需目的地的输入或选择后,选择“开始导航”启用路线导航,如图 4.5.25 所示。

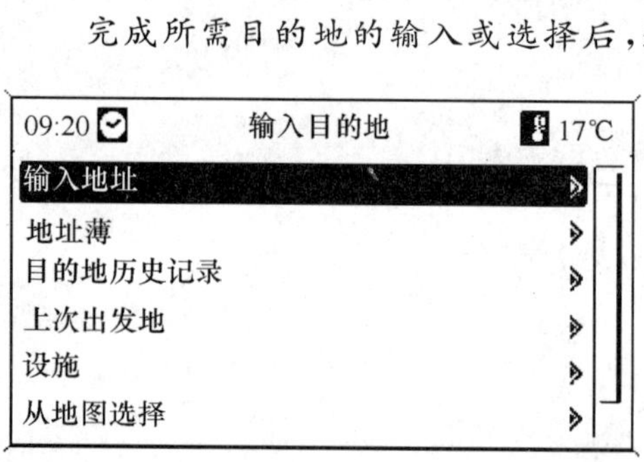

09:20　输入目的地　17℃

输入地址
地址薄
目的地历史记录
上次出发地
设施
从地图选择

图 4.5.24　输入目的地菜单

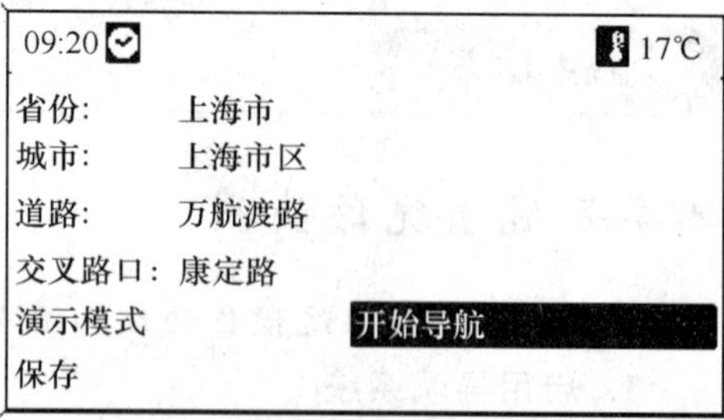

图 4.5.25　开始导航

4. 路线导航启用时的功能

按下 NAV(导航)按钮可打开导航菜单。在路线导航启用的情况下,还有一些菜单可用,如图 4.5.26 所示。

(1) 停止导航。选择“停止导航”后,启用的路线导航会停止。路线导航未启用时的菜单选项会显示出来,如图 4.5.22 所示。

(2) 导航选项。在显示的子菜单中,会有带有更深层次子菜单的选项,如图 4.5.27 所示。

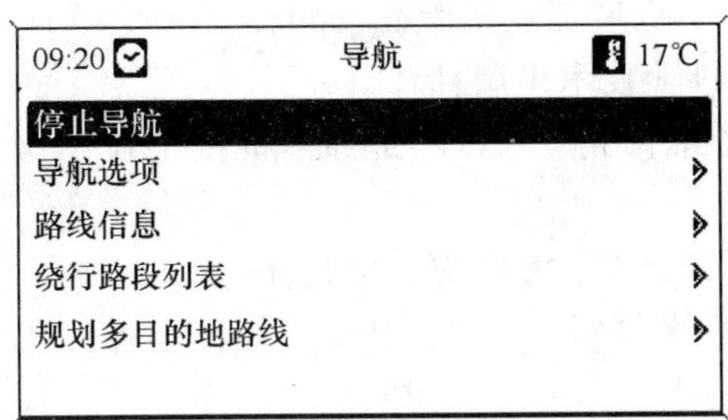

图 4.5.26 导航菜单

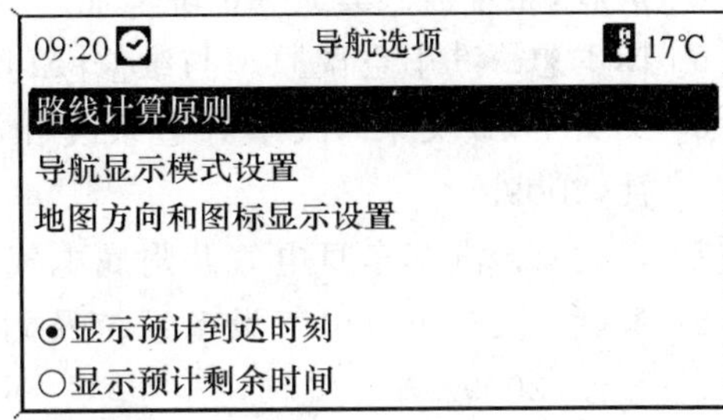

图 4.5.27 导航选项菜单

① 路线计算原则。路线规划可按以下标准进行限定:快速优先;距离优先;经济优先;避免高速道路;避免收费道路;避免隧道;避免轮渡,选择所需的路线标准。

② 导航显示模式设置。可选择“全地图显示模式”、“分屏显示模式”、“图标显示模式”。使用“自动切换导航提示信息”选项,可以选择导航系统中的路线导航信息是否要在其他工作模式(如收音机)下的弹出窗口中显示。在设定时间或按下 BACK 按钮后,该信息会隐藏。

③ 地图方向和图标显示设置。可选择“地图方向设置”和“设施显示设置”。

④ 到达时间/行车时间。选择导航选项“显示预计到达时刻”或“显示预计剩余时间”后,相应时间会显示在路线导航屏幕的最上面一行。

(3) 路线信息。以下信息可以在“路线信息”菜单上读取:路线清单;当前位置信息;目的地信息;路线预览。

(4) 绕行路段列表。在路线上的街道名称列表中,可以通过加标记而将街道或者区域从路线导航中排除。这些区域会显示为划掉排除。输入的路线屏蔽会保持有效,直至执行一次新的路线计算。当按下 BACK 按钮离开该页面并接受后,路线会重新进行计算,并把排除的区域考虑在内。

(5) 规划多目的地路线。规划多目的地路线使输入一系列目的地以便逐个地点相继行车变为可能。此功能适合于有规律的重复性路线,以便于不需要再次输入个别目的地。路线是用名称保存的。最多可储存带 9 个中间目的地的 10 个路线。现有路线可通过修改目的地的顺序或通过增加/删除目的地来进行更改。

课后练习

1. 简述 GPS 系统的工作原理。
2. 简述汽车导航系统的功能。

参考文献

[1] 毛峰. 汽车车身电控技术. 第2版[M]. 北京：机械工业出版社,2010.
[2] 杨庆彪. 大众车系新电器[M]. 北京：中国劳动社会保障出版社,2008.
[3] 戴胡斌,程国元. 丰田系列轿车维修一本通[M]. 南京：江苏科学技术出版社,2007.
[4] 董震,席金波. 奥迪A6轿车维修手册[M]. 北京：机械工业出版社,2003.
[5] 谭本忠. 汽车空调原理与维修[M]. 山东：山东科学技术出版社,2010.
[6] 吴文琳,蚁文荣. 汽车舒适系统和电动控制装置维修精华[M]. 北京：机械工业出版社,2009.
[7] 郭远辉. 汽车车身电气及附属电气设备检修[M]. 北京：人民交通出版社,2005.
[8] 黄斌. 汽车车身电气设备系统及附属电气设备检修[M]. 北京：中国劳动社会保障出版社,2009.
[9] 郑志中,王长建. 汽车车身电控检修[M]. 北京：中国劳动社会保障出版社,2006.
[10] 毛峰,毛洪艳. 汽车安全与舒适系统检测与修复[M]. 北京：机械工业出版社,2011.
[11] 张军,董长兴. 汽车总线系统检修[M]. 北京：北京理工大学出版社,2010.
[12] 张军. 汽车舒适安全与信息系统检修[M]. 北京：北京理工大学出版社,2010.
[13] 李春明. 汽车车身电子技术[M]. 北京：北京理工大学出版社,2003.
[14] 刘仲国. 丰田凌志轿车故障诊断与维修手册[M]. 北京：北京理工大学出版社,2003.